U0866304

中国工运通史

能源化学地质工会卷

中国能源化学地质工会　编

中国工人出版社

图书在版编目（CIP）数据

中国工运通史．能源化学地质工会卷 / 中国能源化学地质工会编．-- 北京：中国工人出版社，2025. 4.

ISBN 978-7-5008-8713-3

Ⅰ．K261.3

中国国家版本馆 CIP 数据核字第 2025S8F231 号

中国工运通史 能源化学地质工会卷

出 版 人	董　宽
项目统筹	蒋佩轩
责任编辑	时秀晶
流程编辑	李若昕
责任校对	张　彦
责任印制	栾征宇
封面设计	久品轩
出版发行	中国工人出版社
地　　址	北京市东城区鼓楼外大街45号　邮编：100120
网　　址	http://www.wp-china.com
电　　话	（010）62005043（总编室） （010）62005039（印制管理中心）
发行热线	（010）82029051　62383056
经　　销	各地书店
印　　刷	北京盛通印刷股份有限公司
开　　本	710毫米×1000毫米　1/16
印　　张	46.75
字　　数	590千字
版　　次	2025年4月第1版　2025年4月第1次印刷
定　　价	349.00元

本书如有破损、缺页、装订错误，请与本社印制管理中心联系更换

版权所有　侵权必究

《中国工运通史 能源化学地质工会卷》

编委会

主　　编　蔡毅德

副 主 编　贾海涛　张金亮　郭　琛

执行副主编　陈永利

编　　委　(按姓氏笔画排序)

王　娟　王海珠　吕　竞　伍怀志

刘卉卉　孙立泉　李　阳　李旭军

宋　平　张　楠　赵文涛　徐晗宇

郭靖涛　章有军　韩聪慧　焦　奇

谢忠玉

前　言

在中华全国总工会成立100年之际，编撰中国工运通史，全面梳理在党领导下的中国工人运动发展，记录中国工人奋斗故事，传承劳模精神、劳动精神、工匠精神，具有深远的历史意义和现实意义。

能源化学地质产业是国民经济的基础产业和支柱产业，在国民经济中占有重要地位。展开中国工人运动的百年历史画卷，能源化学地质产业工人更是拥有浓墨重彩的一笔。1922年5月，中国煤矿行业第一个产业工会组织——安源路矿工人俱乐部成立，9月举行震动全国的大罢工；1922年8月，中国电力行业第一个产业工会组织——既济水电工会在汉口成立；1928年9月，中国化工行业第一个产业工会组织——永利制碱工厂工会在塘沽成立。

本书在详细收集、精心甄选、系统整理各方史料的基础上，以清晰的脉络辑录历史，真实反映了能源化学地质系统工人运动史，反映了能源化学地质系统工会工作的发展史。

中国能源化学地质工会是在全国总工会领导下，由煤炭、电力、石油、化工、医药、地质等6个产业工会先后组建而成。1950年11月中国煤矿工会建立，1953年4月中国地质工会建立，1982年7月中国煤矿工会与中国地质工会合并建立中国煤矿地质工会。1950年7月中国电业工会建立，1958年1月将中国农林水利工会的水利业务划归中国电业工会组成中国水利电力工会。1950年9月中国化学工会筹委会建立，1954年8月中国五金冶炼工会筹委会与中国化学工会筹委会合并组成中国重工业工会，1956年2月中国石油工会建立，1980年初恢复中国化学工会，1982年7月中国石油工会和中国化学工会合并组成中国石油化学工会，1990年9月全国医药系统工会正式归口中国石油化学工会组成中国石油化学医药工会。2001年11月中国煤矿地质工会、中国水利电力工会中的“电力”部分、中国石油化工医药工会合并组建中国能源化学工会，2016年7月中国能源化学工会更名为中国能源化学地质工会。

历经百年沧桑，面向未来，中国能源化学地质工会将坚持以习近平新时代中国特色社会主义思想为指导，在全国总工会党组、书记处的坚强领导下，开拓创新、奋发有为，努力推动建设一支知识型、技能型、创新型的产业工人大军，为强国建设、民族复兴作出产业工会的应有贡献。

目录

CONTENTS

第三章

土地革命战争时期的工人运动（1927—1937）

第四章

全民族抗日战争时期的工人运动（1937—1945）

第五章

解放战争时期的工人运动（1945—1949）

第六章

中国能源化学地质产业工人建设新中国的不懈奋斗（1949—1956）

第七章

中国能源化学地质产业工人在建设社会主义中的艰辛探索（1956—1978）

第八章

中国能源化学地质产业工人在改革开放中的砥砺奋进（1978—1992）

第九章

中国能源化学地质产业工人在体制转换中的变革创新（1992—2002）

第十章

中国能源化学地质产业工人在全面建设小康社会中的责任担当（2002—2012）

第十一章

中国能源化学地质产业工人谱写中国特色社会主义新时代新篇章（2012—2023）

第十二章

中国能源化学地质产业工人在国际交流中提升影响力

第一章

中国能源化学地质产业工人队伍的形成和早期的自发斗争（1840—1919）

第一节　工业的建立和产业工人队伍的产生

中国近代能源化学工业是在1840年鸦片战争以后，在外国资本的入侵下，随着中国官僚资本和民族资本逐渐增加而逐渐建立起来的。主要有煤炭、电力、石油、化工、医药、地质等工业，建立较早的是医药、煤矿，而后是化学、石油、电力和地质。

中国的采煤业具有悠久的历史，是世界上开发利用煤炭最早的国家。早在六七千年以前的新石器时期，古代人就开始开发和利用煤炭，并在以后相当长的时间内对于煤炭的开发和利用处在世界领先地位，显示了勤劳勇敢的中国人民所具有的聪明才智。但是，到了18世纪，当西方国家开展产业革命，进入机器工业化生产阶段时，中国社会依然束缚在封建社会的统治中，煤炭生产未能摆脱落后的手工操作。

中国电力工业的起步较早，1879年中国点亮了第一盏灯，几乎与世界主要发达国家同步。[①] 但由于当时所处环境，领土和主权完整遭受严重破坏，经济上受到资本主义列强的掠夺，加之旧中国一直以传统农业经济为主，工业化程度不高，生产力水平很低，电力工业的发展缺乏强劲的动力需求，电力工业始终在灯火阑珊中缓步前行。早期的电力工业多集中在东南沿海和沿长江城市、京津唐地区和东北地区，随着战争的掠夺和破坏，电力工业饱受创伤、发展曲折，但也给新中国留下了虽弱小却宝贵的产业基础。

东汉时期，中国人就开始认识并使用石油、天然气。早在北

---

① 刘吉臻：《中国电力工业发展史》，中国电力出版社2022年版，第26页。

宋的庆历、皇祐年间（1041 年至 1053 年），中国就创造了世界上最早的以人力为动力的小口径顿钻技术，这是世界石油开发史上的一大进步。① 但是，长期的封建统治，使生产力发展极其迟缓。从 11 世纪中国人发明“卓筒井”算起，在长达 800 年的历史中，石油的开发始终处于原始状态。直到 19 世纪中叶，在洋务运动中，中国近代的石油工业才开始出现，但它从诞生时起，就受到外国侵略势力和国内封建势力的双重阻挠和压制，规模甚小。

中国的化学工艺，同样具有悠久的历史。古代造纸、火药、罗盘、印刷四大发明，其中造纸和制火药就是运用了化学方法。马王堆汉墓出土的文物，反映了我国汉代的染料和油漆就具有很高的水平。明代宋应星所著的《天工开物》，18 卷中有 10 卷涉及化学工艺。但长期受封建制度的束缚，化学工业发展比较缓慢。19 世纪 60 年代开始出现用于制造军需物资的火药等原材料的工厂，以及少量生产炼银所需药水的工厂。19 世纪 70 年代开始出现生产硫酸的工厂，以及小规模生产油漆、染料、药品、橡胶、纯碱、烧碱、合成氨、硝酸、盐酸、漂白粉等化工原料的工厂。

中国医药产业的形成和发展，经历了一个长期的实践过程。原始时代人们就有了通过对食物的辨别和选择，从而采用天然产物治病的方法，经过了无数次同疾病作斗争的亲身体验形成了早期的药物疗法。隋唐时期朝廷设药局，建立药园。明代药品的生产开始兴起，民间商人开设药店制售“熟药”，郑和下西洋后，西药开始传入中国，外国传教士在中国开办医院。鸦片战争后加速了西药的输入，1843 年上海的英商怡和洋行在中国最早兼营西药。1882 年，中国民族资本兴办广州泰安药房。帝国主义列强由于参加第一次世界大战，放松了对华侵略，民族资本兴办的西药

① 本书编写组编：《中国石油工业百年发展史》（上），中国石化出版社 2012 年版，第 1 页。

业得以进一步发展，中国近代药学教育、科研机构、学会组织和制药企业也随之创立发展。①

人类在原始社会时期就已开始利用岩石制造工具，从简单的石器逐渐发展到经过冶炼的铜器、铁器。明代地理学家徐霞客是野外考察的先驱，他的足迹遍及中国大片地区，并记录了当地的地质、地理、植物等信息。19 世纪，外国地质学家出于不同的目的先后来到中国进行考察。中国人在这一时期也开始认识到地质调查工作的重要性。尤其是鸦片战争以后，中国对矿产品的需求越来越大，并开办了一批矿务学堂讲授地质及采矿知识，促进了地质调查工作的进展，但地质调查工作仍在夹缝中发展。1916 年 2 月农商部地质调查局正式运行，标志着中国地质调查事业的创立。地质先辈以科学救国或实业救国为己任，积极投身到救国救民的工作中。

一、中国近代能源化学地质工业的建立

从 1840 年鸦片战争开始，西方列强的入侵彻底打破了中国传统社会原有的文明进程，中国工业开始了家庭手工业向工厂手工业的过渡，但社会各界在工业进程中的不合作，导致工业的发展仍然非常缓慢。还有一个重要的外部原因就是帝国主义对中国工业的压迫，他们侵略中国，并不是想让中国走向现代化，而只是企图让中国成为他们的殖民地。②

---

① 当代中国丛书编辑部编：《当代中国的医药事业》，中国社会科学出版社 1988 年版，第 1—8 页。

② 李玉赋主编：《新编中国工人运动史》（上），中国工人出版社 2016 年版，第 9—10 页。

（一）中国近代煤矿工业

自从1840年6月鸦片战争以后，外国资本主义侵入中国，使“中国一步一步地变成了一个半殖民地半封建的社会”。[①] 中国近代煤矿工业正是适应这种新形势发展的需要而产生的。

自从鸦片战争以后，外国侵略者不顾中国的主权，在中国沿海沿江一些通商口岸，兴建了一批航运业、船舶修造业、各种加工工业和一些轻工业。到1875年，外国资本在中国经营的近代工业已有50家企业，[②] 这些企业需要消耗大量煤炭。与此同时，从19世纪60年代起，为了以武力巩固清政府封建统治，镇压以太平天国为首的人民革命运动，洋务派官僚曾国藩、李鸿章、左宗棠等搞起了“洋务运动”。到了1875年，在安庆、上海、苏州、南京、福州、天津、西安、兰州、昆明、广州、济南等地，建立了13家近代军用工业企业。[③] 这些企业都希望有廉价的煤炭可用，迫切需要经营近代煤矿工业。中国的近代煤矿工业和煤矿工人就是在这种情势下产生的。

中国近代煤矿工业经长期酝酿，从19世纪70年代起，以“官办”“官督商办”的形式，出现了一批煤矿企业。1875年，直隶总督李鸿章创办直隶磁州煤矿；津海关道盛宣怀、汉黄德道李明墀创办湖北广济兴国煤矿。这是我国最早试办的两个新式煤矿，但后来都因未能顺利进行而告失败。台湾煤炭资源丰富，从明代以来多采用土法开采。1875年，福州船政局船政大臣沈葆桢向清政府奏请开办基隆煤矿，1876年正式成立了台湾矿务局，创

---

① 《毛泽东选集》第2卷，人民出版社1966年版，第589页。

② 孙毓棠：《中国近代工业史资料》第1辑（上），中华书局1962年版，第234—237页。

③ 孙毓棠：《中国近代工业史资料》第1辑（上），中华书局1962年版，第565—566页。

办经费由闽浙总督从饷项中筹拨，以后经费常年由台湾道批拨，共有资本 19.5 万元。雇用英国矿师翟萨，从英国购买机器，有工人 1000 人左右。初期经营尚好，到 1881 年产量达到 5.4 万吨，开采的煤主要供应福州船政局使用。这是中国第一座近代煤矿。1877 年，买办杨德、徽宁池太广道孙振铨创办安徽池州煤矿，到 19 世纪 90 年代由于亏蚀日见衰落。1878 年，上海轮船招商局总办、怡和洋行买办唐廷枢受李鸿章的委托创办了直隶开平煤矿。开平煤藏丰富，民间开采多年。由于天津机器局和轮船招商局迫切需要煤炭，1876 年李鸿章派唐廷枢偕英国矿师马立师到唐山开平镇勘测煤铁矿。翌年，又增派前天津道丁寿昌、现任天津海关道黎兆棠会同督办。接着拟定了招商章程。到 1878 年，李鸿章、唐廷枢等官僚、买办凑够白银 27 万两，加上大量借拨官款，资本达到 220 余万两，在天津正式成立开平矿务局，雇佣 3500 至 4500 名工人，重金聘请英国矿师柏爱特监督生产。1882 年产量达到 38383 吨，到 1894 年就增加到 40.231 万吨，主要供给天津机器局和上海轮船招商局使用。这是我国当时规模最大的煤矿。1879 年，盛宣怀创办湖北荆门煤矿，后因资本短缺停办。1880 年，寿春候补知县戴华藻建立了山东峄县煤矿。同年，贵州补用道叶正邦建立了广西富川县、贺县煤矿，后来由于煤质低劣和运输困难闭歇。1882 年，湖北试用通判纽秉臣建立了直隶临城煤矿。同年，候选知府胡恩燮建立了江苏徐州利国驿煤矿。同年，盛宣怀建立奉天金州骆马山煤矿，未开采即停闭。1883 年，商人徐秉诗建立安徽贵池煤矿。1884 年，吴炽昌建立北京西山煤矿。1887 年，张曜建立山东淄川煤矿，后停办。1891 年，湖广总督张之洞在湖北建立了大冶王三石煤矿和江夏马鞍山煤矿。前者因积水过多，被迫停止开采。到 1894 年中日甲午战争前，我国各地先后出现了规模大小不同的新式煤矿 16 座，其中“官办”煤矿 6 座，

“官督商办”煤矿 10 座。① 这批近代煤矿创办后，都是在坎坷的道路上蹒跚行进的，只有基隆煤矿和开平煤矿颇见成效，充分表现了半殖民地半封建社会下中国近代煤矿企业经营的艰难。在这批近代煤矿企业里产生了第一批中国煤矿工人。据统计，到 1894 年，煤矿工人共有 7900 至 9600 人，占当时全国工人人数的 8.6% 至 9.78%。② 中国近代煤矿企业和中国煤矿工人的产生，标志着中国近代煤矿工业开始了崭新的时期。

从 19 世纪末叶到第一次世界大战前夕，我国近代煤矿工业有了初步发展，主要表现是帝国主义在华投资建矿的激增和民族煤矿工业的初步发展。在这个时期，世界资本主义已经进入帝国主义阶段，它对中国的经济侵略，从过去的以商品输出为主转变为以资本输出为主。1894 年 7 月，日本对中国发动侵略战争。中国在战争中完全失败，于 1895 年 4 月签订了丧权辱国的《马关条约》，使帝国主义在中国开矿设厂“合法”化，出现了帝国主义对中国煤矿掠夺的高潮。正如列宁所指出的，“资本主义愈发达，原料愈感缺乏，竞争和追逐全世界原料产地的斗争愈尖锐”。③ 据统计，1895 年至 1912 年，帝国主义掠夺中国矿区的条约、协定、合同就有 42 项。④ 从这些文件来看，我国大部分地区的煤炭资源多为帝国主义所掠夺。在中日甲午战争以前，帝国主义还没有在中国开办一个煤矿，而中日甲午战争后，到 1913 年，帝国主义在

---

① 张国辉：《洋务运动与中国近代企业》，中国社会科学出版社 1979 年版，第 185—197 页。

② 孙毓棠：《中国近代工业史资料》第 1 辑（下），中华书局 1962 年版，第 1202 页。

③ 《列宁选集》第 2 卷，人民出版社 1975 年版，第 802—803 页。

④ 汪敬虞：《中国近代工业史资料》第 2 辑（上），中华书局 1962 年版，第 34—35 页。

中国采用直接投资和中外合资的形式建立的近代煤矿就达到26个。①

中日甲午战争后，由于帝国主义疯狂侵占中国煤矿矿权，激起了中国人民的极大爱国热情，1905年前后，在全国范围掀起了“收回矿权”“设厂自救”的爱国运动，从而促进了中国民族煤矿工业的发展。这个时期，新开办的民族煤矿共有20个。其中官办的1个，即广西贺县西湾煤矿；官商合办的4个，即河北滦县滦州煤矿公司（1912年与开平煤矿公司联合）、山东泰安县华宝公司（禹村煤矿）、安徽宿县烈山煤矿局、浙江长兴煤矿；商办的15个，即江西萍乡安源煤矿、山东峄县枣庄中兴煤矿公司、河南安阳县六河沟煤矿公司、山西保晋矿务公司、河北磁县怡立煤矿公司、河北井陉县正丰煤矿公司、察哈尔宣化县鸡鸣山煤矿、辽宁锦西大窑沟煤矿、山东宁阳县华丰煤矿、辽宁西安煤矿、江苏铜山县贾汪煤矿、河北宣化县宝兴煤矿公司、安徽怀远县大通煤矿、湖北大冶县富源煤矿公司、江西乐平县鄱乐煤矿公司。

在1914年至1918年的第一次世界大战期间，我国先后建立近代煤矿12个，其中官商合办的2个，即河南修武县中原煤矿公司、辽宁锦西县爱商煤矿公司；商办的10个，即黑龙江汤原县鹤岗煤矿公司、吉林营城裕吉煤矿公司、河北临榆县柳江煤矿公司、河北临榆县长城煤矿公司、山东章邱县天源煤矿公司、山东博山华东公司、山东博山悦升煤矿公司、河南新安煤矿公司、广东乳源县狗牙洞煤矿、山东博山吉成煤矿公司。据统计，在这一时期，无论从投资上还是煤炭开采量上，我国民族煤矿工业都有增长。但日本帝国主义却乘机扩大了对我国民族煤矿工业的侵略，德国原来在山东的坊子煤矿和淄川煤矿，就是在第一次世界大战期间

① 汪敬虞：《中国近代工业史资料》第2辑（上），中华书局1962年版，第140—144页。

被日本帝国主义夺占的。日本帝国主义除直接投资外，还利用“中日合办”和“借款”的方式，打入我国民族煤矿工业。仅在1916年至1919年的4年间，中日合资经营的煤矿就有11个。而英帝国主义的势力在第一次世界大战期间基本没有撤走，反而在某些方面有所加强。如英国的开滦煤矿仍在进行活动；1915年，英商福公司与中原煤矿公司合并后成立“福中总公司”，随即侵占了焦作煤矿；1915年至1920年霸占了门头沟煤矿。实际上，在第一次世界大战结束后，帝国主义列强迅速卷土重来，中国民族煤矿工业的“黄金时代”只不过是昙花一现而已。

（二）中国近代电力工业

19世纪后期，随着资本主义的生产技术及装备的输入，电能的生产和应用也相继输入中国。上海电气公司的成立，就是一个重要标志，电气公司于1882年4月创办的发电厂，几乎与欧美同步，它比法国巴黎北火车站电厂晚建7年，比英国伦敦霍而蓬高架路（Holborn Viaduct）电厂晚建6个月，比美国纽约珠街（Pearl Street）电厂早建2个月，比俄国彼得堡电厂早建1年，比日本桥茅场町发电所早建5年。[①] 但中国电力工业一开始就被帝国主义资本所垄断，在巨大利益的刺激下，官办、官督商办、商办的电厂逐渐兴起，并与外资实现了抗衡。

华夏大地上第一盏电灯问世是在1879年。当时，上海公共租界工部局（帝国主义在公共租界的统治机构）一名英国籍的电气工程师毕晓浦，受一些国家已使用电灯的启迪，进行电弧灯发光试验。5月28日，他在乍浦路的一幢仓库里，以一台10马力蒸汽机为动力，带动自激式直流发电机产生的电力，点燃了碳极弧

① 中国电力企业联合会编：《中国电力工业史》（综合卷），中国电力出版社2021年版，第26页。

光灯，灯泡发出了明亮的光芒。这是在中国大地上诞生的第一盏以电能发光的电灯。

清代中国的官办机构使用电灯照明是在 1879 年。9 月 9 日，福建马尾船政当局购得一套经“欧罗巴”号轮船运抵的电灯设备，当晚，立即在钦差大臣衙门后院的寺庙前进行了首次试用电展示，这是清代中国的官办机构最早诞生电灯照明的地方。

中国第一个电灯厂的建立，是在 1882 年。那年 5 月，英国商人立德尔等人，招股集资白银 10. 1 万两（实筹 5 万两）筹办上海电气（光）公司，发电机容量仅 12 千瓦。7 月 26 日下午 7 时开始供电。电灯光芒夺目，吸引了很多市民聚集围观。次日，《字林西报》以醒目的版面报道了发电厂投入发电的情景：“昨晚，上海的景色深刻地遗留在中外市民的脑海里，他们第一次看到租界的街道上用上了电灯，成千上万的人带着十分羡慕而得意的神态看着明亮如月的电灯……”9 月 25 日，上海俱乐部（即上海总会）等接电装灯，成为上海第一批电灯用户。这家小型发电厂虽是英国人创办的，但它的建立标志着我国电力工业的起步。

当时，社会上对近代电力工业的产生和电能的运用，有两种截然不同的反应。一部分地主阶级知识分子，为这种文明技术倾倒，开始歌颂起来。当时上海报纸上有这么一首诗：

阴阳相薄电光凝，参透元和引作灯；
白昼不明空仰望，黄昏有焰竞趋承；
辉煌曾否金蛇掣，焰耀争如玉兔新；
信是气中藏霹雳，消除乖戾现祥征。①

另一种相反的意见出自极端保守、愚昧无知的清政府官僚统

① 李代耕：《中国电力工业发展史料》，企业管理出版社 1987 年版，第 4 页。

治者，他们把电灯看作妖术、鬼气。1882 年 11 月 10 日，由清政府上海道台邵道宪饬令陈太守下令，禁止中国店家使用电灯，并反复照会英国领事馆要求停用电灯。但结果相反，仅半年多的时间，除外国人以外，中国的大绅商买办也有不少用上了电灯。事实证明，电灯的效果是煤油灯、煤气灯无法比拟的。因而，1883 年上海电气（光）公司又在乍浦路另建新厂。同年 6 月，该公司又与公共租界工部局签订合约，将大马路、外滩、百老汇路 3 处的路灯改装为弧光灯，使道路照明发生了很大变化。

中国人自己创办的电灯厂，最早于 1888 年出现在清朝宫廷。清朝慈禧太后退居休养，北洋大臣奏准，从国外购进一台 20 马力的发电机，安装在奉宸苑内（今中南海），称西苑电灯公司。1889 年 1 月 30 日发电，安装者承霖。

除最早起步的上海外，1887 年，英商还在厦门鼓浪屿的黄家渡安装了 1 台直流发电机专供外侨照明用电。1888 年，天津德商世昌洋行在绒毛加工厂安装了 1 台直流发电机供厂内用电。同年，清工部为慈禧太后静修颐养，修葺西苑，并装设电灯，兴建西苑电灯公所供宫廷用电。张之洞在广州任两广总督时，于 1888 年从国外订购 1 台柴油发电机，并于当年装竣发电供广州衙门照明用电；1889 年，他又批准了华侨商人黄秉常在广州试办电厂。刘铭传在台湾任巡抚时，于 1888 年在台北市东门创设兴市公司，装置小型蒸汽发电机组燃煤发电，并在巡抚衙门、各官署装置电灯，若干街道亦设路灯照明。

中国早期官僚资本兴办电厂，始于 1890 年。11 月 9 日，清朝政府北洋大臣李鸿章奉旨在旅顺口兴建北洋水师船坞工程，包括锅炉厂、电灯厂等 9 座附属工厂全部竣工。其中电灯厂装有从德国购买的锅炉和发电机，并于船坞边装置大小电灯 46 盏，供修船照明用。天津北洋水师大沽船厂（今天津新河船厂）也奉李鸿章之命装设 47.5 千瓦直流发电机，供照明用电。1893 年，湖广总督张之洞在湖北兴办湖北织布局，装有发电机组，全厂照明都用上了电灯。之后，有些地方政府或官僚买办，也办起了以售电为营业的电厂。如1908年兴办的奉天发电厂，1909年兴办的安庆电厂，1910年兴办的南京金陵电灯厂等。由于帝国主义的侵略，特别是中日甲午战争失败后，中国的政治形势动荡不定，清政府苟延残喘，朝不保夕。1911年辛亥革命后，清朝政府土崩瓦解，出现了各地军阀割据的大动乱局面，使官僚资本的发展受到很大的影响。

19世纪末20世纪初。世界资本主义开始进入帝国主义阶段。帝国主义对中国的侵略进入一个新的时期。英、法、德、俄、日等帝国主义，纷纷利用所攫取的新特权，把国内的剩余资本投向中国，它们在华的工业投资空前增加，在大量兴建铁路、矿山、工厂的同时，先后在香港、上海、天津、北京、青岛、广州、汉口、大连、旅顺、哈尔滨、抚顺等地兴办电厂。如英国商人于1889年和1901年在香港创办了香港电灯公司和中国电力公司；1903年至1906年又分别在天津、北京、汉口等地兴建了电厂。它们在1882年创建的上海电气公司，1893年被公共租界工部局购买，成立电气处。经扩建，至1911年，发电设备容量已达6400千瓦，1913年新建成的江边电厂（现杨树浦发电厂）正式发电，新旧两厂合计容量为1.04万千瓦。至1924年，斐伦路旧厂废止不用，江边电厂的发电容量已达12.1万千瓦。法国人于1897年6月在上海建成了洋泾浜电厂，发电容量135千瓦，后改为法商电车、电灯、自来水公司，1906年至1911年又在上海卢家湾建立了发电厂，发电容量1500千瓦。1902年法商在天津也兴办了发电厂。德国人在青岛、汉口、天津，俄国人在大连、哈尔滨、海拉尔市等地都办起了发电厂。特别是日本，在20世纪初的头10年，加紧了对东北三省的侵略。日俄战争后，日本取代了俄国在东北的特权，加速了在东北的工业投资。它们在南满铁路线各主要城市，如旅顺、营口、安东、沈阳、抚顺等地都建立了发电厂。至1911年，日本人在东北三省经营的发电厂，发电容量已达7500千瓦，占当时东北三省发电容量总数的80.6%。[①] 据1911年的统计，全国共有帝国主义投资经营的电厂或电灯公司26所，发电容量总共在1.5万千瓦以上，占当时全国发电总容量的55%。[②]

中国民族资本经营电厂，从1890年美国华侨黄秉常，“禀准”两广总督张之洞开办广州电厂开始，至辛亥革命前夕的21年间，在宁波、汉口、重庆、北京、上海、福州、杭州等通商口岸城市，先后兴建了32个电厂。如1897年，杭州、宁波两市的有识之士集资创办了浙省电灯公司（后改为杭州电灯公司和宁波电灯厂）；1905年，山东沂水刘恩柱办起了济南电灯房，发电容量80多千瓦，同年，蒋式瑆、史履晋等集资，在北京兴建京师华商电灯股份有限公司，发电容量约300千瓦，1910年又扩建发电容量660千瓦；1906年，浙江旅鄂商人宋炜臣等集资兴办汉口既济水电公司，装发电机3台，设备容量1500千瓦，这是我国早期民营的较大的电厂；1908年，山西商会会长刘笃敬集资在太原创办太原电灯公司，四川绅商刘秉衡等集资筹建烛川电灯股份有限公司，成都商人陈养天等集资成立成都启明电灯股份有限公司；1910年，福建实业家刘健庵集资兴办福州电气公司，发电容量300千瓦等。在这期间，有不少民族资本家是在爱国主义思想下，为维护民族利益而兴办电厂的。1903年，安徽人郭礼征，在江苏丹徒县（今镇江市）英租界工部局准备兴建电厂的情况下，为维护民族利益筹建了大照电灯公司，发电容量150千瓦。1907年，哈尔滨傅家甸（道外区）办事公所委员熊冕章，目睹电力工业被外国资本侵略的现实，鉴于中国民族资本工商业用电的迫切需要，

① 李代耕：《中国电力工业发展史料》，企业管理出版社1984年版，第12页。
② 李代耕：《中国电力工业发展史料》，企业管理出版社1984年版，第13页。

毅然集资哈洋 214 万元，创办耀滨电灯公司，发电容量 242 千瓦。1908 年，湖南长沙商会总理陈文炜等为抵制外国商人在长沙办电，决定创办湖南电灯公司，1911 年建成发电，设备容量为 480 千瓦。

1908 年，法国在建设滇越铁路时，以急需电灯为借口，提出要在云南建设水力发电站，遭到云南的官府和士绅、民族工商业者及广大人民的反对。当时，清政府云南劝业道官员刘岑舫首先提出自办水电站的建议。开始拟官商合办，后因官厅认股不多，改为商办，定名为商办耀龙电灯公司。经向总督李经羲呈报同意立案注册，于 1910 年 7 月在滇池海口正式开工。安装 2 台 240 千瓦水轮机组，通过 23 千伏输电线路向昆明送电，全部工程于 1912 年 9 月竣工。这是中国第一座水力发电厂，又是自办的民营水电厂。云南各界人民欢欣鼓舞，也为地方民族实业家集资办电树立了自力更生的榜样。

但是，中国民族资本当时受帝国主义的压迫和封建势力的束缚，发展受到很大的局限性。而且，中国早期的民族资产阶级，对于电力这样的新兴工业，缺乏技术和管理经验。有不少厂在兴办后，由于亏损等原因先后停闭或合并。如 1897 年创办的杭州电灯公司，因亏损负债于 1898 年停业；宁波电灯厂也因管理不善，企业亏损，于 1901 年关闭；1890 年由华侨黄秉常创办的广州电灯厂，因难以维持，于 1905 年被广州清政府用官股收买，并与英商办的奥恒电灯公司合并为广州电力有限公司；1905 年兴办的民营苏州振兴电灯公司，到 1919 年合并入苏州电气厂等。因而，这一时期先后兴办的 32 所电厂，至 1911 年只留下京师华商电灯公司、汉口既济水电公司等 20 所左右，发电设备总容量为 1.2 万多千瓦。

从 1912 年起至 20 年代末，由于第一次世界大战期间，帝国主义列强暂时放松了对中国的经济侵略，中国的民族资本工业有所发展，因此民族资本经营的电厂也随之有较快的发展。到1927年已发展到100多所。据关内民族资本经营的90所电厂统计，发电设备总容量为11.7万多千瓦，[①] 比1911年增加约10倍。虽然民族资本在此期间兴办电业有较快发展，但远没有外国资本兴办电业增长速度快。

进入20世纪中叶，一些帝国主义国家相继在沿海城市、铁路沿线城市、长江码头城市、矿区和内地城市京津唐以及东北地区组建电气公司并兴建电厂。中国早期的电力工业开始融入西方近代工业文明，走进人们的生活，同时促进了民族工业的发展。

（三）中国近代石油工业

早在北宋时期，陕北延长、延川、宜君等地的人民就开始掘井开采地下的石油。明朝时期，四川地区也出现了采油井。在石油的炼制、利用方面的技术和水平，在当时的世界上，也是屈指可数的。北宋时期陕北的“延丰库”和京城中的“猛火油作”则是世界上最早的油库和炼油车间。中国古代在天然气的开发、利用方面，也取得了一些突出成就：在自流井气田上，出现了世界上最早的千米气井——磨子井，还建起了世界上最早的输气管道；发明了独特的采气工艺——康盆采气法；发明了古代顿钻钻井技术。中国古代在油气开发方面取得的突出成就是发明、创造了顿钻钻井技术。从北宋时期开始，中国就运用顿钻钻井技术钻凿小口深井，该技术在明清时期发展到比较成熟的阶段，传入欧洲和美洲后，促进了当地钻井技术的提高和油气开发的顺利进行。

东汉历史学家班固（32年至92年）著有《汉书》，在该书《地理志》中写道：“高奴有洧水可燃。”高奴，秦置县名，在今

---

① 李代耕：《中国电力工业发展史料》，企业管理出版社1984年版，第14页。

陕西省北部延长一带；洧水，即今延河的一条支流。公元前69年，西汉宣帝地节元年，四川邛崃地区钻凿的临邛火井是世界上第一口天然气井。到了唐代，对甘肃酒泉一带的石油产地记载得更清楚了。唐朝李吉甫（758年至814年）在《元和郡县志》中写道，玉门县“石脂水，在县东南一百八十里，泉有苔，如肥肉，燃之极明”。中国新疆地区关于石油的最早记载，见于北齐魏收所著《魏书》中，书中写道：“龟兹国（今新疆库车县一带），在尉犁西北白山之南一百七十里，都延城，汉时旧国也。……其国西北大山中，有如膏者流出成川，行数里入池，甚臭!”

在1041年至1053年期间，中国就创造了世界上最早的以人力为动力的小口径顿钻。用这种顿钻于1835年在四川自贡自流井构造的兴海井钻达1001.42米的深井。1840年，在自流井构造所钻的磨子井深达1200米，钻穿了嘉陵江石灰岩的主气层，是当时世界第一口超千米的深井。四川自贡自流井气田是当时世界上最大的气田，与之相应的，是当时的劳动人民创造了一系列钻井与采气的先进工艺技术。古代石油发展史，按其技术发展大致可以分为从挖掘井到卓筒井两个阶段。

近代中国的石油工业，受到国外侵略势力和国内封建势力的双重压迫，步履维艰，发展缓慢，基础薄弱，规模很小。外国资本主义侵入中国，对中国的地质矿产，包括石油和天然气资源深感兴趣。德、美、英、俄、日、法、奥等国地质学家、旅行家、传教士，怀着各种不同的目的，纷纷到中国进行地质调查、旅游、考察。沙皇俄国对于新疆丰富的石油资源早已垂涎三尺，企图掠夺和霸占。其利用与新疆接壤的方便条件和通过不平等条约获得的特权，不断派人调查新疆的矿产资源，企图开采新疆的石油。

中国素以油藏丰富见称，甚至有陕西一省油藏可供世界千年之用的传说。但据1914年至1916年美孚煤油公司实地调查的结果，断定陕西省“有少量之火油，已有充分证明，是否能有中量，尚未可确定；至于大量火油，恐其未必能有”。其他经过调查的河北、热河、甘肃、河南、四川等地，结果更为恶劣，而山西省油苗也未发现。所以即使尚有未发现的油藏，大概油藏的贫弱，是可以断定的。我国现在采油事业，在陕西、四川、甘肃、新疆等地，有不少土法开采的油井存在着，不过都是产量甚少，不敷当地之消费。

中国近代石油工业的开端是台湾苗栗油矿。1861 年，台湾苗栗发现石油，其后当地人曾用土法开采。1877 年收归官办。1878 年从美国聘请钻井技师两名，购进石油钻井机械一套，组成了中国近代石油史上第一支钻井队，在苗栗钻了第一口井，深约 120 米，日产油约 750 公斤。这是中国使用近代顿钻法打成的第一口油井，第二口井因事故不能排除而中断。1885 年，台湾改设行政省，首任巡抚刘铭传上奏清廷，于 1887 年获准在苗栗出磺坑（现名出矿坑）共钻井 5 口，至 1890 年，仅一口井出油且产量低。因资金缺乏、设备很差，打算引进外资，遭到清廷的强烈反对。1890 年，刘铭传被革职，新任巡抚邵友濂将苗栗油矿查封。1895 年，台湾被日本侵略者占领，苗栗油矿被开采至 1945 年。

中国大陆上最早的油矿是延长油矿，延一井是中国大陆的第一口近代油井。1903 年，陕西省大荔绅商于彦彪等勾结德国人汉纳根，共同开办世昌洋行，企图开采陕北延长的石油，引起了陕西各界人士的反对。为保护陕北石油资源，陕西当局积极要求试办延长油矿，由巡抚曹鸿勋上奏清廷。准奏后，清政府拨银 20 万两，陕西省政府拨地方官款白银 8.1 万两，作为开办费。同时，委派延长县候补知县洪寅为总办，予以“聘匠购机全权”。从 1905 年开始筹备试办延长油矿事宜，于 1907 年正式成立“延长石油厂”。并于 1908 年 8 月，成立陕西石油总局。经取油样送汉口化验，结果认为油质“胜于东洋，能敌美产”。随后，聘请日本技师阿部正治郎、佐藤弥侍郎及钻井工人6名，并从日本购来蒸汽动力钻机一部，在延长县西门外设定井位后，于4月25日开钻，到7月底钻到85.3米。8月2日汲水时，汲得原油，日产2吨左右。油矿工人用自产原油试炼的煤油点灯，光白烟微，不比“洋油”逊色，延长遂由此闻名。至1911年，油矿工人已能单独操作机器钻井。1914年，北洋军阀政府同美国美孚石油公司签订了开发延长石油的合同，共钻井7口，都没达到预期的效果，遂于1916年停止了钻探工作。新疆独山子油矿建于1909年，清朝新疆地方政府官吏等集纹银聘请俄国工匠使用俄制进钻机及制烛机等，在独山子开凿油井，购蒸馏釜在乌鲁木齐建厂，新疆开始有了近代石油开采业和炼制业，两年后因经费困难而停办。后国民党政府同苏联合作开采，到新疆和平解放，一直处于小规模开采状态。四川盆地丰富的天然气资源早就引起了国内外石油地质界的关注。1866年后，国内外地质学者先后发现了120多个地质构造，但都没有实质性的开采，直到1937年，国民党政府在巴县石油沟钻第一口探井（巴一井），获得了工业性天然气流。中国人造石油工业始于日俄战争后，1905年，日本入侵中国东北地区，从1928年起，陆续在东北地区建立了抚顺西制油厂、桦甸页岩油厂，还在锦州、锦西、吉林建了煤炼油厂。其间曾进行过一些石油勘探，但无所收获，遂加紧发展人造石油。到1948年东北全境解放时，人造油厂只有极少数设备维持生产。

中国石油工业的摇篮是玉门油矿，是新中国成立前投入开发的规模最大、产量最高的油田。中国老一辈的地质学家为兴办玉门油矿倾注了极大的爱国热忱，付出了艰苦的劳动。玉门一带的油苗，从19世纪末期开始已为中外地质学家所重视。从1892年至1939年，有俄国、比利时、美国以及国内地质学家翁文灏、谢家荣、张人鉴、孙健初等国内外专家进行考察，都因各种原因而无果。后因抗击日军侵华之需进行开采，并成为当时中国最大的油田，也是世界上开发最早的非海相油田。①

（四）中国近代化学工业

古代中国就有手工业方式的化工生产，其中硅酸盐陶瓷、酿造业、金属冶炼、黑火药制造都有相当的规模，但都不是在化学原理指导下的生产。直到清末官办的军火工厂中，才开始用西方工业革命后诞生的化工技术生产硫酸和硝酸，这可以看作中国现代化学工业的萌芽。②

19 世纪 60 年代，我国洋务运动兴起，清政府洋务派官僚开办近代军事工业，1865 年设立江南制造局（上海）和金陵制造局（南京），1867 年设立天津机器局，主要制造枪支、子弹和火药。最早生产化工产品的是天津制造局，于 1874 年建设淋硝厂，1876 年用铅室法生产硫酸，日产 2 吨，雇用工人 1400—1500 人，这是中国最早生产硫酸的工厂③。1874 年龙华火药局借鉴西方的生产技术，用铅室法制造硫酸取得成功，成为中国近代化学工业最早的开端。④ 1865 年曾国藩、李鸿章在上海洋炮局的基础上成立了江南制造局，雇用工人 2700 人。这期间所用的硝酸、硫酸等皆购自市场（舶来品）及部分回收酸。1908 年春先后建成提乏镪水及磺依脱水两厂，翌年 3 月 5 日建成磺镪水厂。硫酸设备于 1913 年拆往杭州闸口，1932 年废除。江苏药水厂由英商立德创办，最初叫立德洋行，创立于 19 世纪 60 年代，是个很小的金银提炼厂，

---

① 当代中国丛书编辑部编：《当代中国的石油工业》，中国社会科学出版社 1988 年版，第 5—12 页。

② 中国化工博物馆编著：《中国化工通史行业卷》（上），化学工业出版社 2014 年版，第 1 页。

③ 当代中国丛书编辑部编：《当代中国的化学工业》，中国社会科学出版社 1986 年版，第 107—108 页。

④ 中国化工博物馆编著：《中国化工通史行业卷》（上），化学工业出版社 2014 年版，第 2 页。

用于提炼老纹银中的黄金。后售给英商美查洋行，1875 年改名为江苏药水厂。由于生产的发展和市场的需要，于 1879 年建设硫酸生产厂，工厂占地 33 亩。同时生产少量盐酸、硝酸和蓄电池硫酸等，雇用工人 250 人。七七事变后硫酸产量为 900 吨/年，八一三事变后产量扩至 2000 吨/年。药水厂曾几度易人，最后由德国人魏克经营，至新中国成立后与我国人民政府谈判对价转让为止。汉阳兵工厂由张之洞创办，火药厂于 1901 年冬开工制造，以后其中又添设有酒精、硝酸、硫酸等车间，规模极为完善，设备亦较新颖。

推翻封建的清政府，建立民国政府后，中国打破了长期的闭关锁国状态，思想文化领域新文化运动兴起，经济领域学习西方技术风起浪涌，刺激了民间资本化工企业的产生。由于民间资本的资金、技术力量薄弱，最初开办的大多是作坊或小型化工厂，生产一些与日常生活密切相关的化学品，如肥皂、火柴、染料等。在经济发展的带动下，上海出现了一批民办化学工厂，山东比较早地开启了化学工业生产。1919 年以后，张作霖政权官僚资本建立的奉天兵工厂火药厂，生产部分硫酸、氯碱产品。根据地和解放区的化工方面，抗日战争和解放战争时期，在中国共产党的领导下，各个革命根据地为适应战争需要，在极端困难的条件下，创办了一些化工企业，对中国人民的解放事业作出了重大贡献，并且积累了经验，培养了大批干部。比较巩固的陕甘宁、晋察冀、晋冀鲁豫、晋绥和胶东等革命根据地都有化工企业，生产硫酸、硝酸、盐酸、纯碱、烧碱、酒精、乙醚、甘油等化工原料，以及雷汞、雷银、硝化甘油、硝化棉、无烟火药、二硝基萘、炸药等军用产品。①

民族资本创建的大型化学工厂。中国近代制碱厂共有 7 家。

---

① 中国化工博物馆编著：《中国化工通史行业卷》（上），化学工业出版社 2014 年版，第 6—7 页。

爱国实业家范旭东在创办久大精盐公司的基础上，于1917年与陈调甫等人成立永利久大化学工业公司，兴办碱厂以发展民族化学工业。其制碱公司规模最为宏大，于1922年3月开始制碱。最初的资本为50万元，后至400余万元，可以说是中国最大而且最完备的工厂。开工之初没有大化工厂的生产经验，碱质低劣，销售困难，公司负债累累。在极其困难时期，范旭东、侯德榜等人采取措施，一面筹集资金，一面攻克技术难关，同时又与英国卜内门化工公司周旋，直至挫败英人想吞食挤垮永利的阴谋，使碱厂转危为安。1926年6月29日生产出合格的“红三角”牌纯碱。次年8月获得了美国费城万国博览会金奖。从1927年起，产量逐年增长，1936年达55410吨，永利公司碱厂（天津碱厂前身）终于站稳脚跟。电解食盐可生产纯度较高的烧碱和盐酸，在20世纪初是非常先进的化工生产技术。上海爱国民族资本家吴蕴初，为了谋求中国工业的独立，购进外国设备，聘请外国技师，引进西方电解食盐的生产技术，这在民族资本主义化学工业技术进步方面是重要一举。1929年，吴蕴初耗资8万银圆，购进法国远东化学设在越南海防的生产盐酸的二手设备——120个爱伦摩尔式电解槽，为保证工厂的正常生产，还以1万银圆的高酬金聘请该公司法籍工程师班纳负责拆卸、安装、试车工作。天原电化厂生产的“太极牌”盐酸、烧碱在上海市场异军突起，打破了英商卜内门公司垄断中国碱业市场的局面。范旭东、侯德榜创建的永利化学工业公司和吴蕴初创建的天原化工厂，在所处的时代，不仅有“国货”抵制“洋货”的爱国主义意义，更重要的是他们高屋建瓴地开发和引进先进化工生产技术，建设了高水准的大型化工厂，培养了一批化工生产技术人员和管理人员。①

---

① 中国化工博物馆编著：《中国化工通史行业卷》（上），化学工业出版社2014年版，第5页。

由上可见中国近代化学工业的基本现状，除酸类之硫酸，碱类之纯碱已有相当发展外，其他各项尚待积极发展①。

（五）中国近代医药工业

中国医药事业的形成和发展，经历了一个长期的实践过程。早在原始时代，人们在生产和生活实践中，由于采食植物和狩猎，逐渐接触并了解到某些动物、植物对人体可能产生的影响，逐步对所寻觅的食物有所辨别和选择。为了同疾病作斗争，人们开始注意某些天然产物的治病作用。经过无数次的口尝身受，实际体验，不断创造和积累了日益丰富的用药知识，从而形成了早期的食物疗法、药物疗法。进入氏族社会以后，人们已用砭石刺破脓疡，从而产生了中国最早的医疗器具。商代已有了药酒和汤液，这是最早出现的剂型。医疗工具已有了采用金属制造的刀、针。周代已有专业的医生。战国时期产生了中国第一部医学经典著作《黄帝内经》。东汉末年名医华佗，创造了全身麻醉药“麻沸散”，用于外科手术，被载入史册。南北朝，人们创制的镊子已用于医疗。隋唐时期的隋代，除在朝廷中设药局、主药师外，还在京城专门建立药园，设药园师从事药物栽培。中药学通过丝绸之路传入波斯等国，然后影响到欧洲。宋代的医药机构较完备，制度严密。元代引进“阿拉伯医药学”。明代伟大的医药学家李时珍写出了药学巨著——《本草纲目》。明代中药商品生产开始兴起，一些民间商人开设药店制售“熟药”，其中有些信誉好的中药店一直沿袭至今。清代对方剂学研究比较重视，方剂学著作种类繁多，与本草学互相促进，互为补充。

自1840年鸦片战争之后，西方医药不断输入，西药学著作也

① 陈真：《中国近代工业史资料》第4辑，生活·读书·新知三联书店1961年版，第496—507页。

陆续翻译过来。在19世纪80年代以前，西药都是外商经营的。1843年，上海的英商怡和洋行在中国最早兼营西药。从1850年开始，外国人在中国开设西药房。西药房除经营西药外，还经营医院设备和医疗器械，并在各地设立分店和寄售店。有些西药房还制造一些自销的本牌药品。之后，西药房制造药品的部分与商业经营的部分分开，独立建厂。中国民族资本兴办的西药业，始于1882年。在广州开办的泰安药房，除经营药品外，还制造一些家用成药。随着“西药学”的传入和中国民族资本在西药业的发展，中国近代药学教育、科研机构和学会组织也随之创立和发展。1906年，清朝陆军医学堂第一个设立药科。1907年，中华药学会（即中国药学会前身）在日本东京成立。1927年，国民党政府将西医改称为新医，西药改称为新药，中药称为旧药。中国医药两个体系逐步形成。

（六）中国近代地质事业

欧洲文艺复兴以后，科学革命接踵而至。物理、天文等自然学科得到迅速发展。18世纪末，地质学学科在西方正式确立。同时，地质学知识也通过来华的传教士在中国传播。19世纪末，中国本土开始兴办学堂讲授地质课程，并派学生到国外深造。这一时期，近代地质学在中国逐渐生根，为地质调查事业的创立奠定了基础。

在鸦片战争前后，一些外国传教士、商人、旅行家、科学家等陆续来到中国从事地质调查。他们有些是为了侵略中国服务，有些是为了科学研究，也有些是受到中国政府的邀请。不管出于何种原因，这些工作为后来中国人从事地质调查和研究工作积累了一定的资料。清末的中国人已经开始学习近代地质学知识并认识到矿产开发的重要性，但是在政府之中，尚无地质机构的设立，亦无政府部门对地质工作进行统筹规划和管理。到民国临时政府时期才开始设立机构、学堂并逐渐开展地质调查活动。

中国地质调查事业拉开百年发展序幕。1829 年，英国人盖拉德发表了《西藏的石印石》一文。据考证，这篇文章是已知反映西藏乃至整个中国地质情况最早的文献。1862 年（清同治元年），美国地质学家拉斐尔·庞培里应清政府邀请来华，调查了华东、华中、华北等多个地区，于 1867 年出版了《1862—1865 年期间在中国、蒙古和日本的地质研究》，他是以近代地质科学方法对中国广大地域进行系统全面研究的第一位学者。1912 年 1 月 1 日，民国临时政府在南京成立。实业部次长（副部长）马君武极力主张在该部矿务司下设立地质科，用以推动地质矿产调查事业。于是地质科在 1912 年正式设立。这是中国历史上第一个官方地质机构。1913 年，设立农商部地质调查所，但因缺乏人员，地质调查所处于停滞状态，1916 年才正式运行。1915 年 12 月 30 日，农商部奏请将原有设备加以扩充，组建地质调查局，以促进地质调查工作的开展。1916 年 1 月 4 日，政事堂下令批准。于是地质调查所于 2 月 2 日正式升格为由农商部直属、实行独立核算的地质调查局，办公地点在北京丰盛胡同 3 号。原矿政司司长张轶欧任局长，丁文江和农商部瑞典籍顾问安特生为会办（副局长），实际负责人仍是丁文江。按当时奏准的《农商部地质调查局规程》规定，该局设四股一馆，即地质股、矿产股、地形股、编译股和地质矿产博物馆，定额为 39 人，年预算为 6.8 万元。章鸿钊被任命为地质股股长兼编译股股长，翁文灏为矿产股股长兼地形股股长，丁文江兼地质矿产博物馆馆长。地质调查局开创了地质调查机构由部直辖的先例。此前无论是地质科、地质研究所还是地质调查所，都是矿政司的下属机构。1941 年 12 月 14 日，在重庆北碚举行地质调查所成立 25 周年纪念大会，翁文灏、尹赞勋发出书面邀请函，称“经济部直辖中央地质调查所自民国五年创设以来已届二十五周年”。这表明，地质先辈们明确把 1916 年作为地质调查工作的起点。自 1916 年以来，地质调查机构不断发展壮大，地质事业发展进入创业时代。

1927 年 2 月，中央政治会议决定创建中央研究院，由翁文灏、李四光、朱家骅、李济、谌湛溪、徐渊摩等人负责筹建地质研究所。1928 年 1 月，中央研究院地质研究所在上海成立，李四光任所长。1932 年地质研究所搬迁至南京。抗日战争爆发后，该所迁至广西桂林。1944 年又迁至重庆，1946 年迁回南京。1942 年 10 月，国民政府资源委员会矿产测勘处正式成立，处长为谢家荣。该处的前身是叙昆铁路沿线探矿工程处，主要负责承担全国的矿产勘探工作。20 世纪 20 年代初期，民国政府颁布了地方地质调查所大纲，鼓励各省设立地质调查所。1923 年，河南省地质调查所率先成立。至 1949 年，全国共有 16 个省成立了地质调查机构，不同程度地承担了各地方的矿产资源及地质调查工作。其中，有些地区在省地质调查所成立之前，已有机构在当地开展地质调查工作。1922 年 2 月 3 日，中国地质学会在北京成立。章鸿钊为首任会长，翁文灏、李四光任副会长。学会主办了 *Bulletin of the Geological Society of China*（《中国地质学会志》）（1922 年创刊，英文）以及《地质论评》（1936 年创刊，中文）两个期刊，为地质学界学术交流提供了平台。此外，地质学会通过举办学术活动和设立奖金、奖章等方式，在引导学术方向和促进地质学理论发展上发挥了重要作用。1932 年 7 月，中国西部科学院地质研究所成立，所址位于重庆北碚，主任为常隆庆。1934 年，国防设计委员会根据地质学家王竹泉、潘钟祥等对陕北石油地质的调查，成立了以孙越崎为处长的陕北油矿探勘处，从事陕北石油勘探开发；1936 年，根据黄汲清等人的调查，成立了四川石油探勘处，开展四川石油、天然气勘探开发。1939 年，资源委员会筹设川康铜业管理处，总处设于成都，另在会理、荥经设立宁属、雅属两个分处。1946 年 6 月 1 日，资源委员会中国石油有限公司在上海成立，标志着接收日伪石油企业的基本完成和统一管理中国石油工业的开始，公司董事长由翁文灏担任。该公司在上海、兰州设有探勘室和探勘处。

二、工人队伍的产生及队伍的初步发展

工业无产阶级人数虽不多，却是中国新的生产力的代表者，是近代中国最进步的阶级，做了革命运动的领导力量。[①] 能源化学地质产业工人作为中国工人阶级的重要组成部分，伴随着中国早期的工业而产生和发展起来。由于早期的工业发展极其缓慢，工人队伍的增长速度也不快。他们深受帝国主义、封建主义、官僚资本主义的残酷压迫和剥削，没有政治权利可言，既无生活保障、也无劳动保护。他们的政治和经济地位低下，没有平等和自由，甚至连家庭的温饱都难以为继。在他们内心深处怀有提高生活水平和改善劳动环境的强烈愿望。

饱受剥削和奴役的能源化学地质产业工人，具有较强的民族意识和反抗精神。由于相关产业的生产有着生产工序前后紧密又相互协同的特点，锻造了他们较强的组织性和纪律性。这些特点决定了能源化学地质产业工人是近代中国最进步的无产阶级的重要组成部分。

从 19 世纪中叶到第一次世界大战前夕，我国近代能源化学地质工业有了初步发展，主要表现是帝国主义在华投资建厂的激增和民族工业的初步发展。在这个时期，世界资本主义已经进入帝国主义阶段，它对中国的经济侵略，从过去的以商品输出为主转变为以资本输出为主。能源化学地质产业工人阶级的产生和发展，随着不同历史时期，分为三个阶段。

---

① 《毛泽东选集》第 1 卷，人民出版社 1966 年版，第 8 页。

（一）早期工人阶级的产生

中国工人阶级是近代工业的产物。能源化学地质产业工人是中国无产阶级的重要组成部分，它是伴随着中国早期的官僚资本企业、民族资本企业和外国资本企业这三种近代工业企业而产生和发展起来的。

1840 年鸦片战争后，西方资本家开始了以攫取掠夺性贸易为主的建厂经营，当时资本主义国家还处于自由竞争时期，入侵中国后利用中国廉价的原料和劳动力，扩大商品的输出和对原材料的掠夺，以追逐更大的利润。19 世纪 60 年代，第二次鸦片战争后，以曾国藩、李鸿章为代表的洋务派，在“自强”“求富”的幌子下，开始兴办以军事工业为主体的近代工业。军事工业的兴办，产生了对燃料、原料的需求，加之受外资兴办的近代企业获得优厚利润的刺激，清朝政府和一部分中国官僚、商人地主也开始投资创办民用企业。从 19 世纪 70 年代起他们以“官办”“官商合办”“官督商办”等形式，陆续开办了一批采矿、冶炼等企业，在这些企业中产生了中国第一批产业工人。

中国电力工人诞生于 1882 年英商在上海创办的上海电气公司电厂。随着外国资本、中国官僚资本、民族资本在各地兴办电厂，中国电力工人队伍也逐渐形成。中国早期的电力企业由于规模较小，容量不大，因此，电力职工的人数也较少、较分散。山西省大同市一所教会医院安装一台 200 千瓦的直流发电机，供医院用电，只雇用一名叫尼古林的白俄人。后又雇用两名廉价的中国童工李德祥和魏恒。这是早期有姓名记载的电力工人。当时一般的电灯公司和电厂职工人数只有几十人，有的十数人，有的三四十人，大的电厂也只有上百人。如 1897 年法商在上海建成洋泾浜电厂，发电容量 135 千瓦，至 1903 年才有职工 36 人，其中外籍人员 2 人。1906 年创办的既济水电公司有职工 242 人。上海英商办的电气公司至1912年所属职工共有550人。这属于职工人数较多的单位。据江苏省1921年末的统计，全省23个电厂共有职工700多人。1894年，中国煤矿工人共有7900—9600人，占当时全国工人人数的8.6%—9.78%。①

中国石油职工队伍是在抗日战争期间逐渐壮大起来的。陕甘宁边区延长油矿的石油职工，由抗日战争爆发前的100余人，发展到抗日战争胜利前的324人。四川油矿、独山子油矿、玉门油矿和重庆动力油料厂四处，在抗日战争胜利前，就已有石油职工8000人左右。在抚顺、锦西、锦州、大连、四平、吉林日军开办的石油企业中，有1.5万多名中国工人。抗日战争期间，中国石油职工队伍由战前的几百人迅速发展到2.4万多人。②

对于中国工人阶级产生的历史，毛泽东曾经作出科学总结。他说："帝国主义的侵略刺激了中国的社会经济，使它发生了变化，造成了帝国主义的对立物——造成了中国的民族工业，造成了中国的民族资产阶级，而特别是造成了在帝国主义直接经营的企业中、在官僚资本的企业中、在民族资产阶级的企业中做工的中国的无产阶级。"③ 伴随着中国近代工业发展的艰难步履，中国工人阶级走上了逐步壮大的坎坷道路。

（二）工人阶级的初步发展

1894年中日甲午战争到1914年第一次世界大战之前，中国近代工业有了较快的发展，中国产业工人的人数也随之明显增加。

1894年7月，日本对中国发动侵略战争。中国在战争中完全失败，于1895年4月签订了丧权辱国的《马关条约》，使帝国主

---

① 孙毓棠：《中国近代工业史资料》第1辑（下），中华书局1962年版，第1202页。
② 本书编写组编：《中国石油工业百年发展史》（上），中国石化出版社2021年版，第36页。
③ 《毛泽东选集》（合订本），人民出版社1968年版，第1488—1489页。

义在中国设厂“合法”化，出现了帝国主义对中国能源掠夺的高潮。正如列宁所指出的，“资本主义愈发达，原料愈感缺乏，竞争和追逐全世界原料产地的斗争愈尖锐”。[①] 列强们继续扩张航运业、创建和扩大一批近代工厂矿山，并争先恐后地开采煤炭石油、兴办电厂，他们逐步控制了中国近代能源等经济命脉。

在采煤业中据对开滦、抚顺、本溪等外资开办的 7 大煤矿的统计，1899 年投资额共 152.7 万元，到 1913 年投资额增至 6316 万余元，15 年间投资扩张到 40 倍。[②] 帝国主义采用巧取豪夺的手段得来的这些煤矿，无论从投资上还是从煤炭产量上都居于绝对的优势。从投资上看，1906 年为 23682225 元，占全国中外煤矿投资总额的 84.8%；1913 年为 85373919 元，占全国中外煤矿投资总额的 79.6%。[③] 从机械开采的煤炭产量上看：1913 年，全国机械开采煤炭的总产量为 7677570 吨，而帝国主义控制的为 7136545 吨，占全国总产量的 93%。[④] 相比之下，帝国主义对中国煤矿工业的控制与垄断达到了惊人的程度。

中国早期的电力工业也大多操纵、控制在帝国主义国家手中，1911 年，全国中外资本经营的电力企业共有 46 所，发电总容量约 2.7 万千瓦，其中帝国主义各国经营的占一半以上。随着外资在华企业的不断扩张，受雇佣的中国产业工人数量自然增加。

中国早期的电力工业有以下三个特征。一是电厂受帝国主义控制较大。中国第一个电厂是英国人创办的。在之后几十年的发展中，帝国主义各国投资兴办的电力工业，在我国电力工业中占

---

① 《列宁选集》第 2 卷，人民出版社 1975 年版，第 802—803 页。

② 王建出、孙茂生：《中国工人运动史》，辽宁人民出版社 1987 年版，第 5 页。

③ 严中平等：《中国近代经济史统计资料选辑》，科学出版社 1955 年版，第 132 页。

④ 严中平等：《中国近代经济史统计资料选辑》，科学出版社 1955 年版，第 124 页。

重要地位。他们办的电厂在数量上虽比我国资本办的电厂少，但其设备、规模远比我国办的电厂大，发电总容量超过我国民营、官营电厂容量总数。特别在东北辽宁、吉林、黑龙江三省，更为明显。1929 年，帝国主义各国经营的电厂发电总容量达 27.3 万多千瓦，比当年中国民营、官营发电容量之和还多 2 万多千瓦。二是中国早期电力工业以供应照明为主。早期电力工业主要是供应附近官府、商店、工厂、街道的照明用电，一般称为电灯厂或电灯公司，规模较小。之后，才逐步供应动力用电。直到 1930 年以后，电才被人们广泛地用作工业的动力。三是中国早期电力工业的分布很不平衡。帝国主义的侵略、掠夺，致使中国电力工业分布很不平衡。各帝国主义国家首先在沿海各通商口岸城市兴办现代工业，而中国民族资本兴办现代工业也多数在沿海各大中城市，因而早期电力工业的分布主要集中在沿海各省和东北地区，西南、西北发展较慢，数量较少。中国早期电力工业的这些特征，与中国早期电力工人队伍的产生、形成的状况是紧密相关的。

外国投资的剧增，帝国主义侵略的加强，导致了中国民族危机的深化。一部分民族资产阶级和爱国人士在甲午战争后逐渐掀起了“设厂自救”“实业救国”热潮。1898 年戊戌变法、1905 年人民的“抵制美货”“收回利权”运动，特别是辛亥革命倡导的资产阶级民主革命思想的影响，又在一定程度上促进了中国民族资本主义的发展。这些企业的规模、资金积累较之以前有所扩大增加，开设地点也由上海、广州延伸到哈尔滨、营口等地。近代工业的发展使中国产业工人人数在外资企业和民族资本企业，尤其是在外资企业，有了新的增加。至 1914 年第一次世界大战前，全国中外厂矿企业中的工人约为 100 万，是前 50 余年的 10 倍。

在这个时期，我国民族煤矿工业也有了初步发展。中日甲午战争后，由于帝国主义疯狂侵占中国煤矿矿权，激起了中国人民的极大爱国热情，在 1905 年前后，在全国范围掀起了“收回矿权”“设厂自救”的爱国运动，从而促进了中国民族煤矿工业的发展。这个时期，新开办的民族煤矿共有 20 个。据统计：1895 年至 1913 年，我国民族资本只有 1410.3 万元，占全国总投资的 23.56%。[①] 生产规模也较小。1913 年，全国煤矿年产百万吨以上的全部是外资或中外合资煤矿；年产十万吨至百万吨的煤矿中，外资和中外合资的就占 88.5%，民族资本只有 11.5%；年产一万吨至十万吨的外资也占 40.1%，民族资本占 59.9%；年产一万吨以下的全是民族资本[②]，而且多是土法开采，一般只是采用机器抽水，甚至有的煤矿是用“竹器抽水”，或者用“牛皮口袋把水拉上去”[③]。根据统计，1912 年，除外资煤矿外，全国煤矿工人共有 152459 人[④]，约占当时全国百万左右产业工人的 15%。在这批中外厂矿中产生了第二批中国能源化学地质产业工人。

（三）工人阶级迅速壮大

中国产业工人队伍的迅速壮大是在第一次世界大战期间。1914 年至 1918 年欧洲帝国主义之间为重新瓜分世界和争夺势力范围的混战断杀，使之不得不暂时放松了对中国的压迫和侵略。也由于欧洲战场的急需，中国的面粉、蛋粉、油类和其他轻工业产品，成了外销的热门货。进口减少而出口剧增，商品供不应求，价格上浮带动工业利润的猛涨，中国民族工业遇上了一个罕见却又短暂的发展良机。但由于各种因素，重工业的发展速度和规模远不及轻工业。

大战造成了中国民族工业短期勃兴的“黄金时代”，日、美

---

① 汪敬虞：《中国近代工业史资料》第 2 辑（上），中华书局 1962 年版，第402 页。
② 汪敬虞：《中国近代工业史资料》第 2 辑（上），中华书局 1962 年版，第403 页。
③ 汪敬虞：《中国近代工业史资料》第 2 辑（下），中华书局 1962 年版，第 665—666 页。
④ 汪敬虞：《中国近代工业史资料》第 2 辑（下），中华书局 1962 年版，第1180 页。

也乘机在华扩张侵略势力，创建和扩大了一部分工矿企业。日本帝国主义在重工业采煤方面，除独占抚顺、本溪等全国著名大型煤矿外，又以合资和借款等方式，攫取了中国11个煤矿。以上情况说明，中国民族工业的发展，即使在第一次世界大战所谓的“黄金时代”，也是障碍丛生，并非一帆风顺。这也说明大战期间帝国主义垄断中国经济命脉、阻碍民族工业发展的总形势没变。然而大战期间中国民族工业和日、美投资企业的迅速增加，也使中国产业工人队伍迅速发展壮大。

1919年，全国煤矿工人约有20万人，占当时全国产业工人总数2446990人的近10%。1927年，全国煤矿工人有220260人，[①] 到1936年，全国煤矿工人就发展到251762人。[②]

据现有资料统计，1921年，53个电业单位的职工共有3087人。按此比例推算，1921年全国电力职工已有1万多人。新中国成立初期电力职工共有43360人。

1948年底，全国石油工人共有16077人，其中，工程技术人员和各类管理人员只有1756人，而石油地质勘探技术人员仅48人。1949年中华人民共和国成立前夕，全国石油工人共有16227人，分布在上海、甘肃、四川、吉林、辽宁等地的石油企业中。其中，职员1756人，工人13821人。[③]

另外，到1952年底，全国已有全民所有制制药厂38家，工人9000人；私营企业278家，工人1.1万人。新中国成立初期从事地质调查和研究的技术人员仅有299人，全部地质职工大约800人。

---

① 陈达：《中国劳工问题》，商务印书馆1929年版，第17页。

② 中国经济年鉴编纂委员会编：《中国经济年鉴》，商务印书馆1936年版，第68—71页。

③ 本书编写组编：《中国石油工业百年发展史》（上），中国石化出版社2021年版，第53页。

伴随着近代工业在中国的出现和发展，能源化学地质产业工人阶级队伍基本形成。尽管人数不多，在当时所占全国人口比例弱小，但却是现代工业新生产力的代表，是近代中国最进步的无产阶级的组成部分，是中国社会不容忽视的力量。

三、早期工人队伍的特点

能源化学地质产业工人是中国工人阶级的重要组成部分，具有国际无产阶级的基本特性。没有私人占有生产资料，与最先进的生产方式相联系，同最先进的经济形势相联系，富于组织性、纪律性，富有大公无私精神，具有较强的民族意识，不畏强暴，敢于斗争。他们除了具有上述无产阶级的特点，还有很多自身的特点。这些特点在中国半殖民地半封建社会中形成，对工人运动有着深远影响。

（一）工人深受封建制度影响

在中国半殖民地半封建社会的历史条件下，工人队伍有其不可避免的弱点。产业工人的数量较少，年龄较轻，文化水平较低，受封建的、小生产者的影响较深，比较容易接受小资产阶级和封建思想，所以统治阶级往往利用工人这个弱点，采用宗教迷信手段，向工人灌输迷信思想，消弭工人的反抗意志。如萍乡安源煤矿在方圆不到6平方公里的地方，就有各种天主堂、中华圣公会、福音堂和庙宇24座。另外，一个厂矿内从不同地区招雇来的工人，各自结成帮派。萍乡安源煤矿的帮会也很多，仅老街筲箕街就有4个自成体系的帮会组织。这些组织对于工人接受革命理论和新鲜事物有很大影响。

（二）工人农民联系极其广泛

能源化学地质产业工人和广大农民群众有着天然的联系。这是由于大部分工人来自城镇破产手工业者和农村的破产农民，少数来自帝国主义及封建官僚经营的机器、军工、航运等工业企业中的技术工人。而且大多数的工人具有亦工亦农的两重性，他们既受到先进的大生产的陶冶，同时也保留着小生产的落后性。他们一方面与农民有天然的联系，有利于结成巩固的工农联盟，另一方面也将封建主义思想和农民小生产者的意识带到无产阶级队伍中来。这种情况，几乎在所有的煤矿、电厂、油田都很突出。同时，煤矿、油田又分散在农村，许多工人家居农村，“上班到矿上，下班回农村”，广大农民的疾苦，工人深有感受；而工人在矿上所受的压迫剥削，农民也深刻了解。他们既在矿上受着帝国主义、资本家和封建把头的野蛮压榨和奴役，又在农村受着封建地主阶级的残酷统治和盘剥，“此种工人，实农民运动之连锁”①，很自然地与广大农民同呼吸、共命运，和农民结成密不可分的同盟军，在革命斗争中显示出巨大力量，往往把经济罢工和政治罢工，发展为武装暴动。

（三）产业工人集中程度较高

能源化学地质产业工人的集中程度很高，这主要是由中国近代煤矿、电力、石油工业发展的殖民地性，全国能源资源分布和开发的不平衡性导致的。中国煤矿从地区上看，主要集中在辽宁、河北、山东、河南、山西、江西等 6 个省区。根据 1936 年的统计，这 6 个省区共集中煤矿工人 192962 人，占全国煤矿工人总数

① 《中国社会主义青年团中央第二次扩大执委会·安源报告决议案》（1924 年3 月）。

的 76.86%。从规模上看，主要集中在中外资本的大型煤矿[①]。中国电力工业分布受帝国主义侵略、掠夺影响，发展得很不平衡，主要集中在沿海各省和东北地区，西南、西北发展较慢，数量较少。据 1929 年的统计资料，全国 575 所电厂，最多的是江苏省（包括现上海市）126 所，其次是浙江省 113 所，之后依次是广东省 56 所，辽宁省 48 所，河北省（包括现北京市和天津市）33 所，安徽省 26 所，湖北省 25 所，福建省 24 所，山东省 19 所。西南、西北各省都较少，四川省 7 所，云南省 6 所，甘肃省 2 所，陕西省、贵州省只各 1 所。由于能源化学地质产业工人比较集中，不但有利于整个工人队伍的团结，而且有利于战斗，更为形成强大的政治力量奠定了基础。

（四）工人具有较强民族意识

能源化学地质产业工人深受帝国主义、封建主义、官僚资本主义三重压迫，“而这些压迫的严重性和残酷性，是世界各民族中少见的”[②]。他们没有任何生产资料，仅凭自己的双手劳动，温饱尚难。他们生活在社会底层，没有人身自由，更没有政治上的民主权利。他们对当时社会极为不满，怀有提高生活、改善劳动条件的强烈愿望。又加上早期工业所需的设备、技术，几乎全部依赖外国资本主义和帝国主义国家。特别是承办建厂或安装机组的工程技术人员需要高价聘请外籍人员担任。如 1913 年，山东中兴煤矿公司电机厂（发电厂）兴建后，电力工人有 30 多名，同时聘请了德国技师 4 人，分别管发电、锅炉、配电及事务管理工作。更有甚者，中国工人不仅受资本剥削，而且受殖民主义的种族歧视和奴役，这种情况更增强了工人的反抗精神。1908 年，四

① 薛世孝：《中国煤矿工人运动史》，河南人民出版社 1986 年版，第 21 页。
② 《毛泽东选集》第 2 卷，人民出版社 1966 年版，第 607 页。

川烛川电灯股份有限公司的德国工程师李特勒殴打本公司的职工，激起全公司电力工人的愤怒，工人们自发组织了罢工斗争，结果取得了胜利。中国早期能源化学地质产业工人为保卫民族尊严，改变现实状况，不顾自身的安危，在反对封建王朝，支援辛亥革命，抗议中外资本主义的压榨等政治、经济斗争中，不畏强暴，勇敢地投入斗争，表现了强烈的革命精神。

（五）具有较强组织性纪律性

早期工人大部分来自农村，在一个厂矿内从不同地区招雇来的工人，各自结成帮派。但是，煤炭和电力生产的特点是连续性和社会性，安全生产要求很高，某一环节出了事故，不仅本厂停产而且直接影响社会各行各业的生产和人民生活，严重的事故有时不仅造成设备损坏，还会造成人身伤亡。因而，这些行业要求工人在生产中必须要互相配合协作，团结互助。特别是在早期生产劳动条件恶劣，设备简陋，又缺少起码的劳动保护设施，人身事故频发的情况下，更需要工人之间的相互关心。早期电力工人在长期的生产实践中，培养锻炼了在处理生产事故中的机智勇敢和日常生产运行中的团结协作精神，连续大生产也造就了工人有较强的组织性和纪律性。自有了工人阶级自己的政党——中国共产党以后，在党的领导和教育下，通过各项斗争以及生产实践，电力工人的小生产者的思想逐渐淡化，无产阶级意识不断增强。

（六）工人具有勤奋好学精神

这一点在电力系统中较为突出。电力生产是技术密集型行业，要求电力工人有较高的技术文化素质。但早期电力工人没有求学的条件，不少是文盲、半文盲。客观上要求电力工人必须刻苦学习，努力钻研，逐步掌握近代电力工业的生产技能，以适应技术精细的生产方式。同时，从电力工人本身来说，没有一技之长，就难以保住饭碗，更谈不到出路，只能一辈子当苦力杂役。因而，他们克服各种困难，在生产实践中刻苦学习，注意积累生产经验，有时，也从外国籍的工程技术人员手中偷偷地学。因此，产生了早期电力工人中的一批生产技术骨干。他们在电业生产某些环节中掌握了许多“绝招”“绝艺”，以带徒弟等方式逐步地培养壮大电力技术工人队伍。

（七）工人具有较大斗争能量

从某一个地区看，由于电厂较少且较分散，职工人数不多，因而，工人运动中集中的、大规模的群众活动和斗争比较难组织。但是，电力等产业工人掌握着社会经济基础的动力部门，不但控制着本企业的生产关键，而且和各行各业有密切联系。所以，在革命斗争中，在参加、支援、协同其他产业或地区工人的斗争中，他们能在关键时刻发挥较显著的作用。正因为如此，统治者们对电力工人实行更严厉的控制和压迫，这也加深了电力工人对统治者的愤恨和迫切需要改变现状的革命要求。

第二节　近代工人的政治与经济状况

随着资本主义社会的到来，市场化的交易关系占据了主导地位。从表面上看，是自由的交易，人们摆脱了传统封建社会的体制，根据自己的意愿去选择工作和商品，实际上是一种没有实质的自由。在中国半殖民地半封建的社会性质处境下，能源化学地质产业工人不仅没有政治地位，而且在劳动中存在着罕见的经济剥削。

一、近代工人阶级的政治地位

能源化学地质产业工人在政治上毫无地位，在遭受经济剥削的同时，还受帝国主义和封建主义极其残暴的政治压迫，深受殖民主义者和资本家的歧视和奴役。工人虽然是中外资本家的劳动力出卖者，但却完全没有人身自由。

（一）中外资本家的暴力管理

山东潍县坊子的德商华德矿务公司为了防止采煤工人逃跑，“该公司建一巨室，紧接煤矿井口，屋外复用铁网护绕，工人休息，只准在此屋内，室外另有人严密巡查，以防工人私自逃逸”。[①] 在工人做工时，甚至“有德人持枪督工”。[②] 山东省青岛市被德国侵占之初，便张贴布告：若对德国人行凶加害，则照德国军法严惩，决不宽容。并连续发布法规、命令达188种之多，以统治中国工人。德国人欧斯特在控制洪山发电所期间，德国籍技师及高级职员们颐指气使，为所欲为，随意处罚鞭挞辱骂中国工人。为防止工人反抗，发电所墙头电网耸立，戒备森严。欧斯特还强迫地方政府派一个步兵排驻扎在电厂，监督工人。德国侵略者对工人制订了一套苛刻的《服务规则》，其中第19条规定：“工人凡有下列行为之一者，得随时予以解雇退工：一是犯刑事罪者；二是怠工酗酒及其他有不规则行为者；三是阻止他人上班及工作者；四是煽动或胁迫他人反抗命令者；五是散布谣言蛊惑人心者；六是不遵守规则、不服从指挥者；七是在工作场所任意喧哗及对职员有粗暴行为者……”《服务规则》还规定了中国工人见了德方人员要行礼，禁止中国工人在德国职员面前谈笑，否则即以不尊重外国人问罪，轻者罚钱，重者开除。为此而被开除者屡见不鲜。

这些充分说明在帝国主义所经营、控制的厂矿中工作的早期

① 汪敬虞：《中国近代工业史资料》第2辑（下），中华书局1962年版，第1222页。
② 汪敬虞：《中国近代工业史资料》第2辑（下），中华书局1962年版，第1222页。

产业工人毫无人身自由，实质上已成为任人摆布的奴隶。不少官营和民营电厂，在招收工人时都规定各种关卡。浙江省大有利电灯公司规定，工人进厂必须实行三保，一是交 200 元钱押金保；二是十几个工人的连环保；三是资金 1000 元以上的殷实铺保。当时工人中流传一首歌谣：出卖劳力不容易，里里外外先送礼，两脚尚未进厂门，债先欠了一大批。成都启明电灯公司也规定工人进厂要过三关，即介绍关、找保关、立约关。工人立下的保证书无异于一纸卖身契。

（二）中外资本家的反动法律

中外资本家还不断强化他们的反动法律和暴力机关，来保障他们剥削和压迫工人的权力。在煤矿上驻扎着军队或矿警队，用来“弹压”“部勒”“监督”“管束”工人，甚至私设刑堂，备有刑具，对工人实行血腥的镇压，一切言论、集会、结社和罢工的自由，完全被剥夺得一干二净。1882 年开平煤矿创办时，唐廷枢曾经请求私设刑具，审讯工人。直隶总督李鸿章批准矿务局会办，广西候补知府吴炽昌说：“该局工役日众，良莠不齐，诚恐外来土棍勾引滋事。……除情节较重者，照例移请地方官究治外，其有寻常酗酒斗殴、聚众行窃等犯，准暂由吴守炽昌就近督查审讯，量予枷责发落”。[①] 此例一开，各地纷起仿效。例如萍乡煤矿，除驻有反动军队外，矿局还建立了矿警队。据资料记载，矿警队 1906 年有 300 人，1916 年就扩充到 900 人，约占全矿工人的 1/10。还设有法庭和监狱，迫害工人。“矿局职员，自矿长以至各下级职员及工头管班等，无不可以殴打工人，工人对于彼等之无理命令，亦莫敢稍有违抗。工人有稍不如意者，即滥用私刑，如跪火炉、背铁球、戴篾枷、抽马鞭、跪壁块等，或送警拘留蛮

① 孙毓棠：《中国近代工业史资料》第 1 辑（下），中华书局 1962 年版，第 1243 页。

加拷打。人生而受此，诚奴隶牛马之不如矣！”1914 年洪山发电所被日本侵略者占领后，资方变本加厉，专门豢养了一支“保卫队”，每日荷枪实弹，监督工人行动。日本资方明文规定：“工人上班说笑者罚；吸烟喝水者罚；随便走动者罚；见上司不鞠躬者罚；反驳者加倍罚……”1915 年，萍乡安源煤矿罢工工人，就被反动派当作“土匪”处置。陕西铜川“霸王窑”在《窑规》中更规定：“不拜神灵者打，拉车慢者打，拉车不力者打，翻车亦打，中邪吃煤泥喝矾水打，晕倒病倒者打，伤残病痛呼唤者打，钻倒仓寻死未遂者打，损坏工具者打，逃跑肇事者打，死者为避其邪打。”① 列宁曾经指出：“资本主义的社会劳动组织是靠饥饿纪律来维持的”“农奴制的社会劳动组织是靠棍棒纪律来维持的”。

产业工人遭受这样残酷的政治压迫和经济剥削，实是世界罕见。他们所受的这种压迫和剥削，正与列宁 1905 年所说俄国的工人情况一样：“工人阶级与其说是苦于资本主义，不如说是苦于资本主义发展得不够。”② 所以，他们具有彻底的革命性，特别能战斗。

二、封建压迫与资本剥削下工人的劳动状况

恩格斯在评论英国资本主义时曾这样描述过英国工人阶级的状况：资本主义的“奴隶制与旧式的公开的奴隶制之间的全部差别仅仅在于现代的工人似乎是自由的”。③ 处于半殖民地半封建社会里的中国工人阶级，连那种形式上的自由也从未尝过，却饱受了压迫和剥削。

---

① 薛世孝：《中国煤矿工人运动史》，河南人民出版社 1986 年版，第 20 页。
② 《列宁选集》第 1 卷，人民出版社 1975 年版，第 541 页。
③ 《马克思恩格斯选集》第 1 卷（上），人民出版社 1972 年版，第 215—216 页。

（一）劳动时间长

产业工人深受资本家的剥削，其劳动时间之长是世界上罕见的，尤其是煤矿工人。在资本主义国家，煤矿工人的劳动时间低于其他工厂工人，但在当时的中国却是恰恰相反。如开滦、中福、阳泉、大同、华东等煤矿，名义上是三班轮流，每班 8 个小时，但因工资过少不能维持生活，工人要常常连作两班，工作 16 个小时。还有的煤矿采取昼夜两班轮流制，每班要工作 12 个小时。有一些土窑，因设备简陋，矿坑出入不便，矿工每日竟在坑内工作 24 个小时。① 如直隶石门寨土法矿、山东博山土煤矿、章邱煤矿等都是如此。煤矿工人一年四季都在井下劳动，没有星期天，节假日也很少。电力工人的劳动时间一般是每天 12 个小时以上，许多电厂星期日也不休息。江苏南京金陵电灯官厂发电车间工人，晚上值班 8 个小时，白天还要做机器维修工作，每天工作时间达 12 个小时以上。东北地区大连、营口、哈尔滨、吉林等地的电力工人，在日本帝国主义者的统治下，劳动时间一般在 10—12 个小时，多的达 14—18 个小时。

（二）工资收入低

在资本主义条件下，工资是劳动力价值的货币表现。马克思指出：“和其他商品不同，劳动力的价值规定包含着一个历史的和道德的因素。”② 因此，劳动力作为一种特殊商品，它的价格通常是低于价值的。而生活在半殖民地半封建社会的工人，他们的工资水平就更为低下，只占其创造的财富中很少一部分，如山东德华煤矿工人的工资约占煤价的 18%。在 19 世纪末，据《开平

① 汪敬虞：《中国近代工业史资料》第 2 辑（下），中华书局 1962 年版，第 1201 页。
② 《资本论》第 1 卷，人民出版社 1975 年版，第 194 页。

煤矿记》中记载："雇用的矿工（包括杂工和马夫）平均每人每日挖煤 1.25 吨。平均工资每人每日为 0.25 元。到了 20 年代，根据 1920 年至 1921 年对抚顺、开滦、保晋、柳江、淄川、坊子煤矿采煤工人的调查，每人平均工资为 0.435 元。"① 而当时的米价每担则为 10 元左右。1916 年官办南京电灯厂外线工月薪 9 元，而总办月薪 150 元，另外还有公费、车马费等，比工人收入高出数十倍。山东洪山电厂被德国人占领期间，工人实得日工资为 400—500 文，而当时馒头价格为每斤 100 文，小米煎饼每斤为 80 文。这样低微的收入，若无天灾人祸，也仅能勉强维持个人的最低生活，而拖家带口的就难以度日了。

（三）劳动条件差

中外资本家认为中国有源源不断的廉价劳动力可供榨取，他们对工人进行着极其残酷的剥削和压榨，根本不关心工人的身体健康和生命安全。据 1877 年至 1878 年的《关册》记载：台湾基隆煤矿，"去年矿厂一带矿工的死亡率非常的高，中国工人开始工作不久便一个个死掉了；加以夏季的炎热与冬季气候的恶劣，都增加了不少困难"。② "最近听说工人们怕疾病，不敢很多人一起同时入井"，矿区"是台北最损害健康的地带"。由于这里死亡率过高，而招不到工人。③ 早期的电力企业，大多数设备简陋，劳动环境恶劣，尤其是锅炉供水、供煤、出灰全部由工人肩挑人抬，劳动强度极大，工人苦不堪言。江苏镇江大照电灯公司的江边堆煤厂离车间约 300 米，由抬煤工 2 人一组，用一个大箩筐和一条扁担，抬到锅炉离地面 9 米处，整天不歇。出灰工更是冒着

① 南开大学经济研究史研究所编：《旧中国开滦煤矿的工资制度和包工制度》，天津人民出版社 1983 年版，第 150 页。
② 孙毓棠：《中国近代工业史资料》第 1 辑（下），中华书局 1962 年版，第 1236 页。
③ 孙毓棠：《中国近代工业史资料》第 1 辑（下），中华书局 1962 年版，第 1237 页。

高温劳动，他们不得不穿戴被水浸湿的麻袋钻入炉下掏灰，皮肉经常被灼伤烤煳，受伤的工人不计其数。1915 年福建厦门电灯公司锅炉工陈顺弟在工作时被炭车撞伤，公司老板不给治疗，不准休假，陈顺弟被迫带伤上班，致使伤势恶化，4 天后含恨而死。家中无法度日，陈妻无奈卖掉 2 个孩子后改嫁，造成家破人亡的惨景。

（四）封建剥削广

在近代企业中，中外资本家与中国封建把头和其他黑恶势力相互勾结，普遍施行带有封建主义性质和奴隶制残余的剥削形式，如包工制、养成工制、包身工制和学徒工制等。各种剥削使工人痛苦到了极点。在中国近代煤矿、电力、石油产业中普遍实行着各种封建性的剥削制度，比较突出的有把头制、包工制。这种制度是从奴隶制、封建制演变而来，由中外资本家用于矿中的工人管理，是一种资本主义和封建主义相结合的特殊的剥削形式，具有不同程度的超经济强制性质。把头制与包工制有着内在的联系，但不完全相同。在中国封建社会后期，特别是到了明、清时，已经产生了把头制；而包工制则是在鸦片战争之后，由帝国主义者，主要是由英国资本家带来的。1928 年开滦矿务局秦皇岛电厂兴建后，机电工程技术由比利时工程师主管，工人的工资只有高级职员的 1/26，工资较高的里工日工资也不超过 0. 4 元，更低于全国水平①。这些外籍人员与中国电力工人的生产、生活条件和工资待遇有天壤之别。

这些情况，是早期能源化学地质产业工人苦难生活的真实写照，工人们终年辛勤劳动却得不到温饱，过着奴隶般的生活。而不劳而获的中外资本家和压在他们头上的大小工头们，却过着花天酒地的生活。截然不同的生活对照，激起了工人对统治者的怒

① 陈永利：《秦皇岛南山南》，中国电力出版社 2021 年版，第 91—94 页。

火，他们为改变现状，不顾自身的安危，在抗议中外资本主义压榨的政治、经济斗争中，不畏强暴，勇敢投入斗争，表现了强烈的革命精神。

三、近代工人阶级的生活状况

饱受三重压迫的中国工人处在社会的最底层，其所受剥削之残酷，生活条件之恶劣，在当时世界各国的工人中是极其少见的。他们的生活更是极其简单，只是养家糊口，根本没有文化娱乐活动可言。

（一）工人阶级极其贫困

在中国半殖民地化过程中，中国工人饱受三重压迫，加之当时破产的农民和手工业者众多，劳动力充裕，进一步造成了劳动力价格低廉，以致中国工人的工资极其低微。根据山东枣庄中兴煤矿公司矿师朱培元亲身在欧美的调查，1925 年左右欧美煤矿工人和中兴煤矿工人工资对比情况如下表①。

欧美煤矿工人和中兴煤矿工人工资情况对比表

国别	井下工人日工资（元）	日工资指数	每日劳动时间（小时）
中国中兴	0. 25	100	12
美国	13. 50	5400	8
英国	8. 50	3400	6. 5
荷兰	4. 20	1600	8
比利时	3. 00	1200	8
德国	3. 00	1200	8
法国	2. 30	920	8

① 中央枣庄矿务局委员会、山东大学历史系、中国科学院山东分院历史研究所编著:《枣庄煤矿史》，山东人民出版社 1959 年版，第 56 页。

产业工人受尽了中外资本家的剥削和压迫，过着饥寒交迫、牛马不如的生活。工人的工作时间名为 8 个小时，实际都要工作 10 多个小时，“因为工人必须连作两班，方能维持生活”。“甚至有这样的情形，矿工在井下有连续一星期不出的”。① 煤矿、电厂大都是采用包工制。工人虽出卖劳动力，却不能与资本家直接交易，中间还须经过包工头的剥削。如开滦煤矿井下工人，矿局所给工资每人每日合银洋 2 角，而包工头给工人的，则每人每日只可合铜圆 20 枚（中国兑换市价，银洋一角可换铜圆 20 枚至 30 枚）。包工头从工人工资中剥削一半以上。再则发给工资时，又得剥削其尾数，如工资 1 元以上只给 1 元，其尾数被扣去，如不上 1 元者则仅以不足数之铜圆付给之。其他如歇工扣伙食，误事罚工资，重利盘剥等，无所不有。包工头还公开放赌，工人往往连续工作一星期所得的工资，不到半日便输光在赌博场上。不赌又不行，因为包工头可以借故开除不赌的工人。包工头还经常借银给工人赌博，利息特重，因此每个工人都负债累累，无法脱离包工头的利爪。1920 年 7 月，开滦煤矿负责劳工管理的惠工处主任弗斯克（英国人）在《关于煤矿劳工情况的报告》中也不得不承认说：“如果一个工人想要比仅能糊口的收入多挣一点钱，他只有每天打两个连班。”而且大部分工人都负了债。

（二）工人生活难以为继

工资低微导致工人生活十分悲惨。能源化学地质产业工人的住所大都是租用一些简易土平房或是简陋的草棚，墙是用秫秸秆夹起来的，夏不避暑，冬不御寒。有的一家老小三代人挤在冰凉的土炕上，盖的是破棉絮，忍冻挨饿，饥寒交迫。

煤矿、电厂对于工人的生活健康全不顾及。安源煤矿“窿工

---

① 《邓中夏文集》，人民出版社 1983 年版，第 489 页。

有食宿处四区，计屋百余间，每间约丈余宽，二丈余深，须住四十八人，然因房屋过少，竟有每屋住至五十人以上者。房中床俱叠置，大类柜橱，空气恶劣，地位低湿，诚一‘栖流所’之不如”！[①] 本溪湖煤矿工人的悲惨境况是“坑夫室，臭秽不可仰逼，衣不蔽体，倒地而卧，面目黝黑，仅露白齿”。许多厂矿的女工，由于营养极差，工作劳累，而直接影响到工人第二代的生育和健康。总之，工人的生活，贫困到了连维持劳动力的简单再生产也几乎不可能的境地。

第三节　产业工人早期的自发斗争

马克思、恩格斯在《共产党宣言》中指出：“资产阶级不仅锻造了置自身于死地的武器；它还产生了将要运用这种武器的人——现代的工人，即无产者。”[②]“无产阶级经历了各个不同的发展阶段，它反对资产阶级的斗争是和它的存在同时开始的”。[③] 能源化学地质产业工人的早期斗争，从斗争对象上来看，既有同帝国主义侵略者的斗争，又有同封建势力的斗争，还有同资本家的斗争。从斗争手段上来看，主要是罢工斗争。1882 年 7 月，开平煤矿一部分工人为了要求平等的工资待遇而举行的罢工，是中国煤矿工人最早的一次罢工。揭开早期电力工人斗争序幕的是 1908 年四川重庆烛川电灯股份有限公司的工人，他们为了反抗洋人的凌辱，维护民族尊严而展开了坚决的罢工斗争。

---

① 长沙市革命纪念地办公室、安源路矿工人运动纪念馆编：《安源路矿工人运动史料》，湖南人民出版社 1980 年版，第 147 页。

② 《马克思恩格斯选集》第 1 卷，人民出版社 1975 年版，第 257 页。

③ 《马克思恩格斯选集》第 1 卷，人民出版社 1975 年版，第 259 页。

一、革命运动中的产业工人

从1840年鸦片战争开始到1919年五四运动，中国的革命斗争曾经出现3次高潮，即太平天国运动、义和团运动和辛亥革命。这时，中国的产业工人虽然还没有成为一支独立的政治力量，但却积极参加了这些革命斗争，表现了中国产业工人不屈服于帝国主义的压迫和剥削，不屈不挠和再接再厉的革命斗争精神。

（一）早期农民革命的斗争

帝国主义和中国封建势力相互勾结把中国变为半殖民地半封建社会，遭受残酷压迫和剥削的农民感到无法照旧生活下去的时候，就会反复发生农民革命，不断把革命火焰燃遍中国大地。中国煤矿工人来自破产的农民，特别是有许多亦工亦农、半矿半农的产业工人，其本身阶级属性在一定程度上仍是农民阶级的一部分。因此，他们与农民休戚与共、血肉相连，往往与农民结成巩固的联盟，与农民团结在一起进行反对帝国主义的斗争。

太平军中的土营。在19世纪50年代，爆发了震惊中外的太平天国农民革命运动，许多煤矿工人投身革命队伍，与农民兄弟并肩战斗，屡建战功，令敌胆寒，为太平天国革命事业作出了重要贡献。

1864年6月16日天京沦陷，太平军遵王赖文光从陕西回师到鄂豫皖边界，联合这一带的捻军，重新振作起来，让农民战争的火焰在长江以北的山东和陕西地区燃烧起来。1865年4月，清军名将僧格林沁在山东进剿捻军，在赖文光统率下的捻军运用巧妙的战术，在曹州附近将僧格林沁全军包围歼灭，杀死了僧格林沁，越过运河，向东发展。华丰煤窑工人兴高采烈地编了歌谣在窑下传唱。“不久，捻军由西往东，径直朝磁窑开过来了。消息传来，吓坏了（矿主）裴大户、魏老财。魏老财带着一家老小，搬进了裴家楼，连金银、粮食都弄了进去”。“那个靠着搜罗四乡的地痞流氓和把头凑成的‘团体’，不过百把个人，整日扛着刀枪，扬言要死守裴家楼”。“穷苦的挖煤工和农民，听说捻军快要来了，心里都乐滋滋的。……宁天旺他们，在一天夜里，约合了二十几个挖煤工、穷佃户，披星戴月投奔捻军而去”。[1] 后来，煤矿工人宁天旺所在的捻军赶到华丰一带，四面包围了裴家楼。在捻军的攻势下，很快突破了土围子和院墙，吓得团丁丢了刀枪抱头鼠窜，捻军穷追不舍，杀得团丁横七竖八倒了一地。但矿主裴大户、魏老财仍带二三十个团丁在裴家楼顽抗。这时，煤矿工人锁柱立刻跑到捻军将领跟前，讲了楼内情况，于是捻军决定火烧裴家楼。一捆捆柴草运来了，煤矿工人宁天旺挟了一捆，顶着浸了水的棉被，第一个勇敢地冲上去。他冲到楼前，将柴草放到窗下，然后一个猛转身，仍用棉被掩护着，跑了回来。捻军把一捆又一捆柴草运了上去。接着，把火把掷过去，霎时间，浓烟滚滚，烈火升腾，裴大户、魏老财葬身火海之中。

太平天国革命是中国近代史上一次最伟大的农民革命运动。虽然它最后失败了，但它极大地扰动了封建社会的旧秩序，促进了封建社会的崩溃，并向外国资本主义侵略者显示了中国农民的强大革命力量，起到了阻止中国殖民地化的作用。中国煤矿工人在这个斗争中作出了重要贡献。

1900 年前后，在中国北方兴起了以农民为主体的义和团运动。各地煤矿工人在会党的发动下，和当地农民一起，积极投入了这一反帝爱国斗争。中日甲午战争以后，帝国主义列强纷纷到中国“租借”港湾，划分“势力范围”，修筑铁路，开矿设厂，中华民族面临着严重的瓜分危机。为了反抗帝国主义的侵略，救

---

① 本书编写组编：《华丰煤矿史话》，山东人民出版社 1983 年版，第 13 页。

亡图存，早在 1890 年 8 月，四川大足县龙水镇就爆发了反教会斗争。当时，法国传教士彭若瑟在龙水镇占买大量土地，实际上成为封建庄园主，使信教的中国农民既在精神上受奴役，又成为被剥削的佃户。当群众团结起来打毁龙水镇教堂时，大足县里竟派官兵进行弹压。这时，煤窑、纸厂工人 100 多人举行反教会侵略的武装起义，占领了龙水镇。起义后，义军发布檄文，痛斥外国侵略者和传教士无法无天的罪行，揭露官绅助纣为虐，深得群众拥护，周围数百里内汹汹骚动。1892 年起义遭到敌人镇压而失败，余栋臣潜伏于西山之中。1898 年春，数百群众劫狱，回到龙水镇再次举义。起义军迅速发展，多达万余人，发布檄文，提出“但诛洋人，非叛国家”“顺清灭洋”的口号，势力扩展到大足周围百里，影响邻近 30 多个州县，焚教堂 20 余处。起义军后被优势敌人包围在西山之中，于 1899 年失败。1895 年 8 月又发生了福建古田斋教群众反教会的武装暴动。斋教是白莲教的流派，当时在福建有 1.2 万会员，参加斋教的除贫农外，还有许多煤矿工人。他们在刘兴祥的领导下，提出“不把洋人消灭干净，人民受苦受难就永无终止之日”的口号，高举“龙爷将要征服外国人的上帝”的红旗，手持刀枪，焚烧教堂和洋人住宅。后来，俄国驻福州领事波波夫在向俄国外交部的报告中说：“中国人袭击教士住宅，其目的不是掠夺而是杀人，为了报仇雪恨，而非抢掠财物。”这就清楚地说明了这次暴动的反帝性质。四川大足和福建古田反教会侵略的斗争，揭开了义和团反帝爱国运动的序幕。

到了 1900 年，以山东为中心的义和团农民运动迅速发展起来，形成了中国旧民主主义革命时期第二次革命高潮。广大农民和煤矿工人烧教堂、扒铁路、毁矿山，驱逐外国传教士的反侵略斗争燃遍全国各地。在盛京，1900 年 6 月 21 日清廷对外宣战，7 月上旬，义和团和育字军、仁字军一部分士兵，焚毁了俄国在辽阳茨儿山所开采的煤矿。在河南，1898 年英商福公司掠夺了焦作煤矿，接着，派洋矿师葛拉斯、格垒等 9 人来到怀庆府城，遍跑豫北和豫西地区查勘矿苗和测量铁路，要求发给开采凭单。1900 年 8 月，英商福公司的帝国主义分子被迫撤退，清廷也不敢发给福公司开采凭单。后来，义和团虽遭地方官禁止，但义和拳暗自练习者仍不少。在江西，1901 年，安源路矿工人和萍乡人民一起，在会党的发动下，到处发传单，贴标语，扒铁路，毁机器，号召大家起来赶走帝国主义分子，吓得萍矿的德帝国主义分子仓皇外逃。在四川，1909 年，威远煤矿工人刘香亭，率领煤矿工人高举“反清灭洋”大旗，积极响应义和团的斗争。

义和团运动虽然最后失败了，但它是一个没有先进阶级领导的以农民为主体的伟大的反帝爱国运动。后来，孙中山在评价义和团运动时说：义和团的排外主义表现了“当时中国人对于欧美的新文化之反动”，“他们始终不相信外国的新式武器，总是用大刀肉体和联军相搏，虽然被联军打死了几万人，伤亡枕藉，还是前仆后继，其勇锐之气，殊不可当，真是令人惊奇佩服。所以经过那次血战之后，外国人才知道中国还有民族思想，这种民族是不可消灭的”。① 义和团运动表现了中国人民不甘于屈服外敌的反抗精神，推迟了帝国主义列强瓜分中国的日程，成为以后中国人民反对帝国主义、反对封建主义的先驱。

（二）资产阶级革命的斗争

在中国旧民主主义革命时期第二次革命高潮过去 5 年之后，第 3 次革命高潮就到来了。这次革命高潮开始的标志是 1905 年 8 月在东京成立的孙中山领导的同盟会。

1906 年 12 月 4 日爆发了安源煤矿 6000 多名工人参加的震动中外的萍（乡）、浏（阳）、醴（陵）武装起义。萍浏醴起义，

① 《孙中山选集》（下），人民出版社 1962 年版，第 723—724 页。

是由孙中山的同盟会领导，以会党群众为基础的武装起义。1905年8月20日，孙中山团结各派反清力量，在日本东京成立同盟会，通过了章程，发表了宣言，提出了“驱逐鞑虏，恢复中华，建立民国，平均地权”① 的政治纲领。同时，从联络会党入手，发动和领导武装起义。1906年春大批会员回国，同盟会派湖南留日学生刘道一、蔡绍南回湘运动军队，重整会党，伺机发动武装起义。他们回到湖南后，在长沙水陆洲船中召开革命党人会议，密商进行革命的方略，决定组织长沙附近萍乡、浏阳、醴陵各县的会党与长沙军队联合，发动起义。会后，刘道一留驻长沙，负责全盘筹备工作，并与东京同盟会总部联系，蔡绍南则前往江西萍乡一带，负责发动萍、浏、醴的会党。蔡绍南回到萍乡上栗市原籍后，即同原先在萍乡从事联络会党的魏宗铨会合，加紧进行活动。

当时，湘赣边界萍浏醴一带是会党集中的地方。这一带的会党主要有三派：哥老会、洪福会（亦称洪福齐天党）和武教师会。安源煤矿工人领班肖克昌便是哥老会的一位首领。肖克昌为湖南湘潭人，久居安源，能左右窿工，在会党中很有威望，被称为“老龙王”。受他控制的工人有万人之多。这些会党山堂林立，互不统属。蔡绍南、魏宗铨反复向他们宣传同盟会的纲领，力图使各派会党联合起来，深受会党的拥护和支持。经商定，以魏宗铨请道士替祖先做冥寿为掩护，首先邀集了哥老会首领肖克昌、沈益古、李金奇、邓廷保和武教师会首领胡友堂、廖叔保、龙人杰、万木匠、饶有寿等百余人，在萍乡蕉园举行秘密会议，公议立“六龙山”，号“洪江会”，公推龚春台为大哥，“称奉孙中山先生命，组织机关，以备驱策”，“以忠孝仁义堂为最高机关”，②

① 《孙中山选集》（上），人民出版社1962年版，第68—69页。
② 邹鲁：《中国国民党史稿》第5册，中华书局1960年版，第1277页。

设总机关于萍、浏、醴交界之麻石。入会的人饮雄鸡血酒宣誓，誓词是："誓遵中华民国宗旨，服从大哥命令，同心同德，灭满兴汉。如渝此盟，人神共殛。"[①] 会后，各路码头官分赴各地，开堂散票，发展组织，会党的活动更为活跃。广大煤矿工人和贫苦农民纷纷加入洪江会，"不数月间势力已蔓延萍（乡）、宜（春）、分（宜）、万（载）、浏（阳）、醴（陵）各县"。到这年7月，以肖克昌为首"加入洪江会的矿工已有三千多人"，"萍乡县属的青山峰、峡山口、风桥等处合官办民办有18个采矿公司，矿工人数众多，大半已加入会党"。这么多煤矿工人参加会党是过去从来没有过的，不仅大大增强了会党的战斗力，而且反映了革命时机已经成熟。

在这种形势下，1906年7月，龚春台、蔡绍南等召集各路码头官于萍乡县属之大岭下弹子坑慧历寺召开会议，商议武装起义，通过了武器、火药的筹集，争取未加入洪江会的哥老会其他头目和洪福会加入洪江会等迎接起义的几项决定，还决定派蔡绍南、魏宗铨往沪、港、粤等地联络各地革命党人响应，并去日本东京同盟会总部向孙中山报告组织经过，要求接济军械，请示举义日期。

这时，萍乡一带会党聚集，群情激动，谣言蜂起。由肖克昌介绍加入洪江会的慧历寺僧众假托神言，向香客们宣示说"天下即将大乱，将有英雄铲富济贫"等语，使地方士绅惶恐万分，相率呈请官厅剿办；清吏也派人四处刺探，图谋镇压。到10月初，中秋节麻石庙会期间，每日聚众达万人以上，竟传出"洪江会即日起事"的话。10月7日，萍、浏、醴三县官绅大为惊恐，乃密派巡防营突袭麻石。会党群众猝不及防，被清军冲散，第三路码头官李金奇被追捕，逃至醴陵，陷入清军重围，被迫投白兔潭溺

① 杨思义：《邹永成革命回忆录》，《近代史资料》1956年第3期，第87页。

死。此时，蔡绍南、魏宗铨正行至上海，突闻麻石事件，立即偕宁调元折回湖南，召集各路码头官召开会议，研究对策，决定在年底乘清吏封印过年的时机发动起义，“军分三股，一踞浏阳以进窥长沙；一踞萍乡之矿路，以为根据之地；一由万载东窜瑞州（今上高）南昌诸郡，振应长江”。① 会后，蔡绍南、魏宗铨分赴浏阳、萍乡联络会党，加紧起义的准备工作。

麻石事变后，清廷加紧对会党的防范和缉捕。10 月 21 日，李金奇之副手张折卿在醴陵被捕。李金奇、张折卿曾在萍乡一带活动，深得煤矿工人的爱戴。张折卿被捕的消息传到萍乡，在煤矿工人中引起强烈反响。安源煤矿工人“集议，谋劫醴狱出张折卿”，以至造成“火车客票，数倍往常”。② 新任醴陵知县汪文溥闻讯大为惊惶，乃一面立即“电省请将张折卿正法”，③ 以绝煤矿工人谋劫醴狱救张之念；一面又电商萍乡与安源路局，“请停车严查”，④ 以共同加强对煤矿工人的防范。10 月 26 日重阳节，会党群众与煤矿工人 1000 人在萍乡上栗市栗江书院为李金奇设醮超度，公开举行追悼大会。10 月 30 日，在萍乡东北萍实里，发生会党聚众别开山头情事。

11 月底，肖克昌见醴陵防范严密，旋即转赴西北一带活动。当地沩山有华昌土磁公司的碗厂，这里的工人在肖克昌的发动下参加了洪江会，积极“制旗帜号补”，并在板山铺、邓家渡“日夜制刀”。⑤ 拟“合安源一股定于 15 日夜扑醴陵”。⑥ 但因不慎泄密，被巡防营在邓家渡刘正寿铁店查询，“而取刀之罗良初适至，

---

① 本书编写组编：《辛亥革命》第 2 册，上海人民出版社 1957 年版，第 465 页。
② 汪文溥：《醴陵平匪日记》，《近代史资料》1956 年第 4 期，第 64 页。
③ 汪文溥：《醴陵平匪日记》，《近代史资料》1956 年第 4 期，第 64 页。
④ 汪文溥：《醴陵平匪日记》，《近代史资料》1956 年第 4 期，第 66 页。
⑤ 汪文溥：《醴陵平匪日记》，《近代史资料》1956 年第 4 期，第 66 页。
⑥ 汪文溥：《醴陵平匪日记》，《近代史资料》1956 年第 4 期，第 66 页。

人刀并获”。[①] 罗良初被拷打成招，供出洪江会在各地的组织和头目以及起事的时间。罗良初在醴陵被杀。肖克昌在醴陵无法活动，便速返安源。

肖克昌在醴陵的活动，引起了官厅的注意。醴陵县一面“颁布要塞戒严令，城乡饭铺烟馆一律封禁”，[②] 派遣军队到沩山、邓家渡、板山铺等地，大肆搜捕革命党人；一面“商请路局停安源下行、株洲上行火车，只载兵而不搭客”。[③] 接着，在12月初，醴陵县署派兵进行“围剿”，“电嘱必烧屋斩匪而后返”“烧陈(显龙)屋，发现巨大之地窖，起获手铳、刀矛、号褂、圆补”，扑杀了洪江会众多人。[④] 在这种形势下，洪江会在醴陵的领头人李香阁率部杀了一名俘获的县署侦探“祭旗”，仓促地宣布起义，革命的巨浪终于冲开了腐朽的闸门。

12月3日晚，龚春台、蔡绍南、魏宗铨等在麻石附近萍乡县属之高家台深山召集各路码头官召开紧急会议，商决发难的日期与进行的方略。在会上，发生了意见分歧：一方为主要的领导人物，如龚春台、蔡绍南、魏宗铨等，多“以军械不足，主张稍缓以待外援”；一方为各路码头官，比较了解会众要求，则主张“乘清军尚无准备之时，急速发动”“以为有党人十余万众，加以各地友党又可待十余万，尽可一决胜负，坚持不再拖延”。双方相持未下，至天明未散。这时，许多洪江会众，安源煤矿工人、流亡僧人及农民群众闻讯蜂拥而至，聚集两万余人。洪江会激进分子廖叔保乃独自集合二三千人于麻石，高扬“汉”字巨旗，宣布起义。事已至此，12月4日，龚春台、蔡绍南等以总机关名义正式宣布起义，檄知各路码头官同时发动，并派人往浏阳联络浏

① 汪文溥：《醴陵平匪日记》，《近代史资料》1956年第4期，第66—67页。
② 汪文溥：《醴陵平匪日记》，《近代史资料》1956年第4期，第67页。
③ 汪文溥：《醴陵平匪日记》，《近代史资料》1956年第4期，第67页。
④ 汪文溥：《醴陵平匪日记》，《近代史资料》1956年第4期，第67页。

东洪福会首领姜守旦与普集哥老会首领冯乃古举兵响应。

起义爆发后，起义军在上栗市整编了部队，成立了军事领导机构，洪江会起义军定名为“中华民国南军革命先锋队”，公推龚春台为都督，蔡绍南为左卫都统领兼文案司，魏宗铨为右卫都统领兼钱库督粮司，廖叔保为前营统带兼急先锋，沈益古为后营统带兼殿后指挥。他们以都督的名义，自称“奉中华民国政府命令”，发布《中华国民军起义檄文》。在檄文中历数清王朝“十大罪状”，明白宣布：“本督师建立义旗，专以驱逐鞑虏，收回主权为目的。……本督师只为同胞谋幸福起见，毫无帝王思想存于其间，非中国历朝来之草昧英雄以国家为一己之私产者所比。本督师于将来之建设，不但驱逐鞑虏，不使少数之异族专其权利，且必破除数千年之专制政体，不使君主一人独享特权于上，必建立共和民国，与四万万同胞享平等之利益，获自由之幸福。而社会问题，尤当研究新法，使地权与民平均。不致富者愈富，成不平等之社会。此等幸福，不但在鞑虏治下所未梦见，即欧美现在人民，亦未能完全享受。”[①] 檄文的这段话，概括起来，就是推翻清朝政府，结束千年帝制，建立共和民国。它十分清楚而又全面地表达了同盟会“驱逐鞑虏，恢复中华，建立民国，平均地权”的政治纲领。

由于起义军的英勇战斗，其势“如风发泉涌”，凌厉无前。起义的当天，占领了浏阳之高家头，12 月 5 日，又占领金刚头及萍乡之高家台，12 月 6 日，再占上栗市，12 月 7 日，攻占宜春之慈化。起义军纪律严明，主要打击清朝官吏和地主豪绅。“专烧杀向来办匪出力绅士人家，声言复仇”。[②] “故各地居民不特不生嫌恶，反多表同情者”。[③]

---

① 本书编写组编：《辛亥革命》第 2 册，上海人民出版社 1957 年版，第 477 页。
② 本书编写组编：《辛亥革命》第 2 册，上海人民出版社 1957 年版，第 482 页。
③ 本书编写组编：《辛亥革命》第 2 册，上海人民出版社 1957 年版，第 464 页。

起义军的胜利进军，引起了各地革命群众的热烈响应。在湘赣边界几县中，参加起义的群众达三万多人，所持的武器主要是土炮、大刀、长矛，甚至还有木杆、锄头、菜刀等。清廷两江总督端方惊呼："湘赣接壤之境，遍地皆匪，远近相传，动称数万。"①

起义的消息传到安源，安源煤矿工人群情振奋。肖克昌认为时机已到，令助手喻桂林、朱德生等在安源迅速号召起事；他旋即赴安源附近小冲一带发动更多的人起义。不料，人马刚刚组成，正欲开赴安源，却被驻扎在萍乡的官军察觉，官军立即派兵至小冲一带，将义军杀败。肖克昌因此与安源矿工隔断了联系。12月7日，湖南水师营逮捕了到安源联络肖克昌起义的醴陵会目袁蓝亭。"刚解至醴，而矿工群起""力求释回，其情形言语与平日大异"，迫使萍乡煤矿总办林志熙"即电醴陵将袁解回，交萍令收押"，充分表现了中国煤矿工人的无比威力。同时，由于义军攻占上栗市，官方进一步加紧了对安源路矿的控制，再加上小冲起义的失败，使安源煤矿工人的革命力量受到了窒抑。但清朝官厅对安源矿工非常恐惧，认为"若肖一动，足复安源防营，掳快枪驰下，则醴陵立糜烂"。"防安源者，防肖克昌而已"。② 所以，他们自始至终以重兵驻屯安源，对这块尚未揭竿的地方进行严密的控制。他们派出的袁坦督巡防队前营，分一半至宗山关进剿，一半留驻矿地，湖南抚臣岑春蓂就近派管带李振鹏带队90人驻安源保矿。湖广总督张之洞派出第八镇协统王得胜、标统李襄邻，率部队三营、炮队一队于12月18日抵萍，另派步炮各一队，专驻安源。另外，还有陆续到萍的宁军和由李正恒少校指挥的半个炮兵中队由长沙开到萍乡，保护煤矿区。他们重兵屯驻安源后，以

① 本书编写组编：《辛亥革命》第2册，上海人民出版社1957年版，第465页。
② 汪文溥：《醴陵平匪日记》，《近代史资料》1956年第4期，第67页。

宴客为名诱捕了煤矿工人领袖肖克昌，于12月25日把他秘密杀害。但安源及其周围众多小矿的煤矿工人却纷纷去到上栗市，参加起义军。接着，官兵协同矿局在安源“设立了巡警局。派员认真清查矿井内外工人，并矿人以外街市居民，复取具矿工连环保结。其无保可取者开除一百余人，多系湘籍，由火车押赴边界遣散”。[①] 结果，安源煤矿工人的革命风潮就这样被清廷暂时镇压下去了。

安源煤矿工人虽然未能持械起义，但萍乡其他地方的煤矿工人与会党群众仍然高举起义的火炬。距安源十余里、七八里间的恂及、萱风、泸溪一带的“炭井”的煤矿工人在麻石起义之后，便“咸往附从”，自起义军占领上栗市以后，“闻矿井辞工者每日以百数计”。故当时的报纸报道说：“萍乡之役，起事时声势甚大，有众四五千人。湖南与江西接壤，故蔓延至于浏阳、醴陵、九溪、衡山等处。除江西巡抚派兵外，湘抚亦派三中队往攻。但乱事披猖，大败清军于安乐地方。所有萍乡矿夫，亦与该党联络一气，是以乱势更张。”[②]

在起义军中，“安源工人英勇无比”。“八方井工人张秋生，东平巷工人周成远、林德牙、朱德生、殷桂林、温长发、顾长炎等，都是不怕死的好汉。张秋生和温长发，个子矮小，却非常灵活。有一次在浏阳打一仗，被清军包围，受了挫折，张秋生见情况危急，飞身一纵，揪住一个官吏的马尾，两脚夹住马腿，身子藏在马肚子下，在纷乱中随着这官吏跑了五十多公里，才纵身跳入草丛。温长发的纵跳本领比张秋生更强，三两丈宽的壕沟一跳便过去了，在战斗中追杀敌人像切西瓜似的。他使的是一对双叶子匕首，非常锋利，出外经常是一双草鞋，匕首插在绑腿里，专

① 本书编写组编：《辛亥革命》第2册，上海人民出版社1957年版，第521页。
② 本书编写组编：《辛亥革命》第2册，上海人民出版社1957年版，第469页。

爱打抱不平。那时湖北王统领的军队扎在安源新街、老街、牛角坡、花冲一带，到处横行霸道，强奸妇女。凡是被温长发知道了的，一定要追根究底，直到设法把胡作非为者杀掉才罢休”。[①] 这些行为都表现了中国煤矿工人顽强不屈的革命精神。

起义的消息传出后，各地的革命志士和人民群众极为振奋。消息传到日本，旅日同盟会会员纷纷向总部请求回国参加战斗。孙中山在回忆当时的情形时写道：“丙午萍醴之役，则同盟会会员自动之义师也。当萍醴革命军与清军苦战之时，东京之会员莫不激昂慷慨，怒发冲冠，亟思飞渡内地，身临前敌，与虏拼命，每日到机关部请命投军者甚众。稍有缓却，则多痛哭流泪，以为求死所而不可得，苦莫甚焉。”[②] 孙中山和黄兴连日同会员商讨支持萍浏醴革命军的方法，派宁调元、谭人凤专往萍乡、醴陵联络，并派宋子龙、梁仲汉、孙毓筠、权道涵、段书云、胡瑛等人回国组织起义，响应萍浏醴起义军。上海的革命党人一再集议，计划响应，武昌新军中的日知会领袖刘静庵、张难先等得到萍浏醴革命军通报后，立即召集会议，密谋响应。在浙江，著名女革命家秋瑾也积极准备行动，以与萍浏醴革命军相呼应。河南志士车钺不远千里，兼程南下投奔义军。

《捷报》记者哈迪佐惠在评论萍浏醴起义时说：“我刚好就住在发生暴动的地方，并且可以告诉你们这次暴动比一般无关重要的骚乱要可怕得多”“此次事变的严重性，远远超过一个地方的骚乱”。[③] 英、美、俄、法、德、日等帝国主义国家先后出动各类军舰 20 多艘，分别驶往岳州、汉口、宜昌、九江、上海等地，游

---

① 中央萍乡矿务局委员会宣传部编：《红色安源》，江西人民出版社 1981 年版，第 28—29 页。

② 《孙中山选集》（上），人民出版社 1962 年版，第 177 页。

③ 汪敬虞：《中国近代工业史资料》第 2 辑（下），中华书局 1962 年版，第 1294、1995 页。

弋长江和湘江，观察动静，剑拔弩张，准备随时干涉中国革命。

这次萍浏醴起义前后历时 1 个多月，双方激战 20 余次，但因为众寡悬殊、武器窳劣和计划不周等原因，到 1907 年 1 月，最终遭到失败。清廷为了扑灭“残余”的起义军，颁布“清乡章程”，在萍乡、宜春、万载、浏阳、醴陵等县大肆捕杀群众达万人以上。这次起义的领袖刘道一、蔡绍南、魏宗铨、廖叔保、沈益古、车钺、宋飏袠、龙人杰、饶有寿、胡友堂、万木匠等数十人均壮烈牺牲。“是役起事声势之大，为从前革命诸役所无；而牺牲革命党之众多，亦为从前所未有”。这是同盟会成立之后所发生的第一次大规模的武装起义，也是“革命同盟会会员第一次之流血也”。①

萍浏醴起义是资产阶级领导的辛亥革命的一次重大演习。在这次起义中，萍乡地区有六千多名煤矿工人参加起义与安源煤矿工人援救张折卿、袁蓝亭的事件，充分显示了中国年轻的煤矿工人的高度革命性、斗争性和无比威力。虽然，由于种种原因安源煤矿工人未能充分发挥战斗作用，但是作为有组织、有纲领的政治斗争的武装起义来说，这是中国近代产业工人第一次参加武装起义，为整个民族的解放事业作出了弥足珍贵的贡献，永远载入中国革命和中国工人运动的史册。正如苏联历史学硕士T. S. 爱伦堡说的，萍乡煤矿工人的武装起义，实为“中国年轻无产阶级的第一次革命发动”。吴玉章在评价这次起义时也说过：“在这次起义中，有安源矿工六千余人参加，他们参加起义虽然还是自发的，并没有阶级的自觉，但却为中国工人阶级的革命斗争史揭开了光荣的首页。”②

---

① 本书编写组编：《辛亥革命》第 2 册，上海人民出版社 1957 年版，第 465 页。

② 吴玉章：《吴玉章回忆录》，中国青年出版社 1978 年版，第 43 页。

二、反剥削的政治经济斗争

能源化学地质产业工人生活在水深火热之中，为了维持生计寻找出路，很早就开始了英勇顽强的斗争。他们把斗争的矛头直指压在头上的三座大山，通过一次次斗争，反帝反封建意识逐步加强，斗争也从开始的维护自身权益发展为具有浓厚政治意义的斗争，并且日益显示出巨大的力量。

（一）维护民族尊严的斗争

中日甲午战争前后，中国半殖民地化逐步加深，刚刚诞生的中国工人阶级，虽然人数不多，力量有限，但却英勇投入了反对外国侵略的斗争，对中外资本家的剥削，外籍雇员、封建把头的奴役，也奋起抗争。

1882 年 7 月，开平煤矿一部分工人为了要求平等的工资待遇而举行的罢工，是中国煤矿工人最早的一次罢工。开平煤矿是当时“官督商办”的最大煤矿。在 1881 年 4 月出煤后，约雇用南方工匠 120 名，本地工人 400 名。在工资待遇上，广东籍技工每月工资为 5 元至 60 元，本地非技术工人每月工资仅有 3.5 元至 8 元。这种极不平等的工资待遇造成了南方和北方工人之间的极大隔阂。1882 年英国领事在商务报告中说：“看来广东工人和本地工人不很和谐。他们不大肯把技术教给他们的北方同胞。他们倾向于打算使南方来的同乡们垄断技术。另一方面，北方人身体强壮，将来怕会把南方人排挤掉。”① 最初，北方工人反对这种不平等的工资待遇是消极的，主要是“不肯用正确的方法采掘，而总

---

① 孙毓棠：《中国近代工业史资料》第 1 辑（下），中华书局 1962 年版，第 1223 页。

是把煤敲得块子太小”,[①] 来降低煤矿当局的收入。到了 1882 年 7 月，直隶籍工人宣布罢工，“他们要求给以和广东籍工人同样的工资”。罢工以后，煤矿当局请求“当地县衙门处理”，“知县束手无策”，使开平“矿厂大半已陷于停工状态”。[②] 在这种情况下，开平矿务局总办唐廷枢被迫“离沪北上”，不久这次罢工由于统治者的镇压而失败了。

1888 年，广东曲江县东水万胜煤矿工人发生了反对封建把头虐杀煤矿工人的斗争。据 1900 年林氏家刻的《味雪堂遗集》记载：东水万胜煤矿是 1863 年商人王骏发开办的一个煤窑。后来，湖南籍工人黄高光流落到广东曲江县，被水承行包工头杨亚炳招雇到矿井车水。1888 年 3 月 2 日，黄高光因病体不堪，不能上工，而“车困抗车”。包工头杨亚炳得知后大发雷霆，用竹篾反绑黄高光的两手，在窿口用木棍活活地打死。事后，总工头袁七古诈称是因矿井窿石坍塌压死，由煤商和把头草草掩埋了事。这时，湖南同乡工人吴开莲、王有升等 16 人闻讯去看尸体，到煤厂里反对封建把头虐杀煤矿工人，总工头袁七古当即捆绑了吴开莲等十几人，送至火烧山汛（防区）把总林风高处拘押一晚，至 22 日捏称“抢匪”送县官究办。5 月 13 日，黄高光之母到南韶连道署呈控，请求雪冤。林贺峒是爱国政治家林则徐的长孙，当时在南韶连道任职，即调阅案卷，亲自提审了这一案人犯，在审明事情之后，即派曲江县令带同室亲堂兄黄永才到原埋尸处所验明加封，立签标记，并通缉包工头杨亚炳，才使这次斗争取得胜利。

1891 年 4 月，开平煤矿工人为反对外国技师欺压工人，又展开了大规模的反压迫斗争。开平煤矿开办后，即用重金聘请英国雇员掌管各项工程技术。这些洋人技师经常傲慢地说：“中国技

① 孙毓棠:《中国近代工业史资料》第 1 辑（下），中华书局 1962 年版，第 1214 页。
② 孙毓棠:《中国近代工业史资料》第 1 辑（下），中华书局 1962 年版，第 1248 页。

工虽系南方出类拔萃的，但比较起来仍不如英国工人熟练。”因此，“很久以来，外国雇员与粤籍工人间关系就很紧张，工人们对外国人态度便很不客气，想找机会发作”。[①] 1891 年 4 月的一天，开平“铁路局的一个外国技师和一个广东工人吵了场架。那广东工人报告了路局的督办，说那外国人欺压工人。第二天，路局督办召了那外国技师来讯问，当那外国技师退出的时候，门外聚集了有一百多个广东工人，拿着木棍、石头来打他，如果没有一个中国伙夫及时把他拉上火车头随车离去，他大约就会被打死了。为了这件事情，矿局和路局所有的外国雇员，感到督办无力维持治安，又怕同类的事还会发生，就集体撤退到天津，请求英国领事保护”。[②] 开平路矿两局的外国工头、监工、技师等回到天津后，将此事向英国领事作了报告，英国领事当即会见了直隶总督李鸿章，要求对外国雇员切实加以“保护”，严惩肇事的“凶犯”。最后，李鸿章动用了反动武装力量对工人进行残酷镇压，逮捕了 5 名“首犯”，并押解到天津。这时，逃到天津的外国雇员才又回到唐山，“他们发现矿厂上没有外国人时，一切工作也进行得很好”。[③] 开平煤矿工人反洋人压迫的斗争，经过十几天的时间，由于封建官僚的镇压，才暂时平息了下来。

1908 年，四川重庆烛川电灯股份有限公司的工人，为了反抗洋人的凌辱，维护民族尊严而展开了坚决的斗争，这是中国电力工人最早的一次罢工。冬季，烛川电灯公司修建发电厂，工程由上海瑞记洋行代雇德国人李特勒承包施工。李特勒工作不负责任，工程质量低劣，所建高 10 米的烟囱倾斜，有倒塌危险。中国监工刘光明多次向他建议拆除重建，李特勒不但不听，反而以殖民统

① 孙毓棠：《中国近代工业史资料》第 1 辑（下），中华书局 1962 年版，第 1248 页。
② 孙毓棠：《中国近代工业史资料》第 1 辑（下），中华书局 1962 年版，第 1248—1249 页。
③ 孙毓棠：《中国近代工业史资料》第 1 辑（下），中华书局 1962 年版，第 1249 页。

治者的姿态压制、迫害中国职工，将刘光明打倒在地上以致口吐鲜血，不省人事。在施工现场的 50 多名工人，气愤地围住李特勒评理。公司当局怕事态闹大急忙出面调停。但电力工人的爱国热情高涨，不甘心受外国人的欺凌，自发地进行罢工抗议。工地上所有的工人将工作停下，并提出：立即撤销李特勒的职务；对刘光明立即进行治疗，所需费用由李特勒负责；刘光明如有生命危险，要李特勒偿命；公司经理必须提出上诉等 4 个条件，否则决不复工。公司当局见工人义正词严，声势浩大，意志坚定，怕影响工程进度，不得已向当局县政府呈文上诉，要求转告德国驻中国领事馆。领事馆怕事态闹大，暗地庇护李特勒逃往别地。刘光明的伤由公司负责医治。这是电力工人第一次独立进行的斗争。罢工斗争的胜利，对电力工人是极大的鼓舞。

1916 年，天津法国电灯房工人积极参加了法租界中国工人为反对法国侵略者，企图霸占老西开地区而举行的总同盟罢工。老西开（天津海光寺）是天津法租界与华界接壤的地方。早在 1903 年，法国就照会清政府要求将老西开地区划入法租界，未达到目的。1916 年 10 月 20 日，法租界当局命令巡捕强占老西开，激起了天津人民的公愤。爱国的各界人士成立了“维持国权国土会”，并召开了公民大会，决定罢工、罢市、罢课，强烈抗议法国强占中国领土。11 月 10 日，法租界中国工人举行总同盟罢工，电力工人参加罢工，拉闸停电，法租界电灯全部熄灭，变为“黑暗世界”，垃圾和粪便无人清扫，法国人家中无人做饭，给侵略者以沉重的打击。这次罢工斗争一直坚持到次年 3 月，使法国侵略者霸占老西开地区的阴谋未能得逞，老西开由中法共管。电力工人在参与保卫老西开的总同盟罢工中，发挥了重要的作用。

1918 年 9 月 2 日，中东铁路工人为反对沙俄白匪军抓走 4 名工人代表，决定举行全路总罢工。5 日，哈尔滨电灯厂全体工人声援铁路工人，参加了罢工。这次罢工持续了 10 天，使中东铁路陷于瘫痪，损失惨重。由于铁路停运，使开往乌苏里战线的沙皇干涉军未能按时出发，拖延了运兵的时间，有力地支援了浴血奋战的苏联红军和革命人民的战争。1919 年 7 月 18 日，为了支援苏联东方战线红军保卫十月革命胜利成果，破坏高尔察克白匪军的运输线，哈尔滨三十六棚（哈尔滨车辆厂前身）工人召开全厂中俄工人大会，一致决定同意乌苏里铁路工人的要求，联合中东铁路全线工人举行大罢工。19 日，该厂 2500 名中俄工人举行罢工。21 日，发电厂 50 余名工人也投入这次大罢工的行列，支持三十六棚工人的斗争。此次罢工再次使中东铁路瘫痪，支援了苏联红军，给沙俄残余势力以沉重的打击。

（二）参加辛亥革命的斗争

1911 年 10 月，中国爆发了由资产阶级领导的辛亥革命，推翻了帝国主义势力所支持的封建专制的清王朝，建立了中华民国。在这场革命中，能源化学地质产业工人显示了高度的爱国精神和革命精神，他们不怕牺牲，敢于斗争，和其他行业的工人一起，作出了自己的贡献。

1911 年 8 月至 9 月间，湖北武汉地区的形势紧张，清政府为防止革命的爆发，采取了一系列的分散革命力量、镇压革命群众的措施。革命党人为了革命，冒着各种危险，组织各方面的力量积极地进行起义前的准备。在英商汉口电灯公司所属电厂工作的黄恩良（1872—1929 年，安徽怀宁人，大革命时期为国民党汉口特别市党部执行委员），及该厂绝大多数安徽籍员工，同情、支持革命。他们利用电灯公司地处俄国租界和英国租界的接壤地，日夜有印度人守门，地方军警不经同意不得进入的条件，保护、支持革命党人，使之成了革命党人的活动据点之一。黄恩良结识革命党人熊晋槐（新中国成立后为首任湖北省人民政府副主席）、孙武、潘善伯等。孙武等人白天在外奔波联络，夜间为了安全，在黄恩良与电厂工人的掩护下，在公司内食宿。遇有紧急情况，立即给他们换上工人服装，迷惑敌探。有时革命党人夜间在电灯公司内开会。在起义前夕，黄恩良还设法筹措银圆600元，捐给革命组织作为活动经费。10月9日上午，孙武与潘善伯等在住处制造炸弹，不慎引起爆炸，孙武被炸伤，电厂职工急将孙武送往医院救治。此时，因黄恩良住家离出事地点很近，被俄国巡捕搜查时抓至捕房拘留。经电灯公司员工找厂方交涉，坚决要求释放，后由厂方从俄捕房将黄恩良保回。

辛亥革命推翻了清王朝。但时过不久，革命胜利的果实，却落到了以袁世凯为首的北洋军阀手里。全国人民又掀起了反袁斗争。湖北电力工人积极投入反袁斗争的洪流中。1914年9月，孙中山派随员丁仁杰与英商汉口电灯公司员工黄恩良接洽，密托工匠穆世保等在汉口法租界合昌机器厂定做炸弹5000枚，并于深夜在英商汉口电灯公司电厂修配间加工，然后秘密运往日租界革命党人张汉杰处装配。但此事被袁世凯的党羽湖北督军王占元得知，张汉杰被杀害。

在袁世凯倒行逆施，自称“洪宪皇帝”并规定次年为“洪宪”元年之际，黄恩良、吴双柱等人，冒着生命的危险，接受孙中山的联络员田桐和革命党人熊晋槐等的委托，分别担任策反工作，预定2月6日夜以举火为号共同起事。不料汉口警察七署巡长陆翼仁已反水告密，当吴双柱、黄祥有再次找他时，被当场扣留，送往武昌督军署军法处羁押，以致起义未成。吴双柱、黄祥有在关押期间，家属生活严重困难，黄恩良及电灯公司员工发起捐助，使之渡过了难关。袁世凯在全国人民的怒吼声中，不得不于1916年3月宣布撤销帝制。6月6日，袁世凯在人民唾骂声中死去。黎元洪于7月中旬通令大赦政治犯，吴双柱、黄祥有才得以获释回厂。

江苏电力职工为推翻封建帝制进行了积极的斗争。1911年11

月 7 日，在镇江新军起义，宣布镇江光复之际，大照电灯公司职工坚决站在革命的新军一边，坚守岗位安全发电。苏、沪新军在镇江组建江浙联军进攻南京时，大照电灯公司职工捐钱捐物支援江浙联军，为联军胜利攻克南京，稳定革命形势作出了努力。南京是清政府两江总督官署的所在地，清军将领张勋率部负隅顽抗，自 11 月 22 日至 12 月 2 日与江浙联军激战于南京城下。金陵电灯官厂的职工尽力保护发电设备，保证了江浙联军进城，保证了 1912 年 1 月 1 日孙中山在南京就任中华民国临时政府大总统的用电，对维护地方治安、支持革命政权的建立，发挥了积极的作用。

孙中山领导的辛亥革命，是一次具有全国规模的资产阶级旧民主主义革命，它推翻了统治将近 280 年的清室专制皇朝，结束了中国 2000 多年的封建帝制，建立了中华民国，大大促进了中国人民的民主主义的觉醒。中国产业工人在辛亥革命中作出了自己的贡献。

（三）维护产权矿权的斗争

中日甲午战争后，由于帝国主义列强争相攫取矿权，引起中国人民的强烈反抗。帝国主义列强对中国的侵略方式由商品输出变为资本输出，纷纷在中国建厂修矿，争夺势力范围，并掀起瓜分中国的热潮。清政府为了换取列强的支持，不惜牺牲中国的主权以及人民的利益。能源化学地质产业工人积极参加维护厂矿权利的运动。

从 1903 年起，新兴的民族资产阶级在全国各地领导了收回矿权的反帝爱国运动，到了 1907 年至 1911 年达到了高潮。这个运动“提倡于缙绅先生，响应于劳动社会”。[①] 山东、山西、奉天、安徽、四川、云南、湖北等省的煤矿工人和当地人民积极投入这

① 宓汝成：《中国近代铁路史资料》第 2 册，中华书局 1984 年版，第 838 页。

一群众运动，最后使清政府付出近1000万元的赎金，收回了山西福公司煤矿、奉天锦西暖池塘煤矿、山东峄县华德中兴公司煤矿、山东华德矿务贸易公司、安徽铜官山中英企业公司、四川江北厅煤矿、云南七府隆兴公司、山东矿务公司、湖北阳新万顺公司炭山湾煤矿①的矿权。这个运动是资产阶级领导的反对帝国主义掠夺和清朝统治者拍卖主权的群众运动，对于维护国家主权，争取民族解放，抵制帝国主义侵略，发展民族煤矿工业有着积极意义。

1918年12月，江苏苏州民营振兴电灯公司董事长兼总经理祝大椿，贪图私利，将公司全部资产和营业权以银圆75万元出售给共益公司（实为日本大仓洋行），引起公司职工的极大愤慨。12月30日，该厂发电间20多名机电炉工人和40多名外线工为此宣布罢工。公司经理向警察署报告，警察署长带领巡官警察到公司交涉，吴县的知事也随后到来，一面劝说，一面由荷枪实弹的警察强迫工人开机。工人无奈只好复工。1919年1月1日，祝大椿指控工人是“暴烈分子”，强行开除工人27名。这一暴行引起工人和社会各界人士的义愤。3月中旬，公司经理揭露了董事长已收受日商大仓洋行30万银圆出卖振兴产权的事实后，即自行辞职。事隔不久，由于五四爱国运动的兴起，苏州东吴大学的学生，支持振兴电灯公司工人，反对向日商出售产权，并进行了罢课及拒用振兴公司的电灯。至6月下旬，各学校、商店、苏州市民也纷纷拒用振兴电灯，改用煤油灯或汽油灯照明，以示爱国。此时，苏州地方绅商发起筹建苏州电气公司并集资银圆85万元，收买振兴公司资产和营业权。祝大椿不甘心失败，竟然唆使日本驻苏州领事馆出面，阻挠苏州电气公司收买振兴公司的产权。在社会公正舆论的谴责下，祝大椿的图谋未能得逞。苏州电力工人反对电

① 汪敬虞:《中国近代工业史资料》第2辑（下），中华书局1962年版，第761页。

厂产权售给日商的斗争，在广大学生、市民和爱国民族资产阶级支持下，终于取得了胜利。

早期能源化学地质产业工人的政治斗争和经济斗争，无论是少数人的反抗，还是参与规模较大的同盟罢工都是自发的斗争。有的斗争取得了胜利，有的遭到了失败。但斗争锻炼了产业工人，促进了阶级意识的提高和团结力量的增强。由于当时的能源化学地质产业工人和整个中国工人阶级尚未认识到自己的历史使命，还没有作为一个独立的阶级在革命斗争中发挥应有的历史作用，所以不能根本改变中华民族的地位和中国工人的苦难处境。早期工人斗争证明：中国工人阶级只有接受马克思主义的先进革命理论的指导和共产党的领导，才能在中国政治舞台上发挥自己应有的作用，才能求得整个民族和自身的解放。

三、产业工人的早期组织

早期能源化学地质产业工人大部分来自城镇破产手工业者和农村的破产农民，少数来自帝国主义及封建官僚经营的厂矿等工业企业中的技术工人。他们一方面与农民有天然的联系，有利于结成巩固的工农联盟，另一方面也将封建主义思想和农民小生产者的意识带到无产阶级队伍中来。往往在一个厂矿内从不同地区招雇来的工人，各自结成帮派，各个行业以及各个厂矿之间的帮派相对独立。

（一）早期的帮会组织

随着能源化学地质产业工人运动的发展，工人们日益感到组织团体的重要。但在辛亥革命以前，在工人中只有封建的、落后的行会、帮口和秘密结社等团体。行会在我国起源甚早，可以远溯到唐宋，是一种神权式的组织。这种组织，工人和矿主都可以参加，而矿主在组织中处于绝对领导地位。这种组织的任务，主要是对付消费者和工人的。煤矿的行会，都是信奉老君的，这在过去的煤矿里很普遍，矿主也往往利用神权来统治和剥削工人。帮口，是一种会馆式的组织。这种组织，“不是阶级的组织，而是同乡性质的组织”,① 凡是旅居外地的同乡都可以参加，主要是“互相帮助寻找工作，和别帮人争夺工作”。② 在煤矿、电厂里就有广东帮、山东帮、河北帮、河南帮等。开平煤矿 1882 年、1891 年的罢工，就是受了帮口的影响。例如，华北重要产煤区唐山，在清朝预备立宪的时候，居民就组织了地方自治会，收纳各界人士为会员，工人们也可以到会听讲。当时旅居唐山的广东人居多，有 1000 多人，由于人地生疏和语言习惯的不便，组织了唐山粤人自治会、自治研究社和阅报公会，后来又建立了广东会馆。在当时的唐山被称为广东帮。“这些组织不是纯粹的工人团体，实在是同乡会、研究会、俱乐部的混合组织”。③ 这种组织，往往是在同乡中由有权有势的绅士或封建把头所控制，实际上是地主、资本家用来统治工人的工具，对于资本家是很有利益的，对于工友自己是万分有害的。秘密结社，如青帮、洪帮、哥老会、三合会等，是一种“下层社会”的组织，它创于明朝遗老，起于清朝康熙初年，在中国煤矿中也是相当普遍的。秘密结社“毫无地方色彩，绝无同乡观念”。“凡愿拥护某帮之首领，赞成其帮之宗旨者，即可加入，受帮之保护，同时亦听帮之制裁”。④ 这种组织“是一种斗争的组织”，相比同乡性质的帮口有很大进步，“他们有一定的头目，一定的系统，秘密的暗号等”。加入的人“一定

① 《邓中夏文集》，人民出版社 1983 年版，第 425 页。
② 《邓中夏文集》，人民出版社 1983 年版，第 425 页。
③ 陈达：《中国劳工问题》，商务印书馆 1929 年版，第 101 页。
④ 马超俊：《中国劳工运动史》，商务印书馆 1942 年版，第 74 页。

要经过许多神秘的手续”。[①] 秘密结社都模仿着“上等社会”的帝制主义、族长主义，有着极严格的宗法社会形式，师父徒弟的辈分分得极清，纪律极严。在方法上往往采取武装起义进行斗争。例如，1906 年，安源煤矿工人参加萍浏醴起义；1911 年，同官煤矿工人参加辛亥革命起义等。在煤矿中行会、帮口、秘密结社的存在，是和中国社会的特殊历史相联系的，因为当时中国煤矿工人很少，还没有形成自己的阶级队伍，同时，他们刚刚从农民破产而来，与封建迷信和小生产方式的影响有关。

（二）自建的工会组织

辛亥革命后，随着工人运动的发展，民主主义的高涨和临时约法的公布，工人迫切要求成立自己的新组织。中华民国工党应运而生。

1911 年 11 月 3 日上海光复后，徐企文等人于 12 月 20 日发起组织中华民国工党。1912 年 1 月 22 日，中华民国工党在上海正式成立，竟“公推”买办资本家朱志尧为正长，中华共和宪政会宣讲部长徐企文屈居副长，负责实际工作。总部设在上海，各省、市分设支部。其中唐山工人组织的唐山支部势力最大。唐山是我国重要产煤区，工人众多且又集中。11 月 3 日，中华民国工党在南京召开了第一次全国代表大会，到会代表多至 16 省，号称党员几达 40 万人。会上选举徐企文为正领袖，资产阶级立宪派政客龙璋为副领袖，推孙中山为名誉领袖，朱志尧为顾问，通过参加“万国工党”等决议案。从它发表的“中华民国工党简章”里列举的“促进工业发达”“开通工人智识”“消改工人困难”“提倡工人尚武”“主持工界参政”等五项宗旨和“宣言”的内容来看，它是主张采取阶级调和的路线，只不过是资产阶级分子攫取政治

① 《邓中夏文集》，人民出版社 1983 年版，第 426 页。

经济利益的工具。1913 年 5 月 28 日，在反袁斗争中，徐企文率数十名退伍士兵攻打制造局失败被捕。9 月 8 日被袁世凯在北京处死。这样，中华民国工党从 1912 年 1 月成立至 1913 年 5 月徐企文被捕，前后总共活动 16 个月，昙花一现。而唐山工党，由于发生内讧，制造厂里的司事另组旅唐粤人工界团体会，后改名为华民工党，总务设在唐山，而总事务所设在北京，“目的是想组成全国的工党”。[1] 9 月，华民工党刊行日刊，“常用不大正当的手段来攻击个人和工厂”，[2] 并和唐山工党时生意见。最终，华民工党在 1913 年解散。至于唐山工党不久又组织公益社。“对于工人的贡献是阅书报社、工余夜读、月刊、演讲队”。[3] 但是，唐山工党到了 1913 年 7 月“二次革命”时也就无形解散了。公益社绵延至 1916 年遂消灭。1916 年 6 月 6 日，袁世凯在全国人民同声声讨下极度难堪地死去。11 月，原工党领袖之一的韩恢召开了旧工党党员会议，正式恢复工党活动，并在 1917 年改名为中华工党。以后，由于政局影响，工党总部不得不作出“暂以缓办”的决定，而更加不被人民所注意，在工人群众中的影响也就很有限了。

中华民国工党和唐山工党是在中国工人对旧式的行会、帮口和秘密结社组织开始感到不能满足的情况下产生的，扮演的不过是资产阶级、小资产阶级的“帮工”角色，并不代表工人阶级的利益。所以，中华民国工党和唐山工党的出现并没有完成中国工人阶级和能源化学地质产业工人阶级的转变，中国工人阶级和能

---

① 许元启：《唐山劳动状况（二）》，《新青年·劳动节纪念号》第 7 卷第 6 号，1920 年 5 月 1 日，第 8 页。

② 许元启：《唐山劳动状况（二）》，《新青年·劳动节纪念号》第 7 卷第 6 号，1920 年 5 月 1 日，第 8 页。

③ 许元启：《唐山劳动状况（二）》，《新青年·劳动节纪念号》第 7 卷第 6 号，1920 年 5 月 1 日，第 8 页。

源化学地质产业工人仍是处于自在阶级阶段。但是，这些组织对于早期的中国工人运动起到了推动作用，是催生近代工会萌芽的重要因素之一。1919 年五四运动，中国工人阶级登上政治舞台，1921 年中国共产党宣告成立，中国的工人阶级和能源化学地质产业工人才完成了从自在阶级到自为阶级的转变，使中国的工人运动和能源化学地质产业工人运动进入了全新的阶段。

第二章

中国共产党成立前后的工人运动

（1919—1927）

五四运动是中国新民主主义革命的开端，也是工人阶级以独立姿态登上中国历史舞台的标志。1925 年 5 月，在中国共产党的领导下，中华全国总工会成立。从此，中国能源化学地质产业工人的革命斗争有了坚强的组织者和领导者，工人运动由自发向自觉转变，开始进入高潮阶段。

第一节　中国共产党成立后工人运动高涨

中国能源化学地质产业工人队伍的发展壮大，斗争的日益增多，阶级觉悟和组织程度的日益提高，为工人运动由自发向自觉的转变创造了条件。五四运动促使马克思主义开始与中国工人运动相结合，中国共产党地方组织的建立，让中国能源化学地质产业工人队伍迅速成熟起来。

一、五四运动对产业工人运动的影响

1919 年，当中国人民听到在巴黎和会上中国外交失败的消息后，北京学生爆发了五四运动，并迅速席卷全国。

（一）引发煤矿电力等产业工人广泛参与

开滦煤矿当时是我国最大的煤矿，离五四运动发源地北京近在咫尺。五四运动爆发后，唐山人民掀起了如火如荼的爱国运动。唐山工业专门学校（后改为交通大学）派往京津的四个学生代表，先后参加了京津学生会议和请愿活动。学生代表回到唐山后，唐山工业专门学校于 5 月 24 日晨六时，召开全体学生大会，宣布

罢课，同时通电全国，奋起救国，并和开滦煤矿工人建立联系。这时，唐山各校“已多罢课讲演，唤醒同胞，成立交际部，联络各界”。[①] 接着，6 月 11 日，唐山商民全体罢市。6 月 12 日，开滦矿务局工人全体罢工。[②] 这天上午 9 时，唐山各界在火车站前的广场上召开了 3 万多人参加的公民大会，反对帝国主义的强盗行为，反对北洋军阀政府的卖国罪行，并在会场上烧毁了日货。开滦煤矿 1000 多名工人，不顾英国资本家的阻挠，自动组织起来，举着“勿忘国耻”“抵制日货”的旗帜，列队参加了大会。大会最后作出决议，向北京市政府发出通电，谴责北洋军阀政府的卖国行径。一致决定，要求外交不让步；保护学生，不加干涉；惩办卖国贼。会后举行了声势浩大的游行示威。6 月下旬，唐山各界 4 万多人再次举行群众大会，坚决反对北洋军阀政府在“和约”上签字。会后成立了唐山工、农、学、商、教、绅六界联合会。开滦煤矿工人建立了“职工同人会”，领导全矿反帝爱国斗争。唐山人民和开滦煤矿工人的英勇斗争，引起了中外反动派的极大恐慌，他们杀害了唐山的请愿代表郭友三。与此同时全国各地的工人罢工、游行示威活动一浪高过一浪。在这场伟大的爱国运动中，电力工人与其他广大工人群众一起，积极地投入了斗争。

（二）推动单纯的知识分子运动向各阶层发展

在这场伟大的爱国运动中，电力工人与其他广大工人群众一起，积极地投入了斗争。上海电力工人的大多数参加了六三爱国大罢工，推动五四运动由单纯的知识分子运动，发展成为有各阶层人民参加的革命运动，帮助运动迅速取得了内惩国贼、外争国

① 中国社会科学院近代史研究所、近代史资料编辑组编：《五四爱国运动》（上），中国社会科学院出版社 1979 年版，第 192 页。

② 中国社会科学院近代史研究所、近代史资料编辑组编：《五四爱国运动》（下），中国社会科学院出版社 1979 年版，第 549 页。

权的胜利。除上海外，其他一些城市的电力工人也积极参加了当地工人的罢工、示威活动。1919 年 5 月，湖北各地的电力工人举行各种形式的集会，谴责帝国主义的强盗行径，谴责北洋军阀政府的卖国行为。同年 6 月中旬，湖北省广济县武穴光明电灯厂运行工人余纪生带领工人走上街头与民众一道游行示威，并到港口码头将查收的日货堆放在电厂后面的晒谷场。嗣后，广济各界人士在晒谷场集会，电厂员工全部参加，在与会者高呼“尊重国货，抵制日货”的口号声中，当场将日货全部烧毁，社会影响很大。在这场全国规模的政治运动中，许多能源化学地质产业工人经受了锻炼，提高了爱国热情和政治觉悟，增强了团结斗争的信心。

二、中国共产党成立后工人运动得到加强

根据党的一大、二大和一次劳大精神，中国共产党中央局、中国劳动组合书记部以及北京、湖南、山东、武汉等地的党组织、劳动组合分部决定加强对工人运动的领导。

（一）针对重点地区开展工作

针对煤矿分布情况，确定安源、唐山、淄博、焦作、大冶等煤矿区为重点地区，采取派遣干部的办法，切实加强对煤矿工人运动的领导。当时，各地党组织和劳动组合书记部派人深入煤矿区后，根据党的一大、二大和一次劳大的决议精神，主要进行了以下三个方面的工作：深入煤矿工人群众中去，同煤矿工人交朋友，调查煤矿工人的劳动生活状况，向他们宣传革命道理，提高阶级觉悟；举办工人学校、劳动补习学校和识字班，建立工人图书馆，出版通俗刊物，学习文化知识，灌输马克思列宁主义；组织工会、工人俱乐部，把工人群众组织起来，大力开展工人群众

工作，帮助建立共产党和青年团的组织，广泛团结工人群众，积极领导工人进行革命斗争。

（二）广泛开展学习教育工作

在全国工人运动中，以毛泽东、李立三等领导的安源路矿工人运动最为出色。各级党组织通过大量艰苦细致的群众工作，使煤矿工人运动很快在全国范围蓬蓬勃勃、扎扎实实、有声有色地开展起来。在中国电力工人中最早接受革命思想教育的是湖南电力工人。早在1917年，毛泽东在湖南第一师范学校就创办了工人夜校，进行了教育为工人阶级服务的实践。湖南电灯公司的进步工人参加了夜校学习。通过学习，不少电力工人不但提高了文化水平，而且接受了革命的思想、提高了觉悟。1920年10月，毛泽东作为学界代表，在长沙参观"长沙农村展览会"后，到光华电灯公司与职工进行交谈，了解工人的生活情况，并向他们宣传革命思想。

中国共产党成立前后，许多地方的产业工人开始接受马克思主义的启蒙教育，懂得了工人阶级要联合起来反对阶级压迫，实现社会主义的道理。在党的领导和组织指导下，许多工人提高了文化水平，提高了阶级自觉和革命理论水平，从而产生了一批先进分子，加入了中国共产党，同时培养了一批电力工人运动的骨干力量，使中国能源化学地质产业工人运动在共产党的领导下开始从自发的斗争转入自觉革命的新时期。

三、全国第一次罢工高潮中的产业工人

1922年是中国工人运动飞跃发展的一年。从1922年1月到1923年2月，全国各产业工人共发生大小罢工100多次，参加罢工人数达30多万人。其中有震惊中外、影响较大的香港海员大罢

工、安源路矿工人大罢工、京汉铁路工人大罢工、开滦五矿同盟大罢工等，形成了中国工人运动史上第一次全国性的罢工高潮。

（一）安源路矿工人大罢工

1922 年 9 月，爆发安源路矿工人大罢工。安源路矿大罢工是在毛泽东、李立三、刘少奇直接领导下进行的。

1922 年 9 月，安源路矿当局拒发积欠工人的工资，并企图封闭工人俱乐部。9 月 11 日，俱乐部向路矿当局提出保护俱乐部、发清积欠工人的工资等三项条件，限两天内答复。路矿当局置之不理。9 月 14 日，路矿全体工人举行大罢工。俱乐部根据毛泽东的指示，随即发表了《萍乡安源路矿工人罢工宣言》，提出了 17 项复工条件，主要内容是承认工人俱乐部的合法权利，保障工人的礼拜休息，病、丧、婚假和因工伤亡等福利待遇，以及职员、工头等不得殴打工人，改善生活，增加工资等。当俱乐部发出总罢工的信号后，安源路矿的电力工人迅速将东平巷的井下电源切断，瞬间电车停驶，煤车停运，开往株洲的第一次列车停开。1.7 万多名工人全部停止工作，高举“罢工”两字的大旗，高呼口号，集合到安源路矿工人俱乐部草坪前。安源路矿工人大罢工的消息，震惊了全国。中国劳动组合书记部首先发表了声援电，指出：“我们接阅你们的罢工宣言，我们知道你们已经鼓着你们的阶级斗争的勇气和惨无人道的资本家、官僚、军阀宣战了。我们非常佩服你们的奋斗精神与作战的力量。”还说：“我们诚诚恳恳地愿你们坚持到底而获得最后的胜利。”① 全国各地许多工人团体组织纷纷来电来函声援。湖南、上海、北京等地的《大公报》《通俗日报》《申报》《民国日报》《晨报》《时事新报》等报纸连

① 长沙市革命纪念办公室、安源路矿工人运动纪念馆编：《安源路矿工人运动史料》，湖南人民出版社 1980 年版，第 13 页。

篇累牍地报道了安源路矿工人大罢工的消息或评论，极大地增强了安源路矿工人与敌人斗争到底的决心与信心。路矿当局惊恐万状，勾结萍乡县署、赣西镇守使署请来军队数百人，设立戒严司令部，企图以武力镇压罢工群众。罢工工人在总指挥李立三和俱乐部全权代表刘少奇的领导下，临危不惧，与敌人展开了针锋相对的斗争。安源发电所的电力工人，与罢工群众并肩战斗，他们组织了宣传小组，在安源的街头巷尾，各住宅区、洗煤台、车站、井口等地，张贴布告，进行宣传，转告大家等候俱乐部通知方能开工。有的电力工人，在各处进行巡逻，维持秩序，保卫罢工领袖。为使锅炉和发电机房不被敌人占领，电力工人在锅炉工赵国成的带领下，与敌人展开了坚决的斗争。他们封锁道路，关闭机房，严守阵地，准备用自己的热血，保卫大罢工的胜利。电力工人郭炳坤与其他路矿工人在刘少奇至戒严司令部谈判时，随同保护。当戒严司令李鸿程凶相毕露进行恐吓时，郭炳坤和数千工人在外面雷鸣般地声称："谁敢动我们刘代表一根毫毛，我们便打得路矿两局片甲不留，同归于尽。"郭炳坤和一群工人还拥到楼梯上，使路矿当局坐立不安。刘少奇正气凛然针锋相对的斗争和工人群众的巨大威力，狠狠打击了戒严司令部和路矿当局的嚣张气焰。9 月 17 日下午，由于路矿当局一再拖延，不肯答应工人的条件，监察队队长周怀德等便带领监察队工人冲进锅炉房，对矿方发出警告：如再不接受条件，就将锅炉房、电机房炉火熄灭；同时，电机处及八方井打风井、打水机三处，因为"烧炭告罄"，马上就要停工，矿井有被水淹没的危险；再加上绅商学界人士及矿上部分工头、职员对罢工斗争的同情和支持，矿长李镜澄"乃出而主张实行调和，从事磋商条件"。17 日晚，俱乐部代表李立三、矿局代表舒季俊、路局代表李毅环和绅商代表谢岚航、张绍桢、王守愚、贾旸谷等，在一间民房里"磋商条件，彼此争持，舌敝唇焦，至17日夜分二时始商订13条。”① 并限18日9时答复。经过斗争，18日晨8时，路矿当局代表和俱乐部代表签订了13条协议。18日下午，安源路矿工人俱乐部在大操场召开一万余工人参加的盛大庆祝大会。随后，俱乐部发表了《萍乡安源路矿工人上工宣言》。在宣言中指出：“罢工胜利了！气也出来了！从前是‘工人牛马’，现在是‘工人万岁’！我们的第一步目的已经达到了，我们宣告上工。”并且表示：“我们这次罢工，是安源工人出头的第一日，是露布安源黑幕的第一日，我们从今日起，结紧团结，万众一心，为我们自己权利去奋斗！”②

安源路矿工人大罢工的胜利是安源路矿工人在中国共产党领导下进行英勇斗争的结果。这次大罢工，前后共计5天，“秩序极好，组织极严”“未伤一人，未败一事”，取得了完全的胜利。③ 9月19日凌晨，遵照俱乐部的通告，路局工人复工。至此，安源路矿工人大罢工胜利结束。这是中国工人运动史和煤矿工人运动史上光辉的壮举，在中国共产党历史上占有重要地位。

（二）开滦五矿工人同盟大罢工

在北方，与安源路矿工人大罢工遥相呼应的，是1922年10月的开滦五矿工人同盟大罢工。这是中国工人运动第一次高潮中最大的一次罢工，也是中国煤矿工人运动一次震惊中外的壮举。

10月16日，开滦煤矿工人推选出8名工人，代表着五矿3万多名工人，提出6条改善生活待遇的请愿书。面对工人的正当要

① 长沙市革命纪念办公室、安源路矿工人运动纪念馆编：《安源路矿工人运动史料》，湖南人民出版社1980年版，第616页。

② 长沙市革命纪念办公室、安源路矿工人运动纪念馆编：《安源路矿工人运动史料》，湖南人民出版社1980年版，第160—161页。

③ 长沙市革命纪念办公室、安源路矿工人运动纪念馆编：《安源路矿工人运动史料》，湖南人民出版社1980年版，第101—102页。

求，比籍总矿师杜克茹表现十分傲慢。19 日，他从天津带来了200 名警察，并将从总局带回的“告全体工人书”以布告的形式张贴矿区，玩弄反革命的“糖棍政策”，一面许愿增加工资，一面又恫吓违者警察一定要严办。① 在向矿方递交请愿书的同时，开滦煤矿工人加快了组织五矿工友俱乐部的步伐。10 月 19 日，开滦煤矿工人大会在唐山召开。在车站附近的华宾楼（旅馆）正式成立开滦五矿工人俱乐部。同时，组成开滦五矿工人罢工行动总指挥部，主要成员有：罗章龙、王尽美、邓培、梁鹏万、阮章、彭礼和、吴生瑞、袁达时、贾行青、王宝任等。

1922 年 10 月 23 日，林西矿、赵各庄矿、唐山矿、唐家庄矿、秦皇岛开滦码头工人，首先宣布罢工，举行集会，游行示威，并以五矿工人俱乐部的名义向全国各界发表了开滦五矿总罢工宣言及条件。除重申 10 月 16 日请愿书中所提的 6 条外，又增加维护权益的 4 条要求。为了严明罢工期间的纪律，罢工组织者还宣布了罢工规则和会员规约，这些规则和规约，保证了开滦煤矿工人团结一致地进行反对帝国主义和封建军阀的斗争。开滦五矿工人大罢工，使英帝国主义非常惊恐，他们恶毒地污蔑说“现在唐山又出现了新的义和团，是新的土匪”。总矿师杜克茹急促要求派外国军队到开滦“保护重要机器及外国人的生命”，并千方百计勾结直系军阀政府和以 120 万元重金贿赂天津警察厅长杨以德派军警到矿区来，密谋武力镇压罢工。10 月 25 日，英国分遣队 100 名英印兵由天津开到古冶，企图镇压这次罢工斗争最激烈的林西矿。林西矿工人得知消息后，决定组织敢死队，到古冶车站拦阻列车行进。在林西矿工人英勇卧轨阻英兵的同时，10 月 25 日、26 日，唐山矿工人 3000 余人连日集合，在矿局门前示威，上街讲演。唐山警察局突然出动警察武装镇压，当场击毙工人 6 名，

① 《北国春秋》1952 年 10 月 10 日，第 54 页。

导致工人轻重伤57名。工人们听到枪声，从四面八方快速赶来，与反动军警进行肉搏厮打。遭此血腥屠杀之后，矿工们无不义愤填膺。10月27日，秦皇岛矿务工人俱乐部发布《痛告国人书》。与此同时，五矿工人俱乐部向全国工团发出第二次宣言，各界舆论无不表示同情。10月28日，邻近的启新洋灰公司8000余名工人，举行了声援开滦煤矿工人的同情罢工。斗争有蔓延之势，反动派惊恐万状。10月29日，开滦矿务局督办袁克定致电直鲁豫巡阅使曹锟请求派兵镇压。参加镇压罢工的反动武装，累计有军队1634人，警察1062人，警察夫役300人，英属库克斯来福枪分遣队100人，另外还有驻唐美国军队、驻开平殷本浩军队总共3000余人。11月1日，马家沟矿工人为了反抗帝国主义和军阀的压迫举行了罢工。至此，开滦五矿3.7万工人全部加入罢工浪潮，"整个开滦煤矿都陷于完全停顿的状态，开前所未有的创举。"①中国共产党和中国劳动组合书记部对开滦五矿工人同盟罢工一直十分关注，并在其号召下，安源路矿工人俱乐部等团体，纷纷发表通电声援开滦煤矿工人，质问国会及北洋军阀政府当局，还募集了大量捐款。到罢工结束前夕，由各地寄来的捐款达3万多元，其中，南洋新加坡总工会捐款1万元，香港海员工会2000元，安源煤矿1600元，京奉路全线捐款7000元。孙中山先生也以个人的名义捐款，中共中央还从上海派人送来几千元作为支援罢工的经费。上海还创办了《唐山潮声》刊物，积极支持开滦工人罢工。各界人士也纷纷在报上发表文章，声援开滦煤矿工人斗争。中国共产党的领导和全国工人、同胞的热情支持，给了开滦煤矿工人极大的鼓舞和力量，增强了坚持斗争的决心。11月2日，开滦五矿及秦皇岛的工人，在原来提出的十个条件的基础上，又向矿方增加此次罢工死伤工人赔偿等3个条件。敌人以谈判为名，

① 《邓中夏文集》，人民出版社1983年版，第491页。

将五矿及秦皇岛的8名代表骗至保安队，进行了提枪恐吓，代表们对此坚贞不屈。11月4日，反动军警突然开始大规模的镇压活动。晚上8点多钟，保安队趁俱乐部工人甚少，防范不严之机，突然大兵压城，强行占领开滦五矿工人俱乐部，逮捕了中国劳动组合书记部特派员彭礼和等8人。5日早7点，又将京奉路职工总会、启新洋灰公司俱乐部查封。敌人在俱乐部内肆意抢掠焚烧，并抢走工会银洋600余元。工会被封闭以后，党研究了当时的斗争形势，决定组织请愿团。11月9日，开滦五矿和启新洋灰公司工人俱乐部推选11名代表组成请愿团到北京向政府和议会请愿。然而，代表们被污蔑为是开滦罢工的“煽动”者，11月12日直隶天津警察厅公然命令逮捕这11名工人代表，但在全国舆论的压力下，被迫放弃了迫害工人代表的计划。此时，由于经过当地军队师长和滦州知事出面调停，形成初步结果：工人每月工资在15元以下者加10%；每年年底加给半月工资；工人在罢工期内受伤不能工作者，由矿局担任医药费，并酌给津贴。[①] 在这种情况下，赵各庄矿于11月16日忍痛复工。林西矿、唐山矿、唐家庄矿、马家沟矿、秦皇岛码头和启新洋灰公司亦分别在17日、18日、19日复工。至此，坚持25天，轰动国内外的开滦五矿工人同盟大罢工，宣告结束。大罢工从政治上和经济上都远没有达到原来提出的要求，基本上是以失败告终的。

开滦五矿工人同盟大罢工的失败，是帝国主义和封建军阀以血腥镇压来向中国工人阶级和煤矿工人反攻的开始，表明了中国工人运动第一次罢工高潮开始出现转折。这场声势浩大、震惊中外的大罢工，虽然未能完全取得胜利，但却在中国革命史、中国工人运动史和煤矿工人运动史上写下了光辉的一页，有其深远的意义。

---

① 《邓中夏文集》，人民出版社1983年版，第492页。

（三）产业工人积极参与罢工斗争

1922年8月，河北石家庄电灯公司李文斌等10余名工人加入京汉铁路正定工会。入会后李文斌担任工会组长，二七大罢工时，他们随铁路工人一起参加了罢工。8月30日汉口既济水电工会在硚口四明公所召开选举大会，王福生当选为会长，杨炳连等6人当选为副会长。同日武汉工团联合会及汉口既济水电工会等10大工团，联名向国会发出《劳动立法请愿书》主张：获得政治自由；改良经济生活；参与产业管理；得到补习教育。并提出劳动法案大纲19条，呼吁全国各机关各报馆暨各界同胞“主持正义，力与援助，务使劳动者的权利在国家根本大法上有切实之保障”。劳动法案大纲虽未能实现，但成了武汉工人斗争的纲领。

1923年2月8日，大冶钢铁厂袁家湖发电所工会朱文奎等会员发扬工人阶级互助互济精神，积极声援京汉铁路工人的罢工斗争，并广泛开展募捐活动，将募捐的钱和物资送往武汉，接济死难工友的家属和失业工友。2月中旬二七惨案后，湖北地区一片恐怖气氛，军阀肖耀南秉承吴佩孚的旨意，继续对工人和革命群众进行疯狂的镇压。3月6日上海工部局电气处伦路电厂部分工人罢工。原因是该厂线路工人孙观华等曾于1月23日领导举行工人代表会议，1月29日向工部局提出了增加工资3成等8项要求。当局对工人的要求拖延搪塞。3月6日起，部分工人开始罢工。次日，电气处头目敖尔琪又借故解雇105名线路工人，从而导致300余名工人罢工，罢工共进行14天，因没有党的领导和缺乏经验，终于在帝国主义的镇压下失败，部分工人遭到开除。5月1日安源工人举行集会游行，纪念“五一”国际劳动节，庆祝工人俱乐部成立1周年。1923年湖南省光华电灯公司青年工人高文华、李秋荣等6人每天做完工后到很远的北门外船山学社，参加毛泽东同志创设的湖南自修大学附设补习班，接受革命思想和文化知识。

1924 年 3 月，中共汉口地委委员许白昊在二七惨案之后，进入英商电灯公司做机匠。5 月 13 日被工贼张笃告密，许白昊于寓所被捕。同时被捕者有刘伯垂等 6 人。5 月 19 日陈独秀、毛泽东联名签署了中共中央第 14 号通告，就许白昊等人被捕一事，望各地即速表示抗议，随即各界迅速开展抗议罢工的声援活动。由于党组织及时营救，许白昊出狱后继续从事工会和党的工作，后于 1928 年 6 月 6 日，在上海龙华被蒋介石杀害，时年 32 岁。

煤矿、电力等产业工人对大罢工斗争的积极参加和支援，沉重打击了敌人，充分显示了工人阶级团结一致的力量，在这次斗争中英勇牺牲的烈士们的宁死不屈的大无畏精神，将永远激励着子孙后代。

（四）团结凝聚广大工人力量

大罢工斗争增强了党和工会组织的凝聚力，更多的产业工人加入会员，增强了工人阶级的力量。安源路矿工人大罢工胜利后，安源路矿工人“争先加入俱乐部”，使俱乐部迅速发展到 1.2 万多人。为了使俱乐部成为“坚固的团体”，便乘此机会进行了改组。俱乐部实行代表会议制和民主集中制，它的基层组织是十人团，每团选“十代表”一人，每十团选“百代表”一人，每工作处选总代表一人。路矿两局共选出总代表 45 人，百代表 140 余人，十代表 1382 人，并成立总代表会议，选举主席团，举行全体代表会议，选出俱乐部总主任李立三、路局主任朱少连、窿外主任刘少奇、窿内主任余江涛，并委任了文书、会计、庶务、教育、宣传、互济、游艺、交际等股的股长和委员。主席团为俱乐部最高机关，总理一切部务工作。后来，又组成经济委员会、裁判委员会，以及工人消费合作社，为最高代表会议的直辖机关。还在原来工人监察队的基础上，扩大成立经常性的纠察团，团长为周怀德、副团长为周子南，后来发展到200余人。这些组织，无论是从形式上还是内容上，都可以说是苏维埃的雏形。“至是安源路矿工人俱乐部始克完成”，[①] 使安源路矿工人俱乐部成为全国工会组织最坚强的工会之一。与此同时，1922年11月和12月，湖南工团全省联合会、汉冶萍总工会相继成立。安源路矿工人俱乐部参加了这两个工人阶级的革命团体，使斗争由矿内向矿外发展，初步实现了无产阶级的大联合，使自己日益成熟起来。

（五）在工运低潮时期积蓄力量

邓中夏指出：“在此消沉期中，特别出奇的要算安源路矿工人俱乐部，真为‘硕果仅存’。”[②]

京汉铁路二七惨案后，北洋军阀政府和汉冶萍公司资本家相互勾结，企图用武力封闭安源路矿工人俱乐部。在这种情况下，毛泽东于1923年4月来到安源，在工人俱乐部积极分子大会上，对二七惨案后的斗争作了部署。他首先强调了团结斗争的重大意义，勉励大家再接再厉，服从整体利益，听从俱乐部的指挥，切实保护俱乐部；然后指出，当前斗争应取“弯弓待发”之势，加强团结，积蓄力量，把工人运动与农民运动结合起来，迎接更艰巨的斗争。“五一”国际劳动节，也是安源路矿工人俱乐部成立一周年纪念日。这天，俱乐部召开全体工人参加纪念大会。会后，工人们举行游行，“以‘八小时工作、八小时休息、八小时教育及俱乐部成立万岁’为口号，沿途旗帜掀天，呼声雷动，颇极一时之盛。”[③] 在全国工人运动处于低潮形势下，举行这样的游行，

---

① 长沙市革命纪念办公室、安源路矿工人运动纪念馆编：《安源路矿工人运动史料》，湖南人民出版社1980年版，第162页。

② 《邓中夏文集》，人民出版社1983年版，第138页。

③ 长沙市革命纪念办公室、安源路矿工人运动纪念馆编：《安源路矿工人运动史料》，湖南人民出版社1980年版，第106页。

“工人更知自己力量之浩大，精神为之大振”。[1] 6月，矿局机电总监私自给六名工人增加工资，企图挑起工人之间的矛盾，分化工人队伍。不料，竟因此酿成一场声势浩大的工人要求增加工资的风潮。此时，矿局也不知所措，请俱乐部负责解决，俱乐部以“此系矿局职员惹出，事前并未与闻”为理由，声明“对于此次问题不能解决，仍请矿局负责解决”。而矿局对此一筹莫展，再三要求俱乐部帮助解决。刘少奇清醒地分析了当时形势，认为当此工运处于低潮形势，如果双方僵持下去，工人一旦罢工，将会给军阀和资本家屠杀工人以借口，于安源工人和整个革命事业极为不利。这样，经过刘少奇半个月的工作，1923年7月11日矿局与俱乐部续订条件七条。这次斗争至此告一段落。通过这场斗争，充分体现了组织起来的安源工人，在党的领导下，具有高度的斗争艺术性，他们运用“弯弓待发”的机动灵活的策略，打击了敌人，保住了红旗，维护了工人的根本利益。

通过这些斗争，安源的党、团、工人俱乐部和纠察队等各种组织都得到健全和发展，带来了安源工人运动的全盛时期。1925年，五卅运动前夕党支部发展到15个，党员发展到300人左右，成立了地方委员会。7月团支部发展到36个，团员发展到433人。工人俱乐部发展到1.3万多人，并建立了株洲、湘东、紫家冲三个分部，将纠察队扩大为纠察团，约200人。此外，文化教育福利事业也有了很好发展。1922年仅办工人学校1所，到1925年，已有工人补习学校7所，工人子弟学校7所，读书处13所，工人图书馆1所。还创办了工人师范班，妇女职业班，在校的工人和工人子弟由90人增加到2300人；教员由三四人发展到30余人，建立了工人消费合作社，创办了《安源旬刊》。正如党的三

① 长沙市革命纪念办公室、安源路矿工人运动纪念馆编：《安源路矿工人运动史料》，湖南人民出版社1980年版，第166页。

届一中全会指出的："安源4个月来，现状颇好，工人颇能在工会指挥之下，练习自治生活，地方军警均失其作用。工会对于社会亦不似从前之隔阂。合作社亦渐有起色。工人补习学校虽未得适当人之主持，然工人居领袖地位者，现有特别班，专事主义与政治上之训练。工人子弟学校有七；惟株、醴二枚，受战事上之影响，维护颇不易。"① 安源路矿工人在党的领导下所进行的英勇斗争，充分显示了中国工人阶级和煤矿工人的伟大力量，给处于低潮时期的全国工人运动以巨大的鼓舞和力量。

中国能源化学地质产业工人在全国第一次罢工高潮中积极参加和支援工人运动，沉重打击了敌人，充分显示了工人阶级团结一致的力量，提高了中国共产党的威望。

第二节　五卅运动中的工人斗争

京汉铁路罢工的失败和二七惨案后，能源化学地质产业工人遭受了惨重损失。年轻的中国煤矿、电力等产业工人运动由高潮暂时转入低潮。罢工斗争的失败也表明：中国工人阶级"虽然是一个最有觉悟性和最有组织性的阶级，但是如果单凭自己一个阶级的力量，是不能胜利的。而要胜利，他们就必须在各种不同的情形下团结一切可能的革命的阶级和阶层，组织革命的统一战线"。②

一、积极投入五卅运动

1924年1月，在中国共产党的帮助下，孙中山在广州召开了

① 中央档案馆编：《中共中央文件选集》第1册，中共中央党校出版社1982年版，第141页。
② 《毛泽东选集》第2卷，人民出版社1952年版，第640页。

有共产党人参加的中国国民党第一次全国代表大会，确定了反帝反封建的革命纲领和联俄、联共、扶助农工三大政策，改组了国民党，实现了国共合作。革命统一战线的形成，促进了全国革命形势的迅速发展，也结束了二七罢工以来工人运动的低沉状况，成为工人运动复兴和高涨的起点。

（一）五卅惨案撼动神州

五卅惨案爆发，全国人民心中无不燃烧着铲除帝国主义，力争民族独立的烈焰。在惨案发生后，中国共产党于 6 月 5 日发表了《中共中央为反抗帝国主义野蛮残暴的大屠杀告全国民众》，号召上海人民举行罢工、罢课、罢市的“三罢”斗争。北京、天津、南京、汉口、长沙、广州、杭州、福州、南昌、郑州、重庆等近 500 个城市和乡镇的人民纷纷举行示威、罢工、罢课、罢市，抵制英、美、日货，以及通电、捐款等支援上海的斗争，形成了声势空前的全国规模的反帝爱国运动。广大电力工人在中国共产党的领导下积极投入了这场伟大的运动。上海公共租界工部局电气处华籍工人在中共党员徐诚炽，发电厂工人钱金保，斐伦路变电站工人朱世标、杨杏根等人的组织发动下，先后有 1700 余名职工参加了持续 3 个月的五卅大罢工。罢工期间，电力工人积极投入各项斗争活动。一部分在引翔港集会游行，一部分到市区散发传单、贴标语。由于电力工人和全市各界人民的“三罢”斗争，上海公共租界的电车停驶，电灯失明，电话停接，轮船抛锚，码头无人搬运，商店关闭，供应十分困难，有力地打击了帝国主义的嚣张气焰。

（二）助力党组织的发展

随着罢工斗争的发展，上海总工会要求各工厂抓紧有利时机，建立工会组织。上海工部局电气处在徐诚炽的组织发动下，成立了电气处工会。7 月 17 日，徐诚炽召集 15 名工会委员举行会议，研究决定向工部局提出："必须承认一切谈判中工会有代表其会员之权""停工期间工资照发""不得开除罢工工人"等 10 项要求。由于发电厂工人罢工，发电量下降，大部分纱厂和其他工业用户停产，电气处收入减少，工部局被迫同意工会提出的复工条件。9 月 8 日，工人复工时发电厂厂长打着"迎接中国工人复工"的横幅，在厂门口欢迎工人进厂。工人们大放鞭炮，敲锣打鼓进厂工作，大长了中国工人的志气。通过这次运动，提高了电力工人的政治觉悟，运动中涌现的积极分子在斗争中得到了锻炼，为党组织的建立打下了基础。

五卅运动同样引起中国煤矿工人和矿区群众的强烈反响，全国十几个煤矿举行了 23 次反帝罢工，参加的工人逾 10 万之众，其中规模较大和影响较深的有焦作、安源、开滦、淄川、六河沟等煤矿。① 五卅运动，是在中国共产党领导下，中国工人阶级和广大人民群众反对帝国主义的一次伟大爱国运动。

二、声援反帝爱国斗争

五卅惨案发生后，各地电力工人异常愤怒，纷纷参加当地的集会、示威游行和罢工斗争，声援五卅反帝爱国斗争。

（一）舍生忘死开展斗争

东北延边 50 名电业工人，在五卅惨案发生后，秘密串联，在中共地下党的帮助下，手持土枪、木棍、斧头打开大兴公司发电所大门，愤怒地将电线、电气仪表、发电机砸毁，致使电厂停电，一片漆黑。地下党组织趁混乱之际，散发了印有中朝两种文字的

① 薛世孝：《中国煤矿工人运动史》第 2 卷，河南人民出版社 1985 年版，第 160 页。

五卅纪念宣言，署名为“中国共产党延边”，使延吉市的日本侵略者异常震惊，给发电所的日本统治者以极大的打击。

1925年7月，中国共产党派遣罗四维（即罗章龙）等人到焦作发动工人运动。福公司的煤矿工人和电力工人于1925年7月6日上午9时，集结于矿区的中山公园，举行支援上海人民反帝爱国斗争大会。参加大会的也有本市学生、商人和市民共3000多人。会上愤怒声讨英、日帝国主义的血腥罪行。会后，进行了反帝爱国示威游行，高呼“打倒帝国主义”“废除一切不平等条约”“为上海死难同胞复仇”等口号。同日，福公司资本家家庭雇员200多人以崔长水为首率先举行罢工。7月9日凌晨3点，焦作福公司煤矿工人包括电厂工人开始举行总罢工。电厂工人停机停炉，顿时电灯失明，绞车停转，水源不通，英国资本家家中断炊。紧接着，全市各界人士纷纷响应，学生罢课，商人罢市。广大市民也开展群众性的抵制英货、日货运动。为了加强对工人运动的领导，在中共党组织帮助下，罢工工人立即成立了包括电厂工人参加的焦作煤矿工会。煤矿工会担负组织工人罢工、安排工人生活的任务。在罢工期间，英国资方采取了多种手段，企图破坏罢工，威胁利诱未成，又两次电请河南军务督办岳维峻设法促成工人上工，但均被岳敷衍应付过去，使破坏罢工的阴谋未能得逞。同年11月，英商福公司天津总办事处总经理堪锐克亲至焦作，围绕《焦作煤矿工会宣言》所提出的22条复工条件，和工人开展了激烈的谈判。第一次谈判拖延了3个月，没有结果。第二次谈判，从1926年2月24日开始，经过工人代表7天艰苦的斗争，终于迫使英商福公司答应工人的复工条件，签订了《焦作煤矿工人复工条款合同》，于3月6日开始复工。焦作煤矿工人和电厂工人在中共地下党的领导和全国各地工人的支持下，为声援五卅反帝爱国运动，坚持罢工斗争8个月，终于取得了胜利。在全国引起了极大的反响。

（二）节衣缩食支援斗争

五卅运动期间，浙江省大有利电灯公司的工人在自身生活极端困难的条件下，决定节衣缩食，加班加点，从工资中拿出1/10，捐献给坚持反帝大罢工的上海工人。6月，安源路矿工人俱乐部联合安源各团体，组成青沪案后援会（后改为雪耻会），募捐援助青岛、上海工人，并派游艺股长肖劲光为代表，携款800元赴上海慰问。在五卅反帝爱国运动的影响下，湖北大冶厂矿发电工人仇国升，砸烂厂里的“工匠门”为工友们消气雪恨。过去，日本顾问大岛道太郎，特意建造了一扇侮辱工人人格的电动转门和一条长30米、高1米多、宽1米的地洞，以为工人进出厂时搜身。工人们称它为“工匠门”，并气愤地编过一首歌谣：“工匠门，鬼门关，进出好比上刀山，受尽侮辱挨够打，死活不定哪一天。”1926年11月，仇国升同李兆龙（大冶总工会顾问兼政治部主任）带领30多名工会会员，一起将“工匠门”捣毁填平，并以工会的名义，贴出了“废除工匠门，工人出进要自由”“不准侮辱工人”等标语，使全厂工人扬眉吐气，拍手称快。

中国能源化学地质产业工人在五卅运动中，和全国人民一道谱写了反帝爱国的壮丽篇章，将永远载入中国革命和中国工人运动的史册。

第三节　党领导下工会组织的建立和斗争

经过五四运动和在中国共产党成立前后受到革命启蒙教育的产业工人，懂得了组织起来进行斗争的重要性。

一、工人为建立工会组织而斗争

1922 年的全国罢工高潮，特别是 1925 年中华全国总工会的成立，加强了对工人运动和工会的领导，进一步推动了各地电力工人为建立工会组织而展开斗争。

（一）中国煤矿第一个产业工会的建立

在全国工人运动中，以毛泽东、李立三等人领导的安源路矿工人运动最为出色。1922 年 5 月安源路矿工人俱乐部成立，这是中国煤矿第一个产业工会。安源路矿党支部成立后，便立即着手筹建工人俱乐部。1922 年 3 月 16 日，党支部召开了第一次筹备会，决定成立“安源路矿工人俱乐部”，推举李立三为筹备主任。4 月 1 日，召开第二次筹备会，由发起人李立三、朱少连、蒋先云、杨万养等 10 人联名呈请萍乡县立案，并请出示保护，当即获得批准。4 月 16 日，召开第三次筹备会时，部员已发展到三百余人，讨论了俱乐部的组织章程，选举李立三为主任，朱少连为副主任，并选出评议干事若干人，决定 5 月 1 日召开大会，正式宣布安源路矿工人俱乐部的成立。7 月，汉冶萍公司之汉阳铁厂工人罢工取得胜利，给安源工人带来极大鼓舞，工人的斗争情绪日益高涨，一时加入俱乐部的有近万人。这时，路矿当局十分恐慌，便决议进行破坏。9 月 7 日，他们勾结军阀，诬蔑俱乐部是“乱党机关”，扬言要用“武力封闭”，并阴谋赶走俱乐部领导人，要朱少连、蒋先云、蔡增准速离矿山，否则“必有杀身之祸”，从而激起了工人极大的愤怒。这时，俱乐部主任李立三因工作去长沙，朱少连、蒋先云等人不怕恐吓，且切实声明：“秉正大光明之宗旨，作正大光明之事业，死也不怕！”9 月 9 日，李立三由长沙回到安源，态度更为坚决，“誓死不离安源”。于是，安源工人纷纷要求俱乐部采取强硬手段，举行罢工。在这个关键时刻，中共湘区委员会书记兼劳动组合书记部湖南分部主任毛泽东从长沙赶到安源，当晚在牛角坡共产党员周镜泉的家里召开了安源党支部会议。在会上，毛泽东分析了当前形势，介绍了全国工人斗争的情况后指出，首先从安源和全国目前的形势来看，大罢工的时机已经成熟，要使资本家屈服，非罢工不可。然后强调指出：党在罢工斗争中，要依靠工人的坚固团结和顽强斗争，要胆大心细，有勇有谋。最后号召共产党员必须坚决站在斗争的最前面，领导群众进行义无反顾的斗争。为了加强党对罢工斗争的领导，毛泽东回到长沙后，立即派刘少奇来安源，和李立三一道领导大罢工。

（二）中国电力第一个产业工会的建立

1922 年 8 月，湖北汉口既济水电工人召开选举大会，湖北汉口既济水电工会正式成立，王福生当选为会长。这是中国电力第一个产业工会。但是，公司经理及股东为了把工人控制在自己的手中，对工人成立工会十分不满，想方设法进行破坏。在工会筹备成立之初，他们向工人提出，若能放弃组织工会，公司愿出银圆 1 万元发给工人，还可允许工人休假 3 天，照常发给工资。工人对资方的利诱收买表示坚决拒绝。在水电工会正式成立后，资方拒不承认工会的存在。王福生找公司经理万伪伯讲理，万伪伯在理屈词穷的情况下，恼羞成怒，利用手中职权，借口王福生参加过粤汉铁路工潮将其开除。万伪伯的倒行逆施，激起公司全体工人的愤慨。工人们当即选出何泽生等 8 名代表，到公司质问万伪伯。万伪伯不予接待，竟对代表们下逐客令。工人们忍无可忍，遂于 9 月 21 日向万提出 5 条要求：恢复王福生职务；承认工人组织既济水电工会；工人发薪与职员同期并不发杂洋；取消（开除）工人须得工会同意；工人伙食与职员一样。以上要求限午时答复，否则全体工人举行罢工。在工人们态度十分坚定的情况下，万伪伯一面假意敷衍请人出面调解，一面暗中乞援于湖北督军肖耀南派兵弹压。肖耀南还派人从造币厂和湖北督署电灯房工人中抽出30名工人分赴水电两厂，待命顶班。9月23日，既济水电公司水厂及水塔工人率先举行罢工。罢工工人当即向社会公众发布《紧急通知》，揭露公司当局不承认工会并开除工会会长等无理行径。9月24日，电厂工人继水厂之后准备罢工，万伪伯派督署电灯房工人顶班，因派来的工人不熟悉大型机组不敢接替。万伪伯又勾结镇守使派兵围住电厂，强迫工人工作，以致罢工未成。既济水电公司工人罢工的消息，在武汉各工团引起强烈的反响。湖北全省工团联合会致书警告万伪伯，并敦促"从速觉悟，允许工人的要求，恢复工人的原职，以亡羊补牢之计，庶可告无罪于天下""并请于三日内答复"，在社会各界舆论的压力下，万伪伯同意自愿上班的工人恢复工作。王福生等人愤然离开了既济水电公司。这次斗争，在资方与军阀的勾结下，虽然没能取得满意的结果，但是既济水电工会作为湖北全省工团联合会的重要成员并未被扼杀，而且在此后的电力工人运动中发挥了积极的作用。

（三）中国化工第一个产业工会的建立

1928年9月1日，中国化工第一个工会组织塘沽永利碱厂工会成立。成立当时工会规定只限工友参加工会。1929年6月工会改组，改组后的工会规定不论是工友还是职员一律可以加入工会。曾组织工会会员为保护自身权利与资方多次协商。如每年加薪一次的要求获得解决；要求每周休息一天，在抗日战争前获得了职员每星期带薪休息半天的权利；经与厂方协定，厂方不准随便开除长工，开除长工须征得工会的同意等，为维护工人权益进行了有效的斗争。

二、工会组织开展维权斗争

自1922年成立湖北汉口既济水电工会至1927年间，湖南、顺直（今河北）、武昌、南昌、福州、厦门、浙江、山东等省市的电力单位，先后建立了一批工会组织。各电力单位工会成立后，在中国共产党的领导下，带领电力工人积极开展各项维护工人权益的斗争。

（一）开展改善劳动待遇的斗争

在淄川，中日合办的鲁大公司在全国反帝浪潮的冲击下，深知“工潮策动者也来到淄川炭矿，窥探情况，活动频繁”。为了破坏工人的反帝斗争，“而将在会工人统统开革，名义上是工厂要缩小规模，其实是无形破坏工会”。[①] 1926年1月12日，鲁大公司借口“积煤过多，运输困难”，先后两次宣布停工半月。3月2日，鲁大公司突然宣布裁减里工670多人，约占当时里工人数的37%，因工人大部分是外地人，且多是工人俱乐部的积极分子，从而引起广大煤矿工人的极大愤怒。这天晚上，党和工人俱乐部召开了工人大会，组织被裁减的工人成立“失业团”，未被裁减的工人成立留用工人“后援会”，并劝捐募粮，资助失业工人。3月5日，淄川炭矿工人俱乐部印发了《敬告工人书》《泣告父老书》，揭露中日资本家裁减工人破坏工人运动的阴谋，争取社会同情，表示“本俱乐部，为失业工友们生活计，誓率全体工友，向狠心的资本家反攻，不达到失业工友的工作不止”。[②] 号召工人们团结在俱乐部的周围，“再向资本家反攻，要求恢复我们

① 薛世孝：《中国煤矿工人运动史》第2卷，河南人民出版社1985年版，第171页。
② 薛世孝：《中国煤矿工人运动史》第2卷，河南人民出版社1985年版，第171页。

的工作”,[①] 进行反对裁减工人的斗争。3 月 7 日，工人俱乐部组织“失业团”的 300 多人，拥到淄川炭矿事务所，提出反对裁人，增加补贴的要求，矿方拒不答复。3 月 9 日，工人俱乐部又组织失业团打着上写“恢复工作，反对厂主无故裁人，援助失业困民”的横幅标语，齐集炭矿南门外开会，抗议中日资本家裁减工人。这天，很多留用工人也参加了集会，过往的行人也都停了下来，从洪山镇一直排到 5 里以外的淄川县城。矿方忙调 48 名矿警加强警备。淄川县长也赶来察看动静，并派遣 26 名巡警增援炭矿警戒。工人们毫不畏惧，坚持静坐示威，并表示不答复要求，决不撤回。矿方无奈，只得派人向工人说明：“此系根据本公司的命令解雇的，有关解雇的各种事项应该征求本公司的许可，至于炭矿方面则难以单独作出决定，而且你们这么多人，蜂拥而至，恐怕骚乱地方治安，因此，可以选出代表交涉。”“失业团”当即选出代表，同矿方交涉，提出抗议公司裁减工人，要求被裁减工人恢复工作、外籍工人回家要发给路途补助费、发给两个月的工资补贴等三项要求。但是，中日资本家毫无诚意，一面公开与工人代表谈判，一面却暗地要求日本驻青岛代理总领事江户立即给驻京芳泽公使报告，要其“与张（宗昌）督办交涉，以采取紧急措施”。[②] 与此同时，鲁大公司也直接打电报向济南的张宗昌告急，说“淄川炭矿工人暴动，砸了机器，聚集很多工人包围了工厂”“厂里有赤化党”等，妄图借助军阀势力镇压工人运动。张宗昌闻讯后，立即从济南军务公署派人来淄川，会同淄川县长到淄川炭矿察看情况，并授权“根据需要，可以从张店随时出兵镇压”。[③] 工人俱乐部从邮电局地下党员处得到消息后，采取灵活的

---

① 薛世孝：《中国煤矿工人运动史》第 2 卷，河南人民出版社 1985 年版，第 171 页。
② 薛世孝：《中国煤矿工人运动史》第 2 卷，河南人民出版社 1985 年版，第 172 页。
③ 薛世孝：《中国煤矿工人运动史》第 2 卷，河南人民出版社 1985 年版，第 171 页。

斗争策略和坚决的斗争精神，使敌人不敢轻举妄动进行镇压。这样，斗争持续了十几天，敌人感到在这“传说国民党的赤化团要来淄川”的形势下，如果长期下去“工人们会奔赴各地，到处宣传，使事态复杂化”，① 终于被迫按照失业工人路途的远近发给补贴，外地工人五至七元，当地工人三元，共支出补贴费 3500 元，初步答应了工人所提出的条件，斗争取得了胜利。

（二）开展改善劳动条件的斗争

1926 年 2 月，张垣电灯公司工人首次为增长工资改善工人劳动条件而举行的罢工斗争，就是刚成立不久的工会组织发动工人进行的。张垣电灯公司工会，由 5 名共产党员组成，委员长刘子香，副委员长李文会，他们和京绥铁路工会、造纸厂工会经常在张家口工人俱乐部组织活动。在组织罢工前，京绥铁路工会秘书帮助电灯工会起草了《罢工宣言》，向资本家提出条件并要求在限期内答复。同时，通过铁路工会，把《罢工宣言》散发到全国各大城市，以争取各界人士和各地工会的支持。开始时，资方玩弄花招，不按期答复。工会立即召开工人大会，推选工会委员李振庭、刘子香、王敬唐 3 人为代表与资方进行交涉，同时组织了工人纠察队，不许外人进厂干活。为了支持电灯公司工人的斗争，铁路工会委员长李泽、人力车工会等都率领工人赶来声援。那天是除夕前夜，资方经理郭雨田会见代表时态度十分傲慢，代表质问郭雨田为什么不答复提出的条件，并说明如果不答应，大年三十晚上就罢工。当时，工人纠察队已包围了电厂，郭雨田见势不妙，企图蒙混工人。他说：“这件事我作不了主，等过了年，我去天津找董事会研究解决，你们千万别罢工，过了年再签合同。”代表们坚持立即答复，过了年再订合同。由于工人的坚决斗争，

① 薛世孝：《中国煤矿工人运动史》第 2 卷，河南人民出版社 1985 年版，第 171 页。

资方被迫发了年终双薪，工人高兴痛快地过了年。年后，京绥铁路工会秘书又帮助起草了《电灯工会和电灯公司劳资互惠合同》。合同具体规定了增加工资、年终双薪、因工负伤待遇、8小时工作制、工会有查账权等。合同草稿经电厂工会和工人研究定稿后，代表们又找资方谈判。这时，上海、广州等地工会和江岸铁路工会、京绥铁路工会等来信来电支持张垣电灯工会的斗争，给公司资方增加了压力，又鼓舞了工人的斗志，斗争终于取得了胜利。资方经理郭雨田、京绥铁路工会委员长李泽和电灯工会工人代表均在合同上签了字。工人们高高兴兴地召开了庆祝大会。张垣电灯公司工会能取得这次斗争的胜利，主要是有共产党的领导和全厂工人团结一致坚持斗争，以及各地工人的支持特别是京绥铁路工会的帮助。

各地能源化学地质工会的产生，是当时工运发展的必然结果。在党的领导下，产业工会带领工人进行斗争的胜利，进一步促进了中国工运和产业工会组织的发展。

第四节　产业工人支援北伐战争

在全国反帝爱国革命风暴的推动下，用武装扫荡北洋军阀统治的北伐战争日益接近成熟。第三次全国劳动大会后，全国工人运动进入了支援北伐战争的新阶段，在中国共产党的领导下，中国能源化学地质产业工人积极参加轰轰烈烈的北伐战争，为推翻北洋军阀统治，争取中华民族解放进行了英勇的斗争。

一、工人对北伐战争的支援和配合

北伐战争是一个群众性的统一战线的战争，它的直接目标是推翻北洋军阀的统治。中国煤矿电力等产业工人积极参加和支援了北伐战争，作出了独特的卓越贡献。

（一）积极参加北伐战争

安源九月惨案后，奔赴广东的安源煤矿工人，大部分参加了国民革命军，很多人担任了军队中的政治工作和宣传工作，不少人担任了中、下级军官。当时由党掌握的战斗力最强的北伐军第四、六、三军中，都有相当多的安源煤矿工人。特别是在第四军赢得了“铁军”称号的叶挺独立团中，安源煤矿工人几乎占全团人数的2/3。安源煤矿工人在党的领导下，在北伐战争中，作出了异乎寻常的贡献。1926年12月，在《湖南工人农民第一次全省代表大会宣传纲要》上，对安源煤矿工人积极参加北伐战争，这样评价说：“此次北伐兴师，平江、浏阳、宁乡、安源等处农工徒手参战等，在国民革命的历史中，实占最光荣的一页。”①

（二）全面支援北伐战争

在北方，安徽的烈山煤矿和河南的六河沟煤矿工人，也积极投入革命斗争，支援北伐战争。在烈山，由于共产党员梁文焕的工作，到1927年春，淮北烈山煤矿的21个大井和运输、摊贩工人中都建立了工会，并发展了一批党员，成立了中共烈山煤矿特别支部，由梁文焕任书记。当北伐军进入安徽后，烈山煤矿党组织派人深入运煤的船员中去，发动船员罢工，掐断了军阀倪嗣冲的后方物资供应，并迫使矿主承认航运工会，增加运输工资。接着，烈山煤矿党组织又发动全矿近2万名工人举行大罢工。在罢工前，成立了烈山煤矿罢工总指挥部，由梁文焕任总指挥，并成立了工人纠察队、罢工宣传队、生活互济组、对外联络组。罢工后，数千名工人拿着铁钎、煤斧上街游行示威，并派工人纠察队

① 薛世孝：《中国煤矿工人运动史》第2卷，河南人民出版社1985年版，第213页。

包围了烈山南北两个矿局，提出的主要条件有：成立煤矿工会；增加工人工资；取消妓院、赌场、当铺；搞好安全生产等。这次罢工，在宿县、濉溪等地工会和古饶、宋町、蔡里等地农会的支持下，迫使资本家倪道烺答应了复工条件，罢工取得了胜利。烈山、六河沟煤矿工人的斗争，扰乱了敌人的后方，有力地配合了北伐军的胜利进军。

（三）增强团结战斗力量

1927 年 4 月 3 日下午，3 名日本水兵乘人力车到汉口变易（南）小路大正电灯公司转角的一家日本酒店，下车后付车资很少，还将车夫刘炳喜踢成重伤。过路群众纷纷上前理论，日本水兵大冈胜芳竟抽出佩刀，将一名中国工人腰部戳穿，致其当场死亡。附近数千名工人和学生闻讯赶来，对日本水兵的暴行愤怒谴责。日本酒店内的水兵都冲出来，用刺刀向群众刺杀。工人进行自卫还击，当场抓住凶手大冈胜芳和其他 5 名水兵，送往湖北全省总工会。其余日本水兵见群众势大，狼狈逃回日舰。日本领事馆急调日本水兵 200 余人登岸，在日本领事署、日本会所等处布置了步哨，架设了机枪，残暴地对群众扫射，当场打死 7 人，伤数 10 人，日本租界前洒满了武汉工人和学生的鲜血。这就是日本帝国主义制造的四三惨案。当天，湖北全省总工会连续发表了第一号、第二号布告，抗议日本水兵屠杀武汉人民的罪行。当日晚，租界人力车工人全体罢工，要求中国政府惩办杀人凶手。4 日，武汉各群众团体举行紧急会议，一致决议组织武汉人民对日委员会，提出立即撤退日本水兵、收回日租界、惩凶、赔偿、道歉等 7 项要求。武汉国民政府委派湖北全省总工会许白昊向日本驻汉口领事交涉未果，更激起群众义愤。6 日，汉口第三特别区电灯工会（即英商汉口电灯公司工会），坚定地执行全省总工会的通告，毅然发表声明：“鉴（于）日本帝国主义者胆敢在我国民政府首都地，大肆屠杀，残忍之心无以复加，特命令电灯工友，一致罢工援助，不达到最后之解决，暂不复工。”声明发表后，毗连日租界的第一、二、三特别区（前德、俄、英租界）及日法租界的部分地区用电均予停供。同日，武汉工人和各界人民在武昌阅马场、汉口济生三马路举行追悼四三惨案烈士反日示威大会。武昌电灯公司工会、汉口既济水电工会、第三特别区电灯工会等率领工友参加了两处的反日示威大会。8 日晚 8 时，武汉电力工人与各界人民一道举行 2 小时罢工示威，显示了中国工人阶级爱国反帝团结斗争的决心和力量。

二、北伐战争推动了工运发展

工农群众运动促进了北伐战争的迅速胜利，而北伐战争的胜利进军又推动了中国产业工人运动的猛烈发展。工人积极支援北伐军的各项工作，并纷纷建立和恢复革命工会，组织工人开展斗争。

（一）再次掀起工人运动高潮

1926 年 8 月 26 日，北伐军攻占株洲、长沙等地后，湖南电灯公司、光华电灯公司的工人们，在湖南工运领袖郭亮的领导下，和长沙邮电局工人共同组成了“湖南电气总工会”，其口号是“组织起来力量大，工会就是工人家”。第一届工会委员长是钟万民。1927 年初，湖南电灯公司电厂工人向资方算公积金账，要求分红。经过斗争，资方无奈答应今后工人每做 5 年工，就加发 1 个月工资，并按甲、乙、丙、丁四等给工人分红。当时就付给工人部分现金作为分红。10 月 10 日攻下武昌后，武汉各行各业的工会纷纷建立和恢复。11 月 24 日，南昌市总工会筹备处宣告成立。同月，南昌电灯工会也迅速成立。1927 年 2 月，北伐军进驻浙江省杭州市。曾一度转入地下活动的杭州市总工会又公开活动，领导全市各行各业建立和恢复工会组织。大有利电业股份有限公司的工人立即行动起来，成立了工会，由周挺萼负责。工会成立后，向资本家开展了斗争。工会向资方提出 3 项条件：一是每天工作 8 小时；二是增加工资；三是实行星期天例假。并提出，如不答应条件就实行停电罢工。资本家见工人都发动起来了，怕事情闹大，无奈答应条件。从此，杭电工人每天工作时间由 12 小时改为 8 小时，工资由每月 8 元增加到 16 元，星期日可以休息。斗争的胜利，鼓舞了工人，工人群众把工会当作自己的靠山。

（二）有力地扩大了工会组织

1926 年 11 月至 1927 年 6 月，既济水电公司工会与资方进行了三次签约维权行动。既济水电公司工会与资方的三次谈判、三次签订协议，都是在湖北全省总工会刘少奇等直接领导下进行的，工人的劳动条件普遍得到改善，工资普遍有所增加，资本家任意开除工人的权力被取消，谈判取得了重大胜利。此时，资方又按规定支付红利 25 万余元，员工欣喜异常。工会在全体工人中威信大增。在此期间，既济水电公司有工人建立的工会，也有职员建立的同人会。当时全省总工会秘书长刘少奇认为，一个单位的职员与工人分别组会的做法不妥。在刘少奇的建议下，既济水电工人工会与职员同人会合并。合并大会由湖北全省总工会组织主任项英主持，钟苗夫再度当选为委员长。工人和职员组织在一个工会，不仅消除了工人与职员之间的隔阂，加强了团结，而且也加强了工会的力量，有利于斗争。此时，既济水电工会会员人数已达 1061 人，是当时湖北电业中最大的工会组织。既济水电工会委员长钟苗夫，在省总工会领导人的关怀帮助下，通过斗争的实践，成为当时湖北电力工人运动中受群众喜爱的领导人。1927 年 6 月，第四次全国劳动大会在汉口召开，钟苗夫参加了大会并被选为全国总工会第四届执行委员。

三、工人运动遭受重大挫折

一系列反革命政变的发动，使工人运动均遭受破坏，工人处于一片白色恐怖的苦难之中。

（一）四一二政变使工人遭受残酷镇压

1927 年 4 月 11 日晚，在蒋介石事先精心策划、阴谋部署下，杜月笙以邀请上海总工会委员长汪寿华赴宴为名，将汪寿华秘密杀害于枫林桥。4 月 12 日凌晨，隐藏在租界里的武装流氓，冒充工人，向分驻在上海总工会等处的工人纠察队发动突然袭击。纠察队仓促反击，蒋介石的军队随即开来，借口“工人内讧”将纠察队员缴械并占领了上海总工会。工人纠察队员牺牲 120 人，受伤 187 人。四一二政变发生后，上海工人及各界群众当晚就举行了有 20 万人参加的总同盟罢工。13 日上午，工部局电气处 800 多人参加了罢工和在闸北青云路广场举行的有 10 万人参加的群众大会。会后整队游行，要求释放被捕工人及交还纠察队枪械等。这时，早就埋伏在里弄内的蒋介石军队用机枪向游行队伍扫射，当场打死 100 多人，伤者不计其数。此后，蒋军继续进行疯狂的搜捕和屠杀，到 4 月 15 日，上海工人被杀者 300 多人，被捕者 500 多人，失踪者 5000 余人。

（二）七一五政变使工人运动再遭挫折

以汪精卫为首的武汉国民政府逐渐由动摇走向反动，汪精卫以国民党中央和武汉国民政府的名义，接连发出训令，禁止工农团体举行任何集会和游行示威，攻击工人运动“幼稚”“过火”，命令湖北省总工会对工人的革命行动要加以制裁等。而中国共产党内以陈独秀为代表的右倾投降主义，仍然对国民党右派迁就、退让，不仅不考虑加强工人阶级的武装，做应付突然事变的准备，反而命令武汉工人纠察队将武器交给国民党，以为这样可以阻止汪精卫不背叛革命。事实恰恰相反，1927 年 7 月 15 日，汪精卫在武汉公开发动反革命政变，宣布和共产党决裂，与蒋介石合流共同反共。接着，全国总工会、湖北全省总工会等被强行封闭，并实行“武力清党”，命令对“共产党员一经拿获即行明正典刑，决不宽恕”，大批屠杀共产党员和革命群众。顿时，湖北地区陷于白色恐怖的苦难之中，产业工人运动再遭挫折。

（三）工人运动由公开逐渐转为秘密

七一五政变后，湖北电力工人陷入腥风血雨之中，电力工运被迫由公开转入秘密。7 月下旬，项英、钟苗夫秘密召开既济水电工会会员大会，向会员报告了国民党反共势力叛变的情况，号召工人阶级组织起来保护自己，保护工厂。此后，既济水电工会、武汉电业工会等都被迫停止活动。1927 年 8 月，既济水电工会委员长钟苗夫在公司员工的掩护资助下离开武汉，几经辗转，回到浙江原籍隐居。既济水电公司工人吴少云、张耀先、康秀清、赵本仁、吕金保、张友保、陈寿延等同时被捕，被捕后被严刑拷打，吕金保死于狱中。大冶厂矿发电工人徐世明，于汉阳门码头被捕，武汉卫戍司令部以“企图暴动，扰乱治安”的罪名，于 9 月 28 日将其杀害，就义时年仅 37 岁。同年 12 月，大冶厂矿发电工人仇国升等 3 人因被叛徒出卖，遭敌拘捕。在敌人威胁、利诱、酷刑面前，仇国升毫不动摇，于 1928 年 4 月，经党组织营救出狱，继续从事革命工作。英商汉口电灯公司工人黄恩良，竭尽全力多方筹措，帮助革命者脱离险境。

随着第一次国共合作的全面破裂，大革命失败了，能源化学地质产业工人运动也随之转入低潮。

第三章

土地革命战争时期的工人运动（1927—1937）

大革命失败后，革命力量尤其是工会组织与工运领袖惨遭镇压，工运力量严重受挫。九一八事变后，在日本帝国主义的军事占领下，产业工人处境愈加艰难，生命也受到严重威胁。为反抗侵略者的残酷统治，在中国共产党领导下，产业工人奋起与日本侵略者展开了激烈地斗争。

第一节　工人运动的艰难曲折和勇毅探索

大革命失败后，中国革命形势发生了深刻的变化，工人运动遭到国民党的血腥镇压，革命力量被严重削弱，工人运动方针政策开始向中国共产党“走农村包围城市，武装夺取政权的革命道路”方向调整。但是在三次“左”倾错误路线影响下，工人运动艰难曲折，付出了惨重代价。

一、大革命失败后工人的悲惨处境

1927 年大革命失败后，以蒋介石为代表的国民党新军阀建立起残暴的城乡买办豪绅阶级的统治。进步工会遭摧残，工运领袖被屠杀和搜捕。封建的旧规章制度复活，工人的工资待遇普遍下降，失业问题也尤为严重。工人的政治权利丧失，处境十分艰难。

（一）工人待遇和劳动环境急剧恶化

工资普遍降低。中国煤矿工人的工资，本就菲薄得难以维持生活。自国民党反动后，工人在大革命时期所争得的条件，被资本家全部推翻了，工人的工资不但没有提高，反而普遍降低。据

《新国民年鉴》的调查，全国矿工每月平均工资，精工为22元，粗工只有14元。再据《中国矿业纪要》的材料，1928年至1929年，开滦、井陉、大同保晋、焦作中原、六河沟、枣庄中兴、抚顺、本溪湖、穆棱、鹤岗、山东鲁大、江苏贾汪等30个煤矿，工人的平均工资每天是四角七分，其中江苏贾汪和焦作中原煤矿工人每天的平均工资最低，分别为两角两分和两角一分。5年之后，即1933年至1934年，物价已上涨数倍，而煤矿工人的平均工资仍是每天四角七分，未动分毫。此外，资本家和封建把头还想尽方法从中勒索、克扣榨取。

劳动时间延长。大革命失败后，煤矿工人的劳动时间大大延长。据统计，1926年至1927年，煤矿工人的每日工作时间是8小时至10小时；1928年至1929年，每日工作时间延长至16小时，星期日不能休息，或者休息没有工资，甚至有病也不准请假。1933年，《劳工月刊》在《开滦煤矿最近罢工之感想》提到：外工之工作时间，是依三八制计算的，每一日夜分作三班，每班工作八小时。但事实上外工在下井之前和上井之后，因其他手续之牵制，每班所费的时间，总计须在十小时左右。例如在六时上班，则四时半便须到矿，等候着工人逐一交还矿灯，领了矿灯以后，再行下井，待工作完毕，上井，复须逐一交还矿灯，如是计算，在工人下井上井之间至少在一时半，所以名义上虽是八小时工作，而实际上却得花费十小时的时间。且外工因工资微薄，平均每两天须作三班，方能生活，甚至有因家庭负担过重，而每次下井作连班两班者，这样每个工人每日的工作时间便在12小时至16小时了，童工的工作时间，和成年工人相同。

劳动条件更加恶化。国民党政权建立后，工人的劳动条件更加恶化，许多煤矿没有相当的安全设备，没有福利设施，伤亡事故层出不穷。1928年3月，中日合办鲁大公司华坞岭煤矿发生透水事故，淹死工人120人，而资本家每人只给40元的抚恤金，这在当时还不及一匹马 1/3 的价格。1928 年 4 月 9 日，日本经营的抚顺煤矿大山坑发生透水事故，透水量达 80 万立方米，淹死工人 482 人。1931 年 2 月 7 日，抚顺煤矿大山坑发生火灾，日本帝国主义竟封闭坑口，致使 3070 人葬身火窟，惨绝人寰，震惊中外。据 1931 年《矿业周报》《郑州日报》《天津大公报》《北平晨报》所登载的烈山、鲁大、阳泉、大同、华丰、开滦、井陉、萍乡、贾汪、福中、密县、汤阴、潍县坊子、中兴、淮南、武昌土地堂等 18 个煤矿的资料，煤矿工人中患各种疾病的有 24815 人，因各种灾害死亡的有 546 人。资本家为了追逐高额利润，罔顾工人死活，工人的处境十分悲惨。

（二）工人失业问题极其严重

随着国民经济的衰退，劳动后备军的增加，特别是在大革命失败后，中外资本家开始反攻倒算，大批辞退和开除工人，失业问题日益严重。当时，虽然没有失业登记，但从报刊上一些零星的记载，仍可以看出失业问题的严重性。直隶临城煤矿停歇，有 2000 多名工人失业；河北开滦煤矿开除工人 5600 多人；河南焦作福中公司裁减工人 1000 多人；江西萍乡煤矿裁减工人 3000 多人；山东潍县坊子煤矿裁减工人 3500 多人；江苏贾汪煤矿开除工人 3000 多人；山东鲁大公司借口“整理矿务”，辞退和开除工人 4000 多人；山东枣庄中兴煤矿有失业工人 5000 多人；等等。

据统计，大革命失败后，全国煤矿业至少有 5 万的失业工人，占在业人数的 1/3 左右。另外，中外资本家招收大批工价低廉的童工，以代替受过革命影响、有反抗意识的成年工人，导致失业问题更加严重。据 1931 年山东农矿厅公报记载，淄博煤矿雇用的 5219 名矿工中，童工占 1000 人以上。这些失业工人流落街头，行乞度日，无以为生，在业工人也提心吊胆地生活。

（三）工人没有任何政治权利

大革命失败后，国民党政府借口消除“赤化”影响，任意捕杀或开除工人领袖和积极分子，用武力强迫解散革命工会，以“工人统一委员会”“工会整理委员会”“工会改组委员会”的名义，成立御用的工会，破坏工人运动。1927 年 8 月，湖北省在国民党中央党部特派员张铁君等人的控制操纵下，改组了“湖北全省总工会”。9 月，汉口既济水电公司工人及各电灯公司工人被迫参加武汉水电市政总工会，隶属汉口特别市总工会整理委员会。自此，湖北、武汉各工会均成为统治者的御用工具。1928 年夏，武汉国民党在电厂设立国民党区党部，勒令员工参加国民党，妄图达到从政治上控制员工的目的。

这一时期，国民党及其政府还制定和公布了一系列欺骗性的限制、控制或镇压工人群众斗争的政策和法令。1928 年 2 月，国民党二届四中全会通过《制止共党阴谋案》；3 月，国民党政府公布《中华民国刑法》；6 月，国民党政府公布《劳资争议处理办法》；8 月，国民党二届五中全会通过《政府与民众之关系及其职权案》；10 月，国民党政府公布《工会法》；1929 年 12 月，国民党政府公布《工厂法》等。这些政策和法令，都绝对禁止工人罢工、开会、游行示威，规定对暴动者要处死刑、无期徒刑或七年以上有期徒刑；罢工工人除赔偿资本家损失外还要罚款；工人进厂必须有保结和联保。这些条例剥夺了工人的民主权利，强化了资本对工人群众的剥削和欺压。

1929 年，北平华商电灯公司总经理用重金贿赂北平警备司令李服膺，查封了华商电灯公司石景山分厂工会，逮捕了工会负责人李有光等，开除了分厂工会主要成员石景昌、王肇周等。并将朱贵庆、金宝丰等工会骨干调到锅炉房做苦工，同时取消了年终双薪等福利。厂方还收买工头、技术工人参加资本家组织的储金会，以此分化瓦解工会，并收罗一批打手，建立“工人自治团”，企图用武力对付工人运动。1930 年，石景山发电厂锅炉房工人提出增加工资、发放劳保用品等要求，被资本家拒绝。于是，三班烧火工人联合罢工。华商电灯公司资本家史畏之从北平市调来一车警察到分厂镇压，又从天桥雇用一批壮工，接替烧火工作。同时资本家又收买一批工人，将拒绝复工的 37 名工人开除出厂。罢工被镇压。

1932 年 6 月，上海电力公司（简称“上电”）美国资本家，违反工部局电气处转售时所订“储蓄金年奖和其他福利仍须保留，公司不得解雇现有的任何职工”的规定，在不满 10 天内，借故开除工人达 128 名，以失业的廉价劳动力取代被开除的老职工。工人群起抗争，酿成“六月工潮”。工人们派代表交涉，向社会局请愿、印发传单、发表《告各界书》等。由于国民党政府和总工会帮助美国资本家抑制工人斗争，罢工难以实现，斗争被引入旷日持久的调解之中。工人虽斗争达 4 个月之久，但都以无结果而告终。

1933 年，上电美国资本家妄图吞掉工人的养老金，肆意开除工人，工人们推出代表同资方交涉，遭到拒绝。9 月 29 日，发电厂 1000 余名工人宣布罢工。此后，罢工人数日益增多，声势越来越大，爆发了历时 54 天的上电工人大罢工。而资方自始至终态度极为蛮横，通知工部局警务处派出巡捕暗探 100 余人进驻电厂，又雇 30 名巡捕监督抄表员的外勤工作，并先后新雇白俄 360 余人代替罢工工人。资方诬称“电力工潮应由煽动者负责”。在罢工期间，上海市有 20 多个团体伸张正义，派代表到工部局，要求严令上电资方迅谋解决办法。这次罢工发生在大革命失败后的艰难岁月里，没有党的领导，资方蛮横无理，而国民党中央政府、中央劳动部接连派出民运会主任委员陈公博等人到上海，名为调查，实质勒令“勿稍越规”。工部局华董、国民党市党部市总工会以及流氓头子都出场进行所谓“调停”，干涉破坏。在多方的压力下，工人被迫复工，不仅罢工期间2个月工资被扣，而且又有76名职工被开除，54天大罢工遂告失败。

1934年3月，上海电力公司美国资本家又公布《华籍工人品行规则》，用来奴役镇压工人。规则中规定，工人参加罢工、集会、在厂内张贴标语，一律记9个过；对工头不礼貌记3到9个过；打碎一块玻璃窗记6个过。凡一年内记满9个过者即予开除。江苏省各电厂厂方，也变本加厉用工头监视工人的行动，制定苛刻的厂规来束缚工人的手脚。这些厂规处罚面宽，伸缩性大，实际上是为了任意开除、处罚工人提供依据。

国民党政府在用武力镇压工人运动的同时，还采取了各种办法对工人群众进行严密监视和控制，防止工人的反抗和斗争。1927年底，武汉卫戍区强迫电厂工人搞“五人连环保”，即把五个人分成一个组，互相保证，如以后有一人“犯法”，其他四人一并问罪。1930年6月，武汉警备司令夏斗寅把武汉电力工人当作头等专政对象，派出武汉警备旅第一团第二营机枪连驻扎在汉口既济水电公司大王庙电厂，对汉阳电灯厂、汉口特一区电灯厂也派了军警进驻。同时，稽查处、公安局派“干员”常驻各电厂查看工人工作情况。他们还以警备司令部参谋长叶蓬的名义，密令汉口既济水电公司、汉口第三特别区电灯公司、武昌竟成电灯公司、汉阳电气公司等将各重要部门告知警备司令部，“以便派队在四周及重要位置放哨”，并令“各水电厂严密门警，职工须有证章或腰牌方准出入，军警亦得随时施行盘问和搜查”。7月8日，警备司令部又命令各水电厂，工人外出住宿必须填报《外宿工人登记表》定期报送各部队、机关备查。这些，实质是由反动军营和特务组织了一个白色的恐怖网，把工人严密地监视和控制起来。1934年9月，国民党政府委派翁文灏为“整理河南中福矿务专员”。12月，翁文灏到焦作煤矿后，就宣布派兵驻矿、解散职工联合会、停止矿工会活动、不得扰乱破坏和鼓动风潮、裁汰冗员、减低薪额等10项条例，并且规定“如敢故违，准予分别捕拿，严加惩处”。这样，经过两年的“整理矿务”，前后两次裁汰职工1463人，其中工人有1356人，占被裁减职工的92.7%，多是参加罢工的积极分子。

在这期间，部分资本家乘机反扑，将工人在大革命期间斗争得来的工资、福利待遇取消。1927年初，江苏省苏州电气公司工会在成立后，向资方提出了改善工人生活待遇、厂主不得无故解雇工人、节假日工作工资加倍等8项要求。当时，资方迫于形势，答允了工会的要求。但四一二反革命政变后，资本家乘这股黑色逆流，取消了已答允的几项要求。湖南电灯公司电厂工人于1927年初向资方提出分红要求，经过斗争，资方答允工人条件。大革命失败后，资方变卦，登报声明前约作废，并威胁工人将欠条交出烧毁。湖北各电厂工人与资方达成的协议，也被资方推翻。

第一次大革命的失败，使中国革命事业遭受惨重的损失。国民党反动派依靠军队建立起代表大地主、大资产阶级利益的暴力统治，给工人阶级和人民群众带来了无穷的灾难，工会运动被严重破坏。在中国共产党的领导下，产业工人克服艰苦的处境，团结起来，继续开展英勇的斗争。

二、工人反抗国民党恐怖统治的英勇斗争

在国民党反动派的恐怖统治下，电力、煤炭等产业工人依旧进行着艰苦卓绝的斗争。部分共产党人和工运领导者转入地下，在严峻的形势下继续领导中国工人。

（一）反对资本家开除工人的斗争

1927年9月15日，江苏震华电厂资方借故开除杨开正、谢

志康两名工人，并气焰嚣张地说：“你们不是有工会吗？现在可以找工会要饭吃。”还扬言：“若要他们回厂复工，除非震华电厂烟囱倒了。”资本家以为时局对他们有利而向工会进攻了。当时，武进县总工会已被反动派把持。但震华电厂、武进电气厂、武进电话公司联合组成的武进电气业工会联合会仍由共产党控制。9月20日，联合会召开了紧急会议，决定3个单位采取联合行动，由联合会致函震华电厂资方，限48小时内恢复杨开正、谢志康两人的工作，并提出工会有代表工人的全权、工会会员在职期间非犯刑法不得辞退等6个条件。厂方拒不接受联合会提出的要求，县政府出面协商调解仍无结果。这时，工会根据中共地下党的指示，部署了罢工准备工作。原来，震华电厂资方之所以有恃无恐，是因为武进电气厂资方曾说过一旦震华工人罢工停电，由武进电气厂供电。当看到3个单位的联合行动后，他们才着急地央求反动当局调解。于是，又召开有国民党县党部、公安局、建设局、总工会、武进电气业工会联合会、震华电厂工会和资方代表参加的仲裁会议，由县长任会议主席。总工会派往震华电厂帮助工作的王听楼（他实际上是中共武进县委的领导人之一，是这次罢工的领导者、组织者）也参加了。会上，经过工会代表的据理力争，资方又获悉罢工停电已一触即发，只得让步承认开除这两名工人是错误的，同意恢复他们的工作，并补发其开除期间的工资。这是在逆境下由中共武进县委直接领导的一场艰苦的斗争，斗争取得了胜利，打击了资本家的气焰，大涨了电厂工人的志气。同年，湖北大冶袁家湖发电站发电工人仇国升（中共党员、原大冶总工会常委），在中共黄石港执委撤离黄石后，受命留在黄石坚持斗争。在环境十分恶劣、工作极端困难的情况下，他以大冶总工会的名义，将被大冶厂矿资方解雇的四五百名工人组织起来，开展要求复工的斗争。仇国升联络矿区工人给予支持。经过多次的交涉和斗争，至1927年11月30日，终于迫使资方同意，恢复了 407 名工人的工作。

1932 年，浙江省政府将官办的杭州电厂转卖给“企信银团”，其成立了董事会，并改名杭州电气公司。任命留美的学生、回国后曾任美商慎昌洋行帮办的潘铭新为公司总经理。新任总经理以电厂是新设备，老工人无法掌握为由，准备重新安排工人。工人们得知这一消息，意识到这是要把老工人赶出厂门的阴谋。于是爆发了“驱逐潘铭新”的斗争。工人们联合了职员，在俱乐部楼上连开了三个晚上的秘密会议，拟写了《杭州电厂职工宣言》。宣言中揭露了潘铭新在杭电甘心媚外、剥削员工、虐待工人等 9 条罪状，并组织各部门工人分头散发宣言、张贴标语，呈文浙江省建设厅备案，拍电报到上海董事会要求撤换潘铭新。同时，又开了记者招待会，声势越来越大。工人们表示：不撤换潘铭新，就罢工停电。几天后，工人又派代表去上海董事会交涉。工人们团结一致，态度坚决，终于迫使董事会接受了工人们的要求，把潘铭新辞退。工人、职员联合斗争胜利了，原想安排自己亲信、解雇原有工人的潘铭新，终于离开了“杭电”的大门。

1934 年初，开滦 5 万名煤矿工人为了反对英国资本家减薪裁人，反对塘沽停战协定取缔战区工人，组织工会自由等，于一个月内先后举行两次英勇壮烈的罢工。在这两次大罢工中，群众都以坚固的团结和顽强的战斗冲破英日帝国主义、国民党的武装镇压与屠杀，给了英国资本家很大的打击。3 月 18 日，为驱逐国民党黄色工会，反抗国民党镇压和欺骗的手段，英勇的开滦工人爆发了第三次大罢工。这是在正确的革命领导下掀起的无产阶级伟大的罢工浪潮。

（二）为改善生活待遇进行经济斗争

在极端白色恐怖的环境中，江西安源、鸣山，湖北阳新、兴山、秭归、宜都、枝江等地的煤矿工人举行了反抗国民党压迫的罢工；烈山、井陉、正丰、本溪、抚顺、昌图沙河子等地煤矿工人为要求增加工资举行了罢工斗争。

1927 年 12 月，顺直省委召开了改组会议，通过了职工运动决议案。在这个决议案中，批判了当时那种高唱暴动而忽视工人日常经济斗争的倾向，要求“迅速地普遍地发展部分的日常的经济斗争，借着这些斗争，把全直隶的工人群众都组织起来”。1928 年至 1929 年初，河北的井陉煤矿、正丰煤矿和开滦煤矿工人为改善生活待遇的罢工斗争的胜利，就是在顺直省委通过的职工运动决议案精神指导下取得的。1928 年 1 月的一天夜晚，中共井陉县委书记赵玉祥和委员李斌在井陉煤矿附近的岗头村召开了党支部和工会干部会议，研究了同中外资本家开展斗争的方针和策略，决定这次斗争分两步走：第一步先向矿方提出改善生活待遇的几项条件，如矿方不答应，再进行第二步，全矿举行大罢工。矿务局企图镇压工人运动，井陉煤矿工人在中国共产党的领导下，经过 3 天的罢工斗争，取得了完全胜利。1928 年 3 月 15 日，正丰煤矿工人把怠工转为罢工。共产党员张千东根据县委的指示，通过工会制定了增加工资、请假不扣工资、每月发煤五百斤、反对走马路（指井口到坑下的一段路）、下井坐罐车、外工开双薪、里工分花红等改善生活待遇的 12 项条件。经过工人的坚决斗争，德国资本家克里克被迫同工人代表谈判，忍痛答应了工会提出 12 项要求中的 5 项主要条件：每人每月发煤 500 斤；婚丧事假不扣工资；休息星期日照发工资；过年过节不扣工资；因公负伤治疗不收费等。至此，正丰煤矿工人斗争取得胜利。井陉、正丰煤矿工人罢工斗争的胜利，是大革命失败后中国工人进行经济斗争的重大胜利，代表着当时工人运动的正确方向。

1929 年 3 月，太原电灯公司 60 余名工人，由郝尔孝、赵永祥、曲宪洲、郭世章等 4 名工人领导，举行了抗议公司补发工资不公平并要求增加工资的罢工斗争。这次斗争的起因是，1928 年底，公司发给60多名工人的补发工资总数，比一个高级职员补发的工资还要少一半多。工人们极度不满，工会便组织工人集体签名抗议。他们在一张纸上，画了个大圆圈，打了60多个格子，4个领头人先在不同的地方签字，其他工人也依序签名，“圆桌吃饭，四面为上”，这使资本家从签名上找不出谁是领头的。他们还成立了工人纠察队，人人手中拿了棒子，防止伪警抓人和迫害。第一次交涉，被资方拒绝，还训斥工人代表是造反。工人们怒不可遏，立即撤火实行罢工。资本家担心把事情闹大，被迫答应了工人的条件，罢工取得了胜利。

1929年春，淄博矿工开展了增加抚恤金和提高工资的斗争。6月25日，日本私人垄断资本大仓组经营的南定矿业所华坞煤矿发生冒顶事故，4名工人被压死。第二天，淄川炭矿南旺分矿1名工人又被煤车撞死。事后，中日资本家企图对死者只支付40元抚恤金了事。全体矿工群情激愤，与矿方进行交涉，中日资本家威胁说如果工人坚持过高要求就关闭煤矿。矿工们遂于7月15日举行了规模空前的请愿、罢工斗争。1000多名工人以工人纠察队为先导结队示威游行。游行队伍打着巨幅标语，高呼“提高工资”“工人优待”等口号，散发传单。游行队伍自矿区开到淄川县城，向县长提出“增加工人死亡抚恤金”“增加工资”等条件，要求县长把工人的条件转告矿方，迅速答复。与此同时，还向驻博山的山东第二矿务局请愿。淄川县长和矿务局局长被工人声势浩大的请愿吓慌了手脚，赶紧打电报向济南国民党山东省政府和农矿厅请示办法。迫于工人们的强大压力，国民党省政府和日方代表于8月13日答应发给每个死亡工人丧葬费50元和两年工资230元为抚恤金。为了达到增加工资和改善待遇的目的，8月20日，矿工们又开始了怠工斗争，中日资本家、包工头最终被迫答应了工人们提出的增资要求。通过斗争，工人们不仅取得了增加抚恤金和提高工资的直接利益，还取消了大包工制，由工人自己选举代表实行小包工制，减少了大包工头的中间剥削。

1930年6月18日至8月13日，上海法商电车、电灯、自来水公司工人，因向资方提出增加工资、不得无故开除工人等要求未成，在上海工运领袖、法电工人徐阿梅主持的罢工委员会领导下，举行了有全体职工1600人参加的56天大罢工。此次大罢工使法租界的水电供应和公共交通受到很大影响。7月21日，法租界巡捕房出动装甲车和全副武装的巡捕，对手无寸铁的工人进行血腥的镇压，当场打伤30多人，抓捕24人。帝国主义者的暴行激起工人的更大愤怒和全市人民的关注。经过56天的斗争，迫使资方同意：罢工期间工资照发；每人每月增加工资2.4元；被捕工友一律释放；以后不得开除职工等条件。但资方坚持要徐阿梅等40名罢工领导人和积极分子退出，遭到全体职工的反对。此时，徐阿梅召集会议，向职工报告了谈判经过和协议的内容，同时动员大家接受协议复工。徐阿梅为群众着想的建议，得到职工的赞同。同日下午，1600名职工庆祝罢工胜利大会后复工。

（三）工人反迫害的斗争

大革命失败后，本溪湖煤矿工人在中国共产党领导下，于1927年8月，掀起了“八月风暴”斗争。当年，日本人在煤矿推行“新工资制”加重了对工人的剥削。8月21日，煤矿拒绝了工人的正当要求，并扣押了工人代表。这时，党组织号召工人们团结起来举行罢工。8月23日下午4时许，坑务科夜班工人400余人把领到下井采煤用的安全灯扔在井口，然后有200余名工人聚集三坑口外，宣布罢工。至晚7时，选炭厂、熔铁炉、耐火厂等处工人罢工。晚7时20分，发电所工人罢工，切断了电源，顿时，本溪全市陷于一片黑暗之中。接着，工人们高呼“打倒帝国主义！”“成立工会！”“增加工资！”的口号，愤怒地冲向制材料，包围了躲在里边的日本职员，并用镐把、铁锹、棍棒等工具砸开门窗，痛打了平日欺压中国工人的14名日本职员。至此，全公司有4500多名工人参加了罢工。当时，驻在本溪湖的日本守备队分两路去镇压工人罢工。其中一队与罢工队伍遭遇，发生冲突。工人们终因用棍棒、镐锨抵不住手持步枪、大刀的日本兵退向山上。随后，日本兵上山屠杀、攻击手无寸铁的工人，制造了本溪湖惨案。当晚，安奉铁路沿线的日本军警赶到本溪，帮助日本守备队和警察武装占领了公司，前后逮捕中国工人270多名，并武装占领达18天之久。党为了争取社会同情工人罢工，召集了“反对日本人残害我同胞外交后援会”，与会的死难者家属登台控诉日本军警暴行，激起各界爱国同胞的义愤，向日本帝国主义提出强硬抗议。在全国人民的抗议下，日本不得不宣布撤兵，释放被捕工人，党还发起了“罢工后援会”，捐款抚恤死难家属。本溪湖煤矿公司工人大罢工，狠狠地打击了气焰嚣张的日本侵略者，使由日本垄断的本溪湖煤矿公司遭受了重大损失。据估计，大约损失龙银20万元。从这次罢工之后，公司当局对于工人的压迫和剥削不得不有所收敛，并于1928年3月把支付工人工资的货币种类做了改变，由过去一再暴跌的“奉票”为本位改为以较为稳定的“小银洋”为本位。

1928年1月23日，中共哈尔滨临时县委召开会议，通过了加强“职工运动”领导的决定。会议还指出对哈尔滨电车、电灯工人要派人组织公开的或秘密的工会，要引导工人进行经济斗争。1929年8月31日，哈尔滨电业公司所属电车厂车长陈国勋等人，因打开车门放走被东北军驻哈尔滨兵站抓来的50名群众，而遭到兵站逮捕并毒打。全体电车工人举行罢工，发电所工人也积极支援，相互呼应。罢工提出了释放被捕者、惩办肇事凶手、保障工人生命安全等条件。这场斗争，在中东铁路工人的罢工推动下，对哈尔滨工运的胜利发展起到一定作用。

1928年10月，上海法国水兵无故打死电车工人吴同根，激起水电全体工人的愤激。水电工人团结起来组织法界水电工会向资本家提出严重的抗议，要求征办凶手并改善待遇共计 13 条。同时积极准备罢工来反抗资本家的压迫，当时，国民党唯恐触怒帝国主义而对工人威逼欺骗，拖延 2 个月。12 月 3 日，工人通过群众大会决议，发起了大罢工。国民党用领导罢工的手段实行破坏罢工，欺压工人代表，欺骗工人，迫使复工。12 月 16 日，全体工友又举行第二次大罢工。二次罢工是法商水电工人从国民党合法运动的幻想和欺骗之下挣扎出来的自发的斗争。

1930 年 6 月，洮南电灯厂外线工小高在东市场检修线路而暂时停电。洮南镇守使稽查处的几个官员正在妓院鬼混，见断了电就蛮不讲理地辱骂小高，并要他立即给电。当时厂内工人刘趾麟在场，向官员说明正在检修不能给电。他们不但不听，还将小高、刘趾麟两人抓到稽查处拷打刑讯。厂内工人听到后非常气愤，立即找经理要求到稽查处去要人，并向工人赔礼道歉。经理不但不同意工人的正当要求，反而责怪工人“惹是生非”。工人们义愤填膺，在忍无可忍的情况下集合 10 多人扛着铁棍奔向稽查处。洮南镇守使张海鹏闻讯后，怕事态闹大，工人罢工停电，立即通知稽查处放人并向工人道了歉。洮南电灯厂工人反迫害的斗争取得了胜利，鼓舞了工人的斗志。

三、工人参与武装起义和支援建立农村革命根据地

英勇的中国工人不仅为自己的权益去斗争，也积极参与了革命事业。在武装起义与革命根据地的建设过程中，产业工人作为一支重要的力量，作出了巨大贡献。

（一）参加武装起义和武装暴动

江西安源煤矿工人参与秋收起义。八七会议后，中国共产党发动了以湖南、湖北、江西、广东为中心的秋收起义。安源煤矿工人参加了毛泽东领导的湘赣边界的秋收起义。1927年9月初，毛泽东在安源张家湾召开了重要的军事会议。会议深入地讨论了秋收起义的具体部署，决定将中国共产党掌握的湘东、赣西一带的武装力量，统一组建为中国工农革命军第一军第一师，下辖三个团。其中第二团以安源工人纠察队、安源矿警队为主力，和萍乡、安福、永新、莲花、醴陵、衡山农民自卫军共同组成，驻安源。根据安源会议的决定，安源党组织积极进行起义前的组织整顿、思想发动和军事准备工作。他们把矿警队200多人、工人纠察队500多人和临时用梭镖、大刀、竹竿武装起来的工人以及萍乡、安福、永新、莲花、醴陵、衡山等农民自卫军共2000多人组织为中国工农革命军第一军第一师第二团。其中有300多名共产党员和400多名共青团员。同时，积极编队练兵，打梭镖、大刀，造土手榴弹，制符号旗帜，准备起义。9月5日晚，安源市委领导工人处决了矿警队8名反动军官，纯洁了起义队伍。9月9日，毛泽东亲自发动和领导的震撼全国的湘赣边界秋收起义爆发了。这一天，安源路矿工人长沙工人赤卫队和近郊农民，按照秋收起义的计划，破坏了粤汉铁路和株萍铁路，截断了敌人的交通运输。9月10日，以安源煤矿工人为主的第二团在安源张公祠集合，举行起义。当晚12时，二团下达了攻打萍乡县城的命令，部队群情激昂，在拂晓前赶到了萍乡外围，准备偷袭。后因爆炸队被敌人发觉，失去了偷袭的时机。于是，团部决定强攻，把县城团团围住，用土炮轰击，工人纠察队冒着敌人的弹雨，架云梯爬城，经过一天多的战斗，攻城未遂，袁州敌军又赶来增援，面对这种情况，二团决定放弃萍乡，直扑老关。9月11日，在老关全歼敌人一个排，缴枪 10 余支。9 月 12 日下午，第二团与醴陵农民军在阳三石车站会合，兵分三路，涉过渌水，向醴陵县城发起了猛烈攻击。经过一场激战，攻克了县城，俘敌 100 余名，缴获机关枪一挺和步枪七八十支，并打开牢门从监狱中救出了 100 多名革命同志。13 日，建立了醴陵县工农革命委员会，由安源煤矿工人张明生担任县长。同时，宣布恢复工会、农会等群众组织，并颁发了革命委员会布告。14 日，二团挥师向浏阳挺进，并于 15 日攻克了浏阳县城，打开监狱救出了 300 多名革命同志，声势大振。但由于团长王新亚轻敌麻痹，于 16 日被敌人包围，经过浴血奋战，大部分同志壮烈牺牲，最后有 800 人左右突出重围。9 月 19 日晚上，毛泽东在文家市里仁小学主持召开了前敌委员会议，讨论起义部队的进军方向问题。毛泽东在说服了周围同志并取得党的同意后，遂带领部队向南退却，向罗霄山脉中段的井冈山进军，建立农村革命根据地。9 月 20 日，毛泽东率领工农革命军向湘赣边界的井冈山进军。10 月 27 日，秋收起义部队到达井冈山的茨坪，建立了全国第一个农村革命根据地，开创了工农武装割据的新局面。在秋收起义中，安源煤矿工人虽然遭受重大损失，但他们英勇奋战的业绩却永昭后人。

赣东北煤矿工人发动武装起义。江西赣东北是中国南方的一个重要产煤区，也是大革命时期中国共产党和工农运动基础较好的地方。大革命失败后，方志敏回到弋阳、横峰地区，与坚持当地斗争的雷夏、方志纯等会合，开展游击战争。1927 年 12 月 10 日，横峰国民党政府派了一个收煤捐得的委员和数名法警到楼底蓝家催税逼债，煤窑工人用软办法对付他们，收煤捐得的委员不但不答应，还动手打人，声称“要捉人到县里去”。这时，农民革命团团长蓝长金，当即召集全村革命团团员，帮助煤窑工人和他们斗争，解除了法警武装，并将收煤捐得的委员赶出村去。事情发生后，方志敏召开会议，号召大家趁热打铁，向土豪劣绅进攻，镇压了那些作恶多端的豪绅地主。楼底蓝家煤窑工人起义胜利的消息，极大地鼓舞了周围地区的群众，起义总指挥部通令各地响应，迅速爆发了轰轰烈烈的弋阳、横峰农民大起义。在不到一个月的时间里，在弋阳、横峰纵横百余里的地区，打垮了国民党弋阳县党部，建立了革命政权，宣布了工农政纲，开展了土地革命，把工农游击队改编为工农革命军独立营，为开创赣东北革命根据地奠定了基础。

1930 年 3 月 18 日，赣东北特委发动和领导了鸣山煤矿暴动。鸣山煤矿属于江西乐平县，在 1926 年 11 月初，煤矿工人就自动组织起革命工会。1927 年 7 月 31 日，举行罢工，与资本家签订了 11 条协议，取得了实行 8 小时工作制、增加工资、反对任意开除工人等条件的胜利。1928 年底，鸣山煤矿工人在党的领导下，先后两次举行罢工斗争，要求发清欠饷，反对取消年关双薪，取得了胜利。1929 年 4 月间，鸣山煤矿工人与警察发生了武装冲突，最后在红军的帮助下，占领了乐平矿山，成立鸣山煤矿工人委员会。会后，有 100 余名工人加入红军。1929 年底，鸣山煤矿资本家借口航运不通，煤运不出去，无理地扣发了工人 3 个月的工资，工人无法生活下去，反抗的情绪日益强烈。鸣山煤矿党支部于 1930 年 1 月 30 日利用春节的夜晚召开会议，决定抓住时机，发动群众，做好准备，组织矿工暴动。1930 年 3 月 18 日夜晚九点半钟，全矿的鸣山、虎山、扁担山、灰山、狮子山五山和洄源岭、大春岭二岭的矿工们，高举火炬，挥着大刀、梭镖和铁镐、榔头，从四面八方向煤矿冲去。与此同时，方志敏、邵式平亲自率领江西红军独立第一团，也从外边打了进来。此刻，红军和矿工们团团把煤矿围住，经过激烈战斗，活捉了矿长张文通等，消灭矿警队 100 多名矿警。鸣山煤矿工人暴动胜利后，工人们建立了革命政权，成立了矿工总工会，宣布没收矿山归革命政权所有，由工人组织的工厂委员会管理，发展了煤炭生产；利用缴获的几台机床，在弋阳办起了信江苏区的第一个兵工厂，后来发展到700多人；还有许多工人参加了红军，改变了红军的阶级成分，提高了红军的战斗力。所有这些，对后来赣东北革命根据地的政权、经济和红军建设，起了很大作用。

河南杨山煤矿工人进行武装暴动。大革命失败后，杨山煤矿的党支部，在全国各地武装起义的推动下，也准备组织工人起义。1929年4月，杨山煤矿党支部在发动工人群众的基础上，向岭东矿主高富兴、岭西矿主汪培禄提出改善工人的条件，矿主们被已经发动起来的工人群众的声势所吓倒，完全接受了煤矿工人的正当要求。但时隔不久，岭东矿主高富兴图谋报复，发生了残害矿工吕天顺的事件。在党支部的领导下，矿工们包围了高富兴住的高家楼，吓得高富兴逃进固始城内。1929年5月6日，声势浩大的鄂豫边区的商城起义爆发，极大地鼓舞了杨山煤矿工人。1929年7月，杨山煤矿党支部召开会议，认真分析了煤矿和周围地区的形势，认为杨山煤矿工人举行武装暴动的条件已经成熟。之后，党支部从政治、思想、经济、武装等方面做了大量准备工作。10月初，中共商城县委特派员王泽五来到杨山传达“关于杨山矿工立即举行暴动的决定”，连夜召开党支部紧急会议，研究制订暴动计划，成立了暴动指挥部，由张泽礼任总指挥。1929年10月5日，杨山煤矿的500多名工人听到暴动信号后，立即从岭东、岭西奔赴暴动汇集地——北矿。这时，苏仙石、峡口等地前来援助的农民赤卫队也按时赶到。党支部书记和暴动指挥部总指挥张泽礼进行了武装起义的动员，接着，分兵三路，高举红旗，身披红色布带，挥舞着长矛大刀，飞奔向山下的曹黑楼、徐下楼、桥头店，出其不意，从土豪劣绅家中夺取土枪60多支。当天晚上，暴动队伍得胜回山，在拐套子宣布成立杨山煤矿工人纠察队，共有队员80多人，由张泽礼担任队长兼党代表。接着，又连夜奇袭20里外的樟柏岭，取得了连战连捷的胜利。在红三十二师红军的配合下，一举攻克了高家楼。接着，与当地农民赤卫队密切配合，横扫了郭家楼、李家寨、秦北围、姚老家、吴上楼、洪下楼、何家东楼、凌家尖楼等地方，创造了以杨山为中心的革命根据地。此后，多次粉碎国民党军队和民团的轮番“围剿”，在不到 3 个月的时间，使工人纠察队发展到 180 多人，拥有长短枪 84 支，扩编为商城县工人纠察大队，成为商城地方武装的一支主力。杨山煤矿工人武装暴动成功后，即召开了工人代表大会，作出了 5 项决议案：没收矿主的所有矿山；一切权利归工会；建立“商城县东煤窑总工会”；建立“杨山煤窑工人纠察大队”；建立“杨山煤窑生产指挥部”。并选举了工会、工人纠察队和生产指挥部的领导机构。

（二）支援武装起义和支援建立农村革命根据地

支援安源保卫战。上海四一二反革命政变后不久，1927 年 5 月 21 日在长沙又发生了马日事变。这两次事变使革命力量遭到了严重破坏。接着，国民党调集兵力，分三路向安源进攻。江西萍乡安源是工人运动的中心，也是革命的大本营。当时，正处在秋收起义的前夕，中共湖南省委、湘东特委、安源地委等领导机关均设在此。后来参加秋收起义的许多武装力量及领导干部也在安源。为了保卫这一重要革命地，在中共湖南省委郭亮、柳直荀等组织领导下，安源人民进行了一场英勇的安源保卫战。当时，肩负安源供电重要任务的萍矿安源发电所的电力工人，为保卫战作出了突出的贡献。1927 年 6 月 5 日，国民党右派李仲任部第一营营长，郑瑞卿带一营军队由醴陵向萍乡的西大门湘东镇进攻。驻守在湘东镇的人民武装进行了英勇的抵抗和阻击，终因寡不敌众而遭失败。郑瑞卿又率部向萍乡城进犯，杀害革命同志 100 多人，逮捕 100 多人。使萍乡工农运动和革命团体受到极大摧残，萍乡人民遭到残酷的屠杀。这时，萍乡的反动分子趁机网罗各地地主武装，并同安源矿局暗中勾结，于 6 月 8 日，对安源实行大规模进攻。安源的党团组织及全体工人奋起反抗，展开了伟大的安源保卫战。安源发电所全体工人能够作战的都被编入了队伍。有一部分电力工人仍坚守岗位，保证煤矿抽水机运行。战斗打响后，不少电力工人主动找来大刀、梭镖、铁棍、水龙头、蒸汽管等作武器参加战斗。有的电力工人还动脑筋、想办法，和煤矿工人一起，把石子、石灰、铁片、铁钉等装进一种小瓦罐中，再把火药信管插在中间，制造了“土手榴弹”“土大炮”作为武器。这种土武器杀伤力很大，打得敌人心惊胆战，在战斗中起了很大作用。敌人见武力进攻无效，便改用“封锁”战术，采取断绝交通，封锁粮食、蔬菜，拦截过往群众达七天七夜，企图困死安源人民。在此情况下，工人们又想出办法，向敌军进行火线喊话，展开政治攻势。几个阵地都反复高喊“我们都是受苦受难的，何必为土豪劣绅卖命”等。经过喊话，敌人军心动摇，队伍涣散。最后，在醴陵农民自卫军的夹攻下，敌军丧气地撤退了。安源保卫战取得了胜利，保存了革命武装力量和一批革命干部，为党在安源部署湘赣边界的秋收起义奠定了基础，在中国革命史上写下了光辉的篇章，英勇的中国工人在这次战斗中也留下了光辉灿烂的一页。

支援农民起义。1927 年南昌起义后，江苏省苏州市共产党把南昌起义的布告贴在大街上。苏州市总工会秘书长周演行（又名周学熙）等准备组织苏州近 2 万名工人进行暴动。苏州电气公司工人张树声出席了准备暴动的工作会议。约定以电气公司工人首先停电为信号，其次各厂工人集会进行暴动。可是还未到约定的时间，组织暴动的负责人遭国民党反动派逮捕，导致暴动未能进行。11 月 7 日，中共江苏省委农运部部长王若飞和省委特派员夏霖，亲自到无锡乡区领导秋收起义，起义日期定于 11 月 9 日，约定无锡东北乡 13 个村镇，三四千名农民同时进行暴动。根据王若飞等领导人的决定，由震华电厂工人给予支援，起义时设法阻止城区的反动武装到乡区去。当时中共无锡县委成员孙翔凤，找到震华电厂无锡办事处电力营业部主任、中共地下党员孙梦雷，经过秘商，决定由孙梦雷发动组织电厂工人支援东北乡区农民秋收起义。首先，电厂工人利用工作之便，于起义日晚上，在无锡城区制造了两起停电事故，每次虽仅几分钟，但会使无锡全城陷于黑暗。其次，震华电厂工人在无锡工人和其他方面的配合下，散发传单，张贴标语，大造声势，配合暴动。当时还有密集的枪声，使国民党反动当局惊慌失措，牵制了城区的部分反动武装，支援了无锡东北乡区 13 个村镇农民秋收起义。第二天早晨，社会上传言，工人响应农民也要起义，吓得全部警察和商团龟缩在布防区内不敢轻易出城。按照秋收起义的原计划，准备切断沪宁线铁路，并分南北两路向无锡城区进攻，但被国民党驻常熟的李明场、李长江部所阻未成。暴动的农民在党的领导下坚持了两三天，终因力量悬殊被镇压下去。

1929 年初，湖北大冶厂矿发电所工人、共产党员仇国升，积极投入大冶的农民运动。当时，刘仁八村的大地主刘朴阶为保护刘家的财产，对抗农民革命斗争，派来了一个中队驻在刘仁八村。这股反革命武装到处侦破共产党组织，杀害革命同志。中共大冶中心县委决定拔掉这个反革命据点。6 月 30 日，仇国升和近万名身佩红布标记，手持刀、矛、梭镖等武器的农民一道参加了著名的六州刘仁八农民起义。经过激烈战斗，起义获得了胜利。

支援建立革命根据地。1929 年，湖北袁家湖电站工人与厂矿工人一起，为红军第三团军械所筹集军械工具箱，钢材 200 公斤、炸药 641 筒、引线 33 卷、铜料 205 块、焦炭 1000 多吨，有力地支援了红军及鄂东南革命根据地的斗争。1930 年夏，红二军团总指挥贺龙，通过湖南地下党购得 90 匹马力柴油机及附属加工机械一套，运到湖北监利县匡家老墩，组成湘鄂西洪湖兵工厂。武汉电力工人陈恩明等 3 人，到兵工厂操作柴油机和机床，为红军修理武器并制造弹药，成为红军中的重要技术力量。1931 年 6 月，既济水电公司水厂工人宋同甫之子宋盘铭，经共青团中央派遣到湘鄂西根据地参与领导工作。1932 年 7 月，湘鄂西根据地缺乏柴油，宋同甫受武汉党组织委派，冒着极大危险押送 30 桶柴油到洪湖。此事被叛徒告密，敌宪兵第一营派兵去抓水厂中共党支部书记吴少云及宋同甫，未获，却抓走了工友宋正等 2 人，其无辜判刑坐牢 5 年。当宋同甫返回汉口到码头时，党组织派人接应，告知不能回厂。宋同甫立即离开汉口，辗转回到河南家乡。宋同甫脱险了，吴少云却再次被敌人抓捕关押，后因证据不足释放。

第二节 “左” 倾冒险错误严重危害工人运动

一、中共六大后工人运动开始恢复

1927 年 11 月，中共中央出现了第一次“左”倾冒险错误。由于这次“左”倾冒险错误在实际工作中导致了许多损失，受到党内许多同志的批评和抵制，到 1928 年 4 月就正式进行了纠正。1928 年 7 月，中共第六次全国代表大会在莫斯科举行，大会批判了“左”倾冒险错误，确定了中国现阶段的革命依然是资产阶级民主革命，指出了党的总任务不是进攻，不是组织起义，而是争取群众。大会通过了《职工运动决议案》，对处于低潮时期工人运动的方针和政策作了一系列规定。中共六大后，中华全国总工会贯彻落实《职工运动决议案》的精神，指导各地积极恢复工会基层组织，发展会员，开展多种形式的斗争，使煤矿、电力工人运动开始走向复兴。

1928 年 6 月下旬，山东淄川炭矿工人开展大罢工，这是中国煤矿工人在大革命失败后的第一次规模宏大的罢工。当时，中日合办的淄川炭矿准备裁人，激怒了煤矿工人，纷纷要求立即举行反日罢工。6月24日，淄川炭矿工会发表罢工宣言，并给鲁大公司发出信函，申述罢工原因，提出了保障工人合法权益的要求。鲁大公司中日资本家拒不答复工会提出的条件。于是，6月25日，淄川炭矿近万名工人在工会的领导下全部实行了罢工。罢工实现后，工会在马家庄南庙召开罢工大会，参加大会的有七八百名工人，提出“反对日本出兵山东，反对日本霸占路矿，与日本经济绝交，提高工资”等口号。炭矿的中日资本家闻讯后，立即派出曾在济南参加五三惨案后进驻炭矿的日军大尉松田中队前往镇压，更加激起了工人们的满腔怒火。他们面对全副武装的日军，为了保卫罢工大会，毫无畏惧地与日军展开了英勇搏斗。6月25日，日本驻博山领事馆淄川派出所巡查部部长樱井三郎在罢工的当天就急忙向日本驻博山的外务主任佐佐木报告了工人罢工的情况。接着，6月26日，佐佐木匆匆赶到淄川，先后两次同国民党淄川县政府交涉，要求迅速镇压工人罢工，淄川县政府一概应允。同日，日本驻青岛总领事藤田与陆军方面进行了策划，连夜派遣陆军中佐矶具和领事河相乘车赶到淄川炭矿，指导中日资本家使用暴力和饥饿政策来对付罢工工人。这时，淄川炭矿的党和工会组织，一面揭露国民党淄川县政府勾结资本家，出卖工人的罪恶勾当；一面坚决要求日军释放被捕工人，增加工人工资。由于煤矿工人的坚决斗争，炭矿中日资本家以“日军不干涉工人增资要求，及释放被捕工人”的条件，换取“工人停止反日活动”。复工后，工人工资平均提高一成，使这次罢工取得了一定的胜利。

1929年6月10日，天津电车、电灯公司工人对比商破坏工会组织、多次开除工人的行为展开了斗争。工人们成立了罢工委员会，向公司提出改善工人待遇、实行8小时工作制等10项要求，并限在24小时内答复，但公司置之不理。11日，1000多名工人举行罢工，并上街游行示威，张贴标语和散发传单，轰动了整个天津市。在中共顺直省委和天津各界人士的支持下，罢工持续到24日，迫使比商基本接受工人提出的条件，工人才复工。近半个月的罢工，在政治上、经济上给天津当局和外国资本家以极大的打击，对工人被压抑的斗志有极大的鼓舞作用。8月，上海工部局电气处用招标形式，将全部资产以标银8100万两，出售给美国摩根集团的国际电气债券股份有限公司。电气处更名为上海电力公司（简称“上电”），分设总办事处、发电厂和馈电处3个部门。工人们担心换了“老板”会影响过去斗争得来的福利，情绪波动。中共党支部抓住时机，向群众宣传，发动工人为维护和提高福利待遇进行斗争。俱乐部代表工人向美国资本家提出：发放养老金、增加工资、假期从13天增加到1个月、开除白俄职工（白俄职工是工部局为破坏五卅罢工时雇用进厂的）、设立医务室等13项条件。资方对此置之不理。俱乐部在斐伦路变电站召开群众大会，毛阿寿（中共地下党支部书记）号召大家罢工。资方代表在大批警探陪同下，到会场许诺在3天内答复。第三天资方公布：工资一律加20%，工龄满10年者奖1个月，不满10年者仍为13天。工人们认为，工资普加两成，对大多数低工资者无济于事，反而扩大了高薪者与低薪职工的工资差距。故又找公司当局谈判。资方避而不见。毛阿寿提议到发电厂去争取发电工人一起罢工，由于队伍被巡捕房马队冲散，两个部门的力量无法汇合，隔天被迫复工。之后，俱乐部又继续领导工人进行了两次斗争。结果资方答应：工人享受养老金的工作年限从20年缩短到15年，年终奖金有所提高，在上电3个部门设立医务室，基本上实现了工人提出的条件。

从1929年8月至1930年初，开滦煤矿工人开展了反对黄色工会的斗争。1929年9月，在中共唐山市委领导下，开滦煤矿的赵各庄矿接连举行了3次工人群众大会，动员开展反对黄色工会的斗争。会后，以黄色工会每月收工人上千元的会费、不给工人办事、账目不清等为理由，以共产党员刘成章为中心，选出 23 人为查账委员，进行查账斗争。经过半个月的查账，查出了黄色工会的许多贪污问题。因而，工人提出改组黄色工会的要求。国民党虽经百般“调解”，终归无效，最后建立了新的工会。改组后的工会，名义上虽归国民党领导，实际却变成了赤色工会。在赵各庄矿工人反对黄色工会斗争胜利的影响下，林西矿的工人也站起来了。10 月 25 日，在中共唐山市委的领导下，召开了五矿工人代表的联席会议，决定发动各矿工人进一步开展改组黄色工会的斗争。会后，林西矿邀请共产党员刘成章帮助他们斗争。刘成章到林西矿后召集会议，把工人发动起来，进行查账斗争。黄色工会勾结滦县保安队逮捕了 4 名工人代表。这时，工人提出了改组黄色工会。当时，黄色工会头子欧阳嘉庆是个知识分子，中共唐山市委派当时在林西矿以当看门工人为掩护的市委职工运动委员会书记乔国珍以工人代表身份，在群众大会上与欧阳嘉庆辩论。10 月 27 日，乔国珍辩倒了黄色工会，当即推选代表进行选举，在选举的 20 名委员中只有 2 人是黄色委员。至此，林西矿黄色工会也被打倒，有了赤色工会的雏形。

二、“左”倾冒险错误对工人运动的影响

（一）瞿秋白“左”倾冒险错误对工人运动的影响

大革命失败后，由于对国民党屠杀政策的仇恨和对陈独秀投降主义的愤怒，使党内以瞿秋白为代表的一部分同志“左”倾情绪逐渐膨胀起来。1927 年 11 月，中共中央召开临时政治局扩大会议，使瞿秋白的冒险错误在全党占据了统治地位，会议否定革命已经转入低潮，错误地断言“现时中国革命的状况是直接革命的形势，决定实行全国武装暴动的总策略，工人运动造成严重的

危害”。这个指导方针，导致北方的顺直大暴动失败。北方奉晋战争爆发后，1927 年 10 月 16 日，中方通过“暴动计划”，决定在顺直区域（三特区、南口、京津全唐山和京东四县）举行“大暴动”。当听到奉系军阀张作霖失败的传闻时，立刻命令在天津、唐山举行武装暴动，并准备在失败时，退往热河。结果仅在玉田举行了起义，开滦煤矿罢工未组织起来，就很快失败了。

淄川炭矿工人大罢工失败。1928 年 1 月 25 日，中共淄川县委“公开以党及工会的名义贴标语，召集矿工大会”。在会上党团代表发表演说，“提出要求加薪的口号”，宣布 1 月 30 日大罢工。事后，招致军阀张宗昌的镇压。县委在 3 名工人遭捕的情况下，被迫“宣布延期罢工，而致失败”。

（二）共产国际六大以后白区“左”倾冒险错误的重新滋长

1928 年 7 月，共产国际召开了第六次代表大会，认为资本主义危机已经进入第三时期，在新的时期里，各种矛盾不断发展，将不可避免地导致资本主义的总崩溃。在第三时期理论指导下，共产国际制定了“进攻路线”，强调各国党都要反右倾，特别是大会关于中国革命问题的报告和决议，使刚刚结束的中共六大的路线、策略发生了根本的改变。1928 年下半年至 1929 年初，中共还在贯彻自己的六大决议，1929 年 2 月 8 日，共产国际执行委员会写给中共中央的信，把共产国际六大的精神传到中国。5 月 15 日，中共中央作出了接受国际指示的决议。自此，工人运动和工会工作从六大前后着重反“左”倾转到反右倾，利用一些合法的正确做法被当作合法主义，重新采取了许多过“左”的做法。

1929 年 7 月，共产国际召开执行委员会第十次全会，对世界革命形势进一步做出“左”的估计，认为共产国际六大以后世界革命已经复兴，并且日益接近直接革命形势。在这种错误思想的指导下，8 月，共产国际执委会通过了《共产国际执行委员会关于中国共产党在工会中的工作的决议》（以下简称《决议》），认为中国工运的新高潮到来了，要求中共在工会工作中必须立即实行新转变，“反对党内对于赤色工会的取消主义倾向”。《决议》不顾国民党的禁令和镇压，强调要努力使赤色工会自行公开和独立领导工人斗争，明确提出消灭黄色工会的口号。这些不符合中国实际的“左”的策略，进一步助长了中国工人运动中“左”的倾向。

（三）王明“左”倾教条主义给工人运动带来了严重危害

第二次“左”倾冒险错误在党内统治时间不到 4 个月，1930 年 9 月召开的中共中央六届三中全会上，批评了以李立三为代表的“左”倾冒险错误，决定停止执行全国武装暴动和夺取中心城市的冒险行动。1931 年 1 月，中共中央召开六届四中全会，以王明为首的“左”的教条主义，开始了第 3 次对党的中央领导机关内的统治。王明“左”倾教条主义对工人运动乃至整个革命危害更大。

焦作中原煤矿公司李河煤矿罢工的失败。1929 年 9 月，中共河南省委派省委常委冯金堂返回焦作，组织中共焦作县委并任书记。到 1932 年 8 月，中原公司李河煤矿恢复了党和赤色工会组织，发展了党员 30 多人，工会会员 500 多人。这时，焦作特支根据中共河南省委“增加工资、减少工时”的四月指示，决定组织工人罢工。但由于发动工人过于暴露，忽视了秘密工作，资本家勾结国民党军队到矿上镇压。8 月 16 日，领导这次罢工的党的负责人冯金堂不幸被捕，于 10 月 2 日在开封惨遭国民党杀害。这次罢工也失败了。

枣庄中兴煤矿工人七月暴动的失败。1931 年 3 月 12 日，根据中共山东省委的指示，中共枣庄矿区工作委员会在徐州成立，由田位东、郑乃序分任正副书记。到 1932 年夏天，中兴煤矿的党组织开始恢复，发展党员 10 多名，培养了积极分子 20 多名。这时，公司的里工正在分花红。资本家为了分化工人，仍然按照老规定，花红只分给里工，不分给外工，引起了外工的强烈不满。矿区工委决定抓住这个有利时机，在外工中掀起争分红利的高潮，并准备进行大规模罢工斗争。1932 年 7 月 16 日，矿区工委在十里泉召开罢工誓师大会，参加大会的有五六千人。会上，田位东深刻地揭露了资本家对工人的残酷剥削，提出取消包工制、里外工平等待遇等主张。与会工人选出了 110 名工人代表去同资本家谈判。工人代表刚行至中兴公司西南门即遭到武装军警的阻拦，并用武力驱散与会群众。7 月 22 日，矿工们聚集在窑神庙召开大会。当大会正在进行时，会场被军警突然包围，工委书记田位东被捕。接着，7 月 24 日，工委副书记郑乃序遭捕。暴动失败了，罢工坚持了 11 天也失败了。1932 年 8 月，田位东、郑乃序在济南千佛山下英勇就义。

第 3 次“左”倾冒险错误是历史上在党内统治时间最长的一次。据不完全统计，在此期间，全国 25 个煤矿共发生工人罢工、暴动、怠工和请愿斗争 67 次，其中约有 2/3 的斗争遭到镇压失败，其余取得一定胜利的主要是要求发放拖欠工资和抚恤费等经济斗争，党和赤色工会组织及其成员几乎丧失殆尽。

三、遵义会议后工人运动出现转机

1935 年 1 月，中共中央政治局在长征途中召开了遵义会议，确立了毛泽东在红军和党中央的领导地位。这次会议指出“对白区群众斗争的领导方式，必须有彻底转变”，为克服白区工人运动的错误提供了政治上的保证。1935 年 10 月，红军到达陕北。12 月 17 日，中共中央在瓦窑堡召开了政治局会议。会议分析了当时面临的抗日形势，提出了抗日民族统一战线的策略。会议还强调指出，“要战胜日本帝国主义及其走狗卖国贼，不夺取工人阶级的大多数，是不可能成功的”。并对国统区城市工运作出具体规定：利用一切公开与半公开的可能，建立广大的群众组织；从正确分析形势，争取胜利结果（即使是很少胜利）的观点出发去领导工人的经济和政治的斗争；注意保护和教育企业中的干部，积蓄工人群众雄厚的力量，以准备决定胜负的战斗。

1936 年 4 月，时任中共中央北方局书记的刘少奇在天津写下了《肃清关门主义与冒险主义》和《关于白区职工运动的提纲》，提出了党在白区领导职工运动的方针和策略，其是指导白区工人运动由“左”倾冒险错误走上正确轨道的纲领性文件，强调要充分利用一切公开合法的条件和可能性，去组织白区工人群众和领导白区工人斗争，提出“应该暂时放弃独立组织赤色工会的任务，过去的那些秘密的赤色工会即行取消”等策略思想。在中共中央白区工人运动转变策略方针的指导下，中国煤矿工人运动逐渐走向恢复与发展。据统计，从 1935 年 1 月遵义会议到 1936 年底，河北的开滦各矿、井陉煤矿，河南的焦作煤矿、六河沟煤矿，山东的淄川鲁大公司，江苏的徐州华东煤矿公司，湖北的富源煤矿、富华煤矿，四川的天府煤矿，共发生罢工、怠工斗争 12 次，其中有 10 次取得了胜利。在这期间，中国煤矿工人斗争的胜利标志着中国煤矿工人运动开始由过去的“左”倾冒险错误开脱出来，并转向正确轨道的发展。

电力工人也开始学会用公开合法的斗争去取得成果。1936 年，汉口既济水电公司员工与资方的一次斗争，就是采取合法形式进行的。当时，资方借口公司亏损，经济困难，欠发工人两三个月的工资，造成工人生活难以维持。电厂工人王云先等人，聘请律师找厂方说理“借”钱，发生了纠纷。厂方找警察，要求派警车来干预。因工人请了律师，已事先将情况通知警方，警方则要电厂自行解决。在工人多次说理谈判和律师的参与下，厂方无奈被迫补发了所欠工人的工资。

1936 年 12 月 1 日，黑龙江省齐齐哈尔卜奎发电所新装 1 号锅炉试运时，锅炉突然爆炸，厂房揭盖飞起，气包崩出 150 多米远，导致工人于长清等 7 人死亡，30 多人受伤。日本厂方想草草了事。工人们愤怒至极，自发组织起来，推举代表，与日本厂方展开了针锋相对的斗争，并提出了条件。在工人们齐心协力的斗争下，日本厂方被迫同意工人的要求，重新处理了后事。

1937 年 5 月，中共河南省委书记刘子久到焦作，指示当时以中福公司机电股长、焦作工学院教授为职业掩护的中共地下党员程明升（新中国成立后曾任水利电力部副部长）参加中共豫北工委领导工作，积极恢复党的地下组织，争取中福公司民族资本家支持抗日斗争。在程明升的多方努力下，找到了在 1925 年焦作大罢工期间入党的崔长永、严长江、张方来等，恢复建立了中共焦作地方工委，张方来任书记。接着，在发电厂发展了崔长贤等一批中共党员，并成立了机电党支部，崔长贤任支部书记。之后，他们在上级党的领导下，带领电厂工人积极参加了抗日救亡运动。这些斗争的胜利，标志着电力工人的运动也转向了正确轨道，工人运动得到了进一步发展。

1937 年 5 月至 6 月，中共中央在延安先后召开了中国共产党全国代表会议（苏区代表会议）和白区工作会议。这两次会议是在西安事变和平解决以后，抗日民族统一战线初步形成，国内阶级关系发生了新变化的情况下召开的。在全国代表会议上，毛泽东作了《中国共产党在抗日时期的任务》的报告，指出，在党内必须继续反对教条主义、冒险主义，要争取更多的群众，建立最广泛的抗日民族统一战线。白区工作会议上，刘少奇作了《关于白区的党与群众工作》的报告，提出因为环境的变动、新的任务与口号，党与群众工作的工作方式、组织方式和斗争方式，必须随之实行转变。会议还对工人运动作了专门决议。会议之后，全国总工会发出了《关于职工运动的经验及转变方式问题》的文件，对革命根据地工会工作和抗日民族统一战线条件下全国职工运动的方针、任务、基本原则、领导的方式方法等问题，作了正确规定。这些，都为即将到来的抗日战争时期正确开展职工运动做了重要准备。

第三节　抗日救国运动的开始

一、九一八事变后工人的处境和抗日斗争的兴起

九一八事变后，在日本帝国主义的军事占领下，煤炭、电力工人不仅处境愈加艰难，生命也受到严重威胁。为反抗侵略者的残酷统治，在中国共产党领导下，产业工人和东北人民一起，与日本侵略者展开了激烈的斗争。

（一）九一八事变后工人的处境

日本帝国主义为了实现其蓄谋已久的霸占中国东北的野心，于1931年9月18日夜，在东北沈阳制造了震惊中外的九一八事变。由于国民党反动派蒋介石执行不抵抗主义，对日军向东北全境进犯，采取屈辱妥协的方针，因而，仅4个月零8天的时间，东北三省相继沦陷。自此，东北的大好河山，变成了日本殖民地，3000万名同胞沦为日本帝国主义铁蹄下的“亡国奴”。1932年3月9日，日本帝国主义在长春成立了以溥仪为“执政”的“满洲国”。

日本帝国主义对东北实行极端残暴的军事占领和殖民统治，经常到各地疯狂地进行“讨伐”，实行野蛮的烧光、抢光、杀光的“三光政策”。在1932年9月，制造了轰动中外的抚顺煤矿平

顶山大惨案。平顶山位于抚顺市南郊，当时是抚顺矿区一个较为繁华的煤矿工人居住的村镇，全村共住有400多户人家，约3000口人，大多是煤矿工人及其家属。1932年，为了打击日本帝国主义的侵略，在九一八事变一周年的前夕，辽宁民众抗日自卫军第六路军2000多人，于9月15日中秋节的夜晚，袭击日本经营的抚顺煤矿。驻抚顺的日本侵略军对这次“抚顺袭击事件”极度恐慌。9月16日清晨6时，日本奉天独立守备队抚顺守备队，阴谋策划平顶山惨案的计划和具体执行的方案，决定把居住在平顶山的所有矿工和居民统统烧光和杀光。1932年9月16日中午12时，日本侵略者川上岸、小川一郎率领守备队和宪兵队194人，分乘4辆卡车，武装包围和封锁了平顶山。对村镇人民进行灭绝性屠杀，把房子全部烧毁，共屠杀中国无辜人民3000余人，主要是煤矿工人及其家属。平顶山大屠杀后，日本侵略者继续“扫荡”平顶山周围的村屯，连日到千金堡烧杀，又屠杀平民百姓400多人，烧掉300多户，1000多栋房子。后来，又以所谓尾追“抗日自卫军”，于10月14日占领新宾，把周围十几个堡子烧杀殆尽，前后被杀的人数以万计，毁房千余间。这就是当时轰动世界的平顶山惨案。

1934年3月1日，日本帝国主义将“满洲国”改称“满洲帝国”，扶植溥仪为傀儡皇帝，他们鼓吹“日满亲善”，宣扬“大和民族精神”等谬论，妄图淡化中华民族意识，麻痹中国人民的抗日斗志。在当时的电力企业规章制度中规定：每个中国人都要学说日语，与日本人交谈必须用日语，在厂内行动要按日本大和民族礼节行事，见到日本人要先打招呼，鞠躬或行举手礼问安。黑龙江佳木斯发电厂建立了一座神社供奉“天照大神”，明文规定中国人上下班路过神社须参拜。日本帝国主义统治下的满洲国，实行森严的国民等级制。日伪当局规定：日本人为一等国民，高丽人为二等国民，满洲人（中国人）为三等国民。日本人、高丽人出入发电厂大门，可自由通行，而中国工人进出大门必须搜身检查。电厂里每个工段都有日本监工监督管制，厂区有警察、特务戒备，监视中国工人的言行，并时常潜入工人居住区进行搜查。

1935 年 5 月 4 日，日本武装警察查封了柳江煤矿公司，由日本“泰记公司”霸据，并将其所经营的抚顺煤矿的煤炭大量倾销华北市场，严重威胁到英国的开滦煤矿、门头沟煤矿、焦作煤矿，德国的井陉煤矿以及华商经营的枣庄中兴煤矿、焦作中原公司和六河沟煤矿，使它们难以维持。从 10 月起，开滦煤矿、中兴煤矿开始限制产量。到了年底，为了减少产销差度，开滦煤矿关闭了马家沟矿，造成了 3000 多名工人失业。而烈山煤矿工人已经有 11 个月未发过薪饷。

（二）东北工人的抗日斗争

东北煤矿工人反抗日本帝国主义的侵略。九一八事变后，延边老头沟煤矿 1500 多名工人举行反日大罢工，组织抗日救国军，参加抗日。1932 年至 1933 年，西安煤矿工人为反对日本帝国主义，迎接人民抗日军，先后四次举行大罢工，参加的工人有 1 万人次以上。抚顺煤矿工人在平顶山惨案后，纷纷逃离矿区，参加抗日联军，迫使抚顺煤矿及其制油厂处于停产或半停产状态，之后又两次举行反日同盟罢工。本溪湖煤矿工人在李兆麟等的领导下，多次举行罢工，张贴革命标语，提出“打倒日本鬼子!”“不能再给日本鬼子劳动!”的口号，并在反日斗争中建立了共产党、共青团、工会、反日会、抗日救国会等组织，组织矿山义勇军，创办《公道报》，不断输送煤矿工人参加抗日联军。北票煤矿 200 多名运输工人，在日本帝国主义侵占北票煤矿前夕，组织了抗日义勇军，奔赴抗日前线，不断打击日本侵略者。鹤岗煤矿工人在日本帝国主义侵占矿山后，1933 年，曾经举行三次罢工，并在斗争中建立共产党和工会的组织，发展了抗日救国会员。特别是

1936年5月25日，鹤岗煤矿矿警队中的抗日救国会员，配合夏云杰率领东北抗日联军第六军700人，夜袭鹤岗煤矿，解除了矿警的全部武装，打死日本指导官金井、桥口和矿警队长赵永福等5人，破坏了莲江口、佳木斯之间的铁路，缴获轻机枪一挺，长枪30余只，弹药无数，并有20多名矿警参加了抗日联军，“使日寇寒心丧胆”。穆棱、阜新等煤矿工人也都开展各种反日活动，深入农村进行游击战争，直接给日本帝国主义以打击。据统计，从九一八事变后到1933年，东北各地煤矿先后举行12次罢工，参加人数在3万人以上，并有3000人左右参加抗日联军。

辽宁安东（今丹东）电力工人组织抗日义勇军。1932年春，安东电力工人和爱国青年学生在中国共产党的领导和影响下，组织了“安东人民革命军事委员会”。委员长李振远、副委员长胡景良（又名胡世泉）、核心常委张连仲（又名张子奎）都是满洲电业安东支店（丹东电业局的前身）的雇员。6月，李振远率领队伍，配合邓铁梅部队攻打龙王庙，消灭了靖安军20余人，缴获长短枪10余支，还多次在石灰窑、吉盛一带袭击伪军，歼敌30余人，缴获长短枪30余支。同年秋，李振远、胡景良、张连仲组织满电安东支店的内线、外线工人为要求增加工资举行了罢工斗争，迫使支店头目同意工人的条件，每人每天增加工资8分钱。罢工斗争的胜利鼓舞了工人群众的斗志，他们更加积极地为抗日军队筹集电线、药品，支援抗日斗争。1934年初，李振远、胡景良、栾文、张连仲等人秘密参加了“国际工作班”（又称“国际情报组”“抗日放火团”）——由苏联情报机关领导的搜集情报、组织爆破的组织。李振远等人具体承担了炸毁弹药库、兵工厂、发电厂、铁路、桥梁、涵洞以及炼油厂、安东鸭绿江大桥等任务。他们购买了制造炸药的原料，还学习了爆破技术，但未等爆破，就有人被特务机关逮捕，供出了李振远等人。李振远闻讯后在群众的掩护下出走到北平，而后辗转到延安。胡景良、张连仲于

1935 年 2 月被捕。敌人使用各种酷刑，胡景良、张连仲坚贞不屈、大义凛然，胡景良面对敌人，大讲中国人反满抗日有理，要誓死赶走日本强盗，收复东北失地。1936 年 5 月，胡景良惨死于奉天地方高等监狱，年仅 23 岁。张连仲也至死不供，1936 年 3 月 9 日，死于奉天高等检察厅监狱中。李振远、胡景良、张连仲及安东电力员工的抗日斗争光辉事迹已载入丹东人民革命斗争史册。

辽宁抚顺电力工人反抗日本侵略者的统治。1932 年 9 月 16 日，日本侵略者制造了惨绝人寰的抚顺平顶山惨案后，日伪警四处搜捕反日爱国群众，抚顺千金寨发电厂的工人常被日本宪兵抓去秘密处死，闹得人心惶惶。有的工人回乡务农，不再为日本侵略者做工，有的工人结伙投奔抗日队伍。留在厂里的工人也"磨洋工"，并趁机制造事故、破坏设备，反抗日本侵略者的统治。10 月 30 日，发电厂工人配合抗日义勇军，用手榴弹、地雷等炸毁了重要发电设备，给敌人以沉重打击。1933 年 11 月，抚顺千金寨发电厂工人胡明为，仇恨日本统治者的压迫和剥削，经过多月观察，寻机将主控室日本监工的 2 支手枪和 50 发子弹拿走。敌人发觉后，派日本宪兵、警察包围了发电厂和工人宿舍进行搜查，一无所获。又包围了胡明为的家，并开枪射击，屋内声息全无，胡明为和他的母亲早已悄悄地离开了抚顺。气急败坏的日本宪兵抓捕了一些所谓的嫌疑犯，也是查无结果。

黑龙江哈尔滨电力工人的抗日斗争。九一八事变后，一大批共产党员先后来到哈尔滨市，团结组织工人和各界群众，开展反满抗日活动。在中共满洲省委的领导下，哈尔滨电力工人在经济、政治斗争中一直走在前列，是全市产业大军中一支很有影响的力量。1932 年 2 月 5 日，日本侵略军武装占领哈尔滨的当天，电业局全体工人罢工一天以示反抗。1932 年 1 月，中共满洲省委由沈阳迁往哈尔滨后，多次指出要为在中心城市、中心产业建立强有力的领导而斗争，在 10 月份的工作计划中又提出应建立哈尔滨电业局赤色工会，建立电力产业支部的要求。因电业局所属电车工人几乎每天都与警察发生冲突，要求党组织要全力领导电业局、北满电气等几处的斗争，并将电业局作为抗日斗争的重要阵地。中共地下党员哈尔滨市总工会党团书记王守贤，经常到电业局电车厂与工人交朋友，发展党团组织。在此期间，先后有钟子云、刘勋昌等26名青年入团，并建立了团支部。不久，王成栋等人先后参加共产党，在电业局建立了第一个党支部。他们利用黄色工会进行革命工作，想方设法接近黄色工会头目，通过举办读书会、剧团等群众活动，推行反满抗日宣传，争取了许多工人参加“抗日会”“互济会”，扩大群众影响，为组织抗日活动奠定基础。敌人对电力工人控制极严，开展斗争困难较大，但工人们仍然采用“飞行集会”“贴标语”“撒传单”等方式开展抗日活动。1932年3月9日，哈尔滨电业局赤色工会会员，在庆祝伪满洲国成立的提灯晚会上，挤在人群之间，散发“打倒日本帝国主义”“中国共产党万岁”的传单，人们争抢传看，同时破坏、烧毁庆祝伪“国庆”的设施和标语牌，张贴反满抗日的口号，在全市人民中产生了极大的影响。“飞行集会”多选择在主要街道的十字路口和人烟稠密的地方，电力工人突然集聚人群，高呼抗日救国的口号，散发抗日传单，等警察发觉赶来，人们早已迅速转移。钟子云、王成栋等曾成功地组织了在景阳街、五道街等处的飞行集会。1933年4月30日，中共党组织指示电力工人杨肇顺、中共党员张敬山和铁路工人柴好，趁黑夜在哈尔滨火车站纪念碑上用红色油漆书写“打倒日寇，还我山河”的大字标语。一时间轰动了全城，沉重打击了日本侵略者的嚣张气焰，极大地鼓舞了广大人民群众。从九一八事变至1933年，哈尔滨电力工人为反对日本侵略军暴行，反对压迫剥削，争取人身自由，改善生活待遇，举行大小罢工和斗争活动达15次之多。其中影响较大的是1932年9月，中共电业党支部发动全市电车工人举行反日大罢工，反对殴打工人，要求增加工资和撤出驻厂的军队。罢工遭到日军武装包围和威胁，工人们临危不惧，罢工坚持了 3 天，日伪当局无奈答允了工人的要求。这次罢工的胜利，对电力工人和全市工人的鼓舞极大。哈尔滨电力工人的反满抗日斗争不断高涨，引起了敌人的注意。军警特务一面进行严密监视，一面收买意志薄弱的软骨头，破坏工人运动。1934 年 2 月 26 日，由于叛徒出卖，电业局的党、团和赤色工会组织遭到破坏，敌人在发电厂、电工学校、电车厂逮捕了王成栋等 10 余人。3 月 8 日，特务队又逮捕了满洲省委机关的同志，中共地下党哈尔滨组织受到严重破坏。一时电力工人斗争失去党的领导，处于暂时隐蔽状态。

黑龙江依兰电力工人的反满抗日斗争。黑龙江依兰县于 1934 年建立中共县委组织，并在发电厂建立了党小组，工人刘振祥为党小组长。他经常以日本监工、警察无理打骂工人的事例启发教育工人群众，激发起工人群众爱国抗日的热情。他们联系团结了很多依兰中学的爱国学生，开展反满抗日活动，在依兰县有广泛的影响。抗日联军在电厂内设立了联络点，交通员张祥业就隐蔽在电厂当锅炉工。在中共党组织的领导下，电厂工人连续制造了几起事故，迫使电厂几次停电。有一次党组织为反对日本监工殴打中国工人，准备以罢工进行斗争时，被敌人发觉。日本宪兵、特务开始严密监视刘振祥等人的活动。1936 年春的一天夜晚，刘振祥和工人钟文友被宪兵跟踪。由于刘等人机智，安然脱险。不久，地方中共党组织遭到敌人破坏，一些共产党员和爱国群众被捕，惨遭杀害。敌人将人头悬挂在街头电线杆上示众，妄图以此扑灭中国人民的抗日怒火。“野火烧不尽，春风吹又生。”敌人的残酷镇压，更加激起了全县民众和电厂工人的抗日怒潮。1937 年 3 月，中共北满省委和吉林特委派遣黄跃臣到依兰，重新组建了中共依兰县委，电厂工人刘振祥担起了县委书记的重任，带领全县人民和电厂工人继续开展反满抗日斗争。

东北其他城市的电力工人，也都以不同方式开展反满抗日的斗争。1936年6月，日本侵略者修建图佳铁路、镜泊湖发电厂，开发掠夺森林矿产资源。牡丹江电力工人和筑路、邮电、林业、煤矿等产业工人一起，在抗联五军的领导下，开展破坏铁路交通、捣毁敌人邮车、爆破发电厂工程等反侵略的活动，打击了敌人的侵略气焰。

二、各地工人积极参加抗日救亡运动

东北三省国土的丧失和国民政府的屈辱退让，令广大爱国人士义愤填膺，抗日救亡运动在各地兴起。产业工人也迅速投入抗日救亡运动中，举行集会、支援抗战、抵制日货、开展经济斗争，为抗战斗争贡献了力量。

（一）举行集会、游行声讨日军罪行

1931年9月21日，湖北武汉各界集会声讨日本侵略罪行，28日，又举行抗日救亡民众示威游行，既济水电公司工人涉水（因水灾市区积水未退尽）也要参加各界群众示威游行。9月26日，上海邮务、水电、卷烟、针织等行业100多个工会数万工人同各界群众在公共体育场举行抗日救国大会，声讨日本侵略者的滔天大罪。大会主席团被早有准备的国民党市党部所把持，他们企图扭转反日方向。大会开始后，国民党头目成了众矢之的，受到群众的痛骂，工人们将石块、果皮、铜板抛向主席台，迫使这些反动派一个个自动下了主席台。大会通过了对日宣战、武装民众、惩办失职官吏等决议案。会后，举行了示威大游行。10月中旬，英商福公司和中原煤矿公司合办的焦作工学院学生举行了反日游行示威，到国民党焦作特区党部请愿，抗议国民党的不抵抗政策，捣毁了国民党焦作特区党部，但国民党却派出军警镇压学生运动。

当天晚上，学生会召开学生代表会议决定成立焦作工学院学生抗日救国会，实行罢课，要求国民党政府释放被捕学生，组织领导学生进行抗日反蒋斗争。第二天，焦作工学院学生开始罢课，举行游行示威，沿途散发传单，张贴抗日标语，要求强硬抗日，释放被捕学生，激起了矿区的煤矿工人、学生、商人和市民的同情与支援。国民党政府采取提前放寒假的办法破坏学生爱国运动。学生却利用这个时机，深入焦作矿区与豫北地区的工人、学生和群众中，宣传抗日反蒋，掀起广泛的抗日救亡运动。12 月 23 日，天津电车、电灯公司等 12 个工会发起召开成立“天津市各业工会救国联合会”大会，大会发表了抗日救国宣言，要求全市共患难同生死的工人们完成彻底打倒帝国主义的使命。

（二）支援 19 路军的淞沪抗日战争

国民党政府的不抵抗政策，助长了日本帝国主义的侵略野心。继九一八事变后，日本侵略军又于 1932 年 1 月 28 日，在上海制造事端，武装进攻闸北、关淞一带（即一·二八事变）。在这攸关国家存亡之际，驻守在上海的 19 路军违抗国民党政府的命令，自动进行英勇抵抗，开始了淞沪抗战。江苏、上海、浙江等地的电力工人，被前线爱国将士浴血抗战的精神所感动，纷纷自动捐款及物资，慰问支援前线抗日将士。1932 年 2 月 1 日，当 19 路军驻无锡第 5 团前往上海前线时，戚墅堰电厂职工用手电灯及食品赠送部队，还以“同乐会”组织的名义，捐献了现金。戚墅堰电厂工人还自动组织起来，开展捐献等活动，工人自愿捐献一日工资，支援抗日东北军和上海 19 路军。常州办事处及办事处同人也纷纷捐资。1932 年 2 月 12 日，19 路军总指挥蒋光鼎致电武进商会表示感谢。南京首都电厂职工为慰劳上海前线抗日官兵，一天之内就募集捐款 600 多元。后来，全厂职工又开展捐献一日工资活动，将捐款汇往上海，支援 19 路军。为了支援前线，戚墅堰电厂职工还决定原定2月4日至10日检修的发电设备暂不检修，以保证地方防务和传递抗战信息用电的需要而照常供电。当月，枣庄中兴煤矿工人捐款6000元，支援上海一·二八抗战的军民。

（三）开展抵制日货的活动

九一八事变后，中共中央和中共顺直省委相继派吴德、刘宁一、黎玉等到唐山，开展抗日活动，建立反帝大同盟组织，宣传抵制日货，捐款救济难民，支援抗日义勇军，到1934年11月，以赵各庄矿为主，成立了东三矿“抗日救国会”。在全国抗日潮流和煤矿工人的影响下，许多煤矿区的爱国商人积极起来对日经济绝交，开展抵制日货运动。

许多城市的工人也纷纷开展抵制日货的活动。湖北英商汉口电灯公司机匠路纪庭、蒋达贵，于1931年10月7日，在厂内发动群众抵制日货。次日，机修工人配合汉口六码头工人拒绝起卸日本煤。电厂工人阻止日煤进厂，锅炉工人也不烧日煤。厂方无可奈何，迫使改用中国开滦煤，斗争取得了胜利。1933年春，在全国掀起的抵制日货爱国运动中，由江苏洛社变电所值班工人孙思昌发起，厂内部分变电工人响应，大家凑钱，从无锡西门钱桥到洛社约10公里的道路两旁，每公里放置2—3张用金山石制成的长200厘米、宽32厘米、厚12厘米的石凳，上面镌刻着楷书体“中国人要用中国货”“买卖要公平”“救国的方法须本良心去求取”等字样，充分表达了工人的爱国之心。1933年冬，福州电气公司职工成立了“反帝分盟”，参加抵制日货运动，协助福州反帝大同盟到公司仓库检查日货，查封了台煤（当时台湾被日本占领的台煤被视为日煤），迫使资本家同意改用中国开滦煤。

（四）在抗日救亡运动中继续开展经济斗争

国民党政府在日本的大举侵略进攻面前，不仅一再退让，而且提出“攘外必先安内”的方针。在破坏淞沪抗战、镇压工人和其他人民群众的抗日救亡运动的同时，集中力量加紧进攻红军的革命根据地。国民党当局多次下令“禁止罢工”。在这样的反动卖国政策下，外国和本国资本家都乘机加重对工人的压榨剥削，从而使工人的处境和生活更加恶化。为了争取生存，改善生活，许多地区的煤矿、电力工人先后开展了罢工、怠工等经济斗争。

1932 年 7 月，淄博各地方煤矿资本家组成的“矿业会”，决定于 7 月 7 日一律裁减工资 1/4，各矿工人群起反对，自 7 日至 9 日举行罢工，参加罢工的有 1 万多人。是年底，中日合办的山东博山县博东矿业公司工人要求增加工资，中日资本家竟无理开除了要求增加工资的 7 名积极分子，引起全体工人 1000 多人罢工。到 1932 年九一八事变一周年前后，开滦煤矿的赵各庄矿、唐家庄矿、马家沟矿、唐山矿、林西矿、徐州的华东煤矿公司、枣庄的中兴煤矿公司、正丰煤矿、井陉煤矿、六河沟煤矿、长城煤矿等煤矿的 5 万余名工人，都先后举行了反对日本帝国主义，要求增加工资的罢工斗争。

1933 年 8 月至 9 月，张垣电灯工会领导电力工人开展了对资方的经济清算的斗争。清算，是公司董事长借口“厂子赔钱”难以维持的卖厂风而引起的。开始工会代表找资方查了账，但账本上看不出赔钱。上级派肖明和王崇义（即刘仁）来厂指导，工会又召开了委员会研究决定，一面发动工人搜集证据，一面找厂里掌握经济大权的营业主任章致甫查询核对。经过工会面对面的查对，章致甫承认公司账目不清。于是工会即起草“怠工宣言”，把厂方克扣工人酬劳金以及剥削工人的种种罪行全部揭发出来，并提出条件，厂方必须按 1926 年的劳资合同，补发几年克扣的酬劳金，否则实行全体罢工。宣言得到当地兄弟工会的支持。第二天怠工开始，汽机开慢车，全市的电灯忽闪着不明不暗的光，资方仍妄图向商会求援。工会就于当晚 8 时下令锅炉停火。顿时全市一片漆黑。联军总部也以电话询问，资方被迫请来工会代表，在协定上签字，拿出1000多块大洋给工人补发了酬劳金。这是在全国抗日救国工人运动的形势下进行的一次斗争，这次斗争的胜利，鼓舞并推动了张家口工人运动和抗日救国运动的发展。

新民主主义革命时期，由于帝国主义和封建主义的压迫，尤其是大革命的失败和日本帝国主义的侵略，产业工人的生活陷入了十分艰难的处境。在中国共产党的领导下，产业工人敢于斗争，工人运动也逐步转向了正确的轨道。中国工运不断发展，为中国革命和中国人民解放贡献了工人力量。

第四章

全民族抗日战争时期的工人运动（1937—1945）

从1937年7月到1945年8月的全民族抗日战争时期，在中国共产党的领导下，中国人民进行了伟大的抗日民族解放战争。在这场伟大的抗日战争中，中国能源化学地质产业工人和全国工人阶级一样，是反对日本帝国主义野蛮侵略最坚决的力量，在日本帝国主义占领的沦陷区、国民党统治区和抗日民主根据地，进行了极其艰苦复杂的斗争，打击了日本帝国主义，对抗日战争的坚持和胜利，都起到了重大作用。

第一节　抗日战争全面爆发后工人抗日救亡运动的新高潮

抗日战争全面爆发初期，抗日救亡运动在抗日民族统一战线的有利形势下，迎来了一个高潮。然而，国民党实施片面抗战路线，提出“抗战与民主不能共存”，强调“抗战时期不能改善民生”，处处限制人民的参战活动。与国民党的片面抗战路线不同，中国共产党主张实行全面的、全民族的抗战，充分利用抗日民族统一战线的形式，利用一切合法的可能条件，独立自主地发动和组织工人群众，开展抗日救亡运动，争取抗战的胜利。

一、抗日战争全面爆发

1937年7月7日，日本帝国主义挑起七七事变，发动全面侵华战争。是日，日本侵略军在北平的重要门户宛平县卢沟桥进行挑衅性的军事演习，诡称一名士兵失踪，要求进城搜索，被中国驻军拒绝。双方正交涉间，日本侵略军竟炮轰卢沟桥，并从东西两侧夹攻宛平城。中国驻守宛平的军队立即向旅长何基沣报告，请求以武力抵抗。何基沣下令还击，团长吉星文、营长金振中亲临前线，率部抵抗。中国军队顽强杀敌，守卫在卢沟桥北侧的一连官兵，除 4 人幸存外，全部以身殉国。七七事变后，日本帝国主义发动了对中国的全面侵略战争，日寇对于中国丰富的煤炭等资源早已垂涎三尺。

二、工业遭到日寇的掠夺和破坏

七七事变后，日本帝国主义向中国腹地发动了大规模的进攻，随着北平、天津、上海、武汉、广州等大城市的相继沦陷，由沿海各省到内地的大中城市很快被日寇占领。日本帝国主义者为了达到其“以华制华”的政治目的和实现其吞并整个中国、独霸东亚的狼子野心，加紧了对中国能源资源、中国化学工业的侵吞和掠夺。

（一）日军对各地煤矿的侵占

日本帝国主义把东北煤矿视为“会社的财富”“帝国的一大宝库”。据统计：从 1932 年至 1945 年，日本在东北的投资总额约为 90 亿元，而同期汇回日本的利润为 32 亿元，占资本额的 35% 以上。日本对抚顺煤矿的投资共为 2.7 亿多万元。据“满铁”统计：九一八事变以前，抚顺煤矿共盈利 1.19 亿多万元；九一八事变以后，又盈利 1.4 亿多万元。1931 年至 1945 年共生产煤炭 3.4 亿万吨，其中 1943 年生产煤炭 2539.8 万吨，[①] 占当时全国煤炭产

① 严中平等：《中国近代经济史统计资料选辑》，科学出版社 1955 年版，第 146 页。

量的 49.5%。而且煤炭的增长速度也是很快的，1932 年生产煤炭 8403 吨，到 1944 年就达到 26527 吨，为 1932 年的 3.16 倍。所生产的煤炭有很大数量运往日本，特别是被誉为“东洋的标准煤”的抚顺煤，每年要运往日本 200 万吨以上，供应日本军用工业生产。

在华北，1937 年 7 月 29 日，北平沦陷。7 月 30 日，天津沦陷。接着，日军沿着平汉、津浦、平绥、同蒲铁路线，长驱直入地进攻冀、察、晋、绥、豫、鲁各省。8 月 24 日，南口失守。8 月 26 日，张家口失守。9 月 7 日，日军占领峰峰煤矿，接着占领了六河沟煤矿。9 月 9 日，日军侵占大同煤矿。10 月 10 日，日军占领石家庄。10 月 11 日，日军侵占井陉矿区。10 月 26 日，国民党军队弃守娘子关。10 月 30 日，阳泉陷落之后，阳泉煤矿沦于敌手。12 月 8 日，日军攻陷太原。12 月 24 日，济南陷落。12 月 28 日、31 日，日军先后侵占淄川、博山，淄博矿区完全沦于敌手。1938 年 1 月 2 日，华丰煤矿沦陷。2 月 29 日，焦作矿区沦陷。3 月 18 日，日军占领枣庄煤矿。这样，整个华北的主要煤矿全部沦于敌手。在华中，1937 年 11 月 12 日，日军占领上海。11 月 20 日，国民党政府宣布迁都重庆，实际上国民党政府机关迁驻武汉，武汉成了国民党政府的临时首都。12 月 13 日，日本占据南京，进行了惨绝人寰的大屠杀，先后杀害了 30 余万人。1938 年 1 月 30 日，日军突破淮河，攻陷蚌埠，占领淮南矿区。5 月 19 日，徐州失守，贾汪和烈山煤矿相继被日军侵占。6 月 6 日，开封失陷，直逼郑州。蒋介石以水代兵，炸开花园口的黄河大堤，结果淹没了豫皖苏三省 44 个县，淹死 89 万百姓，使 1200 万人流离失所。8 月初，日军开始围攻武汉。10 月 17 日，日军攻陷大冶石灰窑，侵占源华煤矿。10 月 25 日，国民党军队撤出汉口。10 月 26 日，又撤出武昌。汉阳随之失陷。在华南，日军为切断中国的海上联系，并配合进攻武汉，1938 年 10 月 12 日，在广东大亚湾和大鹏湾登陆。10 月 21 日，国民党军队弃守华南重镇广州。至此，华中、华南的大片国土和许多煤矿也先后沦于敌手。

从 1937 年 7 月到 1938 年 10 月，仅一年零三个月的时间，国民党军队从北平、天津、上海、广州、武汉，一直退到四川，使祖国半壁河山沦于敌手。日本侵略军所到之处，烧杀淫掠，无恶不作，给中国人民，尤其是煤矿工人造成了深重的灾难。日本侵略军血染淄川矿区河东村和河南焦作矿区王庄就是典型实例。山东淄川矿区河东村是当时淄川煤矿工人居住的一个村镇，全村共住有 360 户，其中 291 户是煤矿工人。1938 年 1 月 30 日深夜，日本侵略军 200 多人，突然包围了河东村。日军进村后，见人就杀，见房子就烧，顿时枪声四起，火光冲天，日军对无辜群众进行了灭绝人性的大屠杀。在这次大屠杀中，全村被杀死、烧死 276 人，其中煤矿工人及其家属有 100 余人。河南焦作矿区王庄是由麻掌、磨石坡、高贵掌、柳庄、崔庄、雅化、卧坡、小王庄等 8 个自然村组成，主要居住着焦作煤矿及其附近民办煤窑的煤矿工人。1939 年 10 月 23 日，驻守焦作矿区的日本侵略军一个团的兵力进山“扫荡”扑空后，撤至王庄所属的 8 个自然村，恼羞成怒地对无辜群众进行血腥屠杀。在不到两天的时间，共杀害群众 190 人，烧毁房屋 615 间，抢扛牲畜 100 多头。其中麻掌村除 6 人外出、2 人虎口逃生外，42 人遇害、18 人受伤，牲畜全部被杀死，衣物全部被抢光。这是日本帝国主义对中国人民和煤矿工人犯下的滔天罪行，也是国民党的片面抗战路线带来的严重恶果。

（二）日军对电力工业的破坏

七七事变以后，日寇继续把东北三省作为侵略整个中国的基地，继续在东北电力工业中扩张其势力，来为其“以战养战”的罪恶方针服务。从 1937 年至 1943 年，日寇在兴建水丰、丰满、镜泊湖 3 个大中型水力发电站的过程中，投入了大量的财力、物力和人力。其所投入的财力、物力绝大部分是从中国人民身上搜刮的，所用的人力是从中国各个沦陷区和东北各地强抓、骗招、暴征而来的。日本帝国主义者对其在中国关内侵占地区的电力工业也进行了大规模的掠夺。1937 年 12 月，日寇又用在东北掠夺电业的伎俩进一步掠夺华北的电业。日寇在华北地区设立了 7 个日伪“合办公司”并对 15 个电厂实行了“军管理”。[①] 到 1944 年，日寇的“华北电业公司”从发电、送电到供电环节，对华北的电业实行了赤裸裸的垄断。对华中等地区电业的掠夺方法，与对东北、华北地区的掠夺方法大致相同。“华中水电公司”从攫取上海的华商电厂入手，逐步吞并沪宁杭一带与上海至汉口长江沿线的电业。至 1941 年 12 月，太平洋战争爆发后，又将上海的美商电力公司（杨树浦发电厂）、沪西电力公司、法商电车电灯公司（卢家湾发电所），以及武汉、九江等城市美、英、法资经营者的电厂全部接管，高度垄断了华中地区的发、送、配电业务。据 1943 年 3 月统计，“华中水电公司”共拥有装机容量为 37. 3 万千瓦，实际可能出力为 22. 48 万千瓦。日本帝国主义者疯狂掠夺中国华北、华中等地区的丰富电力资源，以服务于全面侵华战争，给我国蕴藏丰富的天然资源带来了极大的灾难。更为残酷的是，日寇的大掠夺完全是最大限度地榨取中国电力工人的血汗，根本不管工人的死活。

日本帝国主义者一方面在已占领的地区加紧掠夺电力资源，另一方面在还没有能够占领的地区对电业进行大肆轰炸和破坏，其本质都是为了扩大侵略，吞噬全中国。为了达到其目的，日本帝国主义者对未占领的交通和运输比较发达的大、中城市和沿海城市进行狂轰滥炸。1937 年 9 月 22 日，日寇出动 65 架飞机对南京进行大规模轰炸，首都电厂西华门总办事处中弹，45 间房屋被

① 李代耕：《中国电力工业发展史料》，水利电力出版社 1983 年版，第 93 页。

毁。25日，日寇又出动96架飞机，分5批空袭南京，投弹500多枚，首都电厂下关发电所电气控制设备大部分被炸毁，供电线路中断，厂房多处受损。10月12日至17日，日寇飞机在常州地区6天内轰炸4次，共投弹70多枚，戚墅堰发电厂中弹3枚，发电所无法发电，全厂职工只好离厂，失去工作。发电所3幢工人宿舍和工人子弟小学校舍全被毁坏。1938年5月13日，日寇飞机轰炸徐州市，徐州耀华电气公司发电厂遭到2次空袭，损失严重，发电机组被震坏，工人徐希贤等被当场炸死。

1938年2月9日，汉口既济水电公司水厂职工学校被炸，炸死1人，重伤3人，轻伤4人。仅3月份日寇飞机就向武汉投弹1115枚，炸死、炸伤3112人，炸毁建筑物2298幢。8月中旬，大王庙发电厂煤场被炸，工人顾本生被炸伤。12月，襄阳电灯厂遭轰炸，被迫停办，1000多名工人失去工作。1939年6月，日寇轰炸恩施县城，吕福记大丰电灯公司被夷为平地，工人流离失所。湖北地区许多市、县、镇都遭到日寇野蛮的轰炸，电力工业惨遭破坏，电力工人四处流浪，陷入痛苦的深渊。

1938年至1945年，日寇飞机多次对广西境内狂轰滥炸。广西电业固定资产损失达到69.3%，其中，1938年11月20日，3架日寇飞机3次轰炸西湾火力发电厂，投弹12枚，炸毁机房透平机，2号发电机被击穿，电掣台仪表全部被毁；锅炉间墙被炸崩，工字铁支柱变形；煤仓全部被炸，烧为灰烬；致使电厂倒闭，工人失业。1939年8月，日寇入侵浙江海门，恒利泰记两合公司9间厂房被烧毁，所有电力设施被破坏。1940年10月17日，日寇轰炸重庆，大溪沟电厂中弹4枚，炸坏厂房及部分设备。1944年11月10日，桂林沦陷，发电厂全部被日寇破坏。到1945年7月18日，日寇撤离前竟把象鼻山、乐群路、雉山等3座电厂机房的发电设备烧毁殆尽，使固定资产损失100%。

（三）日军对化学工业的摧残

日本侵略势力侵入中国东北地区后，加紧掠夺矿产资源，曾进行过一些石油勘探工作，但无所收获，随即发展人造石油。1942 年页岩油最高年产量曾达 25.7 万吨，煤炼油年产量约 2.4 万吨。

由于长期受封建制度的束缚，近代又沦为半殖民地半封建社会，化学工业和机器制造业一样也不发达，基础薄弱，发展比较缓慢，仅在东部几个城市中有少数化工厂。永利化学工业公司于 1934 年在南京兴办硫酸铔厂，1937 年春建成投产，当时四种产品的设计能力为日产合成氨 39 吨，硫酸 112 吨，硫酸铵 160 吨，硝酸 10 吨。抗日战争期间，硫酸铔厂遭到日军飞机轰炸。日军占领南京后，还将生产硝酸的全套设备拆走。汉阳兵工厂（包括火药厂）在 1938 年 10 月武汉失守前，大部分设备被拆往重庆，所遗部分设备和厂房已被日本帝国主义拆走或烧毁，原址遂成废墟。

上海、广州等城市先后沦陷，中西药业均遭受日军炮火的摧残。因为战争，市场对药品的需要量增加，而药品又可囤积牟利，并可通过各种渠道销往内地，因此上海的药厂又有新的增加。而日商的药房、药厂，则从东北、华北扩大到上海、广州等地，并在沦陷区的中、小城市设立代销点。中药业由于交通阻碍，地道药材收购困难，存货日渐减少。北方药材集散地祁州（今河北安国），原有中药商 1500 家，抗日战争期间则减为 70 家。

三、产业工人运动的新高涨

七七事变以后，日寇用武力大规模地进攻中国。中华大地狼烟四起，战火纷飞。日寇到处实行烧光、杀光、抢光的“三光”政策。中华民族已经到了亡国灭种的最危险时刻。1937 年 7 月 15

日，中共中央在《关于组织抗日统一战线扩大救亡运动给各地党支部的指示》中，指出："各地此时最要紧的任务，是迅速地、切实地组织抗日统一战线，以扩大救亡运动。"广大煤矿、电力工人在党的正确工运方针的指引下，积极地投入了抗日救亡运动的大潮。

（一）煤矿工人的抗日救亡运动

抗日战争爆发后，原在日本帝国主义占领区和日资经营煤矿的煤矿工人，冲破日本帝国主义的严密控制，相继举行反日斗争。1937 年 12 月 31 日，黑龙江扎赉诺尔煤矿的中国工人举行罢工。1938 年 1 月 17 日，台湾 7000 多名煤矿工人奋起抗日，与敌作殊死战，炸毁久留米储油池，激战后，退入阿里山继续坚持斗争。1938 年、1939 年，抚顺煤矿的老虎台、龙风矿的煤矿工人，先后举行反日罢工。1939 年，淄川煤矿工人 1 万多人，拒绝为日本经营的鲁人公司工作。他们在山东省总工会的领导下，自掘矿井，以其所得，解决 1 万多名工人的生活问题，并将节约的一部分经费供给省总工会抗日使用。

战区和临近战区的煤矿工人，站在伟大的抗日民族解放战争的前列，积极投入全民抗战中去。抗日战争爆发后，山西大同保晋公司的许多煤矿工人立即组织起来，积极参与采凉山挖战壕、修工事的行动，援助中国守军抗战。9 月 9 日，日军侵占大同煤矿后，在八路军工作团的帮助下，大同煤矿工人成立了抗日救国会，积极开展抗日救国活动。10 月 9 日，当"满铁"准备接管忻州窑矿时，保晋公司工人和员司一起将地面建筑放火烧毁。煤峪口矿工人把仓库里的物资连夜抢运出去，埋藏起来。掭皮小煤窑的工人放火烧了煤窑，致使日本帝国主义无法进行生产。10 月 26 日，国民党军队弃守娘子关，阳泉煤矿八九百名工人自发组织起来，配合八路军一二九师主力，抗击沿正太铁路西进的日军，与敌激战于平定县七亘村，歼灭日军二十四师团之辎重部队。接着，10月29日，阳泉煤矿工人又在七亘村与营村之间与敌激战，缴获步枪50余支、机枪4挺、骡马和骆驼约百匹。阳泉煤矿工人在此之后经常袭击敌人，破坏铁路。11月5日，阳泉煤矿沦陷前夕，阳泉保晋公司的大部分职工都撤离了。当日本侵略者侵占煤矿时，原有职员84人，只剩下29人，原有工人2291人，只剩有130人。就连济生矿、汉河沟、石卜咀、平顺矿、晋祥厚、庆泰等私人煤窑，也相继停止生产。同月，井陉煤矿工人在党的领导下成立了秘密工会，很快发展到200名会员，他们积极参加抗日活动。11月26日，以著名戏剧家洪深为队长，金山为副队长，由冼星海、王莹、沙蒙等20多位音乐家、剧作家和演员组成的“上海戏剧界救亡协会战时移动演剧第二队”，从上海出发，辗转南京、徐州、开封、洛阳、郑州、汉口，根据周恩来和八路军驻武汉办事处的指示，带领武汉大学学生救亡歌咏队，自运道具，自带行李，到达湖北大冶工矿区，进行抗日救亡演出，以唤起群众共赴国难。12月1日，演剧二队在参观访问了灾难深重的石灰窑利华煤矿后，在煤矿会堂举办了“煤矿救亡歌咏大会”。在歌咏会开幕时，冼星海登台作了“抗日与煤工大众救亡歌咏关系之我见”的演讲，宣传了煤矿工人救亡歌咏活动在抗日斗争中的重要地位和意义。演出时，冼星海亲自指挥歌咏队演唱了《牺牲已到最后关头》等歌曲。周围的观众有三四万人，气氛悲壮，很多群众被歌声感动，激动得流下了热泪。12月28日，枣庄中兴煤矿工人联络各界人民群众召开有4万多人参加的抗日大会，并参加“战地服务团”，成立宣传、爆破等组织，奔赴抗日前线，炸毁津浦铁路线上的南沙河铁桥，阻止了日本侵略军的前进。1938年2月，淄博煤矿工人在党的领导下，以洪山为据点，以邹家庄、察里村为中心，在周围73个村，发动了5000多名工人，成立了15个分会。5月，在寨里村召开了“淄博矿区职工联合会”成立大会，同时成立“职工抗日联合会武装部”，积极组织煤矿工人进行抗日斗争。2月19日，在抗日民族统一战线的积极推动和苏鲁地区广大职工的强烈要求下，陇海、津浦、胶济三条铁路，中兴、贾汪、砀山、烈山、淄博等煤矿区的13个总工会约2万人，在徐州成立了“第五战区职工抗日联合总会”。制订了工运纲领计划，作出了武装千百万工人志愿军的决议，并由国民党第五战区司令长官兼第五战区民众总动员委员会主任李宗仁任命邹光中为主任。这是在中国共产党的领导和影响下，开展职工抗日救亡运动的合法组织机构。“五战区工会”成立后，在3月提出“保卫徐州”“保卫武汉”“保卫西北”的口号，在烈山、淄博工矿特区和津浦、陇海、胶济铁路沿线组织近万名工人参加职工会，成立了烈山、中兴煤矿工人破坏队和胶济、津浦铁路工人爆炸队等工人武装。这些武装深入敌后和侧翼，破坏了陇海、胶济铁路和台潍公路，阻止敌人的增援和给养的补充，有力地支援了中国军队取得台儿庄战役的胜利。5月，在徐州失守前夕，“五战区工会”由徐州迁到山东淄博工矿特区，于5月下旬改组重建，仍由邹光中任主任，并派中共清河特委常委、职工部长张天民任副主任。至此，“五战区工会”在党的领导下，成为实际上的山东工人运动领导机关，执行着山东省总工会的职能。5月19日，徐州失守，国民党军队撤到豫东、老河口一带，烈山煤矿工人在党的领导下组织了矿工救亡团和护矿队，并炸坏了全部矿井，使日本侵略者无法生产。7月7日，淄博矿区的党组织和工会为了纪念抗战一周年，发动万名矿工和农民在八路军八团四营的掩护下，一夜之间破坏了张博铁路支线张店至淄川段12华里路基，使敌人35天未能通车，洪山和淄川的敌人都饿得吃高粱，出来抢粮食。6月，日军溯江而上，安庆和马垱要塞先后陷落，日军进逼九江。湖北大冶煤矿工人在中国共产党的领导和影响下，开展了大规模的抗日救亡斗争。

（二）电力工人的抗日救亡运动

全面抗战开始后，各地电力工人群众积极参加抗日救亡运动，举行集会和示威游行支援抗日战争。1937 年 9 月，平型关大捷后，太原、临汾、运城、长治等地的电力工人同各业工人一起走上街头，欢庆胜利，并向周围的群众开展抗日宣传。高呼“誓死不当亡国奴，打败日本侵略者”“誓死不离开山西，不退过黄河”等振奋人心的口号，大大鼓舞了群众，坚定了抗日战争必胜的信心。1937 年秋，湖北省、汉口市各界人民抗敌后援会相继成立，武昌竟成电灯公司左仁亲、汉口既济水电公司大王庙电厂江述之任后援会常务委员，组织工人参加各界人士召集的反对日寇侵华的游行集会活动。中共地下党员、汉口中国银行电工王杰臣（化名黄民伟）在党的领导下，发起成立了武汉业余歌咏团，动员、组织工人参加抗日救亡运动，发动工人努力生产，支援前线。歌咏团组织团员到驻军营地、后方医院进行演出，慰问士兵和伤病人员，并到工厂、农村进行抗日救亡宣传教育活动。1938 年 4 月 7 日，台儿庄大捷消息传出，武汉各界举行抗战祝捷大会。13 日，汉口既济水电公司员工数百人，积极参加中国工人抗敌总会筹备会、中国劳动协会等团体举行的集会活动。9 月 12 日，武汉市业余歌咏团在青年会礼堂举行成立周年纪念大会，政界、军界、抗战救亡团体等 2000 人参加，沙千里、张曙、刘澜波等也到会祝贺，发表抗战讲话。王杰臣以武汉业余歌咏团总务理事的身份，率领歌咏团员参加在汉口青年会召开的国际青年反法西斯战争日集会，并在会上慷慨激昂地高唱《我们要战斗》，增强民众奋起抗日的信心和决心。第二天，《新华日报》刊载了《二千人齐呼中国不会亡——纪念业余歌咏团周年纪念大会》的报道。

在当时，开展抗日必胜的宣传教育，激发民众抗日救亡热情的工作是非常重要的。各地电力工人在中共地下组织的领导下开展了这项工作。1937 年 9 月，在中共重庆地下党和重庆各界救国联合会（简称重庆救国会）的领导下，华西公司中共地下党员陈叔亮（原名陈朗）、重庆电力公司进步青年工程师余克稷等人发起组织成立了“怒吼剧社”。重庆电力公司近 30 名青年工人参加了“怒吼剧社”。同月，剧社首映 3 幕话剧《保卫卢沟桥》，轰动了整个山城，被群众誉为重庆第一流水平的话剧。连演 4 场，场场爆满，盛况空前。此次演出吸引了许多有志抗日的青年参加剧社。剧社分成“舞台演剧队”和“街村演剧队”，平时分头活动，每逢大型剧目，两队合练。重庆电力公司大部分青年工人参加“街村演剧队”，以四川方言为主，配合歌咏、漫画、演讲等各种形式进行宣传活动。电力工人坚持不耽误正常上班，利用晚上休息时间排练节目。每逢节假日，电力工人就背着服装、道具、化妆用品等到重庆市中心区街头和南岸、江北、北碚、合川等附近县镇巡回演出。这期间，演出了《放下你的鞭子》《重逢》《沦亡以后》《死亡线上》《壮丁》《三江好》《死里求生》《黎明》等几十个剧目。内容全是揭露日寇侵略罪行，唤起民众的抗日意识。聘请文艺界的名人，如万籁天、柯灵、白杨、王为一、舒绣文、赵丹、魏鹤龄、曹禺、张瑞芳、沙千里、应云卫、张扬、吴祖光等，他们在“怒吼剧社”担任编剧、导演、艺术顾问或演员，提升了演出效果，对推动抗日救亡运动起了较大的作用。“怒吼剧社”一边演出，一边参加各种社会活动，如街头“义卖”，慰问八路军伤病员，参加集会，听郭沫若的公开抗日演讲，组织座谈会，邀请沈钧儒、邓颖超、曹孟君等参加座谈。1938 年 6 月，由重庆救国会派出负责人之一、中共地下党员黄宇齐为团长，率“怒吼剧社”“街村演剧队”共 18 人，组成“六七战地工作团”随驻川 67 军赴前线宣传抗日。重庆电力公司有 6 名青年工人参加。他们在抗日前线，积极开展宣传活动，白天刷标语、搞宣传画、家访，晚上排剧、练歌、演出。黄宇齐介绍重庆电力公司牛继良等4人奔赴抗日根据地延安。先期到达延安的还有重庆电力公司业务科王显卿等人。同年7月，中共党组织通过重庆救国会的主要负责人漆鲁鱼，成立了“怒吼剧社”第一个中共地下党支部。之后，重庆电力公司的罗从修、孙家新、张治源等先后入党。重庆电力公司参加“怒吼剧社”的青年，最多时占剧社成员的80%，最少时也占40%—50%。当时的“怒吼剧社”，在社会上有一定影响力，确实起到了宣传抗日的积极作用。1938年1月初，江西青年抗日救国服务团（简称“青服团”）成立。“青服团”第一大队党支部书记邝劲志和队员陈秀仕到南昌电灯整理处进行抗日救亡宣传活动，组织工人学文化、教唱抗日歌曲，培养工人中的抗日救亡运动积极分子。经过了3个月的活动，发展了李安昆等8名工人入党，并组织了20多名电力工人参加青年歌咏队。3月17日，南昌电灯整理处进贤门外电厂的青年歌咏队参加“青服团”。“青服团”的第一大队在南昌中山公园举行大规模的歌咏大会，到会5000人。大家高唱抗战革命歌曲，激发群众抗日激情。

电力工人最集中的地区在上海，上海地区许多电力工人冒着生命危险参加了“战时服务团”“红十字会救护队”等救亡组织。上电发电厂直流电盘值班工沈鸿春参加了上海市防护团救护大队，并经救护大队政治指导员、中共地下党员韩念龙（又名蔡廉）介绍，参加了工人救亡协会①。1937年11月12日上海沦陷后，沈鸿春在回厂开展抗日救亡活动时，分别介绍工人魏云龙、张厚德加入工救会。1938年夏，美资上电发电厂职工在魏云龙、张厚德的发起和推动下，利用英、美与日之间的矛盾，经美方厂长的默许，发起捐献活动。全民族抗战期间，日本飞机整天轰炸，物价暴涨，民不聊生，电力工人生活穷困潦倒，吃不饱、穿不暖，每

① 工人救亡协会的前身是1925年5月31日成立的上海总工会，简称“工救会”。

况愈下。但素有民族责任感的上电工人群众，积极响应号召，节衣缩食，踊跃捐献。捐款汇集后由中共江苏省委主办、挂英商牌子掩护的《每日译报》馆，转送给香港宋庆龄，大部分用于救济难民，并支援八路军、新四军抗日队伍，表达上海电力工人以实际行动支援抗日的一份心意。

1937 年 9 月，湖北电力工人掀起捐献和认购救国公债的高潮。汉口特三区电灯公司（英商汉日电灯公司）机器部工人致函武汉日报社："我前线将士浴血抗战，牺牲壮烈，气壮山河。同人等迫于生活，既不能执干戈于疆场，复不能提壶浆以慰劳，爱国有心，杀敌无术。谨凑集国币（法币）114. 10 元，务希贵报社迅速转汇前方，聊申敬仰之意。"据不完全统计，汉口既济水电公司同期认购救国公债 51700 元（占汉口市认购总额的 4. 9%），又两次捐款 2273. 70 元；武昌水电厂员工认购救国公债 1091. 94 元；英商汉口电灯公司机器部员工捐献 114. 10 元；宜昌永耀电气公司员工认购爱国公债 1937. 70 元，又捐款 2500 元，捐款额居宜昌市前列。1938 年，宜昌永耀电气公司员工又两次捐款 200 元；汉口既济水电公司员工又捐款 324. 8 元。1938 年 7 月 7 日，武汉各界为纪念抗战一周年和支援前线，开展了轰轰烈烈的爱国献金活动。武汉三镇电力工人及家属，自动前往献金，有的家属甚至把自己珍贵的金首饰也捐献出来，爱国之心至诚。1937 年，山东烟台电力工人满怀爱国热忱，纷纷认购"航空救国券"（此款用于购买飞机），许多工人不顾家里生活困境，每位工人少者认购 3 元、5 元，多者 50 元，共认购 4000 余元（当时 44 斤一袋通粉为 1. 7 元）。1938 年 4 月，陕西电力工人节衣缩食，购买爱国公债数百元。广大电力工人在生活极端困苦的状况下，如此积极踊跃参加捐献等活动，完全是出于抗日爱国、救国救民之心，这是非常可贵的。

电力工人在抗日救亡活动中，经过革命烽火的洗礼，阶级觉悟有了很大的提高。许多电力工人通过各种渠道，毅然走上革命道路。湖北省武穴光明电灯公司配电工陈实，英商汉口电灯公司工人刘长元、蒋达贵等先后投奔八路军驻汉办事处和西安办事处转赴延安，积极为抗日民族解放战争而献身。中国银行电工王杰臣，在中共湖北省职工运动会的直接领导下，积极在工厂、商店职工中开展工作，后因遭国民党当局多方阻挠，董必武决定把党的力量转移到武汉外围，王杰臣等人则到襄樊等地从事抗日救亡活动，并开展游击战争。

（三）能源化学地质产业工人在创建后方工业中的贡献

战区和临近战区的能源化学地质产业工人，在日军即将占领某些重要工业地区时，协助国民党当局和民族资本家，把部分工业设备抢运到大后方，这是他们对抗战事业所作的重要贡献。

坚持抗战必须发展战时生产，长江下游和沿海地区的重要工厂被迁入内地。面对当时日本帝国主义者步步紧逼的形势，国民党并没有坚定抗击日本侵略的决心。战争爆发前，他们一味妥协退让；战争爆发后，他们幻想所谓的国际调停，不做长期抗战的打算。事前，他们没有拟定任何一个工厂迁移的方案。淞沪会战爆发后，由于事先缺乏计划和准备，加以经费短细、军运繁忙和军队的干扰，交通混乱不堪，迁厂工作极为困难。1937 年 11 月 12 日，上海沦陷，工厂拆迁工作被迫停止。其他沿海省份，因战事蔓延迅速，迁出的工厂也为数极少。在战火中，工人们把数以百计的工厂的上万吨机器设备拆卸下来，搬运到数千里以外的后方，以当时的条件，其艰险困难实在不亚于前线作战。然而，凭借着工人不怕牺牲的精神和积极劳动的态度，任务得以完成。这些迁移的设备在武汉短暂停留，立足未稳，因战争局势日益紧迫，又经第二次迁移，大多迁至四川的重庆地区，一部分迁往陕西关中地区。整个工厂的内迁工作，持续到 1940 年才基本结束。其间，上海天原电化厂迁到重庆。1940 年在宜宾设立分厂。

在即将沦陷的煤矿区，为了挽救民族工业，各地煤矿工人冒着敌人飞机大炮的轰击，帮助国民党政府和民族资本家拆迁机器设备，为建设国民党统治的大后方战时经济，并为民族解放事业作出了重大贡献。1937 年 9 月，河南焦作煤矿 1000 多名职工，将中福公司价值约 200 万元的 2000 多吨机器材料，拆迁抢运后方，先后在湖南湘潭谭家山、四川重庆天府、犍为、威远、乐山、屏山、隆昌、石燕桥等地建立煤矿。1938 年 7 月，湖北大冶源华煤矿职工将价值 19 万元的 450 吨设备器材，拆迁至湖南辰溪，与国民党政府资源委员会合作开办了辰溪煤矿。1939 年 4 月，江西萍乡安源煤矿工人也将机器材料，拆迁至广西桂林和全县。

国民党政府仅有为数不多的化学兵工厂、硫酸厂、烧碱厂、纯碱厂、酒精厂、炼油厂和其他化工厂，这些工作的产品在基本化工原料中所占的比重不大。河南巩县兵工厂迁到四川泸州，改为二十三兵工厂，生产硫酸、烧碱、无烟火药、毒气产品等，是当时最大的化学兵工厂。广州、上海等地的中西药厂，大多迁到港、澳或西南、西北内地。全民族抗战期间，西南、西北后方的制药厂增加到 50 多家，但规模较小，原料供应困难，不能正常生产和发展。这些工厂内迁至西南、西北的一些地区，形成了若干新的工业生产中心，为以后这些地区的工业奠定了基础。大后方（尤其是四川）的工业生产，由此而大为改观。所有参与其事的职工，在迁移过程中不畏艰险、不惜牺牲，充分体现了中国工人阶级高度的民族责任感和爱国主义精神。

在地质领域，由于地质学与能源矿业开发的密切关系，广大地质职工成为中国抗战科技力量中一支特别重要的队伍。地质调查所在抗日战争爆发后由南京迁至长沙，后又迁往重庆。1937 年 10 月，翁文灏在《告地质调查所同人书》中勉励地质调查所人员在全民族抗战期间，要善用所长，为国尽力，并建议从实际情况出发，注意战时急需矿产的调查，尽快写出报告，分送有关单位，不可因着急而消极。

第二节 抗日相持阶段沦陷区工人的抗日斗争

日本侵略者占领的沦陷区，原是我国近代工业和工人阶级集中的地区，我国的近代能源化学工业和能源化学地质产业工人也多集中在这些地区。因此，坚持和发展沦陷区的工人运动，对于最后战胜日本帝国主义有着重要的战略意义。

一、日寇铁蹄下工人的苦难生活

（一）沦陷区煤矿工人在死亡线上的挣扎

在日本帝国主义大肆掠夺中国煤炭资源的同时，煤矿工人队伍却迅速壮大起来。据统计：1941 年，东北共有产业工人 3886189 人，其中，矿业工人就有 365267 人，占东北工人总数的 9.4%。且集中程度很高，如抚顺煤矿有 9.1 万人，鹤岗煤矿有 3.6 万人，本溪煤矿有 2 万人。华北和华中的煤矿也是如此。

沦陷区的广大煤矿工人在日本帝国主义的殖民统治下，完全处于“亡国奴”的地位，其政治和经济待遇简直和“囚犯”一样，过着“人间地狱”的生活，日日夜夜挣扎在死亡线上。特别是在 1941 年 12 月太平洋战争爆发以后，由于日本侵略者对煤炭和人力的需求大大增加，煤矿工人的生活状况更加恶化。

延长工作时间，增加劳动强度。在抗日战争前煤矿工人经过多年斗争而得来的 8 小时工作制，现在都被延长到最大限度。东北各矿，枣庄、井陉、焦作、富家滩、六河沟、峰峰等煤矿都由抗战前的三班制、每班工作 8 小时，沦陷后改成两班制、每班工作12小时。实际上工作长达十五六个小时，还要经常加班加点。开滦煤矿工人“工作时间名为‘8小时制’”，实际连上下窑站排时间在内，就需10小时。在山东的淄博、华宝和河南的凭心煤矿则为大班制，连续劳动24个小时。在东北的各个煤矿还要更严重些。据“满铁”官方1940年调查：在日本经营的矿山里劳动的208531名工人中，每天劳动12小时的有19826人，13小时的有4581人，14小时的有30005人。在延长工人劳动时间的同时，由于“没有技术的高度化和经营的合理化，而宁可说是向着依赖劳动力的方向前进”。1939年，在日本国内工业中，使用原动机的工厂占工厂总数的83%；可是，1940年，在东北工业中使用原动机的工厂仅占工厂总数的33.1%。许多煤矿开采很少使用采煤机，坑道运输则是靠繁重的体力劳动来进行。在华北，日本侵略者为了掠夺煤炭资源，则开了大量的小窑，采用土法生产，几乎没有机械。

压低工人工资，进行残酷榨取。在日本帝国主义的殖民统治下，中国煤矿工人的工资被压到最低限度。据统计，1940年，东北十种行业平均工资情况：日本工人每天可得工资三角四分，中国工人仅得工资一角二分。而煤矿工人的实际工资还要低得多。据“满铁”华北经济调查所调查：1936年，淄川炭矿采煤、掘进工每天平均工资为五角七分五；到了1943年3月，该矿采煤、掘进工每天平均工资增到一元一角七分六。从绝对数额看，采煤、掘进工的工资比抗战前增加了1倍。但是，1937年七七事变前和1941年3月相比，淄川地区（洪山镇）的高粱、小米、小麦、黑豆、烧酒、猪肉、棉花、白细布、粗布、豆油、玉米、小米煎饼、高粱煎饼、咸菜等14种物品的物价平均增加了5倍。这样相比，工人的实际工资却下降了约75%。日本侵略者为了大力推行“以华制华”和疯狂掠夺煤炭资源，还积极扶持封建把头制，以达到政治统治和经济掠夺的目的。据调查：1938年9月，东北“满铁”系统佣员以下的煤矿工人有 70530 人，其中包工工人有 25743 人，占工人总数的 36.5%。“满炭”系统煤矿工人有 36841 人，其中包工工人有 20624 人，占工人总数的 56%。而在非包工工人中，如采煤、掘进等，则采取小把头制。在关内的各个煤矿，也都实行封建把头制。

疯狂掠夺煤炭，实行“以人换煤”。日本帝国主义为了掠夺我国煤炭资源，以支持侵略战争，“吃肥掉瘦，取易撇难”，狂掘乱采，甚至盗采保险煤柱，推行“以人换煤”的“人肉开采”政策。因此，在沦陷区的煤矿里，工人劳动条件之差，灾害性事故之严重，是骇人听闻的。1939 年 11 月 8 日，山西大同煤矿因暴发洪水，被敌人禁闭在巷道里冒险作业的 2000 余名工人，仅逃出六七人，其余全都遇害。1942 年 4 月 26 日午后 2 时 8 分，本溪湖炭矿柳塘煤矿下层坑发生瓦斯煤尘大爆炸，“突然从井口传来一声巨响，顿时，滚滚黑烟从茨沟、仕人沟、柳塘等五个通地面的斜井口外往冒，活像一个个才生着火的锅炉烟囱似的”，直到“晚上六点多钟，井下烟没有了”。经过十多天的清理，总共运出尸体 1549 具，其中除 56 名日本人，都是中国矿工。这就是日本侵略者制造的世界煤炭工业史上最惨重的灾难性事故。这次亘古未闻的惨绝人寰的大惨案，震惊了世界。日本侵略者在舆论的压力下，被迫通过伪满洲国政府于 5 月 1 日发表了本溪湖炭矿瓦斯事件经过，胡说“灾害轻微”“现已恢复原状”。事后，日本侵略者为了掩人耳目在“肉丘坟”前立了块沾满鲜血的石碑，美其名曰“本溪湖煤铁公司产业战士殉职墓碑”，在碑文中恬不知耻地说“另筑神祠以托幽魂，诸君九泉有知想当含笑瞑目也”。由于日本帝国主义“顾煤不顾人”，不采取安全措施，不管工人死活，所以煤矿上瓦斯煤尘爆炸、冒顶崩塌、起火、透水和机电设备故障等事故层出不穷，造成大批矿工死于非命。根据日伪官方显然已经大大缩小的统计，“在 1916 年至 1944 年的 29 年中，抚顺矿区工人因事故伤亡的共有 251999 人”，其中死亡 9788 人，受伤 242211 人。这更是何等的触目惊心呵！东北的暖泉煤矿工人，形容自己过去的生活是“吃阳间的饭，干阴间的事”，现在却是“吃阴间的饭，做阴间的活，两头不见太阳，像机械一样挖煤”。这里被称为“死人仓库”。1944 年 4 月 23 日《新华日报》在报道《井陉煤矿的工人生活》时，称井陉是“新的屠场”。新中国成立后，在鹤岗、鸡西、辽源、抚顺、本溪、阜新、北票、大同、淮南、井陉、峰峰等煤矿，都发现有埋葬中国煤矿工人的“万人坑”。在辽源煤矿发现原来方家大柜的一个“万人坑”中，在不足 300 平方米的三排沟里，就埋葬了 179 具尸骨。在这个“万人坑”中，还发现一具被残害的矿工尸骨，颅骨上留有刀砍的深痕，右腿骨被刀砍断，左腿骨和肋骨也有刀痕，而且，这具尸骨的两腿被三道铜丝紧紧地捆在一起。这说明这位矿工是被日伪用屠刀砍杀的。

毫无自由可言，形似罪犯“囚徒”。在沦陷区的煤矿都变成了劳动集中营。工人进矿要“打手印”“编号”，然后编入军事部队式的编制，之后工人的名字就被“号码”所代替。在工人住的地方，“敌人深恐矿工和外界接触，起了‘化学变化’而暴动起来，在矿区周围筑高墙架铁网”。① 工人上下井有武装押送，在劳动中有日本监工、日伪特务和封建把头的严密监视，稍有反抗，轻者打骂，重者杀害，劳动之后回到宿舍不能外出，“像一匹牲口，跑不掉，死不了，只能不间昼夜地劳动”。而工人劳动终日，却过着“橡子面、猕菜和凉水”的生活，不能求得一饱，更不要说养家糊口了。更为严重的是，在 1941 年 12 月太平洋战争爆发前后，日本帝国主义为了解决劳动力严重不足的问题，向东北和华北的煤矿输送了大批所谓的“特殊工人”。这批“特殊工人”

---

① 《解放日报》1944 年 10 月 18 日。

包括以下四种人：在当地部队、宪兵队、县公署、警察分局拘留的嫌疑犯；在清乡中捕获的通匪嫌疑犯；讨伐作战抓到的俘虏；妨碍（新民）会工作的人。可见“特殊工人”主要是由被俘的抗日军人、被捕的抗日干部和平民百姓所组成。据估计，日本侵略者每年送到东北的“特殊工人”约有10万人，绝大部分被分配到各地煤矿从事最艰苦的采煤劳动。据查，仅1941年下半年，日本侵略者从太原、保定、徐州、济南、北平、承德等21个地方，送到抚顺煤矿的“特殊工人”就有6312人。这部分工人，日伪开始时将其称作“特殊工人”，1942年7月改称为“辅导工人”。他们大多在运送途中或到达煤矿不久，就被折磨而死。除此之外，在东北的各个煤矿，日伪还根据《治安维持法》《保安矫正法》《思想矫正法》等法西斯法令，普遍建立了“矫正辅导院”，专门镇压那些所谓的“反满抗日”和要逃跑的矿工。把他们认为有犯罪风险的人或可能犯有政治罪的人，送进“矫正辅导院”实行“预防犯罪”和“预防拘禁”。在对其进行“精神训练”的同时，还强迫从事沉重的劳役。很多人在这里历尽种种折磨后都被杀害了。很少有人被放出来。正如当时的歌谣所说：“辅导院是阎罗殿，进去容易出来难。”

日本侵略者对沦陷区的殖民统治和敲骨吸髓的掠夺，使广大煤矿工人陷于水深火热之中，民族矛盾空前尖锐，激起了煤矿工人强烈的反抗怒火，迫切要求驱逐日本帝国主义者出中国，改变这种“亡国奴”的生活。

（二）沦陷区电力工人遭受日寇的奴役

东北沦陷区的电力工人继续遭受日寇最野蛮的民族压迫和政治残害，而且残害和奴役愈演愈烈。仅吉林丰满水电站施工人数就达1.8万人，绝大部分是中国劳工。日寇根本不把中国劳工当人看待。中国劳工在日本监工、特务、警察、日伪军的严密监督、残酷虐待下，干着极其繁重的劳动。在修建过程中，从1937年至1945年被折磨、冻饿、杀害致死的劳工，据日伪机构供认，就有6500人以上。当时，吉林丰满水电站号称全亚洲最大的水电工程，也是各类死亡人数最多的水电工程。丰满东山脚下的“万人坑”埋着的层层白骨就是日寇滔天罪行的见证。1940年，建设镜泊湖发电所的劳工中发生流行性伤寒，时至次年春，工地劳工死亡约500人。到1945年，水丰和镜泊湖电站已全部建成，丰满水电站也已装好4台发电机和2台厂用发电机。3个电站投入运行的设备容量共达61.9万千瓦。用无数中国人民生命和血汗营造起来的东北水电站，在日伪统治时期并不是用于为人民造福，而是为日本帝国主义加紧掠夺东北的经济，支撑和扩大侵华战争服务。

1938年11月，广州西村发电厂，日寇长利其常常蓄意残害工人，他强迫工人下灰井拉闸门放火，正值工人入灰井干活，他竟然关闭了吸风机的风门，造成锅炉正压，喷出火龙，当场烧死4名工人，烧伤9名。

1939年，安徽芜湖明远电灯公司线路工人丁福祥到赭山日寇宪兵队修理电灯，被日寇宪兵打伤吐血，后长期带伤干活而死亡。1940年，安徽芜湖明远电灯公司内部发生盗窃事件，日方无根据地怀疑是锅炉工人李志三所为，将他多次吊打成重伤，不予医治，最终惨死。1942年8月，安徽安庆水电厂工人方在玉，因上班时没有向日寇监工斋滕点头示礼，被斋滕拖到锅炉旁一顿毒打，并将其踢倒按在热炉渣上，致使其手、脚、脸都被烫得发焦而昏死，后经工友抢救才侥幸活过来。

1939年春，蒙疆电业株式会社厚和支店老工人杨森、青年工人梁荣等20余名工人先后参加了“抗日救国会”，开展群众性的抗日活动。1940年，“蒙绥各界抗日救国会”被叛徒出卖，日寇逮捕了厚和支店的抗救会成员，杨森、梁荣等20多人被用酷刑拷打，梁荣当场被打死，其余人被转押到张家口监狱。1941年，杨森、王永禄被张家口日寇柑柏部队军法处抽干血后活埋。日寇用最毒辣的法西斯手段残害抗日工人。

1941 年，山东神头电厂的日寇对电厂工人竟然实行裸体搜身制。工人每天进厂门，个个要扒光衣服和鞋袜，被侮辱性地搜身，工人下班出门，同样要被从头搜到脚，电厂工人受尽百般刁难和凌辱。到了寒冬腊月，工人们身穿褴褛衣服，瑟缩着身子，排成长队等日寇挨个搜身。工人实在忍无可忍，有的工人大声吼道："日本鬼子欺侮中国人也真到顶了！""我们就这样被活活冻死不成?""不给他干了！"大伙愤怒至极，罢了工。日寇无计可施，只好取消了裸体搜身制。1942 年 1 月 8 日，厦门电灯公司外线工陈玉钦，被日本工头黑夜派去处理故障，在无安全监护和必要的劳动保护的情况下，触电身亡。3 月，厦门电灯公司工人许正直因繁重的劳动累病不能出工，日寇监工头不仅不给其治病，反将其关押。日寇欺压工人的暴行，激起厦电工人的极大愤慨，他们一齐冲到日寇办公室，迫使日寇不得不释放了工人许正直。

1943 年 7 月 5 日，南京下关发电所日寇怀疑徐士英（职员）煽动工人罢工，竟把徐士英等人抓起来，后又对徐士英等人强加上"通共之举"的罪名，并施以酷刑。7 月 17 日，徐士英被押往上海。同时，日本宪兵队还抓捕了原扬子电气公司在沪的吴玉麟、朱企之、朱树森等 3 人。7 月 23 日，把徐士英等 4 人押到南京，在下关发电所又拘捕了李清辅、薛高祥、朱德福、曹心一等 7 名员工，无中生有地给他们加上"重庆谍报员"的罪名，严刑拷打。终因查无实据，直到 11 月 12 日，徐士英等 12 人才先后获释。但他们由于遭受日寇残害，身心均受到严重摧残。

以上大量历史事实表明，在日寇铁蹄下的电力工人，处在受压迫、受剥削的悲惨境地，贫病交困，精疲力竭，已经到了忍无可忍的地步。

（三）沦陷区化学工人的残酷生活

1937 年，平津沦陷后，塘沽也被日本侵略者占领，著名的永利制碱厂（今天津碱厂）更是日本侵略者掠夺霸占的目标。8 月，设在永利制碱厂库房的中共塘沽区委及永利支部全体成员按照中共天津市委指示，撤出塘沽，党的活动中断。但是，党在 1936 年发动永利工人罢工斗争的影响依然存在。日军侵占永利后，实行法西斯统治，他们用皮鞭驱使工人拼命干活，而食粮却配给豆饼和麸子，且数量越来越少，工人根本吃不饱。就是这些东西，还要扣除工人大部分工资，工人每月工资所剩无几，有时还得倒找，为此不得不利用工余打短工或加班加点再挣些钱，以维持生计。工人们不甘心忍受亡国奴之苦，反抗日军的奴役压榨情绪日渐增长。他们破坏生产设备和劳动工具，制造故障使开工困难，即使开工也以怠工的方式将产量降低。为了维护反动统治，日本侵略者肆意抓捕和杀害群众，施行白色恐怖。1939 年 1 月 22 日清晨，上班的钟声刚刚响过，日军专门用来捕人的红头汽车就径直开到了黄海化学工业社化验室门前，从车上跳下几个荷枪实弹的日本宪兵，将化验室所有人员推进了红头汽车，把不知什么原因被捕的李松林、许长林、井文章、金至胜、张鲁俊、陈葆真、张玉佩等十几个人押到了日本宪兵队。永利的孙耀先、高兰田、夏进修、李跃、张松林等人也先后被捕入狱。日军将被捕的工人轮番过堂，一上来不问青红皂白先是一顿毒打，工人被打得稀里糊涂。经过几次过堂才知道前几天德大码头和塘沽车站两处着火，烧毁了日本军用码头和车站的物资，损失惨重。日军几番出动，始终找不到放火的人。后来日军在现场发现了两个分别装过黄色和白色药面的玻璃小瓶，经过黄海化学工业社化验室日方主任桥本化验，认定是化学药品。当时塘沽化学物品很少，仅黄海化学工业社和永利工厂有这些东西。日军认为永利是个老厂，其中必有共产党，怀疑有人把药品给了共产党，烧了码头和车站物资。因为平时永利工人就采取各种形式与日方监工闹矛盾，影响了产品的产量和质量。日军借此机会大兴冤狱，强迫被捕的工人承认自己是共产党，是纵火者。工人们的确不知道发生的事情，因此不承认，随之便招来了更凶残的酷刑。高兰田、张桂林被凶恶的日军活活打死了。其家属和工人们纷纷想办法营救。为了减少牺牲，他们压抑着悲痛，用重金收买翻译，转告被捕的工人假意招供，以缓兵之计，先求生存，再寻机行事。日军给李殿琛、陈葆真灌凉水、压杠子、烫火钳子，不仅要他们承认自己是共产党，是纵火犯，还逼着其他人说他们是共产党，是纵火犯。李殿琛等十几个工人被关押审讯了 5 个多月后，又被押送到北平日伪最高军事议会，最后因无证据，日军才不得不将他们释放。历经 16 个多月磨难的工人们出狱后，伤痕累累，骨瘦如柴，许久不能恢复健康。日军的残暴肆虐，不但不能压制工人的反抗，反而更激起了工人的仇恨，坚定了他们抗日的决心。

1938 年 10 月，日本帝国主义者为了进一步扩大侵略战争，掠夺自然财富，妄想长期蹂躏和屠杀中国人民，他们抓来了贫苦的市民和农民，在皮鞭和棒子的抽打下，在吉林市松花江的北岸——龙潭山进行了“满洲电气化学株式会社”和“满洲人造石油会社”的建厂工作。建厂中日军的罪恶，使人深切悲愤。负责建设施工的八大组工棚，是给工人们住的，只是用席子一围而已，四面尽是通风眼。夏天，外面下大雨，棚里下小雨，外面不下了，棚里还滴答。如果下的时间长了，就要用盆盆罐罐往外淘水。冬天，西北风加“冒烟雪”，直扑进棚子里，早晨起来常常身上一层雪，衣角冻在地上。晚间，寒风呼啸，工棚四周咯吱作响，饿狼刺耳的号叫声隐约传来。屋里冷得要命，一壶开水一会儿就见到冰碴。有的工友整个冬天都不脱衣服睡觉。后来，有人提出将烧热的砖头放到怀中取暖，于是有些人怀中都抱一堆砖头。还有些工人因为冻得没有办法，就许多人挤在一起睡，这样会暖和一点。实在忍不住了，有的工人就拿些水泥袋子套在身上，可是叫日军看见，还得夺回去，反倒挨顿打。工人身受严寒侵袭，肚里饿得咕咕叫，又黑又硬的杂货面还是头等饭，橡子面像耗子屎一样难吃。尽管吃不饱，穿不暖，睡不着觉，工作每天还要做 14 小时。光干活不给开钱，有位姓丛的老工人曾足足干了一年活儿，年末结账，倒亏了“柜上”（管理工人工资的账房）八角八分钱。到年关全家老小没米没柴活不下去了。穷人都尝到过苦滋味，互相照应，共同帮助他，熬过了这道鬼门关。鹿岛组从河北等地骗来 200 多人，花言巧语说这里怎么好，有的把家属也带来了，可是来了后，无吃无穿，想再回去，比登天还难。他们因为挨饿受冻，大都得了水肿病，每天都有两三个人被抬出去扔掉。这些无依无靠的外地人，为了活命，只好捡地下的白菜帮子充饥。在日军和把头的暴力压制之下，牛马不如的生活折磨得他们病的病，死的死。从河北骗来的 200 多个工人，后来只剩两个人了，其余的都因劳累和饥饿死去了，被埋在下路圈的坑子里。这坑被人们称作“万人坑”，它不知埋葬了多少工人兄弟的尸体。

二、沦陷区工人的抗日斗争

（一）煤矿工人多样的英勇反日斗争

尽管日本帝国主义在沦陷区的统治极其凶恶残暴，但中国煤矿工人在中国共产党的领导下，为保卫民族利益和煤矿工人群众的切身利益，坚决贯彻执行“隐蔽精干、长期埋伏、积蓄力量、以待时机”的方针，采取灵活多样的形式，不屈不挠地进行了英勇斗争，表现了中国煤矿工人的伟大民族气节和顽强战斗精神。

进行怠工。这是沦陷区煤矿工人最普遍采用的方法。1941 年

12 月 8 日，日本帝国主义在发动太平洋战争的当天，宣布武力接管开滦煤矿，实行所谓的“军管理”，开滦煤矿工人的斗争处于极端艰苦的时期。这时，党在工人群众中提出“镐下留情”的口号，发动工人实行怠工。他们采取“监工来了刨两下，监工一走镐躺下”的方式，使煤炭产量不断下降。1942 年，开滦煤矿虽然增加了五六千人，但煤炭产量只有 640 万吨，到 1945 年日本投降时，煤炭产量更是下降到 280 万吨。六河沟煤矿的地下党组织，教育工人们懂得“多出一吨煤，就会使敌人多造些用来屠杀中国人的枪炮”的道理，经常组织工人进行怠工，并把矸石掺到煤里去。到 1945 年和顺井由原来日产 200 吨，下降到了 50 吨。淄博煤矿区工人采取各种形式的消极怠工，使敌人“勤俭增产”“出煤运动日”的计划破产。据统计，1943 年，淄博煤矿只完成计划的 70.28%，黑山采炭所只完成计划的 58.77%，悦升矿业公司只完成计划的 80.03%，博山和群营炭矿分别也只完成计划的 61.92%和 71.66%。1941 年焦作煤矿、1942 年枣庄煤矿是日本侵略者掠夺煤炭最多的一年，分别达到 80 多万吨和 250 多万吨。此后由于煤矿工人采取“磨洋工”的办法，进行怠工斗争，到 1945 年日本投降时，煤炭产量分别就只有 60 多万吨和 220 多万吨。被称为“东亚第一大矿”的抚顺煤矿，1936 年的产量曾经达到 962 多万吨，占全中国煤产量的 30%，占全东北煤产量的 77%，是日本帝国主义经营抚顺煤矿 30 年来的最高产量。但从七七事变后，煤矿工人在日本侵略者的刺刀威逼下，巧妙怠工，从此一蹶不振，一年不如一年，到 1945 年日本投降时只产 300 万吨煤炭，不到 1936 年产量的三分之一，倒退到了 1921 年的生产水平。

破坏生产。煤矿工人采用巧妙的办法，来破坏生产工具、浪费原材料、制造机械故障，这也是当时破坏敌人的煤炭生产计划的主要形式。1940 年 5 月，阜新煤矿平安六坑工人砍断电缆，制造井下失火，波及与六坑相连的四、五、七坑 3 个坑口，使敌人被迫停产3个多月，沉重地打击了敌人的“大出炭”计划。1941年2月，鹤岗煤矿兴山五井工人在党的领导下，利用春节休假的时机，火烧五槽全，使敌人半个月不能进行生产。1942年夏，日本从东北运来新式割煤机，并派来几十名专家到大同煤矿。永定庄煤矿工人乘日本专家和割煤机入罐下井之际，将钢丝绳割断，日本专家被摔死，机器被摔坏。1942年冬的一个晚上，蛟河煤矿工人把“偷”来的黄干油放进炉子烧火取暖，由于火势蔓延，引着了房顶上的木板，火苗顺着风势扑向大筛子底下的木柱子，把敌人花了两年时间建成的选煤机给烧了，敌人三四个月没能向外运好煤。峰峰煤矿工人还经常巧妙地制造假冒顶，使煤堆像小山一样卡住出煤口，影响敌人的“大出炭”计划。六河沟煤矿电厂工人经常弄点小事故，不是汽缸坏了，就是拐轴折了，搞得三天两头停电。1944年搞了一次汽缸爆炸，结果影响了几天的煤炭生产。大同、淄博等煤矿工人还把矿井变成了八路军和抗日游击队的材料仓库，经常采取巧妙的办法把敌人的机器零件和炸药偷运到游击区。淄博煤矿工人在短短两三个月就“偷”了炸药600多斤，雷管200多个，导火线150余米。后来被敌人发觉了，曾贴出布告说谁偷出3块炸药，就被逮住枪毙。但工人每月仍运出炸药，且都在1000斤以上，源源不断地支援八路军和游击队，受到鲁中区党委的表扬。由于沦陷区煤矿工人采取小型灵活多样的斗争形式，不断破坏生产，大大降低了生产效率，极大地影响了敌人对煤炭的掠夺。当时，敌人的《东亚新报》就被迫地承认：“不论矿山或工厂内，华北工人的工作效率，不仅与日本内地工人相差太远，也许要相差一半，而且与朝鲜工人相比，亦有颇大悬殊。”在抗战相持阶段，沦陷区的煤炭产量在1942年上升到5900多万吨以后就很快跌落下来。到1945年日本投降时，沦陷区的煤产量就只有2400万吨，还赶不上1938年全民族抗战初期的生产水平。

组织罢工。沦陷区煤矿工人在党的领导下，根据“有理、有利、有节”的原则，利用各种可能允许的条件，组织罢工斗争，维护和争取工人政治上和经济上的利益。根据有文字记载的不完全统计，在抗日战争的相持阶段，东北和华北沦陷区的鹤岗、鸡西、西安、通化、抚顺、烟台、阜新、北票、安东县寨马小孤子、开滦、柳江、门头沟、井陉、张家口下花园、大同、阳泉、西山、汾西富家滩、焦作、淄博、东大、华丰、贾汪等23个煤矿，先后发生罢工42次。其中规模较大的有：1939年2月，河北柳江煤矿工人为增加工资，联合长城煤矿洼子窑工人共5000名，到山海关向日伪请愿，并举行罢工。1941年秋和1944年5月1日，山西大同煤矿四老沟矿和山东华丰煤矿的工人在党的领导下，分别举行了反对政治迫害大罢工。1943年春天，在敌人统治十分严密、环境十分艰苦的情况下，门头沟煤矿工人在党的领导下，为了要求矿方给工人安电磨举行了3天罢工。当时，日本侵略者以配给为名，给工人发苞米棒子，工人不能吃，需要到街上磨面或者将棒子卖掉再买面。这样，经过调换，工人得到的东西越来越少。党及时抓住时机，发动工人罢工，要求矿方限期给工人安装电磨磨面，提出“不安电磨不上班，安晚了也不上班”的口号。在工人的压力下，矿方被迫安了一台电磨，但是只给里工磨面。因此工人坚决不答应，要求对里工、外工要一视同仁。矿方终于又安了第二台电磨，使外工也得到了磨面的机会，最后取得了胜利，这在当时有很大影响。1944年6月，东北通化煤矿七道沟矿东、西斜面坑下上万名工人，为改善生活待遇举行罢工。1945年5月1日，开滦煤矿赵各庄矿1万多名工人，经过党的周密部署，举行了反日大罢工。日本侵略军驻开滦煤矿的最高监督官调来了保安队，但慑于开滦煤矿工人的声威，害怕引起同盟罢工，而未敢用武力镇压。这次罢工持续两天时间，工人没有受到任何损失。总的来说，这个时期煤矿工人的罢工斗争，多属于小型的、分散的、自发的，虽然胜利较少，但仍然打击了日本侵略者，支援了抗日战争。

举行武装起义。沦陷区的煤矿工人还在中国共产党的领导下，经过深入的发动，取得了八路军和游击队的支持与配合，不断举行武装起义，进行武装斗争。1939 年 8 月，山西代县金沟矿 1000 多名矿工，举行抗日武装起义。1941 年 1 月 1 日，大同煤矿白洞矿工人举行元旦罢工后，发展为武装暴动，参加了八路军。1942 年春天，六河沟煤矿工人 2000 多人，因不堪忍受日本侵略者的压迫剥削，将矿内机器全部破坏，举行武装起义。同年 3 月 3 日，井陉煤矿工人和矿警 49 人举行武装暴动，投奔到解放区。8 月 19 日，南京浦口三井煤厂工人举行武装起义，用铁杠打死日本侵略军 4 人，夺取机关枪一挺，经过战斗，有 32 人撤退到新四军的苏北抗日根据地。1943 年，开滦煤矿工人在工会工作逐渐开展起来的基础上，建立起工人突击队，到 1944 年发展到二三百人。他们拿起武器，出没于铁路南北，袭击日伪军，惩治汉奸、特务，发动群众参加抗战。1943 年 7 月 1 日，汾西富家滩煤矿工人成立了矿山游击队，在南关、许家店、张家庄一带活动，开展游击战争。到了 1944 年 7 月 1 日，富家滩煤矿工人又爆发了大暴动。1945 年 2 月 28 日（农历正月十六），八路军晋级军区八分区一支队，在山西太原西山煤矿工人的带领下，冒着纷飞大雪，夜袭西山煤矿，俘获日本侵略者 20 人、伪军 50 多名，击毙日本侵略者 2 人，缴获长短枪 200 多支、轻机枪 2 挺、抬炮 1 门，子弹数万发，被敌人称为“神兵”“天将”。1945 年 4 月 4 日，阳泉煤矿 60 多名矿工起义，绑了 3 名矿警，缴获 13 支枪，关闭电网，投奔抗日根据地。5 月 29 日，太原化七头小卧龙采煤所 200 多名工人起义，投奔晋西解放区，使太原日本侵略者用于炼钢的煤炭生产陷于停顿。

在抗日战争相持阶段，沦陷区的煤矿工人开展灵活多样的斗争，不仅狠狠打击了日本帝国主义对煤炭资源的掠夺，而且使煤矿工人提高了民族觉悟，受到了武装斗争的锻炼，为迎接抗日战争的胜利到来作出了贡献。

在全国抗日救亡运动中，全国各地煤矿工人在中国共产党的领导下，还纷纷建立群众性的抗日组织。在卢沟桥事变前后，开滦煤矿工人建立“东三矿矿区抗日救国会”。阳泉、大同煤矿工人积极参加山西抗日救亡团体“牺牲救国同盟会”。枣庄中兴煤矿工人组织“抗日民族解放先锋队”“抗敌后援会”。六河沟煤矿和峰峰怡立煤矿工人组织了“抗敌后援会”。安源煤矿工人成立“民族抗日先锋队”等群众抗日组织。有的煤矿还创办了《抗敌日报》等，有力地推动了煤矿区抗日救亡运动的深入发展。通过各种形式的抗日救亡工作，为团结和发动煤矿工人参加和支援抗日战争打下了良好的思想和组织基础。

开滦五矿同盟大罢工和抗日武装大暴动。在全国抗日救亡运动的高潮中，1938 年春天，开滦煤矿工人在中国共产党的领导下，在日本侵略者的“战地后方”，毅然决然地举行了五矿同盟大罢工和抗日武装大暴动，为全国人民和煤矿工人开展敌后游击战争和创建敌后抗日民主根据地竖立了一面鲜红的旗帜。

抗日战争爆发后，开滦煤矿工人“反英抗日”的情绪空前高涨。唐山和开滦党组织认为：“罢工条件已经成熟，我们不去领导工人也要行动起来的情况下，决定慎重推动领导这一斗争，策略是团结工人自己力量，建立工人统一战线，利用各种矛盾，避免对工人的屠杀，主要的是依靠工人自己的力量，扩大行动，才能得到胜利。”

开滦五矿同盟大罢工是从赵各庄矿工人反对“井下记工制”开始的。1938 年 3 月 12 日，开滦煤矿赵各庄矿矿长陈甲三颁发布告，分别通知里外工工人从 3 月 16 日起实行“井下记工制”。过去，工人记工只是在上下班时，要一次牌，交一次牌就行了。现在，实行“井下记工制”，工人每天上下班要办理七道烦琐手续，这样，工人不仅每天需要多花费两个小时办理手续，还延长了工作时间，增加了劳动强度，而且因禁止工人上连班，卡死了工人维持生活的出路，因而引起了工人的强烈反对。英国资本家实行的“井下记工制”，成为开滦五矿同盟大罢工的导火线。

中共唐山市工委抓住时机，在电料行召开紧急会议，研究如何反对“井下记工制”的对策。会议传达了上级党的指示，接着讨论了罢工的方法步骤，决定开始举行怠工，提出要求条件，根据形势发展，进一步进行罢工，同时联合五矿工人共同行动。会后，周文彬通过党员和积极分子发起了反对井下设立牌子房的群众签名运动，并散发了许多小传单和小标语，提出“废除井下记工制”的口号，抗议矿方加强对工人的压榨。这次的签名运动，受到了广大工人的热烈拥护，起到了把群众斗争情绪进一步引向英国资本家，并对其展开直接冲击的宣传动员作用。

赵各庄矿矿长陈甲三不顾工人的强烈反对，顽固推行“井下记工制”。3 月 21 日晚上，党组织在赵各庄北山沟及时召开了积极分子会议，决定在 3 月 22 日下午 1 时发动罢工。在这前后，吴德奉中共河北省委之命，先后两次到东矿传达省委指示，和周文彬一道布置罢工工作。22 日，赵各庄矿工人在党的领导下首先举行罢工，揭开了开滦五矿同盟罢工的序幕。赵各庄矿工人再次捣毁井下牌子房，近万名工人高举斧子和镐把，占据厂矿各门、天桥、绞车房和四个井口等要害部门，高呼“打倒英国走狗陈甲三！”“打倒日本帝国主义！”等口号，包围公事房。陈甲三及矿区副主管魏肫毫无诚意，未能答应工人提出的三项条件。工人们蜂拥追上前去，欲捉 2 人，矿警队突然开枪射击。结果，经过半个小时的搏斗，4 名矿警连枪带人被工人抓获；工人有 20 多人受伤，8 人被捕。第 2 天，用被抓获的矿警换回了被捕的工人。在和矿警队搏斗的同时，有一部分煤矿工人捣毁了查工处。

党分析了急剧发展的斗争形势，决定迅速建立罢工总指挥部和工人武装纠察队。在英国资本家制造血腥镇压惨案的当天晚上9点钟，在新工茶园召开了全体工友大会。会上，根据党的指示，由山东、保定、大名、冀东八县等同乡会，选出罢工代表，正式成立罢工委员会，由蒋振元、刘青山为总代表，王家义、胡志发、刘春喜、节振国、缪福春、刘化亭等十几人为代表，并建立了总务、会计、交际等股为办事机构。还根据党的决定，建立了1000多人的工人纠察队。对内，维持罢工秩序，惩治破坏罢工的奸细；对外，敌人镇压时纠察队就是跟敌人战斗的核心力量，公推节振国为纠察队大队长。第二天，节振国率领纠察队队员，手持镐把、斧头，在镐把上写着"打死勿论"，威风凛凛地在矿厂内外站岗，把矿区严密控制起来。资本家及其武装被惧服，龟缩起来，赵各庄矿再次成了工人的天下。赵各庄矿工人的罢工，极大地震惊了英国资本家和日本侵略者，使他们之间的矛盾公开化和表面化。3月27日，日本浪人二宫又指派前奉系军官、汉奸赵大中的秘书赵万年来矿与工人接洽，成立"劳工防共自治工会东矿办事处"，"命令工人一律参加"，企图控制工人运动，夺取罢工领导权。英国资本家公开贴出布告，"否认防共自治工会的地位"，声明"不与非工人代表谈判"。日本帝国主义也不示弱，除在日文及汉奸报纸上登载英国资本家剥削工人的残酷行径，声援工人罢工外，日本领事馆发言人还发表声明，公开否认罢工为日本所鼓动，而是工人受不了矿方压迫的必然行动，并对英方施加压力。党组织清醒地分析了这种形势，决定利用英帝国主义与日本帝国主义之间的矛盾进行斗争。一方面，为了避免受到更大的屠杀与压迫，说服工人参加"自治工会"，派代表到天津和唐山日本特务机关新民会和汉奸政权中去请愿，似乎表示信任日本，以取得合法地位；另一方面，设法与矿方接洽，揭示日本对开滦煤矿的阴谋，表明工人是不会为日寇所利用的，希望尽早解决纠纷，在反对日本帝国主义这一点上，得到矿方的某种程度的谅解。

由于党运用了正确的斗争策略，罢工浪潮迅速波及各矿。8月24日，林西矿工人宣布罢工，包围了公事房。3月25日，林西矿工人在俱乐部召开全体大会，党利用同乡会的合法组织，选出代表，建立罢工委员会；并组成了800多人的交通斧子队，推选钱林为大队长，负责维护罢工秩序。3月26日，唐家庄矿工人在俱乐部召开大会，组织“工会办事处”，推选戴连弟为总代表，当即宣布罢工。为了维持罢工秩序，成立了3个工人纠察大队，有300多人，公推张庆生为大队长，还组织了240人的斧子队以及三四十人的交通队。唐家庄矿罢工后，形成了东三矿同盟大罢工，罢工人数超过3万人。4月8日，东三矿工人纠察队8人到马家沟矿。他们为了响应其他各矿工人的罢工，于4月9日举行怠工。至此，开滦五矿同盟大罢工正式形成。

在这一波澜壮阔的罢工斗争的影响下，4月间，天津、塘沽、秦皇岛等地的开滦煤矿码头工人，也纷纷起来响应罢工，并和矿区工人采取一致行动，向英国资本家提出了要求。接着，唐山的启新洋灰公司和华新纱厂的工人也举行了罢工。

开滦煤矿工人罢工后，英国资本家进行了疯狂的反扑，先后施展了武装镇压、收买分化和饥饿政策等伎俩，阴谋破坏罢工。随着罢工范围的扩大，工人与英国资本家的斗争愈演愈烈。英帝国主义企图派遣军队从秦皇岛到矿区，用武力来镇压罢工。但是，由于日本帝国主义与英帝国主义之间矛盾的日益表面化，英国资本家的这种企图，马上遭到日本的警告。英国资本家企图用武力镇压罢工的计划没有得逞。

接着，英国资本家又发动了宣传攻势，采取分化收买工贼、绅商“调解”以及英国资本家总稽查司密斯来矿调查等办法，阴谋破坏罢工。但这些手段都在工人的坚决斗争下，遭遇了失败。

随着罢工斗争的深入发展，汉奸赵万年的“防共自治工会”也由赵各庄矿发展到唐家庄矿、林西矿和唐山矿。当时，党为了利用英、日帝国主义的矛盾，推动罢工运动的顺利开展，一面向工人揭露日本帝国主义是中国人民最凶恶的民族敌人；一面说服工人参加汉奸赵万年在赵各庄设置的“劳工防共自治工会东矿办事处”，以取得合法地位。同时散发传单，警告汉奸、特务不得轻举妄动。工人们出于斗争策略上的需要，虽然可以暂时忍耐参加这个“工会”，但对工会冠上“防共自治”总是不能接受。经过巧妙的斗争，终于迫使赵万年不得不把“劳工防共自治工会东矿办事处”改为“五矿工人代表临时办事处”。党通过这个合法组织，可以宣传和贯彻党的主张。

开滦五矿同盟大罢工的日益发展，不仅给英国资本家造成了巨大损失，而且直接威胁到了日本帝国主义的后方。于是，英、日帝国主义之间虽然有矛盾，还是逐步勾结起来，共同对付罢工工人。

在开滦煤矿工人的坚决打击下，英国资本家再也忍受不住罢工所带来的严重损失，被迫提前于 4 月 19 日恢复“劳资谈判”，重新考虑工人提出的罢工要求。

经过开滦煤矿工人的艰苦斗争，英国资本家终于被迫让步，于 5 月 4 日签订了《劳资协约》，基本上答应了工人的各项要求。5 月 10 日，《劳资协约》公布后，各矿工人陆续复工。开滦五矿工人同盟大罢工从 3 月 16 日至 5 月 4 日，历时 50 天，终于取得了胜利。这次大罢工，给英国资本家以沉重的打击。其在开滦煤矿的年报里就承认说：“这次工潮可称为最严重的工潮，且本局的支付亦甚巨大。”它使英国资本家损失 170 多万元，日本订购的军需用煤也从 295 万吨削减到 170 万吨。这些大罢工不仅在政治上和经济上狠狠地打击了英、日帝国主义，而且成为动员和锻炼工人群众，揭开冀东 10 万工农大暴动的序幕，为开滦煤矿 7000 多名工人抗日武装大暴动打下了深厚的群众基础。

八路军宋邓支队挺进冀东时，赵各庄、林西等五矿的工人在当地八路军地下工作者的领导下，积极准备以武装起义响应抗日军，事先曾利用各种矛盾（英日矛盾、包工大柜与矿主的矛盾等）做了准备工作，3万余人的反日大罢工，曾坚持1个月之久，并与厂方进行恳切谈判，取得各方面甚至国际友人的同情与援助。1938年7月18日，7000名工人武装起义，在起义队伍中，有共产党员、国民党员、民先队员、矿厂职员。起义中，他们与敌伪军作了两次激烈战斗，一些勇敢的领袖壮烈牺牲，但队伍最终冲出了敌人的包围，同抗日联军会合在一起。这是全民族抗战初期中国工人阶级在沦陷区的主要城市及工业区域，以武装起义配合抗日军，摧毁敌寇在冀东统治秩序的行动。从此即建立起冀东抗日根据地。

7月20日，日本侵略军从天津、唐山调来兵力，在数架飞机的掩护下，进犯赵各庄。经过激战，工人游击队安全转移到农村，而日本侵略军由于远离据点，不敢久留，又退回古冶镇。工人游击队随即收复了赵各庄。为了帮助唐家庄矿工人起义，工人游击队袭击了唐家庄包工大柜和附近民团等反动地主武装，在唐家庄矿工人纠察队的内应下，攻克了唐家庄，把队伍迅速扩充到3000多人。当工人游击队向范各庄转移时，遭到了日本侵略军的截击，经过数小时激战，由于工人缺乏战斗训练，且第四纵队没有及时配合，一部分为敌击溃，一部分被土匪缴去枪支。后来，经过整顿，改编为工人特务第六队，仍由节振国担任队长，一直活动在矿区周围。节振国用革命的武装反对日本帝国主义的侵略，成为中国共产党领导下的一位出色的红色游击队长。

自从抗日战争爆发以后，华北地区的煤矿工人，为了配合八路军、新四军开辟敌后战场，创建敌后根据地，在中国共产党的领导下，掀起了轰轰烈烈的建立抗日武装热潮。据不完全统计，在全民族抗战初期，仅河北、河南、山东、山西和安徽北部等地的煤矿工人，就组织抗日游击队20多个，约8000人。在建立抗日武装的同时，华北地区的煤矿工人还掀起了参军参战热潮，据不完全统计，仅开滦、淄博、六河沟和磁县煤矿工人，直接参加八路军的就有11500多人，其中唐山开滦煤矿有4000多人，淄博各煤矿有4000多人，磁县、六河沟煤矿有3500多人。煤矿工人参军参战的人数在华北工人中是最多的。

在南方，当新四军在苏、浙、赣、皖、鄂等省沦陷区开展游击活动时，曾得到安源、乐平、长兴、大通、杨山、富源等煤矿工人的配合、支持，并且有煤矿工人直接参战。

在沦陷区，东北和华北煤矿中的“特殊工人”前仆后继的英勇斗争，充分展现了中国人民的浩然正气，极大地鼓舞了全国煤矿工人的抗日斗志，推动了煤矿工人运动的蓬勃发展。

（二）电力工人坚持不懈地反抗斗争

电力工人为了自身的生存，为了民族的解放，始终不懈地进行反抗和斗争。沦陷区电力工人的抗日斗争形式多种多样：有齐心怠工对付日寇；有不甘做奴隶、公开反抗；有集体罢工、炸狱暴动；有配合八路军打击日寇；等等。

丰满劳工的斗争。日寇统治者把丰满电站变成了一座人间地狱，从丰满电站开工那一天起，劳工们同日寇进行的斗争就没有停止过。由于日伪对劳工的残害不断加剧，劳工们的斗争也更加激烈。从怠工、破坏工具、逃跑，到纵火、罢工、炸狱暴动；从自发斗争到自觉斗争；从个别的反抗到大规模的斗争；从暗地里的斗争到公开的斗争；前赴后继，愈演愈烈。

日寇在丰满大坝上游10余公里的大屯，修建了一座临时监狱。挂着“吉林监狱作业所丰满更生队”的牌子。有8栋牢房，周围用3道铁丝网圈起，中间夹着一层电网。设有6个岗楼，戒备森严，与世隔绝。里面关押着1000多名所谓的“犯人”。这些“犯人”的罪状各有不同：有的是偷吃过大米饭的“经济犯”；有的是对日伪当局不满的“思想犯”；还有的是宣传抗日的“政治犯”。他们身穿红色囚服，脚脖子上戴着10多斤重的脚镣子。被警备队用上刺刀的大枪紧逼着干活，动辄遭到毒打。不足3个月就死亡300多人。

哪里有压迫，哪里就有反抗。1940年1月21日，丰满劳工深夜用汽油点燃了棚子和仓库，举行暴动。二三百名劳工手持铁棍、镐把等奋力冲击，打死劳务股、警备队日本人2人，白俄监工4人、汉奸把头2人。这次有准备的“点火暴动”，使日寇胆战心惊，给劳工们极大的鼓舞。同年春季的一天，丰满大屯砂场劳工（大部分是反满抗日的政治犯）趁雾气沉沉之机，500多人炸狱，同监工和警备队进行英勇搏斗，打死了10余名警备队员，“犯人”逃走了一部分，有200名被抓住，日寇进行了血腥镇压。劳工们没有因此而罢休，继续进行斗争。1941年3月，丰满水电建设局劳务处从敦化、桦甸县招募劳工1183名，因工地条件恶劣，在不到3个月的时间里，劳工绝大多数采用各种办法陆续地逃跑了，最后仅剩下40余名劳工。劳工的斗争，充分展现了中国人民威武不屈的革命精神。

集体罢工的斗争。1937年11月26日，江苏无锡、常州沦陷，戚墅堰电厂工人纷纷离厂，不愿为日寇干活。日寇占领电厂以后，一直找不到发电厂工人。直到1938年3月，才找到一些工人开始发电。是月，日寇在南通登陆，天生港电厂职工纷纷离厂，日寇因无工人开机，不得已从青岛调来一批工人，半年后才勉强发电。1940年春季，驻江苏天生港电厂日寇强迫厂里的铁工张阿二为其加工刺刀，当即遭到拒绝。恼羞成怒的日本兵竟向张阿二腿部猛刺一刀，鲜血直流，裤子都被染红了，张阿二还是宁死不屈。1943年10月，贾汪柳泉发电所运煤出灰工人每天工资只有1.5元，连一斤掺了麸皮的白面都买不到，日寇监工还逼工人干完当班的活以后还要去拾焦核，而且卖了的钱，根本不分给工人。工人们不服，聚在一起商量，并立了誓言，集体离厂罢工另谋生计。由于没有人抬煤出灰，日寇监工手忙脚乱，没有办法，只得把运煤出灰工人的工资提高到 3—3. 6 元，工人们才答应复工。1938 年 10 月，江西九江被日寇侵占，映庐电灯公司的老工人戴怀玉等人设法把发电设备埋藏起来，不愿为日寇卖命。日寇到处搜捕电力工人，并严刑拷打逼其交出设备。老工人们面对残暴的日寇毫不屈服，展现了中国电力工人高尚的民族气节。

齐心怠工，对付日寇。在日寇施行残酷的法西斯统治的极端困难条件下，具有强烈民族反抗精神的沦陷区电力工人，虽然手无寸铁，但仍坚持不懈地与日寇作斗争。他们经常采用的形式，就是进行怠工斗争。当时，在工人中曾流传这样一些歌谣：“磨洋工、磨洋工，拉屎撒尿三点钟，早出工，晚收工，一天干不到五分钟”“若想累不死，就得磨洋工”。电厂运灰、修配等车间工人怠工的方式，经常是上班先坐在那里聊天、休息，让机器空转，把头来了，门口“岗哨”一招呼，工人便假装干起活来。把头一走，工人们睡觉的睡觉，聊天的聊天。锅炉房工人怠工的形式也多种多样，如轮流睡觉，故意破坏机器零件、制造人为事故等。工人们常说，“只要锅炉不灭火就行”，日寇也毫无办法。

1944 年春天，日寇强行扣除天津第一发电所工人应发的面粉，激起工人的反抗，工人们向日寇进行了一场有组织、有计划、有措施的怠工斗争。有一天清晨，在通往第一发电所的必经道路上，设有负责通知怠工的工人点，把来上班的工人，分别派往大王庄、大直沽、李善人公园（人民公园）等地集中，等候上班的通知。怠工刚开始，维护班的没人上班，上白班的没来接班，日寇还不以为然。8 小时过去了，上中班的工人也不见上班，日寇气急了，扬言要开除工人。但一时很难找到这么多的熟练技术工人，时间耗下去，影响发电，日寇万般无奈，通知工人派代表谈判。日寇继续玩弄花招，假惺惺地要工人先上班，以后发给每人一袋面粉。工人们不受欺骗，坚持要求先发面粉后上班。日寇只得用汽车拉面粉发给工人，才平息了这场大罢工。从此，日寇不敢取消发工人面粉的做法。

配合八路军打击日寇。1940 年春，日寇在山东博山建神头电厂。为尽早摧毁日寇军事侵略和经济掠夺的阴谋，中共博山县委指示，炸毁日寇的电厂工程。6 月初，派中共党员苏言铭侦察工地地形，摸清日寇兵力部署。苏言铭以石工身份打入神头电厂工地，秘密发展了工友刘同和，摸清了日寇的兵力部署和工程进度。他带领工人趁运石头拉沙子的机会把炸药带进电厂，于 1941 年 4 月 20 日夜，电厂工人接应博山县大队五营三连的 20 多名八路军战士，分成爆破、捕敌、警戒 3 个组，利用夜幕剪断铁丝网，冲击电厂，捕敌组战士首先解决了汉奸警卫，俘虏 7 人；爆破组由 1 名电工做向导，迅速将炸药包安放在 1 号发电机房 1、2 号炉烟囱底座处，将其引爆，随着一声巨响，炸毁了 1 号发电机，烟囱也被炸开了一道大裂口。这次成功的袭击，沉重地打击了日寇嚣张的气焰。鼓舞了工人的斗志。这次事件之后，日寇兽性大发，逮捕了 32 名工人，残暴审讯，用尽了酷刑，虽然严重摧残了电力工人的肉体，但征服不了电力工人的抗日意志。

中共豫北党委根据抗日战争即将转入反攻阶段这一形势，于 1945 年 4 月 23 日，在河南焦作成立了城市工作委员会，发动工人开展抗日斗争。焦作工委派中共电厂党支部书记崔长贤到老二团（原太行第八军分区）当侦察员，他多次给主力部队送情报、送炸药，并秘密组织以电厂党员为骨干的 17 名工人做随军向导。9 月 8 日，八路军主力部队在当地游击队和电力工人的配合下，通过电厂工人毋存顺把写有“解放焦作的战斗打响，就停炉熄火，拉闸断电”的纸条，夹在馒头里转交给刘士俭。次日凌晨 1 点，总攻打响。刘士俭设法使全矿停电。经过 8 个小时的战斗，八路军顺利地通过电网，突破日寇防线，攻下日寇指挥部，全歼日伪军2000多人，缴获了大批军用物资和轻重武器。电力工人为焦作市第一次解放作出了贡献。

机智勇敢斗日寇。1941年春，满洲电业株式会社营口支店在还没有供电的盘山县施工，20多名电业工人在一个日本领工的带领下，架设送、配电线路。一个多月后盘山县公署举行送电典礼，晚上，在一个露天空场上拉起银幕放映电影。银幕前放置了一排木板当作座位，专给日本人坐，不许中国工人坐。20多名工人去看电影，外线工张景云坐在靠前面的一个座位上。县公署的日本官员蛮横地驱赶张景云，张景云不服气，和他争吵起来，日本官员根本不把中国工人放在眼里，一把抓过张景云的帽子，扔得老远。工人们平时受日寇的欺压，早憋了一肚子气。此时，工人们都围了上来，外线工腾守信一个耳光把日本官员打了个趔趄。在场的日本人也不少，都一拥而上。工人们嚷道："咱们辛辛苦苦地干活，鬼子还这样对待我们，不干了，走！"日本领工担心工人罢工误了工期，出面调停，第二天，向工人道歉。1944年，满洲电业株式会社奉天支店的送电工人在日伪统治下生活艰苦，整天干活，受到的却是非打即骂。7月，北铁线（北兴至铁岭）有10个基塔（新城子以北）泡在铁道旁的水沟里，塔身倾斜。9名工人在大工头田中和小工头田口的监督下进行铁塔移位。大工头田中，因左手曾被电烧伤，有两个手指伸不开，工人们叫他"八个爪"。他把工程中的临时工、工具、碴石等费用全部贪污了，一个临时工也不让雇。挑土筐不给买扁担让用角钢代替，三伏天要工人光着膀子用角钢挑土筐，工人肩膀上血印子一道一道的。没有新碴石，工人被迫从旧水坑里把大小碴石用手一块一块往外抠。工人们在坑里干活，小工头田口在坑上面还边用铁锹边"扒拉"工人脑袋，边叫嚷："你们的哈牙哭（快点），慢腾腾的不要！"工人们憋了一肚子气。有一天，田口爬上塔去，把一个螺丝帽打在工人于德全背上，于德全骂田口两句，田口怒冲冲地从塔上下来，抢过尖搬子（组塔工具）打得于德全脑袋流血。于德全解开电工皮带，冲田口打去，边打边喊工友，工友们都赶上前来，工人陈建章搬起一大块僵硬的泥，砸向田口，田口见势不妙，转身就跑，工人们边追边打。事后，大伙一合计，立即到奉天支店找工务科长田中告状。田中见人多势众，大声训斥了田口，“八个爪”也站在旁边，偷偷地哀求工人，别把他贪污的事说出来。工务科长田中迫于工人们的压力，只好答应撤换了小工头田口。工人们从智斗日寇监工取得的胜利中认识到团结起来的力量。

（三）化学工人顽强地反抗斗争

塘沽沦陷后，永利制碱厂落入日本侵略者之手，工人们过着十分悲惨的生活。为了求得生存，永利工人与日本侵略者展开了一场历时 4 年之久的反抗斗争。

为了维持生活，永利工人除在厂内干活外，还有不少人到社会上打短工、干零活，以补贴家中生活。日本人严格控制工人请假，工人们就模仿大夫签字，欺骗日本人，歇病假出厂干零活。加工单是工人领取加工费的证据，只要在加工单上盖上日本人的手章，就能领到工资和粮食，工人们利用管盖章和发粮食的日本人互不联系的漏洞，随便填上加工的时数，设法偷盖日本人的手章去领工资和粮食。后来日本人发现发出的工资和粮食越来越多，就废除加工单，改用每人发一张表，且盖了手章才算数。日本人对手章也管得紧了，都带在身上或锁在抽屉里。为了弄到日本人的手章，工人们便集体行动，趁日本人洗澡或吃饭的时候，去翻其衣袋和抽屉，偷出手章，盖在每张加工表上，日本人来了就以咳嗽声为号，送回手章。那时，一个工人一天加工一般为 3 小时，工人就把“3”改为“8”，还风趣地说：“3 改 8 不用擦”。

永利工人想方设法进行斗争，但日本人也不断变换手法对付工人。后来工人再用盖章改工时的办法不灵了。为了生存，有的工人开始把厂内的碱面装在鸭舌帽的帽檐里、腰带里或饭盒的夹层里拿出厂外，还风趣地取名为“上货”。但时间长了，搞的人也多了，便引起了日本人的注意，他们加强了门口的搜查。工人们针锋相对，也改变了“上货”和出厂的办法。倒三班的工人夜间“上货”，有的用细长布袋装碱放在自行车内外胎之间，打一点气骑着走。有的从自行车鞍子下把碱灌入车架管里。检修工人利用到干燥室检修之机把碱装进烧焊用的乙炔罐内，又利用出厂干活的机会，在日本人的眼皮子底下把罐抬出厂外。当时防空很紧，经常响起空袭警报的笛声，笛声一响日本人都像耗子一样钻进洞里去隐蔽，工人们趁机将准备好的碱运出厂外。

在工人生活极端困苦的1942年底，中共永利地下党小组建立了，当时只有两三名党员。按照党“隐蔽精干、长期埋伏、积蓄力量、以待时机”的方针，党对当时的工人斗争没有直接领导，当时的党员和进步群众都在工人之中，党小组利用这个有利条件，让党员在这场斗争中因势利导，以普通工人的身份与工人一起想办法，达到破坏敌人、保护工人和改善工人生活的目的。工人们不但联合本厂的警备、门岗和直接产碱部门的工人，还把碱厂附近盐滩的盐警和进厂运货的火车司机都联合起来，共同对付日本人。在1944年深秋的一个夜里，一个工人师傅来到下碱台运碱的皮带机前，将一根木棍绕上棉纱往八字轮里一捅，咔嚓一声牙轮打了，皮带机立即停转，这位工人对赶来抢修的工人悄悄说：你们慢慢修，多拖点时间修理。工人理解地点点头。一会儿管事的日本人都急匆匆地赶到事故现场，气急败坏地叫骂，并坐镇督促工人快修。这时修理工们手忙脚也忙，但就是不出活儿，日本人急得团团转。他们并不知道，这是一场调虎离山之计。工人利用事故把日本人都集中在事故现场，趁机把整批的碱运出厂外。有时工人与进厂运煤、运石的火车司机联系好，把碱装进空车厢运出厂外，一次就运出若干吨；有时工人与运盐工联系好将碱装上运盐槽子从水上运出去；有时工人把整袋的碱直接卖给盐警；有时工人将碱辗转运往武汉等地，支援抗日战争。

永利制碱厂工人进行的这场轰轰烈烈的怠工弄碱斗争，从1942年起到1945年日本投降时止，经过了将近4年，全厂的工人和警备人员几乎都参加了，只瞒着日本人。虽然声势大，参加的人多，时间又长，但大家团结一心，配合得非常巧妙。谁被抓住了，被打死也不出卖自己人。在这场斗争中，全厂日产量由135吨纯碱下降到70吨左右，而这70吨又被工人弄走20多吨，给了日本侵略者以巨大的打击。

这场斗争，不但打击了日本侵略者，支援了抗战，更使全厂90%以上的工人得以活命，工人的生活得到不同程度的改善，这充分显示了在党的指引下，工人阶级团结起来勇斗日本侵略者的巨大威力。

第三节　抗日相持阶段国民党统治区工人的斗争

一、国统区工人的窘迫生活

（一）国统区煤矿工人的生活状况

武汉、广州失守以后，由于日本帝国主义侵略方针的改变，暂时停止了对国民党正面战场的战略性进攻，将其主力逐渐转移来对付敌后人民的抗日力量，使国民党统治区进入了相对稳定时期。在这个时期，国民党统治区的煤炭工业有了相当发展，煤矿工人队伍逐步壮大起来。

武汉失守以后的国民党统治区，主要包括以重庆为中心的西南、西北地区，再加上河南、安徽、湖南、湖北、广东、浙江、江西、福建等省的部分地区，面积约占全国总面积的二分之一，人口2亿左右。这些地区，在战前是我国经济特别落后的地方，几乎没有近代煤炭工业，煤矿工人也极少。天府煤矿总资本只有24万元，年产煤炭10万吨左右。受采取租客制和包工制的影响，工人都是“冬来春去”，没有形成专业的矿工队伍。

抗日战争爆发后，由于沿海工矿的内迁、战时经济的急需，煤炭工业素不发达的大后方有了急速的发展。抗日战争时期，国民党统治区的煤炭产量每年为五六百万吨，最高年产量为1943年的661万吨，到1944年即下降到550万吨，1945年再下降到529万吨。其主要是靠手工劳动，效率较低。随着煤炭工业的发展，煤矿工人也相应地发展壮大起来。

在相持阶段，国民党官僚资产阶级假借“抗战”名义，穷凶极恶地榨取工人；民族资产阶级也采取种种办法，把他们在官僚资本压榨下所受的损失，转嫁到工人身上，致使国民党统治区煤矿工人的生活极其悲惨。

工作时间很长。七七事变后，1937年9月，国民党政府实业部和交通部电南京军事委员会，“拟请转呈国民政府命令：在抗战期间所有各产业场所之成年工人，其每日实在工作时间，得定为9至12小时”。1941年4月，国民党八中全会通过的“增加战时生产实行统治经济以保障最后胜利案”中，把延长工时列为“实施办法”之一。资源委员会制定的“工人管理规则拟例”中更明确规定厂矿可以任意增加工时而工人不得拒绝。所以，国民党统治区的煤矿一般都实行两班制，每班工作12个小时，加上路途和准备工作，实际上工人每天工作时间都超过14个小时。天府煤矿虽然规定每班工作8小时，一天分作三班人替换，可是因为工资太低（每天工价是三毛到四毛钱），工人为了生活，想多赚一些钱，所以有些人是接连做两班工的。事实上，四川、陕西等省的许多煤矿工人的工作时间由资本家随意规定，被无限制地延长。陕西同官矿区的土窑，都是实行大班制，一般要30天才能换一次班。据记载：同官矿区的陈家河煤矿，“井下每一工人，规定昼夜出煤四笼（约合800斤），工作35天，始行上井换班。但因工人招募不易，厂主往往令工人连班一次，于是常常实际70天，始行换班”。实际上，陈家河煤矿的大班制，就是“一年到头，分为三班；正月初五到五月初五为一班；五月十五到八月十五为一班；八月二十三到腊月二十三为一班。窑工每年在窑下，整整要熬过330个昼夜，每个昼夜的劳动时间，长达十七八个小时”。① 一班工时如此漫长，连当时敌伪的《华北新闻》也承认说：“这比判徒刑更厉害”，就是“年轻力壮的小伙子，工作一班后也变成了弱不禁风的病夫”。

工资极其低微。四川省煤矿的经营管理具有浓厚的封建落后性，一般采取租客制和包工制，煤矿工人都由租客或包工头招雇。四乡的农民每年“九月九”（农闲开始时期）即大批涌到，寻求工作，以图糊口，到了翌年“三月三”（农忙开始时期）又陆续返乡生产。如天府煤矿“工人每日的工作时间长达十二小时，……最高者每日可得法币三角，最低者仅有一角”“包工头的剥削一般均占40%左右，租客制则更甚，有达70%者。”② 这样的一点儿工资，工人只可以“粗茶淡饭”，用工人自己的话来说，只不过是“把嘴混出去了”。后来，天府煤矿改组后，虽然废除了封建性的租客制，扩大了里工，但掘进、采煤等仍采取包工制。“挖煤工人每天工作在12小时左右，每天的工资是五六毛钱。”而挑工仍是“一天赚不到两毛钱。在大后方生活程度高涨的今天，他们每

---

① 铜川矿务局政治部编：《霸王窑》，陕西人民出版社1975年版，第15页。

② 文集成、齐体功：《重庆工商史料选辑》，重庆出版社1962年版，第111—112页。

天喝不到两顿清汤似的稀饭”。[①] 在四川、陕西的许多煤矿中，还雇有相当数量的女工和童工，而他们所受的剥削远远超过成年男工。陕西同官煤矿“下井工人，每多十二三岁之童工，亦属太不人道。同官矿区一带居民身体佝偻，眼目失明，多病早死各现象，均由这种非法制度所使然”。四川威远县三峡实验区煤矿的童工，无论冬夏都没有衣服穿。到了冬季，他们从窑下上来，只能坐在一个生着炭火的小屋内或钻在稻草堆中。这个县的有些煤窑工人，因为劳动条件恶劣，体形都发生了变化，他们盘足屈背，等于残废，一旦失业，连另谋生路的能力都没有。

煤矿灾害严重。重庆当时是“战时首都”，也是煤矿最集中的地区，最多时曾经有 197 家大小煤矿。但是资本家只是为了赚钱，根本不管工人死活，劳动条件极为恶劣，甚至连“转动机器和高压电线都不曾有护网的装置”。当时的官方经过调查，在无可掩盖的事实面前，被迫地指出重庆北碚煤矿是“最不安全最不卫生的”，并指出：在重庆北碚的 40 多家煤矿中，除“天府”“宝源”等两三家煤矿使用电池灯外，其余各矿都让工人冒着引起瓦斯爆炸的危险使用植物油灯。许多煤矿的通风设备“纯任自然”；有的也不过是“用人力摇动风车使洞内空气流畅”。天府煤矿是“后方第一大矿”和“后方模范矿”，但也是“最不安全最不卫生的”。由于设备简陋，生产方法落后和工人劳动条件恶劣，煤矿上不断发生灾害事故。虽然当时国民党政府没有详细地统计数字，但从一些零星的事故中仍然可以看到煤矿灾害的严重性。1943 年 6 月 11 日，官僚资本的福华煤矿孙家沟矿坑发生瓦斯爆炸，死亡工程师 40 多人。1945 年 4 月，建川煤矿的一次瓦斯爆炸，死亡工人 100 多人。天府煤矿的技术设备在国民党统治区尽

① 杨永直：《天府煤矿的矿工》，《中国工人》第 7 期，1940 年 8 月 1 日，第 55、57 页。

管是“首屈一指”的，但矿灾仍然十分严重。从1939年至1944年，先后发生火灾、水灾和瓦斯爆炸6起，工人死亡140多人，其中1939年4月峰厂掘井时，由于电缆起火引起瓦斯爆炸，当即死亡102人。资本家在这个时期却盈利7560多万元，利润率从1938年的21%上升到1944年的421.1%，其中1943年利润率高达562.2%。

毫无民主权利。抗日战争进入相持阶段后，国民党随着“消极抗日，积极反共”倾向的增长，加强了法西斯的特务统治，恢复了对工人运动的高压政策。从1938年10月至1943年11月，国民党先后公布了《非常时期农矿工商条例》《限制异党活动办法》《非常时期人民团体组织纲领》《非常时期工会管理暂行办法》《非常时期统一社会运动办法》《加强工商团体管理实施办法》以及《修正工会法》等一系列反动法令，严禁工人怠工和罢工。明文规定“指定各企业之员工不得罢市罢工或息工”，如果违犯该规定，就要“处七年以下有期徒刑并处罚金一千元以下”“怠工或煽惑怠工者处一年以下有期徒刑或拘役”来限制、压制和控制工人运动。

在抗战相持阶段中，由于国民党极其黑暗的统治，煤矿工人运动一直处在沉寂时期。但是，国民党统治区的广大煤矿工人为了改善经济生活，争取政治权利的斗争，仍然不断发生。

（二）电力工人要求改善经济生活条件

倒行逆施的国民党政府对电力工人政治上实行高压，经济上巧取豪夺，把电力工人逼上绝路。广大电力工人冲破国民党的高压政策，开展了反蒋抗日的经济斗争。重庆电力公司由小规格的请愿斗争发展成大规模的罢工斗争。1940年1月，重庆电力公司外线工迫于生活疾苦，廖义安等发起工人向公司提出增加工资的请愿，如不解决将进行罢工。后由于国民党重庆市政府下令，社会局、工务局出面干预制止，请愿斗争未成。但已经觉悟起来的电力工人没有被国民党的镇压所吓倒。到 1942 年 10 月，重庆电力公司员工因过冬的棉衣没钱买，饥寒交迫，实在过不下去，爆发了以高空作业的线路工人为主的请愿、罢工斗争。1000 名线路工人推举章畴叙、张博文、罗崇修、廖义安等为代表向总经理浦心雅请愿，要求借薪添置棉衣，工人的要求受到阻挠，激起众怒，代表们召开全公司员工大会，报告请愿经过，并散发传单进行斗争宣传，又一致通过了资方要向员工代表赔礼道歉、立即加薪、准予借支、不得侮辱员工等 4 项要求。工人们纷纷在请愿书上签名。公司董事会慑于工人的威力，唯恐事态扩大不可收拾，只得答应工人的要求，达成 2 项协议：借薪半月；给员工每人每月增加工资 20%。

1940 年，福州电气公司工会很受工人们欢迎。国民党当局很害怕，企图控制工会，指派何在国（军统特务分子）任福州电气工会指导员（公司秘书），想把工会变成镇压工人运动的御用工具，但阴谋并没有得逞。工人又另外组织了自己的“电技业工会”。1943 年 1 月，福州电气公司工人在“电技业工会”的组织下，开展了要求公司资方给每个工人每月增发 10 斗糙米的经济斗争。工人罢工以后，公司经理陈绍焕指责工人罢工为“非法行为”，激怒了工人，事态不断扩大，致使国民党当局出面为双方仲裁，责成公司给每个工人每月加发米代金 100 元；令工会立即复工。工会提出必须撤换公司经理陈绍焕，以息众怒。国民党当局不答应。工会为维护自身利益，于 12 月 11 日再次宣布罢工，迫使陈绍焕不得不离职。13 日工人才复工。

1944 年，广西梧州水电工人奋起开展反对资方克扣剥削工人工资、无故打骂、开除工人的请愿斗争；1945 年，湖南湘西电厂发起要求增加工人工资反对剥削的斗争；等等。其充分反映了广大电力工人对国民党政府统治的强烈不满。

（三）石油化学工人深受残酷剥削压迫

1942年6月，玉门油矿数百名工人因矿方拖欠工资罢工30多小时，油矿当局答应条件才告终。同月，油矿当局在重庆筹划组建矿警大队，9月在玉门成立了矿警大队，对工人严加监督。1942年8月23日，老君庙地区连日大雨，山洪暴发，冲垮八号井油池，引起大火，矿区一片惊慌。大火中，矿区杨子建筑公司下属工人400余人集体逃亡，当地军警奉命追捕。次日宪兵第22团2营给司令部电报称：搜捕中工人被刺毙48人。1944年4月，全矿职工因工资问题举行罢工。

1943年，国民党政府资源委员会在天原电化厂加入资本，实行合营。这个时期，对于私营化工企业所需要的原料和生产的产品，国民党政府都严加控制。

二、国统区工人反对政治迫害的斗争

（一）煤矿工人坚持有理、有利、有节的斗争

根据党的“七七”宣言和“五四”指示精神，煤矿工人在中国共产党的领导下，坚持有理、有利、有节的原则，积极开展争取政治权利和改善经济生活的斗争。

抗战爆发后，中英合办的河南焦作中福煤矿公司内迁，使四川煤矿工人队伍增加了1000多名新的骨干力量。焦作煤矿创办于1898年，是帝国主义在华的七大煤矿之一。焦作煤矿工人由于长期从事大规模的机械化大生产，具有高度组织性、纪律性，掌握较高的生产技术。而且大都经历过1925年“五卅”运动的七月罢工、1933年五月罢工等革命运动锻炼，接受过抗日救亡的教育，斗争经验丰富，民族觉悟和阶级觉悟较高。这支有觉悟、有

技术的“特别能战斗”的队伍，分布在天府、嘉阳、威远、石燕等煤矿，成为四川煤矿工人的中坚力量，为发展大后方煤矿和煤矿工人运动奠定了阶级基础。为了开辟天府煤矿工人运动，1938年9月，中共川东特委、重庆市委派复旦大学教师沈军、周英，到天府煤矿建立了第一个党支部，由樊恒才任书记，在工人中深入开展抗日救国教育。1939年初，在马列主义教育的基础上，发展党员40余人，把党支部扩大为党总支部；同年4月，党员发展到80余人，建立了北川铁路矿区委员会，仍由樊恒才任书记。后来，经过组织整顿，先由江浩然任书记，许建业担任宣传委员，后由刘渝明、俞乃善任书记，为开展天府煤矿工人运动打下了良好的组织基础。他们根据党的“隐蔽精干”精神，深入发动群众，使天府煤矿的工人运动波澜壮阔地向前发展。

1939年4月20日，峰厂开掘井至100米水平时，刚至井底安放水泵进行排水，由于缺乏严格管理，电缆起火，引起瓦斯爆炸，死伤100多人，技术员孙秉渊和几个党员被炸死。事故发生后，资本家置之不理，工人非常气愤，有的提出罢工，有的提出抚恤家属的要求，有的提出抬尸示威游行等。5月3日，北川铁路矿区委员会在北碚召开了各总支负责人会议，认真研究了这次事故，会议认为现在正值国共合作、团结抗日之时，抗战又处于十分紧张阶段，罢工不仅对抗战不利，而且会给国民党反动派以镇压群众的可乘之机。会议决定，根据党中央制定的党在统一战线中的斗争原则，做到适可而止，进行有理、有利、有节的斗争，使斗争既有利于团结抗战，又适当争取阶级的经济利益，不挫伤工人的积极性。会后，党组织深入群众中晓以民族大义，进行了耐心地说服教育工作。工人才放弃了抬尸游行和罢工的行动。孙秉渊的未婚妻来天府奔丧，目睹事故造成的惨象，因而投书报社，痛述事故经过，揭露国民党和资本家不关心工人死活和残酷剥削工人的罪行，引起社会舆论对国民党和资本家的谴责。同时，党又通过关系对董事长卢作孚和总经理孙越崎做工作，要顾全大局，改善安全条件，抚恤死难家属。由于刚从大学毕业到矿上工作的孙秉渊对工人态度很好，经常帮助工人解决困难，深受工人的尊敬和热爱，于是，资本家接受工人的意见，将峰厂矿井命名为“秉渊平洞”，并改善劳动条件，妥善处理死亡工人善后事宜，并发给死难家属抚恤金。这样，既高举了抗日救国的旗帜，又维护了工人的切身利益，避免了可能遭到的牺牲，为以后斗争保存了力量。

1940 年 5 月 1 日，党又领导天府煤矿绞车组工人开展争取“五一”休假和增加工资的斗争。天府改组后，资本家假借“支援抗敌，增加生产”的名义，取消了各种例假，同时工人工资待遇低，工人很难维持最低生活。绞车组 100 多名工人全部罢工，车站码头煤炭无人卸，绞车无人开，交通很快发生堵塞。公司只好答应工人要求，罢工斗争取得了胜利。从此，天府煤矿工人不仅知道“五一”国际劳动节的意义，而且通过斗争，每年“五一”全矿照例放假一天，并增加了工资。斗争胜利后，由于许建业在组织罢工中暴露了身份，随即调离了天府煤矿。

在国民党的黑暗统治下，威远煤矿工人为生活所迫，于 1942 年 1 月不顾国民党的残酷镇压，自发举行罢工，要求增加工资。威远煤矿工人，由里工和外工两部分组成。据 1943 年统计，威远煤矿共有 1400 名工人。里工主要是焦作中福公司迁川的技术工人，外工则是由包工头招雇的当地工人，地位最为低下，生活极度穷苦。在国民党统治区的煤矿工人，因货币贬值，物价飞涨，实际工资大幅度下降，生活毫无保障。井下百名采煤、掘进、运输工人汇集井口，举行罢工，要求矿方增加工资，矿方被迫同意和工人举行谈判。矿方毫无诚意，当时各包工头都有工人的欠资。于是工人纷纷向包工头索取欠薪。井下工人领得欠资后继续坚持罢工，并得到了机电工人的响应。由于井下排水机械工人停止排水，井下水位持续上升。这时，矿方惊恐“矿井淹没”，乃“又迅派矿警多名前往镇压”。罢工工人团结一致，坚持斗争。矿方决定给工人增加少量工资，罢工取得了胜利，工人才陆续复工。这是威远煤矿历史上的第一次大罢工。

新疆少数民族为了反对国民党反动统治，爆发了伊犁、塔城、阿山三区革命。三区革命席卷了整个皮里青矿区，极大地鼓舞了各族煤矿工人的斗争。1944 年 11 月 12 日，临时革命政府在伊犁成立，后来又建立了革命武装部队——民族军。长期遭受奴役压迫的皮里青煤矿各族工人，欢欣鼓舞，纷纷冲破反动矿主的阻挠，投奔民族军。1945 年 1 月、2 月间，在煤矿工人吐德买迪、肉孜的带领下，100 多名民族军挺进了皮里青煤矿。根据各族煤矿工人的强烈要求，将罗斌等 9 名引发极大民愤的反动矿主处以极刑，扔入枯煤井。民族军的这个革命行动，得到了皮里青煤矿各族工人的坚决支持与拥护。当民族军撤离煤矿后，各族工人在肉孜、伊马克等工人的带领下，把躲藏在煤井中的两个国民党副官揪出来进行斗争，当工人们看到这两个反动的国民党军官将随身所带的数万元钞币剪得粉碎时，愤怒地把他们砍死，扔进枯煤井；还根据各族煤矿工人的强烈要求，用斧头剁死了反动大矿主西儿迪拉。从此皮里青煤矿工人英勇地参加了三区革命斗争。新疆皮里青煤矿各族工人参加三区革命斗争，不仅增强了民族军队伍中的工人成分，而且直接配合了国民党统治区日益高涨的人民民主运动，是中国煤矿工人运动的重要组成部分。

从整个抗日战争来看，国民党统治区的煤矿工人，在中国共产党的领导和影响下，展现了高度的坚定性和组织性。他们以民族大义为重，从有利于抗战的大局出发，忍辱负重，维护抗日民族统一战线的团结，在艰苦的环境中坚持生产，为发展大后方的煤炭工业和战时经济，夺取抗日战争胜利作出了重大贡献。

（二）电力工人反对政治迫害的斗争

依靠进步青年员工，开展抗日民主运动。1938 年 5 月，中共西安职工委员会派王若望到西安西京电厂开展工作，当年发展了 3 名中共党员，建立了陕西电力行业第一个党小组。党小组在电厂夜校读书会中向工人传播《解放周刊》《论持久战》等进步书刊，扩大党的政治影响。1942 年 2 月，在中共南方局青年组组长刘光领导下，由中共地下党员刘德惠在重庆曾家岩电力公司“平庐”宿舍组织读书会。参加的人有何敬平、周显涛、张治源、熊静泽、邓光丰等。他们积极学习《大众哲学》《唯物辩证法》《新华日报》等进步书刊以及毛泽东同志关于对敌斗争的路线、策略等著作，开展抗日救亡宣传活动，扩大党的政治影响。这些同志都是进步青年，以后均加入了中国共产党，成为重庆电力公司工人运动的骨干力量。

1942 年，中共云南地下党在周恩来主持工作的南方局领导下，在耀龙电力公司开展工人运动。岳世华与耀龙电力公司职工李培伦、毕凤云组织了“五九”读书会。翌年，李培伦、毕凤云等在耀龙电力公司组织读书小组，吸收青年工人参加。到 1943 年已发展为 2 个读书小组，成员都是进步的青年工人。下半年根据形势的发展需要，中共云南工委的秘密外围组织“新民主主义联盟”（新联）成立。耀龙电力公司李培伦、毕凤云首批参加“新联”，他们坚持在耀龙电力公司秘密组织读书活动，吸收更多的人参加。1944 年下半年，读书小组青年全部被吸收参加了“新联”。这时，耀龙电力公司的“新联”组织已发展成为中共云南地下党组织可依靠的力量。10 月 10 日，在中共云南地下党领导下，昆明市各族各界人士 6000 多人在昆华女中广场举行了大规模集会，响应林伯渠在重庆提出的“改组国民党政府，成立民主联合政府和联军统帅部”的号召。这实质是中国共产党组织的一次公开的大规模的抗日民主运动。会上由李公朴、闻一多、罗隆基、楚图南、张奚若等爱国人士进行演讲，闻一多宣读了大会宣言。耀龙电力公司“新联”成员从电力公司动员和组织了一部分青年工人参加大会。电力工人积极协助维持会场秩序，使大会能够按预定的程序进行。在这次重要的集会上，耀龙电力公司的青年工人阻止了国民党特务 2 次捣乱会场。耀龙电力公司的工人在“新联”成员的带动下，既保卫了政治集会免遭国民党的破坏，保护了抗日爱国人士的安全，又得到了一次非常难得的教育机会，受到了极大的鼓舞。1945 年 5 月 4 日，中共云南省工委组织领导了昆明纪念“五四”集会和游行。集会有 2 万人参加，大会口号有：“取消一党专政”“组织联合政府”等。耀龙电力公司“新联”成员全部参加了这一活动。

反抗国民党乱抓壮丁的斗争。国统区的广大电力工人越来越看清楚了国民党打击爱国民主力量，镇压工人群众运动的真面目。国民党不得人心，兵源匮乏，竟强行四处抓壮丁。国统区的电力工人不愿为其卖命，进行了坚决抵制和斗争。1942 年 8 月，重庆电力公司工人罗海云在下班回家途中，被大溪沟的伪保长抓了壮丁，关在水厂附近的防空洞内，被线路队的工人知道后，找到原产业工会负责人钱明德，把陈铁夫（新任重庆电力产业工会，黄色工会理事长）串通伪保长抓壮丁的真相讲了。钱明德当即带领一些线路工人到电力工会（黄色）所设的“至大诚”茶馆，找到陈铁夫，向他要人。一见面，钱明德就打了陈铁夫两记耳光，打得陈铁夫鲜血直流，工人在旁助威喊打！陈铁夫怕再挨打，慌忙求饶。钱明德等工人为防万一，又向重庆电力公司经理和国民党重庆市政府施加压力。提出：如不放人，就拉闸，停止往汪山、黄山蒋介石公馆送电。国民党当局害怕，不得已才把罗海云放回。1943 年 5 月，大溪沟电厂工人王云亭在上夜班途中，也被国民党抓了壮丁，电厂工人闻讯后气愤满胸，把警察所团团围住，要求放人。经过交涉，警察所被迫将王云亭放了。国民党政府鉴于电力工人反抗抓壮丁的斗争比较激烈，加之电力工人所处的岗位较特殊，后经重庆市兵役署批准，电力公司青壮年员工都取得了“缓征兵役证”。这一斗争的胜利，不仅在重庆市，而且遍及四川全省，凡在电厂工作的青壮年员工都得到“缓征兵役证”。

1944 年 3 月，国民党反动派为扩充军队打内战，诱骗国统区的青年当炮灰，组织“十万远征军”，并在报纸上大肆进行反动宣传。中共云南地下党立即采取措施，与国民党进行斗争，张子斋同志及时写了《十万青年十万军》的批判文章，揭露和批驳了国民党的阴谋。云南耀龙电力公司“新联”组织在拿到这篇批驳文章后，秘密地翻印了 2 次，前后共印了 300 多份宣传小报。在第二次节选翻印时还加了“十万党军干什么?”醒目的标题，经“新联”成员暗中传递到许多单位。有的单位接到宣传小报后又进行重印和转发。就这样秘密地组织青年抵制和反抗国民党征兵。结果，国民党在昆明招兵受到了一定程度的打击。

震撼大后方的胡世合运动。1945 年 2 月，在国民党的战时首都山城重庆爆发了一场以电力工人为主体的反对国民党特务迫害、争取民主的大规模群众运动——“胡世合运动”。“胡世合”运动的爆发，不是偶然的，而是在国民党黑暗统治下，广大工人和其他人民群众怨恨情绪发展的必然结果。电力工人在这场斗争中发挥了重要作用。中国共产党及时地抓住这个有利时机，通过胡世合事件，发动大后方的广大工人群众和各界人士掀起一场争自由、争民主、争和平、反独裁、反压迫的群众性的民主运动新高潮，狠狠地打击了国民党的独裁专制，促进了革命运动的发展。运动的起因是重庆电力公司窃电取缔组发现邹容路中韩文化协会饮食部（国民党特务机关所在地）偷电，派工人胡世合去剪电线，被该餐厅外交经理军统特务田凯枪杀。重庆电力公司工人在中共地下组织的领导下，由重庆电力公司工会出面，发起了抗议国民党特务暴行的活动，要求枪毙田凯，保障工人生命安全，抚恤胡世合家属。重庆各界人民对特务枪杀工人极为愤怒，纷纷通过吊唁、发传单、在报纸上揭露事实真相等形式，反对国民党特务的暴行，支持电力公司工人的斗争，形成了抗战以来前所未有的大规模群众性的争取民主自由的政治运动。在群众的压力下，蒋介石不得不下令枪毙田凯。斗争胜利后，全市工人和其他各界群众 8 万余人参加了为胡世合送葬的游行。在此期间，陕甘宁边区总工会、各解放区职工会、上海工人救亡协会等均致电声援，并汇款慰问胡世合家属。“胡世合运动”前后有 29 万人参加，这一斗争有力地揭露和打击了国民党的特务统治，推进了国民党统治区的民主运动。

（三）石油化学地质工人的反抗斗争

1938 年，侵华日军占领了中国大片领土，沿海城市相继失陷，石油进口的通道几乎断绝，开发国内石油的呼声日高。4 月，在翁文灏主持下，国民党政府资源委员会决定成立甘肃油矿筹备处，由严爽主持，再次派孙健初去玉门详查。6 月 18 日由资源委员会致函国民革命军第十八集团军驻汉口办事处，商借延长油矿钻机。周恩来当即同意，并指定由第十八集团军驻陕代表林伯渠负责办理此事。同年 12 月 23 日，严爽、孙健初、靳锡庚及 5 名工人，用 22 峰骆驼驮运器材，运送人员，从酒泉出发去玉门，经过 1 个多月的踏勘、观察，对老君庙一带的地质构造情况作了基本的了解。1939 年 3 月，从延长调来的钻机运到老君庙，立即安装开钻，第一口井于 3 月 27 日钻遇油层，日产油 1 吨多。之后陆续钻井 4 口，四号井于 1940 年 4 月 22 日发生井喷，发现了玉门油田的主力油层。1940 年 9 月，资源委员会决定正式开发玉门油矿。从此，玉门油矿在中国西部诞生，成为当时中国最大的油田，也是世界上开发最早的非海相油田之一。

1942 年夏，因物价飞涨，玉门油矿工人要求将原 1 个月发 1 次的工资改为 10 天发 1 次。油矿当局表面同意工人们的要求，但实际并不照办，并勾结驻矿的国民党军队欲对工人进行镇压。工人们遂罢工 36 小时，当局被迫答应了工人的要求。1943 年春，杨子建筑公司的数百名小工因不堪忍受政治上的压迫和经济上的剥削，举行了罢工斗争，使生活条件稍有改善。1944 年夏，因物价上涨，工人的实际收入减少，故要求增加工资。油矿当局调动驻军，封锁路口，并宣布矿区戒严。工人们封闭油井，停止锅炉运行，与驻军进行搏斗。斗争取得胜利，油矿当局被迫增加了工人的工资。在地质、石油职工的努力下，抗战期间，中国原油产量最高的是 1943 年，年产量 32 万多吨。

全民族抗战期间，在中共胶东区委领导下，胶东矿区成立了采金局和护矿队等，抵抗日本对胶东金矿资源的掠夺。同时，采用各种方法，从生产和运输环节，截取黄金，通过地下组织渠道并利用抗日根据地的便利条件，有力地支持了中国共产党领导的抗日战争。据统计，胶东地区共筹集了 43 万两黄金送往党中央，其中仅招远玲珑金矿就达到 13 万两。

第四节　抗日相持阶段根据地的工人运动

一、根据地工业的发展和工人运动

（一）根据地煤矿工运

抗日民主根据地和抗日大后方的煤矿工人在党的抗日救亡号召下，积极开展各种活动，进行抗日救亡斗争。1937 年 11 月太原失守后，在朱德总司令、彭德怀副总司令和刘伯承师长、张浩政治委员（1938 年 1 月 18 日由邓小平接任）的指挥下，八路军总部和一二九师进入晋东南，以太行山为中心，开辟了晋冀豫抗日民主根据地，给潞安矿区煤矿工人的抗日斗争以极大鼓舞。接着，中共潞城县委先后派董德、王长贵、张至之，深入石圪节裕丰煤矿工人中，广泛宣传党的抗日救亡政策，积极组织工人进行抗日救亡斗争。到 1938 年 5 月初，已发展工人抗日救国会会员 300 多人，占全矿工人的 90%左右。1938 年 5 月 15 日，在石圪节煤场上隆重召开了“裕丰煤矿工人抗日救国会”成立大会，选举张聚兴和高尽仁为正、副会长。在石圪节裕丰煤矿影响下，小河堡永兴煤矿成立了工救会。同时，建立了潞安矿区的第一个党支部。党支部和救国会成立后，根据党的《抗日救国十大纲领》精神，于 5 月 26 日发动全矿工人举行总罢工，要求抗日救国的民主权利和改善工人生活，取得了完全胜利。参加这次罢工的有 400 多人，声势之大，影响之广，是潞安矿区有史以来所没有的。在石圪节裕丰煤矿工人斗争胜利的影响下，小河堡永兴煤矿工人也举行了罢工，并取得了胜利。接着，6 月，驻在武乡县中村的八路军总司令部派康克清组织工作组到石圪节煤矿开展抗日救亡工作。根据康克清的意见，八路军总部政治部又派杜长俊到石圪节裕丰煤矿帮助工救会工作。经过康克清和杜长俊的努力，及 1939 年 7 月太南总工会派续邦彦到矿开展工作，并在牺盟会和决死队的帮助下，成立了“裕丰煤矿抗日游击队”。潞安矿区的煤矿工人运动掀起抗日救国的新高潮。

（二）根据地电业工运

除原有的陕甘宁边区以外，中国共产党领导的八路军、新四军在敌后建立了晋察冀、晋冀鲁豫、晋西北、华中、华南等抗日民主根据地，作为领导人民进行敌后抗战的主要阵地。由于根据地大多处在经济落后的偏僻山区，为了适应抗日的需要，发展军工和日用工业的生产，各根据地采取因陋就简的方法，开办了一些小规模的电力生产企业，从而产生了根据地的电力工人队伍。他们和根据地的其他军民一道，一边作战，一边生产，为坚持敌后抗战、争取抗战胜利作出了贡献。

太行、太岳等抗日民主的革命根据地电力来源十分缺乏，开始以便于携带的手摇发电机发电。随着创办的修械、铸铁、化学、纺织、造纸、酿酒等军工、民用工业的发展和需要，后来用汽车引擎带动发电机发电。太岳区晋城苇丁化学厂当时有 1 台 25 千瓦发电机，主要用于军工生产和根据地的印刷、电讯、主要军政机关的照明。电力工人千方百计地保证发、供电，为支援抗日前线作出贡献。

到 1940 年，太行区黄崖洞兵工厂已有 700 多名职工，40 多台机床，其中从事电气工作的职工也有 10 多名。为了保证军工生产的动力，电力工人们靠 1 台 10 千瓦直流发电机和 1 台 3 节式锅炉坚持生产。在中共中央号召下，电力工人积极投入向赵占魁学习的生产竞赛中，工作不计时间，不讲报酬，劳动积极性很高，满足了 40 多台机床和 700 多名职工生产的用电，有力地保证了兵工厂每月生产。军用枪炮、弹药年产量可装备 16 个团，使日寇提起黄崖洞兵工厂就心惊胆战。敌人几次想“扫荡”掉这个厂，都没有办到。在日寇大扫荡之前，电力职工就机智地把机器转移到山谷掩埋好，使设备免遭敌手。日寇撤退时，工人们奋力安装、抢修设备，仅用 18 天就保证了发电，使军工顺利投产。1943 年，在太行区八路军总部所在地的辽县和涉县之间的漳河边上也办了一座木质水轮发电机的电厂，输出能力仅有 10 千瓦，除供应军工使用外，还可供给一部分照明用电。随着长治的解放，太行军民接管了长治西关电厂，电力工人们立即进行修复和扩建，并为军工一、三、五分厂架设了专用线，保证军工用电。“多发一度电，多造一颗子弹，多消灭一个敌人！”这就是当时电力工人的心愿。

根据需要，临水发电厂拆迁了三台发电机和五台锅炉，一批志愿到解放区工作的工程技术人员和工人，在部队的掩护下，在长治西白兔村建设了电厂，并同西关电厂联网，向市里供电，实现了山西省最早的联网供电。

1941 年，革命圣地延安为适应抗战的需要，开始筹备建一座小型的广播电台，这就提出了电力供应的任务。根据地的电力专家们遵循革命传统，从“夺取敌人的武装来武装自己”的原则，在缴获敌人的器材堆里找到一个直流发电机的转子，把它改造成交流发电机，用两个汽车发动机带动。汽车发动机所烧的汽油是陕甘宁边区延长县自己生产的。这台发电机终于在 1942 年春天发电了。改装的发电机不仅解决了通讯和广播电台的电源问题，而且还带动了边区的电机制造工业，依靠这批技术力量，发展成小电机制造厂，能生产 10 瓦到 60 瓦的小发电机，以满足革命根据地军事通讯需要。

在抗日战争中期，革命根据地电力事业兴起，虽然规模不大，发电容量较小，但是抗日民主根据地的星星之火，也是我国人民电业的星星之火。根据地的电力工人，为支援抗日战争，曾作出了历史性的重要贡献，而且树立了工人阶级自力更生、艰苦奋斗的典范。

（三）根据地石油地质工运

1940 年八路军总部派汪鹏到延长进行石油地质勘查，发现了延长西南的七里村储油构造。随后对七里村一号井和三号井进行钻凿，开始都是自喷井，一号井日产油曾达 96 多吨，一时轰动全边区。1939 年至 1946 年，延长油矿共生产原油 3000 多吨，并为边区政府提供了汽油、煤油、柴油、机油、蜡烛等产品，为陕甘宁抗日根据地的建设和军需民用作出了贡献。1944 年，厂长陈振夏被评为边区工业战线特等劳动模范，毛泽东还为他题词“埋头苦干”，边区政府为他颁发了书有“苦心经营，成绩卓著”的奖状。

陕甘宁边区对三边盐矿进行了调查和开发。陈康白、华寿俊到盐池进行实地勘查，调查盐层，发现了“海眼”，为稳产增产奠定了基础；1940 年秋，王震的三五九旅四支队 2000 余名指战员赴盐场打盐，食盐产量大幅提高，1939 年至 1944 年累计为边区提供食盐 11. 77×10 吨。盐矿开发不仅解决了边区 200 多万抗日军民的吃盐问题，还向边区政府缴纳税收 3000 余万元，换回了大量的急需物资，最高时对边区财政的贡献达到 90%，被毛泽东誉为“定（边）盐（池）是边区的经济命脉，是中央第一财政”。

1941 年 9 月，陕甘宁边区政府组织地质考察团，兵分两路开展地质调查。一路由武衡带领考察子长、绥德、米脂等地，另一路由汪鹏带队考察延长和延安一带。在关中衣食村至赤水一带，发现了一条长 100 多里的煤带，被称为陕西“黑腰带”。

二、根据地工会的主要活动及历史贡献

1939 年 12 月，中共中央职工运动委员会主任邓发在《论抗日根据地职工会的基本任务》一文中指出：“由于抗日根据地职工会所处的地位与环境的不同”，它的基本任务“不是一般的组织罢工示威来反对内部的政治压迫与经济剥削，而是反对外部的主要敌人——日本帝国主义”。基于这样的认识，他为抗日民主根据地的工会提出了四个方面的任务：第一，广泛地动员工人武装参战，并积极参加有利于抗战的生产；第二，一切为着巩固抗日政权，努力参加根据地的民主建政工作，推行政府法令，维护革命秩序；第三，巩固和扩大职工会组织，使之成为广大职工“自己的堡垒”和“民主的团体”；第四，以马列主义原则教育工人群众和工会干部，并广泛地动员工人参加当地的国民教育和社会教育。

（一）参军参战、支援前线

为了配合八路军、新四军粉碎日伪顽对根据地的扫荡和包围，在各根据地工会的大力动员下，大批工人踊跃参军，他们成为八路军、新四军扩充兵力的重要力量。

1940年秋，八路军在华北敌后发动了震惊中外的规模最大的百团大战，得到了井陉和阳泉煤矿工人的积极配合。百团大战的中心线是正太铁路沿线。井陉煤矿和阳泉煤矿地处正太铁路线上，又紧靠敌人盘踞的战略要地石家庄、娘子关、太原，是敌人重要燃料基地。因此，在百团大战中，井陉和阳泉煤矿就成为八路军攻击的重要目标。战役开始的中心任务是交通总破击战。战斗前，井陉煤矿的地下党组织为八路军绘制了矿山地图，并动员8000名矿工组织了运输队、收容队，他们带路、做饭、送情报、抬担架、拆围墙、割电网、填壕沟等，参加了战斗。矿区党支部负责人、井陉煤矿电工李玉和刘万选指挥工人拉落了矿内电闸，熄灭了全部照明。八路军和矿工游击队冒着蒙蒙小雨英勇迅速地夺取了新矿外围堡垒，冲破了五道铁丝网，越过八尺宽的外壕，经过两个小时的激战，攻入矿内，将敌全部肃清，完全占领了新矿。然后，在矿工的英勇协助下，炸毁了新矿的全部机器设备、火车站及五座铁桥。矿内一万多吨存煤，则用汽油焚烧，烈火周余未熄。最后，又引山洪由新矿灌到老矿，使未爆炸的老矿也难以生产。经过这次战斗，华北敌人燃料重要基地井陉煤矿遭到严重破坏。

在阳泉西南狮脑山战斗中，八路军在阳泉煤矿工人的支援下，与敌人激战六昼夜，连续不断地打退了日军片山旅团在飞机炮火配合下的多次反扑，予敌以重创。在这期间，八路军占领了二矿、三矿，相距敌人平潭街阵地仅2公里左右。阳泉煤矿工人冒着枪林弹雨，担任运输弹药、粮食的工作，并把矿上米面柜中的粮食送给八路军。战斗进入第3天，煤矿工人张彩年探听到日军企图通过赛鱼村到神峪沟，便及时将情报送给八路军。八路军便埋伏在神峪沟，将敌全部歼灭。当八路军主动撤退时，正遇大雨，桃河水猛涨，阳泉煤矿工人和群众，帮助军队把弹药和粮食全部运过了河，使弹药和粮食丝毫没有受到损失。还有 200 多名煤矿工人志愿报名，参加了八路军。

抗日战争时期，在中国共产党的领导下，各个革命根据地为适应战争需要，在极端困难的条件下，创办了一些化工企业，对中国人民的解放事业作出了重大贡献，并且积累了经验，培养了大批干部。比较巩固的陕甘宁、晋察冀、晋冀鲁豫、晋绥和胶东等革命根据地都有化工企业，生产硫酸、硝酸、盐酸、纯碱、烧碱、酒精、乙醚、甘油等化工原料，以及雷汞、雷银、硝化甘油、硝化棉、无烟火药、二硝基萘、炸药等军用产品。

党中央所在地的陕甘宁边区，地瘠民贫，军事上和经济上都受到国民党政府及其军队的严密封锁，工业品和日用品供应都很困难。边区军民贯彻自力更生发展生产的方针，组织了医药、军用炸药、弹药和一些日用化工品的生产。1939 年，军区卫生部创办了卫生材料厂（也称延安八路军制药厂）。到 1944 年，建立了一批小规模的化工厂，如制药厂、肥皂厂、皮革厂、火柴厂、玻璃仪器厂、造纸厂等，同时还建立了硫酸厂，以后又生产了硝酸、盐酸，试制成功了酒精、乙醚、硝化棉、无烟火药，并有小量生产。

在晋察冀边区，1938 年军区卫生部办起了卫生材料厂（也称伯华制药厂）。1939 年成立了统一的军事工业领导机构晋察冀军事工业部，还设立了化学科。1940 年，用陶瓷大缸土法试制硫酸成功，在唐县大安沟建了一个硫酸厂。1941 年，先后试制成功浓硝酸、乙醚、二硝基萘、硝化棉、无烟火药等，为制造各种枪弹开辟了原料来源。1943 年，试制成功甘油和硝化甘油，进一步提高了手榴弹、地雷、炮弹所用炸药的爆破效能。雷银的大批量生产，解决了缺乏水银的难题。1945 年在张家口建起了新华制药厂。

在晋冀鲁豫边区，1938 年建立了军区制药厂（也称光华制药厂）。1941 年建立了硫酸厂，以后又生产了硝酸、盐酸、雷汞、酒精、乙醚、硝化棉、无烟火药等产品。硫酸厂分成太岳、太南和百步交 3 个化工厂，又增加了脱脂棉、硝基萘和硝铵的生产。1944 年，在黎城源泉建立化工厂，生产硫酸、硝酸、双基无烟药、硝基萘、雷汞等。

在晋绥地区，1942 年初，晋绥军区后勤部将当地肥皂厂改建为化工厂，工厂迁建在陕西省吴堡县万户峪，生产肥皂和皮革两种产品。1945 年后勤部组建军工部，化工厂迁陕西省佳县境内，扩建为军工部第四厂，生产有较大发展，除继续生产肥皂和皮革外，还生产硫酸、硝酸、盐酸、甘油、硝化甘油、硝化棉、硝基萘、炸药、发射药以及雷管、雷汞、电池、黄磷、玻璃、陶瓷等产品，并总装各种弹药，对抗日战争作出了重大贡献。

在胶东地区，全民族抗战初期就有了军工厂生产手榴弹，以后逐渐发展到能生产硫酸、硝酸、盐酸、甘油、硝化甘油、硝化棉等 18 种产品，用以制造手榴弹、枪榴弹、迫击炮弹以及炸药等。并以路布兰法生产纯碱，苛化法生产烧碱，还生产木焦油、硫黄，以及钙皂裂解制汽油等。1943 年成立了军区制药组，并逐步发展成为山东新华制药厂，生产黄碘、酒精、葡萄糖等。

（二）改善产业工人的生活

各抗日根据地为了保障工人努力生产，建设并保卫根据地，在“抗战高于一切”的原则下积极妥善地处理了劳资关系，改善了群众生活。全民族抗战初期，共产党正进行统战工作，地主豪绅乘机收回土地，追还旧债，雇工处境比较困难。外地手工业工人流向边区，解决失业工人的生活问题成了重要问题。1937 年 7

月 17 日，中共边区党委发布了《关于工会工作的指示信》，强调应根据各地实际情形，“一方面动员工人积极参加经济建设，在改良技术、增加生产中，改善工人生活；其他方面要利用政治法纪保护工人既得利益”。各级工会都认真贯彻执行了边区党委的指示，想方设法解决工人的生活困难。边区总工会成立后，逐步克服了过“左”的做法，坚持从抗战的大局出发，既希望雇主作出让步，也说服雇工不能提出过高的要求。在这个时期，由于边区总工会协调了劳资关系，雇主办作坊的积极性和工人的生产积极性都提高了，作坊办好了，雇主收入和工人的工资都增加了。如晋察冀、晋冀鲁豫的雇工工资一般都增加了 10%—20%，有的矿工工资增加了一倍。在陕甘宁边区，工人工资在 1938 年普遍有所增加，如煤矿工人增加 30%。在群众生活得到改善的基础上，工会发动工人参加民主选举，帮助工人学习文化。

第五章

解放战争时期的工人运动（1945—1949）

抗日战争的胜利，使中国革命跨进解放战争时期。这是中国民主革命中最伟大、最生动、最活跃的时期，也是中国民主革命最后取得全国胜利的时期。中国能源化学地质产业工人在中国共产党的领导下，和全国人民一道，同国民党发动的内战和独裁统治政策开展英勇的斗争，推翻了帝国主义、封建主义和官僚资本主义的统治，建立了中华人民共和国。

第一节　产业工人为争取和平民主而斗争

1945 年 8 月 15 日，中国人民经过浴血奋战，付出沉重的民族牺牲代价之后，终于迎来抗战的胜利。中国人民渴望休养生息、重整家园。中国共产党力图避免内战，争取走和平的道路建设一个新中国。但是，国民党政府在美帝国主义的扶持下，准备发动内战，继续维持其独裁统治。国民党在美帝国主义的支持下，甚至利用日伪力量，疯狂抢夺人民的胜利果实，中国人民面临着严重的两种命运、两种前途的斗争，中国能源化学地质产业工人在党的领导下，开展了争取国内和平民主、反对国民党内部独裁的斗争。

一、抗战胜利后的形势和工运任务

抗日战争胜利后，中国工人阶级的基本任务是，争取和平民主，反对内战，反对独裁，支援全国解放战争，建设一个全国统一、独立、民主、富强的新中国。由于广大解放区和国民党盘踞地的情况不同，能源化学地质工运的任务也有所不同。解放区工运主要任务是：在中国共产党的领导下，迅速建立和加强工会组织，积极恢复和发展电力生产，保卫胜利果实，努力搞好生产，大力支援全国解放战争。国统区工运的主要任务是：在中共地下党组织领导和影响下，不失时机地发动工人群众向国民党开展争生存、争民主、反内战、反独裁的斗争，形成全国解放战争的第二战场，为夺取全国解放斗争的胜利而努力奋斗。

（一）抗战胜利后国内形势

1945 年 8 月 10 日，日本外务省向美、中、英、苏发出乞降照会，准备接受波茨坦公告。8 月 11 日，国民党为抢夺抗战胜利果实，由其领导人蒋介石连发反动命令。8 月 12 日，麦克阿瑟以远东盟军总司令的名义，命令日本政府和中国战区的日军，只能向蒋介石政府及其军队投降，不得向中国人民的武装力量缴械。

8 月 21 日，国民党把中国战区划为 15 个受降区，并委派了国民党军队的长官为各区受降长官。8 月 23 日，国民党政府命令侵华日军总司令冈村宁次应在原地“作有效之防御”并负责“收回”被我军解放的地区。接着，冈村宁次致电蒋介石绝对确保其所控制的地区，以保证移交给国民党政府。

（二）国民党抢夺胜利果实

1946 年 8 月，山东枣庄，蒋介石命令日军驻徐州联络官森茂树和参谋长田贞，要驻枣庄日军“维持地方治安”；同时，收编峄县汉奸王继美，任国民党少将司令进驻枣庄煤矿；接着，国民党第十九集团军部分军队来到了枣庄煤矿。在淄博，日本宣布投降后，日军于 8 月 20 日撤离矿区。这时，蒋介石即指示山东省主席何思源和济南绥靖区（即第二绥靖区）司令王耀武派代表与山东驻地日军联系，订立“反共协定”，进行“日蒋交防”，接着，已经撤离的日伪军又沿着胶济铁路、张博铁路进犯淄博矿区，于

9 月 9 日至 18 日再次侵占淄川、洪山、西河、博山煤矿。在唐山，8 月 24 日，开滦矿务局总务局长、代副总经理、汉奸王崇植奉命与日本驻开滦最高监督官白川一雄举行密谈。白川透露说，“中国中央政府已非正式请求北京日本军司令部协助维持华北之和平与秩序”，并称，如共军要进入开滦矿区，日军将采取抵抗行动。这时，驻在矿区的伪满洲军和治安军都摇身一变成了国民党军队的先遣军接替蒋介石“接收”并继续盘踞开滦矿区。据称，当时驻在开滦矿区的日伪军有 6000 多名，其中日军 1300 多名。10 月 19 日，美军海军陆战队从秦皇岛登陆后，派遣 625 名分驻唐山、林西、赵各庄等矿。接着，国民党军队大批开进矿区。10 月底，国民党军队在美军的支持帮助下，沿北宁路侵犯山海关，以“外交接收”和“武力接收”的手段，抢占了东北南满大块地区。

与此同时，国民党政府经济部将全国沦陷区分为东北区、冀热察绥区、鲁豫晋区、苏浙皖区、湘鄂赣区、粤桂闽区、台湾区等 7 个区，派遣大批人员“接收”沦陷区的煤矿、电力、石油等能源产业。1946 年 3 月，资源委员会从经济部分离出来，改隶国民党政府行政院，主管矿业。到 1946 年 5 月，国民党先后“接收”的主要煤矿，在东北有抚顺、本溪湖、阜新、烟台、西安、营城子、北票、八道壕；在华北有大同、阳泉、开滦、井陉、门头沟、长城、鲁大、悦升、中兴、华丰、华宝、章丘、龙门、民生、邱沟；在华东和中南有淮南、华东、大中、烈山、长兴、源华、利华、湘江、中湘、醴陵、合山、富国；在台湾有基隆、南海、近江等。这些像蝗虫一样一批一批飞来的国民党“接收大员”，乘机大发其“劫收”财。如抚顺煤矿，在国民党“接收”后的第一任和第二任矿务局局长，就盗卖各种钢材 2500 多吨，各种重器材 400 多种，各种重要资料和图纸 800 余件。正如工人们说的，这些“接收大员”都是“空着口袋来，装满金条走”。

就当时的电业而言，对敌伪经营的电业，如北平、天津、唐山、石家庄、青岛、海南岛、安庆、广州、武昌、大冶、锦州及小丰满等电业部门都由资源委员会分别派员“接管”。经过了这番“接收”或“接管”，国民党政府的四大家族大发“横财”。1946 年，发电设备容量陡然增长到 1281179 千瓦，发电量增长到 3624654 千瓦时。据 1947 年 10 月的统计，设备容量已达 1455088 千瓦，发电量已达 3892409 千瓦时。从国民党政府“接收”这笔账，完全可以看出国民党反动派大肆抢夺人民抗战胜利果实的恶劣行径。

（三）党的方针和主要任务

抗战胜利后的这种形势表明，以中国共产党为代表的人民大众和美帝国主义支持的以国民党四大家族为代表的大地主大资产阶级之间的矛盾，已上升为中国社会的主要矛盾，中国人民面临着严重的两种命运、两种前途的斗争。

为了统一对形势的认识，明确党的方针和任务，1945 年 8 月 13 日，毛泽东在延安干部会上作了《抗日战争胜利后的时局和我们的方针》的讲演。毛泽东指出：“从整个形势看来，抗日战争的阶段过去了，新的情况和任务是国内斗争。蒋介石说要‘建国’，今后就是建什么国的斗争。是建立一个无产阶级领导的人民大众的新民主主义的国家呢，还是建立一个大地主大资产阶级专政的半殖民地半封建的国家？这将是一场很复杂的斗争。目前这个斗争表现为蒋介石要篡夺抗战胜利果实和我们反对他的篡夺的斗争。”① 毛主席的论述，明确地指明了抗战胜利后革命斗争的基本形势和斗争的实质。

① 中共中央党史研究室著：《中国共产党历史》（上），中央党史出版社 2011 年版，第 672 页。

毛泽东还基于对国民党蒋介石历史的阶级本质的分析，进一步指出："中国大地主大资产阶级的政治代表蒋介石，……是一个极端残忍和极端阴险的家伙。"① "独裁、内战和卖国三位一体，这一贯是蒋介石方针的基本点。"② 毛泽东针对蒋介石"寸权必夺，寸利必得"和发动内战的阴谋，指出："我们的方针是针锋相对，寸土必争。"③ 还强调我们的方针，要"放在自己力量的基点上，叫作自力更生。"④ 就是说，我们要依靠自己的力量，打败美帝国主义支持的国民党反动派，建立无产阶级领导的人民大众的新民主主义的中国。

毛泽东在报告中所提出的"针锋相对，寸土必争"和"自力更生"的方针，代表了全国人民的利益和愿望，为全国人民和能源化学地质产业工人指明了斗争方向。

二、产业工人保卫胜利果实的斗争

抗日战争胜利后，在共产党的领导和工会组织的发动下，能源化学地质工人纷纷组织起来，积极地投入保卫抗战胜利果实、清算汉奸走狗的斗争。

（一）国统区工人反内战争

国民党内战、独裁、卖国的政策，激起了全国人民的不满。当时的国民党统治区，包括原来的抗战大后方和被国民党接收的所谓"收复区"。国民党统治区的工人在中国共产党的领导和推动下，掀起了大规模的争生存、争和平、争民主的运动。

① 《毛泽东选集》第 4 卷，人民出版社 1966 年版，第 1022 页。
② 《毛泽东选集》第 4 卷，人民出版社 1966 年版，第 1132 页。
③ 《毛泽东选集》第 4 卷，人民出版社 1966 年版，第 1024 页。
④ 《毛泽东选集》第 4 卷，人民出版社 1966 年版，第 1030 页。

国民党统治区的煤矿工人，长期饱受侵略战争的苦难，在抗日战争胜利后，迫切要求和平民主，以便休养生息，生活能够有所改善。但是，抗日战争胜利后，由于国民党反动派推行内战、独裁、卖国的政策，利用“接收”的名义，大肆掠夺搜刮人民财富，造成厂矿停工停产，金融紊乱，物价飞涨，广大人民群众和煤矿工人的生活处境更加困苦不堪。据《新华日报》调查，在抗战胜利后，1945 年 10 月 2 日至 10 日，在这 8 天中，重庆的粮、油、食糖、燃料、百货、布匹等生活用品价格平均上涨 20%，有的上涨高达 40%。这种政治上的黑暗和经济上的灾难，逼得煤矿工人起来进行反抗。

在抗日战争时期的大后方，陕西、四川等省的煤矿工人，开展了失业救济、要求发给回乡费、要求增加工资改善待遇的斗争。1945 年 9 月底，陕西同耀煤矿区的 20 多个商矿的 5000 多名工人举行索薪罢工。据当时的报纸报道：“陕西燃料所赖之同耀区各煤矿，因各工厂纷纷停工，煤价随物价下跌，且无法出售，致资金枯竭，陷于危殆状态，工人以积欠工资，无法生活。同官 20 余商矿，遂演成 5000 余工人索薪之全体罢工风潮”。工人罢工后，事态极为严重，“各厂商之全部用具，均被工人捣毁，甚至碗筷无存，各矿业务全部停顿。”① 11 月 26 日，重庆三才生煤矿公司运输工人，要求矿方发给扣发的奖金，反对工人无辜被捕，全体工人举行罢工。12 月，陕西同官陈家河煤窑工人反抗封建把头毒打工人举行罢工，迫使资本家开除打人把头，治疗被打伤工人，取得了胜利。到了 1946 年 5 月，爆发的天府煤矿工人争取还乡费的斗争，使抗战大后方的煤矿工人运动在胜利后发展到高峰。

天府煤矿的这次罢工斗争发生在内战爆发前夕的 5 月 24 日，是抗战胜利后煤矿工人规模最大、影响最广的一次斗争。由于抗

---

① 《新华日报》（太行版），1945 年 10 月 25 日。

战胜利，许多内迁工厂和人员陆续离开重庆，重返故地。时值天府煤矿产销萎缩，经济恶化，困难重重。于是，资本家乘机贴出布告："凡愿离职回家者，听凭自愿，但一律不发给遣散费。"对此，广大工人愤愤不平。针对这种情况，中共天府煤矿地下党负责人周兴辉、周子成，根据党的指示，发动工人群众开展了发给还乡费的斗争。在工人的坚决斗争下，资本家才答应给外省籍工人每人发给3个月的工资作为还乡费，而四川籍工人则一律不发。当时，天府煤矿总经理孙越崎被国民党政府派遣为接收东北敌伪厂矿的特派员，决定从天府抽调一批工程技术人员同去。于是，利用这次发给外省籍职工复员还乡费的机会，有意识地格外提高工程技术人员还乡费标准，而压低工人的还乡费。规定：外籍职员家属包括小孩，每人旅费一律60万元，而工人本人只有14万元，家属每人4万元，小孩12岁以下的2万元，6岁以下的仅有1万元，川籍工人（重庆以外各市县）没有。[①] 这种不平等、不合理的待遇，当即引起全矿工人的强烈反对。

根据这种情况，为了加强工人的团结，粉碎资本家分裂工人队伍的阴谋，党组织决定发动一次全矿大罢工。罢工前夕，地下党组织分别在白庙子、机电厂、后峰岩等地区召开了工人积极分子会议，传达党的决定，指出：我们工人在8年抗战中，顾全大局，忍辱负重，发展了大后方煤炭工业，为资本家赚来了巨额利润。因此，无论省内外工人，都应一视同仁，发给复员还乡费。还强调指出外籍工人和川籍工人的紧密团结，是这次罢工取得胜利的根本保证。最后，约定5月24日上午10时全矿举行罢工，并提出"资本家不答复条件决不复工"的罢工口号。

1946年5月24日上午10时，机电课工人拉响汽笛，矿区所有小火车头都随声响应，天府煤矿近9000名工人，高呼"天下工

① 文集成、章体功：《重庆工商史料选辑》，重庆出版社1962年版，第150页。

人是一家”“反对资本家分裂工人”“团结起来，拿到还乡费”等口号，一齐涌向矿部的“作孚楼”，向矿长提出了“无论省内外职工，都要一视同仁的发放还乡费”的要求。这是天府煤矿工人积8年之怨恨的倾吐，第一次向资本家显示自己的强大力量。

工人罢工后，国民党和资本家极为震惊。在他们阴谋强迫参加国民党的工人先行复工失败后，被迫于5月26日与60多位工人代表举行谈判。在工人的坚决斗争下，资本家被迫同意了他们提出的要求，把原先规定作了如下修正：不论职员、工人及家属的旅费，均按当时实际需要交通费用发，未成年儿童也不分是职员或工人的，都一律根据交通机关的规定发给旅费。至此，天府煤矿工人在党的领导下，争取还乡费的罢工斗争，取得了完全胜利。

天府煤矿工人的这次罢工，是建矿以来规模最大的一次大罢工。通过这次罢工斗争，工人们经受了锻炼，提高了觉悟，为后来反对剥削、反对饥饿的斗争积累了可贵的经验。

在国民党接收的所谓“收复区”，广大煤矿工人在中国共产党的领导下，广泛开展了反奸诉苦、反饥饿、反迫害和要求建立工会的斗争。1945年8月，日本刚刚宣布投降，阳泉煤矿1500多名工人在党的领导下，利用日本和国民党“交接”之际，举行示威和罢工，要求发放拖欠工资。在国民党接收阳泉煤矿后，阎锡山跟随蒋介石打内战，把阳泉煤矿的机器设备陆续运往太原，建立军火工厂。阳泉煤矿工人在党的领导下，展开了英勇的反劫运斗争，并在民兵的帮助下，把老三矿、裕公矿、赛鱼矿和石卜咀变电所的电动机、变压器、车床等机器设备，拆运到燕龛，支援晋察冀边区在河北建屏县北野村建立了北野兵工厂。1945年9月至1946年春，北平门头沟中兴窑的煤矿工人在地下党的领导下，提出“不够吃，不够穿，饿着肚子不能干”的口号，接连三次举行罢工，为增加小米（工资）进行勇敢顽强的斗争，迫使资本家将工人工资由每人每天 1.5 公斤小米，最后增加到 3.5 公斤。在中兴窑工人斗争胜利的影响下，门头沟煤矿工人也举行了“工人吃不饱，就不上班”的罢工。经过三天罢工斗争，终于取得了增加工资的胜利。1946 年 3 月，枣庄煤矿 6000 多名工人，在“停战协定”签订后的“军事调处”期间，先后两次举行反奸诉苦大会，在美国代表和国民党代表面前，愤怒控诉汉奸特务王继美、张子贵的罪行，提出“我们要和平，我们要翻身，我们要讲理”的要求，撕破国民党在美帝国主义的支持下包庇汉奸王继美的罪恶面目，提高了群众的阶级觉悟。1946 年 3 月 28 日至 4 月 6 日，开滦煤矿的林西矿、唐家庄矿、赵各庄矿等东三矿工人，在中共地下党组织的领导下，爆发了反压迫反剥削的同盟大罢工。由于中共唐东工委抓住国民党急于用煤的弱点，根据“有理有利有节”的方针，选派工人代表与资本家谈判，迫使资本家签订了协定书，答应了工人的大部分经济要求，取得了罢工斗争的胜利。同年 4 月，淮南煤矿九龙岗矿 2000 多名工人，为反对资本家拖欠工资和开除工人，举行了罢工，迫使资本家如数发还了欠薪，被开除的工人也全部复工，并在斗争中成立了工会。

上述斗争揭露了国民党反动派内战、独裁、卖国的丑恶面目，打乱了美蒋军需用煤计划，提高了中国共产党在工人中的政治威望，为配合即将到来的解放战争奠定了思想基础。

（二）解放区清除敌伪残余

清除敌伪残余迎解放。日寇投降后，苏联红军进驻东北，日本统治时期的旧政权纷纷垮台，各大城市一时陷入无政府的混乱状态。日伪残余势力勾结地痞流氓，收集伪商会头目，地主豪绅打着“治安维持会”的招牌，骗取苏军信任，窃取地方政权，兴风作浪。

煤矿工人开展清除敌伪残余的斗争。在新解放的许多煤矿中，党和民主政府根据刚刚获得翻身解放的煤矿工人的迫切要求，普遍开展了反对汉奸特务和封建把头的斗争。1945 年 9 月 21 日，六河沟煤矿工人在观台镇举行的万人祝捷大会上，愤怒控诉敌特张书、王成林惨杀优秀共产党员、地下工作者李克保的罪恶，要求政府枪毙战争罪犯。① 9 月 27 日，焦作市人民召开战争罪犯公审大会，“群众报仇的呼声震天动地，控诉该犯罪行之声不绝于耳”。政府当即接受群众要求，枪决了大汉奸李仙洲等 10 名罪犯。到 1946 年 3 月 13 日，焦作新华公司在北厂召开了煤矿工人斗争伪矿委会委员长、汉奸惠尔恭大会，把焦作矿区的反奸清算斗争推向了高潮。1945 年 12 月，山东华丰煤矿工人在工会的领导下，对那些罪大恶极的特务、汉奸、把头展开了反奸诉苦斗争。他们采取诉苦会、控诉会、清算会、公会等形式，先后斗争了汉奸特务何振铎、白忠杰、杨秀臣和封建把头马海峰、大恶霸徐子昂。1946 年 1 月和 5 月，淄博煤矿工人斗争了封建把头李文成、黄其芳和悦升煤矿经理张笑文。1946 年 3 月上旬，东北兴山市民主政府根据鹤岗煤矿 900 多名工人的指名控告，成立人民法庭，召开了全市性的审判大把头杜文祥群众大会，参加斗争大会的有 8000 多人。根据工人的要求，人民法庭一致决定绞死杜文祥。接着，鹤岗煤矿工人又斗争了大把头潘耀同。峰峰、石圪节、蛟河等煤矿也广泛开展了反奸清算斗争。通过群众性的反奸清算运动，大大提高了煤矿工人的阶级觉悟。

电力工人开展清除敌伪残余迎解放。在东北，1945 年 8 月，佳木斯光复后，日本特务于生被反动的维持会委任为佳木斯发电所所长，于生一伙在社会上上下勾结，网罗同党，阴谋接应国民党中央军反攻倒算。他在发电所培植亲信，加紧对工人的控制和镇压，对不听他指挥的工人严加监视、打击和迫害，有的工人被

① 《新华日报》（太行版），1945 年 10 月 1 日。

迫害致死。他还勾结一伙对发电所工人进行经济盘剥，仅3个月就克扣工人工资达11万元（地方流通券）。11月，党组织派工作队进驻佳木斯开展民运工作。同时合江省民运工作团派人先后秘密进入发电所。他们不顾于生等敌伪分子的恐吓，同苦大仇深的工人交朋友，宣传共产党的主张，揭露敌伪分子的阴谋诡计。当时，在工人中涌现出了张福贤、于永贵、何玉珍、常万信、朱宝昌、张德福、周庆玉、谷安亚等一批觉悟提高快、政治要求进步的骨干分子，带头与敌伪残余势力开展了坚决的斗争。到1946年初，中国共产党基本控制了佳木斯的政局，佳木斯发电所的工人们掀起了同于生等敌伪势力斗争的高潮。经过工人们的揭发斗争，3月27日，佳斯市公安局逮捕了于生等敌伪分子。5月9日上午，召开了清算、公审大会。应发电所工人们强烈要求，市公安局决定枪决了罪大恶极的于生。佳木斯发电所工人在党的领导下，夺回了被敌人窃取的发电所权力。6月，经合江省政府主席签署命令，工人张福贤被任命为佳木斯发电所所长，发电所工人们从此当家作主人。

1946年6月，苏军撤离北安，日伪翻译范奎武、会计王文秀趁机窃取了北安电业维持会正、副会长之职，克扣工人工资，遭到刘麟阁等工人的坚决斗争，维持会只维持了一个月就垮了台。尔后，北安电业局又被地痞流氓张北良篡权。经工人们坚决斗争，清除了范奎武、王文秀等汉奸走狗，使北安电业真正回到工人手中。

上海电力工人清算汉奸走狗的斗争。日寇无条件投降后，上海电力公司2800多名职工发出强烈的呼声：“抗日战争胜利了，8年的血债一定要算!”中共上电党支部及时抓住国民党大员忙于“劫收”和美国资本家还没有返回上电的有利时机，把工人对日寇和国民党汉奸的无比仇恨和对和平民主新生活的向往激情，引向对敌伪的清算斗争。正值上电的党员在群众中酝酿要日方发放

“战争损失费”的斗争时，发电厂的国民党分子王金山等企图乘机夺取这次斗争的领导权，他拉拢了总办事处和馈电处的几名职工代表，抢先与资方（日代理人）谈判发放“损失费”。结果资方只同意给每人发相当于一个半月工资的“损失费”。据此，上电绝大多数工人只能得到伪币30万元左右，相当于当时两斗米价，工人极为不满。上电党支部立即引导工人揭露国民党分子王金山擅自签字、篡夺领导权的阴谋。工人群众另推举出欧阳祖润、李源福、王恩鹏等工人为代表，改用要求资方发放“胜利费”的名义，与资方重新谈判。资方迫于工人的压力，不得不同意发给每个职工伪币105万元，先发半数，其余在3天内发清。但只发了一次后，资方竟食言赖账。愤怒的工人们到第5天开始罢工。上海的国民党头目派“忠义救国军”妄想用高压手段胁迫工人复工，被工人们轰出了厂。随后，国民党市党部委员王先青来游说，工人们看清了汉奸走狗的嘴脸，不予理睬。由于上电工人进行了不屈不挠的斗争，终于迫使资方接受了工人提出的条件，给每个工人发放的“胜利费”增加为伪币150万元，另加8担煤球和4个月的配给品，并一律按纸币折付，限期发清。上电工人的斗争，有力地阻止了国民党汉奸走狗混入工人阶级队伍窃取领导权的阴谋，同时又进一步打击了日方残余势力，捍卫了胜利果实。

山东电力工人反奸诉苦的斗争。1946年1月，山东博山第三次解放，中共党组织派工人出身的干部崔文章率工作队接管博山电厂，工作队迅速开展工人运动。区委书记姜波与博山工会副会长刘捷敏先后来电厂组织工人训练班，启发工人觉悟。1月12日，组建了工人自己的工会。1月13日成立了第一个中共党支部，在第一次党支部会议上，作出了打击敌伪分子、开展反奸诉苦斗争的决议。1月15日，一场暴风雨般的反奸诉苦斗争在博山电厂掀起。工人们在反奸诉苦大会上，愤怒高呼：“打倒工贼!”“打倒封建把头!”“打倒白汇川（系伪博山发电所所长）!”积极揭发白汇川贪污自肥，克扣工人工资和粮食等罪行，电厂工人觉悟起来的斗争，迫使封建把头、汉奸走狗不得不低头认罪。反奸诉苦斗争锻炼了工人，涌现出一批对敌斗争的积极分子。有 13 名工人加入了中国共产党并成立了工人武装组织工人自卫队。自卫队先后从 20 多名发展到百余名。工人们一面担任护厂任务，一面加紧恢复生产。

抗日战争胜利后，还有内蒙古、广东等解放了的电力单位，工人们积极投入反奸清算的斗争。把被敌人窃取的抗战胜利果实夺了回来，从而为更广泛深入地开展电力工运奠定了坚实的群众基础。

（三）建立工会和恢复生产

发展工会组织，巩固反奸斗争成果。抗日战争胜利后，刚从日寇奴役下获得解放的东北地区暂时在苏军控制下。国民党利用与苏联政府有外交关系的条件，加紧派遣特务，网罗势力打入各地区，阻挠解放军的到来。中国共产党最迫切的任务就是利用苏联红军对东北实行军管的背景作掩护，领导人民建立政权，建立与人民群众有密切联系的基层组织。当时在党没有公开的特定历史时期，党领导工人保卫胜利果实，恢复电力生产，彻底清除日伪残余势力的斗争，建立和发展工会组织尤其重要。

1945 年 9 月，中共中央派中央候补委员陈郁从延安飞赴沈阳，领导东北工人运动。11 月 24 日，在沈阳召开东北各地区工会代表座谈会，决定建立东北职工总会筹备委员会，推举陈郁为主任，并建立了辽宁省总工会筹备委员会。

辽宁省总工会筹备委员会的建立，有力地推动了东北煤矿工人运动的发展。为了适应新的形势，晋冀豫职工总会把工作重点立即转向交通干线和矿山地区，集中富有经验的矿工干部，积极领导峰峰、六河沟、焦作、石圪节煤矿的工人运动，迅速地进行矿区建设，以保卫矿区，增加生产。1945 年 9 月 1 日，即观台光复的第二天，六河沟煤矿职工总会即宣告成立。到 9 月底，工会组织已普及各厂和车间，参加工会的工人已占全体工人的三分之二。工会成立后，积极协助政府救济失业工人，并帮助 1300 余名包工失业工人复工。9 月 20 日，焦作矿区第一厂工会在工人俱乐部举行成立大会，郑鹤法、孟光明等 5 人当选为常务委员。焦作煤矿工会成立后，组织了复工，对四郊 3 万余失业工人进行了登记和救济，并拟订了工资草案，规定“每工每月最高工资为粮食 120 公斤，最低工资为 60 公斤”。1946 年 1 月 28 日，召开了鹤岗煤矿工会成立大会，民主选举张元昆为主席。4 月 23 日，河南安阳各煤矿代表集会水冶镇，成立了安阳县矿工工会。山西交城在边山一带先后成立了火山煤窑工会、耙齿沟煤窑工会。各地煤矿工会成立后，都积极协助民主政府增加工人工资，改善工人生活，救济贫苦工人，安置失业工人等。

煤矿工会建立后开始组织工人群众武装。解放区的煤矿工人翻身解放后，为了保卫胜利果实，保卫幸福生活，在各地煤矿工会领导下，纷纷组织群众武装。日本投降后，抚顺煤矿的老虎台矿和龙凤矿的“特殊工人”分别建立了 400 余人的“抚顺治安大队”和 300 余人的“人民自卫大队”。本溪煤矿的“特殊工人”建立了 2500 余人的“本溪护矿大队”。1945 年 10 月初，六河沟煤矿职工总工会发表了《告六河沟全体工友书》，指出要为保护矿山和工人的利益而与一切特务汉奸及反动派作坚决的斗争。号召工友们团结在工会、共产党、八路军周围，参加工人游击队，武装保卫矿山、保卫工人利益、保卫已得的一切果实，不为反动者所掠夺，向日寇汉奸特务们复仇及努力生产，支援前线。1946 年 2 月，鹤岗煤矿组织了工人自卫队，制定了章程，参加的有 325 人。工人自卫队成立后，首先查封了把头诘所的仓库和卖店，没收了把头诘所的部分房产和设备，保卫煤矿，维持治安。5 月 1

日，焦作煤矿工人在党和工会的领导下，“穿上军装，扛起枪杆”，成立了焦作煤矿工人纠察队，有一百多名队员。它的主要任务是：“积极生产，满足军民的供给，增强自卫战争的力量；参加反霸斗争，负责捉拿、看管、监督把头及其他坏分子，保卫矿山；积极备战，带领矿工向后方搬运机器物资。”①

积极恢复发展煤炭生产。解放区的广大煤矿工人，在政治上翻了身，在经济上提高了工资，极大地激发了生产热情。正如河北磁县煤矿工人说的：“过去咱们被迫给敌人做工时是尽量做慢点，现在可不同了，咱们要尽量做快点。因为多挖一块煤炭，就是给咱们自己的部队多增加一分消灭敌人的力量。”广大煤矿工人以主人翁的姿态，开展热火朝天的劳动竞赛，很快恢复和发展了煤炭生产。当时的报纸对太行区在新中国成立前后煤炭生产的情况作了生动的对比说，太行区“采煤业在敌占时摧残更惨，磁县五十余座私营经营之小窑全被没收，潞城五十座全部被迫停工，峰峰（磁县）、六河沟（安阳）、焦作三公司被敌经营时，三分之一的窑工是抓来的，作工时间每日竟达 14 小时，每工每日产量仅 0. 3 吨，其产量之低亦可见一斑。新中国成立后，潞安石圪节、安阳六河沟、沙河公司窑、汤阴鹤壁集、焦作等私人经营的煤矿，恢复到战前 70%—80%。目下公私合营之焦作、峰峰煤矿工人 9000 余人，每工平均产量超过敌占时 1 吨，已赶上战前焦作英国经营中福公司之水平，”“全区所有机器煤窑及手工业小窑，开工的已达 66%，工人 1. 98 万人，每天工作 8 至 10 个小时，每工产量平均竟达 2500 公斤，远超过敌占时的产量。”这为粉碎国民党反动派的军事进攻，准备了物质条件。

电厂工会建立后迅速发动组织工人开展斗争。在电力系统中，

---

① 河南省总工会工运史研究室编：《焦作煤矿工人运动史资料选编》，河南人民出版社 1984 年版，第 377—379 页。

东北的电业基层单位，有的首先成立起工会筹委会，积极发动和组织工人参加反奸清算的斗争；有的在反奸斗争取得初步胜利基础上建立工会，领导工人巩固反奸斗争已取得的胜利果实。

平息暴乱中的吉林电力工人。1946 年 2 月 3 日，凌晨 4 时许，东北的边远山区通化市发生了一起蒋、日伪残余势力合流的令人震惊的“二三”反革命暴乱事件。这次暴乱是在国民党东北行辕公署授意下，国民党辽宁省党部直接参与和指挥的，由国民党通化县党部书记长孙耕晓和日本战争罪犯原关东军一二五军团参谋长（系陆军大佐）腾田实产共同策划的。勾结和组织了逃窜到通化而投降的 3000 名日本关东军为骨干，伙同大量日本“在乡”军人（即退役军人），网罗一些伪满军、警、宪、特以及地方土匪武装等，还威逼、欺骗、裹挟了一批幼稚青年和日本居民组成了万名暴动队伍。动用了飞机、坦克、汽车和各种轻重武器，妄图夺取人民自卫军通化支队司令部、行政督察专员公署等重要部门，一举扼杀新生革命政权。他们阴谋利用电厂电源把电灯停亮闪动两次后停电以造成全市一片黑暗，作为暴乱的统一信号。因此，通化变电所里发生了一场电力工人反暴乱的特殊战斗。

2 月 3 日凌晨 3 点 45 分，通化变电所运行值班室的 2 名值班员，一名是电工何文瑞，另一名是留用的日本人杉本慎五郎，正在检查设备，监视仪表，突然变电所值班室的门被撞开，2 名荷枪实弹的日本兵闯进，后面还跟着黑压压的一群人。日本兵气势汹汹地用枪逼着这 2 名运行值班员，杉木慎五郎作翻译，用生硬的中国话对何文瑞说：“这些人叫我们把电灯开关上下撤动 2 次之后，拉闸停电。”何文瑞立即意识到这是敌人搞的阴谋诡计，一定会发生大事。他坚定地对杉本慎五郎说：“没有上级命令，绝对不准拉闸停电。”日本兵听后火了，用枪把子将他俩推过去拉闸，何文瑞坚持摇头摆手不答应，并对杉本慎五郎说：“不行！不行！千万别拉闸！”气急败坏的日本兵用枪托把何文瑞和杉本慎五郎打倒在地。何文瑞面对敌人的枪口和残暴毒打，坚贞不屈，拒绝拉闸。日本兵无计可施，眼看发暴乱信号的时间到了，只好自己动手，但日本兵又不懂电气技术，不会操作，分不清分闸和总闸，慌乱中只把一个分闸拉下来，造成小部分地区停电。因而打乱了敌人的阵脚。与此同时，二道江发电所也接到了自称是通化电业局的人用日语打来的电话，让工人立即停止发电，工人们根本没有听那一套，继续运行发电，有效地破坏了敌人策划的暴乱，挫败了敌人的阴谋。正是由于通化变电所工人强有力的抵制，使反革命暴乱的第一步就没能得逞，为人民军队平息暴乱赢得了时间，创造了条件。具有大无畏的英雄气概和不怕牺牲的革命精神的吉林电力工人为保卫新生的民主政权立了功。

解放区产业工人，通过这些斗争，受到了深刻的教育，提高了革命热情和生产积极性，增加了产量，改善了生活，发展了工人武装，为建设和巩固解放区，粉碎国民党的军事进攻，夺取自卫战争的胜利作了更加充分的准备。

第二节　产业工人为支援解放战争英勇奋斗

全面内战爆发后，中国工人在中国共产党的领导下，积极响应党的“积极生产，武装自卫，巩固后方，支援前线”的伟大号召，为配合和支援解放军粉碎国民党的军事进攻进行了英勇的斗争。

一、工人武装奋勇投入自卫战争

全面内战爆发后，各地工人武装响应党的“以自卫战争粉碎蒋介石的进攻”的伟大号召，积极配合和支援人民解放军，为夺取自卫战争的胜利进行英勇斗争。

（一）矿卫队英勇掩护机器设备

焦作煤矿为当时解放区的最大煤矿，为了扶植私人资本主义，晋冀豫边区政府决定把焦作新华煤矿公司改为新华煤矿股份有限公司（以下简称“新华煤矿公司”），并在1946年4月20日在焦作召开了第一次股东大会，通过《新华煤矿股份有限公司组织章程》，选举贾林放为董事长，使焦作煤矿进入了恢复发展的新时期。

全面内战爆发后，1946年7月，焦作煤矿工人纠察队奉命改为焦作煤矿矿卫队，成为保卫焦作煤矿的一支主要武装力量。鉴于国民党反动派挑起内战，晋冀鲁豫边区政府决定把新华煤矿公司迁移根据地。于是，9月，中共焦作市委在煤矿举办了备战训练班，组织动员近千名工人和职员备战上山，并将部分机器设备和贵重器材转移后方，由焦作煤矿矿卫队负责掩护撤离。

10月11日，国民党军队纠集2.7万人，从修武、木栾店和济源坡头，大举进犯焦作。人民解放军反击激战五里铺后，于10月12日中午主动撤离焦作。这时，焦作煤矿工人“纠察队荷枪实弹掩护着，工人们开始以全力转运机器。大车和牲口不够用，就用膀子抬，技术工人、技术职员、老年人，甚至剃头的，都无例外的自动参加了运送。敌机不断地追踪扫射，机器的锅炉上射了窟窿，工人们察看一下，‘不害事’！满意地微笑着，加速脚步向指定地点前进。他们完全忘记了机器之外还有自己。”“第二天（10月12日）敌人侵入南厂，侵入焦作，美国造的炮弹开始向北厂轰击，飞机扔下燃烧弹，火烧起来了，工人们仍在坚持着北厂最后一批机器的装运。纠察队毫不动摇地监视着地面上的敌人，他们发誓‘要像个老红军的样子’，他们终于掩护着工人们把这批机器运抵较安全地带。”①

10 月 13 日，在国民党侵占焦作的第二天，矿卫队和工人们仍在山里奔忙着。国民党军队又继续北犯，矿卫队配合人民解放军在王封矿附近的白马门消灭四五十个敌人，打了我军主动撤出焦作后的第一个胜仗。焦作煤矿矿卫队和工人们冒着枪林弹雨，终于在 10 月底把这批煤矿机器安全转移到根据地。后来，新华煤矿公司把这批价值 2000 万元的冀币投资于襄垣，与潞城、襄垣、黎城民主政府重建五阳煤矿，推选晋冀鲁豫边区政府工矿处第二管理处主任、新华煤矿公司董事长贾林放为董事长，为建设和发展根据地的煤炭工业作出了重要贡献。

1946 年 11 月，焦作煤矿矿卫队在山西晋城榆树口进行短期战术训练，整编为焦作煤矿工人游击队，共有 100 多人，由贺大捷任党支部书记，刘洪欣任队长，重返焦作矿区。12 月 23 日和 24 日，工人游击队先后两次抢回埋藏在矿区附近的 90 根铁轨。在返回的路上，遭受百余敌人居高临下的追击，一分队队长张玉富当即率队冲上去，一直把敌人撵到小新庄、干戈掌。在我军猛烈射击下，敌人伤亡五名。后来，敌人增援赶到，敌兵六倍于我军，工人游击队即分散四面山头侧击敌人。激战三个小时，打得敌人趴在山头，不敢前进一步。② 从此，焦作煤矿工人游击队转战矿区，经历大小战斗 100 余次，“配合道清路南的军队，坚持大片乡村阵地，把焦作变成大海中的孤岛”，决心“把侵入焦作的敌人消灭在焦作，让敌人走着进来，抬着也出不去！”③

---

① 河南省总工会工运史研究室编：《焦作煤矿工人运动史资料选编》，河南人民出版社 1984 年版，第 249 页。

② 《新华日报》（太行版），1947 年 1 月 23 日。

③ 河南省总工会工运史研究室编：《焦作煤矿工人运动史资料选编》，河南人民出版社 1984 年版，第 250 页。

（二）工人武装支队活跃在矿区

淄博工人支队活跃在矿区周围。解放战争期间，在淄博矿区曾经出现敌我双方“三出四进”（淄川）和“四出五进”（博山）的拉锯形势。面对这一复杂的形势，黑山、洪山、西河等煤矿区的工人，在党和工会“组织起来力量大，保护矿山为自己的家”的号召下，纷纷建立护矿队，保卫矿山安全，严防敌人破坏。全面内战爆发前后，淄博、西河、黑山煤矿工人，在党和工会的领导下，先后建立 3 支工人支队，拥有 2000 多人。还有许多工人参加地方政府组织的“武工队”和民兵武装组织。他们发扬抗日战争时期的英勇斗争传统，活跃于煤矿周围，配合解放军破坏敌人交通设备，袭击或扰乱敌人。1946 年 6 月至 7 月，工人支队配合鲁中军区部队，多次破坏泰安至北集坡之间的铁路，有效地截断了敌人的“铁腿”。1947 年 2 月 17 日，工人支队配合武工队和民兵，夜袭博山乐疃，炸毁了国民党军队存有几十万斤粮食的粮站，歼灭了敌人一个连，救出了被关押的 400 余名民工，断绝了敌人的粮草供应，支援了莱芜战役的胜利。1948 年 3 月 11 日至 25 日，淄博煤矿工人支队密切配合华东野战军东线兵团作战。他们在这半个月的时间内，不畏艰难，迂回作战，翻山越岭，坚韧顽强，先后攻克周村、张店、博山、洪山、淄川等地，歼灭敌人 39400 多人，为解放淄博矿区立下了不朽的功勋。由于淄博煤矿工人武装不断“配合主力打击敌人”，故山东省总工会曾号召全省工人“要向淄博工人学习！”①

（三）工人武装配合解放军战斗

矿工武装配合解放军解放枣庄煤矿。枣庄煤矿工人在反奸诉

---

① 中华全国总工会中国职工运动研究室编：《中国工会历史文献》第 5 辑，工人出版社 1981 年版，第 120 页。

苦斗争的基础上，组织了护矿队，参加的工人有 1733 人，到全面内战爆发时，这支武装改名为工人支队。同时，还以回民工人为主组织了回民支队，约 800 人。这两支工人武装，活跃在鲁南地区，配合人民解放军，不断打击敌人。

“枣庄工人在解除伪军王继美的战斗中，组织纠察队、担架队在战斗中表现了无比的英勇，创造了可歌可泣的伟绩”。[①] 1946 年，盘踞在枣庄煤矿的汉奸王继美和国民党军队，一再破坏停战协定和政协决议，严重地威胁着鲁南地区和平。为了严惩国民党反动派，1946 年 6 月 9 日晚，枣庄煤矿工人武装配合人民解放军，向敌人展开猛攻。经过一夜激战，于 6 月 10 日 8 时，解放了枣庄煤矿，击毙汉奸王继美，生俘国民党第十九集团军临枣地区指挥官王纲，还俘虏敌人 1413 名，缴获了大量武器。在这次解放枣庄煤矿的战斗中，有 5000 名煤矿工人直接参加了战斗，还组织了 1000 人的担架队；运输工人出小车 100 辆，担任运输弹药和粮草工作。此外，矿上的工人还组织了纠察队，负责维持秩序，堵截溃逃敌人。在战斗最激烈的 6 月 9 日夜里，工人纠察队就活捉了 200 多名敌人。工人家属也主动组织洗衣组、缝衣组，积极为前线服务，被战士誉为“解放军的妈妈”。为此，山东省总工会号召全省工人“要向枣庄工人学习！”

战斗在下川东云阳县的巴北支队。在人民解放战争不断胜利的形势下，1947 年 11 月底，中共川东临委委员兼下川东地工委副书记彭咏梧在云阳县召开了炉塘坪会议，传达了临委关于开展游击战争、开辟第二战场的决定。经过研究讨论，决定建立“中国共产党下川东游击纵队”，由赵唯任司令员，彭咏梧任政治委员。下设三个支队：巴北支队由赵唯任司令员，李汝为任政治委

① 中华全国总工会中国职工运动研究室编：《中国工会历史文献》第 5 辑，工人出版社 1981 年版，第 120 页。

员；七南支队由刘孟伉任司令员兼政治委员；大巫支队由太候任司令员，彭咏任政治委员。会后，赵唯、李汝为深入鱼泉煤矿组织建立巴北支队。

鱼泉煤矿地处下川东云阳县汤溪河上游沙沱区的崇山峻岭之中。据《云阳县志》记载，这里煤藏丰富，相传开采于清朝中期。到1938年前后，随着盐业的振兴，这里的煤矿工人已经发展到1500人左右。早在1935年11月，由于党的工作，建立了鱼泉矿区第一个党支部——烂柴沟支部，由刘芳清任书记。以后配合1936年春荒暴动，开始组织工人斗争。在抗日期间，经过抗日救亡教育，到1945年4月，在矿区发展工人党员40多人，恢复了鱼泉煤矿党的组织。在以后的三年里，先后领导了四次罢工，使工人受到了革命锻炼。1947年炉塘坪会议后，当赵唯、李汝为来到鱼泉煤矿发动工人组织游击队的消息传开，1948年1月28日，就有300多名煤矿工人报名参加游击队。后来，挑选70多名精壮人员，正式组成巴北支队，战斗在下川东崇山峻岭之中。

川东游击纵队巴北支队在党的领导下，在白色恐怖的艰苦条件下起兵，在强大敌人的反革命“围剿”中机动灵活地战斗，勇猛顽强，不断打击敌人。1948年1月28日午夜，巴北支队第一大队长钟浩然奉命率领游击队员，奇袭鹿子坪，不费一枪一弹，活捉团总伍醉兴，缴获短枪两支，长枪20余支，首战告捷。接着，1月30日傍晚，赵学做、陈汉书又率领游击队，智取河堰口，缴获40多支长枪，打开了云阳、开县、巫山三县交界处的交通要道，为在下川东地区坚持游击战争创造了条件。由于游击队连战连捷，使国民党反动派异常惊慌。国民党西南长官公署命令九区专员兼保安司令李鸿涛坐镇南溪、江口，拼凑反动武装“围剿”游击队。游击纵队司令员赵唯、纵队代政委扬虞裳根据敌众我寡的情况，采取避实就虚、与敌周旋的战略战术，与敌奋战。2月10日，游击队在余家屋后山，虚张声势，掩护突围。最后，采取迂回包抄，在敌猝不及防时，突然夹击敌人，打败了近 800 人的追剿队伍，敌人死伤 10 多人，溃退而去。

巴北支队胜利突围后，经过艰苦战斗，于 1949 年 4 月在盐集与七南支队会师。此后，游击队在鱼泉煤矿工人和群众的掩护下，时合时散，神出鬼没地与敌人周旋，艰苦地进行反“围剿”战斗。在将近两年的时间里，以煤矿工人为主的巴北支队与兄弟支队一起，牵制了国民党数万兵力，有力地配合了人民解放军正面战场的作战，为人民解放战争作出了贡献。

二、第二条战线上国统区的战斗

毛泽东指出：在全面内战爆发后，“中国境内已有了两条战线。蒋介石进犯军和人民解放军的战争，这是第一条战线。现在又出现了第二条战线，这就是伟大的正义的学生运动和蒋介石反动政府之间的尖锐斗争。”① 战斗在第二条战线上的国民党统治区的煤矿工人运动日益高涨起来。这个形势，不仅同中国共产党的正确政策和人民解放战争的胜利发展密切联系着，而且也是国民党政府的反动政策迅速破产的必然结果。

（一）灾难深重的国民党统治区

抗日战争胜利后，代表大地主、大资产阶级利益的国民党集团，迫不及待地抢夺抗战胜利果实，发动大规模内战，以维持其独裁统治。国民党统治的腐败，经济的严重危机，通货膨胀、物价飞涨，人民群众挣扎在饥饿和死亡线上。处于水深火热之中的工人在党的影响和领导下，日益觉醒，无论是国民党统治的大后方城市，重庆、成都、昆明、贵阳、广州、柳州、南宁等地，还

① 《毛泽东选集》第 4 卷，人民出版社 1966 年版，第 1120—1121 页。

是国民党“收复区”的上海、北平、天津、南京、东北等地，各地工人武装响应党的“以自卫战争粉碎蒋介石的进攻”的伟大号召，先后开展了反饥饿、反内战、反迫害的斗争，积极配合和支援人民解放军，为夺取自卫战争的胜利进行英勇斗争。

国民党政府为了恢复煤矿生产，1946 年 8 月 26 日，与美国政府签订了《中美采煤贷款合约》，以 150 万美元的贷款，购买了 5440 吨器材及物资，来恢复煤炭生产；同时，1947 年又在资源委员会内设立煤业总局，来加强煤矿的领导。同年 10 月 30 日，国民党政府全国经济委员会会议又决定提高煤价 40%。但是由于国民党的腐败统治，各地煤矿仍是破落不堪，一蹶不振，生产急剧下降。据统计，在资源委员会经营的 29 个煤矿中，1946 年的产量为 4546039 吨，到 1948 年则下降到 2595740 吨。由于采煤业萎缩破产，在国民党统治区出现了严重煤荒。据新华社 1947 年 12 月 9 日报道：“国民党政府的首都南京的用煤，由于华东煤矿停止供给和淮南煤矿供给锐减，使南京运输业、工厂及蒋匪各机关，均感煤荒严重。”东北仅能供给煤炭需要量的 1/4。国民党政府资源委员会委员长翁文灏亦供认，“东北用煤本不仅可以自给，且可外运，但现则需仰赖开滦煤矿”。由于缺煤，“竟使沈阳全城停电，报纸均无法出版”。电车“陷于停顿”“各学校均提前放寒假”“鞍山钢铁公司一座四百吨熔铁炉，因煤荒无法开动。”抚顺电厂“发电不足”。长春、锦州、锦西电厂被迫“停工”。太原，“虽入‘立冬’，一般商民及住户能燃火暖室者甚少。”在产煤区的大同，“居民多群集铁道旁争抢煤渣”。张家口，由于黑市煤每吨涨到 60 万元，“穷人均只有望煤兴叹”。察哈尔省“龙关县居民，均被迫以生水解渴”。西安“则煤粮均缺，市民称之为‘黑白二荒’。”青岛“因为煤荒严重，连官僚资本之中纺分公司，亦被迫于（1947 年）12 月起停工”。面对严重的经济危机和煤荒，1947 年 2 月 16 日，国民党政府国防最高委员会通过了《经济紧急措施方案》。被迫宣布对燃煤采取紧急措施，实行统配。国民党政府还滥发纸币，因而造成通货膨胀，物价狂涨。据统计，以抗战前夜的物价为标准，日本投降前夜的物价涨了 1800 倍，到 1947 年 7 月，上涨了 6 万倍。法币 100 元，在 1937 年能买两头牛，1938 年能买一头牛，1941 年能买一头猪，1943 年能买一只鸡，1945 年能买一条鱼，1946 年能买一个鸡蛋，1947 年就只能买 1/3 盒火柴了。[①] 正如当时流传在东北抚顺煤矿的一首歌谣说的："想中央，盼中央，中央来了遭了殃，豆饼糠菜吃不饱，一斤票子一斤粮。"[②] 煤矿衰败，工人失业，通货膨胀，物价暴涨，使得国民党统治区的煤矿工人挣扎在饥饿和死亡线上。这种情况，迫使煤矿工人不得不团结起来为争取生存权利同国民党政府进行你死我活的斗争。

据不完全统计，从 1946 年 6 月国民党反动派挑起内战到 1947 年 7 月人民解放军转入战略进攻前夕，国民党统治区的各地煤矿发生各种形式的反美反蒋斗争 20 多次，卷入工潮的近 10 万人。他们与全国人民群众的爱国民主斗争，互相配合，互相支援，形成了反对美蒋反动派的第二战场，使国民党政府完全处在全民包围之中，有力地配合了人民解放军的作战，加速了人民革命胜利的进程。

（二）开展反内战、反迫害的斗争

云南电力工人反内战、反迫害的斗争。1945 年 11 月 26 日，中共地下党云南省工作委员会领导昆明 30 多所大、中学校 3 万多名学生宣布罢课，要求停止内战，求和平，组织联合政府，保障人民自由权利的斗争。12 月 1 日，国民党政府调动大批特务闯入

① 沙英：《中国四大家族的危机》，光华书店 1948 年版，第 69—75 页。
② 本书编写组编：《煤都抚顺》，辽宁人民出版社 1959 年版，第 46 页。

西南联大、云南大学等校，殴打师生，投手榴弹，当场致死4人，重伤11人，轻伤14人，酿成震惊全国的“一二·一”惨案。耀龙电力公司“新联”组织的青年电力工人响应“罢联”的号召，积极支援学生斗争。在电力职工中发动“严惩凶手，抗议国民党暴行”的签名。发动工人捐款支援学生，并组织到联大4位烈士灵堂献花圈和挽联。从12月2日至20日，全市群众到灵堂参加公祭的有15万人次（当时昆明全市人口还不足30万人），耀龙电力公司工人在中共地下党组织的领导下，秘密印发“一二·一”事件的报道，揭露国民党反动政府镇压民主革命运动的真相，教育职工迅速投入反内战、反迫害的战斗。1946年，国民党发动了全面内战，迫害进步人士，捣毁地下党《新华日报》的报馆，封锁新闻，查封进步刊物。大有黑云压城城欲摧之势。耀龙电力公司地下党组织为了让工人群众及时得到党中央、毛主席和解放战争胜利的消息，与其他单位地下党共同秘密发行地下刊物《新华通讯》，“新联”小组克服重重困难，冒着被砍头危险，承担了宣传材料的刻印工作。为防止国民党特务察觉，油印刊物的工作，时常变换地方，大都得到了工人们的支持和掩护。工人主动担任岗哨，一旦发现有可疑的人走动，就大声咳嗽或讲话以表暗示。在白色恐怖时期，耀龙电力公司地下党和“新联”小组传播党的声音，正是得到广大电力工人的掩护，才一直坚持下来。他们以最快的速度得到中共中央领导人的讲话及解放战争胜利的捷报，又以巧妙的斗争艺术，冲破国民党的新闻封锁和政治迫害，用《新华通讯》这一有力宣传武器，宣传教育群众、动员群众，使耀龙电力公司的电力工运发展成为反对国民党统治的重要力量。

四川电力工人在中美合作所的斗争。抗日战争和解放战争时期，四川重庆成为蒋介石法西斯统治的集中地和大本营。1943年，国民党反动派和美帝国主义联合成立了“中美特种技术合作所”（简称中美合作所），其设在重庆渣滓洞和白公馆。国民党军统局局长戴笠任主任，美国海军中校梅尔斯任副主任。由美帝国主义提供各种杀人武器和现代化刑具，派员训练特务，以重庆市和四川省作为“实验区”，疯狂地迫害共产党人和爱国志士。1947年7月，国民党发布“戡乱动员令”，变本加厉地逮捕、监禁、屠杀工人、学生和爱国群众，使整个国统区笼罩在一片白色恐怖之下。具有光荣革命传统、不畏强暴的重庆电力工人在长期的工运中锻炼和造就了刘德惠等一批优秀的工运骨干。他们是中国电力工人阶级的优秀代表，为了人民的解放事业，与国民党的血腥统治进行了不懈的斗争，谱写了一曲可歌可泣的英雄赞歌。

（三）开展争民主、反压迫的斗争

上海电力工人争民主、反饥饿、反迫害的斗争。1945年9月至11月，上电公司的馈电处，总办事处、发电厂三个部门职工以直接投票方式，成立了各部门的工会筹备委员会，直接领导工人开展了反对民族压迫，争取挂国旗，要求中、外籍员工同工同薪等斗争，并取得了初步胜利。

全国解放战争的形势迅猛推进，国民党更加紧对日益高涨的人民民主运动的镇压。电力工人运动也更为艰苦激烈。上海电力公司工会在党的领导下，一直处于斗争的前沿，成为国民党妄图控制上海工人运动的障碍。为此，国民党特务想方设法加以破坏和遏制上海电力工人反压迫、反内战、争生存、争民主的斗争。1947年9月，国民党当局借口“富通事件”，宣布“整理”上电工会，企图夺取工会领导权。但是敌人的“整理”并没有达到目的。1948年1月8日，上电工会代表大会在宁波同乡会举行。国民党特务范才骙等到场，企图强制代表按预定名单圈选未成，开票时又采取偷天换日，却被群众识破。选举结果，有5名中共地下党员吴世绅、王孝和、黄洪勋、谈阿四、冯仁忠当选为理事。理事会又选举吴世绅为理事长，王孝和、黄洪勋为常务理事，工会的主要领导权仍然掌握在党的手中。会后，特务们灰溜溜地说："3个月白白地'整理'了！"范才骙无可奈何地向工会积极分子冷笑作揖说："佩服！佩服！你们胜利了。"接着，重建了工会党团，先后由黄洪勋（后叛变革命）、王孝和任书记。

1948年1月底至2月初短短几天里，上海接连发生了"同济大学事件""禁舞事件""申九事件"，国民党进行血腥镇压，上电职工全力支援申新九厂职工，反抗国民党的暴行。3月下旬国民党特务变本加厉地逮捕了大批工运骨干，广大职工强烈要求开展反迫害斗争。在这种形势下，工委个别同志头脑发热，没能正确审时度势，而是布置上电在发电厂进行反击活动，遏止暴行。4月2日，上电工会党团成员、工会理事冯仁忠被派驻在工会内的国民党工福会特务林本胁迫，供出了工会党团的组织和活动情况，使上电工会领导成员处境危急。4月19日晚，特务万一突然到王孝和家，胁迫王孝和自首。尽管他使尽威胁利诱的伎俩，王孝和仍不为所动。王孝和愤然表示："我是上电2800名职工选出来的工会常务理事，只知道为会员说话办事，没有自首的必要。如果你们一定要我自首，我应当先听听会员们的意见。"4月20日，工福会陆京士的主要副手范才骙召集特务一伙密谋逮捕上电工会黑名单上的人员。4月21日清晨，王孝和照常去发电厂工会上班，路经中纺十二厂（今上海第十二棉纺织厂）工房前，被早已潜伏在此的警备大队队长路鹏逮捕，押往警备大队。随后遭逮捕的还有谈阿四等12人。

王孝和被押到警备大队后，军统特务路鹏亲自审问，用尽"老虎凳""磨排骨"等酷刑。王孝和坚持不给口供，路鹏无计可施，搬出叛徒提供的材料。王孝和万万没有想到工会内部出了叛徒。但面对敌人的"审讯笔录"和"自白书"拒绝签字。路鹏暴跳如雷，再次审讯王孝和，又施酷刑，仍无所获。这时的王孝和已处于昏迷状态。23日晚，王孝和惨遭第三次审讯。路鹏动用了电刑，王孝和以坚贞不屈的意志，经受了最残酷的考验，使路鹏这个军统特务老手也感到震惊。4 月 25 日，王孝和等被押解到淞沪警备司令部军法处看守所。5 月 1 日，国民党上海高等特种刑事法庭开始庭审。在庭审中，王孝和等公开揭露警备大队酷刑逼供的事实。他当众解开衬衣，让胸前血迹斑斑的伤痕作证，使检察官哑口无言。在之后的几次庭审中，国民党让叛徒冯仁忠、黄洪勋出庭对质，企图陷王孝和于困境，王孝和一一加以痛斥。6 月 28 日，国民党上海高等特种刑事法庭宣判：王孝和、吴国桢“意图妨碍戡乱治安未遂，处死刑”，张世宝“意图妨碍治安未遂，处无期徒刑”。其他人分别处以有期徒刑。宣判后，狱中难友沉浸在悲痛中。当王孝和的同学陈彭麟陪同忻玉瑛（王孝和妻子）去探监时，被敌人折磨得遍体伤痛的王孝和再三叮嘱忻玉瑛要挺住，要活下去，把孩子抚养成人，告诉孩子们他是被谁杀害的，教育孩子一定要继承父志。党组织积极设法营救王孝和，曾指定中共上电工作委员会成员郭予钧帮助忻玉瑛上诉。忻玉瑛和吴国桢家属为此多次前往南京向国民党中央特种刑事法庭提出上诉。狱中几位青年难友主动帮助起草上诉书，敌人在预审中酷刑逼供的事实。上级党组织广泛发动各界人士向上海特种刑事法庭寄送抗议信，谴责反动派阴谋杀害无辜，强烈要求无罪释放王孝和等，电话不断，信件似雪片飞去。特刑庭庭长王震南惊恐万状，连来访的记者都不敢接见。王震南于 6 月 30 日呈文国民党政府司法行政部部长说：“深恐发生意外，亟待核准执行。”色厉内荏的本质暴露无遗。1948 年 7 月 28 日，中共上海市委工委以上海工人协会的名义又发表宣言，揭露国民党政府“蓄意屠杀人民是早具计划的”，号召上海工人“和敌人作坚决的斗争，迎接胜利!”王孝和妻子忻玉瑛按照党组织的布置，到发电厂门口，严词痛斥敌人陷害王孝和，要求立即无罪释放。当时，她正怀着孕，又怀抱刚满周岁的女儿，行人听了忻玉瑛的血泪控诉，寄予极大的同情和支持。纷纷声讨国民党反动派的法西斯暴行。忻玉瑛的这一斗争公开揭露了敌人，赢得社会舆论的支持。

9 月 24 日，国民党中央特种刑事法庭复判王孝和死刑，吴国桢由死刑改判无期徒刑，将王孝和移押于杨树浦警察分局隔壁的特刑庭看守所。当时被关押在这里一号监的原中共上海市委工委委员王中一利用秘密暗孔传来小条子，要六号监的难友设法通知王孝和立即做好对付敌人突然行刑的准备。经过反复斟酌，确定了既要揭露敌人，又不暴露身份的口号。随后，王孝和提笔写了三封信，一封给年老的双亲，一封给怀孕的妻子，一封给狱中的难友。给难友的信全文是："有正义的人士们，祝你们身体健康，为正义而继续奋斗下去！前途是光明的！那光明正在向大家招手呢！只待大家努力奋斗！"这三封信经各监房秘密传阅，引起巨大震动。难友们无不同仇敌忾，义愤填膺，纷纷表示要继承遗志，完成未竟事业。连狱中的非政治犯也深受教育，说："共产党员是好样的。"复判后，国民党原准备在 9 月 27 日上午执行。但那天一早，刑场外面人头攒动，许多上电工人都想见到王孝和最后一面。忻玉瑛哭喊着痛斥国民党政府冤杀无辜，刚满周岁的女儿佩琴跟着母亲呜咽。此情此景激起了阵阵怒涛。敌人害怕了，只得宣布改期执行。9 月 30 日，难友们从种种迹象中预感到王孝和的最后时刻已经临近。各监房纷纷传来向他致敬和慰问的纸条，字字句句充满了深厚的同志情谊。有的写着："我们一定为你报仇!"有的表示："我们一定踏着你的血迹前进!""你一个倒下去，千万人将站起来!"王孝和含着热泪，频频致谢。他还挂记着同他一起战斗的战友张世宝、吴国桢，拿起笔匆匆留下最后的叮咛："宝祯两兄：今天我的任务已经告一段落，希望你们二位不断地把革命进行到底，切勿把革命半途而废。……祝你们向光明的道路前进!"上午，闯进几个法警，高喊："王孝和提审!"王孝和从容不迫地穿上了白衬衫，双手被反铐着走出牢门，立即怒吼：“特刑庭不讲理！”“特刑庭乱杀人！”伴随着叮当脚镣声，走一步喊一次，又高呼：“冤枉！冤枉！”呐喊声震动着每个难友的心扉。难友们聚集在铁栅前，含泪默送坚强的战士，从各个监房内爆发出阵阵怒吼声，与王孝和的口号声连成一片。王孝和被押解到特刑庭，听完庭长宣读“执行命令”后，从容自若，面不改色，昂首提出：“我要向在场的记者先生们讲几句话。”在场的报社、通讯社记者有20多人，庭长不得不同意。王孝和不顾就义在即，慷慨激昂地痛斥国民党蛮不讲理、滥杀无辜的残暴行径，要求记者们主持公道，在报上披露真相。庭长急得直跳，硬要王孝和在“判决书”上捺手印，王孝和怒目相对，明确表示：“我不承认你们的判决，我不签！”又把法警端上的掺有麻醉剂的血酒打翻在地。当他被几名法警押赴刑场时，记者们上前摄影，其中《新闻报》摄影记者马赓伯摄下了一组珍贵的照片给后人留下了难忘的怀念。当时1名外国记者用英语发问，王孝和用英语作了回答，直到枪声响起，才终止了他的战斗！时年24岁。王孝和烈士的英勇就义，体现了中国电力工人反迫害、争民主的大无畏革命精神，也体现了中国共产党人的高贵品质。

当王孝和给家属的两封遗书转交到中共地下党组织，地下市委工人运动委员会的负责人在工委会议上宣读，人人都为失去一位好党员、好战友而万分悲恸。处在哈尔滨解放区的中华全国总工会得知王孝和同志牺牲的消息后，立即举行记者招待会。全国总工会领导人和出席全国第六次劳动大会的上电、法电等代表在会上揭露了国民党反动派镇压电力工人运动、杀害无辜的真相，指出国民党动用特刑庭公开判决，恰恰说明了人民民主力量的强大和国民党统治的摇摇欲坠。全国总工会为此通电全国和海外侨胞，并号召国民党统治区职工更加有力地打击反动派；解放区职工全力支援解放战争，保证人民军队迅速向全国进军。消息传到香港，在香港的人民民主保障会、中国劳动协会及其他人民团体，一致向国民党政府提出强烈抗议，并立即拨款援助。

上海解放后，王孝和被上海市人民政府追认为烈士。1949 年 11 月 5 日，上海电力公司工会在逸园（现文化广场）隆重举行了“王孝和烈士追悼大会”。上海市军事管制委员会和上海市人民政府送了“为工人阶级利益牺牲永垂不朽”的挽词。中共上海市委第三书记、上海总工会筹委会主任刘长胜题了“我们踏着王孝和烈士的血迹前进”的挽词。1988 年 9 月 29 日，中共上海电业委员会会同上海工人运动史料委员会办公室隆重集会纪念王孝和烈士就义 40 周年。当时，中共中央政治局委员、中共上海市委书记江泽民特地从北京给大会书写亲笔信，赞扬：“40 年前，王孝和同志怀着共产主义的理想，为中国人民的解放事业，英勇地献出了自己宝贵的生命。他不愧是优秀的共产党员，工人阶级的杰出代表。我们要学习他坚定的革命信念，无私无畏的革命精神，高度自觉的组织性和纪律性，为建设伟大的社会主义祖国而奋斗。王孝和烈士永垂不朽！”

王孝和烈士是中国电力工人运动中涌现出的最杰出的代表之一，他的崇高理想和高尚品德，必将激励着一代又一代电力工人奋勇前进！

三、产业工人积极支援解放战争

解放区工人在党和民主政府领导下，发扬中国工人阶级艰苦奋斗、英勇献身的精神，积极恢复和发展生产，开展增产立功运动，努力为前线服务，支援人民解放战争。

（一）工人积极开展恢复发展生产

解放区煤矿工人的首要任务是恢复和发展煤炭生产。由于战争，当时煤矿的破坏极为严重，生产的恢复异常困难。这在当时的北满鸡西、鹤岗、蛟河、西安四大矿区尤为突出。据记载：当时北满“工矿业有的（如鸡西等矿区）遭受敌伪严重破坏，发电所被毁，器材散失。‘八·一五’后年余时间内，生产陷于停顿；人员离散，矿坑被水所淹”“由于煤矿都远处山区，蒋匪军勾结土匪谢文东等不时袭击矿山，在矿区内部串通旧宪兵、特务把头，阴谋杀害干部和积极工作的职工人员”“工人因没有生产，生活极度困难。”后来，梁平在回忆当时的情况时说：由于煤矿遭到极大破坏，生产尚未恢复，“工业和民用的主要能源——煤，极度缺乏，工厂不冒烟，火车不能运行，最重要的军运列车不得不烧豆饼”“负责整个东北地区财经工作的陈云同志，号召大家节约一斤一两煤炭来支援前线。在零下三十几度的严寒里，他带头不烧煤取暖。”① 在这种情况下，为了支援解放战争的胜利，恢复和发展煤炭生产，1947 年 3 月，中共中央候补委员、中共东北局工矿处副处长、东北职工总会筹委会主任陈郁把主要精力放在恢复和发展煤炭生产上面，紧紧抓住鸡西和鹤岗两个大型煤矿不放，提出“多出煤炭支援前线，保证解放军打到哪里，火车开到哪里，煤炭供应到哪里”的口号。他带领一批干部，深入矿厂，发动群众，从解决工人的吃饭问题入手，开展初步的民主改革，调动了广大工人群众的积极性，很快就使几个大型煤炭基地恢复了生产，源源不断地供应了东北地区的军需民用。② 据调查统计，北满鸡西、鹤岗、蛟河、西安四大煤矿，从坑口生产情况来看，1946 年，生产的坑口有 11 个，恢复和半恢复的坑口有 17 个，1947 年，生产的坑口增加到 37 个，恢复和半恢复的坑口增加到 51 个。从煤炭产量上看，1946 年生产煤炭 605166 吨，1947 年，迅速上升到 2314886 吨，与 1946 年相比增长 2. 82 倍。山东华丰

① 本书编写组编：《回忆陈郁同志》，工人出版社 1982 年版，第 110 页。
② 本书编写组编：《回忆陈郁同志》，工人出版社 1982 年版，第 4 页。

煤矿工人复建了东边坑和东新坑两对矿井。

（二）增产立功运动普遍展开

1947 年 2 月 7 日，《解放日报》在发表的《中国工人阶级今天的任务》社论中，就提出了解放区工人“应该更有计划地加紧生产，为保证人民解放军的足食足衣，加强解放区各方面的力量而立功”“应该开展新英雄主义的竞赛”[①]。5 月 1 日，《人民日报》又发表了《纪念“五一”继续扩大增产立功运动》的社论。社论在总结了自“二七”社论发表之后所取得的成绩与经验，提出要在开展生产竞赛的基础上，继续扩大增产立功运动，要求“增产立功运动没有发展起来的工厂，或运动开展不好的工厂还要更加积极起来，使增产立功运动更加深入和普遍，已有的成绩和经验更加提高”，已取得成绩的厂矿要“发扬已有经验，不骄傲不自满要更大的发挥我们工人阶级的革命精神，使我们在爱国自卫战争中能够功上再加功，以求早日打败蒋介石！”[②] 在“二七”和“五一”社论的号召下，解放区煤矿工人掀起了热火朝天的增产立功运动。这是赵占魁运动在新形势下的继续和发展。鹤岗煤矿，1946 年 9 月 24 日，工人们在生产竞赛中，用 5000 人的劳动力完成了 3 万人才能完成的工作量。10 月 1 日，开展了生产大突击运动，在当时困难的情况下，日产 2200 余吨，增产三四倍。1947 年 1 月，在增产立功运动中，提出了“反对懒汉，创造模范”的口号，兴山区超过了 1200 吨的预定计划。东山区完成 14770 多吨。陆镜区完成 8629 吨，超过 129 吨。在 1947 年涌现出特等劳动模范三名，矿级劳动模范 17 名，科级劳动模范 85 名，

① 中华全国总工会中国职工运动研究室编：《中国工会历史文献》第 5 辑，工人出版社 1981 年版，第 146 页。

② 中华全国总工会中国职工运动研究室编：《中国工会历史文献》第 5 辑，工人出版社 1981 年版，第 152 页。

股级劳动模范166名。鸡西煤矿，广大工人在“多出煤炭，支援前线，打倒蒋介石”的口号下，普遍开展了增产立功运动。1946年10月接收时，月产煤炭8100多吨，到1947年6月迅速上升到月产煤炭7.8万多吨，提高了将近9倍。全员效率超过了日伪时期的水平。在1947年涌现出60多名劳动英雄，300多名生产能手。北票煤矿南山矿厂：在1948年一、二月每日仅产煤三四十吨，三月起人数减少，而产量却提高了。四月在检讨工作、评议工资后，工友们自发地互相竞赛，提出迎接“五一”、争取日产150吨的口号，结果4月30日产煤168吨，①涌现出劳动模范46名。石圪节煤矿工人在增产立功运动中，努力增加生产，支援前线，使煤炭产量大幅度上升。

（三）全力组织力量支援前线战斗

1947年春天，在莱芜、临朐战役中，淄博煤矿工人积极组织力量奔赴前线，支援解放战争。仅淄川矿区就有1.2万名工人参加了担架队和运输队。前后三批共出担架5400副、小车1000辆、挑夫8000名，负责运送粮草、弹药、救护等工作。他们在“部队打到哪里，就支援到哪里”的口号下，翻山越岭，忍饥耐寒，昼夜奔驰在运输线上，肩扛、担挑、车推，将大批粮食、弹药源源不断运到前线，及时保证了前线连续作战的需要。峰峰煤矿工人在莱芜大捷的鼓舞下，3月18日，召开了全体职工生产支前动员大会，决定每月一日为“支前生产日”，把这一天所产的煤变成现金支援前线。全矿3000多名职工在“不打垮蒋介石支援前线生产日永远不停”的口号下，在短短的四个月当中，就增产支前煤款3700余万元，献金2000余万元。峰峰矿区29个小煤窑的4700

① 中华全国总工会中国职工运动研究室编：《中国工会历史文献》第5辑，工人出版社1981年版，第240页。

多名职工，自动发起了“增产献金”运动，仅在3天时间内，就献金十余万元，增产煤炭5600余筐。6月4日，人民解放军六纵队政治部在给峰峰煤矿职工的感谢信中，表示“今后一定要再接再厉，英勇杀敌，争取早日打败蒋介石！”鸡西煤矿工人还决定6月4日为劳军日，这天工人加倍努力，生产1300万元，全部用于劳军。据统计，东北煤矿工人为支援解放战争，慰劳前线，自动献工九万六千余个。鹤岗煤矿所在的兴山市先后接收伤员1万余名。为了使负伤将士早日恢复健康，重返前线，1947年1月，鹤岗矿务局、职工总会等单位联合发起输血运动，全市参加输血的就有538人，还掀起了慰问劳军热潮，仅劳军献款就有60316550元。穆棱煤矿工人在军代表兼矿长钟毅和党代表陈慕华的领导下，在热火朝天的增产立功运动中，还为人民解放军修配大炮、机关枪等武器，支援前线，被授予“来自人民，用于人民”的荣誉称号。山东华丰煤矿工人在为解放军修理枪炮的基础上，办起了一个小兵工厂，制造手榴弹、地雷、枪弹等武器，支援前线。

掀起参军参战热潮。东北煤矿工人为了支援解放战争，从日本投降后，先后参军人数超过2万人。北票煤矿工人到1948年4月，参军的“有990余名，成立了工人教导团，一些工友在对敌斗争锻炼中，已成为军队或政权的干部”。[①]峰峰、华丰等煤矿也有许多工人参军参战。1948年3月下旬，在解放淄川城的战斗中，淄博煤矿组织了三四千人的救护队，支援解放区作战，并且挑选了六七十名精壮强悍的掘进工人，争分夺秒，团结战斗，仅用两三天时间，就挖了高、宽各1.5米，长100米，通往淄川城东门的隧道，迅速炸掉了敌人的碉堡，为解放淄川城创造了条件。

① 中华全国总工会中国职工运动研究室编：《中国工会历史文献》第5辑，工人出版社1981年版，第239—240页。

（四）多种形式办学提升职工素质

我国第一所煤矿工人学校的创办。随着人民解放战争的胜利发展，大批煤矿先后获得解放，煤矿的管理干部和技术人员极为缺乏。为此，中共东北局工矿处在鸡西矿区恒山矿创办了我国第一所煤矿工人学校。

这所学校，是根据中共中央候补委员、东北局工矿处副处长陈郁的倡议于 1947 年 5 月 12 日创办的。当时的校名为东北工矿处工人学校，由陈郁自兼名誉校长，袁溥之任校长。[①] 这所学校的“教育方针是开动脑筋，提高阶级觉悟，学习工会工作及怎样当干部，口号是学会本领参与工厂矿山的管理，提高生产，支援前线，争取战争最后胜利”。后来，杨长春、王珣在回忆当时办学的情况时说：“除少数专职教员外，校长、矿山各级负责人都兼职上课。把各矿区、矿山在反把头运动和恢复生产中涌现出来的积极分子，一批一批地送进学校，学习文化、政治以及安全生产和管理知识等。陈（郁）老也到工人学校讲课，用自己亲身经历，现身说法，教育启发工人阶级的阶级觉悟。学员经过学习教育，觉悟迅速提高，纷纷表示回矿后要以实际行动响应党的号召，和矿工们团结一道，开展反‘把头’运动，并尽快把煤矿恢复生产搞上去。”[②] 短短 1 年多的时间，这所工人学校先后举办 10 期，为鸡西、鹤岗、蛟河等煤矿共培养学生 1397 名，其中职员 82 人，发展共产党员 355 人。“他们后来回到矿山都成了骨干和领导”，[③] 对于恢复和发展东北煤矿生产起了重要作用。许多工人高兴地说：“从古以来没有听说过给工人办学校，共产党真是比父母还好。”

为了活跃煤矿工人的文化生活，对职工进行思想政治教育，

① 本书编写组编：《回忆陈郁同志》，工人出版社 1982 年版，第 77—78 页。
② 本书编写组编：《回忆陈郁同志》，工人出版社 1982 年版，第 78 页。
③ 本书编写组编：《回忆陈郁同志》，工人出版社 1982 年版，第 59 页。

1947年10月，陈郁、袁溥之还从东北工人学校第六期学员及工人中选拔出一批年轻、对文艺有爱好的人员，组成东北工人学校文工团，创办了我国第一个煤矿工人文工团，为后来成立中国煤矿文工团奠定了良好基础。

在陈郁和袁溥之创办东北煤矿工人学校的推动下，东北各个煤矿都采取积极措施，运用多种形式，举办职工学校、训练班、夜校和识字班，提高职工的思想、文化和技术水平。到1949年6月，据鹤岗、鸡西、蛟河、西安、通化、抚顺、阜新、北票、赛马等九个国营煤矿的统计，参加学习的职工共有47334人，其中参加职工学校学习的有3712人，参加训练班的有18312人，参加夜校学习的有14865人，参加识字班学习的有10595人。若以当时东北13万煤矿工人计算，参加各种学习的工人占职工总数的1/3至1/4。通过学习和教育，大大提高了煤矿工人的素质。据1949年4月统计，职工会在工人中培养和提拔了5000多名干部，为以后东北解放区恢复和发展煤炭生产起到重要的推动作用，并在华北解放区推广了这种办学经验。

（五）各地工人大力支援解放战争

东北解放区电力工人对解放战争的支援。1948年，东北地区大片土地先后获得解放，如何及时地恢复发展生产，巩固东北革命根据地，支援全国解放战争的胜利，这是东北工人阶级，包括东北电力职工的首要任务。当时，恢复东北电力工业，面临的困难是很多的，日本帝国主义无条件投降后，东北的电力设施遭破坏。加之，约97.3万千瓦电力设备，被苏联红军作为战利品拆走，残存下来的电力设施寥寥无几，仅有60万千瓦左右。面对上述情况，东北电力工人没有被这些困难吓倒，在中国共产党的领导下，排除万难，为恢复东北电力生产作出了重大贡献。

辽宁、远东、吉林电力工人为支援解放战争作贡献。1947年

3 月至 10 月，人民解放军以海城、岔沟、孤山为根据地向国民党军作战。战时海城镇二道胡同设立了解放军野战医院。但海城缺水缺粮又无电，使伤病员得不到治疗和休息。在这紧急情况下，电力工人张殿武等与海城镇长一起组成突击队，搞成一座 220 伏 10 千瓦直流发电机，解决了野战医院照明和伤员手术用电，还满足了解放军粮食加工用电和海城 7 万人口供水。1948 年 3 月 18 日，阜新解放。国民党军撤退前已将 33 千伏八道壕至新立屯线路的 360 基电杆全部破坏，仅残余 21 基。阜新区分局成立由 11 名工人组成的线路抢修队，奋勇抢修，7 月 1 日恢复送电。1948 年锦州解放时，电业工人冒着战火，坚守工作岗位，保护锦州市区 3 座变电所（锦州、白梨、小岭子）。然而市内所有供电设备在战火中损失严重。10 月，锦州电业局工人投入抢修设备恢复发供电的战斗，组成抢修抢险队，昼夜兼程，抢修原“合成”燃料厂（现锦州炼油厂）的5000 千瓦发电机组，于 12 月投产运行，同时抢修送电、配电线路和各变电所。11 月 17 日，3 个抢修队的线路工人又全力以赴抢修青锦线。他们爬冰卧雪，冒着零下 20 多度的刺骨寒风上塔抢修，苦战 39 天完成了任务，为锦州的厂矿生产用电作出贡献。他们仅拼搏了 2 个月就把锦州市破乱不堪的线路全部修复，于 12 月 30 日送电，使全市 14700 多户居民重见光明。1949 年 3 月，北票发电厂工人在抢修发电设备中，义务献工达 9750 个小时，并解决了许多生产关键问题，终于将一个被战争破坏的 1.5 万千瓦发电厂修复，于 7 月 1 日正式运行发电，解决了辽西地区电源供应问题。

张家口电力职工赴延安为毛主席安电灯。翻身得解放的张家口市电力工人，以高度主人翁精神，投入修复发电设备，恢复电力生产，支援晋察冀边区建设。1946 年 7 月 1 日，民生电力职工在庆祝中国共产党成立 25 周年大会上，工人们自发地唱起《没有共产党就没有新中国》，情绪激昂。许多工人争先恐后地讲了心里话。工人们谈到毛主席还在延安窑洞煤油灯下日理万机，都感到不安。这时，民生电业公司党支部根据工人的心愿，专门研究了给毛主席安装电灯的事。到会的50多位工人听说要给毛主席安电灯，心情异常激动，争相报名。经过25天的筹备，准备好所需要的电力器材，配备了技术人员，正式成立了“赴延安装电灯工作队”，于27日赶着20辆大车，载着50千瓦发电机，向延安进发。工作队共11人，队长张银祥、副队长刘殿魁、指导员梁肇修。出发那天，张家口市电力工人敲锣打鼓放鞭炮，去延安的人都骑马戴红花，20辆大车浩浩荡荡。从张家口到延安1000多里路，工作队绕崎岖的山路行进，为避开敌机轰炸，日夜兼程，艰难跋涉，大家心里装着全市工人给毛主席安电灯的托付，走了将近2个月，才到黄河边上的兴县（山西西北部）见到贺龙将军。党中央拍电报让部队送工人过黄河，贺龙将军安排梁肇修、刘殿魁等5位代表乘汽车先去延安，其他工人随后，历尽千辛万苦，10月19日终于到达革命圣地——延安。

在延安杨家岭，中央职工运动委员会负责人李颉伯亲自接见了民生电业职工。10月20日，毛主席接见了11位电力工人，和大家一一握手，用红枣、花生招待大家。指导员梁肇修说：“电业工人问毛主席好，我们给您安电灯来啦！”毛主席回答说：“谢谢！你们一路辛苦！”并说：“安不安电灯都不要紧，煤油灯还是能办事。”又笑盈盈地指着室内的两盏煤油灯说：“请你们将来回去替我谢谢张家口的全体工人们，谢谢大家的好意。”毛主席关切地询问工人同志的健康和生活情况，并告诉大家：“张家口撤退前，这里已打电报给晋察冀中央局，要照顾好你们的家庭，回电说，你们的家庭已经转到安全地带，生活也由他们照顾，你们不必挂念，在这里安心工作，抓紧时间学习。”又语重心长地说：“我们工人要好好团结起来，张家口虽然暂时放弃了，可是只要我们团结得好，不管是美帝国主义，不管是国民党反动派，我们一定能得到最后胜利，张家口还是人民自己的。”后来，由于胡宗南向陕北发动疯狂进攻，发电机只过了黄河，未能运到延安（现保存在山西兴县原贺龙司令部的陈列馆里），来安电灯的工人们，除了个别人要求回家后被敌人逮捕，其余 10 人都积极投身“保卫延安”的战斗中，后来转战在陕、晋、冀一带，新中国成立后他们奉命接管了电力企业，成为新中国电业建设的骨干力量。

山西解放区电力工人支援解放战争。1946 年 8 月 4 日，中国人民解放军解放了大同平旺发电厂。工人们很快就恢复了给口泉地区的送电，以实际行动支援了解放军前线作战。当月，在解放军围攻大同城的战斗中，平旺发电厂的工人同日籍留用人员电气技士真岛茂树、山口吉行积极支援解放军。他们用电厂除灰用的翻斗车改装成“土坦克”（将灰斗反扣在车架上，上面盖上工人们献出的用水蘸湿的被褥，让战士们站在灰斗下，一边推车前进，一边防御敌人的子弹射击），并用竹竿制成云梯，用以攻城。工人们又利用夜幕作掩护，架设了由电厂到城墙七八公里长的 3300 伏配电线路，及时地解决了挖掘攻城地道的照明用电。配合解放军攻打大同城，获得了胜利。为此，晋绥边区后勤部领导对工人们的支前工作进行了表彰。工业部领导接见了真岛茂树和山口吉行，并慰问了工人。

1947 年，解放军占领了河南焦作等地后，为了加快山西解放区的电力建设，动员了一批电力方面的工程技术人员和工人到上党解放区工作，又从焦作电厂运回 3 台发电机和 5 台锅炉到长治。在长治市郊西白兔村三面环山的山坳里建设电厂，当时叫“刘伯承电厂”。建厂初期，形势险恶，条件艰苦，设备简陋。具有光荣革命传统的电力工人，为了早日给解放区的军工厂送电，克服了重重困难，昼夜不停地建设安装，使电厂很快投产运行。将电源立即送往西关、枣臻、安居、宋村等上党解放区军工厂。这些军工厂为晋冀鲁豫解放区的刘邓大军制作大量军火弹药，支援了全国解放战争。

1947 年 5 月 2 日，山西阳泉解放。晋察冀边区政府派张彬等接管阳泉发电厂。同年 6、7 月，国民党飞机多次轰炸阳泉电厂，晋察冀边区政府决定搬迁阳泉发电厂 1 台发电机组到根据地，阳泉发电厂的部分职工主动请战，积极完成了拆迁和运输任务。姚培理等 20 多人随军转移到根据地，立即投入新厂建设，保证根据地的用电需要。

边区创举——沕沕水水电站建成。1946 年 10 月，国民党反动派大举进攻解放区，晋察冀边区兵工厂战略转移至河北平山县的西部山区。因为没有电能，兵工厂的机器全靠人来推动。据当时的资料记载，人推的绞轮轮径竟达 6 米。可见，拖动之艰难。尽快解决兵工厂生产所需电力供给问题，已迫在眉睫了。到 1947 年 4 月 17 日井陉煤矿获得解放。决定将凤山电厂的一台 300 千瓦发电机改为 155 千瓦水轮发电机，迁至晋察冀解放区的平山县，建一座水电站，解决解放区军工生产用电。当时，以张家口张垣电灯公司转移来的电力职工为骨干，带领群众进行安装施工。由于国民党反动派的严密封锁，工人们在一无物资保证，二无技术装备的艰难条件下，完全依靠土法上马，就地取材，历尽千辛万苦才完成了任务。为搬运重达 5000 斤的水轮机，边区政府组织军民大力配合电力工人的工作，逢山开路，遇水搭桥。硬是在山上开辟了一条能通汽车的土路。30 里的山路，电力工人整整奋战了七个昼夜，终于在 1948 年 1 月 24 日建成了平山沕沕水水电站。水电站建成后，朱德总司令为沕沕水水电站落成剪彩并亲自开闸放水发电。晋察冀边区工业局赠给沕沕水水电站落成奖状，题词是“边区创举”。当时，这座水电站为边区兵工厂提供了电能，在解放战争中作出了重要贡献，充分体现了电力工人的价值。它保证了当时驻平山县的党中央和毛主席指挥东北三大战役的用电。著名的中共七届二中全会就曾是这台发电机供电照明。后来，任弼时、董必武、聂荣臻等老一辈无产阶级革命家相继前去视察，谆谆教导电力职工发扬工人阶级优良传统，乘胜前进。

第三节　产业工人为建立新中国而斗争

在中国人民解放军胜利进军的形势下，中国能源化学地质产业工人在中国共产党的领导下，和全国人民一起，深入开展增产立功和护厂复工运动，迎接新中国的诞生。

一、战略决战胜利以后接收职员

1947 年 6 月 30 日，刘伯承、邓小平率领晋冀鲁豫野战军主力，在鲁西南张秋镇到临濮集之间 150 公里宽的正面突破黄河天险，发起鲁西南战役；8 月 7 日，又挥师南下，实行无后方的千里跃进，到达大别山地区，揭开了全国性战略进攻的序幕，使中国人民的革命战争达到了一个历史的转折点。毛泽东在评价这一伟大事变时指出："这是一个历史的转折点。这是蒋介石的二十年反革命统治由发展到消灭的转折点。这是一百多年以来帝国主义在中国的统治由发展到消灭的转折点。"①

（一）伟大的历史转折关头

1947 年 10 月 10 日，中国人民解放军总部发布了《中国人民解放军宣言》，提出了"打倒蒋介石，解放全中国"② 的口号，宣布了八项基本政策，号召全国人民结成广泛的民主统一战线，为彻底埋葬蒋介石的反动统治而斗争。

① 《毛泽东选集》第 4 卷，人民出版社 1966 年版，第 1140 页。
② 《毛泽东选集》第 4 卷，人民出版社 1966 年版，第 1133 页。

人民解放军经过一年的决战，又粉碎了蒋介石的战略防御体系，于是，中共中央和中央军委毅然抓住决战时机，从 1948 年 9 月 7 日至 1949 年 1 月 31 日，先后组织和指挥了辽沈、淮海、平津三大战役，歼敌 154 万人。这样基本上消灭了国民党的主力部队，全国已处于革命胜利的前夜。

1949 年 4 月 21 日，即国民党政府拒绝在和平协定上签字的第二天，毛泽东、朱德发布了《向全国进军的命令》。中国人民解放军向尚未解放的广大地区，举行了全面大进军。4 月 21 日凌晨，第二、三野战军的百万雄师，从西起湖口东至江阴的千里战线上，以排山倒海之势，强渡长江天堑，于 4 月 24 日解放了国民党的反动统治中心南京，宣告了国民党反动统治的覆灭。接着，解放了上海、太原、杭州、汉口、西安、兰州、桂林、贵阳、重庆、成都等城市和广大地区，并用和平方法解放了湖南、绥远、新疆、西康、云南等地。到 1949 年底，中国人民解放军全部歼灭了中国大陆上的国民党军队，解放了除西藏以外的全部中国大陆。

在人民解放战争转入战略进攻以后，党的政策问题就成为决定革命取得全国胜利的一个极其重要的问题。毛泽东指出："全党同志须知，现在敌人已经彻底孤立了。但是，敌人的孤立并不等于我们的胜利。我们如果在政策上犯了错误，还是不能取得胜利。"① 又指出："只有党的政策和策略全部走上正轨，中国革命才有胜利的可能。""政策和策略是党的生命，各级领导同志务必充分注意，万万不可粗心大意"。②

（二）"左"倾的影响得到纠正

随着人民解放战争的猛烈发展，在解放区煤矿工人运动中出

① 《毛泽东选集》第 4 卷，人民出版社 1966 年版，第 1181 页。
② 《毛泽东选集》第 4 卷，人民出版社 1966 年版，第 1191 页。

现了一些缺点和错误，突出地表现为以鹤岗煤矿为代表的在发动工人运动中产生了不适当地打击职员的“左”的错误。1948 年 8 月，陈云在给中共中央写的报告中指出：“以鹤岗煤矿为代表对职员的‘左’的错误，在鸡西和西安煤矿以及铁路的个别区段均发生过。东北在公营企业中犯过的主要错误，不在过高的工人待遇，相反地，注意工人必要的待遇还不够，而在对职员政策上的右或‘左’的错误，其中尤以‘左’的错误为重。主要原因是对职员特别是对行政管理人员的作用估计不足。这是一切新接收企业中带普遍性的问题”。①

1947 年至 1948 年，东北解放区的土地改革运动蓬蓬勃勃地开展起来，一度出现了“左”的倾向，对煤矿产生了很大影响，不适当地打击了职员。1948 年 2 月 11 日、12 日，鹤岗煤矿总工会召开全局工人代表大会，接着，各个矿山和现场都成立了工人法庭，把农村土地改革斗争地主的方式搬到煤矿斗争职员。这就是在鹤岗煤矿发生的“鹤岗事件”。

1948 年 2 月 7 日，新华社发表了《坚持职工运动的正确路线，反对“左”倾冒险主义》的重要社论，详细地说明了解放区职工运动的方针。“二七”社论首先针对东北解放区工业和铁路建设已在积极进行的情况，强调指出：“解放区职工运动将被提到更加重要的地位，职工运动的方针是否正确，对于革命战争的发展和新民主主义建设的发展，必然发生较之以往更加巨大的影响”。② 接着，明确指出：“解放区职工运动的方针，应当严格地符合于新民主主义的经济政策，这就是发展生产、繁荣经济、公私兼顾、劳资两利。一切与此符合的应该发展，一切与此违背的

① 《陈云文选》，人民出版社 1984 年版，第 205 页。

② 中华全国总工会中国职工运动史研究室编：《中国工会历史文献》第 5 辑，工人出版社 1981 年版，第 184 页。

应当改正过来”[1]。最后，要求“党的一切地方领导机关，必须严肃地讨论中央的路线及全部工业政策与工运方针，坚决地纠正一切危害工人阶级劳动人民及革命政府的‘左’倾冒险主义的思想、政策与办法，迅速地使工业建设与工人运动走入正轨”。[2]“二七”社论为解放区的工人运动规定了明确方针，极大地促进了“鹤岗事件”的解决。为此，中共中央东北局2月24日至3月24日在哈尔滨召开了东北职工会议。李立三、陈郁、唐韵超、余光生、张维桢、刘彬等参加了会议。会上，鹤岗矿务局的骆鹤、梁文舟等汇报了“鹤岗事件”。经过讨论认为，鹤岗的斗争是扩大化了，犯有“左”倾冒险错误，要进行纠正。

为了准备夺取全国胜利，1947年12月25日至28日，中共中央在陕北米脂县杨家沟召开了一次重要会议，集中地讨论了当前的形势和党的任务问题，通过了毛泽东的《目前形势和我们的任务》的报告。正如会议决定所指出的，它“是整个打倒蒋介石反动统治集团，建立新民主主义中国的时期内，在政治、军事、经济各方面带纲领性的文件”。[3] 在这次会议之后，毛泽东、周恩来、任弼时共同研究，集中全力进一步解决在新形势下的各项具体政策和策略，纠正了党内出现的“左”的和右的，主要是“左”的错误倾向，使党的政策和策略全面走上正轨。

1948年6月，中共中央东北局委托陈云处理鹤岗问题。他带病花了半个月时间，详尽研究了“鹤岗事件”的材料，才召开会议。并在开完会议之后，为中共中央东北局起草了《关于公营企业中职员问题的决定》（即《正确处理新接收企业中的职员问

---

① 中华全国总工会中国职工运动史研究室编：《中国工会历史文献》第5辑，工人出版社1981年版，第187页。

② 中华全国总工会中国职工运动史研究室编：《中国工会历史文献》第5辑，工人出版社1981年版，第188页。

③ 《毛泽东选集》第4卷，人民出版社1966年版，第1139页。

题》）。8 月 1 日，在中共中央东北局通过后，经中共中央批准，发表在 8 月 7 日的《人民日报》上。这就是八一决定。

陈云起草的八一决定，正确地阐述了党中央关于职工运动的路线方针政策，为解放区的工人运动特别是煤矿工人运动，明确而具体地指明了道路，对于在大城市接收工矿企业中如何正确处理职员问题，有着重要的指导意义。

1948 年 8 月，在哈尔滨召开了第六次全国劳动大会。会上印发了陈云起草的八一决定和鹤岗事件材料，交给代表研究讨论，作为研究今后在接收日伪和国民党政府的企业时正确处理职员问题的借鉴。会议结束后，中共中央东北局派社会部部长李楠和巡视员李正南来到鹤岗，根据八一决定的精神，妥善地处理了职员问题。后来，参加六次劳大的吴玉章、贺子珍、赵占魁、李凤莲等 30 位代表到鹤岗煤矿参观访问，给予很高的评价。鸡西、西安、北票等煤矿也根据八一决定的精神，正确地处理了职员问题，纠正了“左”倾冒险错误，使煤矿工人运动沿着正确路线健康地发展。

到了 1949 年 4 月，东北煤矿首届职工代表大会在回顾这段历史时指出：“煤矿工会依靠工人阶级搞好生产的观点以及在提高生产下改善工人生活的观点是明确的。工会密切配合行政统一领导深入群众的观点以及在生产中做工会工作等观点是好的。但在某些新收复矿区，对于上述观点还未能深刻理解和贯彻，以致群众没有充分发动起来，影响到人民矿山迅速恢复和发展，而在 1947 年至 1948 年初这一短时期内，在团结改造旧职员问题上曾有过严重的‘左’的错误，采用农村清算斗争方式，没有把工矿和农村的不同情况严格区别开来，没有把技术管理人员和把头警特人员明确分清，没有足够估计职员在生产中的重要性，因而损坏了职工团结的原则，由于共产党正确的领导，迅速纠正了这一偏向”。这个经验教训，对以后正确处理新接收企业中的职员问题有着重要意义。

二、为贯彻六次劳大精神而努力

1947 年以后，人民解放战争势如破竹地向前发展。至 1948 年，解放区逐步扩大，已拥有 140 多万人的职工队伍。全国工人阶级和工会团结起来、联合起来，已势在必行。1948 年 4 月，中共中央针对国民党分裂全国工人运动的企图，提出："解放区和蒋管区的职工联合起来，建立全国工人的统一组织，为全国工人阶级的解放而奋斗"的号召，得到一致响应。根据中共中央这一伟大战略部署，由解放区职工联合会发起，于 1948 年 8 月 1 日至 22 日在东北解放区首府哈尔滨召开了第六次全国劳动大会。

（一）第六次全国劳动大会

第六次全国劳动大会是在 1929 年举行的第五次全国劳动大会之后，相隔 19 年时间，工人运动发生了很大变化的情况下召开的。出席这次大会的代表有 518 人，代表全国有组织的职工 283 万余人。

这次大会是在中共中央的亲切关怀和领导下召开的。在会上，李立三致开幕词，并宣读了《中国共产党中央委员会对第六次全国劳动大会的祝词》，祝词中指明了中国工人运动的总任务就是首先团结自己，并以自己的英勇奋斗与自我牺牲精神去团结农民、独立劳动者、自由职业者、知识分子、自由资产阶级与一切爱国分子，帮助人民解放军坚决、彻底、干净、全部地歼灭国民党的反动军队，推翻美帝国主义与国民党的反动统治，"建立独立、自由、强盛和统一的中华人民民主共和国"。这也给中国电力工人运动指明了斗争方向并提出了崭新的斗争任务。陈云作了《当前中国职工运动的总任务》的报告；朱学范、欧阳祖润作了《关于国统区职工运动》的报告。经过讨论，通过了《关于中国职工运动当前任务的决议》《关于国民党统治区职工运动报告的决议》，同时，通过了《中华全国总工会章程》。选举了53名执行委员和20名候补执行委员，恢复和重建了中华全国总工会，全国总工会办公机构设在哈尔滨。1949年2月迁往北京。1949年5月，全国总工会召开常委扩大会议，推选刘少奇为全国总工会名誉主席。

这次大会总结了新民主主义革命时期中国工人运动的历史经验，正确地规定了中国工人运动的总任务和解放区、国民党统治区两个不同地区的具体任务。在《决议》中指出："目前中国工人阶级的首要任务就是要尽一切的努力，紧密地团结全国人民，在各方面坚决的支援人民解放军，尽可能迅速地在全国范围内战胜美国帝国主义及其走狗国民党反动政府，解放全中国的人民，统一全中国。"① 为了实现这个总任务，"在国民党统治区的职工运动，应比以往任何时期都要更加善于联系群众，聚积力量扩大队伍，以便迎接人民解放军的到来。同时应尽一切可能，谨慎的支援和参加国民党统治区一切人民群众的革命运动，对蒋介石的军火制造与军事运输给以可能的阻碍"，"特别在人民解放军到来时，职工们应当尽力保护一切公私企业及其工厂机器和物资不受破坏和损毁，并应联合各界人民监视反革命分子，维持社会秩序，以待新的秩序之建立"。② "在解放区工会工作的任务是在发展生产、繁荣经济、公私兼顾、劳资两利的总方针下团结全体职工，积极劳动，遵守纪律，保护职工的日常利益，教育职工，提高他们的文化水平，尤其是提高他们的技术能力和业务水平。在国营

① 中华全国总工会中国职工运动史研究室编：《中国工会历次代表大会文献》，工人出版社1984年版，第459页。

② 中华全国总工会中国职工运动史研究室编：《中国工会历次代表大会文献》，工人出版社1984年版，第460—462页。

公营合营企业中发挥管理能力，在私营企业中，实现监督作用，在个体劳动中，促进技术改良和生产合作”。还特别强调指出：“发展解放区工业生产的任务，已被提到空前重要的地位”，“解放区职工们就应当以领导阶级地位，担负起发展工业的责任，就应当以主人翁的新的劳动态度对待自己所参加的劳动”。[①]《决议》最后要求重新建立起来的中华全国总工会，要“继续第一次大革命时期全国总工会的革命传统，在当前新的时期和新的条件下迅速组织全国的职工群众，并和全国各民主党派各人民团体各少数民族联合一致，为迅速推翻美帝国主义及其走狗国民党反动政府在中国的统治，为建立统一的新民主主义的人民民主共和国而奋斗到底！”[②]

第六次全国劳动大会是在伟大的历史转折关头承上启下、继往开来的一次大会。毛泽东在评价这次大会时指出：“六次劳大决定的方针是纲领性的，是正确的。”这次大会在中国工人运动史上具有划时代的意义，它标志着中国工人运动到了一个新的转折点，即为争取新民主主义革命在全国胜利而斗争。

（二）响应六次劳大的号召

在人民解放战争不断胜利的鼓舞下，国民党统治区的煤矿工人在中国共产党的领导下，响应六次劳大的号召，不断掀起争自由、争生存的英勇斗争，使爱国民主运动一浪接一浪地更趋高涨。

1948 年 6 月 18 日，新华社在《爱国运动的新高涨》的社论中指出：“在今天的中国，不但下层人民因为胜利在望而表现了无比的勇敢和自我牺牲，而且颇为广大的中间阶层，也表现了类

① 中华全国总工会中国职工运动史研究室编：《中国工会历次代表大会文献》，工人出版社 1984 年版，第 469—470、463 页。

② 中华全国总工会中国职工运动史研究室编：《中国工会历次代表大会文献》，工人出版社 1984 年版，第 470 页。

似的信心和勇气。”① 国民党统治区煤矿的爱国民主运动，不仅工人积极参加，许多职员也投入这个伟大的斗争洪流中去。

在抚顺，1947 年 12 月 31 日，抚顺煤矿露天矿 800 多名工人举行大罢工，并手持铁锤和刀子，涌进办公大楼，包围了矿长室，要求发放欠资。全副武装的国民党机械化部队开来企图镇压，但工人并没有被吓倒，一直坚持斗争，最后取得了胜利。到了 1948 年新中国成立前夕，抚顺煤矿工人多次掀起反饥饿、反裁员的斗争。有一次数百名工人包围了矿务局，迫使矿方停止裁减人员的决定，并答应给已被裁减下去的人员补发 3 个月的工资。

在威远，1948 年和 1949 年四川威远煤矿工人接连三次举行反饥饿、争生存的罢工斗争。1948 年 1 月 4 日至 6 日，威远煤矿 1000 多名工人为要求学徒工转正和增加工资举行罢工。由于工人坚持斗争，矿方被迫答应“工友薪资增加 100%，所伤工友概由矿方负责医治，若因伤毙命，矿方决从优抚恤”。1949 年 4 月 7 日至 12 日，威远煤矿 1000 多名工人再次举行反饥饿、索欠薪、增工资的罢工，又遭到矿方的镇压。当时的报纸报道：此间黄荆沟煤矿因受自贡盐场影响，产煤销路颇成问题，以致该矿员工薪金无款发放，拖延至今（8 日），午后工人等以生活实感难支，乃向矿方提出要求，请速发放薪金以维持最低生活，竟演变成血案事件。接着，七八百位工人涌到威远县城，向国民党县政府请愿。由于工人的坚决斗争和社会舆论的同情，矿方又被迫答应了工人提出的条件，取得了胜利。同年 8 月 3 日至 7 日，威远煤矿 1000 多名工人再次举行索薪罢工，由于国民党的镇压而失败。

国民党统治区煤矿工人的民主爱国运动此起彼伏地向前发展。从 1948 年 7 月 1 日至 1949 年 1 月，江西鸣山、徐州贾汪、大冶利华、苏州太湖、大冶源华等煤矿工人，都先后爆发了争民主、争

① 《爱国运动的新高涨》，1948 年 6 月 18 日新华社社论。

生存的罢工斗争，使得国民党统治区的煤炭工业一蹶不振，日趋崩溃瓦解。据国民党政府资源委员会委员长翁文灏说：钢、煤与电力生产，约较战前降低 50%。到了 1949 年初，国民党政府资源委员会在一份调查报告中哀叹地承认：各方积欠煤矿共计银圆 31 万元，致使各矿积欠薪工、材料等款无法支付，始而效率降低，亏折不堪，继而工潮迭起，捣毁办公室，殴伤人员，煤矿已濒瓦解。

陈云在六次劳大上向全国电力职工提出了明确响亮的战斗号召——“解放军打到哪里，电灯就亮到哪里！”这一号召，迅速地得到广大电力职工的热烈响应。六次劳大之前，解放区许多电力企业职工，积极地开展献礼和生产竞赛等活动。六次劳大后，电力职工认真学习贯彻落实大会提出的任务。基本上实现了陈云在六次劳大上提出的号召。

三、配合城市解放开展护厂斗争

1948 年全国解放战争取得决定性的重大胜利。国民党在溃逃前夕，制订了破坏生产设备等罪恶计划。国民党统治区工人在中共地下党领导和影响下配合城市解放开展了英勇的护厂斗争。他们以惊人的毅力、无私无畏的革命精神和丰富的智慧，创造了许多可歌可泣的英雄业绩。

（一）开展护厂护矿迎接解放

煤矿工人开展护厂护矿迎接解放的斗争。在焦作，在辽沈战役的重大胜利影响下，1948 年 10 月 24 日，国民党军队在逃窜前，企图破坏焦作煤矿，但“著名全国的豫北焦作煤矿区及自来水公司、发电厂、机器修理厂等，在工人周密保护下，未受破坏。”① 这天上午 10 时，盘踞李封的蒋匪逃窜前，下令破坏机器。工人张凤龙、冯恩荣等集合起全体工人，提出“坚决完整保护机器”的口号，向国民党军严重抗议说：“你们既不发工资（国民党已 56 天不给工人工资），又要破坏机器，机器是工人的命！你们想要工人的命吗！”发电厂工人亦自动集会，一致的口号是：“机器就是我们的饭碗，我们要团结起来，保护机器，保护工厂。”②发电厂工人在紧急关头，关上机器房门，始终不离一步，大小零件未受丝毫损失。西矿厂 13 个看守锅炉的工人，一见到解放军进来，就高兴地说：“你们再过一会儿不来，我们就准备找你们去。”并指着机器说：“机器就是我们的命。敌人要破坏，我们不干，他们也没办法。”这个矿管理矿灯的工人，在敌人逃跑前，拣去一批矿灯和煤油，把它保藏起来。在该矿解放后，立即献出来，供生产使用。③ 10 月 26 日，焦作城市工作委员会设立工矿股，派张志接管煤矿，门宗礼接管电厂，积极恢复煤矿生产。

在抚顺，在 1948 年 9 月人民解放军发动辽沈战役前，“中国最大的‘煤都’抚顺，四大矿山与 20 个工厂的 3.6 万职工，在新中国成立前秘密组织‘护矿委员会’，提出‘保护矿山就是保护我们的生命’等口号，严密防范国民党匪帮的破坏。车辆厂职工拆掉车上重要零件，使匪军没有带走一辆车。发电厂职工除日夜看守外，很多工人准备了手榴弹，准备反抗匪军的破坏。当解放军攻入抚顺城，战斗尚在进行时，矿工仍继续工作。”④ 10 月 31 日，日夜挣扎在死亡线上的抚顺煤矿工人像迎接久别重逢的亲人一样，喜笑颜开地欢迎英勇的人民解放军入城。

---

① 《新华日报》（太行版）1948 年 11 月 27 日。
② 《东北日报》1948 年 11 月 29 日。
③ 《东北日报》1948 年 11 月 29 日。
④ 《新华日报》（太行版）1948 年 11 月 27 日。

在唐山，开滦煤矿为国内产量仅次于东北抚顺之最大煤矿，有工人 5.4 万余人。在东北野战军挺进平津之前，中共东矿工委在边沿区麦庄子召开了工人积极分子大会，布置了护矿任务，并在会后给党员和积极分子发了手榴弹，作为与敌人斗争的武器。林西矿、赵各庄矿、唐山矿也都在党内外进行了布置。各矿工人在“矿山是工人的饭碗，是人民的事业”“矿在命在，坚决与矿共存亡”的战斗口号下，秘密成立了护矿队，不分昼夜地守卫着要害部门和重要机器，监视敌特活动，防止破坏和外运物资。

中国共产党还利用开滦资本家反对国民党“焦土政策”的矛盾，在平津战役之前，派李一夫与开滦矿区主管魏肫取得联系，动员开滦煤矿当局保护厂矿，等待解放。经过对魏肫的教育与争取，他接受了我党交给的任务，并签署了协议作为保证。新中国成立前夕，唐山矿在工人群众的倡导下，取得矿方同意，成立了有 380 多名职工参加的护矿大队，使护矿工作由秘密转为公开。1948 年 12 月 12 日晨，国民党军队在人民解放军的声威下，“沿北宁路向芦台、汉沽方向逃去”，“解放军已于当日进驻唐山市，受到全市人民和矿区职工的热烈欢迎”,① 开滦煤矿在工人护矿斗争中完整无损地回到人民的怀抱。12 月 14 日，开滦煤矿工人 1000 多人自动举行祝捷游行，庆祝唐山和开滦煤矿解放。

在门头沟，门头沟煤矿是平津地区人民日用煤炭的主要供应地。平津战役打响后，1948 年 12 月 14 日国民党军队刚从门头沟逃跑，矿工们立刻从厂房和煤窑中蜂拥而出。他们首先搬开了敌人准备爆炸矿厂机器的炸药与地雷，并集合起来，要求解除矿警武装。他们高呼着：“矿厂是我们的饭碗，一律不准破坏!”该矿 145 名矿警，在工人的声威与解放军逼近的压力下，顺从地将武装交给了矿工。12 月 15 日，解放军进入矿区，矿工们高唱着

① 《新华日报》(太行版) 1948 年 12 月 16 日。

“重生爹娘共产党，煤矿工人见太阳”，立即前往欢迎。

在萍乡，赣西煤矿是江南第一大矿，安源煤矿工人具有光荣的革命传统。早在三大战役紧张进行的时候，中共湖南省委先后派人到萍乡恢复和发展党的地下组织，建立了中共萍乡煤矿地下工作委员会，由孟树德任书记，领导工人多次举行罢工斗争。

1949 年 4 月 20 日，在国民党政府拒绝在和平协定上签字后，人民解放军以排山倒海之势，强渡长江，解放了国民党的反革命统治中心南京。萍乡地下党及时提出“保卫矿山，不得损坏一个螺丝钉来迎接解放”的号召，依靠工人的力量，推动矿方成立护矿委员会，各个厂矿成立护矿队，有组织有领导地组织工人开展反疏散、反破坏、保卫矿山的斗争。6 月下旬，解放军进入江西，逼近樟树，地下党以中国人民解放军湘赣边区先遣队政治部的名义，发表了《告赣西煤矿全体员工书》和《警告赣西煤矿当局》的公开信，号召全体员工团结起来，保护矿山，反对疏散和破坏，使矿山完整地交给人民，很快地就能为人民造福。对赣西煤矿当局宣传人民解放军胜利的形势，交代党的政策，要求他们在保护矿山中立功赎罪。7 月 18 日，人民解放军打过樟树，逼近萍乡。国民党四十六军工兵三连奉命来到萍乡，要炸毁泉江电厂。地下党一方面对保卫电厂作了周密的部署；一方面争取煤矿当局的支持，派出谭汉卿、管永清、黄振怀等 6 名工人代表以矿方的名义和敌人交涉。经过激烈的斗争，最后商定送给他们 1200 块银圆，才保住了泉江电厂。7 月 23 日，人民解放军在煤矿工人的积极支持下，解放了萍乡矿区。①

在人民解放军的胜利进军中，广大煤矿工人提出了“保卫矿山，迎接解放”的战斗口号，积极主动地配合人民解放军。1949 年 2 月 20 日解放铜川（即同官）煤矿，4 月 25 日解放乐平鸣山

① 《东北日报》1949 年 7 月 26 日。

煤矿，5 月 1 日解放大同煤矿，9 月解放广东富国煤矿，12 月 5 日解放天府煤矿，12 月 7 日解放威远煤矿，1950 年 1 月 6 日解放云南一平浪盐煤厂。至此，中国大陆的煤矿全部获得了解放。

(二) 配合着城市解放的斗争

电力工人配合着城市解放开展着护厂斗争。1948 年 3 月 8 日，国民党军队在吉林逃跑前，要炸毁丰满水电厂。值长张文彬在敌人前来破坏的关键时刻，机智地把国民党兵引向次要部位，并在国民党兵投弹的瞬间，踢开厂用停机继电器，拉开接吉林市送电的开关，使厂内、市内局部停电，骗过国民党兵。仅损坏部分次要设备和水泵间等，后在东北行政委员会派来的程明升、陈一明、张克威同志带领下，职工奋战 7 天 7 夜修复，保住了当时中国唯一一座大型水电厂——丰满水电厂。

1948 年 10 月，辽宁抚顺发电厂工人李炳善、李守俭、李向荣等人为防止国民党的破坏，秘密组织护厂队。10 月 29 日，解放军进入抚顺郊区，发电厂成立了护厂指挥部，工人日夜守卫电厂，保护发电机，防止国民党的破坏。

1948 年秋季，天津第一发电厂中共地下党员国经文接受党组织的指示，与厂里地下党员徐寿镛一起，秘密串联工人，开展护厂活动。他们及时地向厂长和总工程师宣传党的政策。并积极做驻厂请愿警头的工作，使他们交出了 4 把盒子枪和 30 多支步枪，保护了电厂安全。

1948 年 12 月 10 日，解放军包围北平，北平发电所中共地下党员王志恒、沈根才接到中共华北局城工部的护厂指示，组织了以发电所代主任于运海为首的护厂委员会和工人纠察队，昼夜在发电所值班，防止国民党破坏。12 月 15 日人民解放军 42 军 122 师 1 团路过北平郊区古城村，2 营 4 连奉命向西作试探前进，指导员王世振一行 10 人，由于冲杀过猛，进入国民党重兵把守的北平发电所，回路被敌人切断，指导员王世振选择了在发电所煤粉炉楼上坚持战斗，电厂护厂委员会和职工给解放军战士带路、送饭、送水、送药，千方百计地给予支援。解放军勇士，居高临下，消灭了很多国民党兵。当敌人企图用重炮轰电厂煤粉炉大楼时，护厂委员会负责人和国民党军队某部负责人进行了巧妙的斗争，终于粉碎了敌人的阴谋，保护了发电所。

1949 年 2 月，上电中共党总支成立后，总支书记兼技术党支部书记纪康在上电党总支会议上传达了上级党的指示，强调上电护厂斗争的重要性，要求全力以赴，只许成功，不许失败。为此，党总支提出了 3 条措施，一是按各部门的特点，发电厂保证不间断发电，馈电处做到正常供电，总办事处完整地保存好文件档案。二是广泛开展“天快亮了，防止敌人破坏”的宣传教育工作，在此基础上组织好护厂队伍。三是加强对敌人的分化瓦解，重点放在对护工队的策反上。据此，上电 3 个党支部积极地在工人群众中广泛进行宣传护厂的活动，引导工人把护厂同维护工人自身利益有机地结合起来。上电技术党支部还开展对高级职员、工程技术人员的宣传，用党的方针政策做说服工作，稳定他们留厂工作的情绪；争取、吸收、团结中级技术人员，发展他们加入工人协会，主动地依靠他们进行护厂。发电厂中共地下党员李志耕秘密地利用关系打入发电厂护厂纠察队，当上队长，把敌人的护厂队掌握过来，对保护电厂起到重要的作用。

1949 年 4 月 21 日，南京城里大批国民党军队开始溃退，一时出现紧张混乱局面。驻扎在下关电厂的国民党宪兵加强了对工人的监视，并扬言要炸毁电厂。电气间领班马文贤等团结工人坚守岗位，并果断地合上闸刀，使全所围墙的电网通电，厂门关闭，不许任何人闯入。驻守厂内的国民党宪兵眼看大势已去，无可奈何地撤走。职工组织起来护厂，加强戒备，防止敌特破坏，坚持发电，直至南京解放。

1949 年 5 月 25 日，上海苏州河以南的市区宣告解放，国民党军队的退路已被截断，15 时左右，国民党军队一列装满军火和油料的火车开到闸北电厂门口，到晚上，蜂拥而进电厂的国民党残兵已近 2000 人，电厂随时都有遭破坏的可能，情况十分危急。闸电党组织、工协会员团结全厂职工采取了护厂紧急措施：堵塞车间中有些通道，防止残兵到处窜动；在重要设备上都挂上“危险有电，不可接近”的警告牌，阻止靠近；劝告残兵离开汽机房和锅炉房；规定给锅炉燃煤都要经过筛拣，防止混入子弹等引起爆炸。同时开展对国民党残兵劝降的巨大攻势。至 25 日午夜，敌军被迫接受了不准破坏任何机器设备；分散的官兵全部集中在指定地方；由工人纠察队与解放军联系，保证投降官兵生命安全等 3 项条件。26 日凌晨 5 点，2000 多名全副美式装备的国民党官兵终于成了赤手空拳的电厂工人纠察队的俘虏，缴获的各式武器堆成了一座小山，电厂里升起了第一面五星红旗，闸电党组织立即公开宣布成立人民保安队，利用缴来的武器武装自己，负责电厂内外的安全和治安。26 日 9 时，闸电人民保安队与江湾区人民保安队指挥部取得了联系，将全部俘虏押送到江湾体育场人民解放军驻地。缴获的迫击炮 4 门、机枪 30 多挺、步枪冲锋枪 400 余支、手榴弹 1000 余枚、子弹 10 万余发、军用卡车 30 多辆，铁路上 10 余节车皮的军火和物资都交由解放军团部和江湾区军管会接管。闸电人民保安队留下 20 余支步枪作为保卫电厂之用。闸电工人护厂斗争的胜利，充分反映了电力工人无私、无畏的精神。

随着解放战争形势的飞速推进，各地电力企业，如湖北既济水电公司、鄂南电力公司、河南新乡水电厂、浙江宁波永耀电力公司、杭州闸口发电厂、福建泉州电灯电力公司、甘肃天水电厂、江西赣州电厂、九江映庐水电公司、泉江电厂、广西南宁电厂、梧州电厂、柳州电厂等，许多电力工人，在配合城市解放的护厂斗争中作出了巨大贡献，表现了中国电力工人阶级机智、勇敢、无私无畏的革命精神，为保全我国电力设施立了大功。据 1949 年新中国成立之初的统计，共有发电设备容量 134.86 万千瓦，完好地转入人民之手，从而，给新中国成立后恢复发展电力生产创造了条件。

四、广大产业工人迎接全国解放

1948 年下半年，全国解放战争发展到夺取全中国胜利的新阶段。中国产业工人以无比喜悦的心情，迎接新中国诞生，积极配合解放军渡江，热烈欢迎人民解放军进城，主动参加军代表接管企业。

（一）解放区积极复工复产

在战争后方的东北和华北煤矿工人，热烈响应党的“为恢复与发展工业生产而奋斗”的伟大号召，以主人翁的战斗姿态，迅速组织起来，掀起增产立功运动，积极恢复与发展煤炭生产，迎接中华人民共和国的诞生。

东北和华北是我国煤炭生产的重要区域。由于日本帝国主义和国民党反动派的破坏，当人民政府接收时，这两个地区的煤矿都已是千疮百孔、破落不堪，大型煤矿被破坏得尤为严重。据专家估计，各矿损坏的程度，最轻的是 60%，较为严重的竟达到 95%。至于损失的价值，更是难以估计。仅有据可查的，东北的抚顺、阜新、鸡西、蛟河（营城子）、通化等 5 个煤矿大略估计，所受的损失值 6551 万多美元。华北的焦作煤矿，原来共有 18 个坑口，当人民政府接收时，其中遭到完全破坏的就有 11 个，所余的 7 个坑口也仅剩个井架。①

---

① 《东北日报》1949 年 5 月 25 日。

在政治上和经济上获得解放的广大煤矿工人，发扬大革命时期“特别能战斗”的革命精神，在各个煤矿遭到严重破坏和物资极端缺乏的条件下，进行艰苦的煤矿恢复工作。在东北，为了恢复煤矿生产，东北煤矿工人首先掀起了声势浩大的群众性的献交器材运动。例如，抚顺煤矿在 1949 年 1 月和 2 月献交器材运动中，就有 4000 多名职工献交 4 万余件矿山器材；接着，在 3 月又开展了群众性的大规模的献交器材运动。这年 3 月 7 日，抚顺煤矿召开了全局献纳器材模范发奖大会，动员开展第二次献交器材运动。在会上第三期训练班宣读了全体学员《为献纳器材告全体职工弟兄书》，抚顺市军管会及市委联合发出《组织新的全市广泛群众的献材运动》通知，很快形成了群众性的献交器材高潮。到 4 月 5 日，历时 28 天，在 4.1 万名职工中，就有 2.7 万人献出 24 万余件器材，约值 70 亿元。在工人的带动下，还有 1100 多名市民，献出约值 17 亿元的器材 9000 余件。同时，还有 8000 多名职工利用业余时间收集器材，仅拉回来的钢铁即达 4824 吨，约值 529 亿元。[①] 在鸡西，仅滴道矿职工就献交器材工具 20 多万件。其次，东北煤矿工人在竞赛立功基础上全力开展群众性的创造新纪录运动。1948 年 5 月，鸡西煤矿工会召开了第一届职工代表大会，制定了《各矿职工立功标准》和《记功、评功、奖功办法草案》。鹤岗煤矿修正了《鹤岗煤矿立功暂行条例》。1949 年 4 月东北煤矿总工会成立后，即领导普遍展开生产竞赛和立功运动，后又组织工作组，深入阜新、鸡西、鹤岗 3 个矿区帮助开展创造新纪录运动及试行集体合同的工作。据统计，东北煤矿管理局所属的八大国营煤矿，在 1949 年 5、6、7 月 3 个月中，共产煤 2323859 吨，超过原定计划的 30%。生产能率 0.473 吨，超过原定计划的 28%。运动中涌现出大批劳动模范功臣，仅 5 个矿区就

---

① 《东北日报》1949 年 5 月 25 日。

有 13478 人，占职工总人数的 20%。到 1949 年 10 月，东北共恢复矿井 174 个，占当时井总数的 82%。这年东北煤矿共生产煤炭 11057075 吨，完成生产计划的 114%，能率（以七大国营煤矿计算）从 1 月份的 0. 32 吨到 12 月份的 0. 533 吨（12 月西安煤矿未计算在内）提高了 63%。

在华北，广大煤矿工人由于废除封建剥削制，建立民主制度，开始树立新的劳动态度，积极恢复煤矿生产。焦作煤矿在 1948 年 10 月刚解放时，每月仅产煤 428 吨，但“著名的焦作矿业区工人，不但在新中国成立前后英勇地保卫了自己的工厂，现在正为建设解放区与支援前线解放全国劳动人民而积极努力增加生产；李封矿区东西两大井煤矿工人，比此次新中国成立前每天增产 3 倍以上。”① 同年 12 月，月产量即达到 24240 吨，比解放时提高了 50 多倍。进入 1949 年，焦作新华煤业公司和工会召开职工代表会议，发扬民主，克服官僚主义，改善工人生活，开展生产竞赛，极大地促进了煤矿生产的恢复。当 4 月南京解放，焦作煤矿工人听说南京永利铔厂已停工 3 个多月，及时运去 1 万吨煤炭，帮助该厂复工，发展生产，支援前线。石圪节解放煤矿工人在前线胜利消息鼓舞下，开展了夜以继日的增产支前运动。他们说：“民兵在前方参战，军队在火线流血，都为了早些打垮蒋介石，咱们在矿上多出些力不算什么。”“摧不垮蒋介石，就像身上压的石板一样，早掀起这块石板，全国工人就能早一天抬头，咱们增加生产就是为了提早解放全国工人兄弟和全国老百姓。”②同时，由于正确执行职工政策，实行计件工资制度和实施劳动保险，使职工积极性提高，煤炭产量极大增加。1948 年原定计划日产量为 240 吨，到 12 月 1 日日产量即增至 430 吨。③ 峰峰煤矿工人展开

① 《新华日报》（太行版）1948 年 12 月 3 日。
② 《新华日报》（太行版）1949 年 1 月 13 日。
③ 《新华日报》（太行版）1949 年 1 月 13 日。

了劳军运动，到 1949 年 2 月，共献金冀钞 1997 万元。[①] 门头沟煤矿工人由于废除封建包工制，建立互助生产组，1949 年第一季度虽然工人减少，却月月超额完成生产计划。[②] 井陉煤矿经过将近两年的恢复，1948 年底平均日产煤 1110 余吨，较 1947 年 4 月解放时增长一倍。[③] 阳泉煤矿在抗日战争前有大、中、小煤窑 152 座，后来多被日本和国民党破坏。新中国成立后，在人民政府的领导和扶植下，到 1949 年 2 月已恢复开采 110 座，产量日增，日产煤达到 1600 吨。[④] 贾汪煤矿经过两个月的积极恢复，每日产煤量由 300 吨突增至 1800 吨。[⑤] 河南的豫西、洛阳的龙门、安阳辛庄等煤矿，都得到了恢复发展。据统计，到 1949 年 10 月，华北共恢复矿井 212 个，约占矿井总数的一半。华北的大同、井陉、阳泉、峰峰、焦作、潞安等六个煤矿的产量和效率都有大幅度提高。在煤产量方面：1948 年为 824168 吨，1949 年达到 2529977 吨，为上年的 306.8%；在井下工效方面，1948 年为 0.603 吨，1949 年达到 0.703 吨，为上年的 116.2%。

总之，中国煤矿工人在中国共产党的领导下，自力更生，艰苦奋斗，积极医治战争创伤和国民党的破坏，使煤炭恢复发展取得了重大进展。据有关资料统计：在解放战争期间全国历年的煤产量是：1946 年为 1800 多万吨，1947 年为 2100 多万吨，1948 年为 2000 多万吨，1949 年达到 3200 万吨，这为新中国成立后恢复和发展煤炭生产打下了坚实的基础。

---

① 《新华日报》（太行版）1949 年 2 月 18 日。
② 《东北日报》1949 年 4 月 6 日。
③ 《东北日报》1949 年 2 月 22 日。
④ 《东北日报》1949 年 2 月 27 日。
⑤ 《东北日报》1949 年 2 月 19 日。

（二）积极配合解放军战斗

电力工人配合解放军渡江。1949 年 4 月 20 日，国民党政府拒绝签订国内和平协定，21 日毛泽东主席和朱德总司令向中国人民解放军发布向全国进军的命令。从 4 月 21 日起，伟大的渡江战役开始了。江苏、湖北等沿长江一带的电力工人积极地、勇敢地配合人民解放军渡江战斗。1949 年 2 月，江苏振扬电气公司工人们，组织了慰问队和工作队，不分昼夜地随军架线，安装电灯，送电到施桥，以战斗的姿态，支援解放军渡江。

4 月 21 日，大批国民党残兵在南京下关沿江一带拾起帐篷、架起机枪，妄图负隅顽抗。但到第二天凌晨，下关江边的大批敌人已不见踪影，浦口方向在一阵炮声后平静下来。这时，南京下关发电所“京电”号小火轮上的黄兴发、钮其郎、吴诚聚等 6 名船工，利用到浦口运煤的机会，得到人民解放军已经攻下江浦、逼近浦镇的消息，工友们互相传告，决心护好电厂，保证发电，配合解放军渡江。4 月 23 日晨，几个国民党官兵闯进“京电”轮上来，为首的敌军官兵气汹汹地喝问：“哪个是船老大，马上给我们把船开到江北去。”船工黄纪发、钮其郎应道：“船老大不在，我们不会开。”谁知话音未落，就被国民党兵打了几记耳光。为了保住船，他俩忍着疼，指着国民党卫戍司令部和宪兵司令部张贴的“不准动用运煤船只”的布告给敌军看。敌军官破口大骂，将布告撕了个粉碎，把手枪子弹推上膛，这时，船工们压住满腔怒火，机警地把船往下游开。岸上的敌人见船向下游漂，知道上当了，举枪射击。工友们临危不惧，豁出性命也要保住“京电”轮。当时国民党军警、特务还把搜罗出来封在港内的小民船放进炸药，浇上汽油，炸的炸、烧的烧，扬言不留一只小船给解放军。23 日下午，人民解放军第 35 军 103 师到达浦口直逼南京，急需大船渡江。五时许，解放军五名侦察员乘小船过江，与下关发电所正在护厂的工人们联系，要求“京电”轮接运解放军渡江，并征得了厂部负责人的同意，派“京电”轮船老大黄兴发、大副钮其郎、司炉吴诚聚、轮机手戴仁芳和水手缪金泉、黄纪发等六名船工随解放军的侦察员去开船。船工们得悉要配合解放大军渡江，立刻一股暖流涌上心头。七时半，他们克服开船启动时的困难，冒着风险驾船过江。不久，“京电”轮安然抵达浦口，解放军部队首长跳上甲板，亲切地问候船工们，钮其郎、吴诚聚两人紧握住首长的手说：“迎接亲人解放南京的这一天，终于盼到了。”21 时，“京电”轮满载着解放军，从浦口码头出发，劈波斩浪，直驶南岸。当抵达中山码头时，受到发电所全体职工的热烈欢迎。经安排，解放军侦察科长沈鸿毅与连部，进驻新街口首都电厂总办事处，并作为侦察连的临时指挥中心。发电所值班人员用调度电话向全市重要工厂通告，解放军已胜利渡江的消息。“京电”轮首批接运解放军成功后，船工们积极作战前检查，吴诚聚发现锅炉房的存煤不多，只能再接运三四趟，船老大黄兴发心想“太平舱里，供紧急情况下用的太平煤，正好用在刀刃上。”他当机立断，要吴诚聚立即同两名战士钻进又闷又热的太平舱里取出太平煤，及时保证了燃烧。船工们不辞辛劳连续一趟又一趟地往返于下关、浦口之间。4 月 27 日，邓小平、陈毅率总前委轻便指挥所从合肥东郊岗村出发，乘车到达浦口，经中共南京地下党安排，由首都电厂下关发电所派“京电”轮接到中山码头后，驶车前往南京市。“京电”轮六名船工接运解放军过江，为解放被国民党政府统治的首都南京作出了重大贡献，受到南京市军事管理委员会的大力表彰，谱写了电力工人配合解放军渡江的光辉篇章。1984 年 4 月南京解放 35 周年之际，由邓小平题词的渡江胜利纪念馆在南京挹江门城楼上落成，展出了“京电”轮的大幅照片和模型。

1949 年 5 月 19 日，湖北大冶电厂的“鄂电”轮，经电力工人奋力抢修后，由大副张子玉、二副刘子责、水手吴少武、加油工陈杏元、技工林炳初、青工张乃先等人驾驶，率先在黄石市对岸承担起输送解放军43军从江北到江南的渡江任务。工人们不顾个人安危，支援解放军胜利渡江作战的英勇事迹，受到解放军部队的表彰，并在渡江庆功大会上被授予“水上先锋”的锦旗。

（三）配合解放军解放城市

电力工人配合解放军进城，迎接全国解放。1948年冬季，武汉地区的国民党残兵溃逃时，趁机抢劫、掠夺，强令工厂搬迁，并在武昌徐家棚大批送运武器和壮丁。为阻挠国民党反动的阴谋，鄂南电力公司武昌下新河发电所工人赵阿义，经邓祖安转介与中共武汉市委工委书记刘实取得联系，在刘实领导下，组织工人们于深夜将徐家棚铁道岔拆除，又将变压器拆出芯子，投入江中，起到了阻挠国民党运输计划实施的作用，为配合解放军进城赢得了时间。1949年1月14日，天津解放前夕，冀北电力公司天津分公司供电科工人、中共地下党员焦登运在晚上拿走西头变电站的钥匙，机智地爬上铁梯把总电闸拉下，切断了国民党城防西线的电源，配合了解放军顺利突破西线城关，为解放天津作出了贡献。次日，中国人民解放军天津军事管制委员会接管了冀北电力公司天津分公司，改称“军管冀北电力公司天津分公司”。军代表张彬和20多名同志进驻了天津分公司。电力职工在军管会的统一指挥下，积极参加各项接管工作，并投入抢修在战争中被毁的设备和送电线路。16日开始向军政机关、交通电讯、自来水、广播电台、报社等局部送电。后经1个多月的奋战，全部修复送电。同年1月31日，北平和平解放，2月4日，北平电力工人热烈欢迎解放军进驻电力企业，积极配合北平联合办事处军代表徐驰、任一宇等人参与接管冀北电力公司和北平电力分公司，奋力投入迎接新中国成立的发、供电工作。同年2月，湖北大冶电厂工人在中共地下党组织领导下，积极做好迎接解放军进城的准备工作，与厂方有关人员商定，经全厂职工民主选举出工人张维明等10人成立“应变委员会”，为迎接解放作了部署。5月17日，武汉三镇解放。当首批解放军从汉口渡江到达武昌后，中共武汉市委武昌分委负责人江浩然第一个上前同登上岸的解放军热情握手，鄂南电力公司职工同武昌工人、学生一道，迎接解放军。5月20日，上海电力公司发电厂的国民党驻军负隅顽抗，把重机枪架在锅炉房的屋顶上，企图以火力封锁黄浦江，阻挠解放军进军，经打入敌人内部的中共地下党员、上电工协党团成员李志耕施计与国兵周旋，使他们把机枪从屋顶上撤下来，为解放军胜利进城拔掉了钉子。5月中旬，陕西西京电厂，为保护电厂成立了应变委员会，下设护厂纠察队、消防队等组织，中共地下党员李星山参与其中，积极开展工作。5月20日，国民党军队包围了电厂，用武力强行炸坏电厂的一些主要设备。西安一解放，电厂职工就提出“修炉供电”的口号，日夜不停地抢修机组，于22日下午，2号机修复供电，保证了城市路灯和军管会用电。8月，兰州电厂工人在杨肇威、胡应德等带动下，积极做好迎接解放军进城的一切准备。工人们把生活必需品拉进屋，吃住在厂里，坚持值班巡逻，保护安全发、供电，至26日凌晨，解放大军进城，工人们把缴获溃逃的马家军枪支100多支交给解放军。

全国各地电力企事业广大职工，为配合解放军进城，接管电力企事业等方面做了许多工作。广大电力职工，以革命的激情，迎接新中国的诞生。

第六章

中国能源化学地质产业工人建设新中国的不懈奋斗（1949—1956）

1949 年 10 月 1 日，中华人民共和国成立。广大产业工人积极投入恢复经济建设中，使新生的人民共和国政权得到巩固。随着党中央提出的过渡时期总路线，中国人民开始了第一个五年计划的建设。中国能源化学地质产业工人在党的领导下，组建工会组织，加强思想政治教育，组织生产竞赛，增产节约，大搞技术创新，积极投入支援抗美援朝和各项民主改革运动中，齐心协力，奋发图强，为全面完成第一个五年计划而奋斗。

第一节　产业工人为恢复经济和建立巩固新政权而斗争

从 1949 年 10 月至 1956 年，中国社会发生了翻天覆地的变化。中国共产党领导人民彻底完成新民主主义革命的任务，并基本完成社会主义改造，确立起社会主义基本制度，同时中国工人运动再次发生伟大转折，新中国工人运动开始了蓬勃发展。在国民经济凋敝、百废待兴严峻的社会状况背景下，工人阶级为国家的发展和进步作出了巨大贡献。这一段时期，中国共产党坚定地依靠工人阶级，充分发挥工会组织的作用，产业工会的各级组织在中国共产党的领导下，紧紧围绕国家发展大局，充分发挥了主人翁精神，通过一系列的工会工作，广泛地、密切地联系和团结广大职工，鼓励职工积极参与技术革新、技术交流，提高生产效率，努力学技术、学业务，提升自身素质。产业工会不仅在促进国家经济建设，安定社会秩序，维护职工民主权利和自身权益，改善职工物质生活等方面发挥了不可替代的作用，还为国民经济的恢复和发展、社会主义制度的建立提供了有力的保障。这段历史不但见证了我国工人阶级的顽强拼搏和不懈努力，也为新中国工会发展奠定了坚实的基础。

一、产业工人从革命者到建设者的历史性转变

随着中华人民共和国的成立，产业工人阶级的角色也发生了转变，他们在旧社会风餐露宿，贫无立锥之地，遭受压迫。新中国成立后，他们翻身做主人，主人翁责任感油然而生。由于当时的社会地位、斗争历史、艰苦环境的影响，形成了产业工人阶级特有的优秀品质。他们富有勤劳朴素、顽强拼搏、艰苦勇毅的精神，热爱自己的事业，成为推进我国产业工业发展的中坚力量。新中国成立初期，工人阶级从革命者到建设者的历史性转变，体现了工人阶级政治觉悟和能力的提高，由于历史地位和任务的变化，工人阶级在推进中国社会进步中的角色也必然发生变化，即由旧世界的打碎者变为新世界的建设者，中国产业工会也迎来了它的加速成立、扩大发展、适当调整、积极投入建设恢复发展的新纪元。建设一个社会主义国家的任务摆在了面前，中共中央要求工人阶级迅速组织起来，首先把产业工人组织起来，快速恢复生产。这要求工人阶级不仅仅是革命者，更需要成为建设者，他们开始全身心地投入社会主义建设事业中，以保证国家的工业生产和经济发展为己任，积极参与到各个领域中，产业工人是工人阶级的重要力量，是中国工人阶级伟大品质的缔造者，在建设过程中发挥了巨大作用，艰苦的环境磨砺出他们的铮铮铁骨，顽强的意志锤炼出优良的作风。他们通过劳动创造财富，推动了社会进步。这一转变不仅体现出中国共产党的正确领导，还体现出工人阶级在国家建设中的重要作用和力量。

（一）产业职工队伍规模的发展变化

新中国成立初期，产业工人和产业工会在中国社会发展中发挥着举足轻重的作用。由于工业化需要，工人阶级是当时社会的主力军，其基本状况及特点是与其赖以依存的工业发展状况紧密相关的。全国产业工人主要集中在煤炭、电力、石油、化工、地质、纺织、铁路及公路运输、五金冶炼等行业。而随着能源化工产业工业的发展，煤炭职工队伍不断扩大，成为推进我国煤炭工业发展的产业大军。新中国成立初期，我国煤炭职工人数是31.7万人，1950年为45.9万人，到1957年已经达到了100万人；全国电力系统1949年仅有职工4.2万人，到1952年增长到10.2万人，在“一五”计划时期，仅电力系统直属单位职工就有27.9万人；地质职工在新中国成立前夕，全国仅有800名，工程技术人员299人，新中国成立后，随着大规模经济建设的进行，地质职工队伍迅速发展，在全体地质职工的共同努力下，我国的地质工作适时地适应了大发展、大转变。1952年末，地质职工系统有职工2.6万人，1957年底发展到11.7万人。[①] 新中国成立初期，化工职工只有5万人，随着化学工业的发展，化工职工人数迅猛增长，到1952年，化工职工队伍人数已发展到15.8万人，第一个五年计划结束时，职工队伍已发展到30.6万人，比1952年增长了一倍。

而在职工队伍文化技术素质方面，通过调查，新中国成立初期，文化、技术水平普遍较低，文盲、半文盲占职工总数的60%—80%；在煤矿和矿山工人中的文盲、半文盲甚至达到这些行业职工的90%，许多煤矿、建筑工程队的基层干部都是文盲。

① 夏汝奎、王渔、李双寿：《当代中国产业职工和产业工会》，海洋出版社1990年版，第338—339页。

大多数生产工人技术水平较低，高等级技术工人数量很少。[1] 据1950年下半年电力系统的统计，在国营电力生产企业职工中，文盲和半文盲约占职工总数的48%。而在电力基建中的文盲和半文盲高达80%左右。由这个调查可以看出当时的产业结构和工业布局构成了新中国成立初期工人阶级队伍，这个状况是由旧中国社会经济结构形成的。

在旧中国，工人阶级长期处于被统治、被压迫的无权地位，任人宰割，任人摆布，常年挣扎在死亡线上，工人阶级要进入企业、工厂的管理机构担任领导工作，只能是痴心妄想。新中国成立后，工人阶级成了国家政权的领导阶级和公营企业的主人，有权参加国家企业的管理，党和政府十分重视从工人中培养、选拔优秀工人担任企业的领导工作，此时，工人阶级队伍面临的最紧迫的问题就是自身壮大和素质提升，广大职工也需要不断改造和锻炼自己。

（二）产业工人队伍开展文化扫盲及文化教育

工人阶级的政治觉悟、文化素质、技术水平，决定着工人阶级认识世界，改造世界的能力，是发展社会生产力、巩固人民民主政权具有决定性的重要因素。不断提高职工队伍的政治觉悟、文化素质、技术水平成为一项重要的战略任务。

1950年11月15日中国煤矿工会第一届会员代表大会在北京召开，煤矿工会就“工会如何进一步搞好安全生产”的情况把以下内容确定为今后的方针任务：团结全体煤矿工人、职员、技术人员，加强工会基层组织，开展业余文化教育逐渐扫除文盲，以发挥工会的组织力量和进一步提高工人的文化技术水平，破除迷

① 倪志福主编：《当代中国工人阶级和工会运动》（上），当代中国出版社1997年版，第46—48页。

信，掌握技术，改进与推行新采煤法，以提高回采率和生产效率，并使安全得以保障，国家矿藏得免于破坏与损失。① 1953 年，全国总工会把东北五二工厂家属工作作为典型经验进行总结推广，明确提出必须坚持“为生产服务，为群众服务”的方针。1953 年 4 月 5 日至 12 日召开了第一次全国煤矿工会文教工作会议，会上传达了 2 月下旬召开的文教部长座谈会和中央扫盲工作委员会召开的第一次全国扫盲工作会议精神，提出把宣传鼓动工作放在工会宣传工作的首要地位。通过展开的一系列扫盲和文化学习活动，职工文化程度有了显著提高，据 1956 年统计，全国煤炭职工参加扫盲和文化学习人员多达 29 万人，占职工总数的 32%，通过学习有 2.6 万人摘掉了文盲的帽子，有 1.6 万人达到高小文化程度。为进一步促进煤炭职工文化程度的不断提高，在开展扫盲活动的同时，也相继开展了职工业余学习、职工文化“双补”、读书自学活动。

新中国成立初期，水利、电力系统职工积极响应党和国家号召，于 1950 年下半年对系统内职工进行了文化、技术素质的统计。统计结果显示，在国营电力生产企业中，职工文盲和半文盲占总职工的 48%，而在电力基建和水利单位的职工文盲和半文盲占比则高达 80%。截至 1960 年初，对水利、电力系统内的 11 个厅、局、院属 29 万职工文化程度的统计，文盲和半文盲占 22.2%，小学水平的占 42.4%，初中水平的占 24.2%，高中（技校）水平的占 8.5%，大专水平的占 2.7%。通过工会和行政组织的各种专业技术和文化学习，水利、电力系统职工队伍的文化技术素质提高很快。②

从新中国初期到 50 年代末，化工系统职工队伍的文化技术水

① 《中国工会运动史料全书》煤矿工运卷编辑委员会编：《中国工会运动史料全书·煤矿卷》，中国广播电视出版社 2001 年版，第 559 页。

② 夏汝奎：《当代中国产业职工和产业工会》，海洋出版社 1990 年版，第 168 页。

平有了很大的提高。在此期间，在党和政府的关怀下，化工系统举办了各种专业和脱产半脱产的训练班，帮助他们掌握基础知识和技能。通过培养，由新中国成立初期的文盲半文盲约占一半、科技人员占比不到1%到50年代末基本完成了文化扫盲运动，到1990年前的30多年来，化工系统共培养了约1000名研究生，12万名本科生，6.5万名大专和中专生，20多万名技术工人。① 特别是自党的十一届三中全会以来，化工系统大力开展全员培训，职工在业务技能和专业素质方面都得到了很大的提高，文化技术普及工作为国民经济的恢复和发展打下了坚实基础，有效提升了工人们的素质，为后续发展提供了有力支撑。

二、新中国产业工会的组织建设和各项工作蓬勃开展

中国能源化学地质工会是我国煤炭、电力、石油、石化、化工、医药、国土资源系统的驻会全国产业工会。是我国工人阶级的重要组成部分，是中国最早开展革命运动的工人力量，是具有光荣革命传统的产业大军。随着新中国成立巩固新生的人民民主政权和恢复发展国民经济各项工作的开展，工会组织的重要性逐渐凸显出来，这个时候就需要各级工会组织开展强有力的工作，尽快把各产业工人组织起来，与全国各产业工人一起，肩负起艰巨的历史任务，发挥工人阶级主力军作用，强化产业支撑，稳定推进产业体系建设，共同完成这项光荣的使命。

（一）产业工会组织的建立

1949年10月1日，中华人民共和国成立。工人阶级的中坚力量就是产业工人，党和国家要求工人阶级迅速组织起来，组织

① 夏汝奎：《当代中国产业职工和产业工会》，海洋出版社1990年版，第236页。

到工会中来，强调要按照同一产业和职业把工人组织起来，而不是以地域为界限。加强产业工会组织系统，把全国各产业工人阶级统一组织起来，这样才能更好地系统动员产业工人和保证产业工人的生活，从而为新中国的建设而努力。1950 年 4 月，全国总工会召开全国工会组织工作会议，研究产业工会和基层工会组织建设等问题。这次会议后，煤矿、地质、电业、石油、化工等各个产业相继召开了产业工会的全国代表大会、工作会议、座谈会，讨论了建立产业总工会和解决涉及本产业群众利益的重大问题和工会组织问题，并作出相应的决议。

中国煤矿工会。中国煤炭工人是我国工人阶级的重要组成部分，随着煤炭工业的发展，煤炭职工队伍在不断发展、壮大，成为推进我国煤炭工业发展的重要力量，为发展煤炭工业奠定了坚实的基础，作出了巨大的贡献。

为推动煤炭工业的健康发展，维护煤炭职工的合法权益，进一步提升工会工作的水平。1949 年 4 月，东北煤矿总工会，我国第一个地区性煤炭工会在沈阳宣告成立。1950 年 3 月，中国煤矿工会筹委会由全国总工会批准成立，到 1950 年 8 月，全国煤炭职工总数为 45.9 万人，已有 29.6 万名职工参加工会，占比为 64.6%，在国营煤矿中工会会员已占全体职工的 77.3%。① 1950 年 7 月 15 日，中国煤矿工会筹委会颁布了《关于建立基层组织的暂行办法》，并于 8 月 3 日发布了《关于各级工会组织名称统一问题的通知》。随后，全国各地煤矿工会先后组织起来，自上而下的领导机构亦相继建立，并进行了废除把头制、安全生产等项工作，为了总结与交流经验，确定今后工作方针与任务，决定召开中国煤矿工会第一届全国会员代表大会。

中国电业工会。新中国成立后，党和政府十分重视电力的建

① 夏汝奎：《当代中国产业职工和产业工会》，海洋出版社 1990 年版，第 146 页。

设。我国电力职工也随着电力建设的发展不断壮大，电业产业工会及各级组织也随着电力事业发展和职工的需要而建立起来。中共中央副主席朱德同志亲临会议作了重要指示并为大会题词：电气工业的发展是发展各种工业的先决条件。会上蔡书彬作了《关于筹备工作总结和今后电业工会工作方针任务的报告》，明确了中国电业工会的工作方针和任务。自电业工会成立起，他的首要任务就是要把全国电业工会的组织统一起来，把全国电业工人、工程师、技术人员和管理人员组织起来，以主人翁的态度来保证安全运行，一秒钟都不断地发送电。因此，必须加强工会组织的统一领导，贯彻民主管理，教育和启发职工群众，树立新的劳动态度，认真执行专责制度，定额管理和检修工作，用全力消灭事故，省煤省电。当时全国电业已有 113 个基层工会、42594 名会员。在国民经济 3 年恢复时期（1949 年至 1952 年），电业工会的各项工作在各级党委、燃料工业部及各级行政的支持下，展现出了有声有色的面貌，发挥了显著的作用。实事求是地说，这个时期的工会工作确实比较活跃，有些同志将其誉为“黄金时代”。工会各级领导坚定地贯彻党提出的全心全意依靠工人阶级的路线，相信和依靠群众，注意密切与群众的联系。职工群众关心的事，工会主动办；工会的事情，依靠职工群众大家办，这种做法大大调动了职工的积极性。同时，宣传、贯彻《工会法》和《劳动保险条例》，反映了广大职工的要求，维护电力职工的合法权益，受到广大电业的拥戴。为了加强对电业基本建设工会工作的领导，1953 年 1 月成立了基本建设工作委员会，由蔡书彬兼任主任。随着电业发展和职工队伍壮大，电业工会各大区、分区组织逐步建立和健全，电业工会在 3 年恢复时期的工作取得了显著的成绩，为国家的经济建设作出了重要贡献。这些成绩的取得离不开各级党委、行政部门的支持，也离不开工会各级领导和广大职工的共同努力。

中国地质工会。中国地质工会以地质建设为中心，结合产业特点，在地质事业的发展中发挥了积极作用。中国地质工会始终把搞好生产、提高劳动生产率作为首要任务，根据不同时期的生产要求，开展多种形式的社会主义劳动竞赛。1953 年 4 月，建立了中国地质工会全国工作委员会，受地质部党委和全国总工会双重领导。1956 年 5 月 11 日至 12 日，中国地质工会第一次全国代表大会在北京召开，大会选举产生了中国地质工会全国委员会，全国委员会对所属工会组织实行垂直领导。会上确认了今后的基本任务是：密切和广大职工的联系，团结全体职工搞好生产；在生产发展的基础上逐步地改善职工的物质、文化生活；向广大职工进行共产主义教育。根据以上基本任务，报告指出，在 1956 年，中国地质工会各级组织要大力贯彻全国先进生产者代表会议的精神，广泛开展先进生产者运动，把社会主义竞赛继续推向新的高潮，保证超额完成国家生产计划，同时要健全工会组织，不断提高职工的文化和技术水平，协助行政做好职工的工资工作，改善职工的生活福利和劳动保护。

中国化学工会。新中国成立初期，全国化工企业陆续建立了工会组织，拥有工会会员 4 万余人，占化工职工总数的 80%左右。1950 年 9 月，中国化学工会筹委会召开第一次会议，会议决定中国化学工会的组织范围，包括国营、公营、公私合营，私营从事酸类、碱类、工业用盐、无机盐类、肥田粉、氯体工业、染料、耐酸陶瓷、人造橡胶、电化学业、水泥、制磷、石膏、酒精等化学制造业，以及政府所属化学部的所属单位、医院、学校、合作社等。会议还决定积极筹备召开化学工会代表大会，正式成立全国化学工会。

中国石油工会。为适应我国石油工业发展的需要，在中国石油工会建立之前，石油系统的基层工会是由地方工会领导的。1955 年 12 月 30 日，建立了全国总工会石油工会工作委员会，负责筹备中国石油工会。1956 年 2 月 21 日至 27 日，在北京召开了中国石油工会第一次全国代表大会，会议通过关于组织问题的几项决定，产业工会定名为中国石油工会。大会确定了今后石油工会的基本任务："转变工作作风，改善领导，更好地动员和组织石油工业全体职工全面开展社会主义竞赛，争取提前完成第一个五年计划中的石油工业生产、地质勘探和基本建设任务，并且经常关心和改善职工的劳动条件与物质文化生活。"①

（二）工会工作方针任务的制定

随着新中国的建立，工人阶级社会地位和历史任务的根本改变，中国工会的地位和作用也发生了深刻变化：由被压迫阶级的群众组织，转变为国家领导阶级的群众组织；由地主买办阶级专政的国家政权的对立物，转变为人民民主专政的国家政权的重要社会支柱；由半封建半殖民地社会制度的破坏者，转变为新民主主义-社会主义社会的拥护者和建设者。② 作为工人阶级的群众组织，工会的地位也发生了根本性的转变。为了适应这一历史性转变，工会工作方针从性质到内容都必须做相应的改变。

新工会工作方针的确定，不是一朝一夕实现的，而是经历了一个逐步形成的过程。具体而言，这一方针的确立始于六次劳大，这次大会明确提出了中国工人阶级是即将建立的新中国的领导者，肯定了工人阶级在国家政治生活中的领导阶级地位。中国共产党的第七届二中全会根据毛泽东所作的报告通过了相关决议，确定了在彻底摧毁国民党统治、夺取全国胜利后，把党的工作重心由乡村转向城市，以生产建设为中心的战略决策，提出党在城市工作的中心任务是恢复和发展生产，并且把全心全意依靠工人阶级

① 中华全国总工会《中国工会运动史料全书》总编辑部编：《中国工会运动史料全书（产业卷）（电子版）》，中国职工音像出版社 1997 年版，第 63 页。
② 王玉玺、赵巧萍主编：《新编中国工会史》，中国工人出版社 2013 年版，第 75 页。

作为一切工作的指导方针。这两次会议的有关精神为制定新中国的工会工作方针提供了正确的指导思想。

此外，全国第一次工会工作会议以及新中国成立后党中央及全国总工会所召开的有关会议，党和国家领导人的有关讲话精神，以及一些会议所制定的有关法令、条例及章程，初步确立了新中国的工会工作方针。

新工会工作方针的确立适应了新中国成立初期工运发展的实际，因而具有重要的指导意义。主要体现在：政治上，在中国共产党的领导下，我国工会以新工会工作方针为指导，组织和动员广大职工群众为巩固人民民主政权而努力奋斗，并胜利地实现了新民主主义向社会主义的过渡；经济上，在新工会工作方针指导下，我国工会把“发展生产、繁荣经济”作为中心任务，把“公私兼顾、劳资两利”作为实现中心任务的政策和手段，注意调整“劳资”及“公私”矛盾，调动广大职工的积极性，从而推动了工人运动的发展；组织上，确定了正确的发展原则，避免和消除了“关门主义”的影响，使工会组织得到迅速的发展。

全国总工会电业工作委员会主任蔡书彬在1950年7月的中国电业工会第一次全国代表大会上作了《关于筹备工作总结和今后电业工会工作方针任务的报告》，明确了中国电业工会的工作方针和任务。中国电业工会正式成立以后，其首要任务就是要把全国电业工会的组织统一起来，把全国电业工人、工程师、技术人员和管理人员组织起来，以主人翁的态度来保证安全运行，一秒钟都不断地发送电。因此，必须加强工会组织的统一领导，贯彻民主管理，教育和启发职工群众，树立起新的劳动态度，认真执行专责制度，定额管理和检修工作，用全力消灭事故，省煤省电。其目的在于达到电力质精、量足、效率高、成本低，为即将到来的工业化和电气化，打下坚固基础。蔡书彬强调，现今工作努力方向是：普遍开展生产竞赛，有重点地订立集体合同，巩固与健全工会基层组织，提高职工政治、文化、技术水平，达到保证安全发送电的目的。各级工会组织，必须根据大会总的精神与总任务，结合本单位的具体情况和需要，订出计划和制度，建立各种组织，发动全体职工，组织生产竞赛，贯彻专责制度，切实管好人民的电业企业，来努力完成“保证一秒钟都不停电”的光荣任务。

1950 年 11 月 15 日至 21 日，中国煤矿工会第一届全国会员代表大会在北京召开。会议确定了煤矿工会的工作方针：开展爱国主义生产比赛，进行安全生产，健全与巩固工会基层组织，加强职工业余文化教育，更深入地贯彻管理民主化。会议选举赵玉祥等 43 人为中国煤矿工会委员会委员，正式成立了中国煤矿工会全国委员会。1955 年 8 月 22 日至 30 日，中国煤矿工会在北京召开第二届全国代表大会。会议确定了中国煤矿工会的任务：在中国共产党的领导下，密切工会与群众的联系，广泛深入地宣传第一个五年计划，进一步提高煤矿职工的社会觉悟，发动职工群众把劳动竞赛推向新的高潮，急需进行恢复改建工作，充分发挥现有矿井的潜力，保证安全地、全面地完成并超额完成第一个五年计划期间煤炭工业的任务，并在发展生产的基础上，逐步改善职工的物质文化生活。① 这一时期，方针和任务的制定，充分体现了国家对能源产业的高度重视，体现了国家和政府在恢复国民经济、改善民生方面的坚定决心。同时，针对当时转变时期的特点进行统筹协调，这一过程彰显了国家建设者们的坚定信念和不懈努力。

（三）工会组织的迅速发展

新中国成立后，百废待兴，百业待举。长达一个世纪之久的半殖民地半封建的旧中国连同中华民族所蒙受的百年耻辱在新中

① 王一凡：《新中国工会纪事》，辽宁人民出版社 1989 年版，第 130—131 页。

国诞生的礼炮声中被彻底埋葬，同时也给中国人民留下了一副百业凋敝、千疮百孔的烂摊子。当时，全国还没有完全解放，国民党反动派的残余势力还在伺机进行破坏和捣乱，广大的新解放区尚未进行土地改革；在经济上，长期战争的破坏导致灾难性的后果，致使工农业生产大幅度下降，大量的工人失业，人民生活困苦；随着革命形势的迅速发展，到 1949 年底，国家已经接收了 2858 家官僚资本企业，没收了原国民党的中央、中国、交通、农民四大银行及 2400 多家省、市银行和全部交通运输业。为了巩固新中国的国民经济命脉，要求工人阶级在党的领导下，积极地组织起来，协助政府接管城市和官僚资本企业，迅速恢复和发展生产。在国际上，对新中国极端仇视的帝国主义势力不甘心在东方战线的失败，他们一方面对我国实行封锁和禁运，另一方面准备进行各种侵略和颠覆活动。

在这种严峻的形势下，作为新中国领导阶级的工人阶级，为了巩固和保卫新生的人民政权，就必须充分发挥在政权建设、经济建设和文化建设中的主力军作用。首先，在政权建设中，要全力以赴支援人民解放军彻底消灭国民党反动派的残余势力，解放全中国，将新民主主义革命进行到底，巩固和发展新生的人民政权。其次，在经济建设方面，要迅速恢复国民经济，大力发展社会生产，改善人民生活，并为进行社会主义经济建设和全面的社会主义改造准备条件。工人阶级要完成上述任务，其前提条件之一，就是将所有工人组织起来，形成整体的阶级力量，只有这样才能有效地发挥工人阶级的主力军作用。这就要求必须建立和发展工会组织，以适应客观形势的需要和工人运动的需要。

当时的我国工人阶级组织状况也迫使迅速发展工会组织成为历史的必然。1949 年底，我国的工人阶级队伍为 800 万人，其中组织起来的工人仅有 370 万人，尚未达到工人总数的一半。这种状况远远不能适应形势发展的需要。同时，中国劳动协会与中华全国总工会也没有统一起来，这样不利于形成全国工会组织的统一领导。因此，为了改善和加强工人阶级的组织状况，实现全国工会组织和工人运动的有机统一，就必须建立和发展工会组织。

新中国成立前夕，于1949年7月23日至8月16日，中华全国总工会在北京召开了具有历史意义的工会工作会议。会议的中心议题是讨论解决新中国成立后工会组织建设的问题。会议提出要在一年左右基本上把全国工人阶级，首先是产业工会组织起来的任务。中共中央领导人毛泽东、周恩来、朱德等参加了会议。全国总工会领导人李立三在开幕词中着重强调：工人阶级要为建立独立、自由、民主、富强的新民主主义的新中国而奋斗到底，首先要把自己组织起来，成为宏大的有组织的队伍。周恩来代表中共中央向大会作政治报告，报告指出“在目前这样的形势下，工会动员全体工人阶级的口号是：恢复生产，建设新中国”。还指出“为了把革命进行到底，恢复生产，建设新中国，工人阶级要团结起来”。朱德在会议上发表讲话，对新民主主义政权下工会性质和任务，作了全面论述。会议刚结束，中共中央于8月26日就发出《关于贯彻全国工会工作会议精神加强工会工作指示》。同年10月13日，全国总工会召开党组扩大会议，作出建立10个产业工会的决定，并于12月下旬向全国各地工会发出《关于在最近半年内建立10个产业总工会的通知》。通知要求各地工会帮助把铁路、邮电、海员、纺织、燃料等产业工会迅速建立起来。

中国工会组织的建设是按产业组建工会的原则，以建立全国性产业工会和建立各级地方工会两个体系同时进行的。所谓产业原则，是把同一个工厂、企业、事业、机关、学校等单位的工会会员，不分工种、职业，包括这些单位的工人、职员、工程技术人员、经营管理者，或者学校的教职员工，统统组织到一个工会基层组织之中，与同一国民经济部门，或几个性质相近的国民经济部门对应建立全国性的产业工会及其所属的产业工业地方组织。

1950年1月22日，全国煤矿工会代表会议在北京召开。东北、华北、华东、西北及中南区各大煤矿的工会代表出席了会议。会议根据各地代表的报告，集中讨论了五个问题：依靠工人阶级贯彻管理民主化；搞好生产；废除把头制；工会组织工作；开展文化技术学习运动。会议期间，全国总工会副主席李立三、燃料工业部部长陈郁分别作了关于管理民主化问题和关于工会干部要有生产观点问题的报告。会议选举金直夫等45人为全国煤矿工会筹备委员会委员。大会于2月2日闭幕。

1950年7月7日至22日，中国电业工会第一次全国代表大会在北京隆重举行。蔡书彬同志作了《关于筹备工作总结和今后电业工会工作方针任务的报告》，大会通过了《中国电业工会章程》和各种组织条例，通过了《关于开展生产竞赛签订集体合同的决议》《关于保证安全运行的决议》《关于开展职工教育的决议》等文件。代表大会开始，中央人民政府副主席、中国人民解放军总司令朱德代表中共中央向大会致词。他说："我们工人阶级是新中国的主人，担负起建设新中国的责任，每个职工要努力学习，节省原材料，降低成本，每小时都要前进；要建设，就要努力搞好生产，开展生产竞赛。生产发展地方要如此，不发展的地方也要如此。"针对当时美帝国主义发动了侵略朝鲜的战争，严重威胁到我国安全的情况。他指出："目前，美帝有侵略中国的野心，就是因为我们生产尚未发展，只要大家努力发展工业、发展电业，胜利一定是属于我们的！"全国总工会副主席李立三讲话，他着重指出："工会是工人、职员自己的组织，它的首要任务就是保障工人阶级的利益；因此，工会必须面向群众，面向生产；只有群众真正动员起来了，努力搞好生产，才能保障工人阶级的根本利益。才算是真正搞好了工会工作。"燃料工业部部长陈郁在报告中着重讲了新中国成立初期电力工业的形势和任务，并号召电业全体职工"努力学习，提高技术，提高政治觉悟和文化水平，努力消灭责任事故，完成生产任务，保证工业用电，为实现新中国的电气化而奋斗！”大会代表民主选举产生了中国电业工会全国委员会委员35人，候补委员11人，正式成立了全国电力职工自己的组织——中国电业工会全国委员会。代表大会结束前，发出了号召全国电力职工反对美帝国主义的侵略、声援朝鲜人民解放斗争的通电。大会还向全国电力职工发出号召——“保证一秒钟都不停电”。

为了实现全国工会组织和工人运动的统一，中国劳动协会于1949年11月5日至8日，在北京举行全国代表会议。会议通过了结束劳动协会组织的决议并发表了《宣言》。会议认为，新中国的建立，标志着中国共产党领导下的全国人民解放事业已取得基本胜利，根据全国六次劳大制定的工人运动方针，全国工人阶级应当加强团结，统一力量来完成建设新中国的历史任务。全国总工会已树立了全国工人阶级群众组织的坚强的统一的领导。因此，劳协一向所抱的目的、劳协的历史任务已告完成。劳协组织的结束，劳协会员分别参加全国总工会领导下的各产业工会与地方工会组织，正是为了加强中国工人阶级的统一和团结。中国劳动协会的结束，实现了新中国工会组织和工人运动的统一。对此，刘少奇同志给予了高度评价。他指出，劳协工作的结束，以后在全国总工会的统一组织里面，共同为组织工人、教育工人以及它的前进而努力，这一态度很好，符合工人阶级的利益，符合目前国家经济建设的任务。劳协的行动，表现了全国工人阶级的团结统一，充分体现了工人阶级高度的政治觉悟。总之，中国劳协全国代表会议所作出的决议对于统一和发展工会组织具有积极的意义，这是推动中国工会组织迅速发展的重要的组织前提。

中国工人阶级作为国家的领导阶级，开始享有组织工会的充分自由和权利。全国工会工作会议决定，首先要把产业工人组织起来。因此决定了在新中国的工会组织发展工作中，工人阶级的中坚部队就是产业工人，当前首要的任务是迅速建立和发展产业工会组织，根据这个精神，《工人日报》于1949年11月9日发表了题为《建立全国性的产业工会是目前组织工会的中心环节》的社论，明确地提出建立全国性产业工会组织的具体目标。指出，全国总工会决定从现在起到次年5月，要求分别召开全国电讯、煤矿等10个产业工会的全国代表大会，并正式成立上述10个产业工会的全国委员会。同年12月下旬，根据全国总工会常委扩大会议的有关决定向全国各地工会发出《关于在最近半年内建立10个产业总工会的通知》。建立全国统一的产业工会组织，有利于统一努力生产的行动，便于教育研究和规定统一的工资制度及福利待遇办法。

全国总工会的《通知》精神及《工人日报》社论向全国工会组织提出了建立和发展产业工会的紧迫任务。各地党委和工会努力贯彻全国工会工作会议精神，积极进行产业工会的组织建设工作。

1950年的工会组织发展工作虽然还处于初创阶段，但成绩斐然。在党和人民政府的高度重视和支持下，全国各主要产业部门和主要城市的工人基本上组织起来，共建立了16个全国性的产业工会领导机构（包括6个筹备委员会和3个工作委员会），工会会员发展到517万人，占职工总数的43.6%。至1952年底，建立了23个全国性的产业工会和18万个基层工会，全国除台湾、西藏外，其他省、自治区、直辖市及其所属的市、地、县都建立了地方性和产业工会。新中国成立后两年来，各产业工会面向生产，大力总结推广先进生产经验，开展了适合产业特点的社会主义劳动竞赛，煤矿工会领导开展了施玉海安全生产运动，电业工会开展了安全省煤运动等，组织起来的产业工人在恢复国民经济生产、保卫人民政权、巩固人民民主专政的斗争中发挥了巨大的作用，作出了卓越的贡献。

到1952年，在短短的3年时间里，工会基层组织已发展到20.7万个，工会会员队伍也日益壮大，由1949年底的370万人增加到1002.3万人，主要大中城市和产业的工人有90%以上都参加了工会。新中国成立初期我国工会组织健康迅速地发展为如火如荼的工人运动提供了必要的组织保证，其作为我党实行的工作重点由乡村转入城市的战略部署的重要组成部分，为组织工人阶级投身于巩固人民政权、恢复国民经济作出了卓越的贡献，并为继续进行的社会主义革命和建设奠定了坚实的基础。

三、新中国成立后产业工人阶级面临的形势和任务

新中国成立之初，我国工人阶级和工会组织面临着相当复杂严峻的政治经济形势和艰巨任务。帝国主义对中国进行全面封锁；华南、西南尚有大片领土被100多万国民党军队盘踞，占据了台湾等一些沿海岛屿；残存在大陆的200多万由国民党扶持、资助的政治土匪以及60万特务分子和60万反动党团骨干分子、各种反革命分子仍在进行着破坏、暗害活动，同时由于帝国主义、官僚资本主义对资源的掠夺，不合理的生产方法所遗留下来的创伤尚未根除，国民经济千疮百孔，资源匮乏，财政困难，工业基础薄弱，技术水平较低，工人失业，农业凋敝，通货膨胀，物价飞涨，民生困苦。

这个时期，中国正处于社会主义革命的关键时刻，工人阶级被赋予了推动国家工业化和现代化的重要使命，面对种种困难，产业工人作为国家经济建设的核心力量，在中国共产党的领导下，承担起了重建工业体系，恢复生产秩序，发展国民经济，巩固国家政权的重要使命。党中央给工人阶级的主要任务是：迅速恢复和发展国民经济，争取国家财政经济状况根本好转，巩固新生的人民民主政权。为此，全国总工会提出了工会运动的五项具体任

务：组织和领导工人努力恢复与发展生产；组织和教育工人群众用实际行动拥护人民民主政权，巩固工人阶级对政权的领导；保护工人阶级的利益，改善工人生活；加强政治文化技术教育工作，提高工人的政治文化技术水平；建立、扩大和巩固工会组织，使工会逐渐真正成为一切雇佣劳动者和国营职工的群众组织。①

而面对如此严峻的形势，中国共产党和人民政府最紧迫、最主要的任务就是全心全意地团结、依靠产业工人迅速恢复被破坏殆尽的国民经济，充分发扬中国工人阶级英勇无畏的担当和斗争精神，排除万难，恢复国民经济，捍卫巩固新生政权，争取国家财政经济状况根本好转，改善人民的生活，巩固人民民主专政的国家政权，为建设一个繁荣昌盛的新中国而奋斗。

四、产业工人为恢复国民经济和发展生产作贡献

革命，就是解放生产力。这是马克思主义的一条基本原理。在中国共产党的正确领导下，经历了长期艰苦卓绝斗争的中国工人阶级终于迎来了新世纪的曙光。新中国的诞生，标志着无产阶级革命的铁拳彻底砸碎了旧的国家机器，同时也使工人阶级摆脱了旧的生产关系的桎梏。作为先进生产力的代表，中国工人阶级在恢复国民经济和巩固人民民主政权的斗争中，焕发出不可遏止的主动精神和工作热情，充分发挥了不可替代的主力军作用。

（一）工人阶级在恢复和发展国民经济斗争中的主力军作用

新中国成立初期，在中国共产党的正确领导下，在全国总工会及各级工会的组织发动下，工人阶级以主人翁的姿态和新社会

① 中国工运研究所编：《中国工会读本》，中国工人出版社 2009 年版，第 156—159 页。

的建设者的身份，积极投身于恢复和发展国民经济的伟大斗争中，建树了不可磨灭的历史功绩。

协助政府接管官僚资本主义企业。为社会安定和不因巨大社会变革而造成生产力的破坏，以利于国民经济的恢复和发展，中共中央提出“原封不动、原封原样”地接管好城市的方针。强调在城市接管中，一定要全心全意地依靠工人阶级。随着全国各大城市相继解放，工会组织依据党中央关于接收官僚资本主义企业的方针政策，在各地各级党委统一领导下，积极发动和组织广大工人群众，协助政府接管城市和官僚资本主义企业。我国最大的工业城市上海在工会的组织下，许多企业工人推选自己的代表，组成“清点委员会”“帮接管小组”，主动协助军管会做好清点接收工作。在接管工作中，广大工人群众充分发挥了熟悉本厂本企业情况的优势，有力地推动了接管工作的顺利进展。1949 年底，在工人阶级的协助下，国家接收了采煤、采油、发电、有色金属加工、纺织、化工、造纸、食品等 2858 家官僚资本主义企业。没收官僚资本使新生的共和国在新中国成立之初就有效地控制了国家主要的经济命脉，拥有全国 58%的电力、68%的原煤、92%的生铁、97%的钢、65%的水泥、53%的棉纱和全国的铁路及大部分现代交通运输事业，控制了绝大部分金融系统和对外贸易。与此同时，人民政府坚决废除帝国主义在中国的一切特权，根据帝国主义在华企业的不同情况，收回帝国主义在华资产。从而为恢复国民经济、建立社会主义的国有经济，奠定了坚实的物质基础。

为了恢复和发展生产，积极开展清仓查库和献纳器材运动。国民党反动派的破坏和帝国主义的封锁禁运，导致大批工厂企业的设备损坏严重，大量的生产器材丢失，原材料供应不足，使许多企业难以开工生产。为了尽快解决这个困难，为恢复生产创造条件，政务院于 1950 年春决定在全国职工群众中广泛开展清仓查库和献纳器材的运动。全国总工会号召各级工会积极组织职工参加这一运动。政务院的决定得到了广大工人阶级群众的热烈响应。辽宁省是我国重要的工业生产基地，在恢复国民经济中，辽宁省各级工会发动与组织全省职工广泛开展了“死机复活”“生产立功”“捐献器材”运动。工会号召广大职工把自家且工厂又可用的器材和原料自觉地捐献出来，得到职工的热烈响应。仅 1949 年 1 月至 4 月，鞍山、抚顺两个市的职工献纳器材 45 万件。上海一家铁工厂的工人，仅用 7 天，就从废铁堆中拣出大量可用的机器零件，价值 1500 万元。据有关部门统计，1950 年 3 月至 6 月，全国共清理出机器 20110 部、钢铁 19. 6 万吨、汽车 7961 台、电动机 5825 部，此外还有其他大批物资。这一运动的开展，不仅为恢复工业生产解决不少燃眉之急，而且对于调动工人阶级生产积极性、提高其主人翁觉悟，具有十分重要的意义。

以高度主人翁积极性恢复煤电油的工业生产。新中国成立初期，全国绝大多数煤矿处于半停产状态。各地煤矿损坏程度最轻的在 60%，最严重的达 95%。截至 1952 年底，国营煤矿已有 83% 恢复生产。同时，对全国 32 个具有相当规模的矿井进行了改建和扩建，还着手阜新海州露天煤矿的建设工程，全国煤炭生产能力达到 7000 万吨，为 1949 年的 2. 18 倍，达到历史最高水平。1949 年，全国天然石油产量仅 7 万吨，人造石油不超过 5 万吨。经过 3 年恢复，原油产量增加到 44 万吨，增长了 2. 67 倍。发电量较 1949 年提高了近 70%。

协助政府搞好稳定物价工作，打击投机倒把的不法活动。稳定物价是关系到人民群众切身利益和国家整体利益的大事，因而得到职工群众的热烈支持。新中国成立不久，一些不法资本家利用国家暂时的经济困难，大搞投机倒把活动。他们哄抬物价、囤积居奇，扰乱金融。在这种形势下，广大职工在工会组织下，主动配合公安、银行等部门，积极开展检查黑市、查禁囤积、取缔投机的斗争，开展群众性拒用和禁止黄金、白银流通的斗争。这些活动不仅有效地协助政府打击不法资本家和奸商的犯罪活动，而且对于平抑物价、稳定市场、保持社会稳定，起了非常重要的作用。

积极参加工厂管理民主化和创造生产新纪录运动。官僚资本企业被人民政府所接管，其固有的消极因素和种种弊端也被暂时继承下来，这些消极因素及弊端的存在，严重地阻碍了新的经济秩序的建立，并对广大职工劳动积极性和创造性的发挥产生不利的影响，因此必须对此进行变革，建立新型的企业管理机制。为此，1950 年 2 月 7 日《人民日报》发表了李立三起草的题为《学会管理企业》的社论。社论针对在接管的国营、公营企业中继续保留着旧的甚至某些腐败的制度，以及许多不合理、无政府等混乱现象，提出学会管理企业，把官僚资本主义企业改造成为新民主主义企业，应当成为中国工人阶级目前的中心口号。社论还指出，在国营、公营企业中建立以厂长为首的工厂管理委员会与职工代表大会制度，是目前改造旧的官僚资本企业的中心环节。因此，企业中的工会组织应当配合行政机构，逐渐改革各种旧制度，首先帮助行政实现管理民主化，以便进一步提高工人的劳动热情，组织生产竞赛与合理化建议来提高生产。

1950 年 2 月 28 日，政务院财政经济委员会发出《关于国营公营工厂建立工厂管理委员会的指示》，进一步指出，在国营、公营工厂企业中，必须改革官僚资本统治时代遗留下来的各种不合理的制度。改革的中心环节就是建立工厂管理委员会，实行工厂管理民主化。根据《指示》精神，全国总工会于 1950 年 2 月至 5 月，分别召开了十大城市工会生产部长会议和全国工会生产会议，重点研究工厂民主管理和生产竞赛等问题。根据这次会议精神，各地工会组织职工群众广泛地开展了工厂管理民主化和生产竞赛运动，并在全国掀起了创造生产新纪录运动的高潮以及开展合理化建议运动的高潮。创造生产新纪录运动始于沈阳市的机械行业。沈阳第三机器厂车工赵国有刻苦钻研，大胆革新技术，于1949年8月创造了用时50分钟就可以车一个塔轮的生产新纪录，效率提高了20倍（原来车一个塔轮用时16小时）。这一新的纪录引起了党和政府的高度重视。沈阳市总工会及时总结和推广了他的经验，东北总工会号召全体工人向赵国有学习，广泛开展创造新纪录运动。据统计，1949年9月至12月，辽宁省各厂矿创造新纪录就达到10105项，创造价值达6180亿元（原东北币）。在东北地区，有5万多名先进生产者在半年时间里创造了2万多项新纪录，使东北工业劳动生产率提高了32%。其后，沈阳市第五机器厂总结出马恒昌小组的先进经验。在全国又涌现出李永的"毛泽东号"机车组、郝建秀小组等先进群体。创造新纪录运动的蓬勃开展，对于推动全国工业生产的发展，加快国民经济恢复和发展的步伐，起了非常重要的作用。

此外，为了进一步改进企业的生产管理，不断提高企业劳动生产率和技术水平，在全国广大职工群众中广泛开展提合理化建议活动。仅1952年1年，全国职工就提出合理化建议80.8万条，其中35.5万条得到落实。1951年，马恒昌小组还向全国职工发起开展爱国主义劳动竞赛的倡议，深受广大职工欢迎，全国有18000多个班组热烈响应，1952年参加这项运动的职工人数达到280万人，涌现出来的省市以上劳动模范、先进人物有22.3万人，先进班组18590个。开展合理化建议活动和爱国主义劳动竞赛活动，不仅调动了广大职工的生产积极性，而且真正反映了新中国工人阶级所具有的主人翁精神风貌。

（二）积极参与城市民主改革、推动企业管理民主化

民主改革是新民主主义革命胜利后必须继续完成的民主革命的任务。城市的民主改革主要是废除城市中和工矿企业中的欺压人民和工人阶级的封建残余势力及与之相勾结的其他反动势力，

从而为迅速恢复与发展国民经济、实现新民主主义向社会主义转变，创造必要的社会条件。

彻底废除封建把头制度，解放生产力。在半殖民地半封建的旧中国，帝国主义和官僚资本主义企业以及一般工矿企业，都依靠封建把头制度对工人阶级进行统治、剥削和压榨。封建把头制度在全国解放初期的工矿企业中，仍然顽固地存在着。尤其在工业经济比较集中的地方和行业，如搬运、建筑、煤矿更为严重。旧中国时，封建把头依附帝国主义和国民党反动派，或地方封建帮会势力，强力把持一方或某一行业。他们垄断劳动力市场，压低工人工资、克扣伙食和住宿费用等对雇主和工人进行欺压和剥削，横行霸道，无恶不作，手上沾满工人的鲜血。新中国成立后，他们表面上有所收敛，但仍靠长期形成的帮口势力，盘根错节，对工人群众进行控制。有些封建把头伪装进步，改头换面，摇身一变钻进工会组织，有的还当了干部，窃取了一些基层部门的领导权，继续在工人头上作威作福。他们之中一些人采取拉拢收买、恐吓等手段分裂职工队伍，制造并散播谣言，挑拨工人同政府的关系，甚至制造生产事故。广大工人对此深为不满，他们说："全国解放了，工厂里并没有完全解放。"工人自发要求清算旧社会留下的封建把头制度。事实表明，封建残余势力仍然对工商业的恢复和发展，社会的稳定和人民群众的财产安全造成严重阻碍，工矿企业如不进行彻底的民主改革，彻底清除封建把头制度这一社会毒瘤，就不可能把职工群众的生产积极性真正调动起来。

反封建把头制度最早在天津的搬运行业开始，继后煤矿、纺织业相继展开。煤矿系统反封建把头制度是与推行企业管理民主化同时进行的。1950 年 1 月，中国煤矿工会召开全国代表大会，各地代表强烈反映大部分煤矿中的各种管理制度、人事制度和管理机构等，基本上还是执行接管时的一套办法。封建主义残余和官僚主义管理方式仍相当严重，管理民主化徒有形式，广大煤矿职工对此十分不满，生产效率低，事故多，亟待进行改革。大会向中央燃料工业部建议，要求明令废除封建把头制度，排除把头担任行政管理工作，并应对其中罪恶昭彰者依法惩办。在全国范围内展开“废把运动”，目的是废除封建残余以实现管理民主化、经营企业化。到 1952 年，全国煤矿系统的反封建把头斗争取得了完全的胜利。把广大工人从旧生产关系中彻底解放，成为企业的主人。

发动群众进行工矿企业的民主改革。工矿企业的民主改革实际上从 1950 年初反封建把头斗争时就已经开始了。同年 3 月，中共中央和政务院提出，要求各地用足够力量，发动和依靠广大职工群众，有领导、有计划、有步骤地对所有企业，首先是国有企业内部的反革命势力进行清理，对旧中国企业遗留的一套压制工人的旧管理制度进行或进一步完成必要的民主改革。各地根据实际情况，即时做了安排部署。截至 1952 年底，全国范围的企业民主改革基本完成。

1951 年 11 月，中共中央发出《关于清理工矿、交通等企业中的反革命分子和在这些企业中开展民主改革的指示》，其指出，全国解放特别是 1950 年 2 月以后，许多国有企业为了实现管理民主化，先后经过反动党、团员登记，民主改革等群众运动，清理了一批隐藏在企业内部的反革命分子，在不同程度上改革了原来帝国主义和官僚资本主义企业内部形成的种种不合理的制度和封建把头制度。但仍有不少国有企业和私营企业没有进行系统的清理，残存的反革命势力还从各方面进行破坏活动，压制工人的政治积极性和生产积极性。各地必须用足够力量，发动和依靠群众，有领导、有计划、有步骤地争取在 1952 年底前，对所有企业，首先对国有企业内部的残余反革命势力进行清理。要加强领导，依靠群众，分清敌我，区别对待。对有轻微劣迹的技术工人、技术人员、高级职员和专家，在运动中应予以保护。对过去勾结反动势力欺压工人、职员的人应与反革命分子加以区别，不可笼统地打倒一切。遵照中共中央的指示精神，各级工会组织，在同级党委统一部署下，深入组织发动职工群众，投入企业民主改革运动。各地工矿企业的民主改革运动，由点到面，由国有企业到私营企业有领导、有准备、有步骤地开展。

工矿企业民主改革的步骤大致分为民主斗争、民主团结和民主建设 3 个阶段。民主斗争阶段，实际上是深入宣传政策，发动群众，对隐藏在企业内部的反动残余势力进行揭发斗争并加以清理。这是敌我性质的斗争，斗争是相当尖锐复杂的。一部分工人因自身有一般历史问题，或曾与反动残余势力有过瓜葛而顾虑重重。因此，首先帮助他们放下思想包袱，解脱出来参加斗争。一些过去的封建把头或国民党隐藏在工人队伍中的走狗，改头换面钻进基层工会领导队伍中，他们利用合法身份，威吓群众，设置障碍，有的甚至公然搞破坏活动，用尽心机阻止民主改革运动的开展。运动中揭发出来的封建把头和反革命分子的罪行是触目惊心的。群众发动起来后，对这些反革命分子的罪行进行控诉斗争。经过面对面的斗争，广大职工群众深深懂得新旧社会两重天，革命胜利果实来之不易的道理，大大提高了阶级觉悟和敢于斗争的精神。

民主团结阶段是在广大职工揭发、检举那些罪大恶极的反革命分子并开展斗争的同时，及时帮助职工中过去沾上一般污点或被骗上当的人，进行解脱工作。国民党统治时期，敌人为分化工人阶级队伍，便于控制，采取各种手段诱骗或强迫一些工人参加帮派、会道门或反动党团组织。民主改革运动开始，虽经政策宣传教育，但仍有一部分工人怕丢脸、怕组织不信任而不敢站出来揭发斗争。工会组织运动中的积极分子诚恳热情地对这部分职工进行细致的思想工作，帮助他们站稳工人阶级立场，说清楚自己的问题，放下包袱，参加斗争，从而增加了工人阶级的内部团结。

民主建设阶段是在民主改革进入后期，对那些罪恶昭著或有较大劣迹的坏分子、特务分子、工贼等进行处理或依法惩办。对那些不够法办的或开除工会会籍，或罢免其领导职务。从小组到车间，工会和行政的基层骨干进行筛选，把运动中经过锻炼的积极分子选到行政、工会的各级领导岗位上来。同时，发动群众对企业中原来那些不合理的、压制工人的规章制度进行改革，建立生产责任制、交接班、质量检验等生产管理制度。在国有企业中，通过机构改组和调整，建立起工厂、车间、班组三级生产管理。同时，建立工厂管理委员会和职工代表会议制度，进一步推行管理民主化。在私营企业中，主要是通过劳资协商会议，废除不合理的规章制度，团结资方逐步建立切实可行的有利于发展生产和保障职工正当权益的制度。通过民主改革，搬掉了压在广大职工身上的“大石头”，增强了工人阶级团结，进一步消除了发展生产力的障碍。工人们说：“民主改革是我们工人在新中国成立后的第二次翻身。”①

实施系列制度变革，建立新型的劳动关系。新中国成立以后，党和政府通过实施一系列制度变革，使工人阶级真实地感受到“翻身做了主人”。这些变革主要有废除旧的劳动制度、在国有企业中推行民主管理、调整私营企业中的劳资关系等，在企业内部建立了新型的人际关系和劳动关系，使工人阶级真正成为企业的主人，从而促进生产的发展。

废除旧的劳动制度。在旧中国的厂矿企业中，普遍存在着包工头、把头、帮头、脚行头等封建把头制度，这些封建头子依靠长期形成的帮口势力，对工人实行残酷的经济剥削和奴役，将工人劳动收入的大部分（有的达到80%以上）占为己有，并经常强

① 倪志福主编：《当代中国工人阶级和工会运动》（上），当代中国出版社 1997 年版，第 61—63 页。

迫工人做无报酬的义务劳役，有的甚至私设法堂，严刑拷打工人，逼死人命。各地煤矿企业中，漠视矿工健康，长期实行煤矿生产24小时以上的“大班制”，摧残工人身体，阻碍了煤炭的发展。同时，在各地工厂中还普遍实行着“搜身”制度。“搜身”（又名“检身”“抄身”“抄纱”“抄腰包”等）制度，是旧社会统治阶级对工人人格上的一种极端侮辱，严重违犯了人民政府保障人身自由的政策。因此，只有尽快并彻底清除工矿企业中这些旧的劳动制度，才能更好地调动工人的生产积极性，唤醒工人阶级的主人翁意识。1950年1月至4月，政务院分别批准并公布了搬运工会、煤矿工会、纺织工会全国代表大会关于废除封建劳动制度的决议和办法。废除旧制度后，“工人群众都热烈欢庆自己的解放，更加爱护工厂，更加增强了国家主人翁的意识与提高了生产积极性”。“北纺工友兴奋地自己发动检查。中纺十厂甲班织布间全体工友在献给工会的‘工人当家’锦旗上面，每个人都签了自己的姓名，表示尊重自己主人翁的地位。”①

第二节　产业工人积极参加反轰炸、抗美援朝以及企业民主革命等运动

工人阶级在恢复和发展国民经济的斗争中，展现出非凡的勇气和决心，他们不仅在生产线上保障能源供应的稳定，而且在保卫和巩固人民民主政权的斗争中，也充分发挥了主力军作用。

一、开展反轰炸的斗争

新中国成立初期，美帝国主义和国民党反动派未放弃反攻中

① 中国社会科学院、中央档案馆编：《1949—1952中华人民共和国经济档案资料选编·综合卷》，中国城市经济社会出版社1990年版，第247页。

国的企图，1949 年 4 月至 1950 年 2 月国民党反动派派遣美制轰炸机对我国沿海城市进行了大规模、无差别、重点针对水电公司的疯狂轰炸策略。南京下关发电厂、上海闸北水电公司、上海地区的 5 座发电厂、常州戚墅堰发电厂、杭州闸口发电厂是他们的重点轰炸对象。当时，被炸的闸口发电厂残垣断壁，满目疮痍，造成了无数的人员伤亡和财产损失，导致大面积停水停电，市区秩序陷入混乱。他们的目的是要摧毁新中国的经济建设，阻碍我国的发展进程，甚至要让我们重新回到半殖民地半封建的社会状态，上海解放后，国民党反动派蒋介石集团曾嚣张至极地扬言，要用飞机轰炸，把上海变成一个没有水、没有电的黑暗、瘫痪的城市。然而，他们没有想到，他们的所作所为只会激发起中国人民的愤怒和反抗精神。上海“二六”轰炸后，正在参加上海市第一届工人代表大会的上海市市长陈毅，建议立即休会，并用洪亮的声音向工人代表们说：“你们回去告诉工人们，有共产党的领导，上海不会垮，大不了再增加一点困难，这算不了什么，我们咬一咬牙，3 个人的饭 5 个人吃，就顶过去了！”陈毅还斩钉截铁地说：“一定要在两天两夜内恢复发电。”“要动员全市力量来支援上电。”并明确指示，“电厂发动群众的工作，由上电工会负责。”由上电工会杨余根等 6 人组成指挥部，有领导、有组织、有分工地进行抢修和善后处理工作。7 日晚，抢修工作全面展开，电厂职工和前来支援的各单位的工人，在敌机继续骚扰、阴雨连绵、寒风凛冽的情况下，并肩战斗，上电工人张世宝，不顾敌机在头上盘旋，带领工人日夜抢修。为了保发电，他冒险跑到 9 层楼上，检修锅炉预热器，沉着冷静地钻进不到半人高的洞门内工作，出色地完成了任务。广大职工争先恐后地奋战在现场，仅用 42 个小时就恢复了发电。与此同时，上海其他几家发电厂的职工也夜以继日地投入了抢修设备，全力进行反轰炸的斗争。陈毅在上海电力公司发电厂恢复发电后，对上海电力工人给予了高度评价：工人阶级有力量。

江苏解放后，国民党先后派用美制飞机到苏北、苏南进行骚扰，敌机投下的炸弹都落在下关发电厂附近，在飞机轰炸过程中，该电厂工人坚守岗位，并纷纷表示："现在我们是电厂的主人，随它怎么轰炸，只要人在设备在，决不停止发电一分一秒。"随后5月14日至7月19日，国民党飞机炸毁下关马路两旁的高压线，40多名外线工人突击抢修，当天恢复了送电。紧接着国民党派出多架飞机集中轰炸下关发电厂，电厂中弹10枚，1号发电机被弹片击中，透平油起火燃烧，当时敌机仍在空袭，电厂工人不顾个人安危，立即奔赴现场救火，保护和抢修设备。锅炉运行工虞明斋老师傅和10名运行工，没有一个人离开工作岗位，在第一次轰炸时虞明斋被震倒在地，他立即爬起来，搀扶受伤的工人转入安全地带。当第二次轰炸时，他叫别人躲开，说："由我在这里照管，如果锅炉断水缺煤，熄火停电那真对不起南京的市民啊!"这一席话使工人们深受感动，在这次轰炸中，1名驻厂解放军战士不幸牺牲，9名工人受伤，厂房、设备多处遭到损坏。8月4日，国民党空军B-24重型轰炸机和P-51型战斗机，三度空袭南京，敌机向电厂投弹9枚，其中2枚命中电厂1、2号锅炉间厂房顶及锅炉煤气管道等设备，损坏严重。经工人全力抢修，当晚恢复发电2100千瓦，保证全市路灯和自来水用电。紧接着，电厂工人掀起一个大修2号炉的高潮，工人们日夜奋战，仅用24天16小时完成修复，比预定计划提前了7天，于9月4日全市恢复供电，为9月5日南京市第一届人民代表大会的召开提供了电力保障。中共南京市委领导表扬南京电厂职工说："敌人飞机炸得凶，电力工人修得快。"9月10日《新华日报》专题报道了电厂职工抢修2号炉的英勇事迹。南京电厂职工在多次反轰炸斗争中坚守岗位抢修设备确保发电受到党和人民的高度赞扬。在常州电力职工反轰炸的斗争中，戚墅堰发电厂被轰炸后无锡、常州市县的工厂停工停产，通讯也处于停顿状态。为了保卫电厂，在敌机进行连番轰炸之际，军代表李中等带领职工投入战斗，他们奋不顾身地对设备进行抢修。有的职工家中被炸，房屋被毁，却不顾自家安危赶到厂里积极参加斗争。电厂被炸后接连七八天下大雨，职工们怕室外设备遭雨淋损坏，纷纷主动地拿出家里雨衣、棉被来保护机器，而自己却冒着大雨进行抢修。线路工人为了早送电，冒雨登塔，架设线路。常州电力工人，在各地、各界人民的支援下，经过 5 天的战斗，就对外恢复送电，粉碎了“3 年不能发电”的谣言。职工们仅用半个月的时间，全厂发电能力基本恢复，受到了苏南行署党政工的嘉奖。1950 年 2 月 21 日，国民党反动派，窜入杭州市上空，并对杭州闸口发电厂进行了轰炸，造成此次轰炸房顶铁梁被炸断，送煤系统被炸毁，全市停电，第二天上午 8 时，市政府召开紧急会议，会上立即成立了有闸口电厂工人白春生等 15 人参加的“全市电力恢复委员会”，统一指挥抢修机组的任务，职工们连续作战 7 昼夜，于 2 月 28 日晚提前修复 2 号炉及运煤机，3 月 1 日，闸电恢复向市区供电，3 日全市供电恢复正常，反轰炸的斗争终于取得了胜利。

为了保障人民的生命财产安全，维护国家安全和稳定，在党的领导下，电力工人们发扬了艰苦奋斗、无私奉献的精神，迅速投入紧张而艰巨的反轰炸斗争中。他们冒着生命危险，深入轰炸现场，不顾个人安危，奋力抢修受损的发电设备，开展应急预案，优化调度系统，确保电力供应的稳定，迅速恢复发电，他们用实际行动有力地回击了国民党反动派的轰炸，坚定不移地抵御敌人的袭击，诠释了电力工人的责任和担当，为中国电力工人运动史谱写了光辉的一页。这场反轰炸斗争不仅是对电力工人们的一次严峻考验，更是对他们无私奉献、勇敢担当精神的最好见证。他们的英勇表现和不懈努力，赢得了党和人民的广泛赞誉和高度评价。

二、产业工人积极支援抗美援朝的斗争

新中国成立初期，我国面临的主要威胁来自美国。要维护和巩固我国的独立和安全，就不能不同美国作斗争。“抗美援朝，保家卫国”是当时对美斗争中重大的战略决策。在各级工会动员组织下，工人阶级以最大的热情，积极投入支援抗美援朝的斗争中，并在斗争中发挥了重要的作用。

在志愿军入朝作战期间，举国上下掀起了轰轰烈烈的抗美援朝运动。全国总工会于 1950 年 11 月 18 日，根据中国共产党和民主党派联合宣言的精神，要求各级工会组织在工人群众中，广泛开展国际主义、爱国主义时事教育，开展爱国增产节约运动，支援抗美援朝。此后，全国广大职工普遍受到了爱国时事教育。许多工厂、矿山企业通过召开揭露、控诉美帝国主义罪行大会，激发了工人群众的爱国主义和国际主义情感。全国煤矿各矿区都积极地进行了抗美援朝保家卫国的时事宣传教育，广大职工群众普遍地提高了政治觉悟，踊跃地投入了竞赛热潮里。据不完全统计，参加这一运动的人数达 20 余万名，取得了显著的成绩。

中国人民抗美援朝总会于 1950 年 6 月 1 日号召全国人民在增加生产、增加收入的原则下，开展捐献飞机、大炮的运动。全国总工会也做出全国每一个工人和职员都要视其为神圣的义务而切实地推行起来的要求，为了胜利地完成捐献任务，各矿热烈开展了爱国增产捐献运动。

全国煤矿工人和家属在抗美援朝运动中都表现出高度的政治觉悟和爱国热忱，迅速掀起爱国劳动竞赛及订立爱国公约的热潮，以实际行动积极参加抗美援朝爱国增产捐献运动。在争取完成和超额完成各矿认捐的“矿工号”飞机的光荣任务中，矿工们采取了各种不同的捐献方式，全国安全生产劳动模范施玉海提出“争

取在下半年超过生产任务5%，以其中20%的超额收入和每月一天的献工捐献出来，购买飞机、大炮”；阳泉矿区劳动模范王益为了早日完成全矿认捐的“阳泉矿工号”飞机，首先献工35个；阳泉矿务局和矿区机关工会在一周内就捐献了1.2亿元；鹤岗矿区的老矿工张贵、岳嵩岚，各人捐献一头牛。为了胜利地完成捐献任务，各矿热烈开展了增产节约运动。有些矿区的职工开展创纪录和合理化建议运动，将合理化建议金和超额奖金的一部分或全部用于捐献。抚顺露天矿李岐财班提高质量创效益94万元全部用于捐献；贾汪矿区组织电影放映队售票捐献；有些老年工人捐出自己的部分养老金。家属们也积极组织起来，从事各种副业生产。抚顺矿区的小学生，在假日集体参加劳动，给矿务局修河堤，到苗圃去拔草，增加收入捐献飞机、大炮；老虎台的矿工家属鼓励丈夫献金、献铁、献器材，仅就献铁一项，已达6000余斤。贾汪矿6月份全矿区节约了坑木19986立方米，木材6423立方米，炸药20219公斤，雷管1860个，油脂5.92公斤，电石5068公斤；地面各管理部门也节约了肥皂、毛巾、扫帚、文具品等，约合1197257元。很多工人都为了增产节约，自动戒了烟酒，降低了生活消费。11月15日，全国煤矿很多矿区单独捐献了一架飞机，有“阳泉矿工号”“阜新工人号”“淮南工人号”“抚顺工人号”“京西矿工号”等，截至1950年底，全国矿工和矿工家属已捐赠飞机26架，大炮1门，合390亿元（旧币），约占全国人民认捐总数的1%。①

抗美援朝斗争开始，电业工会各级组织通过组织职工学习座谈、回忆对比、报告会、展览会、活报剧、控诉会等各种形式，揭露、控诉美帝国主义的罪行，激发工人阶级爱国主义和国际主

---

① 中国能源化学工会编：《中国煤矿工运60年》，经济日报出版社2010年版，第10—11页。

义的激情。东北电力工人通过回忆伪统治时所过的亡国奴的牛马生活，激起对帝国主义侵略中国的仇恨。江苏地区的电力工人通过回忆当时日本帝国主义在南京大屠杀的罪行和下关电厂工人受害惨死的情景，决定用实际行动打击美国侵略者。

广大电力职工在提高爱国主义和国际主义觉悟以后，纷纷响应号召，上海电力公司职工踊跃捐献 15.45 万元（折现人民币），超额完成了“上电号”飞机的捐献任务。闸北水电公司职工通过开展增产节约运动，捐献的金额可购买战斗机 2 架，高射炮 6 门。华商电气公司职工以加班加点的工资，捐献大炮 2 门。云南电业局职工通过义务劳动等方式，共捐献价值 2 架飞机的财物。浙江绍兴大明电气公司职工组织宣传队，积极排演“美帝纸老虎——麦克阿瑟垮台”等节目，在剧场义演 3 天，所得收入，全部捐献。沈阳电业局职工为了支援人民志愿军，先后两次捐献慰问金 7421.3 万元（原东北币）、慰问袋 65 个，献工 427 个。哈尔滨电业局 30 余名职工奋战 15 昼夜，炒面 15000 余斤，运往前线。牡丹江电业局有 200 余名职工参加输血队，为人民志愿军伤病员输血。还有许多电业单位职工自觉参加了捐献活动。据不完全统计，电力职工在抗美援朝保家卫国的斗争中捐献的钱、财、物，相当于 21 架飞机、1 门大炮的价值。

1951 年 10 月 23 日，毛泽东向全国人民发出“增加生产，厉行节约，以支持中国人民志愿军”的号召，全国各行各业人民积极响应毛主席提出的号召，纷纷开展了爱国增产节约运动。11 月 19 日，中国电业工会全委会发出《关于开展爱国增产节约运动的紧急通知》，广大电力职工纷纷表示要以搞好生产的实际行动，支援抗美援朝的斗争，广大职工纷纷提出了响亮的行动口号，如“电厂就是战场，机器就是枪炮，多发一度电，多省一克煤，就多增加一份抗美援朝的力量”，工人还写了血书，表示决心。电业各级工会针对产业的实际情况，组织职工广泛深入地开展了安全生产、节煤节电的劳动竞赛活动。在竞赛中，天津电业局 1951 年较 1950 年事故减少 25.2%，成本降低 13.5%，并提出“以搞好安全生产的实际行动，支援抗美援朝”的倡议。河北省唐山发电厂在电业系统厂际竞赛中连续 4 次获得了优胜，截至 1952 年 9 月 3 日，全厂安全运行无事故 292 天。吉林省丰满水电厂在值长赵庆夫的带动下，创造了该厂 1162 天安全运行新纪录。黑龙江省鸡西发电厂在老工人莫成彬、刘金良、唐万镒等带动下，为燃烧低质煤作出了突出成绩，成为全国电力系统第一家百分之百地燃烧低质煤的先进单位。据不完全统计，东北地区在 1951 年前 9 个月中，各电厂已燃烧低质煤 23 万吨，为国家节约 18 万吨煤。截至 1951 年底，东北地区各火力发电厂全部或部分燃烧低质煤。华北地区石景山发电厂在老工人刘光金的带动下试烧低质煤成功，截至 1951 年底，全区有 80%的火力发电厂燃烧低质煤，取得了很大的经济效益。

据不完全统计，1951 年全国工矿企业在各级工会的组织发动下，仅两个月时间，参加爱国劳动竞赛的职工就有 223 万多人。在抗美援朝运动中，全国工人阶级发扬了高度爱国主义和国际主义精神。这是一场声势浩大、广泛持久的群众性教育运动。

三、积极参加农村土地改革和镇压反革命运动

土地改革是彻底消灭我国农村封建剥削制度、解放农村生产力的深刻变革，它是实现国民经济的恢复与发展的必要条件。中华人民共和国成立之初，全国还有 2/3 地区的农民被束缚在封建土地制度之下，还在承受着沉重的剥削，这也是旧中国贫困落后的根源之一。因此，在解放区进行土地改革，既是继续完成民主革命任务的必然要求，也是经济和社会发展的迫切需求。1950 年 6 月 30 日，中央人民政府颁布了《中华人民共和国土地改革法》，

并在全国开展了全面的土地改革。从1950年冬开始，在广大新解放地区分批开展大规模的废除封建土地所有制的土地改革斗争。截至1952年底，除新疆、西藏及四川一部分少数民族聚居区共约700万人口的地区外，全国大陆已基本上完成了土地改革。在农村实行土地改革，得到全国工人阶级的热烈支持，各级工会组织派遣大批干部奔赴农村直接参加土地改革，同农民一道开展反封建斗争。通过参加土地改革，一方面使职工群众受到深刻的反封建教育，另一方面进一步巩固了工农联盟。

国民党反动派败逃台湾后，在大陆上遗留下一大批反革命分子，他们不甘心自己的失败，当美帝国主义发动侵朝战争之时，他们以为时机已到，反革命气焰极其嚣张，他们进行破坏、抢劫、造谣、袭击基层人民政府、杀害革命干部和群众等反革命活动，企图颠覆新生的人民政权。仅1950年就有近4万名干部和群众被反革命分子杀害。为此，1950年10月10日，中共中央发出《关于镇压反革命活动的指示》，1950年12月起镇压反革命运动在全国范围内开展起来。这是一场关系到工人阶级领导的人民民主专政的国家政权能否巩固的重大斗争，工人阶级对此责无旁贷。为此，《工人日报》发表了《协助政府肃清反革命分子》的社论，要求全国职工积极响应全国总工会于4月20日发表的《为拥护政府镇压反革命告全国工人书》中的号召，行动起来，协助人民政府肃清工厂企业中暗藏的反革命分子。当时潜伏在工矿企业中的各类反革命分子，主要活动是破坏生产，制造设备事故。在私营企业挑拨劳资关系，煽动群众围攻工会进行闹事。各地工会在职工中开展广泛宣传教育，组织工人纠察队保护工厂，开展防火、防盗、防止敌人破坏活动。在镇反运动中，全国各地区的工厂企业在党委和工会的领导下，积极投入镇反斗争，通过举办各种形式的报告会、反革命罪证展览会以及控诉会，进一步揭露反革命分子所犯下的罪行，不断提高职工群众的思想政治觉悟。

四、组织发动职工投身“三反”“五反”运动

1951 年，在全国蓬勃开展的爱国增产节约运动中，不断揭露出国家机关、企事业单位以及一些经济部门中的干部存在的严重贪污、浪费和官僚主义现象，引起了中共中央和毛泽东的高度重视。同年 11 月毛泽东在为中共中央起草的《关于“三反”斗争的指示》中指出：反贪污反浪费一事，是全党的一件大事。我们需要来一次全党的大清理，彻底揭露一切大中小贪污事件，着重打击大贪污犯，对中小贪污犯则采取教育改造不使重犯的方针，才能停止很多党员被资产阶级所腐蚀的极大危险现象。1952 年 1 月 1 日，毛泽东在中央人民政府新年团拜会上，再次发出“我国全体人民和一切工作人员一致起来，大张旗鼓地、雷厉风行地开展一个大规模的反对贪污、反对浪费、反对官僚主义的斗争，将这些旧社会遗留下来的污毒洗干净！”的号召。为把工矿企业职工在“三反”运动中激发出来的积极性及时引导到发展生产上来，1952 年 2 月，中共中央发出《关于工矿企业中开展“三反”运动的指示》，要求民主改革不彻底的厂矿企业，要在“三反”运动中补足这一课。工矿企业中的“三反”运动是结合民主改革补课同时进行的，广大职工在工会的组织发动下，积极投入了这项斗争。“三反”运动实质上是一场执政党保持廉政为民，防腐蚀斗争的伟大实践。是中国共产党以高度自觉性、对人民负责精神和伟大气魄发动的一场改造国家机关，移风易俗的社会改革运动。1952 年 1 月，中共中央发出《关于在城市中限期展开大规模的坚决彻底的“五反”斗争的指示》，要求“在全国一切城市，首先在大城市和中等城市，依靠工人阶级，团结守法的资产阶级和其他市民，向着违法的资产阶级开展一个大规模的坚决的彻底的反对行贿、反对偷税漏税、反对盗骗国家财产、反对偷工减料

和反对盗窃经济情报的斗争。”工人阶级在运动一开始就勇敢地站在斗争最前列。各级工会组织根据党委统一部署，全力以赴投入了“五反”运动。运动开展之前都进行了充分的准备工作，组织队伍，收集材料，分析情况，对干部和工人积极分子进行政策教育，明确“五反”的范围内容，注意掌握斗争方式和策略。

在“三反”“五反”运动中，工人阶级旗帜鲜明，勇敢地站在斗争的前列，同贪污、浪费和官僚主义等腐败现象进行了不妥协的斗争，同不法的资产阶级进行了坚决斗争。为了推动运动不断地向纵深发展，全国总工会还选派370名干部前往北京、天津、上海、青岛等地，参加当地工矿企业的“三反”“五反”运动。1952年2月，全国总工会发出《关于开展工会系统的“三反”运动和公私合营企业的“三反”“五反”运动的指示》，为广大职工参加运动指明了方向。

在“五反”运动中，郑州市总工会根据市委部署，组织了40余名工会干部参加或担任了“五反”运动中各个环节的领导工作，负责发动与教育职工参加“五反”运动。在1952年2月7日举行的纪念“二七”革命斗争29周年大会上，郑州市总工会号召全市工人阶级发扬“二七”革命斗争精神，坚决打退资产阶级的猖狂进攻。于1952年2月至4月先后举办了3期店员训练班，培养运动骨干，动员店员同不法资本家的“五毒”行为作斗争。每期训练班均在小组讨论和典型发言基础上，掀起揭发高潮，共检举资本家不法行为的材料3900余件，其中偷漏税的营业额420亿元（旧人民币），盗窃国家资财、偷工减料等违法所得400多亿元（旧人民币）。在“五反”运动初期，天津市就有4万多私营商店店员投入斗争，揭发检举材料2.4万件。据华北、华东、东北和西北的60个城市的统计，私营企业职工中，90%的职工投入了这场运动。1952年6月，“三反”“五反”运动胜利结束。

整个“三反”“五反”运动过程，既是抵御资产阶级腐蚀、打击不法资本家的违法行为的过程，也是发动、组织和教育职工群众、加强工会建设的过程。经过这场斗争考验，提高了工人阶级素质，也检验了工会组织的工作能力。但是，大规模的群众运动，也带来一些遗留问题。一些资本家害怕退赔，诚惶诚恐，有的则敌对抵触，有的则感到运动之后无所适从，经营消极，出现新的工人失业问题。截至1952年7月，全国失业工人达到150万人，比1951年底增加近一倍。为迅速解决运动后带来的新问题，从资产阶级实际情况出发，采取加工订货、延期补退、缓交罚款等措施，教育资本家认清前途，调动他们生产经营的积极性。同时，动员职工主动团结资方共同搞好生产。

新中国成立初期，在恢复国民经济和巩固人民民主专政的伟大斗争中，中国工人阶级在党的领导下、在工会的组织下，充分发挥了主力军作用。他们同全国人民一道，同心同德、艰苦奋斗，在短短的3年里，就胜利地完成了恢复国民经济的艰巨任务。1952年，全国工农业总产值达到827.3亿元（按1952年不变价格计算），比1949年增长77.5%。煤产量6649万吨，比上年增长24.5%；石油产量44万吨，比上年增长85%，发电量73亿度。

随着生产的发展，职工的生活水平也进一步得到改善和提高。国营工矿企业普遍实行了工资改革，私营企业职工的工资制度也做了适当调整。1952年全国职工年平均工资446元，比1949年增长70%左右。全国100人以上的企业实行劳动保险的职工达到330万人，100人以下的企业中有46.7万工人签订了劳动保险集体合同。

工会组织也有了长足的发展，工会会员已达1002.3万人，工会基层组织达到20.7万个，专职工会干部及各类不脱产的工会积极分子分别达到5.3万人和132万人。各种职工业余学校已发展到16277所，参加业余学习的职工人数为308.3万。工会举办的事业也有了新的发展，全国大企业以上的工人文化宫、俱乐部发展到 7000 多所，工会图书馆 4544 所，基层以上的职工疗养院 64 所。①

第三节　在建立社会主义制度中落实“一五”计划

在中国共产党的正确领导下，我国工人阶级和全国人民经过 3 年的艰苦努力，截至 1952 年底，国民经济得到恢复和发展，国家财政经济状况得到好转，土地改革、镇压反革命、抗美援朝以及“三反”“五反”运动取得了伟大胜利，人民民主专政的国家政权日益巩固。在国民经济中，社会主义经济的比重有了很大增长，工人阶级建设社会主义的积极性日益高涨。新中国胜利地进入大规模经济建设和进行社会主义改造的新的历史时期。为此，毛泽东在 1952 年底中共中央政治局会议上，提出了党在过渡时期的总路线和总任务，即：从中华人民共和国成立到社会主义改造的基本完成，这是一个过渡时期。党在这个过渡时期的总路线和总任务，是要在一个相当长的时期内，逐步实现国家的工业化，并逐步实现对农业、对工业和对资本主义工商业的社会主义改造。中国工人运动在党的领导下，在以赖若愚为代表的全国总工会和各级工会组织及广大职工群众的共同努力下，呈现出蓬勃发展的局面。

一、在贯彻党的过渡时期总路线中落实中国工会七大任务

1953 年是我国进行大规模的经济建设、实施第一个五年计划

① 王渔、李双寿、尚鸿志、李伯亭：《当代中国工人阶级和工会运动纪事》，辽宁大学出版社 1989 年版，第 60—61 页。

的第一年。为了适应国家的政治、经济形势发展的要求，迎接大规模的社会主义经济建设，有效地组织职工群众投入新的经济建设工作之中，全国工会组织需要进一步总结六次劳大以来工人运动的经验，制定新的工运方针。为此，全国总工会决定召开全国代表大会。全国总工会六届三次执委会决定将第七次全国劳动大会更名为中国工会第七次全国代表大会。大会于 1953 年 5 月 2 日至 12 日在北京举行，主要任务是：总结全国六次劳大以来的工人运动和工会工作取得的成就和经验，制定国家进入大规模计划经济建设时期工会工作方针、任务，动员全国工人阶级为完成国家经济建设任务而努力奋斗。

刘少奇在祝词中对中国工人阶级在夺取民主革命胜利、新中国成立后恢复国民经济和巩固人民民主专政的伟大事业中所作出的伟大贡献，给予了高度评价，并向工人阶级提出新的奋斗目标。他指出，我国即将进入一个新的历史时期，并向我们提出新的历史任务，即实现国家的工业化和逐步过渡到社会主义社会的伟大任务。为了完成新的历史任务，必须充分发挥广大工人群众的积极性和创造性，为完成和超额完成国家的经济计划而奋斗。为此，必须加强对工人群众的共产主义教育，提高他们的觉悟，使其认识到全体人民的利益、国家利益与个人利益的一致性，同时，克服企业中的各种缺点和错误，反对官僚主义，反对破坏劳动纪律的各种现象。祝词要求工会组织必须经常、密切地关心工人群众的生活，在增加生产的基础上，根据必要与可能，逐步对工人的物质文化生活及工作条件加以改善。祝词最后强调指出，中国工人阶级还应当把支援国际工人运动作为自己的神圣责任。

全国总工会秘书长赖若愚向大会作了《关于中国工会工作的报告——为完成国家工业建设的任务而奋斗》（以下简称《报告》）。《报告》明确地提出了国家建设时期的工会工作任务，即：在中国共产党的领导下，联系并教育工人群众，不断地提高工人群众的觉悟程度和组织程度，巩固工农联盟，团结各阶层人民，积极地完成国家建设计划，并在发展生产的基础上，逐步地改善工人阶级和全体劳动人民的物质生活，为逐步实现国家的工业化与过渡到社会主义而斗争。《报告》指出，为了贯彻上述方针，需要明确工会工作重点、途径及方法。《报告》还指出，要把握住工人运动的正确方向，就必须教育工人群众把眼前的、局部的利益服从于长远的、整体的利益。《报告》还就劳动竞赛问题作了重点论述，认为开展劳动竞赛活动是工会组织搞好生产的基本方法。通过劳动竞赛，可以高度发挥工人、工程技术人员和职员的积极性与创造性，去改善劳动组织，改进生产过程，改良工具和操作方法，以提高劳动生产率。为保证劳动竞赛持久地开展下去，工会组织必须帮助党和政府，深入工人群众，在发展生产的基础上，使工人群众的物质生活与文化生活逐步得到改善和提高；必须在工人中进行系统的政治、技术、文化教育。

中国工会七大是继全国六次劳大之后的又一次重要会议，也是工会组织在新中国成立后的一次全国盛会。这次大会根据形势的变化，适时地为工人运动及工会工作制定了新的方针，从而保证了工人阶级在大规模的经济建设时期能够充分发挥主力军作用。中国工会七大的召开，为我国工运事业的蓬勃发展指明了正确的方向。

由于受全国总工会党组第一次扩大会议的消极影响，中国工会七大所制定的工会工作方针尚有一些不足。突出强调了工会以生产为中心，包括生活、教育的职能与作用，这无疑适应了当时大规模经济建设的要求，这是正确的，但是并不全面。因为中国工会七大所制定的工会工作方针，没有对工会的维护职能等重要内容进行明确的表述，因而在很大程度上限制了工会在社会主义建设时期发挥应有的作用，不利于工会工作的顺利开展。

二、以发展生产为中心落实“一五”计划

中国工会七大闭幕后，中共中央颁布了党在过渡时期的总路线。根据党在过渡时期的总路线的要求，国家制定了国民经济发展的第一个五年计划。第一个五年计划的制定与实施，迈出了我国社会主义工业化道路的第一步，也给全国工人阶级指明了奋斗的方向。在这种形势下，动员和组织全国职工群众实现第一个五年计划的各项生产指标，便成为当时工会工作的首要任务。“一五”计划期间，群众生产运动是生机蓬勃、相当活跃的，对推动国民经济发展和保证“一五”计划的完成，对促进工矿企业改进经营管理，加强工人阶级队伍的思想建设，都起到了重大的作用。

（一）以更高水平的劳动竞赛推进“一五”计划

国民经济大规模建设时期的劳动竞赛①同国民经济恢复时期相比较，有两个明显的特点。一是从指导思想上重视在劳动竞赛中，促进体力劳动与科学技术相结合，即把原来竞赛中偏重于体

---

① “一五”时期，国家展开了大规模经济建设，劳动竞赛不断有新的发展，各产业各地方对劳动竞赛在不同时期提法也不一样，如增产节约劳动竞赛、爱国主义劳动竞赛，等等。1954 年 8 月，中共中央对劳动竞赛的性质和口号的提法，作了统一的规定。指出：历年来经过中央批准的“五一”国际劳动节和国庆节口号及其他文件，曾照顾当时不同的具体条件和政治任务，而对劳动竞赛冠以不同的名目，但内容上并无不同。至于现在是否在一切公私企业中统一提出“社会主义劳动竞赛”的口号问题，由于口号本身既须体现工人运动的统一性，又须照顾过渡时期资本主义的私营企业与社会主义的国有企业区别的事实，避免因为这个口号而使私营企业职工对其所在企业的性质和劳资关系发生模糊认识，并避免予资本家以不必要的刺激。因此，现在在各企业中不用“社会主义劳动竞赛”的口号，而统一用“劳动竞赛”的口号为宜。1956 年初，实现了对资本主义工商业全行业的社会主义改造之后，对劳动竞赛又统一称为社会主义劳动竞赛。

力的竞赛，引导到以改进生产技术、劳动组织为主的方向上来；把原来偏重于产品数量增加的竞赛，引导到以提高质量、降低成本、改进操作、注意技术安全、提高企业管理水平为目的的方向上来。二是在竞赛的规模和形式上有新发展，即由企业内部班组、个人之间的竞赛，扩展为同产业、同工种和厂际竞赛相结合的更广泛的劳动竞赛。

在国民经济恢复时期后期，全国总工会及各级工会组织职工群众广泛开展了以提高改进技术和学习、掌握新技术为主要内容的劳动竞赛。1953 年 9 月 15 日，全国总工会发出《关于进一步开展增产节约劳动竞赛，保证全面地完成国家计划的紧急通知》。要求各级工会进一步发动群众，针对生产关键，开展增产节约劳动竞赛。同年 11 月，全国总工会七届执委会主席团第三次会议通过了《关于把劳动竞赛向前推进一步的决议》，进一步明确了组织劳动竞赛的指导思想，提出要促进竞赛中体力劳动与科学技术相结合，克服竞赛中的突击性、盲目性，加强劳动竞赛的组织性和计划性。批判了过去劳动竞赛中存在的形式主义或虚假现象以及把企业推行计划管理、进行均衡生产同劳动竞赛对立起来的观点。为把劳动竞赛推向新的水平，全国总工会通过报刊等舆论阵地，进一步宣传提高劳动竞赛水平对保证国家建设事业胜利发展的重要意义。指出：劳动竞赛是达到增产节约目的和实行计划管理的最主要条件。把劳动竞赛和计划管理、合理化建议、推广先进经验结合起来，使其成为群众经常的劳动方式，高度地发挥工人、技术人员和职员的积极性和创造性，不断发掘生产潜力，改进生产技术和劳动组织，以提高产品质量、降低成本、改进操作方法，保证安全生产。1954 年 4 月，全国总工会召开七届五次主席团会议，赖若愚作了题为《劳动竞赛已经开始走上一个新阶段——技术革新》的报告，并作出《中华全国总工会关于在全国范围内开展技术革新运动的决定》。在 1954 年初至 1955 年 3 月期间，在全国有条件的厂矿企业中开展了群众性的技术革新运动，这对有组织有领导地发动广大职工在劳动竞赛中积极提高技术，学习掌握新技术和推动群众创造发明起了积极作用。1956 年初，全国城乡社会主义改造迅速发展并取得伟大胜利。2 月，全国总工会七届执委会主席团举行了第十次会议，通过《中华全国总工会关于开展先进生产者运动的决议》。同年 8 月又召开了群众生产工作座谈会，研究深入开展先进生产者运动的问题。在全国总工会及各级工会的组织下，在职工中兴起了各种形式的劳动竞赛。这一活动蓬勃发展，经久不衰，不仅促进了社会生产力的发展，保证了国家生产计划的完成，而且涌现出一大批先进集体和劳动模范。据统计，从 1953 年至 1955 年，全国工业战线获得模范称号的人达到 70 余万人，共提出合理化建议 218 万条，劳动生产率提高了 122. 5%。截至 1956 年底，全国涌现出的先进集体有 11. 4 万多个，先进生产者 120 余万人。总之，工人阶级在生产建设中，通过开展各种竞赛活动，充分发挥了工人阶级的主力军作用，确保了国家生产计划的完成。

1954 年，在一些产业和城市已经出现厂际之间的竞赛。进入 1955 年，厂际竞赛就较为广泛地开展起来。由产业工会或地方工会组织的厂际或厂际同工种竞赛，更有利于把落后企业提高到先进水平。厂际竞赛的开展，更加广泛地吸引工人、工程技术人员和职员参加到竞赛中来，及时交流先进经验，相互学习，取长补短，对激发职工积极性，改善企业经营管理，缩小先进与落后之间的差距，都起到了很大的推动作用。化工系统的企业，90%以上职工都被吸引到厂际竞赛中来。1956 年化工总产值比上年增长了 43%，劳动生产率大幅度提高。厂际竞赛的组织形式主要有：由各工业部和相应的产业工会共同组织的全国性的厂际竞赛，有的产业则在所属产业选择若干共同类型工厂企业组织竞赛；性质相近、规模相似的工厂企业自行签订竞赛合同，规定竞赛指标和检查办法；厂际同工种竞赛，多数是在地方工会组织下开展；地区性厂际竞赛。

各级工会在动员、组织广大职工开展劳动竞赛活动中，积累了许多成功的经验，主要有：在中共中央的领导下，密切配合政务院有关部门，根据不同行业、产业及地区特点，制定出开展竞赛的具体方针、要求与措施，保证党、政、工协调一致地完成国家生产计划；注意深入基层厂矿、深入调查研究，获得第一手材料，对原定的竞赛计划，及时进行修改、补充或调整；充分尊重广大职工的主人翁地位和首创精神，保护职工的劳动积极性，开展安全生产，减轻劳动强度，着重引导职工革新技术、改进设备，提合理化建议，积极参与企业管理；在思想领导上，充分体现“互相学习、互相帮助，取长补短，共同提高”的社会主义竞赛原则和风格，并在领导、组织方法上注意以点带面，实现干部、新老职工和科技人员相结合。

（二）开展群众性技术革新运动

国民经济恢复时期，鞍山钢铁公司全体职工以极高的政治热情，靠自力更生在探矿、选矿、冶炼、轧钢等方面开始进行技术改进和革新，并取得积极成果。1953 年 1 月，中共鞍山市委和市总工会总结了小型轧钢厂的技术革新经验，并发出学习小型轧钢厂的经验和张明山创造革新精神的号召。一个以技术革新为主要内容的劳动竞赛很快在鞍钢发动起来。1953 年 9 月，全国总工会主席赖若愚工作组到东北进行调查并向中共中央和毛泽东写了《关于工会工作若干问题的报告》。报告中特别讲到鞍钢把劳动竞赛与技术改进、生产合理化结合起来，对提高产品质量、数量，降低成本，减轻劳动强度，改善劳动条件都起到了重大作用的情况。其认为鞍钢目前的劳动竞赛可以代表全国劳动竞赛的发展方向，鞍钢经验的推广，可以把全国的劳动竞赛向前推进一步。报告建议把鞍钢技术改进展览会搬到北京展览一次，并配合一个会议，以求推广。中共中央批转了这个报告，同意报告中所提的各项意见。1954 年 4 月 14 日，鞍钢技术革新展览会在北京开幕。技术革新展览在全国各大城市及工矿企业中引起巨大反响。同年 4 月 15 日，全国著名工业劳动模范张明山、王崇伦等 7 人向全国总工会提出《关于在全国范围内开展技术革新运动的建议书》。全国总工会接受了上述建议并号召劳动模范、先进生产者和职工群众投入技术革新运动中来。群众技术革新运动使劳动竞赛逐步向更高水平转变，方向更加明确了。后因有些地区或产业部对技术革新运动持否定态度及对这个问题认识上的分歧，运动开始不久就产生一些争议，中共中央书记处经过研究决定重新审议“技术革新”这个口号。1955 年 2 月，中共中央书记处候补书记刘澜涛向全国总工会党组传达中共中央书记处关于技术革新问题的指示。全国总工会讨论了中共中央书记处的意见并于同年 3 月召开七届六次主席团会议，决定取消“技术革新”的口号。同时提出，取消“技术革新”的口号后，仍应保留张明山等人的 9 条建议，坚持在劳动竞赛中提高技术、改进技术、学习与掌握新技术的方针。群众性技术革新运动的兴起，是劳动竞赛向更高水平发展的结果，是工人阶级为实现国家工业化的积极性和创造精神的具体体现。取消“技术革新”的口号，同时肯定技术革新运动开展的积极成果，强调劳动竞赛中鼓励职工学习掌握新技术的方针，根据当时的实际情况这样做也是适合时宜的。

三、在劳动竞赛中大力推广先进经验和先进生产者运动

增产节约运动是新中国成立后依靠工人阶级推动生产发展的重要手段。国民经济恢复时期，增产节约运动在工矿、交通企业和商业财贸战线的主要形式就是爱国主义劳动竞赛。开展增产节

约的目的不仅要完成增产节约计划，而且要通过运动改善企业经营管理，为实行经济核算准备条件，完成旧企业转变为新企业的改造过程。

先进的经验大多是从先进生产者工作实践中总结出来的，第一个五年计划期间，全国各行各业越来越重视总结本系统的先进经验，并作为完成国家计划的一个重要途径。1956 年初，全国出现了社会主义建设的高潮，劳动竞赛以空前的规模和深度开展起来。1956 年 2 月，在中共中央和国务院的倡导下，全国总工会七届十次主席团会议通过了《关于开展先进生产者运动的决议》，对开展先进生产者运动的指导思想、原则及评定授予荣誉称号等问题，提出了具体意见。先进生产者运动是在掌握技术、改进工作方法的基础上打破旧的定额、创造新的定额的群众运动，是推广先进经验，组织广大职工群众向先进生产者看齐的运动。学习技术，掌握技术，向先进生产者看齐，先进带后进达到先进水平蔚然成风，极大地调动了广大职工的积极性和创造性。一些产业中带有普遍意义的先进经验，往往都是由各产业部和全国产业工会组织力量，帮助工矿企业总结整理出来，树立先进典型，通过一定形式，加以介绍推广。推广先进经验的形式是丰富多彩的，如组织先进生产者到同类企业传授新技术、组织技术观摩表演、举办先进经验成果展览、召开先进经验交流会，等等。在“一五”期间，各行各业总结推广的数以千计的先进经验，有力地促进了生产的发展，促进了企业管理水平和职工技术、业务水平的提高，有力地保证了国家计划的完成。由煤炭工业部和中国煤矿工会在全国煤矿组织推广了马六孩的“多孔道掘进循环作业法”、鸡西矿区崔国山掘进队的“快速掘进法”，以及矿区建设方面的“平行作业法”等一系列先进经验，有力地促进了煤炭生产建设事业的发展。化工系统在厂际竞赛中总结推广重大先进经验 174 项。地质系统通过大力推广先进经验，使全国钻机台月效率平均提高了3.2倍。全国电力系统在发电企业推广“科学安全运行法”，不仅大大减少了运行责任事故，而且使广大职工进一步树立起安全供电的思想。

为了总结经验，表彰先进，推动劳动竞赛运动的深入发展，全国总工会根据中共中央和国务院建议于1956年4月在北京召开全国先进生产者代表会议。毛泽东等党和国家领导人出席开幕式。刘少奇代表党中央向大会致祝词。他提出要在一切工作中贯彻群众路线，要求生产领导者支持和关心先进生产者，克服官僚主义倾向，不断向先进水平看齐，共同完成把一个经济上和文化上都很落后的六亿人口的大国建设成为一个先进的社会主义工业强国的历史任务。赖若愚在会上作了《把先进生产者运动持久地开展下去》的报告。全国先进生产者代表大会对于更加广泛深入地开展先进生产者运动，激励工人群众完成和超额完成“一五”计划，起了极大的推动作用。

四、职工劳动条件和物质文化生活的改善

1956年，第一个五年计划所规定的主要指标提前完成。基本建设方面，以重工业为中心，建立了一系列新的现代化企业，为我国社会主义工业化奠定了初步的基础。我国的工业总产值1956年达到586亿元，超过了第一个五年计划要求达到的指标。主要工业品的产量，如钢、生铁、煤、水泥、汽车、棉纱、棉布、纸张等也都超过了原计划1957年达到的指标。工业分布不合理的状况也开始改变。所有这一切都是同工人阶级的辛勤劳动和聪明才智联系在一起的。

生产的发展促进了职工物质文化生活的进一步改善。首先，职工的生活水平有了普遍的提高。旧中国遗留下来的大量失业人员基本上得到安置，全国职工人数增加到2800万人（其中全民所

有制职工 2423 万人)。经过全面的工资制度改革，职工的实际平均工资比 1952 年提高了 30%，超过了“一五”计划规定的 5 年内增长的指标。职工的住房紧张状况得到一定的缓解，各种集体福利事业广泛地举办起来。其次，职工的劳动条件得到明显的改善。国家加强了职工的劳动保护和劳动保险工作，对全体职工实行公费医疗，重视厂矿企业安全和卫生设备的建设，并实行工人疗养制度，解除了职工生、老、病、死、伤、残的困难。此外，职工的文化水平得到普遍提高，业余文化生活更加丰富多彩。截至 1956 年底，全国参加业余学习的职工达 500 万人之多，参加其他技术学习和科技讲座的职工为数更多。广大职工在学习中提高了文化水平，掌握了技术。一部分政治坚定、有实践经验和培养前途的工人被保送上了大学，成为新中国成立后的新型知识分子和专家。文化体育等设施的增加，吸引着广大职工群众，丰富多彩的文娱体育活动在职工中得到了广泛开展，大大改变了职工群众的精神面貌。

(一) 职工工资收入的提高和职工集体福利事业的发展

工资是职工群众及其家庭生活的主要来源，直接关系到职工的切身利益。旧中国遗留下来的工人工资制度极不合理，非常混乱。新中国成立后，对接收的官僚资本企业职工工资采取了维持原薪不动的方针。至于私营工商企业职工工资更是五花八门，各行其是。要想一下子改变历史上长期造成的不合理的工资制度，当时尚不具备条件。人民政府对职工工资问题一向持十分慎重的方针，在维持各类企业、事业机关原职原薪的原则下，实行以实物为计算基础的工资支付办法，以保障职工不因物价波动而影响工资收入。同时，对一般私营工商企业职工工资仍维持现状。在国有企业初步推行奖励制度，以鼓励职工生产劳动积极性。

在工资问题上，各地区相继根据各自不同情况，进行了一次工资改革。1950 年 7 月 7 日，中国电业工会在第一次代表大会上，蔡书彬在报告中强调了工会基层组织的生产工资工作委员会的重要性。他指出，必须迅速充实这些组织，与行政组织的“统一工资标准研究委员会”协同工作，研究本单位的工资现状和改革意见，为实施新的全国统一的工资标准做好准备。会议对工资标准的统一问题进行了部署，决定在公管电业企业中实行少等级、交叉累进工资制，即工人八级，职员十三级。同时，规定一般的辅助生产工人的工资不能高于直接生产工人的工资，技术人员的工资不能高于其同级行政主管人员的工资。工会组织积极参与了工资制度的改革，协助企业行政推行了八级工资制，职工平均工资得到了不断提高，职工集体福利得到了提高，职工的居住环境也得到了改善。8 月，全国总工会召开全国化学工会座谈会，决定成立中国化学工会筹备委员会。9 月 7 日，中国化学工会筹委会第一次会议通过了《关于化学工会的工作任务、职责范围、组织领导、委员分工等的决定》，明确了筹委会的工作重点。傅文毅被任命为生产工资委员。

1951 年 1 月，中国化学工会筹委会下发了 1951 年工作计划大纲，提出了加强劳动保护、关心职工生活、配合行政及时调整及解决某些工厂不合理的过低工资待遇等工作重点。随着生产的发展和物价的稳定，工人的物质生活得到了改善，实际工资也逐渐上升。例如，东北国营化学工厂上半年工人每月平均工资，较 1949 年提高了 30. 95%。

1951 年，中国煤矿工会协助行政在全国煤矿中实行了八级工资制，废除了旧的不合理的工资制度，使绝大多数工人工资得到了增加。到了 1952 年，煤矿职工的平均工资较 1949 年提高了 60%。1952 年 3 月，中国电业工会全国委员会逐步开展了工会工资工作，约有 40 个基层单位建立了群众工资工作委员会。当月，协助电力工业部研究了工资、技术等级方案，为工资改革准备了条件，并修订了无事故奖励办法，完成了第一次工资改革。9 月，永利化学工业公司对职工的工资福利问题作了合理的调整，废除了过去等级多、级差少以及重工龄、重人情关系等极端不合理现象，调资后基本上实行了八级工资制和贯彻了按劳取酬的原则。截至 1953 年底，全厂职工平均工资得到了显著提高。

1953 年 1 月，中财党委组与全国总工会党组联合召开的全国工资工作会议提出了全面调整工资的要求，并增加了 10%作为全国财政控制数字。各级工会协助行政在化工产业中推行了计时奖励工资制和计件工资制，职工工资水平得到了显著增长。随着生产的发展，煤矿工人工资水平也得到了 10%的增长。截至 1953 年，化工产业的工资水平较 1952 年提高了 13. 8%。1954 年，中国重工业工会全国委员会成立，推动了工会工资工作的进一步发展。职工平均工资得到了进一步提高，晋级的工人占全体职工的比例也相当高，截至 1954 年底，职工平均工资较 1953 年提高了 2. 9%，晋级的工人占全体职工 22. 29%。

1954 年 9 月，中国煤矿工会在工资工作会议上，明确了群众工资工作方针任务，协助行政在 22 个单位修改了落后定额，在劳动竞赛中加强群众工资工作，切实贯彻按劳付酬的工资原则，加强了群众工资工作，协助行政推行与改进计件工资制，截至 1954 年底，全国煤矿生产工人中已有 53%实行了计件，在回采工人中有 91. 43%、掘进工人中有 93. 75%实行了计件，职工工资较 1953 年提高了 3. 93%。12 月，全国工会第一次工资工作会议明确了工会工资工作必须贯彻“面向生产、面向基层、面向群众”的方针，并提出目前的任务是建立和健全群众工资工作体系。各级煤矿工会组织普遍传达了会议精神，建立或健全了工资组织机构，全国较大的矿区都先后成立了工资部，一般的矿区也设立了工资组织或有了专人负责。这一时期的工作为工会工资工作的开展奠定了坚实的基础。1955 年 1 月 18 日，中国煤矿工会全国委员会在工资部下发了一份《煤矿矿井建设劳动工资问题初步调查报告》。随着矿井建设的发展，矿建劳动工资工作也逐渐开展起来，但工作发展极不平衡。针对劳动组织和工资方面存在的问题，报告提出了改进意见，包括有计划地推广分班计件工资制，提高定额的质量，加强定额管理工作；改进工资等级制度，整顿现行奖励制度；积极学习宣传和认真贯彻执行劳动工资政策法令；建立工会工资组织机构，开展群众工资工作。为了贯彻全国工会工资工作会议的精神，1955 年 2 月 4 日，中国重工业工会下发了一份《关于认真贯彻全国工会工资工作会议精神的指示》。各级组织被要求在年内把工资机构建立与健全起来，并结合学习全国工会工资工作会议的报告及文件。3 月，中国电业工会全国委员会下发了一份《关于逐步开展工会工资工作的指示》，贯彻 1954 年全国工会工资工作会议的精神与要求，决定逐步开展工会工资工作。各级工会组织开始建立工资组织机构和设立专业干部，围绕保证高峰负荷时期的安全发供电开展劳动竞赛和加强群众工资工作。有重点地开始建立工资组织机构和设立专业干部，规定工作范围与必要工作学习制度，不断总结经验、提高工作水平，“一五”期间，电力职工的收入不断增加，1955 年较 1950 年提高了 70.1%。1955 年 4 月 11 日，重工业部、中国重工业工会联合下发了一份《关于生产厂矿签订集体合同的指示》，明确要求集体合同的内容包含“有关贯彻‘按劳付酬’的工资政策和奖励制度问题”。在 1955 年 8 月由中国煤矿工会召开的第二届全国代表大会上，中国煤矿工会强调了正确贯彻“按劳付酬”的工资原则的重要性。为了更好地开展工资工作，工会应加强对行政的劳动工资计划执行情况的监督，必须依靠群众搞好工资工作，做好经常性的有关工资政管法令的宣传工作。经过努力，1955 年底，全国煤矿系统（包括生产、基建、钻探）有 70 个基层和车间建立了工资工作委员会，培训了工资干部和积极分子。工资组织机构的建立与健全，发挥了组织作用，开展了日常工资工作，初步扭转了在工资工作方面的突出被动局面，并改善了工会与行政的关系，密切联系了群众，取得了行政的支持和群众的拥护。此外，煤矿工会还协助地质局、基本建设局等部门制定了一系列定额标准，为1956年的工资改革和逐渐试行全国统一定额提供了条件。

1956年，国务院决定在各行各业进行第二次工资改革，以加强群众工资工作并迎接即将到来的工资改革工作的需要。为了配合这一改革，中国重工业工会工资部于1956年1月28日至3月22日，举办了工资训练班，共有123个单位、134人参加。此次训练讲解了工会的性质与任务、社会主义竞赛、工资业务基本知识，并邀请本产业各有关工业管理局分别作了技术定额测定报告，专门学习了群众工资工作，交流了开展群众工资工作的经验。同时，工资部报告了重工业系统群众工资工作开展的情况与今后意见，并布置了1956年工资工作要求。各单位应立即行动起来，认真做好工资改革的思想准备与组织准备，以适应工资改革繁重任务的需要。

同时，2月21日，中国石油工会筹委会在工会参与工资改革方面作出部署，要求迅速建立和健全群众工资工作委员会，密切配合行政做好石油工业中工资制度改革与整顿工作。中国石油工会协助行政开展工资改革工作，整顿了基层工资委员会的组织，配合制定了调资方案，向职工群众宣传工资改革政策、做法，主持了工资改革过程的群众接待工作。经过改革，职工工资平均比1955年提高了16.5%。在改革过程中，除以套入新的技术标准增加工资外，由晋级增加工资的职工也不少。通过这次工资改革，不仅提高了职工的工资水平，也统一了工资制度，减少了工资混乱情况。4月，电力部和中国电业工会联合召开全国电业工资工作会议，讨论和修订了电力工业工资改革方案。8月，中国电业工会召开第二届全国代表大会，要求电业工会各级组织认真贯彻国务院关于工资改革的决定和有关的各项规定。同时，还要求监督行政合理使用工资基金，定期检查劳动工资计划执行的情况，及时防止和纠正浪费和积压工资基金等不合理的现象。此外，大会还责成全国委员会会同电力工业部根据国务院关于整顿奖励制度的指示，研究和统一制定生产单位和基本建设单位在生产上的奖励制度。这次工资改革根据按劳分配的原则和国家工业化的政策，建立了领导人员、工程技术人员和职员的职务工资制度，工人仍实行“八级制”，基本上统一了工人的工资等级标准，同时建立了一些必要的奖励、津贴制度。此外，电力职工还有经常性的奖励，如集体合同奖、省煤奖、节电奖等。经过 1956 年的工资改革，1957 年全国电力职工的年人均工资为 915 元，比 1950 年的年人均工资 539 元提高了 70%。

12 月，重工业工会召开工资工作会议，对 4—10 月期间开展的工资改革工作进行总结，交流推行计件工资经验。统计显示，这次改革的成果使 90%以上的工人增加了收入，平均工资比 1955 年提高了 12.48%，化工部提高了 12.48%，改正了 1954 年至 1955 年没有增加工资的不正常现象。

在上述背景下，1956 年，中国煤矿工会发布《关于加强煤矿工会省委员会工作的意见》，决定适当地分权给省煤矿工会。在处理煤矿工会各项业务的具体工作时，明确了全国委员会、省煤矿工会和省工会联合会的分工。其中关于工资工作：省煤矿工会参加制定工资标准及调整工资的工作，监督工资基金的正确开支；生产、工资、劳动保护和统计四项工作则由省煤矿工会作出决定，报全国委员会批准。

通过工资改革，在工人中都实行了八级工资制，企业的技职人员实行职务等级工资制。有的企业根据自己的条件，在改革旧的计件工资基础上推行比较合理的计件工资和奖励工资制，初步体现了按劳分配的原则。工资改革使 80%以上的职工的工资有了增加。1952年全国国营工矿企业职工年平均工资达到446元，比1949年提高了60%—120%，一般都达到或超过了抗日战争以前的最高水平。加上物价平稳，保障职工生活的社会福利事业的发展，使绝大多数职工的实际收入有了较大增长。对私营工商企业职工工资，主要是遵照劳资两利方针，一般都是通过劳资协商会议和签订劳资合同加以调整，工资制度也有所改变。但是由于各企业工资水平高低不一，同样条件的企业有的相差较大，在工资关系上的平均主义现象仍相当普遍。在这个时期，党政群机关工作人员中80%以上人员仍实行供给制，只有少数人是工资制，保持了艰苦朴素吃苦在前的革命传统。但对供给制的标准进行了调整。1952年3月，把供给制改为包干制，即将伙食、服装、津贴三部分合并为统一标准，以工资分为标准单位，折发货币，待遇作适当提高，但标准仍是相当低的。

在工人阶级工资提高的同时，各项福利也在逐步提高，各工厂和企业在生产恢复和发展的基础上都尽力举办了一批职工的集体福利事业。新中国成立后，工矿企业普遍设立职工食堂和职工浴室。女职工多的工厂还建立女职工保健室，建立托幼组织。此外，还给职工发放上下班交通补贴、房补、电补和冬季取暖费等，以弥补当时实行低工资制度的不足。国家对职工住房问题也十分关心。仅1952年在全国79个城市中，国家用于修建职工住房的拨款即可解决100万职工的居住问题。许多地方还采取多种形式，尽力帮助住房困难的职工改善居住条件。此外，各地方和工矿企业还举办一批职工疗养院等集体福利事业。在解决煤炭职工住房紧张的问题上，1954年辽宁省阜新矿区工会在取得行政部门的大力支持下，采取“由国家指定地点，根据房屋样式规格，完全由其自建”“由国家贷款给部分材料或现金由其自建”或“由国家贷款给部分建材或现金统一由行政代为集体外包建筑”等方式，共计建成简易住宅1140户，从1981年至1986年，煤炭企业自筹和群众集资约27亿元，加上国家投资7亿元，共新建职工住宅约1690万平方米，全国煤炭职工面积已达到3263万平方米，人均居住面积4.14平方米。[①] 1954年11月10日至17日，中国煤矿工会劳动保护部召开了煤矿职工住宅生活工作座谈会。东北、华东、华北、中南各矿区、直属矿的负责住宅生活工作干部38人参加了会议，会议贯彻全国总工会生活福利会议精神，交流了组织职工群众以自建公助办法建筑住宅的经验，研究了在领导职工群众自建住宅中的具体问题，明确了发动职工群众自建住宅的重要意义和领导职工自建住宅的具体办法。1988年，据不完全统计，水利电力工会当年在发展经济、增加积累的基础上，完成职工住房建筑面积27.49万平方米；集体企业自产的各类肉蛋达到162万斤，各种蔬菜254.1万斤，仅1988年安置职工待业子女15921人，这不仅为国家创造了财富，也使职工增加了收益。[②]

从根本上缓解了职工住房紧张的问题。把来自党、政府、工会组织的关怀与温暖及时送到广大职工的心坎上，帮助广大职工解决实际困难，以更加饱满的激情投入建设国家的各项工作中。

（二）职工劳动保护的加强和劳动保险事业的发展

旧中国工矿企业，基本上没有法定的劳动保护，工人劳动条件之恶劣在世界上也是罕见的。许多矿上工人基本上是以“卖身契”形式被雇佣，进行奴隶式劳动。新中国成立后，把职工劳动保护和不断改善职工劳动条件，作为办好工厂企业的一项基本方针。劳动保护的目的在于防止或消除职工在生产过程中的伤亡事故和各种职业危害，以保障职工的安全与健康，保护生产力，保证经济建设的发展。1951年后，在工矿企业工会基层建立劳动保

① 夏汝奎：《当代中国产业职工和产业工会》，海洋出版社1990年版，第157页。
② 夏汝奎：《当代中国产业职工和产业工会》，海洋出版社1990年版，第207页。

护工作委员会，生产班组设立工会劳动保护监督检查员。在组织上逐步形成上下一致的劳动保护工作系统。

1950年初，劳动部和全国总工会联合到天津对工厂安全卫生状况进行了考察，并在此基础上研究制定条例，于同年5月由劳动部发出《工厂卫生暂行条例（草案）》，对工矿企业的环境卫生、工作场所、生活需要的房屋卫生等作出66条具体规定，要求在一切公私营工厂企业中试行。煤矿系统贯彻这一条例后，使当年国营煤矿工伤死亡率比上年减少了42%，负伤率减少了51.5%。1951年9月，全国总工会同劳动部在北京召开第一次全国劳动保护工作会议。会议正式通过《工厂安全卫生暂行条例》《限制工厂矿场加班加点暂行办法（草案）》《保护女工暂行条例》等劳动保护法令。1952年底，再次召开全国劳动保护工作会议，正式通过《加强劳动保护工作决定》及有关安全卫生、保护女工的条例。会议对工厂劳动时间、加强劳动保护机构和在工矿企业中设立劳动保护监督检查员等问题提出了建议。各级工会组织积极参与政府、企业的劳动保护立法、条例制定和建立有关制度的工作，建立群众的监督，以保证劳动保护方针和法令、条例的实施。工矿企业基层工会积极协助行政贯彻上述法令、条例，并在职工中开展经常性的劳动保护宣传教育工作。中央人民政府从1950年起，多次颁布有关工矿企业防暑降温、安全卫生检查等一系列指示、条例和法令，采取一系列措施，建立工矿医疗保健机构，大型工矿企业中建立医疗卫生组织和职工疗养所，特别重视对一些沙尘浓度高的工矿职工硅肺的防治和一些企业中铅中毒等危害工人身体健康的防治。定期开展工矿企业安全卫生检查，建立安全责任制，改善职工劳动条件和工厂安全设施，以减少工伤死亡事故。这些措施在当时条件下取得的效果是明显的。基层工会组织还把积极协同工矿企业行政努力改善工人的居住、食堂、浴室等生活卫生条件，作为自己一项经常性的工作。

新中国成立后，从当时的实际情况出发，参考苏联实行劳动保险的做法，着手建立工矿企业职工劳动保险制度。中共中央责成全国总工会会同劳动部，由李立三主持草拟《中华人民共和国劳动保险条例》的工作。草案于 1950 年 10 月报经中国人民政治协商会议审议和政务院讨论通过。草案对职工的医疗、生育、养老、伤病、死亡（包括职工供养的直系亲属待遇）实行劳动保险，并对劳动保险的实施范围、劳保待遇的标准和费用作了明确规定。对煤矿、化工等重体力劳动或有害健康工种的劳保待遇以及女职工的生育、养老和有特殊贡献的劳动模范规定给予特殊待遇，同时，对建立职工的疗养院、养老院、残疾院、托儿所等都作了具体规定。1951 年 2 月 26 日政务院正式颁布《中华人民共和国劳动保险条例》。3 月 1 日全国总工会发出《关于实施中华人民共和国劳动保险条例准备工作的通知》，各级工会遵照通知精神，在职工中开展了广泛宣传，举办劳动保险训练班，建立基层工会劳动保险工作委员会和进行劳动保险条例的职工等级及企业实行劳动保险申请备案等工作。3 月 2 日，中共中央发出《实行劳动保险准备工作的指示》，要求各级党委负责指导并督促各方面把这个有重大意义的工作做好。在国民经济恢复的初期，劳动保险条例的颁布实施，充分体现了党和人民政府对广大职工的关怀。为保证劳动保险条例顺利实施，全国总工会会同劳动部举办了全国劳动保险干部培训班。被批准实行劳动保险的工厂企业都成立了由工会具体领导的工厂劳动保险工作委员会。各地方工会都采取各种形式对工厂企业的劳保干部、工会劳保积极分子进行培训。

（三）职工文化体育事业的发展和精神文化生活的明显改善

随着工矿企业生产的恢复并逐渐走上正轨，职工生活逐渐安定，广大职工对学习文化、技术的迫切要求逐渐显露出来。为适应广大职工群众的要求，1950 年 3 月，劳动部和全国总工会拟定了《关于开展工人业余教育的指示》。4 月，全国总工会在北京召开第一次全国职工业余教育会议，会议集中研究解决职工教育的方针、组织、学制、教材及经费等问题。会议反映，全国各地职工业余文化、技术教育实际上已形成一种群众性自觉的学习运动。会议建议各地方政府、各工矿企业建立有行政、工会、青年团及有关文化教育机关组成的职工业余教育委员会，以便加强统一领导。据当时在上海、天津、北京、唐山、武汉、济南、哈尔滨、大连、石家庄 9 个城市调查，职工参加业余文化学习的人数均占职工总数 1/3 以上。广大职工急于摘掉文盲、半文盲的帽子。他们把这个学习称为“工人阶级的第二次解放”。工人们说：“光说当家作主，连字也不识，怎么当家，怎么作主？”广大职工顶风雨冒严寒到夜校学习文化。同年 6 月，政务院发出《关于开展职工业余教育的指示》，指出开展职工业余教育是提高广大工人职员政治、文化与技术水平最重要的方法之一。职工业余教育的对象以工厂企业中工人、职员为主。职工业余教育的内容以识字为重点，开展以扫除文盲为中心的业余文化教育，采取多种多样并能保持经常的方式进行。全国总工会作出执行这项指示的决定，要求各级工会配合行政开展职工业余文化教育并把这项工作作为工会文教工作的中心内容，把提高职工文化、技术水平列为企业中订立集体合同和生产竞赛的具体内容。同时，要求各地方工会建立专门管理职工教育的组织机构。在《工会法》中，明确规定工厂、矿山、学校、农场、机关等行政方面或资方，按全体职工工资总额的 1.5% 作为职工文化教育经费定期拨发给工会组织。这项规定为各地工会开展职工业余教育，提高职工群众文化技术水平，提供了法律保障和物质保证。

为满足广大职工业余文化生活的要求，寓教育于文化活动，各地工会在当地人民政府和工厂企业行政的支持下，积极创建工人文化宫、俱乐部、图书馆等职工业余文化活动阵地，受到广大职工群众的热烈欢迎。俱乐部在调剂工人生活，增进工人身心健康，结合学习，提高工人职员的文化、政治、技术素质，改变职工中一些不良习惯等方面，都发挥了积极作用。

第七章

中国能源化学地质产业工人在建设社会主义中的艰辛探索（1956—1978）

1956 年社会主义改造基本完成后，我国开始转入全国大规模的社会主义建设时期，第一个五年计划有力推进，随之而来的“大跃进”和反右倾的扩大化，严重挫伤了职工群众的社会主义劳动积极性。3 年自然灾害，苏联撕毁合同、撤走专家，使我国国民经济遭受巨大损失。中国能源化学地质产业工人与全国人民一起深入开展以增产节约为中心的先进生产者运动和技术革新，整顿企业，建立健全党委领导下的厂长负责制，开展工业学大庆运动，为国民经济的恢复与发展作出了重要贡献。“文化大革命”使刚得以恢复的国民经济陷入严重困境。尽管如此，具有优良传统和革命精神的产业工人，没有忘记能源对国民经济和人民生活的重要性，排除干扰与破坏，在极其困难的情况下，有力保障了全国工农业生产和人民生活的能源供给。随着江青反革命集团的粉碎，中国能源化学地质产业工人运动和工会工作，步入了正常发展的轨道。

第一节　贯彻中国工会八大精神和“二五”计划的完成

一、落实中国工会八大精神

进入全面建设社会主义时期后，煤炭、电力、石油、化工和地质工会的工作一开始便保持了良好的发展势头。根据党的整风、生产两不误的指示和勤俭建国的方针，工会组织产业工人积极投入生产建设之中，改进企业管理，厉行增产节约，超额完成了1957年和第一个五年计划的各项任务。

1957年12月2日至12日，中国工会第八次全国代表大会在北京召开。这次会议是在我国第一个五年计划提前超额完成任务，经济建设取得胜利，全国人民以饱满的热情迎接第二个五年计划到来的新形势下召开的一次会议。出席大会的代表989人，代表全国1630多万名会员。党和国家领导人毛泽东、刘少奇、周恩来、朱德、邓小平等出席了开幕式。刘少奇代表中共中央向大会致祝词。他说："工人阶级目前的中心任务，就是坚持执行勤俭建国、勤俭办企业、勤俭办一切事业的方针，掀起新的生产高潮来迎接第二个五年计划，为完成和超额完成新的国家计划而斗争。"赖若愚代表全国总工会七届执委会向大会作了《团结全国人民，勤劳节俭，建设社会主义的新中国》的工作报告。大会通过了《关于中国工会工作的报告》等多项决议。中国工会八大的主要任务是动员工人阶级团结全国人民，为完成和超额完成第二个五年计划，为把我国建设成为现代化工业、现代化农业和现代化科学文化的社会主义强国而奋斗。明确了工人阶级和工会在社会主义建设中的任务，并据此制定了正确的方针政策，为处于社会主义建设中的工人运动和工会工作指明了方向。中国煤炭、电力、石油、化工和地质工会及广大职工积极响应中国工会八大的号召，深入贯彻落实大会的精神和各项决议。

1958年1月1日，电力部和电业工会全委会联合发出《关于进一步开展先进生产者运动，组织生产建设新高潮的指示》，要求各级组织在党的统一领导下，认真贯彻整风、生产两不误的方针，发动职工深入开展社会主义竞赛和先进生产者运动，有力、迅速地把生产高潮组织起来，为实现"二五"电力生产建设任务而努力。

1月3日，中国重工业工会下发《关于在全产业范围内掀起生产新高潮的通知》，要求重工业工会各级组织充分认识当前的形势，切实加强工作，大力支持和发挥群众的革命积极性和创造性，把社会主义竞赛不断推向新的高潮，争取在第二个五年计划的第一年打一个漂亮的胜仗。

2月1日，中国石油工会一届三次主席团扩大会议召开。会议提出继续深入开展整风运动，在整风运动和社会主义教育的基础上，进一步促进生产新高潮，关心职工物质文化生活，以保证又多、又快、又好、又省、又安全地完成和超额完成第二个五年计划第一年的任务。

2月9日，中国煤矿工会全国委员会第二届第四次全体（扩大）会议召开，会议通过了关于号召煤矿全体职工鼓足干劲、推动生产建设高潮、争取煤炭工业全面“大跃进”的决议。明确煤矿工会的方针任务是坚决贯彻勤俭建国、勤俭办企业、勤俭持家、勤俭办一切事业这一建设社会主义的根本方针，继续深入开展整风运动，推进增产节约运动，推进生产建设的新高潮，开展经常的社会主义教育，切实合理地安排职工的物质、文化生活，为完成与超额完成煤炭工业第二个五年计划第一年的任务而努力。在这次会议上，贾汪矿务局、焦作王封矿、铜川王石凹工程处和下花园矿等18个生产基本建设和地质勘探单位，向全国煤矿职工提出了在不增加投资、设备和人员的条件下，保证多快好省和安全地超额完成1958年国家计划的倡议。会后，煤炭部与中国煤矿工会下发了各级行政和工会组织关于加强组织领导生产建设新高潮的联合指示。

3月4日，中国地质工会第三次全体委员（扩大）会议召开，会议要求继续深入开展整风与社会主义教育运动，发动全体职工鼓足革命干劲，掀起新的生产高潮，进一步开展反浪费、反保守、比干劲、比先进、赶先进、比多快好省的社会主义竞赛，促使地质工作来一个“大跃进”，同时把工会工作也大大提高一步。

3月5日至13日，中国电业工会第二届全国代表大会第二次会议在北京召开。电业工会主席黄民伟作了《鼓足革命干劲，加强电力工业建设，确保安全发供电，为满足国民经济日益增长的用电需要而奋斗》的工作报告。水电部副部长王林也在大会上作了报告。有50名代表在大会上发言。会议讨论通过了《告全国电业职工书》《关于中国电业工会工作报告的决议》和《关于中国电业工会财务工作报告》等4项决议。会议号召全国电力职工，在党和全国总工会的领导下，认真贯彻勤俭建国、多快好省的方针，和中国工会八大决议，发扬工人阶级艰苦奋斗的优良传统，深入开展双反运动，把整风运动进行到底，鼓足革命干劲，比先进、学先进、赶先进，力争上游，以实际行动，胜利地实现第二个五年计划，争取10年使电力工业的发电量赶上或超过英国水平。

这一时期，广大职工深入贯彻中国工会八大精神，积极落实产业工会的各项工作部署，满腔热情地投身于社会主义建设中，掀起了热火朝天的“大跃进”运动，煤炭、电力、石油、化工和地质工业在突击浪潮的形势下高速发展。1958年，全国原煤产量为27000万吨，比1957年增加13927万吨，增长一倍多；全国炼焦用煤产量1465万吨，比1957年增加579万吨；机械产品产量3.4万吨，比1957年增加1.3万吨；探明煤炭储量619.21亿吨，比1957年增加519.27亿吨，增长5倍多。1958年，电力行业实现全国发电量达到275.3亿度，比1957年实际增加近82亿度，增长42.3%；发电设备容量1958年达到628.8万千瓦，比1957年增加165.3万千瓦，增长35.7%。当年，化工行业的总产值比1957年增长了1.5倍，各种主要化工产品，如纯碱、烧碱、硫酸化肥、轮胎、染料、农药和医药等都有很大增长。1958年至1959年，石油行业勘探发现油田31个、天然气田12个；石油产量达373万吨，石油产品自给率达到40.6%。1959年，青海冷湖油田产油31万吨，新疆克拉玛依油田产油96万吨，四川天然气产量达2.5亿立方米；人造石油产量达97万吨；石油行业在钻井工程方面完成国家计划的132.4%，地质测量勘察方面完成国家计划的136.7%，地球物理勘探100%完成国家计划。

煤炭、电力、石油、化工和地质行业的高速发展，虽为完成“二五”计划奠定了一定基础，但是由于受“左”倾冒险错误的影响，也出现了许多失误。

二、广大职工积极投身于社会主义建设

中国工会八大之后，煤炭、电力、石油、化工和地质行业的广大职工以饱满的热情，广泛深入开展以技术革新与技术革命为中心的增产节约运动，以突出的业绩发挥了主力军作用。

（一）开展技术革新和技术革命

中国工会八大召开后，1957年12月13日，《人民日报》发表了《掀起新的工业生产高潮》的社论。全国总工会根据发展形势和要求，提出了继续贯彻勤俭建国的方针，进一步开展增产节约运动，并根据以往运动的经验教训，指出这一运动要注意以下特点：运动一开始就注意思想政治教育工作，首先在职工群众中进行“艰苦朴素、勤俭建国、勤俭办企业”的教育；充分发扬民主，依靠职工群众千方百计地克服困难、搞好生产；密切地结合生产实际，有效地改进竞赛的组织工作、竞赛的内容，形式更加丰富多彩、切合实际；贯彻“多、快、好、省、安全”的方针。①

为了响应党的号召，完成中国工会八大提出的任务，从1958年开始，广大职工开展了以技术革新和技术革命为中心的增产节

① 杜万启：《新中国工人运动史》，中国铁道出版社1991年版，第127页。

约运动。这一运动以改进操作技术、改良设备、改进产品设计、合理利用原有设备、设计和生产新产品为主要内容，旨在通过技术改进与革新大幅度提高劳动生产率。煤炭、电力、石油、重工业、地质各级工会根据中共中央的要求和全国总工会的部署，积极推进技术革新和技术革命运动的开展，注意把职工群众的劳动热情引导到技术革新和技术革命上来，努力争取更多更好的技术革新成果。

煤炭工业战线迅速掀起技术革新和技术革命的高潮，煤炭工会配合行政解决职工群众关心的切身生活问题，把握本单位的生产特点，给职工明确的奋斗指标和定额，加强推广先进经验和合理化建议工作，通过职工代表和生产会议吸引职工参加生产管理，解决生产上的问题，推动了运动的开展。当年，许多煤炭单位成立技术革新委员会，提出技术革新方案，召开技术革新誓师大会，技术革新工作取得很大成绩。石门沟煤矿通风灭火区职工创造了水枪取土法，比人工取土法提高效率 12 倍。兰州工程处第二建井队试验成功了湿式凿岩，岩尘降低到每立方米 5 毫克左右，保证了职工的身体健康，职业病（硅肺）发生率大大降低。134 勘探队坚持推行煤碱剂泥浆、钢粒钻进、厚壁接手和锁接头等重大先进经验，实现 5 月份平均台月效率达 290 米，创造本省煤田地质勘探的新纪录。窑街筹建处土建队郑德深发明的钢筋弯曲器，窑街煤矿王生茂创造的脚踏筛沙机，这些革新都能提高效率 10 倍以上。阿干镇煤矿修配厂职工试制成功 10 千瓦离心式鼓风机和气锤等多种新产品。安口窑煤矿在技术革新方面提出平巷车辆化、上山溜子化、下山滑轮化，对于煤矿运输实现机械化、半机械化生产有重大意义。

1958 年，全国电力职工也以高度的革命热情和创造精神，广泛地开展了技术革新和技术革命运动。当年，洛阳电厂针对新设备投入生产存在的问题和基建遗留的缺陷，发动群众，大闹技术革命，通过运动消除了设备缺陷，提高了设备出力，改进了运行方式，改善了劳动组织，改革了工具等，共提出合理化建议 703 条，创造价值达 10 余万元。上海杨树浦发电厂改革工具 20 多种，改进操作方法，全年锅炉检修与年计划相比，11 台锅炉缩短了 112 天，11 台汽机检修缩短了 126 天，缩短大修期限相当于年平均增加锅炉容量 19 吨和汽轮发电机容量 5280 千瓦，实现了在确保安全、确保质量的前提下快速检修。电力职工在开展技术革新和技术革命运动过程中，有一个突出的特点，就是以消除笨重体力劳动、提高劳动效率为目的，向机械化、半机械化进军。当时在电力系统中，一些老旧设备上煤、卸煤大多采用原始方式，全靠人力挑抬，工人们在一条短则几十米、长则百米的运煤路上，无论烈日炎炎，还是雨雪纷飞，总要拼命地运上成百吨煤，又苦又累。许多老厂职工在技术革新和技术革命运动中打了一场上煤、卸煤机械化、半机械化的硬仗，结束了人力上煤、卸煤的历史。1958 年，北票发电厂卸、运煤都是锹甩人抬、人推马拉的笨重体力劳动。在电气分场副主任励洪德的带领下，职工自行设计、制造了半机械化的卸煤装置，提高工效 3 倍多。阜新发电厂职工在开展技术革新活动中，采取干部、技术人员和工人三结合，自己动手，搞设计制造，实现了卸煤机械化，使工人放下繁重体力劳动，彻底解放了生产力。抚顺发电厂实现机械化卸煤后，工效提高 1. 5 倍，卸煤工人减少 1/3。哈尔滨发电厂职工在缺乏设备的情况下，采取土洋结合，自制上煤运输机，大大减轻了燃料工人的劳动强度。佳木斯发电厂职工通过技术革新，研制出机械化甩钢球工具，提高工效 13 倍，同时改善了工人的劳动条件。该厂当年实现革新 45 项，有 544 人不同程度地从体力劳动中解放出来。在电力基建施工单位中，也开展了以手工操作机械化、半机械化为主的技术革新活动。如浙江杭州变电工地的职工在 1959 年先后开展两个战役，整个工地机械化、半机械化程度由原来不到 10%

猛增到60%。在实现技术革新中较为重大的有空中索道、电车、电动榔头、皮带运输机等项目，工效分别提高3至25倍。乌溪江水电站工地职工自己动手，制造能拉25吨的平车成功，提高运输效率4倍。机械化电站职工研制无齿锯，能自动锯断钢材，生产效率提高100倍。在群众性的技术革新活动中，机械化、半机械化的运用和普及，不仅节约了大批人力、物力，而且大大提高了工效，改善了工人的劳动条件。

1958年，地质行业深入推进技术革新和技术革命运动。5月2日，13位工程技术人员向从事山地工作的工程技术人员提出革新技术的倡议，开展社会主义友谊竞赛，使坑道掘进速度迅速提高，为地质勘探工作提前超额提供国民经济建设飞速发展所需的各项地下资源作出积极贡献。1959年，地质广大职工技术革新成果斐然。例如，首创万米钻的四川石油普查大队的青年跃进号钻机，首创“千米硐”“万方槽”；44天实现“三化”的广东七〇三队陶俊琴山地小组；河南豫〇六队的快速勘探方法；吉林通化地质大队刘金美在前人工作否定的矿点上，经过细心检查，发现了有工业价值的矿产；贵州梵净山地质队修配间伍学良制成钢粒切割机并试验成功以木套代铜套；衡阳探矿机械厂的谭爱兰制造了柴油机喷油嘴；湖北地质局实验室试制成功中型石英光谱仪。1960年，地质系统针对机械化仪器化程度比较低、笨重的体力劳动和手工操作普遍存在、勘探机械大多是老式设备效率不高的问题，广泛掀起了以机械化、半机械化为中心的技术革新、技术革命运动。运动以大搞机械化和半机械化，大力研究和推广新方法，大力发展和采用新技术，改进设计、改进仪器、改进设备向轻便化、自动化和高精度的方向发展等四个方面为主要内容。河北唐山综合地质大队当年掀起了一个声势浩大的“人人搞革新、个个搞创造”的群众运动，运动开展半年职工就提出了7000多条合理化建议，被采纳的有1000多条，其中创造的拧管机等革新项目在全国得到推广；4 月份该队大战 360 个小时，在钻探方面实现了升降工序机械化，山地工程实现了半机械化，全队的机械化程度由年初的 35.3%提升到 80%；5 月份在大搞强化器化运动中，全队苦战半个月，从生产到生活普遍实现了强化器化。当年，北京市地质局水文地质工程地质大队职工提出的革新建议达千余条，被采纳的有 240 多条，通过试制试验和生产考验行之有效并推广使用的有 85 条。

1959 年底，化学工业系统开始开展技术革新、技术革命。起初，广大职工以极高热情在工艺操作方面大搞机械化、自动化。不少企业基本上消除了装卸、搬运工作中的笨重体力劳动，并且降低了手工操作的比重。重庆市化工企业机械化程度由年初 40%到 3 月中旬提高至 60%，节约劳动力 3000 多人。北京化工企业机械化程度由年初 37%到 3 月底提高至 49%，节约劳动力 1000 多人。

化工行业在技术革新和技术革命运动中主要抓了几个环节：一是工艺路线革命，突出成果有管道反应法、煤气化法和超声波法。其中，管道反应法是化学工业工艺路线的一次彻底革命。1960 年 2 月上旬，上海中国染料二厂的职工创造了在塑料管道单面进行化学反应、生产酸性大红染料的方法。管道反应从投料到成品，整个化学反应在管道内进行，使原有生产厂房设备、工序大大缩小和简化，同时从根本上解决了化工生产中的环境卫生和劳动保护问题。煤气化法是从山东省化工企业开始，在煤气化的基础上，进一步全面地对煤进行综合利用，可以回收大量的焦油，从焦油中提出大量的酚（占焦油的 20%以上）、柴油（占焦油的 40%以上）和沥青（占焦油的 20%以上）。超声波法从北京开始采用，许多化工企业在搅拌、洗涤、粉碎、溶解等操作中广泛应用，大大促进了化学反应。二是大搞新产品，猛攻高、精、尖。据辽宁省化工局在 8 个厂的统计，1960 年以来试制成功的新产品已有143种，其中属高、精、尖的有36种。在采用新的原材料、寻找代用原材料以及采用新的设备、材料方面，许多企业也进行了创新。南京化工公司试验用硫铁矿渣代替废钢做氧化触媒，一年可以节约900吨废钢。上海立德化工厂采用氯化钙沉淀法代替钨酸铵结晶法制取钨酸，全年可以节约氨水16000—18000吨，节约硝酸600—700吨。三是大搞综合利用，实现天上无废气、地下无废水、厂内无废物的“三无”工厂。嘉兴化工厂在糖精生产中综合利用矿化、氨化、氧化的析出物，共生产了17种其他产品。辽宁省从使用纯碱脱硫的炼铁废渣中回收大量烧碱，可以用来解决原料方面的供需矛盾。南京化学工业公司利用气体净化中的废泥，提取了半导体，从矿渣中提取硒，每用25000吨尾砂就可以提取1吨硒。1960年1月至2月，重庆市化工企业共试制成功321种新产品，其中有148种已经投入生产。在试制和生产的新产品中，有很大一部分是从原材料的综合利用中生产出来的。四是推进企业管理改革。哈尔滨橡胶厂搞的“管理核算流水线”用“核算工具盘”可以迅速计算当日成本、消耗和工资。从工段生产岗位到车间，厂部装有每日完成生产情况自动报数器（仪表控制），厂长在办公室里可以随时掌握各种产品完成情况。黑龙江桦林第一橡胶厂所创造的“生产管理自动流水线”，能够按小时反映小组、工段、车间以至全厂的生产计划和完成情况，既快又准，基本上把企业管理人员从烦琐的核算、统计等工作中解放出来，使其能够转向同生产直接结合起来，也便利了工人参与管理工作，促进了企业里“比学赶帮”劳动竞赛的开展。

20世纪50年代末60年代初开展的这场大规模技术革新、技术革命运动是积极的、正确的，实践证明，其是组织好工业生产高潮、迅速提高工业生产技术水平的一种重要方法。在运动中，不仅提高了工人和技术人员的劳动积极性与创造性，产生了物质方面的优异成果，而且提高了职工与群众的觉悟程度，涌现出一大批先进集体和先进模范人物，工会也积累了群众生产工作的经验。

（二）开展劳动竞赛

在工业各条战线上，随着增产节约运动的开展，劳动竞赛活动也活跃开来，“比先进、学先进、赶先进”蔚然成风，广大职工发扬工人阶级的光荣传统和优良作风，为国家经济发展作出积极贡献。

1957年底至1958年上半年，地质系统基层单位纷纷提出开展劳动竞赛的倡议，江西省办事处德兴地质队向全省各兄弟队的钻探工人提出开展队际社会主义竞赛倡议；河南省朝川队工会向地质系统工会工作者提出友谊竞赛倡议；江西省办事处向各地质局提出开展社会主义竞赛倡议；内蒙古自治区先进生产者代表大会地质代表向全国各地质局（处）提出挑战书。1958年4月，中国地质工会关于下发社会主义竞赛领导问题的意见提出了几项开展社会主义竞赛的指标，要求在地质工作开展“加速工作，提高质量，多找矿种，多找产地，多交储量”运动；机掘峒探开展“保证质量、安全节约，年进2000公尺”运动；手掘峒探开展“保证质量、安全节约，年进500公尺”运动；化验工作开展“保证质量、及时、节约，年完成10000个指数”运动；汽车运转开展“安全节约十万公里无大修”运动。同年，技术表演赛在地质系统开始兴起。10月12日，辽宁省杨杖子地质队召开了比武大会，广大职工积极响应号召，掀起了一个热火朝天的人人表演、事事表演、班班表演的竞赛高潮。首先在301机徐文录班开展升降表演，接着钻探各班集体表演了升降、文明生产、快速检修；山地组表演了快速打眼、运渣和支护；地质测量组表演了填地质图、测地形图；安装队表演了快速折、卸、安；马车组表演了多装快运；供应组表演了物资存放整洁有序；食堂表演了切菜、淘米、担水、喂猪、做饭、做菜、粗粮细作，提高出饭率，节省烧柴等；机台挑水工也参加了表演，表演赛中全队 193 人有 159 人参加了表演，进一步调动了全体职工的积极性，改进了生产管理。1960 年 1 月，中国地质工会、地质部探矿工程司下发关于在机械岩心钻探方面开展论证质量、节约、安全、月进千米大面积高产红旗竞赛运动的方案，对竞赛的范围、条件、评比奖励与组织领导等问题作出规定。当年，中国地质工会下发《关于进一步开展劳动竞赛中的几个问题与意见》，指出社会主义竞赛的目的是多、快、好、省地全面完成或超额完成国家计划。

煤炭系统开展了大面积丰产红旗竞赛运动。1959 年 3 月初，全国煤矿干部会议和全国煤矿职工红旗竞赛广播大会发出开展大面积丰产红旗竞赛运动的号召。在各省、市委的重视和直接领导下，各省、市、局、矿相继召开了万人、几十万人的广播大会，接着统一思想，发动群众，明确任务，把领导重点转到工作面，加强现场管理，大力推广 36 项先进经验，在全国煤矿工业系统展开了声势浩大的大面积丰产红旗竞赛运动。大面积丰产红旗竞赛运动是以增产节约为目的，以技术革新和技术革命为中心，以"六比"（比产量、比优质、比安全、比效率、比成本、比生产准备）为前提，以全面改进企业管理为基础。通过竞赛充分挖掘现有生产矿井潜力，提高设备和工时利用率，进一步推广先进经验，有力促进了工人学习与提高技术水平，带动各个生产环节，促使企业工作全面提高。党的八届八中全会召开后，中国煤矿工会在抚顺召开了会议，总结了竞赛运动的经验教训，并对大面积丰产红旗竞赛评比的四个前提条件作了补充与修改，使其更加全面。5 月，煤炭部副部长贺秉章在全国煤矿红旗竞赛第一次评比总结大会上作了报告，分析了煤炭工业生产的形势，对开展大面积丰产红旗竞赛运动给予了肯定，并指出了存在的问题，要求推广先进经验，深入发动，全面提高。10 月，中国煤矿工会副主席李春明在全国煤矿大面积丰产红旗竞赛运动第二次评比大会上讲话，总结了掀起这次煤炭工业群众生产运动新高潮的五个特点：一是来势猛、发展快、生产节节上升；二是打破了月初松月末紧的常规，形成生产均衡稳定的跃进趋势；三是多、快、好、省地全面跃进；四是群众运动和改进企业管理紧密结合，大闹技术革命、技术革新和推广先进经验紧密结合，苦干和巧干相结合；五是共产主义风格大大发扬，要求认真总结与推广在群众生产运动新高潮中涌现出来的各种行之有效的先进经验，促进大面积丰产红旗竞赛运动持续深入发展。

（三）推广先进经验

在全面展开社会主义建设，掀起生产建设新高潮中，先进生产者的经验像雨后春笋般涌现出来。当时，如何适应工业生产需要，组织好先进经验的推广，成为领导者的一项重要任务。

煤炭、电力、石油、化工和地质工会以及相应的工业部门组织了由领导干部、各工种的先进生产者和技术人员参加的先进经验观摩团或推广队，到重点厂矿，通过听介绍情况、看资料与现场、找经验和关键、做技术操作表演、帮运用和掌握先进经验、提合理化建议、学先进经验，即“听、看、找、做、帮、提、学”等方式，传播和学习先进经验、先进思想，解决关键问题，促进生产。

1959 年，为了进一步将煤炭工业系统的大面积丰产红旗竞赛运动深入推进，中国煤矿工会全国委员会会同煤炭工业部对生产中出现的好做法进行提炼总结，将徐州韩桥矿庄洪生掘进小组的深孔爆破经验、开滦赵各庄矿七二采煤区宋绍先机电小组的电溜子安全运转经验、赵各庄矿张文小组的回柱经验、赵各庄矿七六采煤区依靠群众加强现场管理的经验和唐家庄矿第四采煤区李云兰同志当好劳动保护检查员的经验等 5 项经验编印成册，并抽调了有关的先进生产者 7 人，连同煤炭工业部和煤矿工会的干部、工程师等，组成了全国煤矿先进经验观摩传播队，从7月21日开始至9月23日先后到山东省新汶、枣庄，河南省平顶山、鹤壁，河北省峰峰和山西省西山等6个矿务局进行先进经验的观摩传播活动，为工人进行经验介绍和技术表演，许多省管局也组织职工到先进局参加交流观摩传播活动。同时，煤炭部和煤矿工会还把观摩传播经验和在全国、全省、全矿区范围内树立各工种的标兵结合起来，从省标兵中选择一部分人参加观摩传播队，分地区组织先进经验观摩传播队，使先进经验在各省全面展开。10月5日，煤炭部、中国煤矿工会、中国科协下发了关于推广先进经验的联合通知，对煤炭企业广泛宣传推广先进经验的重要意义及先进经验的优越性，制定切实可行的推广先进经验的规划并提出要求。为了使技术革新与技术革命的成果迅速在生产上见到实效，中国煤矿工会和煤炭部在运用先进经验观摩推广队、传播站以及召开现场会议等方法推广先进经验的基础上，又采用了先进经验推广站的方法，即在5个创造了新采煤方法的单位设立5个推广站，组织全国煤矿按照本单位的生产需要，有组织有计划地分赴各推广站学习与交流先进经验。

1959年，地质的基层单位也组建经验观摩推广队推广先进经验，湖南省地质局和省地质工会共同组织了一个由技术干部和老工人组成的山地工作经验观摩推广队，从11月初至12月中旬利用一个半月的时间，以澧北、湘中、郴县队为重点，分别与全省各局、队一同交流推广先进经验等活动。活动中采取“边推边改、推改结合，有做有讲、有学有帮、虚实结合”的方法，推广了27项先进经验，发现并帮助重点单位解决了许多生产上的关键问题，有力地促进了生产和技术革新、技术革命运动的深入开展。

1960年1月3日，为了更有效地普及带电作业，水电工会全委会与水电部共同组织了由鞍山供电局和沈阳中试所10余名职工组成的带电作业先进经验推广队，先后赴武汉、无锡、西安、成都等地传播经验。推广队把现场操作表演与帮助解决生产关键、处理设备缺陷相结合起来，并组织了广泛的交流观摩活动，很受欢迎，在较短的时间里，收到了显著的效果。当年第二季度，仅据北京、天津、上海、沈阳、武汉、鞍山等 6 个地区供电部门的统计，因采用带电作业抢修，多向用户供电 2500 多万度。

1960 年 3 月，重工业工会与化工部共同组织了小接硫技术推广，从 9 个先进厂和 4 个设计研究院抽调 16 名先进工人和技术人员，利用两个半月的时间，先后到江苏、湖南、河南、山东、山西等 5 省进行技术推广。推广队在 5 省各选一个重点企业集中进行表演和帮助，在表演过程中吸收其他小接点硫生产单位的职工参加，经过推广队帮助的企业，日产水平都达到了 3 吨左右。7 月中旬到 9 月下旬，针对硫酸新厂生产不正常等问题，重工业工会与化工部抓住帮助新厂重要环节，组织各老厂的先进工作者、老工人、工程技术人员和管理干部成立了两个推广队，分头帮助了开封化肥厂、广州氮肥厂等 5 个单位，基本扭转了开工以来设备事故频繁、漏酸、跑气严重、生产时停时开的被动局面。10 月，针对新投入生产的烧碱厂经验不足等问题，重工业工会与化工部组织了烧碱观摩推广队，由老烧碱厂抽调部分先进工作者和富有经验的专家组成两个工作队，利用两个月的时间，到湖北葛店联合化工厂、广州化工厂及浙江巨州、江苏常州、江西九江化工厂工作。对这些新厂生产上存在的技术管理、设备维修、生产流程规程、制度等问题进行了具体的帮助。

1958 年 3 月下旬，石油工会与石油工业部一起联合召开了全国炼油厂 1957 年厂际竞赛评比会议，总结了上年炼厂厂际竞赛，交流了先进经验并评出了先进单位，同时在讨论和明确中央对石油工业发展方针的基础上制订了 1958 年跃进计划。4 月，石油工会会同石油工业部分别在抚顺、大连、锦西、上海签订和交流了干馏、成堆、轻质油、锅炉、水煤气、硫铵、迭合、蒸馏、焦化、裂化等10种同工种技术互助合同和经验。

1958年5月5日至14日，煤炭工业部和中国煤矿工会全委会在吉林省蛟河煤矿联合召开全国煤矿采煤机械化现场会议，会议交流了采煤机械化、运输、提升、掘进、小型机械化、自动化等20多项经验。

1958年5月23日至31日，水电部和水电工会全委会在上海杨树浦发电厂召开全国电力生产经验交流会。出席会议的有200多名电业局、发电厂行政和工会的负责干部及部分单位的党委书记和先进生产者。会议重点解剖了杨树浦发电厂党、政、工各方面的工作，并集中研究总结交流了电业如何搞好安全生产的先进经验。会议期间，杨树浦发电厂举行了庆祝600天全厂安全运行和向1000天无事故进军的誓师大会，同时总结交流了先进车间、先进班组和先进生产者的经验。水电部部长助理程明升和水电工会全委会副主席何高明在会议上作了总结和发言。他们还代表水电部和水电工会全委会向杨树浦发电厂、富拉尔基热电厂等授予1957年先进厂的红旗。6月23日至7月2日，水电部和水电工会全委会在陕西户县热电厂召开全国新建的火力发电厂安全运行经验交流会。参加会议的有各局、厂、地区工会、水电部和水电工会全委会的有关人员共232人。会上推广了户县热电厂、坝桥火电厂的安全运行经验。辽宁省电业局组织新厂的安全生产工作经验，富拉尔基热电厂对后备人员的培训经验，受到与会人员的重视。水电部领导程明升在会上作了报告。与洛阳、青山、西固、户县4个新厂签订了友谊竞赛合同，并确定各自交流经验的项目。

1959年3月初，全国煤炭工业干部会议召开，会议系统地总结了煤炭基层单位在实践中证实的36项先进经验，把大力推广这些先进经验确定为当年煤炭工业大搞技术革新和技术革命的主要方向，提出开展以增产节约为目的、以技术革新和技术革命为中心、以比产量、比优质、比安全、比效率、比成本、比生产准备

“六比”为前提的大面积丰产红旗竞赛运动。要求基层单位通过竞赛充分挖掘现有生产矿井潜力，提高设备和工时利用率，进一步推广先进经验，促使企业工作全面提高。之后，煤炭系统许多局和矿积极认真地推广36项经验，推动技术革新深入开展。

1959年11月1日至7日，水电部和水电工会全委会联合召开了水利电力系统先进经验交流会议。水电部副部长刘澜波和水电工会全委会主席黄民伟分别在会上讲了话。刘澜波发言时强调说：“在这次大会上，系统深入地交流了水利电力建设中各方面的先进经验。这些丰富多彩的先进经验，是广大群众和千百万个先进生产者的劳动和智慧的结晶，是毛主席思想的胜利。”会后，水电部和水电工会全委会对先进集体和先进生产者创造的行之有效的先进经验，加以整理，汇编成册，印发全国电业单位。

1959年11月3日，全国群英大会煤炭工业系统先进经验交流会议召开。会议商定把参加会议的、代表着几百万名煤矿职工的338个先进集体和先进生产者的先进经验，按不同的专业和工种编印成册，最大限度地进行总结、推广。

1959年11月7日，全国群英大会地质系统先进经验交流会议召开，对系统内大搞技术革新的经验进行推广交流。当年，地质系统广大职工的发明创造和合理化建议共达16万多件，其中被采纳推广的7万多件，及时解决了生产中的一些关键问题，提高了劳动生产率，推动了地质科学技术的高速发展。

1960年4月15日至25日，全国化学工业技术革命先进集体先进生产者代表大会召开，1000多人参加了会议，其中有700多名是各地化学工业职工评选的先进集体和先进生产者代表。大会内容主要是组织现场参观，按专业交流经验，会内外结合，进一步推动技术革新和技术革命运动，确保提前超额完成年度国家计划。

1960年5月，地质工会在江西省召开以探矿工程方面的“四化”（钻探升降工序机械化、给进工序机械化、山地工作凿岩和运渣半机械化）为中心的技术革新与技术革命现场会，会议采取大、中、小会，参观，现场表演互相结合的形式进行，交流了114项先进经验，同时还举办了技术革新展览会，共展出了1200多项革新成果，主要成果有：升降工序机械化；给进工序机械化；快速钻进措施和工作方法；钻进坚硬岩层的措施和工具；小口径钻进成套工具；山地工作凿岩和运渣半机械化。这些革新成果的推广和应用，改善了工人的劳动条件，减轻了劳动强度，增加了安全生产的系数，提高了效率和工作质量，为探矿工程的发展作出了重要贡献。

三、职工积极性在“大跃进”中受到极大挫折

1958年5月5日至23日，中国共产党在北京召开了第八届全国代表大会第二次会议。会议正式通过了中共中央根据毛泽东的倡议而提出的“鼓足干劲、力争上游，多快好省地建设社会主义”的总路线。此后，在总路线的方针指引下，全国上下掀起了“大跃进”的高潮。“大跃进”运动在生产发展上追求高速度，以实现工农业生产高指标为目标，要求工农业主要产品的产量成倍、几倍甚至几十倍地增长。“大跃进”运动在建设上追求大规模，提出了名目繁多的全党全民“大办”“特办”的口号。“大跃进”期间，工业生产建设虽有较大的发展，但由于受“左”的思想影响，急于求成，挫伤了广大职工大干社会主义的积极性，给工业建设造成了严重损失。

“大跃进”运动给煤炭工业带来了严重后果，使煤矿生产能力遭到严重破坏，采掘比例失调，巷道、设备失修。据统计，采掘比例失调的矿井占所有矿井的77.5%，失修巷道长度占全国各煤矿巷道总长度的16.5%，设备失修率达到32.5%。在基本建设

方面，浪费严重，质量低劣。“大跃进”期间开工建设的矿井，1963年可继续建设的只占原设计生产能力的10%左右，其余都关、停、并、转或者废弃。煤炭质量也严重下降，商品煤灰分从“一五”时期的年均19.87%上升为“大跃进”时期的21.2%；冶炼用精煤灰分同期从9.98%增至11.03%。安全状况恶化，保安规程被弃之不顾，煤矿安全监察机构严重削弱，违章作业普遍盛行，使得各类生产事故不断发生，成为新中国成立以来安全状况最差的时期，“一五”时期全国煤矿事故年均死亡人数为783人，“大跃进”时期年均死亡人数为5351人，后者为前者的6.8倍，百万吨煤炭死亡率从1957年的6.29%增加到1960年的17.8%。①

“大跃进”运动给电力工业战线也造成了严重损失，“大跃进”期间大破规章制度，使一些合理的规章制度被当作“陈规”“烦琐”破除，破坏了电力生产秩序，1959年至1961年，仅江苏省发供电事故年平均次数就比1958年猛增近5倍之多。这一阶段大搞超铭牌运行，盲目提高发电设备出力，使设备事故不断发生，安全发电受到严重威胁。1958年和1959年，全国电力生产事故连续上升，不断发生汽轮机掉叶片、隔板断裂、锅炉水管破裂、发电机绝缘恶化烧毁等事故。截至1960年底，全国电力系统损坏发电设备近100万千瓦。这一时期，电力基建片面求快，忽视工程质量，有些工程盲目上马、盲目施工，片面求快求多，片面追求高指标，造成工程质量较差。

化学工业也不可避免地卷入“大跃进”运动之中。1959年，化工部在许多地方开始建设“小、土”类型的化工厂，为了加快建设速度，组织编制了一批化肥、硫酸、烧碱、聚氯乙烯等中小企业的定型设计，供地方因地制宜进行建设。生产建设过程中，化工战线提出了一些不切实际的口号，制定了过高的指标，脱离

① 李瑞芳：《新中国煤炭工业研究》，河南人民出版社2017年版，第82—84页。

了现实可能性，导致企业盲目追求高产，损坏了设备，生产普遍下降，挫伤了群众的积极性。1958 年至 1960 年，全国化学工业基本建设投资为第一个五年计划的三倍多，战线越拉越长，分散了人力、物力、财力，使工程项目长期不能建成。化工企业不适当地层层下放。在企业管理上，盲目破除了必要的规章制度，产生了无人负责的现象，破坏了正常的生产秩序，加上新职工的大量涌入，劳动生产率普遍下降。化学工业的总产值连续下降，1961 年比 1960 年下降 38.2%，1962 年又比 1961 年下降 16.6%，1963 年才开始回升。①

在这一时期，我国地质工作也不可避免地受到“大跃进”的严重干扰。在“大跃进”期间“高指标、大计划”“以钻探为纲”“边设计、边施工”等错误思想的指导下，忽视规章制度，严重违背地质工作规律，各项地质工作简单化，地质报告表格化，工作质量大幅下滑，地质成果难以利用。1961 年以后，地质部门对 1958 年至 1960 年提交的地质报告进行了复查、核实储量，对不合格的地质调查项目补课返工，其中 60%的区域地质调查图幅需要补课、续作或重测；336 份最终勘探报告，仅 24%合格；6332 份普查勘探报告中，全部注销储量的 1042 份，报废率达 16%。这些状况造成人力、财力和物力的大量浪费，严重打击了地质职工的积极性，教训深刻。

四、全国总工会党组第三次扩大会议对工会工作的影响

1958 年 5 月 26 日至 8 月 5 日，全国总工会党组第三次扩大会议在北京召开。参加会议的有全国总工会各部门、各产业工会，

① 中国化工博物馆编：《中国化工通史行业卷》（上），化学工业出版社 2014 年版，第 16—17 页。

各省、自治区、直辖市工会负责人。这次会议原定任务是讨论贯彻3月中央成都会议通过的《中共中央关于工会组织问题的意见》，研究和解决工会体制问题。后来根据中共八大二次会议精神和中共中央的指示，会议的任务改为：开展工会工作中敌我斗争和两条路线斗争，插红旗、拔白旗；检查总结过去工会工作中存在的缺点和错误，彻底解决工会与党的关系问题；讨论和解决工会工作如何为总路线服务。会议最后通过了《全国总工会党组第三次扩大会议的决议》，决议中提出了“工会必须在政治上、组织上、业务上完全服从党的统一领导”，决定“全国总工会和产业工会全国委员会取消垂直领导”，“各地方工会的工作以及机构编制等问题由地方党委决定。”“对现有的产业工会，按照党中央关于工会组织问题指示精神，由全国总工会书记处分别确定保留、合并、保留名义、撤销、保留的产业工会全国委员会。”全国总工会党组第三次扩大会议后，各产业工会在组织上大砍机构。

1958年，中国煤矿工会在体制上发生变化，保留中国煤矿工会全国委员会的名义，但不作为一级组织，改为全国总工会的煤矿工作委员会。1958年以前，中国煤矿工会共有干部、工人151人，下设办公室、调查研究室、组织部、劳动保护部、生产部、宣传部、劳动保险部、工资部、女工家属部、煤矿体协、财务部、生活部、干训班、资料室、行政处等15个处室。1958年5月，中国煤矿工会的工作人员由151人减少到25人，15个处室仅保留了办公室、劳动保护部、生产部和生活部4个处室。根据中国煤矿工会组织机构调整的情况，9月5日，中国煤矿工会发出了关于财务工作及所属集体、劳动保险事业单位移交省、市工会联合会接管的通知，将所属煤矿工会的财务工作（包括工会经费、劳保金）及所属集体劳动保险事业单位（包括疗养院、养老院、孤儿保育院）等分别移交各该省、市工会联合会接管，并经各该省、市工会联合会函复同意在案。1958年下半年，随着全国人民公社化运动的开展，先后有 12 个矿区进行了人民公社的试点工作。其中焦作、鹤岗、阳泉矿区于 1958 年 9 月、10 月先后成立了人民公社，工会工作机构已分别与党委和公社有关部门合并，生活福利、劳动保险等工作已与公社福利部门合并，宣传教育和俱乐部工作由公社文教部和党委宣传部负责；阳泉的生产竞赛工作并入矿务局办公室；鹤岗矿区工会搬到市委，作为市委的一个部门，仍做群众工作，财务工作并入市委办公室。阳泉的女工家属工作和妇联一起并入公社福利部，鹤岗的女工家属工作并入妇联，保留名义。阳泉矿区三矿进行试点摘掉了工会牌子，该矿区其他各矿工会被取消。

1958 年，水电工会全委会的机关人员大减，业务工作部门大部分被砍掉，从 140 人左右逐步压缩到 25 人，最少时减为 14 人。随后，全委创办的工会干部学校和电业工人报也先后停办。全国各省、市各级电业工会组织也都先后被精简或合并。这期间，在工会领域刮起“工会消亡风”的影响下，东北辽宁、黑龙江、吉林三省电业工会，都合并到省总工会，失去独立开展工作的能力。浙江省电业工会被撤销，电业工会主席调离工作岗位。江苏省电业工会由原来的 11 人精简为 3 人，后又减少到 2 人。1962 年 6 月，全国总工会在组织机构调整中，又把水电工会与石油工会实行合并办公，直到 1964 年 6 月 20 日，根据全国总工会决定才分开办公。许多省市电业工会和基层工会的业务活动处于停顿状态。

1958 年，中国地质工会的工作任务和体制有很大的变动，根据中共中央关于工会工作的指示，对各省、区地质工会，只在工作上“保持一定联系”。基本任务是，着重面向基层，抓典型，进行调查研究，反映情况，组织交流经验。当时地质行业的省产业与基层工会大致有四种情况，一是省产业工会已取消，牌子不挂，也无实际工作；二是保留名义，只留个把人做联系工作，对基层也不管不问；三是保留牌子，实质上成为党委的群众工作部，对基层工会的领导通过地质党委下达；四是原有机构未动，只调整了领导关系。山东省地质工会受省总工会和省地质党委双重领导，对基层领导也是以基层党委领导为主，同时接受省地质工会领导。后来刮起“工会消亡风”，地质工会从组织上、工作上都受到很大冲击，产业工会机构精简，人员缩编。20 世纪 60 年代前期，中国地质工会先后与中国教育工会、中国石油工会和中国建筑工会合并办公，保留中国地质工会的名称。

五、关心职工生活帮助职工渡过困难

“大跃进”和20世纪60年代国民经济困难时期，围绕职工生活所需，各产业工会组织协助行政开展农副业生产并取得一定效果。

1958 年“大跃进”时，地质行业大批新厂建立和老厂扩大，企业新工人大量增加，但生活设施没有及时跟上，食堂用餐十分拥挤；副食品供应紧张，小菜贵、花样少、质量差。同时食堂骨干力量薄弱、管理不善，吃饭排长队现象十分普遍，直接影响群众情绪和生产工作。全国地质工会推广河北涞源地质队工会帮助炊管人员解决自卑感、树立热爱炊事工作办好食堂的经验；内蒙古一二六队在工地周围开荒种菜，实现蔬菜自给的经验等。河北涞源地质队在国家运输紧张，细粮供应不上，地方政府按“有什么，吃什么”原则供给 80%红薯、20%粗粮条件下，发动炊事人员大闹技术革命，做到粗粮细作，使职工吃得很满意，保证了生产“大跃进”。

1959 年 6 月 20 日，煤炭工业部在安徽省淮南煤矿召开了全国煤矿劳动组织工作现场会议，参加会议的有 25 个省、自治区、直辖市煤矿管理局的负责同志 300 余人。在会议结束之前，煤炭部安排了一个座谈会，了解当前各矿区主副食以及日用品、劳动保护用品的供应情况，煤矿工会派人参加了座谈会，根据座谈会上到会人员反映的一些情况进行综合报告。7 月，新邱煤矿开始开展南泥湾运动，克服了许多困难，养生猪 1842 头，骡马驴 263 匹，羊 283 只，鸡鸭 6639 只，鱼 78 万尾，粮米加工厂 5 处，造酒厂 6 处，大田 271 亩，园田 38 亩，当年还生产了鸡鸭蛋 84988 个，猪肉 7950 斤，蔬菜 48.1 万斤，不仅有力地支援了煤炭“大跃进”，而且为进一步开展南泥湾运动，改善和提高职工生活，打下了良好物质基础。8 月 19 日，中国煤矿工会推广阜新平安矿大搞副食品生产的做法，阜新平安矿贯彻了两条腿走路的方针，一手抓生产，一手抓生活。他们依靠群众，调动各方面的积极性，组织各单位种菜、养猪，发动职工家属利用宅旁园地种菜，在寒冷季节室内种盆菜，大搞副食品生产，满足职工的需要。在完成国家煤炭生产计划的同时，在副食品生产方面也取得了显著的效果。该矿职工食堂上半年共生产蔬菜 808275 斤，即使在春季蔬菜供应紧张的时候，食堂也有蔬菜吃。还养猪 340 余头，到节日职工可以吃到自己养的猪肉。

1960 年国家进入经济困难时期，粮食和副食品供应比较紧张，搞好食堂工作，帮助职工克服困难，已成为稳定职工情绪、关系职工健康、直接影响生产的重大问题。全国总工会于 1960 年 3 月在北京召开了职工生活工作座谈会。会上研究了如何进一步安排好职工生活的办法。《工人日报》先后发表了《切实搞好职工生活工作》《一手抓生产、一手抓生活》《自己动手、改善生活》等社论，号召各级工会加强职工群众生活工作。此后，各级工会组织在办好职工食堂、做好职工困难补助、改善职工住房条件等方面做了大量工作，提高了职工对工会的信任，体现出工会存在的价值。

1960 年 2 月 8 日至 18 日，石油工会与石油工业部在北京召开了全国石油系统副食品生产会议。参加会议的有各局、厂、矿、院、校28个单位行政工会主管副食品生产的负责人，共计81人。会议以总结去年工作、交流生产经验、评比石油工业副食品生产先进单位、研究1960年副食品生产规划为主要内容。会上，四川局介绍了大搞群众运动养猪；柴达木盆地和自然搏斗发展生产；石油六厂养鸡；石油工业部机关贯彻两条腿走路精神以及石油五厂下海捕鱼等经验。据28个单位的统计，1959年播种蔬菜6300亩，生产蔬菜2100万斤，自给各种肉类1292635斤，蛋品27.3万个，捕鱼995075斤。当年，许多单位由于辛勤努力，副食品的供应和职工生活均有改善。四川石油管理局生猪存栏7700多头。川中矿务局平均每人每天吃到二两肉的伙食单位有120个，约占全局的70%；养猪较多的1001队每人每月吃肉7—8斤，最多达到12斤；蔬菜在旺季基本能够自给。石油工业部机关自己动手养猪、鸡、鱼，使职工生活有了很大的改善，由1958年每人每月平均吃肉0.54斤，到1959年提高为1.22斤。1960年底，石油系统的副食品生产已经从无到有逐渐发展起来，有生猪20774头，羊27770只，牛1382头，鸡鸭51032只，鱼13万尾，菜兔3493只。同时建立了初具规模、大中小相结合的副食品生产基地和场所71处。

化学工会于1960年两次召开职工生活座谈会，总结交流了办好食堂、节约粮食、大搞副食品生产、管好职工宿舍的经验。其中，5月25日至28日在石家庄市华北制药厂召开了职工集体生活福利工作现场经验交流会，有21个企业的45名干部参加。参观了华北制药厂的集体福利事业，有11个单位分别介绍了食堂、副食品生产、托儿所、调整职工宿舍等四方面的经验。华北制药厂：在原有12个食堂的基础上，建立了一个万人主副食加工厂，提高了机械化炊具的利用率，节约了设备和人力，实现了劳动专业化具体分工，改进了伙食质量。锦西化工厂：大搞炊具改革，坚持土法上马，因陋就简，用废料制成了32种81件炊具，土煤气炉建成7座，新技术搞成137个，用于洗碗、蒸饭、煮粥、炒菜、烧开水，煮粥由1小时缩短为20分钟，先后节约96名炊事员，炊事员与就餐人数的比例由1∶32提高到1∶67。太原化工厂：食堂普遍采用了新技术，大大提高了工作效率，该厂炊事员与就餐人员的比例由1∶35提高到1∶82。这一阶段，化工企业积极搞好副食品生产，建立食堂“家底”，据19个企业的统计，截至1960年5月底，养猪5882头。华北制药厂养猪最多，平均每7.7人一头猪。

1961年至1963年国家经济困难时期，不少职工家庭生活困难。石油各级工会在调查研究职工生活状况的基础上，积极开展补助救济工作。1961年松辽石油勘探局会战工会除了组织职工及家属开展经济、劳动等互助外，还补助了生活确实有困难的职工。1年来全战区共补助4920人、补助金额达18814.24元，其中长期享受补助的55人，金额2060元。全年对因火烧、被盗、丢失等造成困难的职工，分情况给予了衣、棉、被、毯等实物救济共2740多件。1962年1月至8月，松辽石油勘探局会战工会补助职工10800人，占职工总数的18.9%，占调查困难面20%的95%。通过困难补助解决了职工实际困难，提高了职工觉悟，稳定了职工情绪，调动了职工积极性，促进了工农业生产。

这一时期，全国电力工会各级组织积极响应党中央和全国总工会的号召，发动广大职工群众，自己动手，抓好职工生活，解决职工群众生活困难。许多地区电业单位的工会协同行政，组织职工开垦农副食品基地，帮助职工解决吃粮、吃菜等问题。有的单位利用各种渠道，为职工解决副食品供应问题；有的单位想方设法办好职工食堂，改善职工伙食。黑龙江地区的佳木斯、齐齐哈尔、哈尔滨发电厂、北安电业局等单位利用有利地理条件，先后办起了农场，有的耕地达到几千亩。他们还养猪、养牛、制油、种菜等，积极帮助职工改善副食品供应条件。许多职工食堂利用瓜菜代、小球藻、蒸量法等方法，为职工解决吃不饱饭的问题。1961 年初，上海电力职工积极响应党中央提出的“大办农业，大办粮食”的号召，克服困难，分批奔赴长江口处的长兴岛上，围垦造田 1500 亩，建成了“上电农场”，作为上海电力系统的副食品供应基地，自力更生，克服暂时困难。湖北省各级电力工会组织部分职工因地制宜地搞起农副业生产，耕种土地达 4000 亩，仅武汉市电业局 3 年共收粮食 44. 46 万斤，油料 9132 斤，蔬菜 290 万斤，杀猪 524 头，产肉 6. 46 万斤。1962 年，湖北省电力工业厅机关职工共收粮 24 万余斤、植物油 3000 余斤、猪肉 8000 余斤。到 1962 年底，电力部直属的 81 个电力企业、27 万人中有 72 个单位、26 万人共建立了农副业基地 453 个，种地 21. 4 万亩，其中自己开荒耕地近 10 万亩，生产粮食 427. 2 万公斤、生产油料 14 万多公斤、肉类 28 万多公斤，还有不少奶、蛋、鱼等副食品。许多单位做到职工吃菜全部自给或半自给。在此期间，各级工会积极开展困难救济和互助互济的活动。许多电业单位工会根据全国总工会对困难职工补助的标准，将职工困难补助分为长期性补助、季节性补助和临时性补助，区别不同情况，帮助职工渡过困难。工会组织对年老体弱及特困职工，主动登门家访慰问，冬季救济棉被、衣物等。有许多单位的工会，以工会分会、工会小组为单位，开展职工互助储金会活动，发扬职工互助互济精神，帮助职工解决暂时困难。辽宁发电厂工会面对有些职工生活不及温饱的情况，采取了两种解决办法：一是对经济困难又缺粮的，从农场余粮给予一些补助救济；二是对经济不足的缺粮户，由行政介绍到粮站购买一些议价粮。这些应急的办法解决了部分职工的困难。此外，还有些单位的工会组织职工家属为生产服务、为职工生活服务，解决职工的后顾之忧。

在我国经济困难时期，产业工会各级组织会同行政积极主动地做好职工生活工作，发扬职工自力更生、艰苦奋斗的精神，不仅帮助职工群众渡过了暂时的困难，而且提高了广大职工的政治思想觉悟，促进了企业的发展。

六、贯彻“八字方针”，开展增产节约运动

1958 年至 1960 年，我国出现了国民经济发展比例严重失调的问题。1961 年 1 月，中共八届九中全会正式通过了对国民经济实行“调整、巩固、充实、提高”的八字方针，并决定鉴于“农业生产连续两年遭受严重的自然灾害和国民经济比例失调的情况”，全国集中力量加强农业战线，贯彻实行国民经济以农业为基础，全党全民大办农业，大办粮食的方针，加强各行各业对农业的支持，尽最大努力争取农业生产获得较好的收成。适当缩短基本建设战线和降低重工业发展速度。

（一）做好精减职工工作

在“大跃进”中，我国职工和城镇人口急剧增长，至 1960 年全国职工达到 5044 万人，比 1957 年增加 1 倍以上；城镇人口达 1.3 亿人，比 1957 年增加 3000 多万人，使市场供应空前紧张，工农业和其他部门比例关系严重失调。全国总工会根据中共中央 1961 年 6 月制定的《关于减少城镇人口和压缩城镇粮食销量的几条办法》和《关于精减职工工作若干问题的通知》的要求，召开了省、自治区、直辖市工会和产业工会负责人会议，认真进行研究，要求各级工会主动会同行政把精减下放的工作切实做好。

当年，全国电力工会各级组织响应中央和全国总工会的号召，在党委领导下，本着定员和精减相结合的精神，配合行政积极开展工作。一方面，加强职工思想政治教育，加强宣传工作，组织广大干部和职工群众，认真反复学习中共中央的有关文件精神，加强形势教育，提高广大干部和职工对精减人员支援农业的认识，

树立全局观念，打消思想顾虑，积极行动起来。另一方面，配合行政细致地做好精减职工动员、组织落实等工作。许多基层工会依靠骨干，调查了解精减对象的思想状况和经济状况，有的放矢地进行工作。在精减人员的工作中，广大职工以大局为重，积极响应中央的号召，许多共产党员、共青团员和工会积极分子带头回乡支援农业，主动为国家分忧和承担困难，做到“呼之即来，挥之即去”。因而，全国各地精减人员工作进展较快，取得很大成绩。如湖北电力工业厅直属单位，1961 年共精减 2228 人，占 1960 年底实有人数的 19%，占 1958 年新进人员的 49%。山东省火电建设一处 1960 年有职工 2268 人（含临时工 1432 人），1961 年底压缩到 1978 人，1963 年底又降为 1327 人。江苏省电业在册职工由 1960 年底的 18120 人精减到 1961 年底的 15371 人。精减职工 2749 人，同时还大量精减了临时工、计划外用工。1961 年，全国电力系统精减职工达 30 万人。由于基层单位对精减工作做得深入细致，主动帮助回乡职工解决实际问题，基本做到留者安心，去者满意。在困难时期，电力工业战线认真切实地做好精减人员的工作，为支援农业、减轻国家的财政负担，缓和城市粮食、副食以及其他商品供应的紧张状况，促进国民经济的进一步调整起了重要的作用。

煤炭工业企业、事业单位的精减工作从 1962 年 4 月全面进行。截至 6 月末，中央直属煤矿企业、事业单位共精减 291885 人，完成煤炭部 1962 年精减指标 301280 人的 97%。同期从煤矿企业外部增加了 357060 人，完成增人指标 67030 人的 85%。增减相抵后，净减 234825 人，完成精减指标 234250 人的 100.24%。山西、黑龙江、河南、北京等已完成精减指标，河北、辽宁、吉林、山东等已接近完成，安徽、浙江两省仅完成精减指标的 50%—60%。地方煤矿约精减 31.8 万人，超额完成煤炭部建议精减指标 307720 人的 100.3%。全国煤矿精减下来的人员有 19 万人返乡，支援了农业生产，减轻了矿区供应压力，节约了工资基金，充实了第一线。据中央直属煤矿初步统计，从企业外部补充和企业内部调整充实井下生产第一线共有 9.5 万多人，同时在精减过程中有 1 万多名干部下井当工人，充实了第一线的力量。在精简过程中，各煤矿企业普遍拆并了机构。通过这一阶段的精减工作，煤矿企业内部各类人员趋于合理。管理人员、服务人员和非原煤生产工人的比例下降，主要生产工人的比例增加了。管理人员和服务人员占职工总数的比重由精减前的 20.7%下降到 18.9%，原煤生产工人占全部生产工人的比重由精减前的 58.3%上升到 62%，井下工人占原煤生产工人的比重由精减前的 42.3%上升 46.3%，采掘工人占井下工人的比重由精减前的 23.1%上升到 25%。有些煤矿达到了减人增产，提高劳动生产率的效果。

在精减工作中，全国化工系统 1960 年全民所有制企业职工总数为 117.1 万人，到 1962 年底减少到 67.4 万人，两年精减了近 50 万人。缩小了行政管理人员的比例，提高了企业管理水平，提升了劳动生产率。①

（二）开展增产节约运动和“五好”竞赛

增产节约是艰苦奋斗、勤俭建国方针在我国职工生产实践活动中的生动体现。在国民经济调整期间，各产业工会继续深入开展增产节约运动，许多企业还开展了“五好”企业（即政治工作好、完成计划好、企业管理好、生活管理好、干部作风好）、“五好”职工（即政治思想好、完成任务好、遵守纪律好、技术学习好、团结互助好）的社会主义竞赛。

1961 年 6 月，云南省地矿厅探矿工程处对第五地质队三号机

① 中国化工博物馆编：《中国化工通史行业卷》（上），化学工业出版社 2014 年版，第 17 页。

试行“定包奖”制度。“定包奖”的具体内容是“四包一奖四固定”。其中“四包”是指包任务、包质量、包成本、包安全。为了确保“四包”的实现，进行了劳动力、设备和工具、施工地点（钻孔）以及协作关系4个方面的固定，在奖励上既有超产奖，又有节约奖（单项奖）。自试行以“定包奖”为主要内容的超产奖励制度以来，该队的三号机生产情况一月比一月好，群众的干劲一天比一天高，摆脱了生产逐月下降、质量不合要求、工人思想混乱的被动局面，出现了孔孔超产、月月节约的新气象，进一步调动广大职工的生产积极性，实现了钻探生产优质、高产、低耗、安全的全面跃进。10月16日，中国地质工会推广了云南省地矿厅探矿工程处对第五地质队三号机试行“定包奖”制度的调查报告。

1961年11月15日至22日，水利电力工会全委会召开了中国水利电力工会地区组织和重点基层主席座谈会。会议根据中共中央提出的“调整、巩固、充实、提高”的八字方针，紧密结合电力工业安全生产、节约燃煤的中心任务，组织交流了群众生产和工会工作的经验，集中讨论和研究了当前主要问题和今后的工作。要求全国各级电力工会组织认真贯彻落实中央“八字”方针，促进电力工业健康发展。1962年底，根据全国总工会八届四次执委会提出的要求，电力工会各级组织积极会同行政，组织职工扎扎实实地开展了增产节约运动。这次运动的主要特点是以确保安全、质量为重点，与落实完成电力调整任务结合，与整顿健全企业管理结合，与挖潜节能结合。由于目标、重点明确，收效也较显著。如新建谏壁发电厂工程1963年恢复施工后，施工单位职工1年内提出各种修改建议343条，查出设备缺陷和质量隐患300多项，并想方设法加以解决，为保证首台机组投产打好基础。华东电力建设局江苏工程公司（原江苏省电建公司）广大职工在增产节约运动中，集中力量，针对6个电厂大小109项问题进行了“填平补齐”的工作，使工程尽快收到效益。山东省枣庄供电局在增产节约运动中，组织新老工人大练基本功，提高生产工艺技术，大力改进工艺操作和工具设备，提高检修质量，加快检修进度，从而不断提高安全运行水平和设备健康水平。博山发电厂开展了以“两保”（保安全、保经济）、“两节”（节煤、节电）、“一高”（高效率）、“一低”（低成本）为主要内容的增产节约劳动竞赛，恢复和健全了各种制度，加强了企业管理，修编了各种生产规程，恢复了现场考问等技术培训制度，消除了“七漏”，降低了成本，不仅使企业管理逐步走向正规，而且提高了经济效益，减少了事故。湖南省湘潭电厂广大职工在省煤竞赛中摸索出了省煤“九字”经验，即抓（抓变化）、算（算细账）、比（比措施）、掺（掺烧代用品）、配（配合协作）、调（调整燃料）、稳（稳定气温及气压）、堵（堵三漏）、准（表计准确），并收到实效。湖南省水电厅召开的火电厂省煤节电会议推广了“九字”经验，对电厂降低煤耗指标、提高经济运行水平起到了推动作用。四川成都热电厂在增产节约运动中，经过生产工人和技术人员合作，精心改进设备和操作，使 6 号机组及时安装，一次启动成功，不仅达到设计出力，而且其他各项主要质量指标达到规范要求。许多电力生产建设单位通过增产节约运动的开展，使贯彻落实“八字”方针成为广大电力职工的自觉行动，有力地促进了电力事业的发展。到 1963 年，在全国 200 万千瓦未能发足出力的发电设备中，已有 58 万千瓦设备达到安全、经济、满发的要求。后 2 年新投入的电力建设工程，基本上做到质量好、尾工少。

1962 年，重工业工会在化肥和有色矿山两个行业的重点基层，调查研究了班组工作的情况和经验。在摸清班组工作的基础上，于 11 月至 12 月召开了 7 个氮肥厂和 9 个有色金属矿山的工会主席座谈会，研究并总结了开展增产节约运动的经验。

1962 年 12 月 10 日，中国煤矿工会、煤炭部对开展增产节约运动作出联合指示，要求全国煤矿企业必须在现有基础上，进一步发动群众，高举总路线、“大跃进”、人民公社三面红旗，鼓足干劲，把生产、调整、基本建设三条战线上的增产节约运动全面开展起来。

从 1962 年冬开始，各地煤矿企业根据党的八届十中全会决议的精神，相继开展了以“五好”为中心的增产节约运动。通过 1963 年“五反”运动前一阶段的大反生产浪费和系统整改，又把增产节约运动向前推进了一步。在增产节约运动中，进一步向职工进行了社会主义教育，围绕提高质量、降低成本，增加盈利、扭转亏损的中心，改进科室工作，建立与健全了一些规章制度，加强了企业管理。同时，普遍地加强了班组工作，在企业、班组与个人之间展开了找差距、比学赶帮的“五好”竞赛。特别是 3 月，党中央发出开展增产节约和“五反”运动的指示后，许多煤矿发动群众，从反生产浪费入手，组织群众揭发生产中的浪费，加强整改，调动了广大职工的生产积极性，提高了职工的政治思想觉悟，扩大了先进者的队伍，进一步推动了增产节约运动，取得了显著成绩。据中央直属局矿统计，1963 年 1 月至 4 月计划产煤 4680. 7 万吨，实际生产了 4984 万吨，超过计划 6. 7%。每天平均产量 6 月上旬达 42. 48 万吨，比 1 月提高 3. 9%，比第二季度平均计划产量提高 4. 6%。4 月全员效率达 0. 715 吨，比 1 月提高 18. 5%，比第一季度平均计划产量提高 3. 2%。原煤质量也有了提高，特别是生产成本显著下降，4 月每吨煤成本 15. 33 元，比年初降低了 15. 4%，比第一季度平均成本下降 8. 4%。煤矿的亏损额也有了减少，3 月净亏额为 1885 万元，比 2 月减少了 42%，比第一季度计划亏损额减少了 7. 1%，为国家节约资金 9473 万元。各地煤矿在增产节约运动中主要抓了以下几个环节：一是针对职工思想情况，活讲活用，进行社会主义教育。针对职工思想，用现实生活中的活的教材，以实论虚，回忆对比，活讲活用，逐步提高。二是从反生产浪费入手，开展增产节约和“五反”运动。根据本单位的实际情况，挖掘生产潜力，揭发浪费，堵塞漏洞。开滦矿区从4月下旬开始反生产上的浪费，仅第一周内职工就提出意见58988条，共6250个问题，其中揭发生产浪费的意见占72%。林西矿一年内仅丢煤车链和电缆就损失了13万多元，唐山矿统计了20张大字报，浪费款项达99万多元，其中工程浪费67万多元，器材设备浪费23万多元，劳动力浪费6万多元。三是加强科室工作，使增产节约运动与改进企业管理结合起来。四是开展班组经济核算和群众经济活动分析。阜新矿区有3000多个班组实行了班组核算，材料消耗与原煤成本都有了显著下降，每万吨煤的坑木消耗量比实行班组核算前降低了71立方米，每吨煤的成本下降了24.5%。班组核算成了组织职工实现增产节约的重要方法。五是开展“五好”企业、“五好”班组、“五好”工人的劳动竞赛。通过“五好”竞赛把广大职工组织到增产节约运动中来。据京西矿区242个采掘组的统计，有216个组找到了对手，其中有61个组与外矿的小组挂钩竞赛。鸡西矿区到4月，在11个矿（厂）中已有7个成为“五好”单位，比年初增加了3个；出现了22个“五好”井口，比年初增加了7个；出现了178个“五好”采掘队组，比年初增加了18个。在“五好”竞赛中，各地煤矿加强了推广先进经验和技术革新工作，出现了一些传播经验的方法。在“五好”竞赛中，各地煤矿比较普遍地加强了班组的领导，改进了班组工作。大同矿区抽调了391名干部加强了队组，全局大部分队组都配备了支部书记、技术员。其中，永定庄矿把全国先进生产者张万福调回“六一”掘进队以后，受到了全队职工热烈拥护。在张万福的帮助下，该队的平均日速度迅速提高到27.2米，比1958年最高水平还高25.9%。当年，煤炭部、中国煤矿工会联合下发了《关于在煤炭系统开展“五好”竞赛的通知》（以下简称《通知》），要求各级组织更加深入地开展

“五好”竞赛运动。《通知》中，对在煤矿企业、事业单位开展“五好”竞赛的“五好”企业（矿、厂、公司、勘探队、设计院、科学院）、“五好”队组（钻机）、“五好”职工的标准及其内容、“五好”竞赛的评比奖励、“五好”竞赛的组织领导问题作了规定。要求各煤炭工业管理局、矿务（基建、地质）局和同级煤矿工会及其相应的工会组织，对矿（厂、公司）际竞赛要认真组织，加强领导。在矿际的同行业、同工种、同业务之间，广泛地开展比学赶帮的活动，以推动矿（厂）内的“五好”竞赛深入开展。各企业、事业单位要把过去有效的竞赛形式坚持下去，如对口赛、对手赛、关键赛、协作赛等，实现“五好”，切实成为每个企业、车间、班组和职工的日常行动。

1963 年 3 月，石油工业系统以一厘钱的精神，从算细账、反浪费入手，进行找差距、查原因、提措施，开展了以 70 条为准则，以“五好”竞赛为内容的增产节约运动。截至 6 月，石油工业系统开展增产节约运动已形成高潮，多数单位 90%以上的职工都参加到运动中，据不完全统计，群众揭发的各类浪费问题有 20 多万条，玉门石油管理局的职工到当年 5 月上旬共计发现浪费问题 18500 多条。在增产节约运动中，各单位都组织职工学习增产节约运动有关文件，以一厘钱的精神发动群众检查、揭发企业各方面的浪费。一是在浪费反深反透的基础上，发动群众开展找差距活动，使增产节约运动更加深入。二是在反浪费找差距中注意发挥职能部门的作用，各企业都对职能部门提出了明确的要求，围绕产量、品种、质量、定额消耗成本、劳动生产率和设备状况等逐条逐项进行分析，找出差距。三是广泛开展比学赶帮活动，松辽局中二注水站和中二变电站两个工地，一开始施工就互相学习对方的经验，同时寻找差距进行调查，做到比了就学，学了就赶，赶上再学，反复地比学赶，使竞赛热潮日益高涨。

1963 年，化工系统各企业继续发动群众深入开展增产节约运动。各单位都确定了增产节约的方向，讨论落实增产节约计划，部署增产节约计划，狠抓落实和兑现。各重点化肥厂将增产节约重点确定为增产化肥，降低煤、电、气消耗，提高各项技术经济指标，消灭亏损产品。在揭发浪费、找差距、制订计划的基础上，展开了群众性的比学赶帮增产节约竞赛，出现了比学赶帮的新气象。许多企业、班组和个人为了实现自己追赶的目标，围绕增加品种规格、提高质量、提高工效、降低消耗和搞好设备维护等要求，自觉地提出合理化建议，推广先进经验，学习提高技术。约有 80%以上的职工积极投入了运动，在生产上取得了显著的成绩。当年，7 个重点化肥企业总产量比上年同期增产 51%，比历史产量最高的季度高 9. 7%。不管是钢铁、化肥和矿山，还是煤、木、电、金属等主要消耗能源都有较大幅度的下降。

1963 年，在增产节约运动中，地质系统许多单位开展了“五好”地质队、“五好”科室、“五好”机组、“五好”个人的劳动竞赛。江西一〇三地质队一号机的全体职工，在增产节约运动中，开展比学赶帮“五好”竞赛，一季度在保质保量的前提下，提前半个月完成 8 个钻孔的扫孔与封孔工程，同时完成槽探 261413 立方，为计划的 166. 6%，平均工班效率达到 5. 5 立方米，各项工程质量完全达到地质要求，并且做到了安全生产。黑龙江省第三地质队修配车间有 22 名职工，除一台 8 英尺“洋”机床外，其他都是一些“土”设备。在开展了增产节约运动和忆苦思甜的社会主义教育后，全车间职工的思想觉悟有了很大提高，车间建立与健全了质量检查、工具保管、安全和岗位责任制，把一个设备简陋、生产落后的修配间办成一个“五好”车间。他们还发扬了艰苦奋斗、自力更生的精神，大胆革新，试验成功电弧镶焊合金钻头，全年共镶 741 个钻头，质量完全合格。江西地质局九〇八队委员会在“增产节约”社会主义劳动竞赛中，从发动群众反浪费、算细账、堵漏洞入手，系统制定了“五好”条件，广泛开展比学赶帮活动。职工围绕以“五好”为内容的竞赛，处处算细账，四面八方查漏洞，提建议，全队9个单位有67个生产班组，完成与超额完成国家计划的班组有62个，钻探、洞探等各项工程质量都达到地质规范要求。钻杆的弯曲度、简易水文、原始记录、封孔等工作都严格执行了规范要求，各项成本有了降低，扭转了以往成本超支的被动局面。7月，各省（区）地质工会主席座谈会召开，对“五好”竞赛进行了座谈，交流经验。当年，很多单位先后开展了“五好”竞赛，但各单位提出的“五好”标准各有差异，对“五好”竞赛的认识及评比奖励的做法不一。为做好指导工作，中国地质工会联合地质部于10月15日下发了关于开展“五好”竞赛的意见，明确了“五好”地质队（厂）、“五好”机组、“五好”职工的标准及其主要内容。之后，中国地质工会联合地质部又下发《关于贯彻执行中共中央、国务院批转国家经委、全国总工会“关于在工业、交通企业中开展‘五好’企业、‘五好’职工问题的报告”的意见》《建立“五好”竞赛领导机构的通知》，对“五好”劳动竞赛提出了具体要求。

（三）大庆石油大会战和学大庆活动

王进喜（1923—1970）出身于甘肃省玉门县赤金村一个贫苦农民家庭，在玉门油矿当过童工、钻工、司钻。1956年4月，王进喜加入中国共产党，担任钻井队队长。在开发建设玉门白杨河油田时，王进喜率领的贝乌5钻井队创造了钻机“整体搬家”的经验。1958年7月，在全国石油工业现场会上，为了加快玉门油田建设，王进喜提出“月上千（米），年上万（米），玉门关上立标杆”的奋斗目标。9月，王进喜带领1262钻井队（后改称1205钻井队）艰苦奋战，创出月进尺5009米最新纪录，被石油工业部命名为“钢铁钻井队”。1959年，创年钻井进尺7.1万米的全国纪录，相当于新中国成立前42年钻井进尺的总和。当年，王进喜被评为全国劳动模范，出席了全国群英会，参加了新中国成立10周年国庆观礼。其间，王进喜看见北京街头因缺油而背上煤气包行驶的公共汽车，感到作为一个石油工人不能为国家提供更多的石油而很难过，他心里憋足了一股气，暗暗下决心，要拼命为国家多找石油、多产石油。当听说东北发现了大油田，王进喜心情无比激动，摩拳擦掌，“恨不得一拳砸出一口井来”，提出申请要求参加大庆石油会战。

1960年3月，王进喜奉命从玉门油田带领1205钻井队赶赴大庆。全队职工日夜兼程，千里迢迢来到萨尔图。下火车后，王进喜一不问吃，二不问住，找到油田生产调度室，首先问：“我们队的钻机到了没有？钻井的井位在哪里？这里的钻井最高纪录是多少？”当得知井位在马家窑附近，他立即带队步行两个小时来到井场。看到一望无际的大草原和黑油油的土地，王进喜不禁为祖国有这样一块油田宝地而万分激动地高呼：“把贫油落后的帽子甩到太平洋里去吧！”当天夜里，全队33人就住在当地农村的马厩、牛棚里，在野外风餐露宿。4月2日当钻机运到后，得知吊车和拖拉机不足时，王进喜没有向上级伸手，而是要求全队职工“有也上，无也上”“只能上，不能等；只准干，不准拖”。为了抢时间，王进喜带领全队职工把钻机化整为零，使用撬杠和棕绳，人拉肩扛装卸，把钻机和设备从车站运到马家窑附近的萨55井场，并立即安装设备，竖起了井架。开钻时，需要用大量的水调制泥浆，但当时既没有铺设供水管线，水罐车也很少，全队职工不等不靠，从500米外的水池破冰取水，用脸盆端了50多吨，争取时间提前开了钻。王进喜吃在井场，住在井场，饿了啃几口干粮，困了枕着钻头躺在成排的钻杆上休息一会儿。从安装钻机到第一口井完钻，王进喜一连7天7夜不下“火线”。当地的老乡感动地说：“王队长可真是铁人啊！”从此，“铁人”这个名字传遍了整个油田。余秋里、康世恩发现并决定大张旗鼓地树立铁人王进喜这一先进典型，经过会战领导小组的认真讨论，将“有也上，无也上”修改完善为“有条件要上，没有条件创造条件也要上”。此后，这一著名口号一直成为鼓舞油田广大职工不怕困难、艰苦创业的巨大精神力量。

王进喜带领的钻井队在打第二口井——2589井的时候，在钻进过程中突然发现有井喷的迹象，而一旦发生井喷，整部钻机就有可能被陷进地层，还会引起火灾、烧毁设备。为防止井喷，需要加大泥浆比重，但现场没有搅拌设备。当时，王进喜的一条腿受了伤，拄着双拐在工地上指挥生产。在这紧要关头，王进喜一边命令工人增加泥浆浓度和比重，采取各种措施压制井喷；一边毫不迟疑地甩掉双拐跳进泥浆池，拼命地用手和脚搅动、调匀泥浆。两个多小时的紧张搏斗过去了，井喷事故避免了，而王进喜和两名工人身上却被碱性很强的泥浆烧起了许多大疱。王进喜这种甘心情愿吃大苦、耐大劳，临危不惧，不惜牺牲个人的一切，为国家和人民多找石油、多产石油的崇高精神，是中国工人阶级优秀品质的鲜明体现。在1960年4月29日召开的大庆石油会战誓师大会上，王进喜作为会战中涌现出的第一个红旗标兵，披红戴花，骑着由领导牵着的高头大马，被职工们敲锣打鼓送进会场，拥上主席台。余秋里带头高呼：“向铁人王进喜同志学习！人人争做铁人！”

“铁人”精神是对王进喜崇高思想、优秀品德的高度概括。“铁人”精神是坚定不移的自信精神，以国为家的主人翁精神，艰苦奋斗的创业精神，胸怀全局的奉献精神，当官为民的公仆精神。“铁人”精神体现了石油精神，是新中国石油工人精神风貌的集中反映。

大庆油田是我国工业战线的一面红旗。大庆人活学活用毛泽东思想，坚持“两论”起家，全面贯彻“鞍钢宪法”，坚持集中领导同大搞群众运动相结合的原则。从1960年起，用了3年的时间，探明了一个含油面积达 860 平方千米的特大型油田。经过艰苦奋战拿下了大油田，使我国原油产量大幅度增长，从而甩掉了我国贫油的帽子，走出了中国自己工业发展的道路。大庆人在创业中培养出一支“三老四严、四个一样”的石油职工队伍，其是全国工业战线上学习的典范。

1960 年，中国石油工会组织发动石油系统职工群众参加大庆（松辽）石油大会战。在会战工委的领导下，和大庆油田工会一起，抓典型、树标兵，开展了“五好”（生产好、思想好、作风好、学习好、生活好）红旗运动，鼓舞了职工的士气，促使他们战胜各种困难，打好勘探这一仗。4 月 29 日，会战工委召开会战誓师大会。一个“学铁人、做铁人”的比学赶超活动蓬勃开展起来。“学铁人、做铁人”活动进一步促进了职工迎着困难上、勇往直前的革命干劲。会战中，“学铁人、做铁人”活动的开展，推动着会战职工艰苦奋斗，迎难而上。从新疆石油管理局来参加石油会战的 1202 钻井队队长马德仁，在钻机排浆泵上水管线冻结的情况下，不畏严寒，破冰下泥浆池，疏通上水管线。从四川石油管理局来参加石油会战的 1206 钻井队队长段兴枝，在吊车和拖拉机不足的情况下，利用钻机本身的动力设施，解决了钻机搬家的困难。从玉门石油管理局来参加石油会战的大庆油田第一个采油队队长薛国邦，自制绞车，给第一批投产的油井清蜡，由手持蒸汽管下到土油池里化开凝结的原油，保证了大庆首次原油外运列车顺利起程。从石油工业部第一工程局来参加石油会战的工程队队长朱洪昌，在供水管漏水时，用手捂住漏水，忍着灼烧的疼痛，让焊工焊接裂缝，保证了供水工程提前竣工。在此基础上，从会战誓师大会到 6 月 1 日，仅用 1 个月的时间，一辆挂着 21 节油罐的列车从萨尔图装油外运。7 月，会战领导小组作出决定，在全油田开展学习王进喜、马德仁、段兴枝、薛国邦、朱洪昌的活动，并将他们誉为大庆石油会战中的“五面红旗”。从学习

“铁人”王进喜到学习五大标兵，很快发展到百名标兵（百面红旗），比学赶帮活动如火如荼，激励着石油会战职工克服各种困难，把会战打了上去。8 月，大庆油田原油日产量达到 3000 多吨。1961 年，全战区的先进生产者代表表彰大会召开。1963 年，大庆油田原油产量达到 439.3 万吨。

1963 年 12 月，全国总工会八届五次执委会议着重讨论了学习大庆油田经验的问题，提出要以大庆为样板，在全国培养一支大庆式的职工队伍的号召，同时改进和加强工会工作。1964 年 2 月 5 日，中共中央在转发石油工业部关于大庆石油会战情况的报告的通知中要求全国学习推广大庆油田的经验，并指出：大庆的经验，不仅在工业部门中适用，在交通、财贸、文教部门，在党、政、军、群众团体的各机关中也都适用，或者可作参考。

工业战线广大职工响应中共中央和全国总工会的号召，积极投入工业学大庆的热潮。许多基层单位结合实际，学习大庆人奋发图强、艰苦奋斗、认真负责、踏踏实实做好本职工作的求实精神，学习大庆人胸怀大局、忘我劳动、为祖国分担困难的献身精神，学习“铁人”王进喜无私奉献的敬业精神，学习大庆运用解放军政治工作的经验等，从而大大促进广大职工思想革命化。

1964 年，石油部党组确定在石油工业范围内大力学习、推广大庆采油三矿四队的经验。石油系统开展了以“五好”为目标、以增产节约为内容的比学赶帮运动。各石油厂矿广泛组织了学四队、赶四队、超四队的竞赛活动，以两分法为武器，以三矿四队为榜样，大抓典型，大树标兵、旗帜，大表扬先进，大找差距，大正大改，形成了一个轰轰烈烈又扎扎实实的比学赶帮运动新高潮。通过比学赶帮运动，在职工中树立了人人争当“五好”的雄心壮志，在完成各项生产任务、推动企业管理等方面都取得了显著成绩。各项指标全面超额完成计划，当年 1 月至 8 月原油生产完成年计划的 71.5%，原油加工量完成年计划的 71.9%，汽、煤、柴、润四大类产品完成年计划的77.7%。

全国电力系统的各级工会组织开展了工业学大庆、电业赶辽源的群众活动。水利电力工会全委会派工作组与东北电管局行政和工会的同志一起到吉林辽源发电厂蹲点调查，总结了该厂的经验。该厂有一个以厂长赵醒民为首的好领导班子，这个领导班子能够以身作则，从严要求，能够团结带领全厂职工群众战胜困难，不断前进。该厂有一个实事求是、艰苦奋斗的好厂风，安全经济运行成绩突出。到1963年底，全厂创造了1258天无事故的纪录，破除一些人认为电力技术设备复杂，老设备不可能长期保持安全纪录的思想。10年保持年年全面超额完成国家计划，煤耗、厂用电率等技术经济指标在同类型电厂中遥遥领先，为国家节约了大量财富。企业管理井井有条，基层班组工作扎实，岗位责任制层层落实。1963年7月12日，全委将调查报告送全国总工会书记处，并建议水电部在系统内普遍推广。全国总工会书记处领导同志批示认为“辽源发电厂的工作确实比较好，如水电部同意，可以考虑作为电力系统的一个先进企业的经验推广”。1963年12月，东北电管局又在辽源发电厂召开了现场会议，全面系统地学习辽源发电厂的经验。与会人员对辽源发电厂的经验给予充分肯定，许多同志反映说：“在学大庆中，电力战线有了辽源电厂的经验，倍感亲切，我们学习有了样板。”1964年2月5日，《水利与电力》半月刊第3期上专刊5篇文章，集中介绍了辽源发电厂各项工作经验，并发表题为《学先进超辽源》的社论。这时，水电部与水电工会全委会联合决定，号召全国电力工业一切企业和事业单位，开展学先进、赶辽源的“五好”企业竞赛，掀起增产节约的新高潮。同年2月24日至3月16日，水电工会全委会召集各省、市和部分基层工会干部共61人，参加了水电部召开的全国电力工业会议。会议主要内容为：贯彻党中央关于加强互相学习，克服故步自封、骄傲自满的指示；学习贯彻毛主席关于学习解放军，加强政治工作的指示；评选先进企业，交流先进经验，促进电力工业系统的革命化。在全国电力工业会议上，评选出“五好”企业辽源发电厂和石景山发电厂等10个先进企业，109个先进车间及多项标兵和单项标兵。国务院副总理薄一波接见了全国电力工业会议评选出的“五好”企业和先进企业的代表，热烈地向获得“五好”企业称号的辽源发电厂和获得先进企业称号的石景山发电厂等10个企业表示祝贺。

全国电力企事业单位根据水电部、水电工会全委会《联合决定》的要求，组织广大电力职工广泛深入地开展“学大庆、赶辽源”的群众活动。不少电力企业单位组织职工认真学习大庆和辽源电厂的经验，从中找出自己的差距，并制定“学大庆、赶辽源”的规划，有计划、有步骤地进行学习。有的企业领导干部以身作则，带头示范，取得了很好的效果。这时，全系统一个“学大庆、赶辽源”群众活动逐步形成热潮。富拉尔基发电厂的党委书记、厂长以“学大庆、赶辽源”的精神实质做了对比检查，他们通过狠反官僚主义作风，受到了群众的欢迎，为“学大庆、赶辽源”带了好头。北票发电厂以开展“学习解放军、学习大庆、赶辽源”五好竞赛为内容的比学赶帮活动，以打歼灭战方式改造了锅炉和汽机，自力更生实现了卸煤机械化。许多单位的工会在“学大庆、赶辽源”的活动中培训了大批骨干，宣传大庆和辽源电厂的精神，组织各部门和职工制定五好规划，开展五好竞赛，促使企业面貌有了改观。不少单位通过开展“学大庆、赶辽源”的活动，干部作风有了改进，领导和职工群众之间关系密切了，基础工作加强了，促进了安全经济发供电和各项经济指标的完成。

七、"二五"计划和调整时期生产建设任务的完成

在"二五"计划和之后的调整时期，虽然经过"大跃进"的挫折，付出了巨大代价，但是广大职工依然以国家主人翁的姿态，顽强拼搏，克服重重困难，在煤炭、电力、石油、化工和地质工业发展上取得了很大成绩。

煤炭产量稳定增长，自1962年10月止跌回升后，煤炭产量从1962年的21955万吨增至1965年的23180万吨，比1962年增加5.58%，比1957年的13073万吨增加77.3%。国有重点煤矿的主要经济技术指标，商品煤的灰分由1962年的23.17%下降为1965年的19.56%，含矸率同期由2.29%降至0.64%；工程质量也有显著提高。1964年煤炭工业部对2648项工程进行验收，一级品达到43%，二级品为53%，三级品只有4%。采煤工作面合格率达到75.4%，掘进工作面合格率为82%。1962年至1965年，原煤全员效率由0.655吨/工增加到0.863吨/工，回采工作面平均月产量由5167吨/（个·月）增长为6646吨/（个·月），采煤机械化程度和掘进机械化程度分别由7.33%、1.43%提高到8.23%、6.77%，企业坑木消耗、综合电耗、原煤单位成本则分别由263.4立方米/万吨、29.69度/吨、17.28元/吨下降为170.36立方米/万吨、28.19度/吨、16.56元/吨，企业实现扭亏为盈，由亏损45228万元转变为盈利16113万元。通过调整，国有重点煤矿许多经济技术指标达到历史上最好的时期。煤炭工业生产能力有了新的增长，"二五"时期和3年调整时期全国矿井和露天煤矿分别新增生产能力388处、9676万吨和85处、2155万吨。煤炭工业生产力布局有所改善，调整时期，中国大陆除了上海、天津和海南岛，各省（自治区、直辖市）都有基建投资，

尤其是缺煤的华东、西南和西北地区。[①]

1957年，全国发电量为193亿度。“二五”计划规定1962年达到400亿—430亿度，实际完成的结果，1962年的发电量已达到456亿度，超额完成了“二五”计划规定的发电量任务。在农业用电方面，1957年为1.08亿度，到1962年已达12亿度，增加了10倍以上。在发电设备容量方面，1962年为1300万千瓦，5年间新增800万千瓦，年平均增长率为23%。到1962年底，全国10万千瓦以上电网已由1957年的7个增加到22个。最大电网的设备容量已达317万千瓦。“二五”期间，随着电力生产发展，电力工业的布局已经改变了原来的地区分布上偏集于东北及沿海各大城市的不平衡状态，基本上适应了整个工业布局的需要。原来基础薄弱的西南地区，发电设备容量增长了3.7倍，西北、中南地区分别增加了2.2倍和2.4倍。“二五”期间，在电力技术装备上有较大改观，全部发电设备中，新增容量占85%以上。各项技术、经济指标全都超额完成，上缴利润大大增加，“二五”约为71.4亿度，比“一五”增长4.9倍。“二五”期间，电力职工也日益壮大，技术水平也有显著提高。这支队伍已经能够独立自主地进行大型火电厂、超高压输变电工程的勘测、设计、施工和运行。在1963年至1965年的3年调整时期，广大电力职工出色地完成了以调整为中心的各项任务。首先是电力生产能力逐年回升，1963年发电量上升到489亿度，1964年上升到559亿度，1965年上升到676亿度。在完成大中型电站填平补齐任务方面，“二五”计划期间，新增的836万千瓦总容量中，大、中型水火电站有162个，其中有104个需要进行不同程度的填平补齐。这104个电站设备出力不足111万千瓦，3年调整时期内基本上都已得到了解决。截至1965年底，加上3年调整时期新增的在内，总

① 李瑞芳：《新中国煤炭工业研究》，河南人民出版社2017年版，第92—94页。

容量为1500万千瓦，填平补齐的结果，综合出力约为1410万千瓦。

“二五”时期，全国原油产量年均增长31.5%。1962年，全国原油产量达575万吨，其中大庆油田356万吨，占61.83%。石油在全国能源生产构成中的比重由1957年的2.2%上升到1962年的5.7%，在全国能源消费构成中的比重由4.67%上升到7.54%；石油工业总产值由1957年的7.8亿元上升到1962年的21.3亿元，在全国工业总产值中的比重由1.1%上升到2.5%；财政上缴额由“一五”时期的10.5亿元上升到“二五”时期的41.2亿元，占国家财政收入的比重由0.77%上升到1.95%。现代石油工业成为国民经济重要的能源生产部门。在1963年至1965年的3年调整时期，石油勘探重点战略东移取得巨大成就，促进石油工业面貌发生重大变化。1965年全国原油产量突破1000万吨，达到1131万吨；石油工业布局有重大改变，中国东部石油工业迅速崛起，原油产量占全国的81.6%；石油地质理论、石油勘探开发技术取得突破性进展，中国石油工业开始走上独立自主的发展道路。

1961年至1962年，化工行业连续两年生产总值下降。1961年全行业开始治理整顿，1963年化工生产总值开始回升。1961年至1964年，化肥和农药投资占化学工业投资的比重由1958年至1960年的平均38.8%上升为46%，保证了许多大中型化工厂的建设，并陆续建设了一批小型化工厂。1965年全国化肥产量达到172.6万吨，是1960年的4.26倍。1965年相比1960年扩大农村化肥供给量达一倍多，农药产量19.3万吨，比1960年增长了20%。1965年底全国原油产量达到1131.5万吨，石油炼制加工能力达到1423万吨，实际加工原油1083.1万吨，相当于1959年的2.7倍；生产汽油、煤油、柴油、润滑油等四大类产品617万吨，相当于1959年的2.7倍；在炼油技术发展的基础上，石油产品品种达到494种，比1959年增加了185种；石油产品的自给率由1959年的40.6%提高到全部自给，不仅结束了中国人民使用“洋油”的时代，而且开始有少量出口。此时满足国防需要的油品得到发展，三航（航空汽油、航空煤油、航空润滑油）和两剂（炼油催化剂、石油添加剂）研制取得重大突破。

1958年4月，煤炭工业部地质勘探司在山东兖州召开全国煤田地质普查会议，推广运用物探结合钻探发现隐伏煤田的经验。至1960年，全国范围内陆续发现了一大批煤田，如辽宁沈北、康平、沈南红阳，黑龙江集贤、宝清，山东肥城、集宁、汶上、曲阜、运西，安徽宿县、潘集、谢集，河北邢台、蓟玉，内蒙古霍林河，吉林梅河，甘肃红水等。在勘探油田方面，1958年开始，根据地质、物探资料，经过张文昭、韩景行、朱大绶等地质、石油两部技术人员多次反复研究，确定松辽盆地“松基3井”井位。1960年9月，地质部以华北为石油普查重点地区，石油工业部于1961年4月15日在东营钻探见工业油流，地质部于7月29日在义和庄钻探见油，发现了胜利油田。1963年11月，地质部在黄骅羊三木构造上钻探见工业油流，1964年石油工业部在北大港钻探见油，发现了大港油田。此后，地质部和石油工业部分别在济阳、博野和下辽河都取得了油气新发现。1965年在湖北潜江王场和江陵钻探见油气，发现江汉油田。同年发现辽河油田。

第二节 “文化大革命”中的工人运动

1966年，正当我国胜利完成调整经济任务，开始执行发展国民经济第三个五年计划的时候，“文化大革命”发生了。

一、广大职工抵制内乱的斗争

广大职工在动乱的环境和极端困难的条件下，排除干扰，坚持生产，绝大多数单位生产没有停止，为我国工业事业的发展谱写了不平凡的一页。工人运动在曲折中依然不断前进。

（一）顶住压力，坚持生产

“文化大革命”期间，广大职工始终以国家和人民利益为重，顶住各种压力，坚守岗位。

煤炭行业的工人在动荡中坚持生产，保障了用煤需要。1967年8月16日，毛泽东批发了《中共中央、国务院、中央军委、中央文革小组给煤炭工业战线职工的一封信》，指出煤炭大幅度减产对工农业生产和人民生活产生了严重影响，要求：正在武斗和停止生产的煤矿，应当立即停止武斗，恢复生产；离开生产岗位的职工，应立即返回原单位参加生产；生产时间不离开生产岗位，不在生产岗位上搞辩论，不因观点分歧而影响生产。号召煤炭工业职工和家属加强团结，坚守工作岗位，停止武斗，狠抓革命，猛促生产。根据当时主持国务院业务组工作的李富春副总理的指示，煤炭部机关和在京直属单位抽出大部分干部，和北京矿业学院部分师生一起组成20个毛泽东思想宣传队，分赴北京、开滦、峰峰、大同、西山、抚顺、阜新、鹤岗、鸡西、双鸭山、平顶山、焦作、淄博、枣庄、新汶、铜川、淮南、淮北、徐州等20个重点矿区，把“一封信”的精神宣传到煤矿的千家万户。宣传队遵照李富春副总理的指示，不参与两派斗争，深入宣传“一封信”，动员广大职工群众坚持工作，坚持生产。这封信唤起了煤炭工业职工的责任感和生产热情，大部分煤炭工业职工在艰难的局面下努力坚持生产，大多数矿区的生产不同程度地逐步恢复。有的矿区职工不怕挨打，甚至冒着生命危险，闯过武斗封锁线的枪林弹雨，坚持下井生产；有的领导干部一边接受批判，一边坚持领导生产，白天参加批判会，晚上下井指挥生产；有些煤矿武斗严重，而管理干部在枪林弹雨中拿着电话机，躲在桌子下面坚持调度、指挥生产。1968 年 7 月 22 日，中共中央、中央文化革命小组召开了全国煤炭工业战线抓革命、促生产会议。会议期间，毛主席两次接见了全体代表。大会号召煤炭工业战线广大革命的职工、家属，胸怀祖国，放眼世界，做抓革命的闯将，当促生产的模范，勤俭建国、自力更生、多快好省地完成和超额完成煤炭生产计划。同时，要加强开拓掘进，保证安全生产，搞好地质、设计、施工、运输、科研、机械修配和制造等各方面工作，以适应国民经济发展和国防建设的需要。贯彻执行毛主席“备战、备荒、为人民”的伟大战略方针，大力开发江南煤田，扭转北煤南运，加速内地建设，巩固国防；进一步贯彻执行毛主席批发的《中共中央、国务院、中央军委、中央文革小组给煤炭工业战线职工的一封信》，坚决批判无政府主义，大立无产阶级革命新秩序，同破坏劳动纪律的行为作坚决斗争，对破坏设备、制造事故、煽动停工停产的阶级敌人，必须严惩。1968 年，煤炭产量扭转了下降趋势，比 1967 年回升了 1389 万吨。1973 年山东、安徽、河南、江苏的部分煤矿又出现了大范围停产，造成华东地区供煤紧张。当时，上海存煤只有 5 天的周转量，威胁着这个全国最大的城市的工业生产和人民生活，广大煤矿职工心急如焚，许多秩序稍好点的矿区勇挑重担，努力增产，尽力“以丰补歉”。开滦煤矿一再增加产量，确保了每日增发上海一列车煤炭。为此，1973 年周恩来总理曾表彰开滦煤矿为国家“出了力，救了急，立了功”。全国煤炭工业职工在这最艰难的时刻，发扬国家主人翁精神，通过自己的刻苦努力，保证了全国重点钢铁、电力、交通运输和城镇人民生活用煤的需要。

电力行业的工人在此期间坚守岗位，保证安全生产，确保了电网正常运行。1966 年 12 月中旬，北京南下的红卫兵到云南阳宗海发电厂串联，以向省、市施加压力为由，煽动主控室值班工人拉闸停电，当时被工人推出值班室。随后，该厂职工组织了纠察队，加强对要害部门的保护。1967 年初夏，嘉兴电力局“造反派”组织集中 200 余人，到省电管局和中心调度所“造反”。他们扬言要抓走领导成员并将沥青涂刷在调度模拟板上，还毁坏了调度室的办公设施。面对这种情况，调度所干部和工人始终不离岗位，坚持工作，确保电网的正常运行。宁夏石嘴山发电厂职工排除干扰，坚持安全生产，截至 1967 年 3 月 30 日，全厂创造了 302 天安全生产无事故的最高纪录。1967 年 7 月至 9 月，由于各地动乱，铁路运输一度中断，加上矿区燃煤生产下降，许多发电厂燃煤供应告急，濒临停产。在这紧急关头，不少发电厂的广大干部和工人，千方百计寻找煤源，争取各方支持，解决燃眉之急，保证正常发电。江苏省天生港发电厂职工在动乱中坚持贯彻安全生产方针，截至 1967 年 7 月 19 日，实现连续安全生产无事故 651 天。“文化大革命”期间，除极少数单位因发生武斗，一度短时期半停产或停产外，全国绝大多数大中型发电厂和电力网基本没有发生停产的现象。黑龙江省哈尔滨热电厂在 1968 年动乱的情况下，创造了 296 天安全生产无事故的好成绩。1967 年，陕西省霸桥热电厂职工，坚持安全生产排除干扰，创出了电厂安全生产无事故 1402 天的纪录。吉林省辽源发电厂职工排除干扰，自 1970 年以来，在运行上 5 年没有发生过误操作事故。佳木斯发电厂 1970 年完成了 3 台炉和 2 台机的大型改造工程，同时完成了 10 台机炉的中小修、消除重大设备隐患 42 项。江西上犹江水电厂职工坚持安全发电，自 1967 年 4 月 27 日起，已实现连续安全运行 1350 天。广大供电职工急用户所急，千方百计把电力送进千家万户，并创造出不少业绩。1966 年 7 月 1 日，四川渡口送变电工程队承担架设渡口至平地的11千伏高压输电线路的任务，这群平均年龄不到20岁的“娃娃兵”，仅用半年时间，就在高山峻岭之间架起了一条长达47.03公里的高压输电线路，一次送电成功，保证了修建成昆铁路用电的需要。1968年，重庆电网遭到严重破坏，60多条高压线路、10多台主变压器被打坏。重庆电力工人坚守岗位，冒着生命危险，哪里设备出了事故就赶到哪里，及时修复送电。辽宁省锦西供电所抄收工人不顾打、砸、抢中的血雨腥风，月月按时向国家上缴电费，“文化大革命”期间坚持电费双结零。

石油化工行业的职工顶住压力，坚守岗位，坚持生产。大庆油田提出“大干社会主义”的豪迈口号，团结广大职工，鼓足干劲，坚持生产，原油产量稳步上升，1976年达到年产5000万吨水平。大连化学工业公司的职工凭着工人阶级主人翁责任心和高度的组织纪律性，一边坚持生产，一边改造老设备，不断提高生产能力，使合成氨、硫酸铵、硝酸、纯碱以及机械产品等诸多产品的生产能力日渐增强，还开发了氩气、纯氢、多晶硅、碳酸钙等新产品。天原化工厂坚持以技术进步推动生产发展，大批科技人员坚持同工人相结合，搞技术攻关，不断改进生产工艺和设备。1966年底，南京化肥厂广大职工从大局出发，忍辱负重，排除干扰，坚持生产，进行沸腾炉焙烧余热利用的研究，建成我国第一台54吨/小时蒸汽的中压余热锅炉。1969年32型电解槽改为浸没式29型电解槽，达到了降耗增产效果。1974年淘汰了巴克曼漂粉塔，自己设计研制了沸腾漂粉塔，生产能力提高了50%。1974年试制成功我国第一台金属阳极电解槽，当年就有46台装备生产，既节约了能耗又延长了电槽的使用寿命，并在全国氯碱行业推广应用。变电系统用硅整流器代替水银整流器，以自行研制的I型泵代替纳氏泵等，以科技进步推动了生产的发展。1976年比1966年产值增长50%，烧碱增长60.97%，聚氯乙烯树脂增长

74.11%。天津化工厂广大职工坚持革新挖潜，1968年新建了年产5000吨商品液氯，1969年改良了年产5000吨合成盐酸，1973年新建了年产6000吨氯磺酸等生产项目，1975年生产又有新的进展，烧碱产量突破了徘徊多年的8万吨大关，增长到9.2万吨，居国内氯碱行业之首。

地质行业的工人也在坚持奋斗，积极为国家寻找矿藏。“文化大革命”初期，适逢千年盐都自贡处于资源枯竭、“等米下锅”、海盐入川的危急关头，四川省地质矿产局第二地质大队奉命承担了自贡盐卤普查重任，先后勘查并开发了郭家坳、大山铺、荣县高山岩盐体和兴隆、邓关两个富卤构造，迅速勘查评价了我国第一个最大的岩盐矿床——威西盐矿，探明储量达174亿吨，黄黑卤水含有30多种化学元素，可供开采千年以上。1975年地质战线经过整顿，第二地质大队的盐卤普查工作增添了生机和活力，盐、卤、气、钾综合找矿的雏形基本形成。1967年至1971年，云南省地质局集中了全局70%的力量找铁矿，寻找钢铁配套的矿产，5年时间探明的铁矿工业储量相当于过去10年的6倍。在狠抓钢铁资源的同时，也不放松其他矿产的勘探工作。根据云南省有色金属矿产丰富的特点，有计划按比例地安排了各种矿产资源的地质勘探工作，积极开展综合找矿和综合评价，对近两千个矿点进行普查勘探，探明了一批有色金属、稀有金属和非金属矿产，探明的矿藏利用率达88%，为全面发展云南省建设准备了必要的矿产资源。1972年，全局广大地质人员继续为发展工农业生产多找矿，钻探工作量和钻机月效率比上年同期分别提高16%和21%。1971年，山西省地质战线的工人群众发扬敢于革命、勇于实践的精神，使全省地质工作得到蓬勃发展。常年奋战在晋北高寒地区的二一七地质队的人员，在一个过去被认为没有开采价值的铁矿区，打破过去规定的勘探线、勘探网的老框框，根据实际情况，合理布置钻孔，进行设计革命，最终削减了60%的勘探工作量，探明的储量却增加了数亿吨。在晋南一个被判定为“鸡窝矿”的小铁矿区，五一五地质队的工作人员踏遍山头沟谷，测探了5万多个地质数据，重新审查了过去的地质报告，打破了原来的火成岩下无铁矿的论断，铁矿探明的储量比原结论扩大了20多倍。到11月底，已探明铁的储量超过国家计划的1倍，磷的储量超过国家计划的10倍，其他稀有金属也提前超额完成了国家的勘探计划，同时为全省中小钢铁厂探明了一批铁矿石和辅助原料基地，基本上满足了目前全省钢铁生产的需要。当年，贵州省一一五地质队二分队的广大职工发扬一不怕苦、二不怕死的革命精神，常年战斗在人迹罕至、野兽出没、海拔2400多米的梵净山上，提前50天全面完成全年计划。山东省地质战线的职工也提前25天完成了国家钻探计划，全省已经探明储量的矿种项目比上年全年增长1倍，已经完成的钻探工作量相当于上年全年的1.5倍。1972年，福建省地质勘探的职工不倦地转战在武夷山、戴云山的崇山峻岭和东海之滨，进行地质勘探工作，1月至8月就确定了17处有开采价值的矿产地，为矿山建设提供了可靠的依据。其中，已查明的无烟煤、铁和石灰岩的储藏量大大超过了原来预计的数量。钻探工作量已完成年计划的65%。此外，还发现了钼、萤石、耐火黏土等矿产及含有稀有元素的一批新矿点，找到了一些国家急需的矿种的新线索。1976年7月，辽宁地质工作者发现了大型金刚石矿，有关部门和工业、科研设计单位对提交的这个大型金刚石矿矿床的地质勘探报告进行了验收，认为勘探速度快、质量高，勘探报告的数据齐全、准确，为矿山的设计和建设提供了可靠的地质依据。

（二）发扬优良传统，加快工业建设

“文化大革命”期间，谁要为发展我国工业建设献计出力，就可能被扣上“只搞生产不搞革命”“只讲流汗不讲路线”的帽

子，但广大职工以主人翁责任感，发扬优良传统，顶住压力，投身于工业建设中。

煤炭工业战线涌现出了一大批先进集体和先进个人。1969年，山东肥城矿务局曹庄煤矿37名老工人自愿结合起来，坚持在井下生产，保证了全矿的生活用煤；杨庄煤矿采煤一区区长康永和，对工作勤勤恳恳，任劳任怨，不计报酬，不讲时间，经常在井下连干一二十个小时，4次临危不惧，舍己救人，带领群众不知疲倦地奋战在采煤第一线，出色地完成了各项生产任务，被职工群众誉为“煤海铁人”。8月，康永和在水采工作面亲自抱水枪采煤时，发现溜煤槽被堵塞几十米，为抢救扒通溜煤槽，被煤水冲入巷道几十米远，几乎献出生命。在医院治疗中，他以钢铁意志，忍住巨大伤痛，慰勉看望他的战友，令人感动落泪。伤愈返回矿上后，他又多次迎险排难，排除事故，抢救战友，受到广大职工的赞扬。他的感人事迹被改编为歌剧《煤海战歌》，在矿区巡回演出，使矿区广大职工受到极大教育和鼓舞。义马千秋矿八一采煤队，10年中年年月月超产，1975年两次创造了炮采队月产量的全国纪录。淄博洪山矿五四采煤队，在矿区武斗停产的日子里，坚持下井生产，在薄煤层工作面连续10年月产都在万吨以上，超过全国同类工作面平均产量的1倍以上。阜新高德矿三二二掘进队，从1970年建队到1976年，连续6年煤巷年掘进进尺超万米。淮北第三十二工程处，在附近不少矿区停工停产的时期坚持天天干满8小时。辽宁省煤田地质勘探公司109队2009钻机组，1975年和1976年两年，每年钻探进尺万多米。开滦赵各庄矿起重工侯占友，干完本职工作之后，还到采煤队上义务班，平均每日上三个班，被誉为“地球转一圈，他转一圈半”的矿山铁汉。潞安石圪节矿采煤工郝晓明，在武斗严重时仍然坚持下井，他对家人说：“要是我上不来，就给我从井筒扔下一袋干粮。”涟邵矿务局立新矿采煤工喻雨初，10年没有缺过一天勤，就连每年的春节和元旦也都是在井下度过的。1975 年 10 月底至 11 月初，煤炭工业部在北京人民大会堂召开了有 5000 人参加的全国煤矿采掘队长会议。会议的目的是进一步动员彻底打胜 1975 年的生产翻身仗，把加快煤炭工业发展速度的决策向煤炭工业全体职工宣布，号召为实现这个目标而努力奋斗。会上树立了全国煤矿的“十面红旗”：开滦范各庄矿红旗采煤队、义马千秋矿八一采煤队、淄博洪山矿五四采煤队、阳泉三矿硬骨头采煤队、阜新高德矿三二二掘进队、北票冠山矿四二一四掘进队、大屯工程指挥部二十七处吴修伦掘进队、淮北第三十二工程处猛虎队、辽宁一〇一地质队二〇〇九钻机组和淮南谢一矿机电保运队等 10 个先进基层队组。会议根据“十面红旗”的经验，提出了“特别能战斗”队伍的 7 条标准，即有坚强的领导核心、有坚定的政治方向、有为革命挖煤的劳动态度、有吃大苦耐大劳的革命精神、有从严从细的工作作风、有敢闯敢创讲求科学的态度、有多快好省的经济成果，明确地指明了队伍组建的目标。

电力建设者们发扬自力更生、艰苦创业精神，排除各种干扰，先后建成了一批大型电站、大型机组和超高压线路。1969 年 4 月 1 日，由水电部北京勘测设计院、刘家峡工程局（后改为第四工程局）承建的我国第一座自行设计、自行制造和自行施工的百万千瓦以上的（总容量为 122. 5 万千瓦）刘家峡水电站第一台 22. 5 万千瓦机组胜利投产发电。电力建设者们一心为了开拓水电事业，发扬英雄气概，冲破各种阻力和困难，先后安装了 5 台大型水电机组。整个工程做到设计合理、施工质量良好，分别被水电部评为优秀设计和优秀工程，并荣获国家优秀工程设计奖。水电五局职工排除干扰，顶住逆流，在极端困难的条件下，从 1969 年 10 月开始兴建了国内当时坝体最高（101. 8 米）、防渗墙最深（68. 5 米）的土石坝、发电系统在压引水隧洞内直径最大（10. 05 米）的碧口水电站。1976 年 3 月 20 日，第一台机组发电。同年 9 月 14 日，由华东电力建设局第一工程公司职工安装的国产第一台12.5万千瓦双水内冷汽轮发电机组，在上海吴泾热电厂正式投产发电。朝阳发电厂是我国10年动乱中建成的电厂之一，1972年，电力建设者建成了我国自己制造的第一台20万千瓦机组。随之，我国第一台国产30万千瓦火电发电机组在江苏望亭发电厂相继投入运行。1968年10月，湖北电力建设职工积极投入220千伏丹汉输电工程。他们面临地形复杂、温差极大的困难，日夜奋战，在当地民工支持下，逢山开路，遇水搭桥，保证施工进度。职工们在冰下1米深的水里作业，从不叫苦。丹汉一线的建成谱写了一曲工农联盟的凯歌。1972年6月16日，由西北电力设计院负责设计，陕西、甘肃、吉林送变电工程公司等单位承建的我国第一条330千伏超高压刘（家峡）天（水）关（中）输电线路投入运行，陕西、甘肃、青海3省实现联网。参加该工程的建设者们以顽强的革命精神，自力更生，协同作战建设成当时距离最长、电压最高、输电量最大的送变电工程。它的建成标志着我国建设超高压变电工程技术方面取得了突破性进展，为电力建设增添了新的光彩。到1975年底，全国发电设备总容量达到4340.6万千瓦，年平均增长量达11%，最高一年投产量曾达到400万千瓦。

石油行业的广大职工努力排除干扰，坚持“大干社会主义有理、大干社会主义有功”“文化大革命”期间，全国石油行业仍在迅速发展。1965年至1970年，全国原油产量年均增长22.1%，石油职工参加了四川、江汉、陕甘宁、辽河、冀中等地区的石油勘探会战，发现江汉、辽河等油田。海上石油工业开始起步，1967年6月14日，在渤海完钻第一口探井喜获油流，继而发现渤海油田。1970年，全国原油产量突破3000万吨，达到3065万吨，实现了石油产品全部自给。1971年至1975年，全国原油产量年均增长20.2%，1975年全国原油产量达7706万吨。石油和天然气在全国能源生产构成中的比重由1970年的15.3%提高到

1975年的25.0%，在全国能源消费构成中的比重由15.59%提高到23.58%。石油工业总产值由1970年的106亿元提高到1975年的180亿元，占全国工业总产值的比重由4.4%提高到5.6%。

化工战线的广大职工忍辱负重，坚持生产，与江青反革命集团的干扰和破坏进行了斗争，化学工业特别是氮肥和石油化工有较大的发展。“文化大革命”期间，内地建设得到了加强。不仅从沿海搬迁了一部分企业到内地，同时又建设了一批新厂，这对改变化学工业的布局，满足国防工业发展的需要，起到了一定的作用。1970年，国务院决定由上海市每年组织生产100套小氮肥厂成套设备，支援全国各地小型氮肥厂的建设。江苏、浙江、山东、河北、广东等地也都先后自己制造小氮肥厂的成套设备，加快了发展步伐。20世纪70年代，随着我国石油产量的迅速提高，石油化学工业得到较快发展。石油化工的代表产品是乙烯，20世纪60年代后期，我国建设了若干套蓄热炉裂解渣油生产乙烯的小型装置。这段时间，在乙烯原料路线和裂解、分离技术的选择上走了一点弯路，截至1970年，乙烯年产量还不到3万吨。70年代初，世界石油化工飞跃发展。1972年2月，国家做出了成套引进化学纤维、化学肥料技术和设备的决定。从1973年开始，燃料化学工业部先后从国外引进了13套化肥装置和1套乙烯装置，每套年产30万吨合成氨和48万吨或52万吨尿素，分别建在四川化工厂、泸州天然气化工厂、大庆石油化工总厂、齐鲁石油化学总公司，以及辽宁辽河、河北沧州、云南水富、贵州赤水、广东广州、江苏南京、安徽安庆、湖南岳阳、湖北枝江等地。到1979年，13套化肥装置陆续进入试车或投产。引进化肥装置的建成，使我国合成氨生产能力在几年内提高了30%，成为化肥工业的一支骨干力量。此期间，一批中型化肥厂，如江西氨厂、宝鸡氮肥厂、兴平化肥厂、三明化工厂、柳州化肥厂、湘江氮肥厂、安阳化肥厂、宣化化肥厂、迁安化肥厂、原平化肥厂、云南氮肥厂、鲁南化肥厂等，相继投入生产。

地质勘探的职工同样顶住压力，克服重重困难，为地质事业作出积极贡献。1973 年至 1975 年，地质工人先后勘探了河北邯邢煤田、山西太原煤田、内蒙古霍林河煤田、伊敏煤田、元宝山煤田、江苏徐淮煤田、陕西黄陵煤田和贵州织金煤田。同期，东部油气田也陆续发现——1967 年发现渤海油田，1970 年发现苏北油田，1973 年石油工业部在河北任丘发现单井日产原油 5400 吨的古潜山型油田，1975 年在山东东明和河南濮阳交界处发现了中原油田。经过这些勘探，地矿队伍摘下了“中国贫油”的帽子。

在地质工人中，出现了许多感人事迹，甘肃地质四队的地质职工以惊人的毅力，爬雪山、过冰川，踏遍千里祁连，以出色的成绩，完成了国家交给的地质勘探任务，为“大打矿山之仗”贡献了力量。青海省第十五地质队的地质职工高举“工业学大庆”的旗帜，发扬大庆工人阶级“有天大困难也要上”的英雄气概，排除重重障碍，攀上昆仑顶踢开“禁区”门，为工业建设找到了重要的矿藏。第五普查勘探队以敢打硬仗、善打硬仗而闻名，被人们誉为地质战线上的一支“猛虎队”，他们坚持把冲天的革命干劲和严谨的科学态度密切结合起来，经过短短几年的普查勘探，找到了一个新的油田，粉碎了“陆相盐地层无油论”，为多快好省地发展我国石油工业作出了积极贡献。经过庞杂的工程建设，1974 年 6 月 2 日，中国海洋地质队在经过“预试航、抛锚、钻机运转、钻机轻负荷”等一系列试验后，将肩负“插红旗、摸经验、练队伍、考验水下器具，探索海洋地质情况”的“勘探一号”双体船矗立在南黄海的海面上。

在“文化大革命”长达 10 年的动乱中，煤炭、电力、石油、化工、地质等行业的工人依旧坚守岗位，为民生需要与工业建设作出了巨大贡献。

二、抗震抢险的战斗

（一）开滦煤矿恢复生产的战斗

1976 年 7 月 28 日凌晨，唐山大地震发生后，毛泽东、党中央对开滦煤矿工人极为关怀。当天，中共中央和国务院就调集抚顺、大同、峰峰、淮南等 14 个矿务局的矿山救护队，空运唐山参加抢救。大地震的突然袭击，摧不垮英雄的开滦煤矿。在唐山市委和开滦煤矿党委以及各矿值班领导干部的组织下，地面工人都紧急行动起来，抢救井下的阶级兄弟，开滦百里矿区迅即出现一幅抗震救灾的感人图景。

大地震使开滦煤矿受到破坏，坑道中的地下水迅速上升，正在井下作业的万名夜班工人生命安全受到严重威胁。在这危急关头，开滦煤矿的党员、干部和工人临危不惧，镇定沉着，迅速展开了抢救井下工人的战斗。开滦煤矿党委副书记赵成彬、鲁云发被抢救出来后，首先想到的是井下的万名工人，他们组织矿山救护队，立即打开了全部备用的井下通风口。在唐山矿，正在值班的矿政治处副主任耿富安被抢救出来后，首先想到的是在唐山矿井下的 1500 多名阶级兄弟，他也采取了同样的紧急措施，保证了井下工人安全脱险。在范各庄矿凿井工程处矿建一区的工人因断电不能升井，29 岁的副区长、劳动模范郭振兴和一个班长，不顾强烈余震，冒着危险坐软梯下井，组织群众全部安全脱险。与此同时，正在井下的开滦煤矿和所属矿各级领导干部组织工人排除万难，迅速撤退。正在井下劳动的吕家坨矿党委常委、革委会副主任贾邦友，在地震发生后，沉着冷静地立即在井下成立了临时党支部和指挥部，指挥抗震抢险。他鼓舞大家：“在危急时刻，我们共产党员、党的干部，要以党和人民的利益为重，把安全让给别人，把危险留给自己！”他和井下的干部及共产党员发扬舍己救人的共产主义精神，先撤群众，后撤党员，工人在先，干部在后。为了不丢下一个阶级兄弟，一些干部还冒着生命危险到巷道和掌子面去反复搜寻。在党员和干部的带领下，该矿 600 多名井下工人成功通过备用通风井口，全部安全脱险，无一伤亡。贾邦友是最后一个返回地面的。通过井上、井下干部和工人的共同奋战，开滦煤矿所属各矿的万名井下夜班作业工人，除少数人外，在地震发生后几个小时内都胜利返回了地面。返回地面的井下工人立即和全矿职工一起投入了抗震救灾、恢复生产的紧张战斗。他们豪迈地说：“地大震，人大干，奋发图强，恢复生产，为社会主义革命和建设贡献力量。”

8 月 2 日，开滦煤矿召开了党委扩大会议，全矿干部、工人进一步动员起来，为迅速恢复生产而英勇战斗。马家沟矿工人日夜奋战，连续展开三次大会战，迅速解决地面照明、供水、提升、排水和恢复采煤生产等一系列问题。全矿区自下而上普遍成立起工人、干部、技术人员三结合的恢复生产指挥部，全面进行调查，发动群众献计献策，讨论和制订修复设备、恢复生产的计划。许多干部带领职工不顾余震的危险，深入井下抢修生产设备。经过几天奋战，8 个矿的供电全部恢复。马家沟、吕家坨、林西矿等先后开始排水。马家沟矿部分恢复生产。8 月 7 日下午 6 时 55 分，从 3 号井提升出了第一批抗震煤，这是开滦煤矿工人创造的又一奇迹。

开滦煤矿是具有百年历史的老矿，是我国工业战线学大庆的一面鲜艳红旗。开滦煤矿工人具有光荣的革命传统，他们是一支“特别能战斗”的英雄队伍。这次地震是一次严峻考验，经过严重的灾害考验，开滦这面旗帜更加鲜艳，永远迎风飘扬。

（二）电力工人恢复供电的战斗

处于唐山大地震极震区的唐山发电厂、陡河电站及输变电系统遭到了严重的破坏。厂房倒塌，烟囱断裂，破坏发电设备110万千瓦，震坏输配电线路128条1724公里，唐山市电力供应陷入瘫痪。地震波及北京、天津地区，京津唐电网解列成3片，电力负荷由震前的225万千瓦降到94万千瓦。唐山发电厂、供电局、陡河电站及参加电站建设的陕西省电管局徒河电站工程处、北京电力建设公司共1024名职工遇难。

地震发生后，北京电管局当天组成以张桂楠、李鹏为总指挥的电力抗震抢修指挥部，开赴现场，组织抢修和抢救。东北电管局也先后组织朝阳、锦州、沈阳、丹东、鞍山等电业局职工组成抢修队伍，赶赴唐山抢险救灾。在陡河电站施工的陕西省电管局陡河电站工程处，强震过后，所有脱险的领导同志顾不得抖搂身上的泥土，迅速投入动员、组织群众抗震救灾的斗争中。他们在一片废墟旁召开了领导核心小组扩大会，成立了医疗救护组、物资供应组、生活组、保卫组和托儿组，组织职工抗震救灾。他们在大地还在颤抖、建筑物还在倒塌、强烈余震不断、衣食住行遭到严重破坏、与外界完全隔绝的情况下，依靠仅存的力量，在两三天的时间里，从坍塌的厂房中、从一堆堆废墟的生活区中先后抢救出上千名职工、家属和儿童。接着，他们含泪迅速掩埋了所有震亡同志的遗体。一星期后，又在解放军的大力帮助下，将整个生活区翻了个个儿，清理出被埋没的职工及被砸坏和埋没的部分财产。此后，又连续奋战2个多月，在扫平的废墟上共搭起活动房130幢，棉帐篷211组，建抗震房25幢，抢在入冬之前，使职工生活基本得到妥善安排。他们忍着悲哀和伤痛，迎着艰险，不畏困难，从废墟上站起来，立即投入重建陡河电站的战斗。

在抗震救灾战斗中，电力职工在生与死、公与私的尖锐矛盾面前表现了工人阶级大公无私的高贵品质，涌现出一大批英雄人物。唐山陡河电站总值长郑荣样在发生强烈地震时，正在电站值班，他不顾房屋倒塌的危险，指挥处理事故，并9次冲进厂房抢救战友，两天两夜未离开现场，直到震后第3天才回家探望。全家大小6口人都已遇难。他忍受着常人难以想象的悲痛投入抗震斗争。地震后，他又组织带领职工为机组重新恢复发电作出了突出贡献。工人们都亲切地称他“是一心扑在生产上的好干部”。西北电管局陡河电站工程处共产党员、锅炉工地专责技术员陈言伯在地震中带伤脱险，家中4口人被压在倒塌的房屋里，他顾不上抢救妻子、儿女，而是先救阶级兄弟，5个小时后他才去救自己的亲人，儿子得救了，可妻子和两个女儿都已震亡。像这样的英雄事迹，在这次抗震抢险斗争中数不胜数，仅北京电力系统召开的抗震救灾先进集体、先进个人代表会就表彰了5个先进单位、73个先进集体、406名先进个人。

全国电力系统对唐山抗震救灾斗争给予了大力支援。灾情发生后，全国电力系统各级党政工领导高度重视，全国电力职工纷纷表示“阶级情谊似海深，电力职工和灾区人民心连心”，一定要亲临灾区抢险，为灾区人民重建家园尽力。8月1日，根据水电部的命令，由山西省电力局组成的赴唐山抗震救灾医疗队27人，日夜兼程，抵达河北省迁西县潘家口水库工地，负责救护唐山市撤下的伤病员工作。山东省电力工业局根据上级指示组建由局属系统医疗单位组成的20余人医疗队，7月29日晚9时由济南供电局副局长杜明礼率队冒雨从济南出发，经过两夜一天的急行军，顾不上休息，以最快的速度、最短的时间赶到唐山迁西县。这些医疗队，克服余震发生时食品短缺、工作条件艰苦的困难，立即投入抢救工作。

唐山的电力职工没有被震垮，没有被吓倒，他们与全国电力系统参加支援唐山抗震救灾的兄弟单位一道，投入了震后恢复、发展唐山电力生产建设的斗争。参加陡河发电站建设的北京电建公司与西北电管局陡河电站工程处的职工，忍受着亲人震亡的悲哀和伤痛，以无畏的革命精神、严谨的科学态度、超凡的才智和力量，钻到架空的建筑物下边，一锤一锤把基础打碎，一车一车把废墟清除，重新浇灌混凝土。经过一年的艰苦奋斗，陡河 1 号机组重新发电了。紧接着由陡河电站工程区负责的 2 号、4 号机组也相继发电。7 月 29 日，东北电管局所属朝阳、锦州、沈阳、鞍山、抚顺电业局和送变电公司 6 个单位 536 人组成的送变电抢修队伍，日夜兼程赶赴唐山灾区，由阜新、营口、丹东、旅大、本溪电业局组成的第二批抢救唐山灾区供电设备队伍也于 8 月 10 日向唐山进发。这些抢险队，在当时地震抢险指挥部的领导下，在极其困难的情况下，发扬一不怕苦、二不怕死的革命精神，以最快的速度，完成了 45 条近千公里线路恢复供电，对 21 个变电所进行了抢修，迅速恢复了开滦 8 个煤矿供电，为唐山人民抗震救灾恢复生产、重建家园作出了贡献。

（三）天津化工厂和天津碱厂恢复生产的战斗

1976 年 7 月 28 日，唐山、丰南一带地震，波及汉沽，天津化工厂遭受特大灾害。当时全厂建筑面积 30.4 万平方米，就有 28.6 万平方米被震毁。主要设备损坏 811 台，锅炉和电石等主要厂房全部倒塌，120 台水银电解槽全部错位，全厂部分地面变形，上下水道、工艺管线、动力电源、通信线路、铁路和公路均遭破坏。损失价值达 5650 万元以上。在这特大震灾发生后，全厂广大职工没有被灾害吓倒，在余震不停、缺水断电、夜宿席棚的情况下，忘我地为恢复生产、重建家园，进行抗震救灾。党和国家给予了极大的关怀，从人力、物力、财力等方面组织多方支援，从而极大地鼓舞职工的士气，加快了恢复重建的步伐。经过几个月的艰苦努力，简易恢复了生产。从震后到年底，生产烧碱 11 万吨，氯产品2万多吨，当年实现利润3395万元，大灾之年仍作出了较大的贡献。

在地震中，天津碱厂也受到严重破坏，职工死亡8人，受伤61人，家属死亡9人，厂房建筑破坏107625平方米，占全厂厂房面积的60%，设备损坏542台，其中主要设备137台，管线29500米，13层52米的新蒸吸厂房倾倒，新碳化、新干燥系统全部震坏，河水出厂沟被倒塌的灰埝淤死，供水供电全部中断，全厂被迫停工。地震后，碱厂职工千方百计迅速恢复了供电和供水，接着又修复3座石灰窑，5口干燥锅，10多台压缩机等主要设备。经过45天昼夜奋战，于9月10日恢复了纯碱生产，比计划提前了10个月。9月17日，中国人民解放军89362部队进厂帮助工作，9月22日再制盐、氯化钙恢复生产，9月27日烧碱、小苏打恢复生产，1977年3月碳酸镁恢复生产。在这场灾难中，天津各工厂的工人克服了恶劣的生产环境，为生产建设作出了巨大贡献。这是工人运动历史上浓墨重彩的一笔，彰显了工人英勇奋斗的精神。

三、“文化大革命”后期工会组织的初步恢复和整顿

1972年，《人民日报》、《红旗》杂志和《解放军报》发表元旦社论，其中提出要做好工会、青年团、妇联等各方面工作。全国总工会据此向中共中央提出组织人员到基层做调查，以为整建工会做准备。1973年1月1日，《人民日报》、《红旗》杂志和《解放军报》联合发表《新年献词》，明确提出工会、共青团妇联等群众团体，要经过整顿逐步健全起来的要求。4月11日，中共中央向全国批转北京市委和上海市委关于召开工会代表大会的请示报告，指出整顿工会要以基层为重点，在基本上实现革命大联合等条件具备时，首先召开省、市、自治区和工业集中的大中城市的工会代表大会，将省、市、自治区和大中城市的工会组织建

立起来。煤炭、电力、石油、化工和地质行业由此开始了工会组织的整顿与健全工作。

从1973年3月开始，全国煤矿部分矿区，如阳泉矿区、枣庄矿区、阜新矿区、开滦矿区、北京矿务局、涟邵矿务局等工会组织进行了整顿或筹建，各级工会组织相继恢复。一些行之有效的规章制度重新恢复和健全起来，工会工作逐渐恢复。但是1973年整建工会时，江青反革命集团尚未被粉碎，因此，在工会的整建与恢复中，仍受派性干扰，直到1978年中国工会九大以后，特别是党的十一届三中全会以后，工会工作才开始有了新的局面。

1973年5月至7月，全国电力系统省、市电力局和基层单位的工会在同级党委或核心小组的领导下，开始进行整顿，逐步恢复工会组织，一些长期从事工会工作的同志，重新站出来工作。北京电力工业局工会、天津电业局工会、安徽省电力局工会等地区产业工会组织，先后召开工会会员代表大会，选举产生电业局工会委员会。在这期间，长江葛洲坝水电建设工程局、水电二局等单位也先后召开了工会会员代表大会，建立健全工会组织，并积极开展工会活动。湖北武汉供电局党委在整顿、健全工会组织中，闻风而动，成立了整建基层工会领导小组，重新建立起基层工会组织10个，选拔基层工会干部127人，重新登记会员3452人。同年夏、秋，湖北电力工程一、二、三处，制杆厂，先后恢复工会组织，重新登记会员4820人，发展新会员452人。全省各地区电力工会也相继恢复和健全。同年8月底，东北电力系统所属100多个基层单位的工会组织也逐步恢复，并开始正常工作。江苏省电力局据27个发电、供电、基建、修造单位的统计，1973年恢复工会组织的有21个，其余单位的工会随后都得到恢复。电力工会组织的逐步建立和健全，客观上使电力工人运动的混乱局面开始有所好转。电力基层工会和地区组织恢复后，开始着手建立工作秩序。电力工会组织在党的领导下，配合行政，团结带领广大职工在开展以“安全、经济、多发、多供”为中心的社会主义劳动竞赛、职工文体活动、关心职工疾苦等方面，做了不少工作，对促进电力生产建设起到了积极作用。由于过去多年来，职工生活问题成堆，许多职工家庭人口增多，但工资收入仍是“文化大革命”前的水平，不少职工生活困难很大。工会组织恢复活动后，想方设法帮助职工解决生活上的困难问题，很受职工欢迎。1975 年 1 月，邓小平同志主持中央日常工作后，明确提出全面整顿的方针，电力生产建设有了较快的发展。当时，电力工会组织主动配合行政把工业学大庆的活动开展起来。1976 年 7 月 13 日，水电部在山东泰安市召开了全国电力生产企业贯彻鞍钢宪法、开展工业学大庆经验交流会，在这次会议上，水电部命名表彰了安达热电厂等 107 个先进集体和崔国良等 14 名先进个人。

从 1973 年开始，石油系统开始恢复工会组织。5 月，吉林化学工业公司召开工会第一次代表大会，选举产生了吉林化学工业公司工会委员会。6 月 18 日，长庆油田召开首次工会会员代表大会，正式成立了长庆油田指挥部工会委员会。当月，大庆工会第一次代表大会胜利开幕。当年，根据上级有关精神，各个油田对各级工会组织进行了重新整顿，玉门油田先后恢复了老君庙油矿、鸭儿峡油矿、石油沟油矿、白杨河油矿、炼油厂、服务处、机械厂、水电厂、大修厂、运输处、地面工程处、井下技术作业处、保卫处、局医院、研究所、石油工人学校等 17 个基层工会委员会，整建车间（队、站）级工会委员会 173 个，工会小组 1099 个，重新登记会员 16322 人，当年发展新会员 1392 人。长庆油田在重新整顿中，共核实登记老会员 10368 人，发展新会员 27454 人，共有工会会员 37822 人。企业工会在恢复后，开始开展工会活动，1972 年至 1976 年，长庆油田指挥部开展了劳动竞赛，主要内容是坚持政治挂帅，以阶级斗争为纲，围绕油田生产，开展单位之间、行业之间的流动红旗赛，以及一年一度的年终总结评级表彰工作。1974 年至 1975 年，吉林化学工业公司广泛开展了“工业学大庆”群众运动。1975 年至 1976 年，玉门油田开展了以“工业学大庆”为主要内容的社会主义劳动竞赛活动，先后总结出玉门油田的“一厘钱”“穷捣鼓”“找米下锅”“小厂办大事”“再生产”等 5 种精神。

第三节　广大职工为恢复国民经济贡献力量

1976 年 10 月，粉碎江青反革命集团的胜利，结束了“文化大革命”的 10 年动乱，中国工人运动和工会工作进入新的历史发展时期。广大职工以大庆人“大干社会主义有利、大干社会主义有功、大干社会主义光荣”作为自己的豪迈誓言，在全国范围内迅速掀起社会主义劳动竞赛的热潮。

唐山开滦煤矿广大职工坚持生产，在震后一年多的时间里共排除井下积水 1.6 亿多吨，修复巷道 700 多公里和机器设备 3.3 万多台，到 1977 年 12 月，全矿平均日产量达 7 万吨，已达到地震前的水平。1977 年至 1978 年，江苏徐州矿务局、河北兴隆煤矿、山东肥城矿务局等实现了煤炭产量比设计能力翻一番的目标，国有重点煤矿产量从 1976 年的 27364 万吨增加到 1978 年的 34184 吨，增长 24.9%。地方煤矿也获得了进一步发展，产量从 1976 年的 20981 万吨增至 1978 年的 27602 万吨，增长了 31.6%，占全国煤炭产量的比重比 1976 年上升了 13 个百分点，达到 44.7%，集体所有制煤矿产量同期从 7131 万吨增加到 9532 万吨，增长了 33.7%，占总量的 15.4%。1977 年至 1978 年，在新矿井（露天矿）建设方面，建成投产新矿井 111 处，新增生产能力 2542 万吨，新开工煤矿 94 处，建设规模 3524 万吨。1977 年至 1978 年，国有重点煤矿的采煤机械化程度和掘进装载机械化程度在两年中提高了 4.52 个百分点和 7.88 个百分点，分别达到 32.52% 和

34.52%，煤炭工业在一定程度上获得了恢复性发展。

电力职工广泛地开展了保安全、多发电、少损耗、多贡献的竞赛活动，奋力拼搏，有力地促进了电力生产建设。哈尔滨发电厂职工发扬多抢一分钟、多尽一分力、多发一度电的精神，提前超额完成了全年生产任务。龙凤热电厂职工身在大庆学大庆，面对油田学“铁人”，全厂掀起竞赛热潮，从1977年3月至1979年7月，该厂实现安全运行839天的好成绩，名列全国火力发电厂安全生产纪录的前茅。成都供电局职工采取大会战方式，集中外线检修力量，把渔子溪至金堂线、九里至金堂线、映秀至安县线的瓷瓶21387片全部更换，使年久失修的线路设备健康水平由3类上升到1类，大大提高了供电质量，保证了供电安全。重庆供电局职工经过一年的奋战，修复了杨家呼、南岸、江北等地区被武斗破坏的输电线路和配电设备。浙江温州梅屿发电厂建设工程，由于江青反革命集团及其帮派体系的严重干扰破坏，使工程长期处于瘫痪、半瘫痪状态，粉碎江青反革命集团后，工程恢复，职工们一鼓作气，奋力作战，使这项停顿4年之久的工程，于1977年10月1日胜利建成，正式发电，对解决温州地区电力供应不足的矛盾发挥了重大作用。

1976年至1978年，石油系统广大职工坚持“陆地与海洋并举，以陆地为主；油气并举，以油为主”勘探开发战略，建立形成石油勘探、油田开采、管道运输，以及科学研究、设计施工等比较完整配套的石油工业体系。大庆主力油田全部投入开发，1976年原油产量达到5030万吨；到1978年连续3年保持5000万吨以上生产规模，成为全国年原油产量上亿吨的支柱油田。胜利油田勘探发现临盘、孤岛等一批新油田并陆续投入开发，原油产量达到1946万吨，成为全国第二大油田。在冀中地区开展石油勘探会战，用两年多的时间基本探明任丘油田，使华北油田原油产量达到1224万吨。辽河油田原油产量达到355万吨、天然气达

16.5亿立方米，成为渤海湾地区又一个重要石油工业基地。四川天然气产量达60.8亿立方米，特别是在川东地区发现石炭系天然气藏，为四川天然气勘探打开了新领域。至1978年，累计探明石油地质储量68.13亿吨、天然气地质储量1578.13亿立方米；通过加快油田生产能力建设，1978年全国原油产量突破亿吨大关，达到1.04亿吨。中国成为世界石油大国，1978年位居世界产油国的第8位。

1977年至1978年，地质系统职工勘探了贵州六盘水、河南平顶山、江苏徐州、山东兖州、安徽两淮、河北开滦、山西古交、内蒙古平庄等地的大型煤田。西藏地质局一二四钻井队，经过历时68天的战斗，克服了种种困难，于1977年一季度打成了西藏高原上的高温蒸汽井。

经过广大职工的努力奋斗，遭受“文化大革命”严重破坏的工业生产得到初步恢复和发展。在带动整个国民经济的恢复和发展中，煤炭、电力、石油、化工和地质系统的工人队伍发挥了主力军作用，作出了积极贡献。

第八章

中国能源化学地质产业工人在改革开放中的砥砺奋进

（1978—1992）

1976 年 10 月，粉碎江青反革命集团的胜利，结束了林彪、江青反革命集团长期分裂工人队伍、破坏工人运动的局面，使产业工人运动和工会工作进入了一个恢复和发展的新时期。党的十一届三中全会以后，以邓小平同志建设有中国特色社会主义理论为指导，紧紧围绕党的“一个中心，两个基本点”的基本路线，努力开创产业工人运动和工会工作新局面，以民主管理为龙头，以建设职工之家为主要形式，以劳动竞赛、安全生产、双增双节和完善内部生产经营责任制为主要内容，工会工作新格局逐步形成。广大职工群众以坚定的政治信念和立场，始终与党中央保持一致，旗帜鲜明地反对动乱，坚守岗位，努力工作，为能源化工工业的巩固与发展作出了积极的贡献。

第一节　积极投身四个现代化建设

一、改革开放新时期工运方针的确立

1978 年 10 月 11 日至 21 日，中国工会第九次全国代表大会在北京举行。它与 1957 年召开的中国工会八大相隔 21 年，是我国工人阶级在结束“文化大革命”10 年动乱之后进入新时期的一次盛会。中国工会九大的召开，标志着中国工人运动和工会工作指导思想上拨乱反正的开始，也标志着新时期中国工人运动和工会工作的新起点。

（一）中国工会九大下的煤矿工会工作

在全国总工会领导和煤炭部党组的关心支持下，1978 年开始着手恢复中国煤矿工会全国委员会的工作。深入蹲点，调查研究，抓重要典型以点带面。多数干部下到抚顺老虎台煤矿研究职工代表大会工作，取得经验后，分三片在鸡西、徐州、萍乡召开煤矿职工代表大会经验交流会，在煤炭部全国煤矿干部会上介绍了老虎台煤矿的经验，全面推动了全国煤矿职工代表大会的工作。抓煤矿安全生产监督工作。恢复煤矿工会工作的第 3 年，徐州韩桥煤矿、平顶山五矿发生了重大瓦斯煤尘爆炸事故，损失严重。中国煤矿工会熟悉煤矿技术的同志与有关专家一起，亲赴事故现场，查找事故原因，总结经验教训，写出井下见闻，上报全国总工会和煤炭部党组。孙村煤矿的做法受到煤炭部领导的认可，中国煤矿工会在 8 个矿务局进行了推广。在矿区评选先进模范的基础上，1980 年中国煤矿工会和煤炭部共同召开全国煤矿劳模大会，表彰劳动模范和先进集体，宣传代表新时代风貌的煤矿英雄模范人物，大力发扬全国煤矿著名劳动模范侯占友“地球转一圈，我转一圈半”精神。

（二）中国工会九大下的电力工会工作

中国工会九大召开之后，全国电力战线广大职工认真学习中国工会九大文件，贯彻落实中国工会九大精神，中国电力工会组织得到逐步恢复和发展，工会工作也逐步开展起来。1979 年 1 月，根据全国总工会党组关于恢复产业工会设置的意见，中国水利电力工会全国委员会在全国各地电力工会地区组织、基层组织整顿健全的基础上正式恢复了工作。当时，王子云负责主持水电工会全委的日常工作。1979 年 9 月 12 日，水电工会全委在北京召开了有省、市、自治区电力工会主要负责人和部分重点基层工会主席参加的工会工作会议。这是经过10年“文化大革命”后恢复水电工会全委活动的第一次会议。会议期间，电力部部长刘澜波，副部长王林、李代耕，全国总工会副主席黄民伟等到会并讲了话。电力部的几位老部长，尤其是刘澜波，当时带病到会看望了电力工会的一些老同志。这次会议的召开是中国水利电力工会全委开展工会活动的新起点。

水利电力工会全委会于1979年1月正式恢复工作。中国工会九大以后，经全国总工会党组同意，全委工作由王子云同志负责。同年底，根据全国总工会《关于进一步恢复产业工会工作的意见》（以下简称《意见》），水电工会全委逐步建立和健全了组织机构，全委领导班子也得到了加强。全委恢复工作时，仅有8名干部，1979年后，逐渐充实干部力量，增至18名（编制为20人）。全委机构设置为二部一室：办公室、生产部（后改为生产保护部）、生活劳保部（后改为组织宣传部，生活工作并入生产部负责）。全委机关恢复工作后，逐步制定了职责范围、下厂及工作会议制度等，并立即恢复了编印情况交流和情况反映。

（三）中国工会九大下的石化地质工会工作

1980年初，中国化学工会恢复组建，设办公室、生产部、劳动保护部等机构。1979年，地质全国委员会恢复。1981年，煤矿、化学全国委员会恢复。1982年8月中国石油化工医药（经核实当时没有医药）工会成立，设办公室、石油工作部、化学工业部等机构。

根据1983年2月7日中国石油化学工会关于化学工会成立以来的工作总结（摘录），1980年初成立（恢复）化学工会，1982年7月同石油工会合并成为石油化学工会。全国有十多个省市成立了化学工会或化工厅（局）工会。化学工会在全国总工会党组和书记处领导下，在化工部大力支持和配合下，认真贯彻党的十一届三中全会以来的路线、方针、政策，贯彻党中央对工会工作的指示精神，紧密结合化工系统的实际情况，大力开展产业工会工作，作为党联结工人群众的纽带，发挥了积极的作用，为开创工会工作的新局面打下了较好的基础。

二、开展建功立业活动

1978 年 12 月，中国共产党十一届三中全会召开，确定了解放思想、实事求是的思想路线，果断地作出了全党工作重点和全国人民注意力转移到社会主义现代化建设上来的战略决策，这是新中国成立以来我党历史上具有深远意义的伟大转折。三中全会召开以后，中国工人运动从此摒弃了“以阶级斗争为纲”的错误口号，转入以社会主义现代化建设为中心的轨道，我国国民经济得到了迅速恢复和发展。为适应新形势发展的需要，中国电力职工及其工会组织，遵循三中全会确定的战略决策和指导方针，坚持拨乱反正，坚持以电力生产建设为中心，大力进行企业整顿，积极恢复发展电力生产，积极投入整治 10 年动乱的创伤，广泛深入地开展为“四化”立功竞赛活动，大力推进改革和科技进步，加速我国电力事业发展，为实现我国“四化”大业作出了积极的贡献。

（一）工会工作助力企业生产恢复

“文化大革命”结束后，全国电力职工在肃清“四人帮”流毒的基础上，开展了以企业整顿为中心的学大庆活动。电力系统在开展学大庆活动中，有机地结合电业的实际，大力进行以整顿电力生产建设秩序为重点，以恢复电力历史生产最好水平为目的的企业整顿。由于 10 年动乱，电力生产建设秩序受到严重破坏，生产管理无人负责现象极为严重，“安全第一”的方针受到严重干扰，电力事故大幅度上升，电力设备严重失修，生产能力受到很大限制。特别是电力工业与其他工业的比例严重失调，直接影响和制约着国民经济的发展。面对当时的状况，电力系统广大职工，以大庆人的精神面貌和严格管理的要求，积极投入电力企事业的整顿工作。电力工会各级组织，会同行政动员和组织职工群众，以大庆人为榜样，联系实际，查思想，找差距，摆问题，定措施，健全企业管理。许多电力单位，通过有计划、有重点地进行恢复性整顿，取得了很好的效果。

1979 年 7 月，水利电力工会全委会在正式恢复活动后的第一次会议上，为了推动电力工业增产节约运动深入发展，重点研究、交流了发供电单位开展小指标竞赛的情况和经验。同年 10 月 19 日，水电工会全委会向全国总工会呈送了《关于电业系统开展"小指标"百分赛的情况和意见的报告》。11 月 20 日，全国总工会向全国各省、市、自治区工会转发了水电工会全委会的这个报告，并要求各省、市、自治区总工会对"小指标"竞赛进行研究和推广。1980 年 3 月，水电工会全委会同电力部召开了部分省、市、自治区电力局和发、供电企业关于开展"小指标"管理和竞赛的专业会议，会上提出了《关于电力生产企业"小指标"管理和竞赛的意见》《技术经济指标分解试行办法》。同年 3 月 15 日，电力部发出《关于电力生产企业开展"小指标"管理和竞赛的通知》。在电力生产企业内部，除开展"小指标"竞赛，许多单位还开展创"三无车间"（无事故、无轻伤、无障碍车间）、"四无班级"（无事故、无轻伤、无障碍、无异常班级）、"五无个人"（无事故、无轻伤、无障碍、无异常、无未遂个人）竞赛；在运行人员中开展了"千条操作无差错"竞赛；在检修人员中开展了攻关赛、短距离竞赛、技术表演赛；在基建职工中开展创全优工程赛；在修造职工中开展了优质、高效竞赛等。

电能质量有了很大提高。10 年动乱，特别在 1970 年电力管理权力下放后，曾使全国各大电网低周波运行长达 8~9 年之久，与低周波并存的是电压普遍偏低。经过整顿，到 1980 年，全国 11 个百万千瓦以上的电网，已有 9 个电网周波合格率达到 99%以上，东北和京津唐电网基本上达到 100%。到 1981 年，全国 21 个重要电网全年周波合格率已达 99.6%。由于低周波问题的解决，电网的电压也相应得到改善。

恢复发电设备出力取得突出成绩。1976 年底，由于设备失修、基建尾工未完、送配电不配套等原因，限制设备出力达 400 万千瓦，占当时全国发电设备容量的 10%。在国家有关部门的支持帮助下，经过广大干部和职工的努力，到 1978 年和 1979 年，经过 2 年的整顿，共完成恢复设备出力 401 万千瓦的任务。如 1978 年东电三公司和清河发电厂职工，在水电部工作团的帮助下，经过半年的实干，完成了 3 台 20 万千瓦的结尾和检修工作，从而达到了建厂以来第一次满发 110 万千瓦的优异成绩。

电力企业管理制度逐步健全和完善。绝大多数电力企业领导班子进行了调整、充实和加强；电力企业单位逐步恢复和建立起党委领导下的厂长负责制和党委领导下的职工代表大会制；电力企业一套完整的规章制度，特别是电力生产运行操作规程，得到恢复和健全，各级责任制度有所加强。

涌现一批大庆式电力企业。到 1980 年，全国电力工业被命名为大庆式的大、中型企业单位 183 个，占全国电业同类型单位的 32.5%；评选出 19 个大庆式电力企业标兵，其中大、中型的有 15 个。这些大庆式的先进企业，在整顿、恢复和发展电力生产建设上发挥了很大的作用。全国电力系统大庆式企（事）业标兵是四川省：河门口发电厂；陕西省：送变电工程公司，陕西火电工程公司安装 1 处；山东省：山东建设第一工程处，山东黄台火力发电厂；北京市：石景山发电厂；吉林省：吉林热电厂，丰满发电厂；辽宁省：沈阳电业局；黑龙江省：龙凤热电厂，列车电业局

37 列车电站；河北省：邯郸热电厂，河北灵寿县电力局；安徽省：马鞍山发电厂；广东省：省电力局广州修配厂，广东海南南丰电站；水利电力部第八工程局；水利电力部东北勘测设计院。

1987 年，全国水利电力工委与东北电力工委还联合拍摄了《先进者之歌》，集中反映了全国先进班组、全国五一劳动奖章获得者东电三公司厂房工地细木班班长商炳生、牡丹江电业局柳树供电所所长苏平义等一批先进模范事迹，在全国电力系统引起了强烈反响。1988 年，为了探讨在企业升级中加强班组建设，水电工会全委会同贵州电力局行政和工会，在乌江渡发电厂进行了调查研究，具体总结了该厂抓班组建设，促企业升级的经验，并在系统进行了推广。东电系统好班组已由 1981 年的 26%，上升到 36. 5%；较差班组由 1981 年的 20%下降到 6. 1%。西南电力工委 1986 年决定，在西南电力系统各基层单位开展争创“全优班组”（即 10 优班组）的活动，制定了“健全组织”“科学管理”“安全生产”“遵章守纪”“民主管理”“文明班风”“教育培训”等 10 项考核指标。有 3053 个班组报名参加创“全优班组”活动，占全局 6795 个班组的 44. 93%。活动开展起来后，把全面质量管理的 PDCA 循环用于竞赛之中；反复宣传，使参赛班组明确目标，掌握达标程度；以点带面，指导全局。湖北省电力工业局党、政、工领导把班组工作列入工作议事日程。1987 年，省电力局和省电力工会召开了全省电力系统班组工作会议，提出加强班组建设的 9 点意见，制定了《湖北省电力系统评定省级先进企业班组建设考评办法》等，确定了全省电力企业班组建设工作分段实施步骤的方案。广西各电力企业从 1987 年下半年起，先后自办了以班组管理知识为主要内容的班长学习班 100 多期，培训班组长 2500 多人，占班组长总数 90%以上，通过培训，班组管理水平明显提高。许多省市的电力企业适应需要，先后建立起《班组管理条例》《班组思想政治工作条例》等，逐步形成班组担子大家挑、职工自我管理的新格局。江苏省电力企业普遍建立以“二长”（班长、工会组长）为核心的管理体制，进一步调动了班组的积极性。到 1989 年底全省电力系统有班组长 7500 人，共有班组 5409 个，已建成合格班组 4133 个，占班组总数的 76.4%；信得过班组 1142 个，占班组总数的 21.1%；先进班组 905 个，占班组总数的 16.7%。还有 283 个班组先后获得省部和全国先进班（站）称号。

到 1987 年，全国发电装机容量超 1 亿千瓦，居世界第 6 位（新中国成立初期居世界第 21 位），为 1949 年装机容量 184.86 万千瓦的 55 倍，为 1976 年装机容量 4400 万千瓦的 2.27 倍。发电装机容量突破 1 亿千瓦，在我国电力工业的发展史上是一个具有重大意义的新的里程碑，也是中国电力工人运动史上取得的历史性成果。与发电设备增长相适应，到 1987 年，建成 35—500 千伏各级电压的输电线路 377484.3 公里，为 1949 年的 58 倍。

（二）举世瞩目的全国最大的葛洲坝水电厂建成发电

葛洲坝水电工程由长江流域规划办公室设计，水电部长江葛洲坝工程局施工。工程主要建筑有：3 座船闸，2 座电站厂房，泄水闸，冲沙闸，左右岸非溢洪坝，防淤堤等。坝轴线长 2595 米，坝顶高程 70 米，水库总库容 15.8 亿立方米，装机总容量为 271.5 万千瓦。葛洲坝工程规模宏伟，施工强度大、结构复杂，技术要求条件高，这在我国水利水电史上是空前的。全部工程设计工程量土石方挖填达 1.4175 亿立方米，混凝土浇筑达 1000 多万立方米。如果把它们垒成高 1 米、宽 1 米的堤，前者可围绕地球赤道 2 周半，后者可以从帕米尔高原一直铺到东海之滨。

葛洲坝工程是党中央和毛泽东主席、周恩来总理亲自批准的。1970 年 12 月 26 日，毛主席为兴建葛洲坝工程作了批示：“赞成兴建此坝”。同年 12 月 31 日，第一期工程正式开工。之后，由于工程出现一些重大技术问题需进一步研究解决，1972 年 11 月，国务院决定主体工程暂停施工。1974 年 10 月，国务院批准主体工程复工。到 1980 年 11 月 25 日，施工长达 3 年零 3 个月的长江巨闸——泄水闸混凝土工程全部完成，共浇筑混凝土 162 万立方米。

1981 年 1 月 4 日，葛洲坝水利枢纽工程大江胜利截流，标志着第 2 期工程开始施工。工程师钱金奎，在截流的关键时刻立了奇功。他按照架设电杆采用“地锚”的原理，进行逻辑思维，想出了将石块连成“葡萄串”的绝妙主意，得到当时在场的水电部长钱正英和指挥部领导的支持。葛洲坝工程截流，荣获了国家优质工程的金质奖。1981 年 1 月 4 日，中共中央、国务院对葛洲坝胜利截流发出了贺电。

1988 年 12 月 6 日，葛洲坝工程局胜利地完成安装 21 台水轮发电机的任务，并投产发电。设备总容量已达 271.5 万千瓦。它是国内当时最大的水力发电厂。据统计，1989 年，葛洲坝发电量为 163 亿度，为当时全国水力发电量的 14%，相当于新中国成立前全国发电量的 4 倍。葛洲坝工程的建成，促进了湖北、湖南、河南、江西 4 省工农业的发展。

（三）产业工人以电力生产建设为中心

1981 年 5 月至 1985 年 12 月，全国第一台 60 万千瓦机组，历时 4 年半，1600 个日日夜夜，经过东电一公司等 7000 多名工人、干部、工程技术人员和职工家属的顽强拼搏，在赤峰元宝山发电厂正式投产发电。这台 60 万千瓦机组是从国外公司引进的成套设备。1984 年 4 月，60 万千瓦机组锅炉水压的战斗打响了，西德专家提出的工期为 7 个月。为了抢时间，争速度，公司领导和职工商量研究，决定把工期压为 5 个月。西德总代表认为这是“异想天开”，他挑战似的要打赌。公司的总工程师秦永龄满怀信心地与西德总代表击掌："赌，5 个月后见！"在水压试验提前 3 天完成的事实面前，西德总代表在事实面前彻底认输了，他连声称赞，这是"魔术般的奇迹！"

1985 年 5 月，水利电力部召开紧急电话会议，要求全国一年投产 500 万千瓦。这时，全国第一台 60 万千瓦机组能否尽快投产，成为全公司职工、家属的头等大事。公司党、政、工、团领导都亲临生产第一线，进行深入细致的思想工作和组织工作，从施工一线到后勤，组织开展了多种形式的确保 60 万千瓦机组投产的立功竞赛活动，广大电力建设职工以坚韧不拔的精神，冲破了一道又一道的难关，外国人解决不了的难题，他们解决了，外国专家认为办不到的事情，他们办到了。他们大长了中国电建工人的志气，终于夺取了我国第一台 60 万千瓦机组投产的胜利。为此，获得全国电力系统首批投产功臣单位的光荣称号。

1981 年 12 月 21 日，我国电力建设工人建成了全国第一条 500 千伏超高压输电线路。这条线路，把河南、湖北两省电网连接在一起，一个新兴的大电网开始在华中大地形成。这项宏伟的工程，仅用 2 年零 1 个月的时间建成。标志着我国的输变电技术达到了新的水平。这条超高压线路，途经 17 个县市。全线有 1514 基铁塔，全长 594. 88 公里，飞架长江、汉水的两个大跨越工程。跨距分别为 1166 米和 1065 米，雄踞岸边的两组跨越塔全高程分别为 135. 5 米和 120. 5 米。3 个变电站，总容量 300 万千伏安。它是我国当时电压等级最高、线路最长、输电能力最大，而且技术最新的超高压输变电工程。为了组织好这项现代化工程建设，成立了"电力工业部平武输变电工程总指挥部"，鄂豫两省人民政府也分别组织了省工程指挥部。承担工程建设施工任务的有吉林、甘肃、河南、湖北等地 13 个专业施工队伍。吉林送变电公司是我国电力建设大军的一支劲旅，他们在平武工程中开展的创名牌活动，使优良率达到 96. 25%。在施工中，工人们使用塔材

2007 吨，共 25.5 万件，损失率仅为 0.04%—0.063%，这是当时送变电施工中少有的。湖北电力 3 处的职工，在长江、汉水大跨越工程施工中，首先采用了“半封口法”“沉绳过江法”“低弛度紧线新工艺”，不仅保证了船只正常通航，而且大大缩短了工期，并节约了施工费用。

1978 年 3 月 18 日至 31 日，中共中央在北京召开了全国科学大会。这是新中国成立后在我国科学技术发展史上具有重要历史意义的一次盛会。在这次科学大会上，电力系统受到表彰的先进科技工作者有 15 人。他们是毛鹤年、彭时雄、林秉南、霍永基、周孝信、朱湛深、黄新民、孙键、浦文宗、李茂芳、张瑞瑾、周诗祥、唐泽民、沈德光、张超杰。这 15 人荣获全国先进科技工作者的称号，还有 13 个电业单位荣获全国先进科技集体的称号。

1986 年，在全国总工会和产业部的积极支持下，经过水电工会全委会、机械冶金工会全委会的共同努力，围绕电站建设，组织开展了水电、机械两大产业的联合竞赛活动。这种跨行业横向联合竞赛，以保证质量、保工期、比效益、比协作为主要内容。同年 5 月 13 日，水电部、水电工会和机械部、机械冶金工会在北京联合召开了确保电站建设联合立功竞赛大会。国务院副总理李鹏到会作了重要讲话，他对跨行业联合竞赛给予了充分肯定。他说：“搞电力建设以及搞任何一个工程，都不是一个行业和一个部门所能完成的，需要各有关部门很好地联合。在经济上已经出现横向联合的形式，今天在工会方面又出现了这种联合竞赛的形式，这也是一种横向联合。我相信，只要我们搞得好，一定会对今年的电力建设起到促进作用，对我们的工会工作打开一个新局面。”通过开展联合立功竞赛，电力建设战线涌现了更多的功臣单位、集体和个人。长江葛洲坝工程局、安徽电建一公司、西北电建一公司、河北电建公司、吉林送变电公司等荣获了五一劳动奖状，跨入了“全国先进集体”的行列。在全国第二个 500 万千瓦胜利投产祝捷会上，水电部长钱正英讲：“机械制造和电力两条战线密切配合，是完成两个500万千瓦战役的重要保证。”李鹏副总理在会上进一步强调指出：“在全国总工会的倡导下，水电、机械两大系统联合开展竞赛，我认为这是一个好形式，应该坚持下去。”

三、新一代职工先进队伍的成长

（一）关心关爱新一代煤矿产业工人

1981年4月14日，煤炭部、中国煤矿工会联合起草制订全国煤矿职工的生活福利管理工作暂行标准。暂行标准内容包括职工食堂、澡堂、职工集体宿舍、矿区环境等四个方面。要求全国煤矿职工生活福利单位，都要按照这个标准，加强对职工生活工作的领导，狠抓落实，为改善职工生活福利设施条件，提高管理水平和服务质量，尽快和全面达到标准而努力工作。

在培养新一代煤矿职工过程中，积极推动矿区精神文明建设。1983年11月15日至20日，中国煤矿地质工会和中国煤矿文化宣传基金会联合召集了煤炭系统26个单位党委和工会负责同志参加文化宣传工作座谈会，中心议题是如何清除和抵制精神污染，加强矿区精神文明建设。

在“四化”建设中，不断涌现出先进集体和先进人物。为了激励和引导大家，1981年召开了全国煤炭工业先进集体和劳动模范代表会议。1981年11月，出席全国重点煤炭企业政治工作座谈会的劳动模范和“十面红旗”队组的代表提出召开全国煤炭工业先进集体和劳动模范代表会议的倡议，经国务院批准，会议于1982年3月25日在北京召开。会期7天，来自全国煤炭战线的944名先进集体代表，938名劳动模范代表，53名特邀的老劳动模范，30名社队煤矿代表，15名劳动模范家属代表，以及139名煤炭企业的领导，共2119人参加大会。这次会议是党的十一届三中全会以来煤炭工业战线的第一次盛会，也是在新的历史条件下煤炭工业继往开来的一次大会。李先念、王震、万里、余秋里、康世恩等和国家计委、建委、团中央、农业部的负责同志出席了大会。全国总工会副主席顾大椿、王崇伦、章瑞英出席会议。会议由高扬文主持，王珣致开幕词，顾大椿致祝词，国务院副总理余秋里作重要讲话。会议学习了中央领导同志在重要会议上的讲话，听取了32位先进集体和劳动模范的先进事迹介绍，进行了广泛的经验交流，授予144位同志全国煤炭工业劳动模范称号，命名110个单位全国煤炭工业先进集体。

大会期间，1982年4月2日，各省（区）、矿务局参加劳动模范大会的带队局长召开安全生产工作会议，会议的主要任务是贯彻执行国务院最近发布的《矿山安全条例》《矿山安全监察条例》《锅炉压力容器安全监察暂行条例》，部署“安全月”活动和劳动保护、矿山安全和锅炉安全工作要点。煤炭部部长于洪恩、安监局佟浪、国家劳动总局副总局长章萍、国家劳动总局矿山安全监察局付师荣分别就召开会议的目的、认真贯彻三个条例、条例的依据和起草经过等讲话。

（二）新一代电力职工先进队伍的成长

随着时代的变迁和电力事业的迅速发展，新一代电力职工先进队伍不断成长壮大，先进模范人物的风格与内容也呈现出不同的特点。20世纪80年代先进人物，既继承了老一代勤奋工作、艰苦奋斗的优良传统，又具有鲜明的时代气质。他们充满着创新、开拓、进取的朝气，不断探索，刻苦求知，勇于攀登高峰，以适应“四化”建设和改革开放时期的需要。在1984年由水电部和水电工会全委会联合表彰命名的电力系统25名特等劳动模范和

457 名劳动模范中，有许多锐意改革、勇于探索的先进典型。如望亭发电厂厂长高正秋，依靠群众，大胆改革企业内部管理体制，狠抓技术改造和现代化管理，在 1982 年至 1984 年，不仅使企业安全经济运行水平和主要技术经济指标创历史最好水平，而且为发电企业实现生产与生活分开，走综合经营之路，树立了改革的典型。上海电力建设保温制品厂厂长冯伯兴，1981 年受命于企业亏损之际，他上任后，组织职工打破"大锅饭"，先后实行"包产到组、责任到人"和"三定五包"的经济承包责任制，依靠群众，开展技术改造和改善经营管理，使企业在半年之内扭亏为盈，生产出性能良好的微孔硅酸钙保温制品，填补了国内空白，支援了国家建设，仅向上海宝钢电厂提供所需保温制品 1 项，就为国家节省外汇 75 万美元。

还有许多同志不畏艰辛、刻苦攻关，为攀登技术高峰做出显著成绩。华东电力试验研究所工程师陈安乐，在"文化大革命"期间，被指责为"白专道路"的典型，但他虽身处逆境，可信念不移，终于试制成我国第一台磁总加功率变送器，把我国电网远动技术推进了一大步。"江青反革命集团"被粉碎后，他夜以继日地工作，经过顽强拼搏，于 1978 年试制成功我国第一台微程序远动装置，填补了我国远动技术的 1 项空白。北京电力科学研究所（现冀北电科院）电测室主任、高级工程师彭时雄在参加工作后的 27 年间，先后完成技术革新、技术改造和科研成果 60 项，有 5 项达到或接近国际水平，有 9 项填补了国内空白，其中研制成功了我国第一套 4 万安培交流电流比较仪和升流器，为发展我国的电测计量技术作出了重要贡献。水电部电力科学研究院高压所所长郑健超，勇于探索，勤奋工作，在超高压直流绝缘子、高压脉冲示波器和防雷抗干扰等研究、研制课题上取得重要成果，为促进我国高压技术的发展作出了突出贡献。他不但工作学习要求很严，在生活上也是克己奉公，身患腰椎间盘突出症，但常常带病坚持工作，处处以共产党员标准要求自己。武汉水利电力学院自动控制研究室主任刘晨晖，受水电部的派遣，赴瑞典皇家工学院进修时发愤图强，刻苦钻研，因成绩卓异，被该院破格授予技术科学博士学位。他所写的《多变量过程控制系统解耦理论》被国际自动控制学会以第一位中国学者的专著，列入“国际自动控制与信息科学讲座”丛书，并向全世界发行，为祖国争了光。长沙电业局工程技术人员柏克寒，不顾生命危险，经过几十次测试，终于创造出爆破压接技术的新水平。又经两年多的努力，几十次的失败，研制成性能良好的太乳炸药，并在全国推广，荣获1978年全国科技成果奖。1979年，他在主持研制500千伏超高压带电作业屏蔽服时，排除杂念，不畏牺牲，第一个争做人体试验，终于研制出我国第一代超高压带电作业屏蔽服，并在我国第一条500千伏的平武超高压输电线路上应用，而后推广到全国19个省、市100多个供电部门，对发展我国带电作业作出了重要贡献。10多年来，他主编的《带电作业》《爆炸压接技术问答》《太乳炸药与爆炸压接》等书，已正式出版。他先后应邀到河南、湖北、山东、广西等地讲课达250多次，从未收过讲课费，实在退不掉的，就作为党费交给组织。还有许多同志立足本职，心向“四化”，在平凡的工作岗位上作出不平凡的业绩。长江葛洲坝工程局汽车驾驶员张文发为建设我国长江第一坝，发扬革命精神，在施工工地上，抢困难，让方便，不计报酬，埋头苦干，从1979年起，在5年之内干了11年的活儿，被人们誉为“跑在时间前面的人”。东北电管局送变电公司三工区副主任马双岭干一行，爱一行，专一行。10年中，他克服家庭生活困难，一心当好送电工。不论是太凤丹工程，还是元锦辽500千伏超高压线路施工，总是以身作则，埋头实干，团结好全班同志，共同奋战，出色地完成各项任务，成为全公司热爱岗位、立足本职的标兵。

在1988年国务院表彰的一批劳动模范中，有被誉为全国电力战线上“女铁人”的山东省电建一公司副总工程师朱菊儿。她在20多年间，把自己的理想和追求全部倾注在电建事业上，先后参加了8座电厂、10多台大中型发电机组的安装调试工作。特别在1982年后，她身患绝症做了手术，仍奋力拼搏在电力建设第一线岗位上，充分表现了一个共产党员奋斗不止、自强不息的精神。

1983年，根据党中央的决定和指示以及全国总工会的号召，全国掀起了一个学习雷锋，学习赵春娥、罗健夫、蒋筑英、张海迪等先进人物的热潮。各级电力工会采取了多种方法，开展宣传学习先进模范人物的活动。东北电力工委组织本系统先进模范人物事迹报告团，先后在全网各基层巡回讲演，历时39天，在56个基层作了26场报告，3万多名职工直接收听了报告。华中电力工委在1985年，组织了精神文明宣讲团，先后在河南、湖南、湖北、江西4个省电力局所属的19个电力基层，运用评书等文艺形式和劳动模范本人亲自讲演的方法，集中宣传了华中电力系统9名劳动模范的先进事迹，取得较好的效果。湖南常德电业局特等劳动模范张世云，在1956年的一次事故中不幸失去双手，她不仅不要组织派人给予护理，而且为重新工作进行了艰苦的锻炼。她先后担任单位的广播员和油库管理员。当广播员期间，她管理的广播室多次被评为市广播系统的先进单位。她两次当选为市人大代表，经常到各处征求意见、收集提案，为群众解决不少问题。1984年张世云被水利电力部和水利电力工会全委授予特等劳动模范的光荣称号。对有突出贡献的先进代表，由水利电力部党组和水电工会全委发出通知，号召全系统的职工向他们学习。1985年6月，山西省电力局党组作出《关于开展向张务琪学习活动的决定》。张务琪生前是山西省电建二公司副经理、副总工程师，20世纪50年代投身电力建设事业，1980年起主持神头电厂3期工程外事工作。他编写英、俄、捷、汉四国文字的电力专业词典，又翻译了近10万字的技术资料。他因患肌肉萎缩侧索硬化症，医治无效，于 1985 年 3 月 3 日逝世，年仅 51 岁。同年 7 月 9 日，《光明日报》、中央人民广播电台同时报道和播放了张务琪身患重病期间编写成百万字的《英、俄、捷、汉词典》的消息。9 月 11 日，中共水利电力部党组作出《关于开展学习张务琪同志活动的决定》，追授张务琪为优秀共产党员和部级劳动模范，号召电力系统职工向他学习。国务院副总理李鹏还为张务琪题词："学习张务琪全心全意为电力建设而忘我工作的精神。"1986 年初，水电工会全委组织拍摄了电视片《奋进者的足迹——水电战线有理想的人》，艺术地再现了 11 位水电系统特等劳动模范的先进事迹。1987 年 7 月，水电工会全委和东北电力工委联合录制了反映东北电力系统劳动模范和先进人物事迹的电视故事片《先行者之歌》，在全国电力系统内发行 120 部。

1984 年 5 月，水利电力部和水电工会全委授予辽宁发电厂工会副主席张功升特等劳动模范和精神文明建设标兵称号。同年 6 月，全国总工会作出《关于向优秀工会思想政治工作干部张功升同志学习的决定》。

1986 年 8 月，水电工会全委召开了职工思想政治工作会议。这是新中国成立以来水利电力工会召开的第一次专门研讨职工思想政治工作的会议。水利电力部党组副书记、副部长赵庆夫出席了开幕式并讲了话。会议讨论和研究了在全面改革的新形势下，如何进一步改善和加强职工思想政治工作，更好地发挥工会积极作用的问题。在此基础上，与会同志讨论修改了水电工会全委提出的《关于改善和加强水电系统工会思想政治工作的意见》，该意见在会后经水利电力部党组加按语下发到各级电力工会。会议还交流了在新形势下进行职工思想工作的经验。如长江葛洲坝工程局开挖分局工会介绍了围绕企业转轨变型开展多层次思想教育，促使企业对外经营的经验；大连电业局工会介绍了发挥工会优势，开展群众性多种形式的兴趣活动，培育"四有"职工队伍的经验等。会上共有17个单位、集体和个人介绍了经验。水电工会全委主席董蕴琦作了会议总结。会上还表彰了长江葛洲坝工程局开挖分局工会等17个职工思想政治工作先进单位、先进集体和先进个人，并分别授予了光荣称号。

1987年3月，水电工会全委在山西太原召开了“坚持四项基本原则加强职业道德建设座谈会”，水电工会全委领导董蕴琦、谷安亚到会并讲了话。同年9月，根据全委安排，东北电力工委协同在吉林热电厂召开了“坚持四项基本原则，培育企业精神研讨会”，有49个单位的74名代表参加了会议。水电工会全委副主席谷安亚主持会议并作了关于工会在培育企业精神中如何发挥作用等问题的讲话。会上有辽宁发电厂、四川五通桥发电厂、兰州供电局等9个单位介绍了培育企业精神的经验，有12位同志就企业精神问题宣读了论文，还就27篇论文和经验材料作了书面交流。

1988年5月，水电工会全委在四川成都召开了宣传贯彻党的十三大精神座谈会。水电工会全委副主席谷安亚在会上作了《认真贯彻党的十三大精神，深入进行党的基本路线教育》的讲话。在这次会上有华东、华中、华北、西南等网局工会及山东、上海、水电十一工程局工会、锦州电业局工会等24个单位交流了经验。会议对华东电力工委等22个单位授予“全国水利电力工会系统职工思想教育先进单位”称号；授予西安灞桥热电厂检修部工会等2个部门工会“全国水利电力工会系统职工思想教育先进集体”称号。

1989年3月，在中国职工思想政治工作研究会召开的第5届年会上，望亭发电厂、乌江渡水电厂、安徽电建一公司、鞍山铁塔厂受到中共中央宣传部、国家经济体改委和全国总工会的联合表彰。这4个单位荣获“全国思想政治工作优秀企业”称号。至此，全国电力系统已有12个单位荣获这一称号（先前获得这一称号的有石景山发电总厂、本溪电业局、富春江水工机械厂、山东电建一公司、辽宁发电厂、汉中供电局、长江葛洲坝工程局、神头发电厂）。

1987 年初，中共中央发出《关于当前反对资产阶级自由化若干问题的通知》。其中指出，“坚持四项基本原则，反对资产阶级自由化，巩固安定团结是立国之本”，“反对资产阶级自由化思潮的斗争是长期的，存在于开放和改革的整个过程中”，“这场斗争要始终坚持以正面教育为主，团结绝大多数的方针”。各级电力工会积极贯彻中央文件精神和全国总工会提出的“关于工人阶级要做反对资产阶级自由化的主力军”的要求，向广大职工进行了坚持四项基本原则反对资产阶级自由化的教育。各省、市电力工会下发文件或深入基层联系实际指导基层开展四项基本原则教育，帮助职工解除一些思想疑虑，取得一些效果。

（三）新一代石化医药职工队伍的成长

1979 年 12 月，中国石油工会全国委员会恢复工作，韩荣华任主席。1982 年 7 月，中国石油工会和中国化学工会合并组成中国石油化学工会，韩荣华任主席。

上海焦化厂工会在开展“振兴中华”职工读书活动中，采用多种形式和层次去吸引、组织职工，收到了比较好的效果。在形式上，他们采用在工会上课，建立读书活动室，组织智力竞赛等去吸引职工。在组织上，也作了分门别类地安排。如中心读书学习小组，读书专题研究小组等。在学习内容上，也有侧重，党员学习整党文件，青年学习历史，一些知识结构较全面的同志，则组织他们搞一些专题的研究、探讨。上海碳酸钙厂是一个客观条件比较差的小厂，工会根据本厂的实际情况，灵活地开展丰富多彩的职工文体活动来吸引职工，在活动中提高了职工思想政治素质，受到了全国总工会的表彰。黑板报是工会的一个重要宣传阵地，但是，有些单位的黑板报并不能吸引职工，一个重要原因是形式和内容上缺少灵活性，总是“老面孔”“老调子”。正泰橡胶厂工会的黑板报办了个“正泰每日新闻”专栏，每天都能吸引全厂广大职工，关键就在于灵活。工会将厂里每天的好人好事，时事新闻，通过这个“窗口”及时告诉职工，使大家既能关心企业的大事又能受到教育。

湖南长岭炼油厂政治部工会广泛开展“做合格工人”教育，其注重从根本上提高职工的思想政治觉悟。1982 年 4 月至 10 月，湖南长岭炼油厂在党内认真开展“做合格党员教育”的基础上，以全国总工会制定的《职工守则》八条为标准，在厂党委的统一领导下，各级党、团、工会组织一齐动手，在 7600 名职工中，普遍开展了一次“做合格工人”的教育，取得了较好的效果。“做合格工人”教育，是湖南长岭炼油厂开展“四合格”（即做合格党员、合格干部、合格团员、合格工人）教育活动的一个重要组成部分。各单位普遍举办了干部和“四长”（即班组长，党、团、工会小组长）轮训班，召开党员和工会骨干座谈会。政治部收集了 47 篇文章，编印了 3 期学习资料，供讲课人参考，凡是有倒班的单位一般都讲 3 次，基本上做到了听课不漏人。每课都用 3 至 4 小时进行讨论，一个问题一个问题地搞明白。经过两个多月的系统灌输和认真讨论，职工的思想政治觉悟得到了提高，解决了一些长期没有解决的认识问题。

1980 年，湖南长岭炼油厂就开始打破“大锅饭”建立了经济责任制，消除奖金上的“懒勤一拉平，好坏一个样”的现象，收到了明显的经济效果。但由于思想工作一度不够扎实，职工中各种各样的思想都冒出来，有些人感到“吃大锅饭”津津有味，人人有份，旱涝保收，对推行经济责任制抵触情绪很大。有些中队领导干部感到这个办法好是好，就是这两股思想阻力解决不了，1981 年下半年打了退堂鼓。有的干部无可奈何，气鼓鼓地说：

“算了！算了！还是吃大锅饭省事。”1982年“四合格”教育开始，党委书记、厂长深入分厂了解情况，帮他们一起分析原因，一起做思想工作，给他们出主意，给他们撑腰。分厂、中队领导的认识提高了，决心大了，就“重打锣鼓重开张”。他们一边大力加强建立经济责任制的思想工作，一边完善经济责任制的内容，使全分厂职工把推行经济责任制的意义、方针、内容搞明白，把思想基础打牢固，同时注意做好在经济责任制执行过程中的思想政治工作。因而，一年来，检修分厂无论是在职工队伍建设上，还是在经营管理上，都打了胜仗，比较出色地完成了全年的检修任务。

第二节　积极参加企业改革

一、在落实中国工会十大精神中促进企业再现活力

（一）煤矿产业工人在改革建功中奋力争先

粉碎“江青反革命集团”以后，各行各业相继恢复正常生产，煤炭需要量急剧增加。当时因遭受唐山大地震严重破坏的年产2000万吨开滦煤矿还没有完全恢复生产，煤炭生产、供应十分紧张。广大煤炭职工想国家所想，急国家所急，一面恢复正常的生产秩序，一面千方百计增产煤炭。开滦煤矿在广大职工的努力和兄弟单位的帮助下，加快了震后生产恢复的步伐。1977年生产煤炭1269万吨。1977年10月，邓小平同志指出：“大庆经验要学，开滦经验也要学。”为贯彻这个指示，煤炭工业战线开展了学大庆，赶开滦的活动。在煤炭战线广泛提倡发扬煤炭工人“特别能战斗”的光荣传统，学习开滦矿工侯占友“地球转一圈，我

转一圈半”多作贡献的精神。1978 年 1 月，煤炭工业部在北京召开学大庆赶开滦群英大会。授予侯占友等 36 人全国煤炭工业战线劳动英雄称号，授予 320 人全国煤炭工业战线劳动模范称号，命名 236 个单位为全国煤炭工业战线特别能战斗队伍，推动了煤炭工业职工队伍建设。1978 年全国原煤产量达到了 6.18 亿吨，较好地完成了生产任务。

党的十一届三中全会以后，煤炭工业走上了持续稳定发展的道路。原煤产量保持了持续大幅度增长，缓和了多年来煤炭供求关系紧张的局面，基本上满足了国民经济发展的需要。1983 年我国原煤产量突破了 7 亿吨。1984 年超过了苏联，跃居世界第二位。1985 年突破了 8 亿吨。1987 年达到 9.25 亿吨（国营统配煤矿是 4.35 亿吨，地方煤矿和乡镇煤矿是 4.90 亿吨），比 1978 年增加 3.07 亿吨。1988 年为 9.70 亿吨。这样大幅度的增产，在中国煤炭发展史上是没有过的，在世界产煤国家中也是少见的。在煤矿建设上进度快，质量好。1983 年至 1987 年第 6 个五年计划期间，新增采煤能力 8029 万吨，比上一个五年计划增加 4274 万吨。矿井建设速度不断加快，投产新建井的平均建设工期从 1982 年的 86 个月，减少到 1985 年的 72 个月，又减少到 1986 年的 53 个月。在利用外资和合作开发的山西平朔安太堡一号露天煤矿，年产原煤 1533 万吨，已于 1987 年 9 月 10 日建成投产，建设工期仅用了 26 个月。在煤炭的综合利用、多种经营上，也有很大发展。煤炭的出口量也有大的增加，1987 年出口煤炭 1310 万吨，比 1982 年增长 103%，创历史最高纪录。

在煤炭工业生产和建设中，涌现出一批又一批的劳动模范和先进集体，他们是煤炭战线上改革的尖兵，是具有时代特色的新型矿工。1982 年劳动模范大会授予 144 人全国煤炭工业劳动模范称号，命名 110 个单位为全国煤炭工业先进集体。“太阳是宇宙的矿工，矿工是人间的太阳”。开滦煤矿职工称艾有勤是“太阳神”。他从1969年7月入矿参加工作，到1982年13个春节都是在井下度过的。从1974年到1982年，他打连班731个，291个星期天没有休息。1976年唐山大地震，艾有勤失去了母亲、兄弟等6位亲人，他忍着悲痛，第3天就回矿参加了抗震救灾。他的外甥从70里地外专程跑来找艾有勤回家盖防震棚，在宿舍里等了两天两夜，艾有勤却在井下干了两天两夜没有上井。他靠着苦干加巧干，用8年时间干了15年的活儿，多打柱子1280棵，多出煤炭3.39万吨，被誉为“矿山铁人”。他当选为全国第六届、第七届人大代表，1987年被国务院授予全国劳动模范称号。山西西山矿务局付昌旺从1964年到1982年多上了5000多个班，平均每年出勤729个工，相当于一年干了两年的活儿。他多上班不要加班费，不要补助粮，给他的奖金全部交了党费。他一贯助人为乐，不管走到哪里，处处做好事，被群众称为矿山的“活雷锋”。山西大同同家梁煤矿综采一队，青年工人占80%，他们立志为国争光，勤奋学习新技术，熟练地掌握综采设备，年产原煤超过百万吨，达到了世界先进水平。山西潞安石圪节煤矿是个老先进，20世纪60年代曾以勤俭办企业闻名全国，被誉为全国的一面旗帜。20世纪80年代，他们继续发扬“一厘钱”精神，勤俭办企业，各项经济技术指标均达到国内先进水平，老矿又作出了新贡献。河南义马矿务局的马宏远，每天利用业余时间扫浮煤，1976年至1982年，从未间断，7年时间扫浮煤3200多吨，他还带动青年职工回收坑木500立方米，荆笆45000多块，以及其他物资，价值共达12万元。

1985年11月30日，经国务院批准，煤炭工业部和中国煤矿地质工会在北京煤炭部西郊招待所联合隆重召开了全国煤炭工业劳动模范、先进集体代表会议。这次会议，是党的十一届三中全会以来煤炭工业战线英雄模范的第二次盛大聚会。出席这次盛会的有全国煤炭工业劳动模范和特等劳动模范、先进集体和双文明红旗单位的代表，特邀老劳动模范代表和乡镇煤矿代表，有省、市、自治区的煤炭厅局长、公司经理、煤矿工会主席，统配矿务局、基建公司的局长、经理、党委书记和部分工会主席，其他企事业单位的党政负责同志，部机关司局和在京直属单位的负责同志，共 1000 多人。出席开幕式的领导有煤炭工业部部长于洪恩，中华全国总工会副主席、书记处书记陈秉权，国务院副总理李鹏于 12 月 2 日出席了会议。煤炭工业部和中国煤矿地质工会命名艾有勤、王征和、高翠芳等 32 名同志为全国煤炭工业特等劳动模范，命名傅昌旺、朱忠秀、张立明等 360 名同志为全国煤炭工业劳动模范，命名大同矿务局同家梁煤矿综采一队等 17 个单位为全国煤炭工业双文明红旗单位，命名枣庄矿务局山家林矿五一掘进队等 172 个单位为全国煤炭工业先进集体，并下发了《关于命名全国煤炭工业特等劳动模范、劳动模范、双文明红旗单位和先进集体的决定》。

1987 年 6 月 19 日，煤炭工业部、全国煤矿地质工会联合下发关于发布《煤炭工业〈合理化建议和技术改进奖励条例〉实施细则》的通知。鼓励煤炭系统职工提合理化建议和开展技术改进活动的积极性，促进煤炭工业的发展。

（二）电力产业工人在改革建功中勇当先锋

1982 年 9 月 20 日，水电部和水电工会全国委员会联合召开的全国供电系统提高服务质量经验交流和表彰会议，向 38 个集体和 16 名个人授予用户服务优秀集体和优秀工作者称号，号召全国供电职工围绕端正行业作风，提高服务质量，广泛开展争创优质服务活动。1986 年再次召开全国供电系统优质服务经验交流和表彰会，进一步提出要在全行业树立“安全生产是基础，经济效益是中心，服务用户是宗旨”的指导思想，建立健全企业内外的监督网络，坚决刹住不正之风。会上表彰了 104 个先进集体和 96 名先进个人，修订了《供电职工服务守则》，把企业的优质服务活动纳入制度管理和企业建设的轨道。在优质服务活动中，大连电业局与市煤气、自来水公司联合开展了“刹行业歪风、创最佳服务”的跨行业优质服务竞赛，受到了地方政府和广大用户的称赞。水电工会及时总结了大连的做法，向全国供电系统进行宣传推广。水电工会组织录制了《奋进者足迹》《振奋民族精神的拼搏》《辛苦我一个，照亮千万家》等纪录片，在水电职工中广为放映。这些工作和活动，都促使供电职工队伍素质有了提高，行业作风明显好转。

水利电力部副部长李代耕在全国供电系统提高服务质量经验交流和表彰会议上作了《建设社会主义精神文明，提高服务质量，全面恢复和发扬“人民电业为人民”的光荣传统》的讲话。李代耕在发言中讲，领导干部以身作则，带动了队伍作风的转变。河南省获嘉县电业局，是十年内乱的重灾户，领导班子中靠造反起家的一些人，整天忙于请客送礼、吃吃喝喝、挥霍公款一万多元，许多职工也倚仗电权到用户那里吃、喝、拿、要，粉碎“四人帮”后，领导班子经过整顿，决心纠正不正之风，制订了一系列措施。

1982 年 9 月 24 日，在全国供电系统提高服务质量经验交流和表彰会上，中国水利电力工会代主席王子云作了讲话。王子云讲，要着重以党的十二大精神为动力，发动供电部门职工，搞好供电服务工作，具体提出了组织职工认真学习党的十二大文件，贯彻执行党的十二大精神；深入持久地对职工进行革命理想、道德、纪律的教育，发扬人民电业为人民的优良作风；以改善服务作风和提高服务质量为内容，广泛地开展创优秀集体和创优秀个人的学先进、赶先进活动，为“四化”立功。如何开展创“双优”、学先进、赶先进的竞赛活动，王子云认为：领导干部要提高认识，要大力支持先进、宣传先进，注意树立和宣传青年职工中的先进模范人物，必须和创六好企业、落实经济责任制紧密结合在一起，定期进行检查评比。

1985 年 5 月 20 日，水电部党组为确保完成第一个 500 万千瓦投产任务，召开了紧急电话动员会。随即，水电工会全委会作出了《关于动员电力工会组织和职工群众为完成今年 500 万千瓦投产任务而奋斗的决定》，并会同行政联合发出《关于确保一九八五年投产 500 万千瓦开展立功竞赛活动的通知》。同时，围绕确保第一个 500 万千瓦投产情况进行调查研究，向全国总工会书记处和水电部党组写了题为《继续发展电力建设好形势，不断研究解决新问题》的调查报告。报告中热情地赞扬了广大电建职工为确保 500 万千瓦的“务期必成”。1985 年，经过广大职工的努力，全国实现大中型电力投产 574.75 万千瓦（其中水电部组织投产 544.75 万千瓦），加上小水电、小火电共投产 637.64 万千瓦。水电工会全委会和水电部在总结胜利完成第一个 500 万千瓦投产任务开展立功竞赛的基础上，为表彰先进，进一步调动广大职工的积极性，联合命名、表彰了一批在夺取第一个“务期必成”战役胜利中作出突出贡献的功臣单位、集体和个人。山东电建一公司是功臣行列中的典型代表。该公司是 1979 年国务院表彰的“全国先进企业”，是我国电力建设战线上的一支“铁军”。经水电工会全委会的推荐，全国总工会于 1986 年 9 月作出决定，授予山东电建一公司“全国先进集体”称号，并颁发五一劳动奖状。由此，一个“学山东、赶邹县”争创先进的立功竞赛热潮，一浪高过一浪地在全国电力建设战线上掀起。

为了开展确保第二个 500 万千瓦投产任务的立功竞赛，水电工会全委会于 1986 年 6 月在安徽电建一公司洛河电厂工地，召开了全国电力基建单位立功竞赛典型经验交流会，重点组织交流了山东电建一公司、长江葛洲坝工程局等电力基建单位的工会，对组织立功竞赛推动重点工程建设取得突出成绩的电建单位和工会进行了表彰，推动立功竞赛活动不断向纵深发展。

1986 年在全国总工会和产业部的积极支持下，经过水电工会全委会与机械冶金工会全委会的共同努力，促成了水电、机械两大产业围绕电站建设开展以保质量、保工期、比效益、比协作为主要内容的跨行业横向联合竞赛活动。5 月 13 日，水电部、水电工会和机械部、机械冶金工会在北京联合召开了确保电站建设联合立功竞赛大会。国务院副总理李鹏到会作了重要讲话。

1988 年 10 月，在北京召开的中国工会第十一次全国代表大会上，表彰了 237 个模范“职工之家”，其中有 8 个电力企业基层工会获得模范“职工之家”的称号。它们是山西省娘子关发电厂工会委员会，吉林省长山热电厂工会委员会，江苏省天生港发电厂工会委员会，安徽省电力建设第一工程公司工会委员会，山东省潍坊电业局工会委员会，四川省内江白马发电厂工会委员会，甘肃省刘家峡水电厂工会委员会，辽宁省辽宁发电厂工会委员会。

（三）石化医药产业工人在改革建功中做好表率

在“四化”建设中，化工企业防尘防毒和职业病防治工作受到重视。1981 年 9 月 26 日，全国总工会党组向中共中央书记处转报《目前化工企业防尘防毒和职业病防治工作进行情况和今后意见》。该工作进行情况和今后意见是化学工会全国委员会的同志到上海、江苏、四川、吉林等省市，对目前化学工业防尘防毒和职业病防治工作的情况调查后的调研成果。

随着改革开放，在社会主义建设中，化学工业发挥着越来越重要的作用。截至 1983 年 2 月 7 日，全国化工系统共有化工企业 6000 多个，职工 280 多万人，包括化学矿、化肥、农药、石油化工，三大合成材料、化工原料、氯碱、染料、胶片、化学试剂、国防化工等 10 多个行业。化工部管的有 14 大化工公司（总厂）、302 个重点企业，年产值 400 多亿元。具体表现有：大力推行职工代表大会制度，推动化工企业加强职工民主管理。化学工会成立以后，推动化工企业恢复和建立职工代表大会制度。化学工会成立不久，其就到上海、江苏等地调查化工企业职工民主管理的状况。1980 年 11 月，在江苏省镇江市召开了部分省市化工厅（局）和化工企业工会干部座谈会，交流推行职工代表大会制度，开好职工代表大会的情况和经验，共同研究和讨论了进一步推行职工代表大会制度的有关问题。1981 年全国企业民主管理座谈会以后，化学工会会同化工部向各省市化工厅（局）、各重点化工企业联合发出了《关于认真传达和贯彻全国国营工业企业民主管理座谈会精神的通知》，1981 年 11 月，又会同化工部联合召开了全国化工系统企业民主管理座谈会。转发了天津化工局、齐鲁石油化学总公司、张家口市化工局等单位配备工会领导班子的文件和经验，推动各级主管部门搞好化工企业工会领导班子的配备。化工部 14 大公司、302 个重点企业、各省市属化工企业基本都已恢复和建立了职工代表大会制度。

1980 年 6 月全国工会第三次群众劳动保护工作会议以后，化学工会会同化工部向化工系统发出了《关于进一步加强安全生产和劳动保护工作的通知》，提出了化工企业加强安全生产和劳动保护工作的 8 项要求和措施。

1981 年、1982 年，化学工会配合化工部先后召开了化工系统安全卫生工作会议和全国化肥企业安全管理工作会议。针对化工生产中尘毒危害的问题，推动化工部、卫生部加强对尘毒治理和职业病防治工作的领导，先后向化工部、卫生部综合反映了化工企业当前尘毒危害和职业病的情况，提出了加强尘毒治理和职业病防治的建议和措施。经全国总工会党组批示，还向中央书记处上报了《目前化学工业防尘防毒和职业病防治工作的进行情况和今后意见的报告》。化学工会于 1982 年 5 月在吉林化学工业公司召开了全国化工系统工会群众防尘防毒实现无泄漏现场经验交流会，推广吉林化学工业公司工会配合行政治理跑冒滴漏，实现无泄漏厂的经验。安全事故和伤亡人数连年大幅度下降，重伤人数由 1978 年的 1076 人下降到 1982 年的 693 人，下降 35.6%，死亡人数由 1979 年的 310 人下降到 1982 年的 213 人，下降 31.3%。1981 年 5 月，化学工会会同化工部在兰州化学工业公司联合召开了职工生活工作座谈会，研究进一步抓好职工生活的措施，交流搞好职工生活的经验。

1985 年 11 月 23 日，化学工业部表彰了在“四化”进程中涌现的先进人物，授予曹印修等 351 名同志“全国化学工业劳动模范”称号。他们是党的十一届三中全会以来，认真贯彻执行党的路线、方针、政策，开拓进取，艰苦奋斗，努力工作，为发展我国化学工业作出了重大贡献的先进人物。1984 年工会系统组织的迎接国庆 35 周年“百项献礼立功”竞赛活动，争取了 4200 万元的经济效益，1985 年 7 月至 11 月组织的“节约、低耗、优质百项竞赛”，又取得 3287 万元的经济效益，获得精神和物质文明双丰收，受到各级党政领导和广大职工的赞扬。1985 年 11 月北京市化工总公司党委思想政治工作会议结束以后，工会立即在全系统开展了“有理想、有纪律、做主人”的知识竞赛活动，有 1.8 万名职工参加了竞赛，占全系统职工总数的 27%。1986 年，北京市化工总公司工会又编印了反映本系统职工中涌现出来的新人新事的《共产主义闪光点集锦》供广大职工学习。1986 年初，北京市化工总公司工会又推广了化工三厂工会“把理想纪律教育作为重点，努力建设‘四有’职工队伍”的经验和化工研究院工会“我们是怎样做好知识分子思想政治工作的”经验。

大中华橡胶厂在拨乱反正中开展“三整顿”“两检查”“五大战役”和社会主义劳动竞赛活动。由于“江青反革命集团”及其在上海的余党的干扰破坏，10 年的“文化大革命”动乱给上轮一厂（其前身即大中华橡胶厂）造成了严重的破坏。1976 年，该工厂的产值、产量、质量、利润等 8 项指标均没有达到和完成国家的计划，这是该工厂从未有过的事，给上轮一厂的全体干部职工以极大的震惊。

根据党中央、国务院的要求，化工部和中国石油化学工会决定，在全国化工系统广泛深入地开展增产节约、增收节支社会主义劳动竞赛。1987 年 3 月 3 日，化学工业部、中国石油化学工会联合印发《关于化工系统开展增产节约、增收节支社会主义劳动竞赛的通知》。提出奋斗目标：根据化工部提出的 1987 年化工总产值 555 亿元，全行业实现利税 88 亿元，上缴利税 70. 75 亿元，万元产值综合能耗比上年下降 3. 2%，全年节约能源折合标准煤 40 万吨的主要指标要求，竞赛的第一目标是保证完成化工部分解给本地区增产节约、增收节支的任务，第二目标是努力实现本地区争取完成的指标。

1990 年 9 月 30 日，全国总工会书记处决定，医药系统工会归口中国石油化学工会。

二、发展多种经营实现为企业挖潜增效

（一）发展中的煤矿产业改革

1983 年，高扬文在煤炭工业改革座谈会上讲到，改革是中央的重要决策。邓小平指出，要搞四个现代化，必须进行一系列的改革，没有改革，就不可能实现四个现代化。这个思想已成为领导“四化”建设的一个极为重要的指导思想。根据中央的决策，煤炭工业也必须进行全面而系统的改革。改革，包括的范围很广。班子、机构、队伍要改革，工艺、技术、装备要改革，各个企业还要逐个地制订与全行业技术发展规划相衔接的技术改造规划。教育、科研和其他方面的改革也要进行。总之，各个方面、一切

部门都有改革的任务。煤炭工业经济体制改革问题。高扬文讲第一个问题，为什么要改革，就是因为现行的经济体制存在着很多缺陷，不适应“四化”建设的需要，不适应生产力发展的需要。第二个问题，改什么怎么改，经济体制的改革，是从经济管理制度、各项经济政策到管理方法的大变动，是各方面经济权益的大调整。第三个问题，改革需要注意的几个问题，要处理好国家、企业、个人三者利益的关系，处理好责任权利之间的关系，处理好企业、地方、部门之间的关系。

（二）发展中的电力系统多种经营

20 世纪 80 年代，电力系统的多种经营的发展，已成为搞活电力企事业经济的重要组成部分。在一业为主、多种经营的方针指导下，已从安置型（开始主要是为安置待业青年和企业富余人员）发展为开发型，其成为电力行业生产、生活中的一支重要力量。到 1989 年，电力行业多种经营企业已达到 4058 家，已有 28 万余人活跃在这个经济领域。已有固定资产 9.66 亿元，年产值 44.7 亿元，年上缴利税 2.5 亿元，仅 1988 年就安置待业子女 15921 人。经营范围越来越广，从后方生活服务发展到前方辅助生产；从机电设备安装发展到土木建筑施工，从电力系统走向社会。生产品种越来越多，从单一产品到系列产品，从电力专业产品到社会通用产品；从工业产品到农业产品。到 1989 年，电力企事业综合经营产品已达 2000 余种。据 1988 年不完全统计，电力系统集体企业仅自产的各类肉蛋就达 162 万斤，电力行业集体经济的发展，对挖掘企业潜力，改善职工生活，解决职工后顾之忧，促进电力生产起了重要的作用。1984 年，水电部在江苏望亭发电厂召开了改革企业管理体制、开展多种经营的现场会议。参会的工会同志们受到了深刻的启发和教育。会后，各地电力工会积极配合企业行政在多种经营活动中开展群众发动工作，为企业多种经营献计献策。这时，各种劳动服务公司、综合经营公司先后成立起来。1985 年 12 月 3 日至 8 日，水电部在湖北丹江口枢纽管理局召开第二次发展集体经济、开展多种经营工作会议。会议的主要目的是进一步贯彻水电部党组提出的一业为主，多种经营的方针，加快电力系统经济体制改革步伐，发展集体经济，进一步开展多种经营。会上学习了中央领导的指示，总结交流了望亭发电厂、丹江口枢纽管理等 15 个单位的经验，参观了丹江口枢纽局兴办集体经济取得的成果。会上讨论了水电部关于贯彻执行《电力企（事）业发展集体经济若干政策》（10 个方面 50 条），其中包括发展方针、性质、与主业关系，经营方向，财务管理，民主管理与劳动人事制度等。水电部副部长赵庆夫、水电工会副主席刘沛行等领导在会上讲了话。此次会议对推动电力系统体制改革，发展集体经济产生了重要影响，促使电力集体企业工会工作逐步走上轨道。1988 年 12 月和 1989 年 12 月，能源部又先后召开了电力系统多种经营工作会议，总结了电力企业多种经营的工作，提出了进一步开展多种经营的方向和要求。1989 年召开的多种经营会议上，成立了中国电力企业多种经营协会，水电部原副部长张彬任名誉会长，水电部原副部长赵庆夫任会长，中国水利电力工会副主席刘沛行任副会长。

三、全面推进企业民主管理

1981 年 6 月，全国总工会和中央组织部、国家经委联合召开全国企业民主管理座谈会。同年 7 月，中共中央、国务院转发了《国营工业企业职工代表大会暂行条例》（以下简称《暂行条例》），并发出通知指出：职工代表大会是提高职工群众主人翁责任感，发挥当家作主积极性，办好社会主义企业的基本组织形式。每个企业必须按照《暂行条例》的规定，有准备地、切实地把职工代表大会制度建立起来。

（一）推进和加强煤矿地质民主管理

1983 年 4 月，中国煤矿地质工会开滦赵各庄矿认真贯彻“三个条例”，坚持民主管理，依靠群众办企业，开滦赵各庄矿从 1980 年恢复了党委领导下的职工代表大会制度。

1984 年 3 月 1 日，中国煤矿地质工会、潞安矿区工会、王庄煤矿工会联合调查组起草了关于鸿安矿务局王庄煤矿职工代表大会的调查报告，并向全国总工会书记处作了专题报告。

1984 年 9 月 1 日，中国煤矿工会主席王珣在全国煤矿基层工会建设“职工之家”经验交流会上作了题为《围绕经济改革 建设“职工之家”开创工会工作新局面》的讲话。王珣指出，改革要依靠群众，充分发挥职工代表大会作用。

随着民主管理的深入推进，1988 年 1 月 7 日，中国煤矿地质工会下发了关于进一步贯彻《全民所有制工业企业职工代表大会条例》的实施意见。意见阐述了前提是为了保证中共中央、国务院颁发的《全民所有制工业企业职工代表大会条例》的贯彻实施，指导各单位严格按照该条例的规定，制定好职工代表大会实施细则，实现职工代表大会落实五项职权的程序化、规范化、制度化，健全以职工代表大会为中心的，多层次、多渠道、多形式的企业民主管理体系。

1989 年 2 月 13 日，中国统配煤矿总公司、中国煤矿地质工会提出并发出《关于进一步加强企业基层民主管理的意见》。这是为了进一步强化企业的民主管理，特别是强化区队、车间、班组的民主管理，调动广大煤炭职工的积极性，保证企业改革顺利进行，促进我国煤炭工业的发展，中国煤矿地质工会于 1988 年 11 月 12 日至 15 日在福建龙岩矿务局召开了全国煤矿区队、班组民主管理经验交流会。

（二）电力系统建立健全职工代表大会制度，推进企业民主管理

全国水电系统企业民主管理工作会议的召开和电力企业民主管理的健全与完善。1981 年 7 月，中共中央、国务院转发《国营工业企业职工代表大会暂行条例》的通知，当月，水利电力工会全委会便会同水利部和电力部在北京联合召开了首次全国水利、电力企业民主管理工作会议。1984 年，水利电力工会全委会会同水电部有关部门对全系统的企业民主管理工作，组织了一次自下而上的检查活动，即在基层单位开展自检，网局、省局组织互检的基础上，全委和产业部组成联合检查组，对 30 个水电企事业单位进行重点检查，并写出了《关于水利电力系统开展企业民主管理工作检查情况和今后意见的报告》，印发部署各企事业单位和工会。这次检查活动，对在全面实行厂长负责制的过程中进一步健全完善电力企事业民主管理制度，起了积极的作用。

1986 年 6 月 5 日，中共水电部党组发出《关于水利电力工会参政议政的意见》（以下简称《意见》）。《意见》对水电工会参政议政的主要内容作出具体规定：水电部及有关司局召开有关会议、全国性水利、电力会议研究制定方针、政策，生产建设计划，凡涉及职工切身利益时，水电工会列席参加；水电部及有关司局研究改革问题，凡涉及职工利益的各项改革（如水利电力管理体制、企业领导体制、工资奖励、用工制度的改革等），邀请水电工会参加改革的领导机构，参与改革方案的研究制定和改革措施的落实；有关司局研究涉及职工利益的集体福利、劳动保护、安全生产、组织劳动竞赛、评定、命名、表彰劳动模范活动时，请水电工会参与研究决定。

1987 年 9 月，水利电力工会全委会会同水电部在沈阳召开了全国电力系统贯彻“三个条例”、全面推行厂长负责制工作会议。水电部副部长史大桢作了题为《转变观点、统一思想，加快推行

厂长负责制的步伐》的报告。水电工会全委副主席谷安亚作了题为《在全面推行厂长负责制中深化企业民主管理，保障职工群众的主人翁地位》的报告。会议交流了阜新发电厂、望亭发电厂、沈阳电业局、华东勘测设计院、西安电力机械厂、安徽电建一公司、长江葛洲坝工程局、上海杨树浦发电厂、北京石景山发电厂、山东潍坊电业局、湖南长沙电业局等单位在改革中深化企业民主管理的经验。这次会议，贯彻落实了“三个条例”，进一步推进了电力企事业民主管理。

1988 年 11 月起，水电工会全委还与产业部建立了召开工作联席会制度。每季或半年召开一次，由部领导主持，部有关司局和工会部门负责同志参加，共同研究商定有关工会工作或电力职工群众工作等方面的问题。1988 年 11 月 5 日，能源部与水电工会全委召开的第一次联席会议，就建立正常联系制度、推进省局民主管理、电建立功竞赛、召开系统劳模大会等 8 个问题，交换了意见，并达成了协议。同时，工会还及时向部里反映了基层情况。截至 1989 年底，已先后召开了 3 次联席会议，这对相互沟通信息，及时研究解决问题，推动产业工会的发展起了很好的作用。

在进一步推进中，水利部、电力工业部、水利电力工会全委会于 1981 年 7 月 27 日至 8 月 2 日，在北京联合召开了全国水利、电力企业民主管理工作会议。会议以中共十一届六中全会决议精神为指导，传达、学习了中共中央、国务院关于转发《国营工业企业职工代表大会暂行条例》的通知和全国企业民主管理座谈会会议精神，总结交流了水利、电力直属企事业单位实行民主管理、召开职工代表大会的经验，研究制定了建立健全在党委领导下的职工代表大会制度的措施。

1987 年 5 月 8 日，水电部转发水利电力工会全委会《关于推进省电力局实行民主管理召开职工代表大会问题的请示报告》的通知。通知明确了部党组原则同意水电工会给部党组的《关于推进省电力局实行民主管理召开职工代表大会问题的请示报告》。省电力局一级实行民主管理，建立职工代表大会制度。各电管局可选择一个省（自治区、直辖市）电力局进行民主管理的试点，各省（自治区、直辖市）电力局也要积极创造条件，力求在两三年内普及开来。

1989 年 3 月 17 日，能源部、水利电力工会全委会下发关于加强民主管理建立健全职工代表大会制度的通知，附关于加强省市区电力局（公司）民主管理建立健全职工代表大会制度的初步意见。为深化企业改革，加强民主管理，全面贯彻落实《企业法》，充分调动广大电力职工的积极性，进一步增强企业的活力，特提出加强省市区电力局（公司）民主管理，建立健全职工代表大会制度的初步意见：一是关于省局建立职工代表大会制度的必要性问题，二是关于省局职工代表大会行使职权的问题，三是关于开好职工代表大会的问题，关于职工代表的问题，关于职工代表大会专门委员会和工作机构的问题。

从 1979 年 1 月水电工会全委正式恢复工作以来，产业部、各电网局、省电力局、工程局等各级党、政领导，对电力工会组织是比较重视的，对电力工会工作也是关心和支持的。历次全国电力工作会议，研究制定电力工业的方针、政策和任务，水电工会主要负责同志都被邀请参加，有时根据需要，网省局工会主席也参加了会议，及时反映基层情况和电力职工的意见和要求。凡全国电力系统带有群众性的工作，如劳模表彰大会、全国职工生活工作会议、优质服务工作会议、企业职工民主管理工作会议、安全生产工作会议等，水电工会全委及各级工会组织，都主动协同各级行政共同组织，积极主动地进行工作。

（三）进一步推进石化医药工会参政议政

1978 年 4 月，中共中央发出《关于加快工业发展的若干问题的决定（草案）》，决定恢复党委领导下的厂长负责制和职工代表大会制。1980 年初，化学工会成立。随后，化学工会即到上海、江苏等地调查化工企业职工民主管理的状况。11 月，化学工会在江苏省镇江市召开部分省市化工厅（局）和化工企业工会干部座谈会，交流推行职工代表大会制度和开好职代大会的情况和经验，共同研究和讨论进一步推行职工代表大会制度的有关问题。当年，石油工业部党组批转了石油工会有关当时工会工作几个问题的报告，大大推动了各级工会的组织建设和各项主要工作的开展。之后，石油系统有一批企业建立了职工代表大会制度，江汉石油管理局、西安石油勘探仪器总厂二分厂等单位先后召开职工代表大会，江汉石油管理局工会同时还开展了职工代表大会民主评议活动。

1981 年初，化学工会下发当年工作计划，对推行职工代表大会进行部署：在化工企业普遍推行职工代表大会制度，提高职工代表大会质量；调查研究职工代表大会的经验、问题，交流职工代表大会的经验；研究了解试点单位的做法，总结试点工作经验；动员职工认真执行职工代表大会决议，开展劳动竞赛和为“四化”立功活动。当年，化学工会和化工部联合组织工作组到黑龙江、江苏、上海、天津、北京等省市蹲点，进行调查研究，总结召开职工代表大会的经验，如天津染料厂、上海高桥化工厂厂长如何支持开好职工代表大会，依靠职工群众搞好企业生产建设的经验，北京橡胶一厂依靠职工代表大会做好职工队伍建设的经验，江苏常州石油化工厂工会如何做好职工代表大会工作机构的经验，江苏无锡惠山农药厂实行民主评议干部的经验等。1981 年 5 月 20 日，石油工业部党组批转石油工会《关于当前石油企业恢复和建立职工代表大会制度情况的报告》。该报告阐明推行职工代表大会制度对发展石油工业的重要意义，要求各单位尽快把职工代表大会制度恢复和建立起来。该报告附有河南南阳油田工会、石油部管道局工会和四川南充炼油厂工会等3个单位开好职工代表大会经验的典型材料。由此，职工代表大会制度逐步在石油工业企业推广开来。1981年6月，全国企业民主管理座谈会召开。化学工会和化工部随即向各省市化工厅（局）、各重点化工企业联合发出《关于认真传达和贯彻全国国营工业企业民主管理座谈会精神的通知》。之后，化学工会会同化工部到北京、天津、上海、黑龙江、江苏等省市进行调查，了解化工企业对全国企业民主管理座谈会精神的传达贯彻情况。1981年7月，中共中央、国务院颁布《国营工业企业职工代表大会暂行条例》。化学工会又会同化工部于当月发出通知，要求所有化工企事业单位都要建立职工代表大会制度。1981年11月，化学工会同化工部联合召开全国化工系统企业民主管理座谈会，总结交流化工系统近几年推行职工代表大会制度的经验，研究如何进一步加强企业民主管理，搞好职工代表大会制度。会议从企业党委要加强领导、把职工代表大会开成广大职工行使民主权利的大会、发挥职工代表大会监督作用、加强职工代表队伍的建设等四个方面对完善提高职工代表大会制度进行部署。1981年底至1983年，石油、化工行业在逐渐恢复的基础上推动企业建立健全职工代表大会制度。

1984年10月，中共十二届三中全会通过的《中共中央关于经济体制改革的决定》指出：在实行厂长负责制的同时，必须建立职工代表大会制度和各项民主管理制度，充分发挥工会组织和职工代表的审议企业重大决策、监督行政领导和维护职工合法权益方面的权利和作用，体现工人阶级的主人翁地位。石油化工企业开始进行厂长负责制试点工作，当年，沈阳第三橡胶厂修订了《职工代表大会暂行条例》，补充修改《车间（科室）职工代表大会暂行条例》《班组民主管理暂行条例》，调整了职工代表成分：管理干部30%、工程技术人员30%、工人40%，职工代表受培训人数达96%，并于1984年5月至1985年5月召开各级职工代表大会（职工大会）21 次，认真讨论和审议了机构改革方案、工资调整方案、经济责任制方案、奖金分配方案等应该提交会议的各类文件和事项 129 个（含车间级 98 个）。1984 年 11 月，北京燕山石油化工公司召开第三届职工代表大会，代表中工人代表的比例由 50%降为 45%，科技人员代表的比例由 18%上升为 23%，将职工代表大会的评议重点放在审议企业的重大决策上，重点审议公司领导制度改革方案，讨论通过了修订的《职工代表大会工作条例》。

1984 年至 1985 年，石油化学工会推广了《沈阳第三橡胶厂工会：以保证实行厂长负责制为前提努力实现企业民主管理工作的三个转变》《株洲化工厂工会：坚持民主程序搞好民主选举维护职工的民主权利》《武汉市化工局工会：在经济改革中加强企业民主管理和改革工会干部制度 》《上海化工局工会：实行厂长负责制，更需加强民主管理》《武汉石化总厂工会：理顺三者关系，在实行厂长负责制的新情况下，发挥工会和职工代表大会的作用》《抚顺石油一厂工会：利用改革新形势，提高民主管理新水平》《北京燕山石化石油化工公司工会：以改革为动力努力推进企业民主管理》等经验做法，推动了化工系统职工代表大会制度的健全和完善。1985 年 11 月，全国石油化工企业工会主席座谈会召开，对改进和完善职工代表大会制度提出要求，指出各级工会和职工代表大会都要把企业的民主管理的重点放在审议企业的重大决策上，深入企业的生产、经营、流通、分配等领域。通过落实职工代表大会的监督和维护权、进行职工代表素质的培训、调整和不断改革会议的方法等提高职工代表大会的质量。截至 1986 年 2 月，除四川局、南海东部两家外，石油企业都已建立了职工代表大会制度。

1986 年 4 月 26 日，化学工业部、中国石油化学工会《关于充分发挥化工系统各级工会参政议政作用的联合通知》，有利于同级党政领导广泛听取职工群众的意见和建议，促进化工事业的改革和发展。

1988 年 8 月 19 日，石油企业贯彻《企业法》加强企业民主管理深化石油企业工会自身改革座谈会召开，要求企业工会和职工代表大会要把工作重点放在审议企业重大决策、监督行政领导、维护职工合法权益上，全面落实职工代表大会的五项职权。同时针对石油企业基层单位比较分散、野外作业多、流动性大的特点，决定健全站、队的职工大会制度和班组的民主管理，保证基层的职工按“三个条例”的有关规定行使民主管理权利。年底，全国石油企业全部实行了局长（厂长）负责制，多数石油企业建立健全了局、厂（公司）、矿（大队）、基层队（车间）、班组五级民主管理体系。职工代表的素质不断提高，在审议企业重大决策、监督行政领导、维护职工合法权益等方面发挥了较好的作用。大庆、江汉、大港等企业从本单位的实际出发，制定了《贯彻职工代表大会条例实施细则》《审议企业重大决策制度》《民主评议干部制度》《职工代表培训制度》等制度，使职工代表大会的五项职权基本上得到了落实。

第三节　改革发展的中流砥柱

一、以中国工会十一大为指引开创工作新局面

（一）煤矿地质产业模范代表

党的十一届三中全会以来，全国能源工业战线的全体工人、科学技术人员和干部，坚持四项基本原则，坚持改革开放，发扬工人阶级的优良传统，艰苦奋斗，在能源工业改革和生产建设中作出重大贡献。同时涌现出一批勇于改革创新、富有开拓精神、

献身煤炭工业，在改善经营管理、增加生产、降低消耗，保证安全、发明创造、提高经济效益和加强两个文明建设等方面作出卓越贡献的优秀人物和先进集体。1989 年 9 月，中华人民共和国能源部、中国煤矿地质工会决定对这些为能源工业的发展作出卓越贡献的优秀个人和先进集体予以表彰，并下发了《关于表彰全国能源工业劳动模范和先进集体（煤炭部分）的决定》，授予刘兴业等 30 名同志全国能源工业特等劳动模范称号（煤炭部分），授予侯振清等 534 名同志全国能源工业劳动模范称号（煤炭部分），授予开滦矿务局唐家庄矿开拓区等 200 个单位全国能源工业先进集体称号（煤炭部分）。中国统配煤矿总公司系统有 46 名同志被国务院授予全国劳动模范和先进工作者荣誉称号，有 16 名同志被能源部和中国煤矿地质工会授予全国能源工业特等劳动模范荣誉称号，有 272 名同志被授予全国能源工业劳动模范荣誉称号，有 104 个区队（科室）、班组被命名为全国能源工业先进集体。1989 年 10 月 7 日，中国统配煤矿总公司和中国煤矿地质工会联合作出了《关于向劳动模范、先进集体学习的决定》，在全公司范围内掀起了“学先进、比先进、超先进”的热潮。

1991 年 8 月 17 日，中国煤矿地质工会作出了《关于开展向李友杰同志学习的决定》。通化矿务局八道江煤矿机电科工人李友杰同志于 1990 年 9 月 14 日在浑江铁路线上为抢救一位老人献出了宝贵的生命，年仅 33 岁。李友杰同志舍己救人的英雄事迹，在通化矿区和社会上引起了极大的反响。李友杰同志是立足岗位学雷锋的无名英雄，是煤矿职工队伍中的先进典范，是实践煤矿工人“燃烧自己，照亮别人”的楷模。以开展“学英雄、树理想、比奉献”的大讨论，让广大职工从学习自己身边的英雄人物入手，教育自己，提高自己，从而使学习活动更富有生动性、实效性。把学习李友杰活动与“四有”教育、“四职”教育、“双基教育”、“爱、做、献”教育、建设职工之家活动、社会主义劳动竞赛、群众安全生产、“双增双节”、合理化建议活动有机地结合起来，立足于引导广大职工像李友杰那样爱国、爱党、爱人民、爱社会主义，以主人翁精神关心企业的兴衰，为振兴企业无私奉献；引导广大职工像李友杰那样把实现“四化”的理想与本职工作结合起来，不断强化自己的职业责任感，培育职业道德，加强职业纪律，提高职业技能，不断提高职工队伍素质。通过学习李友杰活动，把职工群众中激发出来的社会主义积极性集中到经济建设这个中心上来，为发展煤炭生产，实现“八五”计划的各项目标而奋斗。

（二）电力系统典型标兵

1979 年 6 月 1 日，中共电力工业部党组表彰全国电力工业大庆式企业标兵、大庆式企业、先进集体、劳动模范、先进生产（工作）者。全国电力工业学大庆会议，原定 1979 年 1 月召开。由于当时各地正在传达贯彻中央工作会议、中共十一届三中全会精神，为了精简会议，原中共水电部党组决定停止召开全国电力工业学大庆会议。截至 1979 年 4 月底，全国电力系统已建成大庆式企业 214 个，其中 1979 年命名 115 个。同时，还涌现出一大批先进集体、劳动模范和先进个人。这批先进典型，在电力工业各个岗位上，起到骨干和榜样的作用。部党组特作如下表彰：全国电力工业大庆式企业标兵 19 个；全国电力工业大庆式企业 195 个；全国电力工业学大庆先进集体 187 个；全国电力工业劳动模范 68 个；全国电力工业学大庆先进生产（工作）者 147 个。

1986 年 5 月 13 日，水电部、机械部、机械冶金工会、水电工会在北京召开确保电站建设联合立功竞赛大会。会上，宣布了《关于确保电站建设开展联合立功竞赛的决定》，国务院副总理李鹏作了重要讲话。他称赞“这种竞赛活动是个创举”。水电部副部长赵庆夫、机械部副部长丁孝农、全国总工会副主席罗干也分别在会上讲了话。5月20日，全国总工会办公厅在印发确保电站建设联合立功竞赛大会文件的通知中指出，这样的联合竞赛，新中国成立以来还是第一次，是一项非常有意义的事情。

1986年5月13日，水利电力部、水利电力工会、机械工业部、机械冶金工会关于确保电站建设开展联合立功竞赛的决定。六届人大四次会议已将宏伟的“七五”计划，展现在全国人民面前，“七五”计划把电站建设任务列为发展国民经济的重点。为此，机械、电力两部、两会共同决定组织和发动两大系统的广大职工，开展确保电站（包括输变电）建设任务全面完成的联合立功竞赛。

1991年5月15日至18日，1990年度全国大型水电厂（站）竞赛评比经验交流大会在能源部及水电工会全委的正确领导下，在华中电管局和湖南省电力局的亲切关怀下，在东江电厂召开。参加会议的有龙羊峡、刘家峡、盐锅峡、龚咀、乌江渡、大化、新安江、丹江口、葛洲坝、风滩、拓溪、东江、丰满、白山、云峰、映秀湾、鲁布革等17个成员厂的代表，能源部、水电工会全委、东北电管局、华北电管局、华中电管局、西北电管局、西南电力工委，以及甘肃省电力局、贵州省电力局、青海省电力局、云南省电力局、湖北省电力局、湖南省电力局的领导及代表也参加了大会，万安电厂、安康水电总厂、三门峡电厂、黄龙滩电厂、柘林沙田电厂、马迹塘电厂的代表也应邀参加了大会，大会代表共118人，大会由水电工会全委生产部副部长唐志翔、能源部电力司发电处余卫国工程师、全国大型水电厂竞赛评比委员会秘书长杨法金及各主管局领导、东道厂领导共同主持召开。会上秘书长杨法金作了“继续狠抓安全生产，努力提高经济效益，为完成‘八五’计划和十年规划的雄伟目标做出新贡献”的工作总结。唐志翔副部长、余卫国工程师都作了指导性的讲话。郴州地区总工会、地区行署经委及资兴市的领导也到会致贺。这次会议通过竞赛评比和经验交流相结合，大会经验交流和小组对口经验交流相结合，会上交流和会下代表之间相互交流相结合等方式，进行了广泛深入、坦诚求实的交流。

（三）石化医药工会建新功

从20世纪70年代末至80年代中期，石油系统进一步加强了职工的培训工作，选送一批职工到大专院校学习，同时还举办多种形式的文化技术培训，提高职工的文化技术水平，培养了大批的石油专业技术人员。1981年至1985年经过各种轮训班学习的总人数达80万人次。吉林油田工会设培训部，专门负责职工的培训工作。他们采取各种方式，开展青工系统培训、教师进修培训、班组长岗位培训，并选拔职工参加高等教育学习。全油田文化和技术“双补”人员累计合格率达到87.6%和95.3%，中级技术培训累计2058名，参加高等教育学习的有1441名。经过培训，工人中有14人被提拔为站长、队长，有8人被提拔为工人技术员，有119人当上班组长，有109人被录用为资料员。

在党的十一届三中全会后，中国石油工会结合推进企业内部各种形式的经济包干责任制，石油系统广泛开展了为四化立功的劳动竞赛。中国石油化学工会组织和发动职工侧重在遍布全国的小氮肥厂之间开展厂际竞赛。在激励石化工人岗位建功立业方面，从1979年开始，石油职工进行了三次工资调整。1981年开始，国家实行了原油产量包干超产分成提奖，并对石油、天然气开采工人实行免征奖金税的特殊政策，奖金发放与经济效益挂钩，使石油职工的实际收入（包括奖金）有了较大提高。1984年，为了使生产一线艰苦工种的职工多劳多得，收入有较多的增加，简化和统一了各石油企业的工资标准，并从超产留成的奖励基金中拨出一部分资金，试行了一线工人的生活补贴政策。1985年，在石油事业单位实行了结构工资制度。这一系列措施，使职工收入特别是一线职工的收入普遍有了较大的提高。与此同时，各石油企事业单位除了实行公费医疗制度还根据不同情况发给交通费、洗理费，对女职工和工程技术人员分别给予特殊照顾。

在保障职工权益上，1980 年，化学工会会同化工部发出了《关于进一步加强安全生产和劳动保护工作的通知》，提出了化工企业加强安全生产和劳动保护工作的八项要求及措施。要求各级化工部门和化工企业采取有力措施，改变伤亡事故多的严重状况，力争杜绝重大恶性事故的发生，大幅度减少各类事故，千方百计减少职业病，使安全生产和劳动保护工作，在较短时间内达到本地区、本单位的历史最好水平。1981 年，经国务院批准，对化工有毒有害岗位，全面推行四班三运转。自 1978 年以来，为了保护有毒有害岗位工人的健康，化工部在天津化工厂等 250 个单位、7 万名职工中，进行工时制度改革的试点，实行四班三运转，增强了工人体质，巩固了一线队伍，促进了生产，受到了职工的普遍欢迎。

到了 1983 年，全国的小氮肥企业发展到 1200 个，小氮肥产量占全国化肥产量的 50%以上，产值占化工部系统的 10%左右。但由于煤耗、电耗高，有 200 多家亏损，有 7 个省全行业亏损。为了扭转这种状况，广泛开展小氮肥厂际竞赛，把小氮肥企业搞好。1987 年，石化工会会同化工部发出《关于开展增产节约、增收节支社会主义劳动竞赛的联合通知》，进一步提出小化肥厂要开展以扭亏增盈、节能降耗为主要内容的劳动竞赛。陆续有 10 多个省开展了小氮肥厂际竞赛。湖南省通过开展小氮肥企业升级赛和造气操作选拔赛、锅炉节能竞赛、优秀厂长竞赛，以及组织“对口帮”“技术会诊”等活动，1987 年，亏损企业由过去的 57 个减少到 11 个，全行业盈利由 230 万元增加到 5605 万元，吨氨成本由 162.04 元下降到 153.07 元，碳氨的合格率和一级品率逐年提高。山东省通过开展竞赛，由过去全行业亏损 896.6 万元，转为盈利 7824.6 万元。通过小氮肥厂际竞赛，1987 年，全国小氮肥行业扭亏为盈，全年净盈利 7.67 亿元。中国石化工会会同化工部于 1988 年联合表彰了 22 个地市化工局（公司）、116 个先进小氮肥企业，授予 12 个省石化工会和化工厅（局）工会“小氮肥企业节能降耗、扭亏增盈、优质安全厂际竞赛优秀组织者”奖状，进一步促进了小氮肥厂际竞赛的深入开展。1984 年春节期间，石油系统开展了“为创建第二个大庆当先锋打头阵立功竞赛活动”。1983 年，油田原油产量 1836 万吨，通过竞赛，1984 年、1985 年两年年产量分别达到 2300 万吨和 2700 万吨，每年递增 400 万吨，占全国年增产原油一半以上。在 1986 年 3 月开始的胜利油田孤东新油区开发建设中，立功竞赛又有新发展，取得了新成绩、新经验。新油区施工难度相当大。以“大干 100 天，日产上一万”为目标竞赛，从 1986 年 3 月 11 日至 7 月 1 日，竞赛目标提前实现。累计完成土方量 720 万立方米，建设油气管线 320 公里，打井 416 口，投产新井 331 口，原油日产达到 11456 吨，净增 10076 吨，相当于建成 6 个玉门油田目前的生产能力。胜利油田把立功竞赛的条件办法同经济责任制融为一体，同上下左右的承包制、合同制相一致建立完整的立功竞赛系统等做法结合起来，从实际出发，积极地、慎重地在用工制度、分配制度、劳动组织上进行了一系列改革。

1984 年 6 月 20 日至 24 日，中国石油化学工会参加化学工业部在吉林化学工业公司召开的全国化工思想政治工作会议。组织参观了吉化公司思想政治工作展览和生产现场，吉化公司等 12 个单位介绍了经验。会议表彰了聂荣本等 86 名优秀政治工作者，聂荣本事迹报告团的报告受到会议的高度重视。石油化工产业工人在化学工业生产、基建、科研、设计、教育等各项工作中，做出了显著成绩，发挥了模范作用，不断涌现出先进典型人物。1985 年 11 月，化学工业部下发《关于授予曹印修等同志“全国化学工业劳动模范”称号的决定》，授予曹印修等 351 名同志“全国化学工业劳动模范”称号。

在 1986 年 3 月开始的胜利油田孤东新油区开发建设中，立功竞赛又有新发展，总结了新经验。按照到 1989 年建成第二个大庆的要求，全油田 1986 年的产量要达到 3000 万吨。科技水平有新发展，钻井井身和固井、试油和交井一次合格率及资料全准率、放射性测井合格率、过油管射孔发射率和一次成功率等主要工程及施工质量全部达到 100%。新技术、新工艺，管理水平和经济效益显著提高。新油区开发建设的全部工作都实行了标准化施工，共创出 18 项全国同行业新纪录和 134 项全油田高水平，节约投资 1. 35 亿元。在孤东新油区开发建设中，探索了按现代化大生产的要求组织立功竞赛的新方法，其中重要的一条就是抓好技术推广，重视学习、研究和普及推广新技术。钻井公司自 1984 年成立立功竞赛委员会以后，就有计划、有步骤地推广高压喷钻井新技术，配套地推广了高压喷射钻井、偏心井口测压、过油管负压射孔、抽油机自动报警、原油微机计量等一系列新技术、新工艺。钻前分公司经理工程师林友进，在多年实践经验基础上，苦心钻研、总结出了“生产三三运行制”“土方工程四四滚动法”“岗位双保险三三联防责任制”“并架整拖五、四、八”等一整套科学施工方法，大大提高了工作效率，保证了工程质量。在新区开发竞赛中，各单位还经常举办技术表演赛、新技术观摩、岗位练兵、知识竞赛等各种活动，有力地推动了先进技术的普及推广。回顾 20 世纪 70 年代末至 80 年代中期，石油勘探开发系统各单位共获得国家发明奖 28 项，其中二等奖 4 项，三等奖 9 项。荣获国家“六五”科技攻关先进奖项目的“提高石油钻采效率及常温输送工艺的研究”，包括“油田高含水期采油方式的研究”“稠油热力开采技术的研究”“原油常温输送技术”等，“三维地质勘探技术研究”“地震资料特殊处理方法及应用技术研究”也受到了表彰。

1985 年，获国家科学技术进步奖 38 项，其中“大庆油田长期高产稳产的注水开发技术”和“渤海湾盆地复式油气聚集（区）带勘探理论及实践”两次荣获特等奖。整个“六五”期间获石油工业部奖励的科技成果奖共计 593 项。这些获奖项目显示了石油职工队伍的科学技术水平，并为石油天然气的勘探开发带来了很好的经济效益。

1988 年 8 月 16 日至 20 日，中国石油化学工会在兰州召开化工职工技协座谈会。着重讨论了进一步广泛深入开展技协活动问题；部分省、市加强地区间的合作，达成八项技术合作的意向协议。明确于 1989 年成立中国化工职工技术协会，并表彰化工系统技协活动先进集体和先进个人。1989 年 6 月，中国石油化学工会下发了《关于表彰全国化工职工技术协作先进集体和先进个人的决定》，并在 1989 年 7 月 15 日，中国石油化学工会在青岛召开化工职工技协成立暨表彰大会。石油化学工会授予上海市化工局职工技术协作委员会等 83 个职工技协组织“全国化工职工技协先进集体”称号，授予李振南等 130 名同志“全国化工职工技协先进个人”荣誉称号。认真学习他们的好经验、好做法，坚持“一个中心、两个基本点”，深化技协改革，开创化工职工技协新局面。

1991 年 6 月 3 日至 5 日，中国石化医药工会第二届全国委员会第一次全体会议在北京燕山石化公司召开。广泛开展全方位、多形式、多层次的劳动竞赛，对发展生产、提高效益发挥了重要作用。医药行业根据自身特点开展多种形式的劳动竞赛，促进了经济效益提高。行业性的厂际竞赛，声势大、范围广，促进企业基层的劳动竞赛有了新的发展。在全国合理化建议总结暨表彰大会上，石油、化工、石化、医药行业受表彰的积极分子有 139 名，先进集体有 39 个，分别占受表彰总数的 14% 和 15.6%，为开展社会主义劳动竞赛和合理化建议及发明创造活动提供了宝贵经验。

二、着力推进深化改革中的工会工作

（一）新的历史阶段中的煤矿地质工会

1985 年 7 月 16 日，中国煤矿地质工会对各省（区）煤矿工会、东煤公司工会、重庆市煤矿工会印发了《关于煤炭体制改革后，煤炭系统工会体制问题的通知》。《通知》强调了近两年来，为了进一步促进煤炭工业的发展，经国务院批准，煤炭工业部调整了部分骨干统配煤矿管理体制。先后将 61 个统配煤矿以及相应的煤炭工业厅（公司）和部分煤炭基本建设、机械制造等企业事业单位划归煤炭部直属管理。

1986 年 5 月 20 日，中国煤矿地质工会向煤炭部党组呈报了《关于进一步加强企业民主管理的请示报告》。煤炭部党组下发了《转发中国煤矿地质工会〈关于进一步加强企业民主管理的报告〉的通知》，要求各单位针对本企业民主管理的薄弱环节，迅速采取有效措施，尽快健全职工代表大会制度和其他民主管理制度，充分发挥工会组织和职工代表在审议企业重大决策、监督行政领导干部、维护职工合法权益等方面的权利和作用，保障职工在企业中的主人翁地位，充分调动职工的积极性、智慧和创造力，进一步搞好以总承包为中心的各项配套改革，真正把煤矿办成充满生机和活力的社会主义企业。

（二）新的历史阶段中的电力工会

1982 年 1 月 15 日，中国水利电力工会全委会下发《关于加强和改进机关工作的八条要求（试行案）》。认真学习马克思列宁主义、毛泽东思想和党的路线、方针、政策，以及党对工会工作的指示，坚持理论联系实际，不断提高思想政治水平，做到在政治上和党中央保持一致。根据党中央指示和全国总工会党组的部署，结合水利、电力的实际，制订切实的工作计划，认真贯彻执行，做到有检查、有总结。建立健全各级责任制。明确各部门职责范围，工作职责落实到人，做到分工明确，责任清楚。根据每年考核工作完成情况，成绩突出者给予表扬。深入基层，深入群众，做好调查研究工作。下厂要有调查提纲，明确任务和要求，回来后要认真准备、进行汇报，并提出问题和解决问题的意见。要善于同基层的同志一起研究问题，向他们学习，并指导和帮助他们工作。全委每年要围绕中心工作，提出调查研究的项目，落实到各部门。力争做到每年能根据工作计划，拿出一些有情况、有分析、有意见的调查材料。不断提高办事质量和工作效率。要发扬积极工作和实干精神。工作既要有分工，又要密切协作。有关重要问题，要互相商量，抓紧处理。急办的事情，要限期处理。做到不推、不拖、不扯皮。全体党员要认真执行《关于党内政治生活的若干准则》，全委领导要认真执行民主集中制。坚持集体领导和分工负责相结合。重大问题要集体讨论决定，分工范围内的事情要勇于负责。要健全民主生活制度，积极开展批评与自我批评，做到敞开思想，消除隔阂，增强团结，推动工作。要加强组织性、纪律性，模范执行党的纪律和国家政策法令，自觉遵守作息时间，不迟到，不早退，工作时间不闲谈聊天。建立正常的工作秩序，认真执行各项工作制度，包括各种会议制度、文件传阅、处理、保管制度等。要坚持劳动制度，搞好环境卫生，保持室内整洁，切实改进领导作风。全委主要领导要经常深入基层，深入群众，亲自动手，搞调查研究。要坚持走群众路线，多听取群众意见，重要问题要同大家商量。要关心机关干部的思想和生活。注意经常找个别同志谈心。要带头不搞特殊化。

1988 年 12 月 9 日，水利部、全国水电工会联合下发了《关于加强水利系统工会工作的几点意见》。《意见》是根据中共十三届三中全会和中国工会十一大的精神，为了加快水利事业的发展和深化水利改革，要充分发挥工会组织民主参与和社会监督的作用，加强水利部与水电工会全委会的联系与合作，经部领导与水电工会全委会领导共同协商后提出，强调各单位结合实际遵照执行。

（三）新的历史阶段中的石化医药工会

1987 年 8 月，上海石化总厂工会在深化企业改革中不断加强职业道德建设建新功。上海石化总厂是一个现代化的石油化工、化纤联合企业，有 5 万名职工，2 万名家属。1987 年 2 月，总厂工会干部深入腈纶厂的回收、北纺丝两个车间和石化地区商业系统等单位，对不同层次做了调查。发现腈纶厂的两个车间中年龄在 30—40 岁的职工中有 30%—40% 的，存在求“实惠”思想，他们热心于小家庭“四化”，对于工作抱着得过且过的态度；年龄在 25—30 岁的职工中有 40%—50%的，则以钱为本，有钱就干活，没钱少干活，个别甚至不干活；年龄在 18—25 岁的职工中有 5%左右，不劳而获的资产阶级思想严重，有的靠赌、偷、旷工在外做小生意发财为主。在地区商业系统的部分职工中，比较突出的是服务态度问题，存在着“三多”（即看不起服务行业工作多，上岗拿顾客出气多，不满情绪牢骚多）和“三难”（即服务人员脸难看，热销商品难买，顾客回家气难消）。上海石化总厂工会认为，这些反映在具体工作岗位上的各种思想，实际上都是由于职业道德规范在调节、指导着人们的行为。因此，用职业道德加强教育感化和自我约束，比运用纪律和法律手段，更易于群众接受。因为善与恶，是与非，诚实与虚伪的道德标准受社会舆论的制约。根据这些特有行为规范的特点，上海石化总厂工会会同基层工会组织，开展多层次、多形式、多角度的以正面教育为主的疏导、调节、感化活动。协同腈纶厂工会召开多种形式的座谈会、恳谈会、录像茶话会、干群联谊会等，展开是非观、人生观的讨论，以干群对话、党群对话的形式，沟通干群、党群之间的信息，使职工能够正确处理国家、企业、个人三者的利益关系，民主与集中、纪律与自由的关系，物质奖励和精神鼓励的关系，提高了遵守职业道德的自觉性。涤纶厂工会开展了强化主人翁意识的活动，围绕“以国代进”（以国产配件代替进口配件）专题，极大地调动了全厂职工的社会主义劳动热情和爱国主义热情，直接为国家节约外汇 24 万（美元）。机修厂工会把“月评十件好事”和“年评十佳好事”的活动，看成加强职业道德建设的一个重要内容来开展，新人、新事、新风貌不断涌现，雷锋精神到处可见，职工队伍的素质普遍提高，“二评”不仅激励了后进青年的转化，带动了大批青年争做好人好事的风气，而且有力地推动了全厂生产形势的发展，并于 1986 年获得国家劳动人事部和石化总公司颁发的三类压力容器许可证，1986 年，又被评为“文明单位”。

1987 年，中国石化销售公司华东分公司工会职业道德教育抓住“六个环节”，搞好“三个结合”，培养“四有”职工。“六个环节”是“学、议、摆、订、讲、评”。学：就是抓学习，提高职工的职业道德认识。编印了“职业道德十问十答”材料，购买有关书籍发至班组学习讨论。同志们说：“我们华东分公司掌握着石油商品分配大权，我们的工作做得怎样，关系到华东六省一市的工农业生产，关系到社会主义四化大业，我们要树立高度的职业道德观念，正确认识和使用自己的职业权利，履行自己的职业义务。”议：就是在提高认识的同时，议论各班组、各工种岗位上职业道德的基本要求和内容，以及模范、先进人物所表现的职业道德风貌，树立榜样，以激励职工进取心。例如，一分库职工在议的过程中，列举总公司劳动模范杨根山同志一心扑在油库储运事业的先进事迹，加深了对岗位职业道德认识。摆：就是摆各班组、各工种岗位上不符合职业道德的事例和现象，便于有的放矢地开展教育活动。例如，有些部门针对各班组排出行业不正之风规定“三个不准”：不准因客户未捎带土产品，而在装车船时设置障碍；不准因客户给捎带土特产品，对不符合装运条件的，也给予装运；客户给有关小组捎带土特产品时，必须付钱，从而使这一不符合职业道德的现象，得到了纠正。订：就是通过学、议、摆，在提高思想认识的基础上，制订出班组、各岗位的职业道德守则。订守则，要求掌握“十六个字”，即切合实际、突出重点、严格要求、简明扼要。先后组织职工订出职业道德守则103 份，多数守则订得较好，能针对存在问题和职业道德的要求提出具体努力方向。讲：就是抓讲评制度，使职业道德教育活动经常化。在抓讲评制度中，主要是“四定”，即定讲评时间、定讲评内容、定讲评记录、定期检查。讲评内容有四个方面：一是讲职业道德中的好人好事；二是讲不符合职业道德的现象；三是讲分公司及各基层有关不准违反职业道德的规定；四是讲职工在职业道德教育活动中的思想活动。实行讲评制度后，发扬职业道德的好人好事受到表扬，不符合职业道德的现象受到批评。评：就是开展争做评选“十种人”活动。“十种人”是对待公共财物，做爱厂如家的人；对待司纪法规，做正派自觉的人；对待生产工作，做任劳任怨的人；对待产品（工作）质量，做诚实把关的人；对待服务工作，做热情周到的人；对待技术业务，做勤学苦练的人；对待工作分配，做勇挑重担的人；对待职业纪律，做认真执行的人；对待不良风气，做敢于抵制的人；对待安全工作，做一丝不苟的人。通过评选“十种人”，树立标兵，发扬先进。通过抓住“六个环节”，职业道德教育活动逐步开展，职工的认识有提高，思想有触动，工作态度有改善，工作作风有改进，好人好事不断出现。搞好“三个结合”就是把职业道德教育与“双增双节”运动结合起来；把职业道德教育与提高职工的业务技术水平结合起来；把职业道德教育，与贯彻执行规章制度结合起来。

1990 年 10 月 11 日，中国石化工会向全国总工会递交了《关于开展向王光荣同志学习活动的请示报告》。江泽民同志在 8 月 23 日视察新疆时，对塔里木石油工人王光荣给予很高评价，对宣传先进人物作了重要指示。江泽民说：“王光荣同志的事迹非常感人，是铁人式的英雄。我们的新闻、文艺部门应该好好地宣传像王光荣同志这样的各条战线上英雄人物的先进事迹，去教育、鼓舞更多的人，尤其是青少年。”中国石化工会从《人民日报》9 月 4 日的报道中学习了江泽民的这一指示后，立即组成调查组赶赴新疆进行调查。经一个月的调查，王光荣无愧于铁人式的英雄。他是新疆石油管理局参加塔里木石油会战的 7015 钻井队泥浆工人，共产党员。十八年如一日，热爱油田，艰苦奋斗，刻苦钻研，无私奉献，身患癌症仍坚持到沙漠打井，直到生命的最后一息，于 1989 年 12 月 26 日，在克拉玛依逝世，享年 44 岁。油田领导和职工一致认为，王光荣艰苦奋斗的劲儿像王铁人，同癌症做斗争的劲儿像焦裕禄，助人为乐的劲儿像雷锋。塔里木石油勘探开发指挥部党委追认王光荣为优秀共产党员。新疆石油管理局追认他为铁人式共产党员。新疆维吾尔自治区总工会向区委申报追认他为模范共产党员。遵照江泽民同志的指示，这两个油田都作出了宣传和学习王光荣的决定，撰写、赶排电视剧和文艺节目。一个个宣传王光荣、学习王光荣、演讲王光荣的活动在南疆北疆深入开展，以此落实江泽民同志关于学习王光荣，加快塔里木石油勘探开发的重要指示。

三、为实现“八五”计划而奋斗

（一）煤矿地质产业工会组织积极作为

为了落实煤炭工业“一番保两番”的战略目标，贯彻执行中央书记处 1983 年 3 月 14 日对工会工作的指示和中国工会十大精神，全面开创煤矿工会工作新局面，1984 年 8 月 25 日，煤炭部和中国煤矿地质工会联合发出了《关于将各基层工会建成“职工之家”作为企业整顿验收条件的通知》。要求在煤矿企业整顿中，将建设合格的“职工之家”作为企业整顿的验收条件之一，各单位要依照《中华全国总工会关于整顿工会基层组织开展建设“职工之家”活动的决定》。在煤炭企业基层工会广泛开展了建设“职工之家”活动，建成了第一批验收合格的“职工之家”。截至 1984 年 8 月底，经上一级工会组织验收合格的“职工之家”已达到 22 个，还有一批基层工会正在或准备接受检查验收。

（二）电力系统产业工会组织奋勇担当

1990 年 2 月 12 日，中共水利部党组发布《关于批转水利电力工会全委会〈关于落实全心全意依靠工人阶级指导思想的几点意见〉的报告的通知》，通知转发到部直属各单位，各省、自治区、直辖市水利（水电）厅（局），明确经水利部党组研究，同意水利电力工会全国委员会 1990 年 1 月 12 日上报的《关于落实全心全意依靠工人阶级指导思想的几点意见》的报告。提出各级领导干部必须牢固树立全心全意依靠工人阶级的思想，并在企事业单位的各项工作中认真贯彻，充分体现。要以此作为制定政策、法规和制度的重要依据，作为选拔干部的重要条件和考核任用干部的重要标准，作为指导工作的出发点。

在社会主义建设中，根据国务院《关于加强工业企业管理若干问题的决定》精神，注重细胞建设。1991 年 9 月 22 日，能源部、全国水电工会下发了《关于颁发〈电力企业班组建设规定〉（试行）的通知》。电力企业班组建设规定分为总则；组织领导；组织；基本任务和主要工作；班组长的任职条件、职责、权限及产生；生产管理；安全管理；质量管理；基础工作；民主管理；

思想政治工作；定级以及附则共13章。

1991年6月8日，中国水利电力工会全委会下发《关于加强电力系统工会劳动保护工作的意见》。这是“八五”计划的第一年，为了保证电力生产计划的顺利完成，切实维护广大职工的权利，进一步提高电力系统安全生产水平和改善职工的劳动条件，水电工会全委会特提出加强工会劳动保护工作的意见。

1991年10月，中国水利电力工会第三届第一次全体会议在北京召开，以联合制、代表制的形式组建了新一届委员会，选举产生了由11人组成的中国水利电力工会第三届全国委员会常务委员会和正、副主席。机关设办公室、生产保护部、组织宣传部。10月9日，能源部全国水电工会印发关于《电力企业工人技术比赛试行办法》的通知。此文是水电工会与能源部根据劳动部、中华全国总工会、共青团中央《关于开展工人技术比赛的意见的通知》精神，结合电力生产、建设要求及电力企业职工的技术业务素质状况制定。规定电力工人技术比赛分为三级，一级技术比赛属于国家级电力工人技术比赛，是由能源部会同劳动部、全国水电工会等有关部门共同组织的技术比赛。一般每三年组织一次。二级技术比赛属于省（自治区、直辖市）级电力工人技术比赛，是由各电管局（联合公司）、省（自治区、直辖市）电力局（公司）会同同级有关部门共同组织的技术比赛或技术对口比赛。三级技术比赛属于基层电力企业组织的电力工人技术比赛。获得国家一级技术比赛成绩优异者按规定予以奖励。参加一级工人技术比赛获得各种比赛前五名的选手，由能源部、全国水电工会授予“××年度能源部电力系统××工种技术能手”荣誉称号，由能源部给予一次性奖励并颁发高级工证书。其中符合技师任职条件的，由所在企业聘为技师。参加一级比赛的其他选手，由所在企业给予适当奖励。对获得二级技术比赛优胜的选手，可参照执行省、市级比赛的奖励办法予以奖励。企业内部组织的三级技术比赛，可根据技术比赛的规模，除了优胜选手优先选拔参加省、市级技术比赛，符合发放技术等级证书的，发给相应的技术等级证书。三级技术比赛优胜选手的奖励办法，由主办单位自行研究制定。各企业开展工人技术比赛，应本着勤俭节约的原则组织实施，组织工人技术比赛所需费用，原则上从企业培训费中列支。

1991 年 10 月 18 日至 20 日，在北京召开中国水利电力工会第三届全国委员会第一次全体会议，出席这次会议的委员 78 名，特邀人员 10 名。这次会议是自 1956 年中国电业工会二大以来，中国水利电力工人运动史上一次继往开来的盛会，是广大水利电力职工政治生活中的一件大事。它标志着水利电力工会工作已进入了一个新的阶段。这次会议自始至终得到全国总工会、能源部、水利部领导的重视和关怀。全国人大常委会副委员长、全国总工会主席倪志福，全国政协副主席、水电部原部长钱正英以及全国总工会、能源部、水利部、中电联的领导同志为会议题词，寄予了殷切希望。会议开幕式在庄严的人民大会堂圆厅举行，全国总工会副主席杨兴富、能源部副部长陆佑楣、水利部副部长张春园、华北电管局局长张绍贤等领导同志出席会议并分别作了重要讲话，全国总工会和产业部的有关部门及各全国产业工会都派委员参加了开幕式。会议期间，委员们听取了全国总工会副主席陈秉权关于国际形势的报告；听取、审议并通过了吕保柱代表水电工会全委会所作的题为《团结和动员水利电力职工为实现“八五”奋斗目标建功立业》的工作报告。委员们一致认为，工作报告符合水利电力工会工作发展的实际，反映了广大水利电力职工和工会工作者的愿望，实事求是地总结了过去、展望了未来，是今后一个时期指导水利电力工会工作的重要文件。会议还讨论通过了《中国水利电力工会全国委员会组织办法》和《中国水利电力工会第三届全国委员会常务委员会委员、主席、副主席选举办法》。会议经过充分酝酿和无记名投票，选举产生了中国水利电力工会第三届全国委员会的常务委员会和主席、副主席。

1989年以来，电力系统各级工会广泛动员和组织职工深入开展电力“安全、文明生产创水平达标活动”的竞赛，经能源部和水电工会全委共同检查验收，唐山发电总厂等5个单位率先实现“双文明”达标，从而为全系统的发电企业树立了学习的榜样。“七五”期间全国水利电力职工提出合理化建议623618条，已被采纳243720条，实施109122条，创造经济价值127033万元。在国家计委、全国总工会召开的全国合理化建议工作会议暨表彰会上，水利电力系统辽源发电厂等6个单位和长江水利委员会高级工程师钟琦等40名个人受到了表彰。在以“学雷锋、做主人，讲理想、比贡献”主题活动中，激发广大职工的爱国热情和主人翁精神。党的十一届三中全会以来，水电工会全委与产业部召开劳模大会或联合发文，表彰在两个文明建设中涌现出来的先进集体和先进个人。为了宣传他们的先进模范事迹，全委组织拍摄了《奋进者的足迹》《振奋民族精神的拼搏》《辛苦我一个，照亮千万家》等三部电视片，生动地再现了水利电力职工的精神风貌。

“八五”期间，在电力工业方面，努力使电力工业发展适应国民经济发展的需要，发电装机容量每年平均增长1000万千瓦以上；发电煤耗每年下降3克/千瓦时；全员劳动生产率每年提高5.5%；多种经营产值每年递增10%；1995年，发电量达到8100亿千瓦时。实现上述目标，必须充分依靠广大水利电力职工的积极性、智慧和创造力，要把团结和动员全国水利电力职工发扬主人翁精神，实现“八五”奋斗目标，作为“八五”期间工会工作的出发点和归宿。

要把工作的重点放到基层，继续深入开展建设“职工之家”的活动。当前“建家”活动的重点要放在巩固过去“整顿建家”成果上；放到提高工会工作的整体水平上；放到建车间、班组“小家”上。要努力增强基层工会的活力。要把基层工会是否有活力，作为考核各级工会工作的一个重要标准。基层工会建设的目标是：到 1995 年，85%的水利基层工会和 95%的电力基层工会达到合格“职工之家”的要求。其中 30%的基层工会跨入“先进职工之家”或“模范职工之家”的行列。

1992 年 3 月 1 日，中国水利电力工会全委会表彰 1991 年度全国电力网、省局工委（会）双达标竞赛组织奖，加速了全国电力系统的“双达标”进程，协助行政把“双达标竞赛”从火电厂推进到供电、修造等方面，使“双达标竞赛”不断深化。授予中国水利电力工会东北电力工作委员会、华北电力工作委员会、华中电力工作委员会、华东电力工作委员会、四川省电力工会、山西省电力工会、山东省电力工会、河南省电力工会、江苏省电力工会、云南省电力工会、黑龙江省电力工会、吉林省电力工会、宁夏回族自治区电力工会等 13 个工委（会）1991 年度“双达标竞赛”组织奖。1993 年，是毛泽东同志“一定要根治海河”题词发表 30 周年。11 月 11 日，水利部及中国水利电力工会审查决定：授予田建华、张荣栋、孙怀章、李靖、王含操、高法庆、姚勤农 7 名同志全国水利系统劳动模范称号。

（三）石化医药产业工会组织勠力前行

1980 年初，成立（恢复）化学工会，1982 年 7 月，同石油工会合并成立石油化学工会。全国有 10 多个省市成立了化学工会或化工厅（局）工会。到 1983 年 2 月 7 日，全国化工系统共有化工企业 6000 多个，职工 280 多万人，包括化学矿、化肥、农药、石油化工、三大合成材料、化工原料、氯碱、染料、胶片、化学试剂、国防化工等 10 多个行业。化工部分管的有 14 大化工公司（总厂）、302 个重点企业。在广泛开展群众防尘防毒和安全生产活动过程中，石油化学工会会同化工部向化工系统发出了《关于进一步加强安全生产和劳动保护工作的通知》，提出了化工企业加强安全生产和劳动保护工作的 8 项要求和措施。国务院处理“渤二”事故以后，石油化学工会又会同化工部在化工系统电话会议上对贯彻国务院决定精神作了部署，要求各级工会、行政部门密切配合抓好安全生产，把伤亡事故发生率降低到新中国成立以来的最低水平，并召集了部分工会干部座谈会，研究并制定了搞好化工系统安全生产的意见，印发给化工系统各级工会。针对抓防尘防毒和职业病防治工作，1980 年下半年开始，组织力量先后到上海、江苏、四川、吉林等省市化工企业调查了尘毒危害情况，治理情况，群众防尘防毒的经验。同时，又组织力量到北京、天津、辽宁等省市对氯碱行业的氯乙烯、汞职业中毒进行了专题调查。经全国总工会党组批示，还向中央书记处上报了《目前化学工业防尘防毒和职业病防治工作的进行情况和今后意见的报告》。1982 年 5 月，在吉林化学工业公司召开了全国化工系统工会群众防尘防毒实现无泄漏现场经验交流会，推广吉化公司工会配合行政治理跑冒滴漏，实现无泄漏厂的经验。3 年来，化工系统安全事故和伤亡人数连年大幅度下降，重伤人数由 1979 年的 1076 人下降到 1982 年的 693 人，下降 35.6%，死亡人数由 1979 年的 310 人下降到 1982 年的 213 人，下降 31.3%。

1990 年 9 月 30 日，全国总工会书记处决定，全国医药系统工会正式并入中国石油化学工会。

1991 年，中国石油化学工会更名为中国石油化工医药工会。石化医药工会按照联合制、代表制原则，于 1991 年 6 月，在北京燕山石化公司职工疗养院召开第二届第一次全国委员会议，选举产生了常务委员会和正副主席。纪明波任主席。石化医药工会机关设办公室、石油石化工作部、化工医药工作部。1991 年 6 月 3 日，中国石油化学工会第二届全国委员会第一次全体会议在北京召开。全国总工会、化工部、石油天然气总公司、石油化工总公司、国家医药管理局和海洋石油总公司领导到会讲话。全国总工会各部门、各产业工会也都派代表向大会祝贺。6月3日至5日，会议认真听取、审议了纪明波同志所作的工作报告，一致认为：《报告》较好地体现了党的十三届七中全会。对过去工作的总结，比较符合石化医药各行业的实际，对今后一个阶段的工作部署，也是切实可行的。会议选举产生了中国石油化学工会第二届全国委员会常务委员会，选举纪明波为主席，刘玉明为副主席，王振忠为兼职副主席。会议期间，大庆、吉化、燕化、东药等基层单位还分别作了经验交流，使会议更加生动、充实。会议还一致通过了《关于开展争创和表彰先进基层工会、优秀工会干部的活动的决定》和《关于向从事工会工作二十年以上的工会工作者颁发荣誉证书的决定》。

1991年，中国石化医药工会就重点化工企业开展节能降耗竞赛活动，共收到重点化工企业节能降耗竞赛“自评表”112份，其中有效报表108份。未报“自评表”的有25个企业，其中有4个企业因未正式投产、事故等原因而未报，其余21个企业经催报仍未报出。108个企业的433项产量指标，与年度计划比，完成的348项，完成计划率为80.37%。竞赛评出10个优胜单位和20个表彰单位，其均未发生重大事故，全部为盈利企业，竞赛得分都超过100分。如天津炭黑厂的炭黑电耗和油耗分别下降5.2%、1.07%，节约效益达50万元，杭州电化厂因消耗下降全年节电、焦、盐、电石、酒精的效益近300万元。这两个厂分别获评竞赛优胜单位和表彰单位，对竞赛优胜单位和表彰单位拟在1991年节能降耗工作会上颁奖。北京染料厂制定了节能降耗人均增效2000元，以节能降耗为中心的提建议、促管理、挖潜增效夺杯赛活动方案。北京有机化工厂制定了“一红、二争、三战、四决的优质、降耗、求效益劳动竞赛”方案。上海化工厂把竞赛活动分为四个阶段，分阶段检查、落实具体工作，并对竞赛活动中做出成绩的部门、个人予以表彰、奖励。

1993年，中国石油化工医药工会在全国石油钻井、采油系统发起了“增加进尺，控制成本；降低消耗，稳产上产”的劳动竞赛活动，各油田以“增、控、降、稳”为目标，旨在抓住“龙头”，确保全局。5月25日至27日，在中原石油勘探局胜利召开全国石油钻井、采油系统劳动竞赛座谈会，表彰了在竞赛活动中涌现出来的先进集体。在受表彰的139个先进集体中，以级别分，局级工会5个，二级工会58个，三级工会76个。以系统分（除5个局级工会外），钻井系统38个，采油系统96 。这次评选先进集体，打破了过去分配名额的传统做法，坚持按标准推荐的原则，凡符合条件者都可以上报，名额不限。这139个先进集体，分布在全国16个油田，虽然情况千差万别，但他们都发扬了为国分忧、无私奉献的爱国主义精神，迎难而上、战天斗地的拼搏精神，节约点滴、艰苦奋斗的创业精神，任劳任怨、不计报酬的奉献精神，勤学苦练、一丝不苟的科学精神。这些精神是“铁人”精神的发扬光大，具有很强的时代特色。钻井进尺超额完成计划，钻井成本基本得到控制。据对大庆、胜利、辽河、吉林、大港、河南、中原、江苏、江汉、玉门、长庆、青海和四川等13个油田的统计，1992年，计划进尺是1278万米，实际进尺是1372万米，完成计划的106.85%。胜利油田到1991年10月底，完成了全年的钻井任务。玉门油田为实现“东山再起，重现青春”的二次创业的宏伟目标，战严寒，斗酷暑，在艰苦的条件下，长年奋战在东到酒泉、西至吐鲁番的千里戈壁茫茫沙海之中，在“赶中原，超华北，保新区，带老区，吐哈会战争第一”的口号的鼓舞下，竞赛热潮一浪高过一浪，新纪录的捷报不断传来。1991年，共创大小纪录和指标30多项，其中，全国好水平3项，战区纪录7项，玉门纪录20多项。全国各油田钻井进尺不仅超计划完成，而且井身质量、固井质量和取芯合格率都超过了总公司的规定标准。在原材料价格不断上涨的严重冲击下，由于各油田坚持科学打井，劳动效率不断提高，钻井成本基本得到控制。仅据大庆、胜利、中原、河南、长庆、玉门等油田的初步统计，这6个油田1992年节约钻井成本5亿多元。这次表彰的38个钻井系统先进集体中，有19个钻井公司（处、部），占全国45个钻井公司（处、部）的42.2%，这16个单位的钻井成本比1991年下降超过了1%。值得一提的是中原油田1992年全局钻井综合成本为1020元/米，比1991年的1073元/米下降了53元/米，降低5.26%，玉门油田比1991年下降7%，江苏油田比1991年下降3%，江汉油田比定额下降3%。超额完成油气生产任务，部分单位采油成本有所下降。1992年，国家给中国石油天然气总公司下达年计划产量1.375亿吨，而实际完成1.3795亿吨，超额完成了生产计划。各油田面对含水增高，递减加快，作业量增加的严峻困难，从点滴做起，节约挖潜，精雕细琢，使原油成本不断提高的趋势得到了有效的控制。在表彰的96个采油系统先进集体中，有39个采油厂级单位，57个采油大队级单位，这96个采油系统先进集体，不仅完成了产量，而且吨油成本与1991年相比普遍下降超过了1%，其中大庆70%的采油成本下降超过了1%。大港油田75%的采油厂成本下降超过了1%。大庆、胜利、辽河、新疆、中原、大港、华北、吉林、四川、河南等油气生产任务重的油田均超额完成了生产任务，玉门吐哈会战指挥部、塔里木石油会战指挥部、长庆油田等勘探重点单位，也为全国油气生产任务的完成作出了贡献，江汉、江苏、滇黔桂、青海、冀东、延长、安徽、浙江油田也努力克服困难，努力完成了油气生产任务。

1993年，中国石油化工医药工会全面履行工会的四项社会职能，发动和组织全国石油化工医药战线的广大职工以生产建设为中心，大力开展社会主义劳动竞赛和合理化建议活动，大力开展技术培训和岗位练兵，加强工会的自身建设，努力拓宽工会工作领域，开创了工会工作的新局面。进而确立了在社会主义市场经济条件下劳动竞赛的新思路，归结为“一少、一小、二扩大”，即减少竞赛的数量，缩小竞赛的规模；扩大竞赛内涵，从单纯赛产量向赛质量、赛效益拓展；扩大竞赛领域，从生产领域向经济领域、市场领域、科技领域扩展，竞赛对象由偏重生产工人向营销人员和科技人员延伸。抓“龙头”，在全国石油钻井、采油战线开展了“增加进尺、控制成本；降低消耗，稳产高产”的活动。仅大庆、胜利、中原、河南、长庆、玉门等 6 个油田 1992 年 1 年就节约钻井成本 5 亿多元。抚顺石化公司、齐鲁石化公司、燕山石化公司荣获团体前 3 名，并产生了全国石化乙烯操作标兵 10 名、操作能手 24 名。全国人大常委会副委员长李沛瑶同志和全国总工会、中国石油化工总公司的领导同志参加了发奖仪式并讲了话。中央电视台、新华社、《工人日报》、《中国石化报》等新闻单位都作了专题报道，使这次比武活动在全国产生了很大的影响。

第九章

中国能源化学地质产业工人在体制转换中的变革创新（1992—2002）

从计划经济体制向市场经济体制的历史性转变中，中国社会的发展也随之发生巨变。中国能源化学地质系统广大职工积极投身改革和建设的主战场，工人阶级主力军作用全面发挥，群众生产硕果累累。职工队伍建设不断加强，整体素质明显提高，主人翁地位不断巩固。贯彻《中华人民共和国劳动法》顺利推进，维护职工权益成效显著，工会自身改革和建设稳步推进，工会组织更具活力。

第一节 市场经济转型中的工人阶级和工会工作

20 世纪 80 年代末至 90 年代初，中国社会的发展处在一个重要的转折关头。国际上苏联、东欧国家发生的巨变震惊世界，国际共产主义运动出现低潮。在此关键时刻，邓小平南方谈话和党的十四大的召开，为改革开放的推进和中国特色社会主义事业的发展指明了方向。

一、改革开放新阶段职工面临的历史任务

1992 年 1 月 18 日至 2 月 21 日，邓小平先后到武昌、深圳、珠海、上海等地视察，并发表了一系列重要讲话，通称南方谈话。讲话是把改革开放和现代化建设推向新阶段的又一个解放思想、实事求是的宣言书，不仅对即将召开的党的十四大具有十分重要的指导作用，而且对中国整个社会主义现代化建设事业具有重大而深远的意义。

中国共产党第十四次全国代表大会于 1992 年 10 月 12 日至 18

日在北京召开。江泽民代表第十三届中央委员会向大会作了题为《加快改革开放和现代化建设步伐夺取有中国特色社会主义事业的更大胜利》的报告。以邓小平南方谈话和党的十四大为标志，中国社会主义改革开放和现代化建设事业进入新的发展阶段。能源化学地质系统各工会对学习贯彻邓小平南方谈话和党的十四大精神进行了学习和部署。

1993年3月4日，中国水利电力工会三届三次全委会在陕西省西安市召开，会议部署1993年最重要的任务是：贯彻落实党的十四大精神，坚持解放思想，实事求是，大胆试验，及时总结，扎扎实实做好工作，夺取改革开放和现代化建设的新的更大成就。会议要求认真学习贯彻党的十四大精神，用邓小平建设有中国特色社会主义理论武装广大职工和工会干部的头脑。各级水利电力工会干部特别是各级工会领导干部，一定要反复学习，深刻领会，不断加深理解。宣传党的十四大精神，是水利电力各级工会组织的重要任务。各级工会要按照同级党委的统一部署，在职工中深入宣传党的十四大精神，组织职工认真学习邓小平同志建设有中国特色社会主义的理论。4日至6日，召开中国水利电力工会三届三次全体（扩大）会议。会议对1992年工作进行了回顾，适应深化改革形势，组织各级工会努力参加改革；动员和组织水利电力职工努力完成1992年生产建设任务；进一步落实全心全意依靠工人阶级指导方针，推动水利电力系统民主管理深入发展；关心职工生活，维护职工合法权益，保护和发挥职工群众的积极性；加强工会自身建设，工会工作整体水平有了新的提高。

3月5日至8日，中国煤矿地质工会首届全国委员会第一次全体会议在北京召开。全国总工会、能源部、地矿部及统配煤矿总公司的领导出席会议并讲话。中国煤矿地质工会主席张绍峰作了题为《认真贯彻党的十四大精神，动员广大职工，为推动煤炭地质事业的改革发展努力奋斗》的工作报告。报告总结了10多年来的工作，突出重点，加强企业民主管理，全心全意依靠工人阶级是党的根本指导思想；结合产业特点，狠抓群众安全工作；围绕生产经营工作，发动职工群众开展多种形式的劳动竞赛和合理化建议活动；关心群众生活，维护职工利益，促进职工队伍的稳定；发挥教育职能，建设“四有”职工队伍，活跃群众文化生活；加强工会自身建设，深入开展“建家”活动，不断增强基层工会活力。就今后一段时期的工作指出，要认真学习贯彻党的十四大精神，在深化改革中充分发挥工会组织的作用。

4月15日至18日，中国石化医药工会二届三次全委会在上海市召开。中国石化医药工会主席纪明波作了题为《认真贯彻党的十四大精神，解放思想、转变观念，推动石化医药工会工作迈上新台阶》的工作报告。报告总结了二届二次全委会以来的工作情况，深入学习邓小平同志重要谈话，认真贯彻党的十四大精神，更新观念，解放思想，进一步明确了工会在新形势下的工作思路。

改革开放新阶段的到来，向工人阶级提出了新的历史任务。胡锦涛代表党中央在向中国工会十二大的祝词中对新阶段中国工人阶级的历史任务作出进一步阐述。他指出，中国工人阶级在新时期的伟大使命，就是要同全国人民一道，高举建设有中国特色社会主义的旗帜，全面贯彻中国共产党的基本路线，牢牢把握经济建设这个中心，坚定不移地发展社会主义市场经济，坚定不移地发展社会主义民主政治，坚定不移地发展社会主义精神文明，为把我国建设成为富强、民主、文明的社会主义现代化国家而奋斗。

二、经济体制改革深化中的工运方针和工会工作总体思路

邓小平发表南方谈话和党的十四大后，中国的改革开放进入了建立社会主义市场经济的新阶段，党、工人阶级和全国人民的

阶段性任务发生了变化，因此，必须召开新一次的中国工会全国代表大会，制定新阶段的工人运动和工会工作方针，才能指导工人运动和工会工作的健康发展，发挥工人阶级和工会组织在推动实现国民生产总值提前翻两番和深化改革、建立完善社会主义市场经济体制中的巨大作用。

1993 年 10 月 24 日至 30 日，中国工会第十二次全国代表大会在北京隆重召开。张丁华在中国工会十二大的工作报告中，回顾了中共十一届三中全会后 15 年来工人运动的伟大成就，总结了工会工作的基本经验。报告提出了今后一个时期工会工作的方针任务，即坚定不移地贯彻执行党的以经济建设为中心、坚持四项基本原则、坚持改革开放的基本路线，在维护全国人民总体利益的同时，更好地表达和维护职工群众的具体利益，全面履行各项社会职能。充分发挥民主渠道和社会调节作用，团结和动员全国职工，巩固和发展安定团结的政治局面，为把我国建设成为富强、民主、文明的社会主义现代化国家而奋斗。

1994 年 12 月 8 日，全国总工会第十二届二次执委会议召开。会议期间，中共中央政治局常委胡锦涛代表党中央作了题为《全面加强工会建设，在深化改革、扩大开放、促进发展、保持稳定中发挥作用》的重要讲话，明确提出：要善于在改革开放的新形势下认识自己、加强自己、提高自己，全面加强工会的思想建设、组织建设、作风建设，努力把中国工会建设成为中国共产党领导的、用建设有中国特色社会主义理论武装的、能够带领职工群众为实现党的任务英勇奋斗的、思想上政治上组织上坚强的、深受广大职工信赖的工人阶级群众组织。这为搞好工会改革和建设，做好今后的工作，明确了目标，指明了方向。

尉健行同志在全国总工会十二届二次执委会上提出工会工作总体思路，其实质要求是：以贯彻实施《中华人民共和国劳动法》为契机，进一步突出工会的维护职能，明确维护是工会的基本职责，明确工会代表和维护职工群众利益的社会地位；工会对职工利益的维护，应是两个维护的统一，即维护全国人民总体利益和维护职工具体利益的统一（这是维护的指导原则），维护职工政治权利和经济利益的统一（这是维护的具体内容）；工会为经济建设中心服务的着力点是做好人的工作，是保护和调动职工的积极性来推动经济发展；突出维护职能，带动工会其他职能的履行，促进工会各项工作上新水平；充分运用《中华人民共和国劳动法》赋予工会维护职工利益的权利和义务，抓住平等协商和签订集体合同这个关键环节（或称“牛鼻子”），发挥工会在整体上维护职工利益的作用。

继 1992 年《中华人民共和国工会法》明确提出“工会在维护全国人民总体利益的同时，维护职工的合法权益”的职责之后，工会工作总体思路的提出更进一步强化了工会维护职工权益的职能，并提高到基本职责的高度，强调要通过维护职工合法权益这个侧重点，来保证党的基本路线的贯彻实施，为国民经济持续、快速、健康发展创造良好的社会环境。

三、工会工作向市场经济过渡中的突破

（一）贯彻实施《中华人民共和国劳动法》

1994 年 7 月 5 日，全国人民代表大会常务委员会第八次会议审议通过《中华人民共和国劳动法》（以下简称《劳动法》）。国家主席江泽民签署第 28 号主席令颁布了这部法律，自 1995 年 1 月 1 日起施行。7 月 12 日，全国总工会召开电话会议，要求各级工会组织认真学习、贯彻《劳动法》。7 月 13 日，全国总工会和劳动部在京联合举行《劳动法》颁布实施座谈会。

《劳动法》是社会主义市场经济的产物。其根本立法宗旨是

调整劳动关系，维护劳动者权益。它从我国宪法的基本原则出发，对劳动者的权利、义务和权益保护等作出了明确而具体的规定，对用人单位和劳动者提出了一系列行为规范，将劳动关系的调整纳入了法制轨道。为宣传贯彻实施《劳动法》，能源化学系统产业工会召开会议进行部署和落实。

1994 年 5 月，中国石化医药工会第二届第四次全委会召开，会议要求建立协商谈判，全面推进集体协议制度，指出：依据《劳动法》全面推行集体协议制度，是当前一项急迫的重要任务。11 月 8 日，石化医药工会下发《关于在化工医药企业中逐步推行集体合同制度的通知》，要求化工医药系统各级工会在贯彻实施《劳动法》的过程中，推行集体合同制度，要搞好试点，总结经验，逐步铺开。

1995 年 3 月 7 日至 10 日，中国煤矿地质工会首届三次全体会议在山西省西山矿务局召开。明确了 1995 年的工作任务，其中要求贯彻实施《劳动法》，更好地维护职工的合法权益；1996 年 8 月 24 日至 25 日，中国煤矿地质工会首届全国委员会常务委员会第五次会议召开，明确以坚持贯彻实施《劳动法》为契机和突破口，继续推动建立平等协商制度和签订集体合同工作。要求各级地质工会采取多种形式，按企业的不同类型以及不同情况，分类指导推广；在推行签订集体合同困难比较大的单位，可以先建机制，逐步完善；通过抓试点，从点上突破，在某一个方面与行政达成共识，以求实现突破性进展。9 月 10 日至 12 日，中国煤矿地质工会在河北省地质四队召开全国地矿系统贯彻实施《劳动法》研讨会。会议上，各单位汇报交流在贯彻实施《劳动法》，建立平等协商和签订集体合同制度方面的做法、经验和体会。10 月，《中国煤地工运》刊登全国煤矿地质工会副主席靳广祥的文章《地勘单位应加强建立集体协商签订集体合同的制度的力度》，指出地勘单位要与职工签订劳动合同，还要签订集体合同是大势所趋。不管是国有企业还是非国有企业，不管是经济效益好的企业还是经济效益差的企业，都应该贯彻《劳动法》，以《劳动法》所规定的内容规范企业和职工行为，建立集体协商和集体合同。1995 年至 1996 年，地勘单位在探索和实践平等协商和集体合同制度工作中，加大宣传力度，搞好培训。各级工会通过广播、报纸、黑板报、工会刊物等信息渠道大张旗鼓地宣传《劳动法》和建立平等协商、集体合同制度的意义、内容和作用，普遍印发了有关集体合同的宣传资料、合同范本和经验材料，开展知识竞赛等活动，加大宣传力度。与此同时，各省局工会举办了不同形式的培训班，加强了对工会干部的业务培训。

1995 年初，地质系统的云南、广西、河北、浙江等省局对签订集体合同工作进行了认真探索和试点。同年，中国煤矿地质工会全委组织 6 个调查组对 17 个局的 145 个地勘单位进行调查，在调查基础上撰写了《关于加强地矿系统职工民主管理工作的对策及建议》，建议认真贯彻实施《劳动法》，在地矿系统逐步建立签订集体合同制度。12 月 21 日，中国煤矿地质工会在《关于加强民主管理工作若干问题的意见》中提出建立平等协商、签订集体合同制度，要求各地勘企事业单位认真贯彻《劳动法》，依据《劳动法》的规定，由队、厂长（经理）代表企事业单位，工会主席代表职工，通过平等协商签订集体合同。

1995 年 7 月，中国水利电力工会下发开展《劳动法》贯彻情况调查的通知，组织电力网省局、流域机构、水利厅局工会对所属单位进行全面调查。根据 40 多个单位的调查报告和掌握了解的情况，写出全国水利电力系统贯彻实施《劳动法》情况的调查报告，并提出今后工作的意见、建议，受到有关方面的重视。12 月 20 日，电力部与水电工会第八次联席会议在全国总工会举行。会上通报了电力部和水电工会的近期工作。会议讨论研究了 7 个问题：进一步贯彻《劳动法》，研究商定水电工会起草的《关于电力企业贯彻实施〈劳动法〉若干问题的意见》（建议稿），经电力部修改后，作为1996年初其召开的“全国电力系统劳动工作会议”的文件下发执行。1996年，水电工会全委会还组织力量，分别对电力系统贯彻实施《劳动法》和建立集体协商签订集体合同制度、职工生活状况及一线职工思想和企业思想政治工作状况进行了调查，完成了相关的3个调查报告。这3个调查报告分别获得了全国总工会1996年度优秀调研成果三等奖、优秀奖和全国总工会宣教部调研成果三等奖。

1995年9月，全国石油化工医药系统部分工会贯彻《劳动法》座谈会议（石家庄现场交流会）召开，会议采用播放录像和现场观摩的方法，较详细地介绍了石家庄市部分化工企业工会与行政进行平等协商、签订集体合同具体运作的全过程；与会代表交流了做法和经验，对存在的问题进行研究和探讨，对下一步工作的继续和深入提出了许多建设性意见和建议。

（二）贯彻落实全心全意依靠工人阶级的思想和指导方针

从党的十四大至中国工会十二大及十二届二次执委会议期间，党中央一再重申并深刻阐述了全心全意依靠工人阶级的思想和指导方针。能源化学系统产业各级工会认真学习、领会和坚决贯彻落实中央精神，为贯彻落实全心全意依靠工人阶级的方针做了大量工作。

江泽民在党的十四大报告中，把全心全意依靠工人阶级列入建设有中国特色社会主义理论体系的重要内容，强调在社会主义领导力量和依靠力量问题上，作为工人阶级先锋队的共产党是社会主义事业的领导核心，必须依靠工人、农民、知识分子。胡锦涛在全国总工会十一届五次执委会议上，系统具体地提出了全心全意依靠工人阶级方针和充分发挥工人阶级主力军作用的重要观点。他强调，贯彻依靠方针，首先要提高认识，明确改革的出发点和归宿点是为工人阶级和广大人民谋利益，改革和建设的主力军是工人阶级，必须充分发挥他们的积极性和创造性，切实保障工人阶级的主人翁地位，加强工人阶级队伍建设，提高其整体素质。他指出，贯彻依靠方针，需要狠抓各项措施落实，依靠国家宪法和有关法律、法规的保障，同时还需要党、政府和全社会的努力，工会更是责无旁贷。工会的各项职能实质上是党的全心全意依靠工人阶级方针对工会工作的内在要求和具体体现，工会要通过全面履行自己的社会职能，做好各项工作，推动党的这一方针更好落实。此后，他在代表党中央向中国工会十二大的祝词及在全国总工会十二届二次执委会议中，再次强调了贯彻依靠方针问题。

1992 年上半年，水电工会与能源部政策法规司会同各电网局工委和部分省电力局工会，对电力基层企业落实党的全心全意依靠工人阶级指导方针的情况进行了调查，调查涉及 168 个基层单位，职工 22200 多人。调查情况显示，电力基层单位绝大多数已建立了职工代表大会制度，没有建立的主要是一部分事业单位。调查表明，多数电力基层企业的党政领导对贯彻落实全心全意依靠工人阶级指导方针是重视的，也采取了一些实际措施，建立了一定的制度，除了职工代表大会、企业管理委员会外，有的建立了领导干部接待日与职工代表定期座谈等制度，组织职工代表视察和民主评议干部也比较普遍。1993 年 3 月 4 日至 6 日，中国水利电力工会三届三次全体（扩大）会议在陕西省西安市召开。对 1993 年工作进行了部署，落实全心全意依靠工人阶级指导方针，切实加强企事业民主管理。12 月 31 日，中共电力工业部党组转发《水电工会关于在电力基层企业落实全心全意依靠工人阶级指导方针意见的通知》，要求基层单位要进一步建立健全职工代表大会制度，认真落实《企业法》赋予职工代表大会的各项职权，保障职工民主参与企业重大决策和民主监督的权力，要按规定定期召开职工代表大会，应提交职工代表大会审议的议案必须提交审议。

1992 年 5 月 26 日至 29 日，中国石油化工医药工会二届二次全委会在黑龙江省大庆市召开。大会号召石化医药行业各级工会组织要进一步牢固树立以经济建设为中心的思想，继续贯彻全心全意依靠工人阶级的指导方针，以搞好国有大中型企业为重点，坚持“两个服务”的方向，发挥产业特色，在参与和推进改革中使工会工作迈出新步子，走上新台阶，作出新贡献。

1995 年，全国煤矿地质工会积极参与现代企业制度试点方案及有关配套方案的制定和修改，调整充实职工代表大会职权，在试点过程中进一步贯彻落实全心全意依靠工人阶级的指导方针，实行职工代表大会为基本形式的职工民主管理，促进改革健康发展。

在推进建立社会主义市场经济过程中，能源化学地质系统各级工会认真学习贯彻党中央关于全心全意依靠工人阶级的新论述，结合企业自身实际，积极推动和配合企业党政，努力把全心全意依靠工人阶级的指导方针贯彻到基层、落实到企业，吸收职工参与企业重大决策，并为此建立起一整套实现职工当家作主的制度。企业管理的民主化，充分调动了职工的积极性和主人翁责任感，增强了企业的活力。

（三）在国有企业转机建制和建立现代企业制度中发挥作用

在推进建立和发展社会主义市场经济体制过程中，工会的主要任务就是围绕大局、抓住重点，在参与深化企业改革特别是国有大中型企业经营机制转换和建立现代企业制度上，积极发挥独特作用。能源化学地质系统产业工会和试点企业工会，积极参与改革、推进改革，参加有关改革领导小组，反映职工意见要求，维护职工利益，做好职工群众工作，发挥了重要作用。

在推进国有企业特别是国有大中型企业转换经营机制、建立现代企业制度中，能源化学地质系统各级工会依靠职工群众，加强职工民主管理，主动发挥作用。1993 年 3 月，中国煤矿地质工会首届一次全体会议召开，要求企业每年召开的职工代表大会必须把转换经营机制、改革三项制度、提高经济效益等重大问题作为主要议题。强调各级煤矿工会和职工代表大会要在企业重大决策的酝酿制定、审议通过、贯彻实施、修改完善的全过程中发挥民主参与和民主监督作用：企业的重大经营方式、经营责任制方案、重大技术改造措施、职工培训计划等充分听取职工代表大会讨论审议的意见；企业劳动人事、工资分配，以及重要的管理制度，必须提交职工代表大会审议通过后实施；企业有关职工生活福利的重大事项必须由职工代表大会审议决定；企业承包者的选择、企业领导者的晋级、奖励工资都要征求并尊重职工代表大会的意见；民主评议干部的结果要同企业干部人事制度改革结合起来，作为考核、聘用、任免、奖惩干部的重要依据。6 月 8 日至 10 日，中国煤矿地质工会在肥城矿务局召开部分单位民主管理研讨会，研讨如何在建立社会主义市场经济体制过程中，把民主管理工作和职工代表大会制度引向深入，并交流了相关经验。

1994 年上半年，国务院《关于选择百家国有企业进行现代企业制度试点的方案》明确国有企业建立现代企业制度的内容，提出要坚持职工民主管理，支持工会维护职工合法权益。8 月，中国煤矿地质工会向煤炭部党组、地矿部党组报送《关于全国煤矿地质系统在建立社会主义市场经济体制中进一步加强职工民主管理工作的意见》。

按照建立社会主义市场经济体制的要求，从 1994 年起，国有企业改革从以往的放权让利、政策调整进入转换机制、制度创新阶段。1995 年初，中国煤矿地质工会首届全国委员会三次全体会议召开，明确了工会参与现代企业制度试点工作的重点任务之一是坚持和完善职工代表大会制度，探索民主管理新的形式和途径。

强调职工代表大会要切实落实好各项职权，使企业的各项改革方案和各项决策具有广泛的群众基础。中国煤矿地质工会积极参与现代企业制度试点工作，兖州矿务局是国家确定的百家试点单位之一，郑州、邢台、平顶山、平朔、盘江、中煤建安公司是煤炭部建立现代企业制度的试点单位。煤矿地质工会参与了试点方案及有关配套方案的制定和修改，调整充实职工代表大会职权，在试点过程中进一步贯彻落实全心全意依靠工人阶级的指导方针，实行职工代表大会为基本形式的职工民主管理，促进改革健康发展。1995 年至 1998 年 10 月，煤炭系统有 16 家国有企业完成了公司制改革试点工作。在建立现代企业制度试点中，各级煤矿工会组织都坚持和完善职工代表大会制度，建立了以职工代表大会和民主评议干部为基本形式的民主管理民主监督机制。

1995 年，在国务院确定的 100 家建立现代企业制度试点企业中，福建电力局是电力系统唯一的试点单位。同年，水电工会全委会配合电力部对福建省电力公司现代企业制度试点工作进行指导，并依据全国总工会有关规定起草《关于电力企业建立现代企业制度（试点）中职工民主管理和工会工作的暂行规定》，明确规定，国有独资公司，两个以上国有企业或两个以上国有投资主体设立的有限责任公司，要依法坚持以职工代表大会为民主管理的基本形式；其他有限责任公司和股份有限公司，可以由职工代表大会也可以由工会代表职工实行民主管理。1996 年 2 月，电力部将该《规定》确定为电力行业建立现代企业制度的配套文件，正式印发部署各单位及归口管理单位执行。在现代企业制度试点过程中，福建省电力工会参加了试点领导小组和工作小组，负责有关配套文件的起草，做到“源头”参与，全过程参与；确定了职工代表大会是职工民主管理的基本形式，按全国总工会起草的配套文件要求，确定了职工代表大会职权；把建立“平等协商、签订集体合同”制度写进了总体方案；确定了董事会、监事会中职工代表的名额和产生的程序；试点的总体方案在形成过程中，反复征求职工群众的意见，上报审批的方案都经过职工代表大会讨论通过。同时，福建省电力工会还起草了《职工代表大会和会员代表大会工作条例》《工会工作条例》《职工董事、职工监事制度的规定》及福建省电力公司集体合同文本等一套相关的试点文件。同年，电力系统许多电力网省局建立了工会与行政联席会制度、总经理联络员巡视制度，网省局所属基层企业职工代表大会的质量和水平不断提高。华中电力工委制定了《华中电力系统省电力局（公司）职工代表大会工作程序》，并与行政联合下发执行。10 月，中国水利电力工会四届一次全体会议召开，要求电力各级工会在企业转换经营机制、建立现代企业制度中，国有独资公司和以公有资产占主体的有限责任公司、股份有限公司，都要坚持职工代表大会制度。凡建立现代企业制度的企业必须建立起规范的平等协商和签订集体合同制度；必须充分发挥董事会、监事会中职工代表的作用；都要进一步坚持搞好民主评议干部制度、职工代表检查制度，对企业行政领导实行有效的监督。

石油化工医药系统有 12 家（石油、石化各 1 家，化工 8 家，医药 2 家）列入国务院正式确定的现代企业制度试点单位中，同时各地方还相应确定了一大批试点企业。1995 年至 1997 年，石油化工医药系统 12 个试点企业工会积极主动参与试点的全过程。12 家试点单位的工会主席全部进入试点领导小组直接参与总体方案、配套方案的起草以及重大事项的决策。试点企业工会充分发挥职工代表作用，组织职工代表对总体方案及配套方案进行讨论，广泛听取意见。大港油田集团公司的职工代表对试点方案及配套方案提出意见和建议共 84 条，试点领导小组和党政领导非常重视，认真听取了职工代表的意见，最终采纳意见和建议 71 条，并对原方案进行了修改，使之具有广泛的群众基础。12 家试点企业均在方案中对坚持职工代表大会制度，建立职工董事、职工监事制度，建立平等协商、签订集体合同制度作了明确规定。12家试点企业不但在方案中明确规定了企业改制后继续坚持和完善以职工代表大会为基本形式的民主管理制度，企业工会还专门制定了《加强工会工作和职工民主管理工作的实施办法》，使坚持职工代表大会制度和开展职工民主管理活动有章可循，有法可依。

进入20世纪90年代后，国有企业产业结构的调整全面铺开，随着调整力度的加大，计划经济体制的一些弊端开始逐渐显露出来，一些企业生产经营困难，下岗职工逐年增多，形成了新的城市困难群体。正是针对这一情况，1991年末，全国总工会作出决定：1992年元旦、春节期间，在全国范围开展“进万家门、知万家情、解万家难、暖万家心”工会送温暖活动。1994年，基于经济体制改革深化和国有企业改革力度加大、困难职工问题更加突出的现实背景，全国总工会再次作出决定，将一年一度的送温暖活动拓展为“送温暖工程”，以实现送温暖活动的经常化、制度化、社会化。

1992年11月5日，中国煤矿地质工会下发关于元旦、春节期间组织开展送温暖活动的通知。要求各级煤矿、地质工会组织，要把送温暖活动作为关心困难职工生活、密切联系群众的一项重要内容，要组织工会干部到困难最大的职工家庭中访贫问苦，要注意动员各方力量，把职工扶贫解困工作抓紧、抓好、抓实，想方设法落实困难职工补助的资金来源。1993年，全国煤矿地质工会、地矿部及各省政府于元旦、春节期间开展送温暖活动，据30个省局的不完全统计，有465个基层单位开展了送温暖活动。共慰问职工37292人，其中贫困、特困户职工5632人，占慰问职工的15.1%。各省局及基层工会共筹集发放补助救济金总额达103.36万余元，其中行政补助30.33万余元，5个省（区）总工会补助4.15万元。各级工会通过送温暖活动，一方面把党的温暖、工会的关怀送到职工的心坎上，另一方面向职工宣传党的十四大精神及深化改革、转换经营机制中地矿工作出现的大好形势，使职工安全、愉快、祥和地度过了传统节日。1994 年 12 月，为了落实全国总工会关于开展实施“送温暖工程”活动的决定，石化医药工会开展了亏损企业职工生活状况的调查，组织化工医药企业工会开展扶困济贫活动，筹措资金，兴办“三产”，提供市场信息，开办职工市场，广开帮扶门路，千方百计为亏损企业困难职工排忧解难。1996 年，水电工会全委会加强调查研究，积极反映水电施工企业和职工的生活困难，争取政策和资金，同时要求各级工会开展送温暖活动，建立扶贫帮困基金的单位有 34 个，筹集资金 4214.6 万元。多数水电施工企业工会开展了职工生活状况调查，建立了特困职工档案。大规模“送温暖工程”的实施，推动了扶持困难企业和困难职工的政策措施的出台和落实。

中国工会十二大及十二届二次执委会议以后，各级工会积极贯彻落实两次会议精神和工会工作总体思路的要求，通过提高参政议政水平、协调劳动关系，切实履行维护职工合法权益的基本职责，工会的维权工作和维权水平有了新的提高。

参与三项制度改革决策，推进保障制度落实。三项制度是劳动、人事、工资制度方面的改革，保障制度改革突出的是养老、待业和医疗保险三项基金的统筹，还有住房制度改革。各级工会积极参与、着力推动，取得显著成果。1991 年至 1996 年，在中国水利电力工会第三届全委会带领下，在电力劳动、人事、工资三项制度改革中，水电工会全委积极参与电力部的改革决策，会同网省局工会对三项制度改革进行专题调查，及时向部里反映改革中出现的问题，提出意见建议。电力各级工会在参与改革中，注重源头参与和全方位、全过程参与，做了大量的职工思想政治工作和组织发动工作；积极参加改革实施方案的讨论制定工作；组织召开职工代表大会，对改革实施方案进行认真审议。1993 年 5 月，中国水利电力工会全委开展了《关于电力系统劳动、人事、工资制度改革情况的调查》。建议电力部门尽快建立电力企业养老、待业等方面的保障体系。1994年1月17日，中国水利电力工会召开三届四次全委（扩大）会议，会议要求，水利电力各级工会组织一定要积极参与到各项改革的决策和实践中去，在劳动保险等各项制度改革的全过程中，代表维护职工的合法权益和切身利益。全委也要加强高层次参与，与产业部定期召开联席会议，及时向部里反映改革中涉及职工切身利益的带有政策性的重大问题，并努力为各级工会的参与创造条件。1996年，电力系统加大了社会保险制度改革的力度，电力行业有95%的职工参加了养老保险。

1991年至1996年，中国石油化工医药工会指导石油化工医药各级工会着重参与了企业以及有关劳动工资等职工切身利益问题的政策措施的研究制定，充分发挥在各级机构中任职的专、兼职工会工作者的作用，形成民主协商解决涉及职工利益的社会经济问题的有效机制，保证决策的科学化和民主化，有效维护了职工的权益。1993年11月10日，中国石油化工医药工会召开全国石油系统职工生活保障暨疗养工作会议，对加强职工养老保险和医药费的改革作出部署。各油田推进有关医药费用的改革，要结合本企业的特点，针对这些涉及职工切身利益的改革，广泛开展调查，既要充分考虑职工的经济和心理承受能力，又要考虑有利于保护和发展生产力，对各类职工都要制定相应的政策，充分发挥职工代表大会的作用，努力把这项改革搞好。

地勘单位经营机制转换全面铺开，在产业和队伍结构调整的基础上，进行了三项制度改革，干部实行了聘任制，工人实行了内部合同制，工资实行了按劳分配的原则，实行了内部社会保险统筹和医疗制度改革。

1992年8月3日至8日，中国煤矿地质工会在四川省攀枝花矿务局疗养院召开了全国煤矿劳动保护工作研讨会。会议提出要继续坚持多年来在煤矿群众安全工作中形成的行之有效的“两线一站”的工作模式；充分发挥工会监督、教育、维护、参与的职能，开展形式多样的安全宣传教育活动，不断提高职工的自我安全保护能力；要有效地运用职工代表大会的权力，对企业的安全工作实施民主管理和民主监督，积极开展职工代表安全视察活动，参与伤亡事故的调查、分析、处理以及新建扩建工程的“三同时”监督等一系列群众监督检查活动；加强对群监员的管理、教育及培训，提高群监工作的水平。1994 年，为配合电力部抓好电力安全工作，水电工会制定并印发了《关于电力系统工会劳动安全卫生工作的规定》，对电力系统工会劳动安全卫生工作的责任、内容、方法、标准都作了明确规定。要求电力各级工会要建立健全工会劳动安全卫生监督体系。1995 年 5 月至 9 月，水电工会组织电力网省局工会对《电力系统工会劳动安全卫生工作规定》的落实情况进行了互检，检查现场安全文明生产和职工劳动保护工作、班组建设及工会三级劳动保护监督网的活动、职工代表大会与工会在开展群众劳动安全卫生工作方面发挥的作用。通过互检互查，促进了工会的劳动安全卫生工作，推动了电力网省局工会劳动保护机构的健全和完善。1994 年 3 月，中国石油化学医药工会召开了化工系统工会劳动保护工作会议，要求化工行业各级工会坚决贯彻“安全第一，预防为主”的方针，切实加强工会劳动保护工作，加强职工教育和培训，提高职工安全素质；加强外资企业、乡镇企业和私营企业的劳动保护工作和安全监督检查工作。

大力推行平等协商和签订集体合同制度。各级工会按照工会工作总体思路的要求，以贯彻实施《劳动法》为契机和突破口，把推行平等协商和签订集体合同制度作为贯彻实施《劳动法》的“牛鼻子”，重点抓好。为提高工会干部的素质，进一步推动平等协商、集体合同制度的建立，煤炭系统培训了 102 名基层工会主席和 203 名女工干部，重点讲授平等协商、集体合同的意义、集体合同的内容及签订程序。截至1996年底，有25%的国有重点煤矿签订了集体合同。1995年2月，中国水利电力工会三届五次全委（扩大）会议召开，提出积极探索和建立企业的平等协商、协商谈判机制，着手做好代表职工与用人单位签订集体合同的基础性工作。一些已经建立双保（共保）合同的单位，要借鉴以往的经验，在实践中继续探索，调整充实合同内容，逐步完善提高，向集体合同过渡。进行现代企业制度试点的企业，都要签订集体合同，并要作为一项制度在企业中固定下来。1996年，据31个电力网省局统计，直属单位已全部签订集体合同的占44%。其中宁夏、青海、河北网省局直属单位已全部签订；华北、江苏、内蒙古、河南网省局直属单位签订数在90%以上；东北、湖南、安徽、福建电力网省局直属单位签订数在70%以上；全国供电企业绝大多数单位已经建立了集体协商、签订集体合同制度。1994年11月8日，石化医药工会下发《关于在化工医药企业中逐步推行集体合同制度的通知》，要求化工医药系统各级工会在贯彻实施《劳动法》的过程中，推行集体合同制度，要搞好试点，总结经验，逐步铺开。1996年，石化医药工会下发了《关于在全国化工医药系统外商投资企业加速推行平等协商和集体合同制度的实施意见》。自《劳动法》颁布以来，平等协商和集体合同制度已经在石油、化工、石化、医药系统普遍展开。

四、全国总工会十二届三次执委会议后工会工作的新进展

1996年，中国开始进入执行第九个五年计划时期。为了做好开局之年的工作，更好地发挥工会在党和国家工作大局中的作用，团结和动员全国各族职工为实现跨世纪宏伟目标而奋斗，全国总工会于1995年12月14日至18日在北京召开十二届三次执委会议。中共中央政治局委员、全国总工会主席尉健行在会上讲话，

强调工会工作要服从服务于大局，要为实现“九五”计划和2010年远景目标而努力。提出在公有制和非公有制企业认真落实党的全心全意依靠工人阶级根本指导方针应当分别坚持的“六个必须”和把工会工作总体思路落实到基层，在六个方面要有新进展。会议为工会在深化改革和发展社会主义市场经济中进一步做好特色工作、更好发挥作用指明了方向。能源化学地质系统各级工会按照工会工作总体思路和“六个必须”的要求，积极推进工作，在多方面取得新进展。

（一）深化企业民主管理推进厂务公开

全国总工会十二届三次执委会议以后，随着现代企业制度试点工作的推进，全国总工会加强了对试点企业和大型集团公司工会组织体系、公司制企业职工代表大会制度、企业职工民主管理的调查研究，提出了一系列工作意见，能源化学地质系统各工会积极推动在企业中建立民主评议企业领导干部制度，使企业民主管理进一步深化。

1997年1月，中国煤矿地质工会在全委会上明确提出了在进一步健全、完善职工代表大会制度的同时抓好职工代表大会民主评议领导干部工作，要求基层企业要下大力气抓好职工代表大会民主评议企业领导干部，推动干部人事部门把职工代表大会评议结果作为考核领导干部的重要依据，以此作为突破口强化民主管理工作。3月，全国煤炭系统民主评议干部工作座谈会召开，推动职工代表大会行使好对领导干部的评议和监督权的要求。会后，中国煤矿地质工会与煤炭部共同制定《全国煤炭企业职工代表大会民主评议干部工作暂行办法》，要求应建立职工代表大会制度的煤炭企业，每年开展一次民主评议干部工作。4月，煤矿地质工会同地质矿产部人事司起草《全国地矿系统民主评议领导干部实施细则》下发全国。1998年6月，中国煤矿地质工会对煤炭系统9个省的20个矿务局民主评议干部工作进行调查。调查显示，煤炭系统职工代表大会民主评议干部工作有了新的发展，已初步形成“能者上，平者让，庸者下”的激励机制。据对全国13个省、市的统计，共有矿、处级煤炭企事业单位1643个，已开展职工代表大会民主评议干部的有1352家，占总数的82.29%。

1997年，华中电力工委起草了《华中电力基层企业职工代表大会民主评议领导干部暂行办法》，经网局党组同意以党组文件下发。山西省电力工会会同省局干部管理部门共同总结了搞好评议干部、强化民主监督的经验，并通过职工代表大会制定了《关于开展职工代表大会民主评议干部工作的实施办法》。截至10月，29个省局中已有17个制定了职工代表大会民主评议企业领导干部的实施办法，有两大网局（华中、华北）也制定了实施办法。11月29日，中共国家电力公司党组印发了《国家电力公司系统企业职工代表大会民主评议领导干部实施细则》。《细则》对电力企业职工代表大会民主评议领导干部提出了规范性的要求。1998年，电力系统普遍开展了职工代表大会民主评议企业领导干部工作，工作走向了制度化、规范化。

1997年5月，中国石化医药工会第三届第二次全委会召开，提出，全心全意依靠工人阶级，搞好企业民主监督，加强企业民主管理，做好职工代表大会民主评议企业领导干部工作。7月至8月，中国石油化工医药工会与中国石油天然气总公司、化工部、中国石化总公司、中国海洋石油总公司、国家医药管理局5个产业部、局联合下发了《中国海洋石油总公司关于职工代表大会民主评议企业领导干部的实施意见》《中国石油化工总公司关于严格执行职工代表大会民主评议领导干部制度的实施意见》《关于加强石油企事业单位职工代表大会民主评议领导干部工作的实施意见》《关于在全国化工行业推行职工代表大会民主评议企业领导干部的实施意见的通知》，对职工代表大会民主评议领导干部的重要意义和指导思想、民主评议的对象和范围、民主评议的主要内容、民主评议的组织领导、民主评议的方法和步骤等6个方面提出具体要求。石油化工医药系统基层单位积极推动职工代表大会民主评议干部工作深入开展。1998年初，中国石油化工医药工会下发《关于抓紧抓好职工代表大会民主评议企业领导干部工作的通知》。3月，中国石化医药工会第三届第三次全委会召开，会上要求各级工会在企业深化改革中，要坚持职工代表大会每年一次对企业领导干部进行民主评议、民主测评。

1998年下半年，胡锦涛、尉健行、吴邦国等中央领导同志就“实行厂务公开”问题先后作出8次重要批示。10月8日，由中纪委和全国总工会主办，中组部和国家经贸委参加召开了“厂务公开，民主监督和民主管理”研讨会。11月，河北省煤矿工会与省煤炭局联合下发了《关于河北省煤炭企业实行“厂务公开、民主监督”，加强企业民主管理的意见》，河北省地质工会转发了省总工会“关于推行建立厂务公开、民主监督制度的实施方案”。12月，水电工会和电力部召开联席会，会议就推进“实行厂务公开、民主监督和民主管理”制度的落实进行商讨，建议国家电力公司党组和纪检组进一步加强对厂务公开工作的领导，水电工会将主动加强同国家电力公司纪检组的联系，配合有关部门抓好这项工作。当年，河北电力公司、河南焦作电业局等一批企业建立和完善了厂务公开制度，河北电力公司所属的单位也全部建立了厂务公开领导小组和工作机构，95%以上的单位制定了实施厂务公开的细则，实现了从省公司到基层企业、分厂、班组的四级公开。

地质系统基层单位也相继开展了厂务公开工作。四川省地勘局党组、地勘局联合发出了《关于实行队务公开、民主管理制度的意见》，所属各地勘单位相应成立队务公开领导小组，制定队务公开工作制度和实施细则，把职工关心的热点、难点和涉及职工切身利益的有关问题作为公开的重点，该局到1999年底厂务公开规范运作的单位达21个，占总数的72%。1999年4月，中国煤矿地质工会下发《关于在全国煤炭企业建立厂务公开制度的意见》。《意见》目的是推进企业民主政治建设和企业干部队伍的廉政建设，深化以职工代表大会为基本形式的民主管理。经过各级煤矿工会组织的努力工作，到8月底，全国94家国有重点煤炭企业，已有59家建立了厂务公开制度，达到62%。

中国石油化工医药工会于1999年8月召开第三届全国委员会第四次会议，要求各级工会要在推行厂务公开工作中，凡涉及企业重大改革措施和职工切身利益方面的问题，按照有关法律和规定，该让职工群众知道的事情，或应通过民主程序决定的问题，都必须公开。石油化学系统各级工会把厂务公开作为加强职工民主管理和工会工作的切入点，厂务公开的内容由原来的厂（公司）一级公开向分厂、车间和班组扩大。

（二）继续巩固平等协商和签订集体合同制度

根据全国总工会十二届三次执委会议的部署和要求，能源化学地质系统各级工会高度重视并把力推、巩固平等协商和签订集体合同制度作为工作重点，使其取得新进展。

1995年3月，中国煤矿地质工会首届三次全委会召开，指出集体合同制度是市场经济条件下，协调劳动关系的一项重要制度。要在举办各种类型的《劳动法》学习班的基础上，加强对推行集体合同制度的调查研究。1996年3月，中国煤矿地质工会首届四次全委会召开，强调要抓好平等协商集体合同的四项工作：加强调查研究，广泛征求职工意见，确定好协商和集体合同内容；把平等协商作为签订集体合同的基础和关键环节，放在十分突出的位置；严格规范平等协商、签订集体合同的内容和程序，提高合同的可操作性；全面推行集体合同，加强合同的监督检查。9月

21 日至 24 日，中国煤矿地质工会召开全国煤矿工会工作研究会第二次研讨会暨平等协商签订集体合同工作会议。会议就全系统贯彻《劳动法》、推进平等协商和签订集体合同工作提出了“积极稳妥、因势利导、重在建制、抓出实效”的工作方针和“先建机制、逐步完善，多种形式、分类推广，立足实际、突出重点，注重协商、力求具体，加强监督、狠抓落实”的五条原则，以及“先上路、后规范、求实效、不求全”的工作方法，同时要求各级煤矿地质工会进一步提高认识，落实建制具体时间，提出具体运作方案，使之制度化、规范化，推动平等协商和签订集体合同深入开展。截至 10 月底，全系统 93 个局级国有重点煤炭企业中，建立了平等协商和集体合同制度的单位有 20 个，占 21.5%。1996 年 10 月，中国煤矿地质工会在调查的基础上撰写《关于煤炭系统推行平等协商和集体合同制度情况的调查》报告。调查显示各级煤矿工会在推行平等协商、集体合同制度方面做了大量工作，取得明显进展，但还存在一些问题：全行业平等协商和集体合同制度发展不平衡；在建制过程中有少数单位存在着“重合同、轻协商”的问题；有些单位的集体合同条款不明确，针对性不强，难以操作；在建制过程中，有些具体问题还需要进一步探索。报告建议：煤炭系统单位要加大宣传学习力度，进一步统一认识；在煤炭系统推行平等协商、集体合同制度，必须坚持多种形式、分类推广的原则；在推行平等协商、集体合同制度过程中，各煤炭企业要立足实际、突出重点、力求具体、注重协商；建立健全监督机制，保证集体合同的全面履行和落实。1997 年 1 月，中国煤矿地质工会首届五次全委会召开，会议要求平等协商、签订集体合同要从煤炭行业的实际条件出发，就职工最关心、要求最迫切，单位有能力办到或通过努力能够办到的问题入手。8 月 23 日至 27 日，全国煤矿地质工会在新疆乌鲁木齐召开全国煤矿工会劳动保护工作研讨会议，会议对签订集体合同中有关职业安全卫生条款的签订执行情况及存在的主要问题进行研讨交流。10 月 18 日至 21 日，中国煤矿地质工会在桂林召开了全国煤矿工会工作研究会第三次研讨会暨集体合同、职业道德建设工作会议。会议通报和交流了集体协商、集体合同工作的互检情况，会议提出要继续努力扩大集体协商、集体合同的建制率，把集体协商放在建制工作的重要位置，努力提高集体合同的实效性。1997 年底，全国国有重点煤矿通过集体协商，签订集体合同的单位已达 53 家，占总数的 57%。其中，山东、河南、湖南、新疆、安徽等省区国有重点煤矿、矿务局一级的集体合同签订率已达 100%，福建、云南省的省属地方国营煤矿也都签订了集体合同。1998 年，煤炭企业重点抓好集体合同的普及、提高、监督检查和合同条款的兑现。16 家完成公司制改革试点工作的国有煤炭企业均重新修订、完善了关于建立平等协商、签订集体合同制度的各项规定，续签了 1998 年公司集体合同。8 月，中国煤矿地质工会二届一次全委会召开，强调继续推动平等协商和集体合同制度的全面有效开展，要求广泛深入地宣传平等协商和签订集体合同的重要意义。

1995 年 2 月，中国水利电力工会三届五次全委（扩大）会议召开，提出积极探索和建立企业的平等协商、协商谈判机制，着手做好代表职工与用人单位签订集体合同的基础性工作。进行现代企业制度试点的企业，都要签订集体合同，并要作为一项制度在企业中固定下来。1996 年 10 月，中国水利电力工会四届一次全体会议召开，要求各级工会要把建立平等协商、签订集体合同制度作为中心工作来抓，着力于把平等协商、签订集体合同的工作格局、机制建立起来。电力系统所有被确定为建立现代企业制度的试点企业以及合资企业，要尽快完成平等协商、签订集体合同工作。其他企业也要加快步伐，在 2—3 年内全部建立起平等协商、签订集体合同制度。1997 年 2 月 27 日，中国水利电力工会四届二次全委（扩大）会议召开，强调要继续推进建立集体协商、签订集体合同制度。1997 年初，水电工会全委会总结推广了宁夏、青海、江苏等省区电力局的经验。基层各级工会积极推进签订集体合同工作深入开展。11 月 28 日，中共电力工业部党组下发《关于加强和改进国有电力企业党建工作的若干意见》，要求基层单位认真执行好《劳动法》，通过工会代表职工与企业协商签订集体合同，建立健全企业劳动争议调解组织，依法维护职工和企业的合法权益，建立稳定和谐的劳动关系。1997 年底，电力系统所有发供电企业基本签订了集体合同。1998 年，水电工会把重点放在提高集体合同的质量和对集体合同执行情况的检查监督上，推行平等协商、签订集体合同制度的范围进一步扩大。1998 年底，95%以上的电力基层企业广泛建立了平等协商、签订集体合同制度，20 多个网省公司所属企业 100%建立了平等协商、签订集体合同制度，基层企业普遍建立了劳动争议调解组织和调解制度。

1994 年 11 月 8 日，石化医药工会下发《关于在化工医药企业中逐步推行集体合同制度的通知》，要求化工医药系统各级工会在贯彻实施《劳动法》的过程中，推行集体合同制度，要搞好试点，总结经验，逐步铺开。1995 年 10 月，全国石油系统工会主席会议召开，提出推进集体合同中要解决 8 个方面的问题。1996 年，中国石油化工医药工会在深入调查、广泛征求意见的基础上，下发了《关于在全国化工医药系统外商投资企业加速推行平等协商和集体合同制度的实施意见》，《意见》对建立平等协商和签订集体合同制度的重要性、紧迫性，双方进行协商谈判的宗旨、原则、范围、方法和步骤，签订集体合同的内容，程序及要求等重要事项都作出了相应的具体规定。1996 年底，全国有 40%以上国有化工医药企业建立平等协商、签订集体合同制度，石家庄等城市的化工企业实现了全行业建立平等协商、签订集体合同制度的目标。1997 年 5 月，中国石化医药工会第三届第二次全委会召开，要求职工人数在200人以上的国有企业、集体企业和公有产权占主导地位的企业，集体合同签订率要在60%以上，职工覆盖率在70%以上；开业投产的外商投资企业和私营企业的签订率要在50%以上，职工覆盖率要在70%以上。1998年2月底，石化、石油两个系统签订集体合同的企业数分别达企业总数的69%和32%。1998年3月，中国石化医药工会第三届第三次全委会召开，会上对基层工会建立健全平等协商和签订集体合同制度进行了部署。

1995年初，地质系统的云南、广西、河北、浙江等省局对签订集体合同工作进行了认真探索和试点。12月21日，全国煤矿地质工会在《关于加强民主管理工作若干问题的意见》中提出建立平等协商、签订集体合同制度，1996年8月24日至25日，中国煤矿地质工会首届全国委员会常务委员会第五次会议召开，明确坚持以贯彻实施《劳动法》为契机和突破口，继续推动建立平等协商制度和签订集体合同工作。要求各级地质工会采取多种形式，按企业的不同类型以及不同情况，分类指导推广。9月10日至12日，全国煤矿地质工会在河北省地质四队召开全国地矿系统贯彻实施《劳动法》研讨会。对全国煤矿地质工会地质工作部起草的《全国地矿系统地勘单位集体合同文本》《关于在全国地矿系统逐步建立平等协商签订集体合同制度的意见》《地矿系统贯彻实施〈劳动法〉情况的调查报告》进行了讨论、修改和完善。会后，3个文件下发。1997年8月，全国地矿系统工会扶贫解困暨签订集体合同工作会议召开，提出推行平等协商，集体合同制度中要掌握好先建机制、逐步完善，加强协调、分类指导，提高质量、细化条款等三个原则。1998年5月至8月，为全面了解地矿系统职工民主管理工作的情况，中国煤矿地质工会组成调查组，分别对全国12个省（自治区）的地勘局、石油局的民主管理工作进行了重点调研。调查显示地矿系统初步建立了平等协商和签订集体合同制度，截至1998年6月，地矿系统集体合同签订率提高到了25%以上。

平等协商和签订集体合同工作的有效开展，对确保劳动关系的和谐稳定起到积极作用。

（三）关注和解决职工关心的热点难点问题

全国总工会十二届三次执委会议后，各级工会认真贯彻落实工会工作总体思路和“六个必须”的要求，着力加强和改进工会保障工作，使之能够适应新情况、解决新问题，在深化改革中更好发挥积极作用。

推进工会送温暖工程向社会化、规范化和制度化方向发展。在各级党委的重视和支持下，送温暖工程正在从工会走向社会，得到了广大职工群众和社会各界的积极响应。1996年1月29日至2月4日，中国煤矿地质工会主席张绍峰随王森浩部长赴黑龙江鸡西矿务局、七台河矿务局、双鸭山矿务局、鹤岗矿务局送温暖，慰问煤矿职工。2月1日，张文生副主席随张宝明副部长赴辽宁沈阳矿务局、抚顺矿务局、南票矿务局、北票矿务局送温暖，慰问煤矿职工。1995年至1997年，各级地质工会开展的元旦、春节期间的送温暖活动，部署得早，落实得快，与党政共同筹集慰问款，组成局、队两级慰问组，分别深入基层，对困难的地勘单位和坚守在野外一线工作的职工以及所有的困难职工、家属和离退休职工进行了多种形式的慰问、帮助和救济，把实施送温暖工程、切实保障职工的基本生活作为一项政治任务，提到议事日程。把党政的关怀和工会组织的温暖送到千家万户，有力地促进了社会的稳定。1997年，地矿系统初步形成了“互助互济，八方支援”的社会氛围。送温暖工程搞得比较好，进展迅速的省（区）局，如内蒙古、吉林、辽宁、山东等省（区）局党政领导亲自抓，建立目标责任制，并出台了一系列扶持、推动送温暖工程走向深化的政策措施，实施送温暖工程已成为党政工作的共同任务。在各级工会发起的捐赠活动中，职工群众纷纷捐款捐物，为重病职工，困难职工和困难单位奉献爱心。在 1996 年云南丽江地区发生强烈地震后，全局广大职工发扬了一方有难，八方支援的团结友爱精神，纷纷捐款捐物。西北石油局等单位主动组织职工开展向云南局献爱心活动捐款 10 万余元。1998 年 1 月 15 日至 16 日，中国煤矿地质工会主席张绍峰及煤矿工作部有关同志到开滦矿务局送温暖，去医院看望了劳动模范侯占友，并到两户困难职工家庭慰问，与劳动模范和困难职工座谈，送去了慰问款。1998 年春节前夕，中国煤矿地质工会主席张绍峰和地质工作部有关同志到地矿系统北京局、河北局、甘肃局、地矿部直属单位送温暖，送去了食品和物品，到 20 多户困难家庭看望病号，并送去了慰问款。同时为甘肃地质六队申请了 2 万元送温暖资金；为河北地质三队申请了 1 万元地震救灾款，慰问了近 50 户困难职工，并将全国总工会购买的数千元礼品，送到在京施工的河北地勘局施工现场。

1996 年，水利电力各级工会从维护职工队伍稳定和社会稳定的大局出发，积极协助各级行政，不断改善和提高职工生活水平，注重解决职工的特殊困难，实施送温暖工程。电力系统加大了社会保险制度改革的力度，水电工会全委和各电力网、省局工会参加了相应的机构，参与了相关问题的讨论，注意在源头上维护好职工的切身利益。当年，电力行业已有 95%的职工参加了养老保险。水电工会全委加强调查研究，积极反映水电施工企业和职工的生活困难，争取政策和资金，同时要求各级工会开展送温暖活动，建立扶贫帮困基金的单位有 34 个，筹集资金 4214. 6 万元。多数水电施工企业工会开展了职工生活状况调查，建立了特困职工档案。水电七局工会积极参与了职工生活长期规划的制定和组织实施，支持行政搞好职工生活福利设施和拓宽多种经营的门路，发展第三产业，妥善安置富余人员。湖南省电力工会配合行政狠抓“安居工程”计划的落实，使职工住房条件和生活环境得到了明显改善。水电工会全委在调查研究基础上，召开了电力网省局工会职工生活工作会议，总结交流了职工生活工作的经验，研究分析了职工生活工作面临的形势和问题，制定下发了《关于加强电力系统工会职工生活工作的意见》。

1996 年，中国石油化工医药工会继续开展“送温暖”活动，根据形势的发展和职工的需求，不断扩大送温暖的范围和送温暖的力度。大力总结推广建立各种形式的内部职工保险的做法和经验，把“送温暖工程”的最终着眼点放到建立“造血机能”上来。集养老、待业、工伤、医疗、生育 5 大险种的全方位社会保险体系日趋完善。随着经济结构调整出现的企业兼并、破产企业职工下岗失业和城市贫困问题，越来越引起各级工会的重视。1997 年，石油化工医药工会围绕职工生活救助、促进再就业、职工互助合作事业、职工生活福利等内容，把实施送温暖工程作为长期战略任务来抓。至 1997 年，各石油企业相继建立了困难职工生活档案并实行动态管理；多方筹集并建立了各种专项基金；建立了领导干部联系特困户制度；组织困难职工开展生产自救。各级领导都把大力实施温暖工程列入本单位的议事日程，实实在在使这项活动逐步向制度化的方向发展。一些企业工会还建立了“温暖工程热线电话”，为职工应急解难。组织网络向基层延伸，救助机制日趋严密。各石油企业工会在统一安排实行定期救济的前提下，注意充分发挥二级和三级单位的积极作用。支持并协助基层工会成立扶贫互济基金组织。胜利油田、四川油田、江汉油田、长庆油田、吉林油田、新疆油田工会根据油田点多面广范围大以及各基层单位具体情况不一、整体发展不平衡等特点，分别采取资金注入、说服党政领导扶助以及动员职工自筹资金等方式，办起了“送温暖工程”基金组织，从而更适时地对本单位困难的职工提供帮助。深化“送温暖工程”的系列活动，扩大困难职工的受益面。1997 年以来，以“送温暖责任区”和“千百万”为主要形式的系列活动在各石油企业工会组织的送温暖工程中普遍开展起来。胜利油田现已建立各种类型的责任区 1135 个，1000 多名专职和兼职工会主席担任了责任区的责任人。江汉油田起步较早，截至 1997 年上半年，已建立责任区 1100 个，累计为困难职工办各种实事好事 4500 件。河南油田物探局、石油一公司、抚顺石油机械厂也已基本形成网络。各单位的责任区有工作目标、检查内容以及考核标准，工作比较规范。这种依靠群体力量形成的强有力的互助保障机制，很大程度上形成了众人帮一人、大家助一户的温暖效应，是双文明建设的好举措。扩大扶贫帮困领域，全方位推进“送温暖工程”。据对 13 家陆上石油骨干企业的统计，共有贫困户和特困户不足 7000 户，而这些企业的送温暖工程基金高达 6000 多万元，资金实力可谓雄厚。各企业工会纷纷把“送温暖工程”与维护全体职工的具体利益有机地结合起来，着眼于企业职工生产生活的实际，进行广泛深入的调查研究，使“送温暖工程”的形式与内容更符合当前职工的需要，更加细致地确定“送温暖工程”的范围、方向和规模，并精心组织，注重实效，紧密结合企业生产生活实际，重点把温暖送到基层，送到高原、戈壁和沙漠中的生产一线的职工中。

协助政府以多种形式促进下岗职工再就业。根据国家有关部门的统计，进入“九五”计划时期，中国就业形势更趋严峻，企业富余人员和城镇失业人员都大幅度增加。为此，政府主管部门采取积极措施，全面实施了“再就业工程”。针对深化企业改革过程中下岗职工数量增加，就业矛盾十分突出的情况，各级工会加大工作力度，以多种形式、多种渠道协助政府做好下岗职工分流安置工作。1996 年 8 月，全国总工会下发《关于工会促进失业职工再就业和企业富余职工分流安置的意见》。1998 年 5 月，全国总工会成立了促进再就业工作领导小组，各省、市、区工会也相继成立领导小组，从上到下形成了有领导、有制度、有目标、有措施、有检查的工作格局。在宏观参与方面，工会坚持以调查研究为基础，加大宏观参与和群众监督的力度，推动了再就业政策的制定和落实。1999 年 6 月至 8 月，中国煤矿地质工会采取点面结合和书面调查相结合的办法，对全国煤炭地矿系统进行了广泛的调查，基本掌握了职工下岗和基本生活保障的情况。据统计，全年煤炭系统下岗、分流职工 43 万人，其中进入再就业中心的 25 万人。为了保证下岗职工基本生活，维护职工队伍的稳定，各级工会组织努力做好下岗职工基本生活保障和再就业工作。1997 年 2 月，中国水利电力工会四届二次全委会召开。会议要求各级工会组织要在经济结构的调整和深化企业改革中保护好职工的利益，增强“造血机能”，组织下岗职工开展生产自救和再就业。协同有关部门进行职工再上岗培训，使这部分职工学有所长，帮助疏通就业渠道，从根本上解决职工的困难。

调查研究职工关心的热点和难点问题，积极参与制定涉及职工切身利益的改革措施。在国有重点煤炭企业中，收入低于当地最低生活标准的困难职工有 30 万人左右，约占职工总数的 9.9%，困难职工家庭约有 24 万个，人口达 126 万人。煤炭企业扶贫解困任务相当艰巨。1996 年 5 月 14 日至 16 日，煤炭部、劳动部、全国总工会联合在江西省萍乡矿务局召开了全国煤炭系统扶贫工作现场会。大会对领导讲话和介绍的经验进行了讨论，形成了《关于建立健全煤炭企业困难职工和离退休人员基本生活保障工作制度的意见》。《意见》提出：建立各级扶贫解困工作责任制度；明确扶贫解困范围、对象和重点；建立困难职工和离退休人员登记管理制度；建立统计、调查、报告制度；建立扶贫基金会；建立困难职工生活救助制度；进一步健全生产自救制度；建立困难职工分流安置制度；建立走访慰问制度；建立与地方政府和有关部门的联系制度。1997年4月，煤矿地质工会为了解掌握煤炭系统扶贫工作及困难职工生活现状，向矿务局工会发送关于调查了解扶贫工作及困难职工生活现状的通知，重点调查了吉林、黑龙江、湖南、江西等省的国有重点煤矿，将各单位在扶贫解困工作及兴办职工消费合作社工作中的经验、问题和建议形成煤炭系统扶贫情况调查报告报送并下发全国。全国19个主要产煤省（市）、煤炭厅（局），104个矿务局有85个矿务局建立了扶贫领导小组，下属的1387矿处级单位有1130个也建立了领导小组，绝大多数矿务局坚持每年召开一次扶贫工作会议，总结交流扶贫工作的先进经验，布置扶贫工作任务。1998年，据不完全统计，全国煤炭系统建立省级扶贫基金会10个、局级基金会79个、矿级基金会810个，全国煤炭系统共筹集扶贫基金约1.3亿元，其中省级扶贫基金1927万元，矿务局级扶贫基金6936万元，矿级扶贫基金4287万元。

1995年至1997年，各级地质工会普遍对本单位的职工生活状况进行了调查研究，摸清了困难职工的数量、结构、分布，致困原因及困难程度等动态情况，积极建立困难职工档案，实行动态管理，有的放矢地制定扶贫解困的具体措施。据地矿系统22个省局428个基层单位155535名职工的调查，停产、半停产地勘单位15个，停产、半停产二级经济实体、三产公司115个，涉及职工7356人，占被调查职工总数的5.09%；下岗职工14898人，占被调查职工总数的10.31%；贫困职工11346人，占被调查职工总数的7.29%，其中特困职工3861人，占贫困职工人数的34.03%。拖欠、减发职工工资的单位有92个，拖欠、减发职工工资时间最长的达48个月。造成职工生活困难的原因是多方面的，为此各级地质工会做了大量的调查研究工作。据428个基层单位的统计，有250个单位建立了贫困、特困职工档案；有148个单位制定了扶贫解困政策和措施；有137个单位建立了扶贫解困工作领导小组。除少数几个省局外，全部制定了职工最低工资标准和最低生活标准保障线。

积极参与和推动养老保险制度改革，深化职工疗休养事业改革。1997 年 7 月，国务院下发《国务院关于建立统一的企业职工基本养老保险制度的决定》，其在资金来源、保障方式、企业与个人缴费比例、养老金计发办法、养老金的管理以及社会化服务等方面都作了统一规定。各级工会在积极参加和推动建立统一的企业职工基本养老保险制度的同时，着力建立职工补充保障体系。1996 年，电力系统加大了社会保险制度改革的力度，水电工会全委会和各电力网省局工会参加了相应的机构，参与了相关问题的讨论，注意在源头上维护好职工的切身利益。电力行业已有 95%的职工参加了养老保险。至 1997 年 7 月，部分省局的 27 个基层地质工会已建立了职工互助补充保险组织，并已正常运行。中国石油化工医药系统集养老、待业、工伤、医疗、生育 5 大险种的全方位社会保险体系日趋完善。多数石油企业建立了职工互助补充保险基金会，职工入会率平均达 92. 3%；总体拥有互助保险资金 3 亿余元，截至 1997 年 6 月底，已支付各项保险金累计达 2000 余万元，受惠职工近 20000 人次。石油系统开办的职工养老互助补充保险，使参加的职工在退休时得到比较可观的保险金。

1995 年 10 月，全国总工会作出《关于职工疗休养事业面向市场深化改革的决定》，提出争取用 5 年左右的时间，建立完善能够与社会主义市场经济体制和新的社会保障制度相适应、基本满足现代企业与职工需要、具有中国特色的职工疗休养事业。能化系统疗养院在实践中进行探索。1996 年，在桂林召开全国石油系统工会保障工作会议后，石油系统各疗养院一方面积极创造条件，加强自身的基础设施建设，改善内部环境，为服务广大石油职工提供良好的硬件；另一方面努力拓宽视野，开辟新的服务渠道，增强自身的服务功能，最大限度地满足疗养职工的需要，在实践中探索出了一条新路子。服务是疗养院存在的根本，提高服务质量是疗养院永恒的主题。疗养院是企业精神文明建设的窗口。1997 年，各疗养院为确保优质服务进一步完善各种配套管理制度，管理水平普遍有所提高。玉门油田酒泉疗养院、四川油田峨眉疗养院、江汉油田衡阳疗养院、华北油田北戴河疗养院领导直接对管理制度的实施效果定期检查考核，奖惩分明，有效地遏制了有章不依的问题；辽河油田兴城疗养院、胜利油田烟台疗养院、长庆油田临潼疗养院、胜利油田青岛疗养院通过召开疗养员座谈会、疗养员有奖征集意见、发送意见表以及民主测评巡访查访等方式征集意见和建议，改进服务工作；四川油田峨眉疗养院、河南油田无锡度假村、石油六公司桂林华油度假村、大庆油田北戴河疗养院、东北输油局熊岳疗养院开始实行“优质服务责任制”“优质服务责任区”，责任落实到人，大大减少了扯皮推诿现象，极大地提高了疗养院的服务水平。石油系统历来有重视职工疗养的好传统，都把办好疗养事业作为维护职工权益的重要工作和工会建设的重要内容。各企业工会都采取措施，筹措资金，加大了职工疗养工作的力度。四川油田、华北油田、物探局、江汉油田、克拉玛依油田在资金短缺的情况下，仍然划拨大量资金用于疗养院的扩建改造、设施更新。1997 年，石油系统近 40 家疗养院接待疗养人员近 10 万人，与 1996 年相比增加 2 万多人。1998 年，石油系统的疗休养院已增至 50 多个，拥有疗养床位近万张。各疗养院把暂时的困难逆境视为机遇和挑战，在内外两条线上同时出击，在激烈的市场竞争中求生存求发展，在发展中有创新。

（四）推进工会组织的自身建设

工会改革和建设的主要任务是，着力解决好深化经济体制改革和贯彻实施《劳动法》给工会带来的新情况、新问题，努力推进工会工作总体思路的贯彻落实，重点是进一步加强基层工会建设，增强基层工会活力；积极推进工会领导机关的改革和建设，转变运行机制和活动方式，提高机关工作效率和服务水平；大力加强工会领导班子和干部队伍建设，不断提高工会干部队伍素质。

为加强电力产业工会工作，中国水利电力工会组织各级工会依照《工会法》和《中国工会章程》开展工作，1995 年 3 月 20 日，印发《关于电力产业工会若干组织问题的暂行规定》的通知，明确工会的组织领导体制实行产业工会与地方工会双重领导。1998 年，为加强新形势下的产业工会工作，使之在推动本产业改革、发展、稳定中发挥更大的作用，依照全国总工会书记处的要求，水电工会全委会于 2 月中旬就专题调研进行了部署，并在系统内采取各流域、网局和省级产业工会普遍调研与全委会组成调查组深入实地调研相结合的方法进行。调查情况经综合后，形成《关于水利电力产业工会工作状况的调查报告》，并上报全国总工会。

1997 年，中国石油化工医药工会从建立社会主义市场经济体制和贯彻工会工作总体思路的要求出发，坚持继承和创新相结合，认真从实际出发，总结经验，不断推进工会自身改革和建设。全委会机关把全国总工会开展的“做文明职工、创文明小家、建文明机关”活动作为加强工会自身改革的契机，通过建立内部一系列制度，完善机关基础管理和作风建设。

为鼓励先进，推动煤矿地质工会工作的开展，1996 年，中国煤矿地质工会决定对北京矿务局大台煤矿工会、北京市地质调查所工会等 103 个先进工会，辽源矿区工会主席许传生、地矿部西南石油地质局工会主席杨荣继等 150 名优秀工会工作者，辽宁省煤炭工业管理局副局长王殿林、地矿部辽宁地勘局党委书记、局长齐玉兴等 58 名模范职工之友进行表彰。其中在表彰的先进工会中，煤矿系统有 64 个；在表彰的优秀工会工作者中，煤矿系统有 100 名；在表彰的模范职工之友中，煤矿系统有 37 名。

工会信息和数字化建设。1995年7月17日至8月2日，中国煤矿地质工会与中国工运学院培训中心在中国工运学院联合举办了全国煤矿地质系统工会通讯员、工会干部培训班。进一步加强工会的信息工作；结合全国煤矿和地质行业进一步深化改革的形势和任务，如何搞好思想宣传和新闻报道工作。1997年9月23日至28日，中国煤矿地质工会在四川煤矿都江堰疗养院召开了全国煤炭地矿系统工会第五次办公室工作会议。进一步加强信息调研、督促检查工作，加强办公自动化建设，建立激励机制，促进办公室工作不断发展。1996年，水电工会全委会召开了电力网省局工会办公室主任会议，强调水电各级工会办公室工作要强化决策服务、信息调研、工作督查和综合协调功能，更好地发挥参谋助手作用。1998年，为了进一步推动和加快水利电力系统办公自动化工作的进程，中国水利电力工会办公室从本产业工会工作的实际出发，在组织开发《水利电力系统工会管理软件》和编制《全国水利电力系统工会微机编码表》的基础上，于2月16日以全委会的名义向所属工会印发了《关于加强水利电力系统工会办公自动化工作的意见》。该《意见》对近两三年内水利电力系统工会实现办公自动化的目标、硬件设备的配置、推广使用统一的工会管理软件和微机编码、利用微机软件上报工会年度报表、微机网络建设、搞好培训工作和加强对办公自动化工作的领导提出了具体要求。随后，又于5月27日至6月2日在北京举办了一期主要由各流域、网省一级工会具体负责微机管理的干部参加的微机培训班，学员共有70余人。据不完全统计，全国水利电力系统已有10多个网、省一级工会，依据全委要求的精神，结合本单位的实际，制定了有关加强办公自动化工作的意见或办法，并举办了以推广使用“水利电力系统工会管理软件”为主要内容的微机培训班；各流域、电力网省局工会以及部分水利厅（局）工会实现了使用统一的微机软件上报工会年度报表；“水利电力系统工会管理软件”已在500多个水利电力工会组织中推广使用。

五、职工在推动建立社会主义市场经济体制中的重大作用

从计划经济向社会主义市场经济转变是前无古人的伟大事业，其中必然会出现众多的挑战与艰辛，工人阶级以主人翁和主力军的姿态，积极支持改革、投身改革，奉献智慧和力量，克服困难，勇于探索和奋斗，以创造出丰富的物质和精神成果的优异成绩，为建立社会主义市场经济体制作出了巨大贡献。

（一）参与支持企业改革

随着经济体制的转轨和经济结构调整，企业原有的用工形式发生了结构性变化。尤其是在国企改制施行了新思路，贯彻“减员增效”与“抓大放小”的战略方针后，对国有企业职工产生了两方面的直接影响：一是导致职工大规模下岗，使他们在改革以前甚至改革初期所享有的经济、政治待遇受到冲击；二是国有小型企业以及集体企业改变成非公有制企业，使被改制的企业职工，或者被企业购买者接收而成为私营企业雇工，或者下岗失业，进入失业人员群体。“九五”计划时期，煤炭电力化工行业下岗职工人数大幅度增加，面对如此巨大的冲击，难免在国企职工中引起一些思想波动，尤其是长期在计划经济体制下形成的国企情结受到颠覆。但他们在各级工会的教育引导下，逐步提高了认识，顾全大局，积极支持改革、参加改革，自觉承担改革成本，并通过各种努力，使之降到最低限度。他们的主动精神和自我牺牲精神，保障和推动了国有企业改革的顺利进行，为增强国有企业的活力和竞争力作出重要贡献。

（二）开展群众性经济技术创新活动

在向社会主义市场经济转变中，能源化学地质系统职工积极投身群众性生产经济技术活动，努力贡献才智，为改革开放和社会主义现代化建设事业作出贡献。在劳动竞赛广泛开展的同时，职工合理化建议活动也在深入发展。进一步完善合理化建议工作机制，调动和集纳广大职工的聪明才智。

中国煤矿地质工会1996年首届四次全委会向全国煤炭、地矿系统发出了组织广大职工开展学先进、比贡献、创一流、增效益，为实现“九五”计划和2010年远景目标建功立业活动的倡议，全系统建功立业活动蓬勃开展。各级煤炭地矿工会组织都把建功立业活动列入工会工作的重要议事日程，广泛发动职工群众开展以为企业改革献计谋、为设备改造亮绝招、为堵塞漏洞提建议为主题的“金点子”创百万元工程竞赛，以增产增收、回收利废、盘活库存等为内容的“双增双节”月（周、日）创百万元责任目标活动等多种形式的建功立业活动，促进了煤炭地矿安全生产和经济效益增长，促进了“四有”职工队伍建设。建功立业活动中涌现出了一大批先进集体和先进个人。1998年8月，在北京召开的二届一次全委会议上，中国煤矿地质工会对建功立业活动中涌现的先进集体和先进个人进行了表彰。山东省煤矿工会等17个单位获全国煤炭地矿系统建功立业活动优秀组织单位称号；北京矿务局等61个单位获全国煤炭地矿系统建功立业活动先进集体称号；倪永胜等175人获全国煤炭地矿系统建功立业活动先进个人称号。

长江三峡工程劳动竞赛委员会和三峡总公司于1998年4月28日在坝区召开三峡工程劳动竞赛表彰大会。自1997年9月6日全国总工会在三峡坝区召开长江三峡工程劳动竞赛动员大会以来，广大三峡工程建设者以高度的主人翁责任感和历史使命感，紧紧围绕实现“一流的工程质量，一流的工程管理，一流的文明施工”竞赛总目标，抓住质量、工期、安全、效益等关键环节，开展了形式多样的劳动竞赛活动，有力地促进了工程建设。在确保胜利实现大江截流、临时船闸“五一”正式通航，特别是进入汛期后，广大建设者发扬抗洪精神，为完成全年的主要工程任务、确保工程安全度汛，并为1999年向混凝土浇筑高峰年顺利转移做好一系列准备工作中作出了优异成绩。

1996年6月25日，中国石油天然气总公司和石化医药工会在郑州联合召开了总结表彰大会，授予大庆石油管理局等56个单位“八五”石油系统合理化建议和技术改进先进集体称号，授予张树春等231名同志“八五”期间石油系统合理化建议和技术改进先进个人称号。授予田宗民等10名同志石油系统“十大技术革新能手”称号。同年，中国石油化工医药工会在石化系统继续开展“十大技术革新能手”评选活动。本着公开、民主和优中选优原则，逐级申报，层层筛选，先后历经1年的时间，于1997年4月揭晓，他们是：张淑蓉（女）、张开峰、许诚华、李进贵、马月英（女）、刘玉翠（女）、张世文、李志英、赵基喜、齐贺斌。评选出来的十大技术革新能手是我国石化工业技术革新的标兵，他们爱岗敬业、勤奋好学、忘我工作，以攻克技术难关为主题，坚持不懈地进行合理化建议和技术改进活动，为促进我国石油化工工业的技术进步作出了积极贡献。这一活动的开展，对于进一步激发广大职工学习技术的热情，促进我国石油化工工业实现经济增长方式的根本性转变起到了积极作用。

（三）提高自身素质，适应市场经济要求

中国工会十二大以来，在各级工会积极引导下，广大职工开展了“学理论、学文化、学科学、学技术、学管理、学法律”的“六学”活动，主动参加工会举办的各种形式的培训班，努力提高政治理论水平和掌握现代化的文化科学技术、管理、法律等知

识，并通过多种多样的竞赛，着力提高自身的职业技术素质。广大职工还积极踊跃地投入读书自学活动中。

为落实党的六中全会精神，把职业道德建设作为煤炭、地矿系统加强精神文明建设的切入点，1996 年 10 月，中国煤矿地质工会组织煤矿各级工会积极开展以“讲文明树新风”为主题的群众性精神文明创建活动，以演讲活动为主要内容的职业道德建设在全系统普遍展开，对职工普遍进行职业纪律的教育。在煤炭系统国有重点煤矿 70%以上的单位层层开展了演讲活动，演讲人员达 8000 多人，组织演讲 300 多场，听众达百万人次。经过评选评出一等奖 5 名、二等奖 15 名、三等奖 38 名。在地矿系统 26 个局、65%的队级单位组织演讲 200 多场，听众 10 万人次。评出 48 名全行业职业道德标兵，并将获奖演讲事迹统一制成了录像带。

1996 年，水利电力全委组织各级电力工会积极开展职工政治、业务教育和文化活动，精神文明建设取得新成果。共举办各类讲座、培训、研讨、专题学习班 490 多期，培训政治、业务骨干 2 万余人。1997 年 2 月，中国水利电力工会召开四届二次全委（扩大）会议。会议要求，要紧紧围绕企业改革和发展，倡导爱国奉献、爱厂如家、爱岗敬业的精神，深入开展爱国主义、集体主义、社会主义教育和革命传统、职业道德教育，大力提倡社会公德和家庭美德。水利电力各级工会在开展精神文明创建活动中，要以加强职业道德建设为重点，大力提高职工的道德素质，弘扬行业文明新风，把创建文明行业、文明“窗口”作为主要工作，常抓不懈、毫不放松，以工人阶级的先进思想和模范行为影响和带动全社会，促进社会风气的好转。要高度重视提高职工的科学文化技术素质，搞好技术培训，支持职工参加各种科学文化技术学习，广泛开展职工读书自学和岗位练兵、技术比武活动，鼓励职工立足岗位，自学成才。要加强企业文化建设，丰富职工的业余文化生活，倡导文明健康的生活方式。要开展精神文明领域的竞赛，赛思想、赛品格、赛团结、赛进步、赛奉献、赛精神风貌、赛行业新风、赛服务一流，要力争使行业的精神文明建设走在产业队伍的前列。

第二节　跨入新世纪的工人运动

一、世纪之交工人运动和工会工作

世纪之交，中国所处的国际环境正在发生巨大而深刻的变化。随着世界政治多极化、经济全球化趋势的发展和科学技术的突飞猛进，一场全球范围内的激烈国际竞争正在展开。随着经济全球化的发展和中国加入世界贸易组织，中国和世界的联系更加紧密。这就要求工人阶级和工会必须以更加宽广的视野去认识和把握中国与世界的发展大势，勇于应对面向21世纪的挑战，主动承担起在新世纪实现中华民族伟大复兴的历史重任，展示更大作为。

（一）学习贯彻党的十五大和中国工会十三大精神

党的十五大和中国工会十三大是在世纪之交召开的两次重要会议，它们对引领中国工人运动和工会工作跨入21世纪发挥了重要指导作用。

1997年9月12日至18日，中国共产党第十五次全国代表大会在北京举行。这次大会是在邓小平逝世后，世界关注中国共产党和中国人民能否沿着他开辟的中国特色社会主义道路继续前进，以及如何跨入21世纪的大背景下召开的。大会的主题是：高举邓小平理论伟大旗帜，把建设有中国特色社会主义事业全面推向21世纪。江泽民代表第十四届中央委员会向大会作《高举邓小平理论伟大旗帜，把建设有中国特色社会主义事业全面推向二十一世纪》的报告。

1998 年 10 月 19 日至 24 日，中国工会第十三次全国代表大会在北京举行。中国工会十三大是在世纪之交国内外环境发生复杂变化情况下召开的一次重要大会。这次大会的主要成果是：高举邓小平理论伟大旗帜，认真贯彻党的十五大精神，总结了中国工会十二大以来的成绩和经验，明确了工人阶级面向 21 世纪的神圣使命。提出了工运事业跨世纪发展的指导方针，选举产生了全国总工会新一届领导机构，通过了《中国工会章程》修正案。这些成果明确了世纪之交中国工人运动和工会工作的正确方向，对于团结动员全国各族职工为实现中国跨世纪宏伟目标而奋斗，把中国工运事业全面推向 21 世纪产生了重大而深远的影响。

能源化学地质系统各工会开展了一系列工作推动学习贯彻党的十五大和中国工会十三大精神。1998 年 3 月 4 日至 6 日，中国水利电力工会四届三次全委（扩大）会议在广西北海市召开。中国水利电力工会主席吕保柱作了题为《贯彻党的十五大精神，开创水利电力系统工会工作新局面》的工作报告。明确了全年的主要工作任务，深入学习贯彻党的十五大精神，坚持用邓小平理论武装广大工会干部和职工群众；团结和组织广大职工积极投身改革和建设，为实现水利电力跨世纪发展目标建功立业；加强职工民主管理，积极推动依靠职工办企业；继续推行平等协商、签订集体合同工作，建立稳定协调的劳动关系；关心职工生活，促进职工队伍和社会的稳定；进一步加强工会自身建设，努力提高工会工作整体水平。

同月 4 日至 8 日，中国石油化工医药工会三届三次全委会在海南省三亚市召开。中国石油化工医药工会主席刘玉明作了题为《高举邓小平理论伟大旗帜，团结和带领广大职工为实现党的十五大提出的各项任务而奋斗》的报告。报告对三届二次会议以来认真贯彻工会工作总体思路，深入学习邓小平理论，学习党的十五大精神，进一步落实党的全心全意依靠工人阶级的方针，推进国有企业改革发展等各项工作进行了认真总结和回顾。明确了1998年重点任务，认真学习、宣传、贯彻党的十五大精神，坚定不移地用邓小平理论指导工会工作；把党的依靠工人阶级的方针落到实处，推动国有企业的改革和发展；动员广大职工为办好企业献计献策，建功立业；努力提高职工的自身素质，造就跨世纪的“四有”职工队伍；推进职工解困和再就业各项政策的落实和不断完善，依法维护职工合法权益；加强工会自身建设，在服务大局中更好地发挥作用。部分单位分别就全心全意依靠职工办好企业、民主评议监督企业领导干部、搞好签订集体合同、做好下岗职工再就业和“送温暖”以及工会自身改革和建设等方面的工作进行了经验交流。7 月 21 日，中国水利电力工会印发了《关于动员和组织全国水利电力职工开展迎接新世纪建功立业竞赛的意见》。《意见》强调，开展迎接新世纪建功立业竞赛的指导思想是：以邓小平理论为指导，深入贯彻落实党的十五大精神，紧紧围绕水利电力生产建设中心，以全面实现“九五”计划为目标，以促进安全文明生产、推进科技进步、转换企业经营机制、提高职工素质为重点，认真落实全心全意依靠工人阶级的指导方针，运用多种形式，更加有效地调动和发挥职工的积极性、智慧和创造力，激励职工为全面完成水利电力生产建设各项任务作出新的贡献。8 月 22 日至 23 日，中国煤矿地质工会二届一次全委会在北京召开。会议提出了今后 5 年工作的主要任务，高举邓小平理论伟大旗帜，深入学习贯彻党的十五大精神，把全心全意依靠工人阶级的方针落到实处。

1999 年，水利电力各级工会坚持用邓小平理论指导工会工作，在工作思想、组织和作风建设方面取得新成绩。各级工会认真组织工会干部学习党的十五大、十五届四中全会和中国工会十三大精神，全面理解和把握邓小平理论的精神实质，采取多种形式开展工会岗位培训，学习政治、经济、法律及工会业务知识，并逐步建立健全较为完整的工会工作目标责任管理和考核制度。1月20日至22日，中国煤矿地质工会二届二次全委会在云南省煤矿疗养院召开。出席会议的委员84人，部分基层单位的工会主席列席了会议。中国煤矿地质工会主席赵永金作了题为《高举邓小平理论伟大旗帜认真贯彻中国工会十三大精神，开创煤矿地质工会工作新局面》的报告。报告确定1999年全国煤炭地矿系统各级工会组织重点抓好三项工作，突出产业特色，坚持把群众安全工作放在首位；加强送温暖工程建设，重点做好下岗职工基本生活保障和再就业工作；推动企业搞好厂（矿、队）务公开，进一步健全和巩固以职工代表大会为基本形式的民主管理、民主监督机制。3月10日至11日，中国水利电力工会四届四次全委（扩大）会议在河南省郑州市召开。中国水利电力工会主席吕保柱作了题为《贯彻落实工会十三大精神，推动水利电力系统工会工作再上新台阶》的工作报告。报告对1998年的工作进行了回顾，贯彻党的十五大精神，学习邓小平理论取得了丰硕成果；水利电力系统建功立业竞赛蓬勃发展；落实党的依靠方针，企业民主管理、民主监督工作有新进展；推行平等协商、签订集体合同工作成效显著；建立职工生活保障机制，送温暖、再就业工程取得实效；工会自身改革和建设进一步加强。2000年1月7日，中共国家电力公司党组关于印发《国家电力公司关于全心全意依靠职工群众办好企业的意见》的通知提出，要坚持和完善职工代表大会制度。电力国有企业、集体企业和公有产权占主导地位的股份制企业，要按照十五大精神进一步完善职工代表大会制度，发挥工会和职工代表大会在民主决策、民主管理、民主监督中的作用。12日至13日，中国水利电力工会四届五次全委（扩大）会议在江苏徐州召开。全国总工会书记处书记董力出席会议并讲话。中国水利电力工会主席吕保柱作了题为《深入贯彻党的十五届四中全会精神，全面推进水利电力系统工会工作》的工作报告。报告对1999年的工作进行了回顾，在企业民主管理、民主监督机制，推行平等协商、签订集体合同制度，“送温暖”和“再就业”工程，加强工会自身建设等方面，工会工作整体水平有了新的提高。

（二）工会工作的总体思路

工会工作总体思路是在中国工会十二大以后提出的，这个总体思路的实质是突出工会的维护职能。中国工会十三大进一步强调要坚持和发展工会工作总体思路，并在总体思路的指导下，制定了工会工作指导方针。1995年5月22日至25日，中国石化医药工会二届五次全委会在武汉石油化工厂召开。中国石化医药工会主席刘守仁作了《全面领会，深刻理解全总十二届二次执委会确定的工会工作总体思路，使我们的思想更加适应工会工作指导思想的历史性转变》的总结讲话。1997年5月7日至10日，中国石油化工医药工会三届二次全委会在江苏省江阴市召开。参加会议的委员有71名。中国石油化工医药工会主席刘玉明作了题为《进一步把工会工作总体思路落实到基层，发挥产业工会在两个文明建设中的作用》的报告。1996年8月25日，中国煤矿地质工会首届全国委员会常务委员会第五次会议召开，指出推动建立平等协商制度和签订集体合同工作是落实工会工作总体思路，贯彻实施《劳动法》的关键工作。

二、社会主义市场经济条件下工会的新发展

（一）工会工作的根本指导思想

“三个代表”重要思想与工人阶级和工会组织的性质、地位

及其肩负的历史使命之间有着紧密的内在联系，它从党的性质、根本宗旨、基本任务的高度，深刻揭示了在建设有中国特色社会主义的整个历史进程中，党为什么要始终把实现、维护、发展最广大人民群众的利益作为我们最大最重要的政治，为什么要毫不动摇地全心全意依靠工人阶级，党领导的工会为什么要把维护职工合法权益作为自己的神圣职责等一系列重大问题。它为推进新世纪的工人运动和工会工作，探索有中国特色社会主义工会工作的新路子，进一步奠定了理论基础，指明了前进方向，提出了更高要求。

能源化学地质系统积极贯彻落实“三个代表”重要思想。2001 年 11 月，全国总工会进行机构改革，中国煤矿地质工会、中国水利电力工会中的电力部分、中国石油化工医药工会合并组建中国能源化学工会，内设机构为办公室、煤矿工作部、国土资源工作部、电力工作部、石油石化工作部、化学医药工作部。12 月 26 日至 27 日，中国能源化学工会全国委员会第一届全国委员会第一次会议在北京召开。中国能源化学工会主席赵永金在会上作了题为《把握形势，明确任务，认真实践“三个代表”重要思想，努力开创能源化学工会工作新局面》的工作报告。会议指出，能源化学产业系统的各级工会干部，要把学习“三个代表”思想作为一项长期和重要的任务，认清形势，深刻领会精神实质，不断提高自身的思想政治觉悟，坚定正确的政治方向，在思想政治上与党中央始终保持高度一致，讲学习、讲政治、讲正气，充分认识新形势下做好工会工作的重要性，不断提高履行维护职能的主动性和自觉性。

（二）为职工群众办实事

中国工会十三大以后，各级工会按照“五突破一加强”的要求部署工会工作，抓住重点，带动全面，使工会工作呈现探索创新、蓬勃发展的局面。

维护职工经济利益，理顺劳动关系，推动平等协商和集体合同制度有新突破。1998 年 8 月 22 日至 23 日，中国煤矿地质工会二届一次全委会在北京召开。报告回顾总结了首届全委会的工作，认真贯彻实施《劳动法》，积极推进平等协商和集体合同制度的建立，在建立稳定协调的劳动关系中发挥了重要作用。2001 年 2 月 10 日，中国石油化工医药工会印发《关于进一步推进化工医药系统平等协商和集体合同工作的若干意见》。《若干意见》为深入贯彻落实党的十五届四中全会《决定》精神和全国总工会十三届三次执委会议精神，进一步推进全国化工医药系统企事业单位平等协商和签订集体合同制度的巩固、发展和提高。

自《劳动法》颁布以来，平等协商和集体合同制度已经在石油、化工、石化、医药系统普遍展开。2001 年 3 月 9 日至 13 日，中国石油化学医药工会全委会议暨工作会议在广西北海市召开。会议要求各级工会组织把开展工资集体协商作为实行平等协商和集体合同制度的重要工作突出抓好。

保障职工民主权利，坚持和完善企业民主管理制度。在贯彻工会工作总体思路过程中，能源化学地质系统产业努力推动职工代表大会制度等多种形式的企事业单位民主管理制度不断发展。

2000 年 1 月，中国石油化工医药工会在当年主要工作安排中提出，在国有独资和国有控股企业要切实落实好职工代表大会职权：企业改制方案要提交职工代表大会审议；企业涉及职工切身利益的重要问题要由职工代表大会讨论决定；集体合同草案要经职工代表大会讨论通过，履行情况要向职工代表大会报告。1 月 7 日，中共国家电力公司党组关于印发《国家电力公司关于全心全意依靠职工群众办好企业的意见》的通知提出，要落实好职工代表大会的各项职权，不断提高职工代表大会的质量和水平。职工代表大会要在研究讨论企业发展规划和生产经营重大决策、讨论通过集体合同和涉及职工切身利益的重要改革方案与重要规章制度、审议决定企业公益金使用方案等有关职工生活福利的重大事项方面提出意见和建议；要对企业经营管理者进行民主评议并提出奖惩建议；要定期听取企业业务招待费使用情况的汇报。1 月 12 日至 13 日，中国水利电力工会四届五次全委（扩大）会议在江苏徐州召开。中国水利电力工会主席吕保柱作了题为《深入贯彻党的十五届四中全会精神，全面推进水利电力系统工会工作》的工作报告。报告明确了 2000 年工作重点任务，其中包括建立健全以职工代表大会为基本形式的企业民主管理制度，实行厂务公开和民主评议企业领导人制度，建立职工董事、监事制度。12 月，中国煤矿地质工会第二届全国委员会第四次会议召开，会议要求要进一步加大以职工代表大会为基本形式的职工民主参与、民主管理、民主监督的力度，从制度和机制上保证职工代表大会履行法定程序和行使五项职权。改制的煤炭企业和地勘单位要研究和探索职工代表大会职权的落实途径，根据企业改制后的实际情况调整职工代表大会职权的落实重点。

1999 年 3 月，中国水利电力工会四届四次全委（扩大）会议召开，要求进一步建立健全职工董事、监事制度。提出在公有产权占主导地位的公司制企业的董事会、监事会中，应有职工代表。职工董事、监事由企业工会组织职工提名，经职工代表大会民主选举产生，工会主席应作为职工董事候选人，工会副主席应作为职工监事候选人。中国水利电力工会积极推动国家电力公司出台关于建立和完善职工董事、监事制度的文件，一些网省公司工会依据有关政策法规和国家电力公司规定，及时向党组提出建议，并促使制定出台了一些规范性文件，使职工代表依法进入董事会、监事会工作得以顺利进行。

2001 年 12 月，中国能源化学工会第一届第一次全委会召开。会议要求，改制重组为公司制的企业，要依法建立健全职工董事、监事制度，要依法坚持董事会、监事会都要有职工代表参加，坚持工会主席、副主席作为职工董事、职工监事的首选候选人，由职工代表大会或公司职工民主选举产生。

做好下岗职工基本生活保障和再就业，深入实施“送温暖工程”。中国工会十三大以来的下岗职工基本生活保障和再就业工作积极推进，取得显著成效。1998 年 5 月，中共中央、国务院召开了国有企业下岗职工基本生活保障和再就业工作会议，下发《中共中央、国务院关于切实做好国有企业下岗职工基本生活保障和再就业工作的通知》，要求企业拟定职工下岗方案应同时提出基本生活保障和再就业意见，在充分听取职工代表大会意见后组织实施。1998 年，水利电力工会继续实施“送温暖工程”，关心困难企业特别是下岗职工的生活保障和再就业，重点对女职工和水电施工企业下岗职工的生活和再就业情况进行了调研并提出建议。1999 年，水利电力系统各级工会坚持实施再就业工程，参与了本单位有关特困救助、职工下岗和再就业规范化管理办法的制定；主动协助行政成立再就业服务中心，举办各类培训班，积极为下岗职工再就业创造条件。在水利电力工会的指导下，各级电力工会积极发挥作用，下岗职工再就业取得了阶段性效果。中国葛洲坝集团公司工会按照国家电力公司提出的葛洲坝集团公司 3 年内下岗分流 1 万人的要求，1998 年，正式启动再就业工程，集团公司各级工会组织从维护企业改革发展稳定大局和职工群众合法权益出发，在协助企业党政做好下岗职工再就业工作方面，到 1999 年底，有 4258 名下岗职工实现了再就业。

“送温暖工程”是工会的一项特色工作。1998 年，石化系统各企业工会把“送温暖工程”作为工会保障工作的有效载体，坚持不懈，常抓常新，在初步形成机制的基础上继续向细致化和多样化方向发展，并逐渐形成了自身特色。完善组织网络体系，救助机制日趋严密。各企业由工会牵头成立送温暖工程领导小组，党政工领导齐抓共管，多方筹集并建立了各种专项基金。各企业工会大都制订这项工程的中长期规划，对这一活动的指导思想、组织领导、工作重点和目标措施进行统一安排，使之成为企业制度。实现途径丰富、方式和内容不断增加。“送温暖责任区”“百、千、万”“进万家门、知万家情、解万家难、暖万家心”等系列活动普遍展开。胜利油田、江汉油田等企业工会在三级单位已100%建立了责任区，各个责任区工作有目标，检查有内容，考核有标准。辽河油田、河南油田、四川油田、长庆油田等企业工会还把责任区划分为若干个不同类型，对症下药地给予救助。吐哈油田、渤海石油公司、南海西部公司、东北输油局、吉林油田、塔里木油田、中原乙烯、滇黔桂油田、宝鸡石油机械厂、石油运输公司、宝鸡石油钢管厂等企业工会坚持实行“十上门”“五必访”等制度，拓宽了这一活动的覆盖面。1998年，拥有150万名职工的石油系统，已陆续从主业分离出70万人。化工、医药企业职工下岗的力度大。各级工会组织把做好企业下岗职工基本生活保障和再就业工作作为工会第一位工作，并使之与送温暖活动有机结合起来。一些企业还设立了送温暖工程基金，并为贫困、特困职工子女设立了助学金。

2000年，中国石油化工医药工会继续做好送温暖工作，自觉在扶贫帮困中当好第一知情人、第一报告人、第一帮助人。同时各级工会进一步加大了送温暖力度，包括建立五必访制度和送温暖工程运作机制；对特困职工给予进一步的政策优惠，建立帮困基金和预警机制；建立送温暖责任区，实行网络化管理；通过领导干部对重点户定人、定期走访和开展“攀穷亲结对子”活动，强化各级干部责任意识；确立扶贫、助残、排忧、亲情、孤老的帮困对象、帮困目标、帮困措施，定期开展检查，建立帮困责任制。

（三）促进职工精神文明建设发展

能源化学地质系统产业高度重视职工队伍建设，大力加强职工思想政治和文化技术教育，努力提高职工队伍素质，取得了新的突破。

1997年2月，中国水利电力工会召开四届二次全委（扩大）会议。水利电力各级工会要坚持不懈地用马克思列宁主义、毛泽东思想，特别是邓小平建设有中国特色社会主义理论武装头脑，认真学习、深刻理解、努力掌握党的十四届六中全会精神实质，不断提高对加强新形势下精神文明建设极端重要性和现实紧迫性的认识；深刻理解和努力把握精神文明建设的指导思想、目标任务、工作方针和重大措施。要结合本系统本单位的特点和实际，协助党政把精神文明建设的目标任务具体化。1999年3月，中国水利电力工会召开四届四次全委（扩大）会议。会议明确，加强各级工会领导班子和领导干部的思想政治建设。加强思想政治建设最根本的是用邓小平理论武装广大工会干部特别是领导干部，努力提高思想理论水平和政策水平，增强贯彻执行党的基本路线的自觉性。要按照中央部署，在县处级以上领导干部中，用整风精神开展“讲学习、讲政治、讲正气”为主要内容的党性党风教育，解决好存在的主要问题，使各级工会领导班子和领导干部在思想上有明显提高，政治上有明显进步，作风上有明显转变，纪律上有明显增强，更好地担负起工会工作的领导责任。

三、职工在世纪之交推动经济社会发展中的重要贡献

世纪之交、风云际会，面对世界范围的经济和科学技术竞争，面对经济全球化和中国加入世界贸易组织所带来的机遇与挑战，

能源化学地质职工继承和发扬光荣传统，继续走在时代的前列，以辛勤的劳动、崭新的风貌和优异的成绩，为实现党所确定的跨世纪宏伟目标作出巨大贡献，同全国人民一起，谱写出建设有中国特色社会主义事业更加壮丽的新篇章。

（一）发挥服务经济社会发展的主力军作用

广大职工积极贯彻落实党和政府关于保持国民经济持续快速健康发展的各项重大措施，广泛开展了经济技术创新活动，促进了经济效益增长。

2000 年，中国煤矿地质工会对 2000 年职工合理化建议和技术改进获奖成果给予表彰，并布置了群众经济技术创新活动。

为提高基层单位职工技协负责人和技协积极分子的素质，推动各单位群众经济技术创新活动的开展，加强职工技协工作，2001 年 3 月 21 日至 25 日，中国煤矿地质工会在上海举办了全国煤炭系统群众经济技术创新和职工技协工作培训班。邀请上海市有关专家、教授和学者讲授党的十五届五中全会精神和“十五”规划、经济全球化和知识经济、新经济与技术创新、创造学及职工技协的主要任务、基本政策、财务工作、运作方式和市场营销技巧等学习内容。全国煤炭系统各企业工会负责群众生产、职工技协工作的同志，各级职工技协财务人员以及部分受表彰的人员参加了培训。

（二）以主人翁态度促进国企改革

1997 年 9 月，党的十五大提出“要从战略上调整国有经济布局”，用 3 年左右，力争使大多数国有大中型骨干企业初步建立现代企业制度。1999 年 9 月，党的十五届四中全会通过了《关于国有企业改革和发展若干重大问题的决定》，提出要大力发展股份制公司，通过国有控股和参股来实现国有经济对国民经济的控制力。党的十五大开启了国有企业产权改革的新时代，加速了所有制结构调整，启动了国有企业推进股份制改革、实现产权多元化的改制。产权制度改革的过程，是产业结构优化升级的过程，也是淘汰落后、创造新兴、调整优化就业结构的进步与发展过程。

2001 年 4 月 6 日，中国煤矿地质工会下发了《关于开展群众经济技术创新活动的意见》。《意见》明确开展群众经济技术创新活动是工会工作服从服务大局，最大限度地发挥职工群众在推进国有企业改革和发展中的主力军作用，实现两个维护的重要手段，是从工会组织的性质和特点出发，调动和发挥职工群众的积极性、创造性，贯彻江泽民总书记“三个代表”重要思想的重要举措。

（三）榜样与先进人物为精神文明建设注入新的活力和生机

中国工会十三大以来的 5 年间，能源化学地质系统产业积极培养、选树、总结表彰了一大批为国家建设和社会进步作出突出贡献的劳动模范、先进个人和先进集体。

中国煤矿地质工会 1999 年 10 月 14 日至 17 日在上海召开了中国煤矿职工技协二届一次委员会议。为进一步发挥各级技协组织的作用，充分调动技协干部和会员的积极性，中国煤矿地质工会决定授予河北省煤矿职工技术协会等 13 个单位全国煤矿职工技协先进集体称号，授予赵连庚等 35 名同志全国煤矿职工技协工作先进个人称号，并在会议上进行表彰。

中国能源化学工会和中国煤炭工业协会 2002 年 9 月在北京共同组织了全国煤炭系统优秀采掘队长称号评选表彰活动。煤炭系统广大干部职工发扬特别能战斗的精神，克服困难，为煤炭经济形势的好转、为全系统的科技进步和高产高效矿井的建设作出了巨大贡献，涌现出了一大批勇于奉献、开拓创新的先进人物。煤炭企业的采掘队长，是煤矿生产一线的直接和主要带头人，是煤矿先进生产力的典型代表，是保证煤炭工业快速发展的一支重要力量。中国能源化学工会和中国煤炭工业协会决定授予郭春锋等10名同志“全国煤炭工业十佳采煤队长”称号，授予董友泉等10名同志“全国煤炭工业十佳掘进队长”称号，授予韦广图等40名同志“全国煤炭工业优秀采煤队长”称号，授予晋福贤等40名同志“全国煤炭工业优秀掘进队长”称号。

国家电力公司和中国水电工会1999年4月28日在北京联合召开国家电力公司系统全心全意依靠职工办企业暨劳模表彰大会。受表彰的部分劳动模范、先进集体和全心全意依靠职工办企业先进单位、优秀领导干部代表共计156人。李庆长等11名同志被授予国家电力公司系统特等劳动模范称号，袁德等280名同志被授予国家电力公司系统劳动模范称号，丰满发电厂机电分厂等100个集体被授予国家电力公司系统先进集体称号，元宝山发电厂等38个单位被授予国家电力公司系统全心全意依靠职工办企业先进单位称号，郭宝有等37名同志被授予国家电力公司系统全心全意依靠职工办企业优秀领导干部称号。出席会议的全体劳动模范代表向电力系统职工发出了倡议书。河南省电力公司等6个单位在会议上介绍了依靠职工办企业的经验。会后，中国水利电力工会组织出席会议的劳动模范、先进集体、先进单位和优秀领导干部代表在京参加了庆祝“五一”国际劳动节观光活动。

（四）为抗洪抢险的胜利作出重要贡献

1998年入汛，我国长江、嫩江、松花江流域出现入夏以来百年不遇的特大洪水。长江发生了继1954年以来又一次全流域性大洪水，先后出现8次洪峰，宜昌以下260公里江段和洞庭湖、鄱阳湖的水位，长时间超过历史最高纪录，沙市江段曾出现45.22米的高水位。嫩江、松花江发生超历史纪录的特大洪水，先后出现3次洪峰。珠江流域的西江和福建闽江也一度发生大洪水。湖北、湖南、江西、安徽、江苏、黑龙江、吉林、内蒙古等省区沿江沿湖的众多城市和广大农村，经济社会发展和人民生命财产安全都受到洪水的严重威胁。这场来势凶猛的特大洪水，使许多地方公路、铁路、通信、供电、供水中断、被毁，生产设备和生活设施遭到破坏，但冲不垮打不散广大工人群众顽强的毅力和旺盛的斗志。能源系统和其他战线的工人都把支持抗洪抢险当作首要任务，大力协同，抗洪抢险，生产自救，恢复生产，在各自的岗位上作出了重要贡献。

中国石油化工医药工会组织石油、化工、石化、医药企业职工组成抗洪抢险突击队投身抗洪工作中。广大工会干部奔赴抗洪第一线，协同做好指挥和组织工作。灾情过后，各级工会配合企业党政组织职工恢复生产、重建家园。没有遭灾地区的企业和工会，组织捐款捐物，慰问灾区。灾区的一些大型企业，在承受洪灾造成损失的同时，还不忘对同受洪灾的小企业和农村进行扶贫帮困。

第十章

中国能源化学地质产业工人在全面建设小康社会中的责任担当（2002—2012）

进入21世纪，我国开启全面建设小康社会、加快社会主义现代化建设的新的发展阶段。2002年底，中国能源化学工会组建完成。工会工作站在了新的历史起点。在全面建设小康社会的伟大实践中，全国能源化学地质系统各级工会组织在全国总工会党组和书记处的领导下，坚定不移地走中国特色社会主义工会发展道路，认真贯彻落实“组织起来、切实维权”的工作方针，发挥全面建设小康社会的主力军作用，积极主动地投身于经济建设和社会发展的历史潮流当中，展现了新世纪中国能源化学地质产业工人的责任担当，为中国经济发展和社会进步作出了新的贡献。

第一节　在推进全面建设小康社会中彰显作用

一、新世纪工人运动工作面临的形势和任务

（一）新世纪初内外部环境呈现新变化

21世纪初，国际环境呈现新的特征和趋势。世界格局走向多极化，打破了一两个国家的垄断和霸权地位，广大发展中国家获得了共同发展的机遇和条件，和平与发展成为大势所趋；科技革命加速推进，信息技术的发展极大地提升了劳动生产率，使劳动方式与劳动力结构发生新的变化，知识、技术和管理的地位更加凸显；经济全球化进程明显加快，资源的全球化配置使各国相互依存度日益加深，同时发展的不平衡给发展中国家带来更大的压力与挑战，市场、科技以及综合国力方面的竞争日益加剧。加入

世界贸易组织以后，中国经济处在激烈的国际竞争中。

21 世纪初也正值我国建设“十五”计划的关键期，同时也进入经济结构调整、社会主义市场经济体制改革和扩大对外开放的重要时期，工人阶级队伍进一步壮大，职工劳动权益意识逐渐增强，农民工成为工人阶级的重要组成部分，劳动关系的性质和特征发生新的变化。特别是随着经济体制改革的深化，我国的社会经济生活发生巨大变化，国有资本的投向领域逐步收缩，国有企业的职工人数在整个职工队伍中的比例不断下降，就业方式更加灵活，职工收入的差距进一步显现，经济管理和劳动关系中的利益矛盾更加复杂和突出，工会维护工人合法权益、促进社会和谐发展的任务更加艰巨。

新的时代背景和经济环境使工人运动和工会工作面临新的机遇和挑战。能源化学地质系统作为国民经济发展的重要组成部分，如何凭借诸多优势，抓住契机，建立全新的竞争战略，提高企业综合素质，培养出一大批竞争力极强的新型企业，在激烈的竞争中处于不败之地，如何在这种巨大的变革中保护好、调动好、发挥好广大职工的积极性、创造性，搞好企业改革，促进行业整体实力的提升，成为各级工会组织面临的新课题。

（二）确立全面建设小康社会奋斗目标

2002 年 11 月，党的十六大确立了全面建设小康社会的目标，提出紧紧抓住新世纪头 20 年中国经济发展的重要战略机遇期，集中力量全面建设惠及十几亿人口甚至更高水平的小康社会。党的十六大确立的全面建设小康社会的目标，是中国特色社会主义经济、政治、文化全面发展的目标，是与加快现代化相统一的目标，符合中国国情和现代化建设的实际，符合人民的愿望，意义十分重大。[①] 这是实现现代化建设第三步战略目标必经的承上启下的发展阶段，也是完善社会主义市场经济体制和扩大对外开放的关键阶段。党的十六大为工人运动和工会工作提出了新的历史任务。

2003 年 9 月 22 日，中国工会第十四次全国代表大会在北京召开。中国工会十四大是 21 世纪召开的第一次工会全国代表大会，党中央对这次会议高度重视。胡锦涛同志在同全国总工会新一届领导班子成员和部分代表座谈时发表了重要讲话，温家宝同志为大会作了当前经济形势的报告，曾庆红同志代表党中央在大会上致祝词。大会审议通过了王兆国同志在大会上作的题为《以"三个代表"重要思想为指导，团结动员广大职工在全面建设小康社会中充分发挥工人阶级的主力军作用》的报告。大会着眼于我国工人阶级的性质、地位和历史使命，号召各级工会组织团结动员广大职工在全面建设小康社会中充分发挥工人阶级的主力军作用，开创新世纪新阶段工会工作的新局面。在全面建设小康社会的号角声中，把握形势、坚持发展、准确定位、与时俱进，团结产业广大职工在全面建设小康社会中建功立业，成为能源化学产业系统各级工会组织和工会干部共同的责任。

（三）工人运动和工会工作的新任务

随着改革的深入，能源化学产业面临着经济、政治、文化建设和体制改革的繁重任务，劳动关系的变化，就业、分配、保障利益关系调整力度加大，下岗失业人员再就业、困难职工基本生活保障问题突出，产业工会工作如何"讲政治、促发展、顾大局、保稳定"既有难得的机遇，又有严峻的挑战。

---

① 李玉赋主编：《新编中国工人运动史》（下），中国工人出版社 2016 年版，第 624 页。

加强源头参与的任务十分突出。产业结构调整和投资体制多元化，国有企业经济成分、组织形式、职工就业方式和分配方式多样化，职工队伍结构层次和物质利益多元化，使劳动关系发生了巨变，加入世界贸易组织后，这种变化更加凸显，工会工作的领域、重点、对象、方式方法将随之发生更加深刻的变化。加强对国内外相关法律、法规和政策的研究，推进参政议政机制的建立健全，推进企业民主政治的建设，针对涉及职工利益的重大改革，充分发挥全国产业工会源头参与的作用，有效地代表和维护职工的合法权益，是摆在能源化学产业系统各级工会组织面前的一项十分突出的任务。

依法维护职工合法权益的任务十分艰巨。能源化学产业系统在调整结构、兼并重组和转换机制的过程中，不可避免地导致了相当数量的职工下岗、待岗和有偿解除劳动合同。而在 20 世纪 90 年代后期，大量进入再就业服务中心的下岗职工，到 21 世纪初又面临出“中心”的问题。如何有效地代表和维护职工的合法权益，推动依法操作，加强思想政治工作，取得广大职工的理解和支持，是摆在能源化学产业系统各级工会组织面前一项艰巨任务。

关注困难职工群体、维护队伍稳定的任务十分紧迫。能源化学产业各系统不同程度地存在困难职工群体，虽然表现形式和困难程度不一，但都涉及职工的基本生活保障，影响到职工的情绪，甚至发生职工的合法权益受到侵害而造成的职工群体事件。因此，关注困难职工群体，推进社会保障，广泛开展送温暖活动，为职工办实事好事，促进职工队伍稳定，是摆在能源化学产业系统各级工会组织面前一项十分紧迫的任务。

推进安全生产、加强劳动保护的任务十分繁重。能源化学产业中许多行业的工作条件是艰苦的，有的常年在地下或野外作业，工作环境差，危险性大；有的属于有毒有害，高温高压、易燃易爆等，职工的劳动条件和工作环境急需改进，发生的多起事故给人民生命财产造成了巨大损失，影响恶劣。加强劳动保护，促进安全生产，保护职工的生命安全和身体健康，是摆在能源化学产业系统各级工会组织面前的一项十分繁重的任务。

二、中国能源化学工会第一届全委领导下的工会工作新局面

21 世纪复杂的国内外形势，全面建设小康社会的伟大进程，工会工作面临的新任务、新挑战，给能源化学产业系统各级工会组织提出了新课题。中国能源化学工会第一届全委在全国总工会的直接领导下，抓住新机遇、迎接新挑战，着力各项工作的创新，带领产业系统各级工会组织努力开创工会工作的新局面。

（一）夯实团结奋进的思想基础

中国能源化学工会成立之初，就在一届一次全委会上明确指出，任何一项改革的成功都离不开职工群众的理解、支持和参与。全委指导能源化学地质系统的各级工会组织，协助党政积极做好职工的思想政治工作，团结带领广大职工旗帜鲜明地支持和参与改革，为团结奋进夯实最广泛的思想基础。

2003 年 1 月，中国能源化学工会第一届第二次全委会召开，提出，坚持和完善以职工代表大会为基本形式的企业民主管理制度，并在落实职权、讲求实效上下功夫。

完善法人治理结构，董事会、监事会都有职工代表参加。国有企业改革的目标是建立现代企业制度，而现代企业制度的基本特征是以完善的法人制度为基础，以有限责任为特征，以公司治理结构为代表。中共十五届四中全会更是把公司治理结构提高到公司制企业的核心位置，即“公司法人治理结构是公司制的核心”。并明确指出：要明确股东会、董事会、监事会和经理层的

职责，形成各负其责、协调运转、有效制衡的公司法人治理结构。同时，针对中国的国情和特点，还特别指出：国有独资和国有控股公司的董事会、监事会都要有职工代表参加，工会和职工代表大会按照有关法律法规履行职责。

职工董事、职工监事制度，是依照法律规定，通过职工代表大会（或职工大会及其他形式）民主选举一定数量的职工代表，进入董事会、监事会，代表职工行使参与企业决策权利、发挥监督作用的制度。

兖矿集团是国务院确定的全国100家现代企业制度试点和120家企业集团试点单位之一，集团工会在改制过程中，坚持职工董事、监事的选举、更换由职工代表大会决定，职工董事、监事的提名和管理由各级工会负责，工会主席作为职工代表是职工董事、监事的首选候选人，并对职工董事、监事的权利和义务作出了相应规定。同时还明确提出凡是进行公司化改制的单位，职工代表必须通过选举进入董事会、监事会。

为了充分发挥职工董事、监事在董事会、监事会中的作用，一些试点企业建立了必要的制度。福州二化集团公司工会、唐山三友碱业集团公司工会制定了《职工董事、监事工作制度》，规定了职工董事、监事的权利和义务，担任职工董事、监事需要具备的条件和产生的民主程序；规定了职工董事、监事向职工代表大会报告工作和述职报告制度；规定了要密切联系群众，在董事会上如实反映职工的意见和要求，不能发表与职工代表大会决议不同的意见。

会议明确了中国能源化学工会工作职责和此后一个时期的“四抓四重”工作思路，即“抓宏观、重源头，抓维权、重机制，抓特色、重创新，抓实事、重效果”。此后，全委认真落实中共中央和全国总工会各次会议部署，扎实落实“四抓四重”工作思路，开启能源化学地质产业工运事业新征程。2003年1月9日，中国能源化学工会一届二次全委（扩大）会议在海南博鳌召开，深入学习贯彻党的十六大精神，认真落实全国总工会十三届五次执委会议提出的工作任务，提出要把工作的重心放在源头参与、宏观维护、支持企事业深化改革上，放在建立和完善调整劳动关系有效机制上，放在参与涉及职工切身利益的法律、法规制定上，放在促进下岗职工再就业、帮助困难职工排忧解难和建立健全社会保障体系上，放在提高职工群众的满意程度，维护职工队伍稳定，调动职工积极性和促进经济发展上。2003 年 12 月 14 日至 17 日，中国能源化学工会一届三次（扩大）会议在昆明召开。

会议要求继续深入学习贯彻“三个代表”重要思想和党的十六届三中全会以及中国工会十四大精神。“三个代表”重要思想涵盖经济、政治、文化和党的建设各个领域，进一步回答了什么是社会主义、怎样建设社会主义的问题，创造性地回答了建设什么样的党，怎样建设党的问题，是实现全面建设小康社会宏伟目标的根本指针，也是工会工作的根本指导思想，能源化学系统各工会组织必须坚持以“三个代表”重要思想统领工会工作全局。把“三个代表”重要思想贯穿到工会各项工作之中，兴起学习贯彻“三个代表”重要思想的新高潮，切实做到对新世纪新阶段工人阶级和工会组织的地位作用有新认识，团结动员职工对全面建设小康社会有新作为。会议明确了 2004 年乃至此后较长一段时间能源化学系统各级工会组织的奋斗目标是：围绕大局、找准定位，履行职责、依法维权，发扬民主、依法治会，振奋精神、与时俱进。2005 年 1 月 6 日，中国能源化学工会在南京召开一届四次全委会，要求各级工会组织围绕贯彻全国总工会提出的“组织起来、切实维权”工作方针，进一步创新发展工会工作。2005 年 12 月 19 日召开中国能源化学工会一届五次全委会，提出“产业发展为先，企业职工为本，基层组织为重”的工作思路，团结和动员能源化学地质产业广大职工在全面建设小康社会中建功立业，努力开创各项工作蓬勃发展的新局面。

中国能源化学工会组织机关干部2003年10月9日至11日到西柏坡进行革命传统教育。活动期间参观了华北制药厂和西柏坡电厂，直接听取了基层单位以“三个代表”重要思想统领和做好各项工作的做法和经验，使机关干部进一步加深对“三个代表”重要思想的认识。

开展学习型组织建设。党的十六大在全面建设小康社会的目标中提出要“形成全民学习、终身学习的学习型社会，促进人的全面发展”。2004年1月30日，全国总工会、中央文明办、国家发改委等9部门联合发出《关于开展全国“创建学习型组织，争做知识型职工”活动的实施意见》，明确了开展这次活动的指导思想、总体目标、主要方法和途径、组织领导机构和工作要求。能源化学产业各级工会组织认真贯彻中央精神及全国总工会部署，深入开展“创建学习型组织，争做知识型职工”活动，促进职工文化技术素质的提升。2004年7月6日至9日，中国能源化学工会与中国煤炭工业协会在山西焦煤集团公司联合召开职工素质工程建设现场会，决定从2004年开始在全国煤炭系统组织开展职工技能大赛活动，并推广了焦煤集团创建学习型班组、开好班前会的经验。该矿常年坚持做到班前三个十分钟，即十分钟讲安全、十分钟讲学习、十分钟布置工作，确保了班组工作的安全有序。2005年9月，中国能源化学工会向全国创争活动指导协调小组推荐山东兖矿集团兴隆庄煤矿为全国“学习型组织标兵单位”，该矿1999年5月率先在全国煤炭行业和山东省启动学习型企业创建活动，探索确立了独具特色的“1123”兴隆模式，促进了矿井三个文明建设的全面发展，在全国煤炭行业发挥了示范作用。2006年在国土资源行业开展了“争创学习型企业、争当知识型职工”活动，树立表彰60名岗位自学成才标兵。

加强职工思想政治工作。能源化学地质系统的各级工会组织，旗帜鲜明地支持和参与改革，协助党政积极做好职工的思想政治工作。2003 年 10 月，全委组织机关干部到西柏坡进行革命传统教育。活动期间还参观了华北制药厂和西柏坡电厂，直接听取了基层单位以“三个代表”重要思想统领和做好各项工作的做法和经验，使大家进一步加深对“三个代表”重要思想的认识。在第一届全委带领下，能源化学地质系统各级工会组织精神文明建设成果显著，2003 年，中国能源化学工会以扎实的工作和出色的成绩赢得了赞誉，被评为中央直属机关精神文明建设先进单位，党支部被评为全国总工会机关优秀党支部，赵永金被评为全国总工会机关精神文明个人。“善小”文化品牌是具有代表性的文明建设成果之一。2002 年 6 月，国网淄博供电公司取古语“勿以恶小而为之，勿以善小而不为”中的“善小”二字，开展主题道德教育与实践活动。2005 年 10 月，“善小”在国家工商总局注册，成为我国第一个由企业申报的教育类品牌。进入新时代，该公司坚持传承与创新并重，为“善小”赋予新时代新内涵，广泛开展“善小”新时代文明实践活动，得到了员工的积极拥护和热心参与，成为电力行业文明建设的一张闪光名片。

让劳模精神绽放时代光彩。劳模精神是推动时代前进的强大动力。中国能源化学工会进一步探索和完善培养劳模、选树劳模、表彰劳模、关心劳模的机制，努力培养和造就一批具有时代特点的先进人物，努力营造学习劳模、尊重劳模、关爱劳模、崇尚劳模、争当劳模的社会氛围。2003 年，中国能源化学工会和中国煤炭工业协会共同组织了“全国煤炭工业模范班组长”称号评选表彰活动，授予李文君等 100 名同志“全国煤炭工业模范班组长”称号，授予谢平等 428 名同志“全国煤炭工业优秀班组长”称号。同年 10 月，全国总工会下发《关于授予在三峡工程建设中作出突出贡献的集体和个人全国五一劳动奖状、奖章的决定》，经中国能源化学工会推荐，授予国家电网公司电网建设分公司“全国五一劳动奖状”，授予东北电业管理局送变电工程公司项目经理张惠忠、湖北省输变电工程公司变电分公司经理徐武建“全国五一劳动奖章”。2004 年，在西气东输工程全线商业运营投产表彰大会上，为中国能源化学工会对在国家重点工程项目建设中作出突出贡献的 20 个集体和 20 名个人颁发了“全国五一劳动奖状”和“全国五一劳动奖章”；国土资源部和全国总工会还联合举行了为中国大陆科学钻探工程中心颁发“全国五一劳动奖状”大会。此外，全委还与中国煤炭工业协会联合开展了评比、表彰全国煤炭工业“双十佳”采掘队长和优秀队（工）长活动；与中国电力企业联合会联合召开了全国电力行业班组建设经验交流会，对优秀班组进行表彰；评选表彰了国土资源行业“十佳”管理干部、“十佳”科技工作者、“十佳”工人技术能手等。2004 年“十一”前夕，全委邀请本系统 16 名进京参加庆祝新中国成立 55 周年活动的劳动模范举行座谈会，希望他们继续发挥劳动模范的带头作用，为国家经济发展不断作出新的贡献。2005 年“五一”前夕，全国总工会召开了全国劳动模范和先进工作者表彰大会，全国煤炭系统有 71 名同志受到表彰，4 名特邀代表参加会议。国土资源系统在国民经济建设和社会发展中占有非常重要的地位，开展的珠峰测量、南极科学考察、新一轮地质大调查等取得了重大科研成果，在国内外产生了较大的影响，2005 年 8 月，全委下发表彰决定，授予国家测绘局第一大地测量队等 20 个单位“国土资源系统功勋集体”荣誉称号，授予张江齐等 16 名同志“国土资源系统功勋个人”荣誉称号，并为在珠峰测量工作中作出杰出贡献的先进集体和先进个人申报全国五一劳动奖状、奖章。

全国能源化学地质系统广大职工团结奋斗、开拓创新，涌现出一大批先进集体和模范人物，截至 2006 年底，有 396 个单位荣获“全国五一劳动奖状”，647 名同志荣获“全国五一劳动奖章”，395 名同志荣获“全国劳动模范”和“全国先进工作者”

称号。各级工会组织采取多种形式大力弘扬劳模精神，在广大职工中掀起学赶先进的热潮，形成了“劳动光荣、知识崇高、人才宝贵、创造伟大”的良好氛围。

（二）为全面建设小康社会建功立业

面对全面建设小康社会对工会工作的新要求，中国能源化学工会扎实推进群众性建功立业活动，展示了能源化学地质产业工人的时代风采，主力军作用得到进一步发挥。

经济技术创新活动方兴未艾。中国能源化学工会成立以后，倡导各级工会大力开展产业特色鲜明的群众性“经济技术创新工程”活动，引导广大职工不断增强创新意识，瞄准世界先进水平，以推进技术进步和提高经济效益为中心，开展全方位、多形式的群众性生产技术攻关、合理化建议、技术练兵活动和社会主义劳动竞赛。2003 年 3 月，中国能源化学工会一届二次全委会对继续组织广泛开展经济技术创新活动作了部署，并于 5 月下发了《中国能源化学工会关于开展新世纪新阶段劳动竞赛的意见》，要求把组织劳动竞赛纳入“经济技术创新工程”和“提高职工素质工程”中，推动企事业技术进步和劳动者素质全面发展。在全委指导下，各级工会结合本单位实际，开展了以“经济技术创新”为龙头，以“攻克一项技术难题、创造一项新工艺、推广一项新技术、转化一项新成果”和“小发明、小革新、小改造、小设计、小建议”为主要内容的科技创新活动。8 月 10 日至 13 日，全委在内蒙古扎赉诺尔煤业集团公司召开了全国煤矿职工经济技术创新工作现场会议暨煤矿职工技术协会三届一次会议，总结全国煤炭系统深入开展群众经济技术创新活动的成功经验，交流了全国煤矿“降成本、增效益”建功立业活动和职工技协工作，组织参观考察了扎赉诺尔煤业集团公司开展“降成本、增效益”建功立业活动成果，确定了新一届全国煤矿职工技协领导机构。

2004年，能源化学地质系统各级工会组织以行业、企业生产经营为中心，组织职工在提高产品和服务质量、调整产品结构、降低成本、规范管理、增加经济效益上下功夫，把职工素质工程与工会重点工作有机地结合起来，在职工培训、技能竞赛、技能鉴定、技术推广和表彰先进等方面形成了较完整的工作机制，有的基层工会开展了首席技工（员工）选树活动和创新成果冠名活动，有的为职工搭建多层次学习、晋升的平台，在职工群众中营造了学习技术、钻研业务的氛围。2005年初，中国职工技术协会煤矿分会在全系统开展了征集、评选合理化建议和技术创新成果的活动，共上报成果457项，有445项成果获奖。这些成果体现了新时期煤矿职工刻苦钻研和勇于创新的精神，创造了可观的经济效益和社会效益。全国能源化学系统各级工会围绕企业制度创新、管理创新、技术创新、服务创新，大力实施劳动竞赛、合理化建议、技术革新、技术协作发明创造等群众性经济技术创新工程，涌现出一大批“创新示范岗”“创新能手”“星级岗位”，推进了企业技术进步和经济效益的提高。

社会主义劳动竞赛成果丰硕。中国能源化学工会全委成立后，先后参与组织开展行业劳动竞赛，参赛单位、参赛机组不断增加，竞赛的内容和形式不断完善，竞赛的成果越来越被企业党政重视。2003年5月全委下发《中国能源化学工会关于开展新世纪新阶段劳动竞赛的意见》后，各级工会组织从提高职工素质入手，组织职工开展了形式多样的岗位练兵、技术比赛、拜师学艺活动，增强了市场竞争能力，促进了“四有”职工队伍建设。全委直接组织的“全国大型水电厂竞赛”和“全国火电大机组竞赛”成绩显著，各级工会组织开展的“降成本增效益竞赛”“安全生产竞赛”“经济技术指标竞赛”“技术革新技术攻关竞赛”“比安全、比质量、比工期、比效益、比文明施工竞赛”“班组达标竞赛”等，调动了职工的积极性，为广大职工发挥主力军作用提供了广阔的舞台。由全委参与组织开展的“长江三峡工程劳动竞赛”“全国火电大机组劳动竞赛”“全国大型水电厂（站）劳动竞赛”持续多年，参赛单位、参赛机组不断增加，竞赛的内容和形式不断完善。2005 年 3 月，随着国家实施西部大开发战略和能源安全战略又一标志性工程——西部原油、成品油管道工程正式开工，全委与中国石油天然气集团公司联合组织开展了以“弘扬铁人精神，奉献精品工程”为主题的劳动竞赛，为高标准投产这一中国输送距离最长、年输量最大、设计压力最高的原油成品油双管同沟敷设管道工程发挥了积极作用。西气东输、西电东送、三峡工程等全国重点工程劳动竞赛热火朝天，形成一道亮丽的风景线，展示了“工人伟大、劳动光荣”中国工人阶级的风采，在全社会引起强烈反响。2006 年，全委响应全国总工会的号召，下发了《关于开展“当好主力军，建功‘十一五’，和谐奔小康”竞赛活动的意见》，组织动员广大职工为实现“十一五”规划目标建功立业。

行业技能大赛形成特色。从 2004 年开始，中国能源化学工会在煤炭、电力、医药、国土资源行业精心组织了一系列职业技能大赛。根据全国总工会《关于授予全国行业职工职业技能比赛获奖选手全国五一劳动奖章的意见》精神，全委对技能大赛的第一名授予“全国五一劳动奖章”。在煤炭行业，2004 年 7 月，在焦煤集团举办了全国煤炭系统技能大赛，明确此后煤炭系统每年组织开展一项有特色的比武大赛，同年 11 月，由神华集团公司承办组织了“神华杯”全国煤炭系统综采司机技能大赛，神华集团神东煤炭公司贺掌良获得第一名，被授予“全国五一劳动奖章”；2005 年举行了“国阳新能杯”全国煤炭行业矿灯管理工技术比赛，“西山煤电杯”职业技能大赛。在医药行业，2005 年 11 月，举办了“同仁堂杯”全国中药系统调剂员技能竞赛，10 个省市的 13 支代表队共 58 名选手参赛，决赛前三名选手获“全国技术能手”称号。在国土资源行业，2005 年 11 月，在南京举办了首届全国地质勘探工程技术人员技能大赛，来自 20 个省的 61 名选手进入决赛，前三名选手被授予“全国地质勘探工程技术状元”称号。在电力行业，2006 年，举办全国电力行业电气试验工、配电线路工职业技能竞赛，41 家单位组成的两个工种共 77 支代表队、230 余名选手参赛，比赛两个项目的团体前三名荣获“全国技术能手”称号，40 名选手被授予全国电力行业技术能手称号，两个工种的第一名被授予“全国五一劳动奖章”。

（三）以民主管理促进和谐劳动关系

中国工会十四大后，能源化学地质系统各级工会加强协调劳动关系，研究社会主义市场经济条件下劳动关系基本特征和发展趋势，分析企业的特点和不同身份职工利益诉求的差异性，改进维权方式，丰富维权手段，提升维权能力，推行平等协商、签订集体合同工作，建立健全劳动争议调解机制，努力完善在工会组织领导下的维权机制。

构建平等协商机制。中国能源化学工会成立后，把推行平等协商、签订集体合同制度工作作为维护职工合法权益和调整劳动关系的重要手段，着力在建立协商机制，提高集体合同建制率、履约率和质量上下功夫，使这项工作取得了较大进展。2002 年 12 月 31 日，中国能源化学工会全国委员会下发《关于进一步深化和完善国土资源系统平等协商和集体合同工作的意见》，提出 3 点要求，其中一条要求是加快推行平等协商和集体合同制度的建立，努力提高平等协商水平，扩大签订集体合同的覆盖面。继续加快推行平等协商、集体合同制度的步伐，凡是具备条件的单位，都要尽快建立健全平等协商、集体合同制度。2003 年 1 月，中国能源化学工会第一届第二次全委会指出，建立平等协商机制、签订集体合同制度的重点在于提高质量，平等协商和集体合同的内容、标准和形式，必须从实际出发，因企制宜，灵活多样；必须建立健全集体合同履约责任制和监督检查制度，将其纳入企业行政和工会的目标管理，要把平等协商、签订集体合同与签订职工劳动合同有机结合起来，用集体合同规范劳动合同，要在保证完成建制率的同时，把集体合同履约率、职工认可率和企业劳动关系的稳定程度，作为检查和考核的主要标准，努力增强集体合同的实效性，要积极创造条件，加快推进工资集体协商的步伐。随着国有企业的主辅分离工作在试点的基础上全面推开，一届四次全委会提出，各级工会要以非公有制企业和改制企业为重点，不断增强平等协商、签订集体合同的针对性和时效性。一届五次全委会提出，要根据企业的不同情况，积极推行专项集体合同，就职工分流安置、劳动定额标准、劳动安全卫生、女职工特殊权益保护等事项作出约定。截至 2005 年底，全系统集体合同签订率达 90%以上，企业普遍建立健全了劳动争议调处组织机构。

建立健全职工代表大会制度。中国工会十四大之后，以职工代表大会为基本形式的企事业单位民主管理制度创新步伐加快。随着职工代表大会制度的进一步完善，职工代表大会重心由原来关心职工生活福利，逐步转向关注企业的生产经营、经济效益和改革发展。2003 年 1 月，中国能源化学工会一届二次全委会重点强调，把劳动关系中出现的问题放到职工代表大会上研究处理，尤其要加强企业改制中职工民主参与工作，要特别重视建立健全国有独资和国有控股公司的职工代表大会制度，改制企业、上市公司也要建立健全职工代表大会制度。在 2003 年 12 月召开的中国能源化学工会第一届第三次全委（扩大）会提出，强化民主评议企事业领导干部工作，支持和指导非公有制企业建立和完善职工代表大会制度，切实保障非公有制企业职工的政治地位和民主权利。能源化学产业系统所属企事业工会依法维护职工合法权益的力度进一步加大，企事业改制、改组、兼并、破产方案和职工工资、奖金分配方案，以及职工下岗、分流、再就业等方案都经过职工代表大会审议通过，推进了企事业民主管理不断走向制度化、规范化。2004年，中国能源化学工会配合《工会法》执法大检查，在调查分析、提出对策的基础上，召开了全国化工医药行业职工代表大会制度创新工作会议，探索不同所有制企业职工代表大会的工作，推广了南风化工集团公司职工代表大会制度创新的经验。各级工会从宏观和源头上把握维权，在实践中不断创造总结许多新的做法和经验。广大职工代表心系企业、情连职工，将企业民主管理工作推上了一个新的台阶。有的企业对厂务公开实行分类指导，将形式、内容及要求重新规范，努力推动厂务公开向深层次发展。2005年，国有企业的主辅分离工作在试点的基础上全面推开。全委带领各级工会组织不断充实和丰富职工代表大会的内容，完善职工代表大会制度，努力使之与股东大会、董事会、监事会相互并存，和谐运作，各自依法履行职责，在企业新体制中发挥各自的优势。2006年1月19日，在全委指导下，国家电网公司召开第一届第一次职工代表大会，率先在特大型国有骨干企业中建立职工代表大会制度。2002年至2006年，能源化学地质系统各基层组织坚持职工代表大会制度，落实职工的知情权、参与权和监督权。通过审议重大决策，妥善解决涉及职工切身利益的重要问题；坚持企事业改制改组、职工安置再就业等方案都经过职工代表大会审议通过。

深入开展厂务公开。中国能源化学工会高度重视厂务公开工作，全委历次会议都对厂务公开作了专题部署，推动厂务公开日趋制度化、规范化、经常化。2002年6月3日，中共中央办公厅、国务院办公厅联合下发《关于在国有企业、集体企业及其控股企业深入实行厂务公开制度的通知》（以下简称“两办通知”），明确了实行厂务公开的指导原则和总体要求，确定了厂务公开的主要内容、实现形式、组织领导形式。2003年，中国能源化学工会一届二次全委会就推动“两办通知”精神的执行和落实作了部署，在 4 月召开的全国厂务公开电视电话会议上，能源化学系统有 96 个企业被授予“全国厂务公开工作先进单位”称号，江苏油田在会上作了题为《突出工作重点，推进厂务公开深入发展》的发言。江苏油田形成了较为完善的厂务公开制度规范，并创新开展职工“点菜”公开，通过职工“点菜”，对职工想知道的进行“二次公开”，提高了厂务公开的工作质量，职工代表满意率在 95%以上。2004 年，能源化学地质系统的一些企业对厂务公开实行分类指导，将形式、内容及要求重新规范，全委按照一届三次全委会部署，在桂林市召开全国发电集团公司系统厂务公开民主管理工作经验交流会，15 个单位在会上交流了厂务公开民主管理工作的先进经验，表彰了国电谏壁发电厂等 54 个厂务公开民主管理工作先进集体，并授予其“全国发电系统厂务公开先进单位”称号。2005 年，一届四次全委会就贯彻落实全国总工会《关于在企业改制重组关闭破产中进一步加强民主管理工作的通知》精神作出部署，召开石油石化企业工会民主管理研讨会，继续提高厂务公开的质量，发挥职工代表大会作为厂务公开载体的作用，积极推进国有改制企业和非公企业建立职工代表大会制度，继续加大推行厂务公开力度。根据新修订的《公司法》进一步推进职工董事、职工监事制度建设。在全委指导下，能源化学系统各基层组织在企业改革重组改制中旗帜鲜明地支持改革，旗帜鲜明地维护职工合法权益，加强协调劳动关系的机制建设，坚持厂务公开制度，完善厂务公开的工作规范和操作程序，许多企业借鉴 ISO9000 国际质量标准，把厂务公开融入企业的管理制度中，不断加大厂务公开工作的力度。坚持职工董事、职工监事制度，确定了职工董事、职工监事对职工代表大会负责、接受职工代表大会监督的原则，实行了职工董事、职工监事由职工代表大会选举、向职工代表大会述职、接受职工代表大会监督的制度。

建立三方协调机制。劳动关系三方协调机制，是我国劳动关系调整机制的重要组成部分，是社会主义市场经济条件下协调劳动关系的有效途径。中国能源化学工会在成立之初明确“四抓四重”工作思路，其中“抓维权、重机制”就包含推动劳动关系三方协调机制制度的建立和完善，推动企业的劳动争议调解委员会制度的健全和作用的发挥。2002 年 8 月，劳动和社会保障部、全国总工会、中国企业联合会、中国企业家协会联合发出《关于建立健全劳动关系三方协调机制的指导意见》。2003 年 1 月，中国能源化学工会第一届第二次全委会提出，从源头上维护，加大维护力度，进一步推动建立劳动关系三方协商会议制度。2004 年，全委指导各级工会组织进一步完善《劳动争议调解工作管理办法》等相关规定和制度，积极培训劳动法律监督员、劳动争议调解员，及时了解掌握《劳动法》执行情况。许多工会组织从依法维护入手，与有关方面一道，成立了“职工法律服务中心”“职工法律服务站”，建立了职工法律服务网，为困难职工提供法律支持。对于一些改制和新建企业，从建企业之初，上级工会就着重做好“四抓”工作，即抓工会组织建设、抓工会干部培训、抓对改制企业经营者竞聘工作的指导和监督、抓劳动合同和劳动关系预警网络的建立，构建了维护稳定的防范体系，使各项工作想在前、做在前。经过各级工会组织共同努力，加大了工会参与劳动争议调处工作力度，强化了信息、信访、劳动关系预警机制建设，畅通了劳动争议处理渠道，协助有关方面做好化解矛盾、稳定职工队伍的工作，努力把问题解决在基层、消除在萌芽状态。到 2005 年，针对企业改革改制新形势下劳动争议的现状和特点，企业普遍建立健全了劳动争议调处组织机构。

（四）源头参与和宏观维护取得成效

中国能源化学工会坚持从产业的特点出发，进一步研究新形势下产业工会源头参与和宏观维护的途径和方法，切实把工作的重点放在加强调查研究、政策参与和宏观维护上，进一步理顺与中央直属大企业工会的关系，推进相关对口行业集团公司组建工会的步伐，源头参与和宏观维护取得成效。

关注职工诉求。能源化学地质产业面临着经济、政治、文化建设和体制改革的繁重任务，随着改革的深入，劳动关系的变化，就业、分配、保障利益关系调整力度加大。各企业工会处在保稳定的第一线，许多企业的工会干部深入职工群众中，了解情况，掌握动态，疏导、了解职工群众情绪，收集职工意见和要求，积极向上级反映问题。全委密切关注职工队伍动态，及时下发了关于加强信息工作的通知，并在全系统办公室主任会议上提出了明确要求，积极参与调查研究，深入近百个基层单位宣讲中央精神，分析形势，提出措施，在各种场合反复强调做好职工队伍稳定工作的重要性，及时召开情况通报会议，加强信息沟通，向中央和全国总工会反映情况，提出建议，对石油、煤矿、化工企业职工队伍稳定情况向中央政策研究室进行了汇报。2005 年，国有企业的主辅分离工作在试点的基础上全面推开，全委重点抓职工队伍稳定工作，要求各级工会要结合全国总工会《关于进一步加强国有企业改制过程中工会工作的意见》的贯彻实施，及时、全面了解职工思想动态，按照国家有关规定满腔热情地关心和帮助他们处理主辅分离、辅业改制、分流安置富余人员等方面涉及切身利益的问题，有针对性地做好职工思想工作，开展讲形势、论出路、看前景的讨论活动，使职工理解、支持改革并主动参与改革，尽量减少社会震荡。同时，针对煤矿、石油、化学等行业部分矿山资源开始枯竭，面临经济衰退、环境恶化等问题，各级工会组织提前做好调研工作，积极主动参与有关政策制定的全过程，从维护职工合法权益出发，提出工会的主张和建议，做好思想政治工作和防范工作，推动改革的顺利进行。同年，国家发改委下发了《关于规范电力系统职工投资电力企业的意见》，全委经调查发现，电力职工特别是电网系统职工持股的范围大，涉及职工人数多，如采取措施不当，势必会影响职工队伍的稳定。全委在《关于电力系统职工投资电力企业情况的调查报告》中，既详细地反映了现状，又有针对性地提出了工会的意见和建议，在全国总工会领导的重视和支持下，用《全总信息》上报中办、国办、发改委和国资委等有关部门，供国家有关部门制定相关政策作参考。

建立联席会议制度。2003 年 1 月，中国能源化学工会第一届第二次全委会提出，要继续加强与各对口部委、行业协会和局（公司）的联系，就相关重大工作进行通报、协商与合作，进一步推动建立联席（系）会议制度和劳动关系三方协商会议制度。各级工会组织着力建立健全源头参与机制，涉及行业和职工的一些问题进一步得到解决。各省市产业工会坚持与对口主管部门、行业协会的联席（系）会议制度，积极反映职工生产、生活中的问题，提出政策建议，促进了产业系统的改革、发展、稳定，认真探索新形势下省市产业工会工作的新路子，各省电力工会对电力体制改革新形势下如何发挥好产业工会作用进行了积极探索。山东省石化工会创立了同行业企业工作委员会制度，电力和国土资源工会系统相继建立了网上信息交流网络。在全委指导下，能源化学地质系统各产业工会工作研究会进一步巩固和发展构建了宽广的信息平台。2004 年，全委进一步改进与对口部委、国家局和集团公司联席会议的方式，本着分行业对口、一事一议的原则，先后与国家煤矿安全生产监督管理局、中国煤炭工业协会、中国石油天然气集团公司等单位就联合开展活动和双方关注的工作达成共识。此外，全委还利用参加对口活动的形式，介绍全国总工会的重点工作和推进全委的中心工作。就企业改制过程中涉及职工合法权益的突出问题，提出工会的建议，针对中石化职工董事人选问题和石油石化系统“协解”后续政策问题，向中石油、中石化集团公司提出政策性建议，加大了源头参与的力度，较好地代表和维护了职工的合法权益。

开展调查研究。2004 年，能源化学地质系统各级工会组织积极参加了王兆国主席倡导、全国总工会集中组织的集调查、分析、研究、探索、创新于一体的“组织起来，切实维权”大调研，透过现象看本质，准确掌握、真实反映和表达职工群众和基层工会组织的意愿和要求，确保了调研成果的客观、真实、准确、可靠，真正做到通过调研，出思路、出理论、出政策、出典型，全会上下逐步形成深入调研的求真务实之风。在所属产业工会、企业工会的大力支持和协助下，全委承担了《关于在国有企业改制和主辅分离中职工合法权益落实和工会作用发挥情况》和《产业工会现状及对策》调研课题，撰写出了质量较高的调研报告，中办《近期社会动态专刊》、国办信息和新华社动态清样予以刊登，调研成果得到了较好运用。2005 年，全委针对涉及煤炭、电力、石油、石化、化工、医药产业和国土资源系统职工切身利益的热点问题进行专题调研，先后形成了《关于煤矿职工面临的困难情况专题调查》《关于规范电力系统职工投资电力企业的意见》《关于电站无序建设的调查》《关于大庆石油管理局做好职工队伍稳定工作的调查报告》等调查报告，通过全国总工会向中央和有关单位进行了反映，产生了积极的影响，有的调查报告引起了中央有关领导同志的关注，并作出重要批示。全委积极参加全国总工会的重点调研，先后完成了《在振兴东北老工业基地的战略决策中充分发挥工会组织作用的调查报告》《关于在国有企业改制中职工合法权益落实和工会作用发挥情况的调查》《关于职工劳动就业权益实现情况的专题调查》等调研报告，各级工会组织对本产业、本单位涉及职工利益的突出问题的反映，在推进产业发展、维护稳定中发挥了积极作用。

（五）维护职工的生命安全健康权益

2003年上半年，一场突如其来的非典型性肺炎疫病在中国一些地方开始蔓延开来。为此，党和政府采取了一系列果断措施，号召医务工作者和全国人民一定要打赢抗击“非典”这一仗。广大医务工作者一马当先，临危不惧，救死扶伤；科技工作者尽职尽责，努力攻关，表现出高度的责任感和崇高境界，为取得抗击“非典”的重大胜利作出了突出贡献。在抗击非典的战斗中，中国能源化学工会适时向全系统职工和工会干部发出了慰问信，各级工会组织积极协助党政采取有效措施，组织职工做好防治工作，确保了职工健康和正常生产经营秩序，尤其是医药行业广大职工和各级工会组织在这场没有硝烟的战斗中作出了突出的贡献，能源化学系统产业有173人荣获全国五一劳动奖章，97个单位荣获全国五一劳动奖状。

进入新世纪以来，在能源化学地质系统中，有的行业重大恶性事故时有发生，有的职业病危害又开始抬头，这不仅给职工和家庭造成不可弥补的损失，也在社会上造成不良的影响。各级工会组织对安全生产和劳动保护工作高度重视，积极参与企业安全生产重大问题的决策和安全工作制度的研究和制定，积极督促和协助行政建立完整有效的安全工作机制，不断加强各级群众性安全生产劳动保护监督组织的建设，完善工作制度，有效开展活动，不断提高职工的安全生产意识，增强职工的自我保护能力。

以“安康杯”深化群众安全生产工作。1999年，全国总工会、国家经贸委下发《关于在国有企业中开展“安康杯”竞赛的通知》，煤炭地质、电力、石化医药产业各级工会组织以此为契机，坚持把安全生产、劳动保护作为头等大事来抓，有效维护了职工安全健康权益。中国能源化学工会成立后，深入推进群众安全监督检查机制建设，将“安康杯”竞赛融入安全生产体制，坚持开展群众性安全生产和劳动保护活动，推动安全生产责任制落实到车间、班组、个人，职工安全意识和安全技能水平进一步提高。2003 年煤炭系统广泛开展以“掌握安全生产知识，争做遵章守纪职工”为主题的安全生产知识普及、应用学习活动，提出用 3 年的时间，让 80%以上的职工接受基本安全生产知识培训；石油石化系统结合企业实行“HSE（安全、卫生、环保）管理体系”的工作，推行“安全隐患整改建议书”制度；同时，国家安全生产监督管理局宣教中心监制，中国能源化学工会全国委员会、中国电力报社统一制作了一套《“全国安全生产月”活动主题宣传画》，在 6 月份“全国安全生产月”宣传活动中统一发行，大力营造“关爱生命、关注安全”的氛围。2004 年，全国煤矿、电力、石油、石化、化工、医药、国土资源各行业“安康杯”竞赛活动深入开展，进一步加强源头参与，发挥职工代表大会的作用，组织职工代表进行安全检查，把开展“安康杯”活动与职工代表大会提案、合理化建议活动紧密结合起来，以工会群众监督员队伍为依托，健全和规范组织机构、管理机构、管理制度，促进了企业群众安全工作健康发展。2005 年 5 月至 7 月，中国能源化学工会落实一届四次全委会“工会组织要真正在企业安全生产工作中有所作为”的要求，针对全国煤炭行业安全生产的严峻形势，集中开展了全国煤矿群众安全工作大检查活动，分南北两大区域、19 个重点产煤省，组织 85 名同志对 40 个矿务局（营业集团公司）的 51 个矿井进行了安全检查，形成了《关于开展全国煤炭系统群众安全工作大检查情况的报告》，在制度建设、网络建设、学习培训、津贴标准、干部编制、信息化推广等方面提出建议。鉴于 2005 年全国煤矿群众安全工作大检查取得了很好的效果，全委决定，以后每两年进行一次群众安全工作大检查，使其成为煤矿群众安全定期工作和有力抓手。在大力开展“安康杯”竞赛中，各产业工会组织不断创造新形式、增加新内涵，煤炭系统的

“两线一站”、电力系统的劳动保护三级网络、石化系统的“HSE管理体系”等群众性安全生产和劳动保护活动形成各自的行业特色。2003 年，全国能源化学系统有一大批安全生产先进单位受到全国总工会和国家安全生产监督管理局的表彰。2004 年，全国总工会对连续 5 年获得“安康杯”优胜单位的潞安煤业集团公司颁发了“全国五一劳动奖状”。

重点推进煤矿群监网络建设。2004 年起，中国能源化学工会在国家煤矿安全监察局的大力支持下，重点抓了各级煤矿工会群监网络体系建设和制度建设工作，全国煤矿基层建立了 1000 多个群监会，有 10 万多名群监员。同时，职工家属协管会作为重要的群众安全工作队伍，开展保出勤、保安全活动和帮教违章人员、安全宣传活动，用亲情感动职工、说服职工、教育职工，逐步形成具有煤矿群众安全特色的“两线一站”（群众安全监督会、家属安全协管会、井口安全接待站），成为中国煤矿安全工作一大特色。2005 年 6 月 7 日，全国总工会与国家煤矿安全监察局首次联合在全国煤炭系统特聘兼职煤矿安全群众监督员，下发《特聘煤矿安全群众监督员实施办法》，召开了首批特聘煤矿安全群众监督员任命大会，编写了《特聘煤矿安全群众监督员工作实用手册》，对山西省西山、潞安煤矿群众监督员试点工作情况进行专题调研，并形成了《关于特聘煤矿安全群众监督员工作的调查报告》，得到了国家安全生产监督管理总局的高度重视。2006 年 3 月 12 日至 14 日，全委在北京召开全国煤炭系统群众安全工作经验交流表彰会。这次表彰大会是国家煤矿安全监察局和全国总工会特聘煤矿安全群众监督员以来的第一次，也是中国能源化学工会成立以来的第一次。会议交流了煤矿群众安全工作的先进经验，对 99 个群监会、179 个群监分会、78 个井口接待站、94 个协管会、105 名优秀劳动保护干部、188 名群监员、100 名协管员进行了表彰。广大煤矿工会劳动保护干部、群监员、家属协管员，围绕煤矿安全这一天字号工程开展工作，得到煤炭企业干部职工的充分肯定，构筑了煤矿职工生命“安全网”。

开展职业病防治和工伤事故调查。能源化学系统所属企业高温、高压、易燃、易爆、易腐蚀、有毒、有害岗位较多，保护职工的生命安全和身体健康，是摆在能源化学地质系统各级工会组织面前的一项十分繁重的任务。2002 年 5 月 1 日，《中华人民共和国职业病防治法》正式实施，从法律的高度给做好安全工作、推动职业病防治提出了明确规定。2003 年 12 月 14 日，中国能源化学工会一届三次全委（扩大）会议针对能源化学系统高危岗位较多、安全隐患较多的情况，就认真落实《工会法》《安全生产法》《职业病防治法》作出部署，提出绝不允许以任何借口取消、减少、挪用安全投入的经费，坚持“安全第一、预防为主、群防群治、依法监督”的原则，狠抓群众安全生产工作，严格执行各行业的安全生产操作规程，从根本上维护职工的切身利益。同月，全委与重庆市煤炭电力石油工会对重庆市属 9 个单位的职业病防治情况进行了联合调查，提出了加大职业病防治的宣传力度、管理力度、科研资金投入，建立奖惩机制，并有计划地加强职业病患者的疗养工作等建议。2004 年 4 月 15 日，重庆天原化工总厂发生了冷凝器氯气泄漏事故，次日在处理事故过程中又连续发生排污罐和液氯罐爆炸，造成了人员重大伤亡和财产损失，在社会上也造成较大的影响。4 月 26 日，全委下发《关于在城市化工企业开展群众性安全隐患大检查的紧急通知》，要求各个城市化工企业都要接受天原化工总厂事故的惨痛教训，深入开展以“查隐患，促整改”为主要内容的群众性安全大检查活动，尤其是要把已确定搬迁仍在生产的化工企业和仍在生产的困难企业作为检查的重点，开展群众性拉网式安全大检查活动，安全检查所发现的重大事故隐患在没有整改前职工可拒绝上岗。同年 10 月 20 日，河南郑煤集团大平煤矿发生 148 名矿工遇难的特大瓦斯爆炸事故，

11 月 28 日陕西铜川矿务局陈家山煤矿发生 166 名矿工遇难的特大瓦斯爆炸事故，两次事故给国家财产和职工生命安全造成巨大损失。全委及时派人参加了事故的处理工作，下发了加强安全工作的紧急通知，并筹措了数十万元资金慰问遇难家属。2005 年 6 月 22 日全国总工会下发《工会劳动保护工作责任制（试行）》，12 月召开的中国能源化学工会一届五次全委会就落实全国总工会要求作出部署，要求各级工会组织全面履行工会劳动保护监督检查职责，针对一些行业伤亡事故多发的问题，要加强监督检查，推广有效措施，防止和遏制重大伤亡事故的发生。在各级工会组织的共同努力下，能源化学产业职业病和重大事故发生得到遏制，有效维护了职工的安全健康权益。

（六）让广大职工共享改革发展成果

21 世纪初，随着我国经济持续、快速、稳定、健康发展，能源化学地质系统的广大职工的生活状况不同程度地得到了普遍改善，但仍有部分职工生活比较困难，形成了不同程度的困难职工群体。中国能源化学工会要求各级工会组织时刻把人民群众的冷暖安危放在心上，努力为职工办好事、办实事，让广大职工共享改革发展成果。

开展“送温暖工程”。各级工会积极协助党政深入实施“送温暖工程”，切实履行“第一知情人，第一报告人、第一帮扶人”的职责，推动“扶贫帮困送温暖”活动的深入开展。2003 年，能源化学地质系统各级工会组织积极协助有关部门做好下岗职工出“中心”，帮助职工解决与企业解除劳动关系所涉及的经济补偿、清还债务、社会保险关系接续问题，努力做到“两个确保”。曾是国内最大精煤出口基地之一的大同煤矿集团公司，在转型中大力实施“送温暖工程”，通过建立下岗职工特困档案、扶贫基金会、开办自救项目、党政工领导干部同困难职工建立联系等方式，帮助13115户贫困职工及家属享受了低保政策，使384名贫困职工通过生产自救脱贫，累计扶助困难职工4597户，实现脱贫129户。同年，鸡西“6·20”特大瓦斯爆炸事故发生后，针对遇难家属生活上的特殊困难，全委向煤矿系统26个单位发出了向“6·20”事故遇难者家属捐款的倡议，短时间内就收到捐款90多万元，除用于救助遇难者家属外，还为鸡西矿务局设立了“职工安全互助基金”。2004年，各级工会组织努力建立职工帮扶体系，做好特困职工档案整理和重建工作，开展了职工医疗互助活动，有效解决职工个人自付医疗费用过高的困难，开展困难劳模的帮扶工作，在监督企业依法缴纳社会保险费，监督职工住房公积金管理使用情况，督促企业偿还拖欠职工工资、医疗费等方面都发挥了不可替代的作用。同年，全委根据全国总工会领导要求组织了对资源枯竭矿山专题调研，向有关方面进行专题汇报，还发动神华集团、开滦集团、兖矿集团、鹤煤集团筹款20万元，帮助地处边境线民族地区的新疆阿勒泰福海县建设中学开办学生食堂，解决了该校学生就餐问题。2005年，各级工会组织形成帮扶工作的长效机制，一些企业在帮扶工作和解决职工欠发工资方面取得新进展。针对少数困难企业的特困职工“看不起病”的现象，全委经过调查研究，通过全国总工会领导向全国政协提交了提案，全委还筹集慰问金数十万元、对陕西省铜川矿务局陈家山煤矿、辽宁省阜新矿业（集团）有限责任公司孙家湾煤矿、黑龙江省龙煤集团七台河分公司东风煤矿事故的遇难者家属表示慰问。2002年至2006年，中国能源化学工会“送温暖工程”和困难职工帮扶中心建设有新进展。“送温暖工程”突出了“送政策、送岗位、送技能、送服务”的主题，受到广大职工欢迎，绝大部分企事业单位成立了帮扶中心，坚持走访慰问困难职工、劳动模范、离退休职工和伤病残职工家庭，积极协助有关部门共同做好职工与企业解除劳动关系所涉及的经济补偿、社会保险关系接续等问题的解决，协助政府有关部门最大限度地将符合条件的困难职工纳入低保范围。

推进下岗职工再就业。能源化学地质系统许多企业属于矿山资源类型，地处偏远山区，远离城市，下岗职工再就业十分困难。2003 年 4 月，国务院下发《关于加快下岗再就业的通知》，8 月，党中央、国务院召开了全国再就业工作座谈会，国务院国有资产监督管理委员会下发《关于贯彻落实全国再就业工作座谈会精神进一步做好主辅分离辅业改制工作的通知》，就进一步做好富余人员分流安置作出具体部署。在中国能源化学工会全委指导下，系统内各基层组织在企业改革重组改制中，旗帜鲜明地支持改革，维护职工合法权益，加强协调劳动关系的机制建设，坚持企事业改制改组、职工安置再就业等方案都经过职工代表大会审议通过，并充分利用职工再就业指导、培训、服务网络实施再就业工程，在试行小额贷款扶持下岗职工自主创业等方面做了大量工作。2003 年，中国能源化学工会完成了《抚顺矿务局工会开展下岗职工再就业工作的调查报告》，召开了全国煤矿职工生活暨下岗职工再就业工作研讨会，总结抚顺工会等单位下岗职工实现再就业的好经验。全国石油石化系统召开 2003 年度工会保障工作会议，对各级工会组织协助做好企业下岗职工再就业工作作出部署。各级工会认真落实全国再就业工作座谈会议精神及国资委相关要求，进一步建立健全了工会促进下岗、失业职工再就业工作领导机构，积极为下岗、失业职工提供再就业培训、咨询和典型示范，引导他们树立正确的择业观念和增强再就业信心。到 2003 年底，90% 以上的企事业单位建立了以促进就业、再就业、扶贫解困为主要内容的帮扶中心，许多企事业单位建立了比较完备的劳动关系预警机制和快捷通畅的信息网络。2004 年，中国能源化学工会通过与国家煤矿安全监察局、中国煤炭工业协会召开联席会议推动做好下岗职工再就业工作，推广了山东、吉林等省煤矿工会努力推动本省实现煤矿困难企业和职工“应保尽保”的经验，总结了抚顺矿区工会克服重重困难、为下岗职工创造就业岗位的经验，促进了各级煤矿工会努力为下岗职工“送岗位、送技术、送信息”活动的开展。

解决农民工生产生活问题。2006 年 3 月，国务院下发《关于解决农民工问题的若干意见》。能源化学地质系统各级工会认真贯彻胡锦涛总书记关于农民工问题的批示精神和国务院《关于解决农民工问题的若干意见》，积极向企业党政反映农民工面临的困难和问题，积极协助党政加以解决。紧紧围绕农民工最关心、最切身的实际问题，把劳动报酬、劳动安全卫生、生活保障作为维护农民工合法权益的重点，积极为农民工排忧解难；从组织农民工加入工会、签订劳动合同、平等协商和集体合同入手，解决农民工在劳动关系中存在的突出问题，在农民工中开展送温暖活动，向他们“送维权、送亲情、送医疗、送文化”，增强了工会组织对农民工的吸引力和凝聚力。全委组织开展了重点煤炭企业维护农民工合法权益的调查，对解决煤炭企业农民工权益维护方面的问题提出了政策性建议。8 月至 9 月，按照全国总工会权益保障部部署，中国能源化学地质工会由分党组书记张波同志牵头组成调研小组，对黑龙江省龙煤集团、吉林省煤业集团、辽宁省阜新矿业集团等具有代表性的东北三省资源枯竭工矿区进行专题调研。调研显示，东北三省国有企业高度重视农民工队伍问题，在本次调查的鸡西、辽源、阜新三家煤矿企业中，不仅将全部农民工转成正式合同工，做到了同工同酬，而且在入党、提干、上学、培训和评先选优等方面与正式工一视同仁，从而为优秀的农民工的成长和进步敞开了大门，鸡西煤矿的董事长就是由农民工成长起来的企业领导干部。辽宁省阜新矿业集团恒大煤业有限公司不仅加强农民工的维权教育，及时将他们吸纳到工会组织里来，同时在农民工穿衣、吃饭、住宿、就医、探亲等方面都做了周到的安排，为农民工解除了后顾之忧，创造了温馨和谐的工作和生活环境，保证了农民工队伍的稳定。全国总工会党组书记、副主席、书记处第一书记李玉赋，全国总工会副主席、书记处书记、党组成员阎京华都作了批示。李玉赋批示："能源化学地质工会发挥了积极作用，此项调研很有必要，参考价值比较高。"

三、助力中国特色社会主义工会建设

中国能源化学工会第一届全委成立以来，按照"三个代表"的要求，明确能源化学工会工作的指导思想和主要职责，加强工会自身改革与建设，努力提高新形势下工会工作整体水平。2003年1月召开的一届二次全委会就加强工会自身建设，从进一步加强全委建设、着力加强工会的基层组织建设、加强工会干部队伍的建设3个方面作了部署。各级工会组织不断加大自身建设力度，使工会整体工作水平有了较大的提高。在中国能源化学工会的指导下，全国能化系统各级工会组织认真学习贯彻党中央对工会工作的重要指示，宣传全国总工会十四届六次主席团（扩大）会议精神，坚定了走中国特色社会主义工会发展道路的信念，使工会自身建设取得了新的突破。

（一）基层组织更加健全

中国能源化学工会坚持哪里有职工、哪里就要组建工会的原则，最大限度地把广大职工组织到工会中来，理顺组织体制、创新建会模式、摸索工会组织建设新路数，主要从两个方面重点突破。一是由于能源化学产业许多企业的社区尚不健全，致使这些企业的下岗职工游离于工会组织之外，工会有责任协调处理好这些人员的会籍管理，给他们以更多的理解和关心，使他们感到温暖。二是重视改制企业工会组织建设事项，特别注意吸纳新参加工作人员入会，强化服务会员的措施，认真研究和切实加强国有改制企业和集体改制企业工会组织的整顿、重建和巩固工作，防止会员流失。

2004 年，全委按照全国总工会《关于企业集团建立工会组织的试行办法》，与有关方面共同推动国资委所属 20 多个大企业集团和改制中省级大企业集团工会组织的组建，召开各发电集团公司与各区域电力工委座谈会，下发了《关于明确区域电力工委和省级电力工会职责的通知》，就国家电网公司、大唐发电集团公司组建工会等问题约见相关领导，组织部分石油石化企业工会主席座谈，促进大企业集团组建工会工作。

2005 年，全委进一步加强与省市产业工会的工作联系，推动中石油、中石化、中海油、国家电网公司、南方电网公司、大唐发电集团公司等大企业集团建立工会组织的进程，理顺电网公司和发电集团工会组织体系和工作关系，抓紧做好大企业集团工会组建工作。5 月 19 日，在全国总工会的重视和中国能源化学工会的积极推进下，国家电网公司工会召开了成立大会暨一届一次委员会议，这是电力行业第一家在京中央企业建立集团工会。

2006 年，全委认真贯彻《中华全国总工会关于进一步加强基层工会工作的决定》，下发了《关于明确区域电力工委和省级电力工会职责的通知》，推动电力体制改革中工会组建的同步进行。同时，在山西、云南、贵州等省份的一些产煤市县，建立了煤矿工会，推动小煤矿建立工会组织，在产业工会体制创新、工作创新方面进行了有益的探索。在此基础上，全委在推动中央企业和大集团公司理顺工会领导体制上、在推动地方产业工会建设上不断发力，进一步加强对中心城市产业工会工作的指导，使之发挥城市产业工会在产业发展和产业结构调整中的应有作用，成为全委工作的重要延伸和补充。

（二）建家工作再掀高潮

企业工会是工会工作最重要的基础，处在协调劳动关系、维护职工合法权益的第一线。在新世纪新阶段，中国能源化学工会切实加强企业工会建设，职工之家建设进一步突出“建家兴企、建家育人，建家强会”的宗旨，融于企业经济管理、技术进步和安全生产之中，进一步激发企业工会活力，把工会组织建设成为职工信赖的“职工之家”。

2003 年，能源化学地质系统各级工会组织努力加强思想、组织、作风建设，不断赋予“建家”活动新内容、新领域、新形式，工会组织的吸引力、凝聚力进一步增强。全委总结宣传鹤煤集团公司工会“建家兴企、建家育人、建家强会”的经验，推动建家活动再掀新高潮。在中国工会十四大上，能源化学系统 208 家企事业的“职工之家”、229 个职工“小家”、142 名工会干部、97 名工会积极分子，11 名荣誉工会积极分子受到全国总工会表彰。

2004 年是开展“建家”活动 20 周年，中国能源化学工会抓住这个契机总结经验，深入开展“建家”活动，注重创新，突出亮点；宣传“建家”典型，修订“建家”标准，创新“建家”思路，对申报单位严格考评和检查，“建家兴企”“建家就是建企业”的理念被越来越多职工所接受。9 月，全委在成都召开了全国煤炭系统工会工作理论研讨会暨职工之家建设经验交流表彰会议，总结、交流、部署全国煤炭系统职工之家建设工作，授予河北省开滦集团有限责任公司工会等 50 个单位全国煤炭系统模范职工之家称号，授予北京京煤集团有限责任公司金泰公司兴宇工贸集团等 128 个单位全国煤炭系统模范职工小家称号，鹤煤、阜新、攀枝花、抚顺、峰峰、肥城、澄合、大屯、霍州等单位在会议上进行了建家工作经验介绍或书面交流。

在第一届中国能源化学工会带领下，全国能源化学系统有443个企事业工会被授予“全国模范职工之家”，有434个车间班组被授予“全国模范职工小家”，有142名工会干部被授予“全国优秀工会工作者”称号。

（三）建强工会干部队伍

中国能源化学工会在建会之初，就提出了努力建设一流产业工会的奋斗目标。全委机关注重在加强机关干部的思想、组织、作风建设上下功夫，坚持高标准、高质量，以扎实的工作和出色的成绩赢得了赞誉。2003年，中国能源化学工会以扎实的工作和出色的成绩赢得了赞誉，被评为中央直属机关精神文明建设先进单位，党支部被评为全国总工会机关优秀党支部，赵永金被评为全国总工会机关精神文明个人。2005年，按照中央的统一部署，全委参加了第一批保持共产党员先进性教育活动。为了找准问题，突出先进性教育活动的针对性和实效性，全委向全体委员征求意见，认真制定了整改措施，各级工会按照各级党委的统一部署，以先进性教育活动为契机，大力加强了工会自身建设，工会班子和工会干部队伍建设得到新的加强，工会干部整体素质进一步得到提高。

在全委带领下，能源化学产业各级工会干部把握工会工作的政治方向，牢记为人民服务的宗旨，不断提升工作能力与素质，着力建设服务型、学习型工会组织。2003年1月10日，全委一届二次会议通过了《关于表彰中国能源化学系统先进工会和优秀工会干部的决定》，授予北京京煤有限责任公司工会等269个单位“先进工会”称号，授予张强等625名同志“优秀工会干部”称号，并为他们颁发奖牌和荣誉证书。

此外全委着眼于工会干部素质提升，组织开展了大规模、系统化的工会干部培训。2004年，组织化工、医药、国土资源系统大中型企业工会主席百余人在中国劳动关系学院举办了工会干部培训班，重点就工会业务知识进行系统培训。自2004年5月上旬起至2005年10月，在中国煤矿安全技术培训中心（华北科技学院）举办了10期煤炭系统工会劳动保护干部安全资格培训班，共培训学员1200余人。2005年，在中国劳动关系学院分别举办电力行业、石油石化（含部分国土资源工会）2期工会干部培训班，参加培训共400多人，培训内容主要包括工会工作基础知识、实施《劳动法》中热点问题、职工代表大会与厂务公开、煤矿安全生产方面相关知识与政策等。

2006年，全委下发《关于在全系统继续开展争创先进工会争当优秀工会干部活动的通知》，通过这一活动，积极引导和组织广大职工，旗帜鲜明地支持改革，满腔热忱地投身建设，着力在增强企业的自主创新能力、推进经济结构调整和经济增长方式转变、提高经济增长的质量和效益上下功夫，推动全国能源化学工会工作创出新水平，再上新台阶。

（四）女工组织得到强化

中国能源化学工会认真推进女职工组织建设和权益保护工作。2003年12月4日至8日，中国能源化学工会女职工委员会成立大会在云南昆明召开，标志着全国能源化学系统工会女职工工作进入一个新阶段。会议学习贯彻中国工会十四大精神，研究确定中国能源化学工会女职工委员会的基本职责、工作思路和此后5年的工作任务。审议中国能源化学工会女职工委员会有关规章制度。听取和审议了副主席张萌萌所作的题为《认真贯彻“三个代表”重要思想，努力开创能源化学工会女职工工作新局面》的工作报告。会议选举了女职工委员会主任、副主任和常务委员会等领导机构，张萌萌当选为主任，王春燕、杨丽琴、杨学敏、陈仲里、陈欣、寇秀莲分别当选为副主任；会议通过有关工作条例和工作制度。中国能源化学工会女职工委员会共有142名委员。

2004年3月11日，中国能源化学工会女职工委员会召开一届二次常委会议，决定在女职工中广泛深入开展“巾帼奉献建功立业竞赛”活动，下发了《关于在能源化学产业系统深入开展巾帼奉献建功立业竞赛活动的决定》。各级工会女职工组织广泛开展了“女职工建功立业工程”“女职工素质提升工程”活动，深入开展了“岗位立功”竞赛活动、“学习成才”活动、“姐妹献爱心”活动、“创建文明家庭”活动，对推动经济建设和企业发展发挥了积极作用。

中国能源化学工会女职工委员会成立后，大力推进平等协商、签订集体合同制度，推进基层单位工会与行政签订了女职工权益保护专项协议。在中国能源化学工会女职工委员会指导下，2004年9月，全国国土资源系统女职工委员会成立，2006年3月全国煤炭系统女职工委员会成立。各级女工组织认真贯彻落实《中国妇女发展纲要》《中华人民共和国妇女权益保障法》《职工劳动权益保障条例》《女职工劳动保护规定》《劳动保障监察条例》等法律法规，以推进女职工权益保护专项集体合同为重点，以开展女职工爱心帮扶为载体，切实履行维护职能，着力解决女职工在就业、收入、保障、劳动安全卫生和“四期”保护等方面的突出问题，努力维护女职工的合法权益和特殊利益。中国能源化学工会还指导各级女职工组织开展普法宣传教育，有效增强女职工的法制观念和依法自我保护的意识；举办妇女疾病卫生预防知识讲座和女性健康体检咨询，着力提高女职工的自我保健意识；开展女职工互助保险和女职工特殊疾病互助保障活动，办理“妇科疾病团体保险”“平安团体女性防癌保险”“关爱无忧保险”等，做好女职工健康体检与保险赔偿等相关工作，为增强女职工抵御大病风险能力筑起又一道屏障。

2006年2月21日，全国总工会表彰了在女职工建功立业活动中取得突出成绩、获得全国五一巾帼奖的集体和个人，能源化学系统的中国石油天然气集团东方地球物理公司研究院塔里木盆地地震资料处理攻关技术项目组、中国石油天然气管道第三工程公司“三八”女子焊工班和甘肃省电力公司电力信通公司高级工程师张波、江苏省康缘药业股份有限公司研究员级高级工程师凌娅等名列其中，全国总工会领导为她们颁发了“全国五一巾帼奖”，同时授予“全国五一劳动奖状（章）”。4月6日至10日，中国能源化学工会女职工委员会一届二次全体会议召开，表彰了在“十五”建功立业活动中涌现出的281个先进集体和571名先进个人。

2006年11月，中国能源化学工会女职工委员会组织开展全系统女职工工作理论征文活动，各级女职工委员会推荐了近千篇论文参加评选，共评出特等奖7名，一等奖30名，二等奖76名，三等奖159名，优秀奖283名，36个表现突出的女职工组织被授予优秀组织奖。征文活动推动了女职工组织的理论研究与创新活动的广泛开展，进一步提高了工作人员理论水平和解决实际问题的能力，推动了工作创新。

四、在全面建设小康社会中所作的贡献

2001年底至2006年，中国能源化学工会第一届全国委员会在全国总工会党组和书记处的领导下，带领产业各级工会组织，坚定不移地走中国特色社会主义工会发展道路，认真贯彻落实“组织起来、切实维权”的工作方针，按照“四抓四重”的工作思路，围绕中心，服务大局，结合产业特点，积极开拓创新，各项工作取得了显著成绩，在全面建设小康社会方面作出了自己的贡献。

全委紧紧围绕产业和企业发展全局，多渠道、多形式地推进

群众性经济技术创新工程，在长江三峡建设工程、西气东输、西部原油成品油管道工程等全国重点工程建设中，在全国大型水电厂（站）、全国火电大机组中，组织开展了劳动竞赛。在煤炭、电力、医药、国土资源行业开展了一系列职业技能大赛，为圆满完成“十五”规划任务、成功开启“十一五”规划建设新征程奠定了基础。在2003年抗击“非典”的战斗中，各级工会组织积极协助党政采取有效措施，组织职工做好防治工作，确保了职工健康和正常生产经营秩序，尤其是医药行业广大职工和各级工会组织在这场没有硝烟的战斗中作出了突出的贡献。

“十五”时期，我国能源生产快速增长，煤炭产量突破22亿吨，保持世界第一；发电量位居世界第二，发电装机容量超过5亿千瓦，风电装机容量达到126万千瓦，太阳能光伏发电装机容量约7万千瓦，太阳能热水器集热面积8000多万平方米、居世界第一位；石油天然气产量稳步增长，西气东输工程顺利建成，塔里木、准噶尔、鄂尔多斯等西部油气田开发取得重要进展。技术创新取得进步，煤炭工业已具备装备千万吨级露天煤矿和日产万吨矿井工作面的能力，建成了一批具有世界先进水平的大型煤矿，石油天然气复杂区块勘探开发、提高油田采收率等技术跨入国际领先行列，三峡工程顺利投产，标志着我国水电技术达到国际先进水平，一批大型火电机组投入运行，形成了比较完备的500千伏和330千伏主网架，750千伏示范工程建成投运，±800千伏直流和1000千伏交流试验示范工程开始启动。能源效率有所提高，环境保护得到加强，2005年，全国煤矿平均矿井回采率比2000年提高了约10个百分点。在难采储量不断增加的情况下，原油采收率仍然保持在较高水平。火电供电标准煤耗从2000年的392克/千瓦时下降到2005年的370克/千瓦时；烟尘排放总量比1980年减少32%；部分水资源缺乏地区实现了废水“零排放”；单位电量二氧化硫排放比1990年减少了40%。这些成绩的取得，凝聚着能源化学产业工人的心血、智慧与巨大贡献。

2006年起，能源化学地质系统广大职工响应全国总工会号召，开启“当好主力军，建功‘十一五’，和谐奔小康”劳动竞赛，继续投身全面建设小康社会的伟大事业，支持改革、促进发展，维护稳定，提升素质，以主人翁姿态在国家发展和社会进步的伟大建设中奋勇当先。

第二节　高举中国特色社会主义旗帜开拓奋进

一、在中国能源化学工会第二届全委领导下的工会工作

（一）改革攻坚阶段劳动关系的变化

随着“十一五”规划的实施，我国进入全面建设小康社会的关键时期和加快推进社会主义现代化建设的新的发展时期。复杂多变的国内外环境和日益激烈的市场竞争，对我国经济社会发展和安全提出了许多新的挑战，面临着许多困难和问题。

改革开放进入攻坚阶段，工人阶级内部结构更加复杂，用工方式渐趋多样，劳动关系领域的冲突和矛盾日益常态化；与此同时，工会组织也获得了大发展，会员人数稳步增加，覆盖面大大拓展，在构建社会主义和谐劳动关系中作用越来越大。劳动关系方面的变化主要有：农民工成为产业工人的主要力量，新生代农民工成为农民工主体；劳务派遣工数量增加，劳动权益纠纷增多；劳动关系类型以非公有制及混合所有制企业为主体；劳动关系的矛盾冲突显性化和常态化；工会组织在劳动关系中的协调作用举足轻重。

（二）认真贯彻中央精神及全国总工会部署

牢固树立中国特色社会主义工会维权观。2006 年 12 月 8 日，在全国总工会十四届十一次主席团（扩大）会议上，王兆国作了《坚持中国特色社会主义工会维权观，加强协调劳动关系推动构建和谐社会》的重要讲话，全面阐明了“立足中国国情、适应时代发展，牢固树立中国特色社会主义工会维权观”的完整理论，指出：“加强协调劳动关系，切实维护职工权益，推动构建和谐社会，关键是牢固树立中国特色社会主义工会维权观。”中国特色社会主义工会维权观的核心是“以职工为本，主动依法科学维权”。牢固树立中国特色社会主义工会维权观是适应党的“科学执政、民主执政、依法执政”的方式，适应现阶段我国劳动关系的发展变化，适应职工群众多元利益的诉求所得出的科学结论。这是工会在维权方略、维权机制、维权方式上的重大飞跃，同我们党提出的科学发展观和依法治国方略完全一致，是对中国特色社会主义工会理论的重大发展。① 2007 年 1 月，中国能源化学工会第二届第一次全体会议召开，要求能源化学系统工会干部必须深刻理解、牢固树立中国特色社会主义工会维权观，要紧紧围绕产业工作全局，结合产业实际，加强对社会主义工会维权观的学习和理解，进一步明确工会维权工作的指导思想，不断提高思想上的自觉性和行动上的主动性。要从产业的全局出发，切实把维护职工合法权益作为工会一切工作的出发点和落脚点，做到一切为了职工，一切依靠职工，一切服务职工，促进产业的改革发展稳定。要深入基层、深入企业、深入群众，倾听职工呼声、反映职工愿望，努力维护好广大职工劳动经济权益、民主政治权利、

① 李玉赋主编：《新编中国工人运动史》（下），中国工人出版社 2016 年版，第 641 页。

精神文化需求和社会权利，从而把广大职工更加紧密地团结在党的周围，保护好、调动好、发挥好广大职工的积极性和创造性。

坚定走中国特色社会主义工会发展道路的信心。中国共产党第十七次全国代表大会于2007年10月15日至21日在北京召开。胡锦涛代表第十六届中央委员会向大会作了题为《高举中国特色社会主义伟大旗帜，为夺取全面建设小康社会新胜利而奋斗》的报告。2008年10月17日至21日，中国工会第十五次全国代表大会在北京举行。习近平同志代表党中央发表了题为《在夺取全面建设小康社会新胜利中充分发挥工人阶级主力军作用》的祝词。王兆国代表全国总工会第十四届执行委员会向大会作了题为《高举中国特色社会主义伟大旗帜 团结动员亿万职工为夺取全面建设小康社会新胜利而奋斗》的报告。以党的十七大和中国工会十五大召开为标志，新世纪的中国工人运动和工会工作站在了一个新的起点上。2008年，能源化学地质系统各级工会组织通过多种形式，认真组织广大工会干部深入学习、深刻领会中央领导同志的一系列重要指示精神。中国能源化学工会全委带领各级工会组织紧密结合产业特色、企业特点和产业工会工作实际，认真分析能源化学地质产业发展形势，研究企业生产和职工生活对工会工作的新期待，着力在增强工会工作针对性和实效性上下功夫。广大工会干部特别是领导干部，深入学习中国特色社会主义理论体系，坚持用党的最新理论成果指导武装头脑，自觉把工会工作放到经济、政治、文化和社会建设四位一体的格局中去认识、去把握，用理论上的清醒确保政治上的坚定，用理论学习的成果指导工会的具体实践，从而真正把党中央对工会工作的重要指示精神和党的十七大精神充分体现在产业工会各项实际工作当中。按照党中央的部署，2009年国有企业是第二批开展科学发展观学习实践活动的单位，全委把学习活动作为推动工会工作的发展机遇和创新动力，打破思维定式，转变思想观念，增强用科学发展观统领工作、谋篇布局的自觉性和坚定性，着力解决思想、组织、作风、能力、素质等方面与推动科学发展要求不适应不符合的思想观念和突出问题。各级工会贯彻落实党的十七大和中国工会十五大精神，进一步明确了工会发展道路和工会工作方向，增强了做好工会工作的责任感和使命感，认清了国有企业在履行经济、政治、社会三大责任上的骨干中坚、模范带头和示范引领作用，坚定了在推动科学发展、维护职工权益、促进社会和谐稳定上大有可为、大有作为的信心和决心。

在经济发展方式转变中切实发挥产业工会作用。2009 年 9 月召开的党的十七届四中全会，审议通过了《中共中央关于加强和改进新形势下党的建设若干重大问题的决定》，深入分析党的建设面临的新形势新任务，认真总结我们党作为马克思主义执政党加强自身建设的基本经验，明确提出加强和改进党的建设的总体要求、目标任务、重要举措，对加强和改进新形势下党的建设作出战略部署。12 月召开的中央经济工作会议，全面分析了当前国内外形势特别是经济形势，明确提出了 2010 年经济工作的总体要求和主要任务，着重强调了做好经济工作需要把握好的重要原则。中央这两个重要会议的精神，对全党全国都有重要指导意义。2010 年 1 月，中国能源化学工会第二届第四次全委会议要求各级工会组织认真学习贯彻党的十七届四中全会和中央经济工作会议精神，切实增强做好新形势下工会工作的责任感和使命感。要紧密联系产业发展实际，深刻认识加快经济发展方式转变对促进产业经济稳定、协调、可持续发展的重要性、紧迫性，深刻认识能源化学各产业在国民经济中的重要战略地位和对加快经济发展方式转变的重要推动作用，在融入中心、服务大局中找准定位、明确任务，在工作安排部署上科学谋划、突出重点，在全面贯彻落实中主动作为、体现特色，在推动我国经济发展方式转变中切实发挥好产业工会的重要作用。

（三）推进“四围绕、四促进”工作思路

“四围绕、四促进”，是中国能源化学工会第二届第一次全体会议2007年1月19日在北京召开时，明确此后一个时期的工作思路，即紧紧围绕党和国家工作大局，促进经济社会全面发展；紧紧围绕全国总工会工作重点，促进产业工会工作创新发展；紧紧围绕产业中心任务，促进企业又好又快发展；紧紧围绕职工群众利益诉求，促进和谐劳动关系发展。二届全委历次会议认真落实“四围绕、四促进”工作思路，紧紧围绕大局、工作重点、中心任务与职工利益，部署开展丰富多样、卓有成效的工作，推进“四围绕、四促进”不断深化。

2007年12月19日至20日，中国能源化学工会第二届第二次全委会议在广西桂林召开。会议要求2008年的工作紧紧围绕党和国家工作大局、全国总工会重点工作、产业发展和职工群众利益诉求，推动产业工会理论创新和工作创新；倾力打造具有产业特色的“煤矿安全哨兵”品牌；以建设和谐劳动关系为主线，实现动员职工为能源化学产业发展建功立业、完善劳动关系协调机制、维护职工合法权益、建设高素质职工队伍、工会自身改革和建设等方面的新突破。

2008年12月11日至12日，中国能源化学工会二届三次全体会议在海口市召开。会议认真学习了胡锦涛总书记在同全国总工会新一届领导班子成员和中国工会十五大部分代表座谈时的重要讲话精神，传达了中国工会十五大精神，回顾了30年能源化学行业改革成就，部署了2009年的重点工作任务。会议要求各级工会认真学习、深刻领会胡锦涛总书记重要讲话以及党中央对工人阶级和工会工作的重要指示，贯彻落实中国工会十五大和中央经济工作会议精神，以科学发展观为统领，以发挥主力军作用为途径，以发展和谐劳动关系为主线，以推动解决职工群众最关心、最直

接、最现实的利益问题为重点，以工会自身建设的改革创新为动力，扎实推进各项工作，形成工会创新的合力。

2010 年 1 月 7 日，中国能源化学工会第二届第四次全委会议在大庆油田召开。2010 年能源化学工会工作重心是按照中国工会十五大提出的各项目标，紧紧围绕加快经济发展方式转变，拓展建功立业新领域，以团结动员职工推动能源和化学工业平稳较快发展为首要任务；以加强维权维稳，协调劳动关系矛盾，促进劳动关系和谐为工作重点；以弘扬“大庆精神”和“铁人精神”、加强企业文化建设为有效载体；以提高工会自身建设水平为内生动力，扎实推进各项工作，团结动员广大职工为实现“十一五”规划目标任务而奋斗。

2011 年 1 月 24 日，中国能源化学工会第二届第五次全委会议在福建厦门召开。2011 年是中国共产党成立 90 周年，也是“十二五”时期开局之年，中国能源化学工会突出产业特色，发挥产业工会优势，融入中心、服务大局，广泛开展“科学发展立新功、转变方式建伟业、劳动关系创和谐”主题竞赛活动，发挥工会“大学校”作用，培养高素质职工队伍，依法推进“两个普遍”，为实现“十二五”规划目标开好局、起好步贡献力量。

在中国能源化学工会第二届全委会“四围绕、四促进”的工作思路指导下，系统各级工会认真学习党的十七大精神，全面贯彻落实科学发展观，始终坚定不移地走中国特色社会主义工会发展道路，始终紧密联系产业改革发展稳定和创新发展产业工会工作的实际，完成了中国能源化学工会第二届全委会确定的目标任务。

二、推进以产业发展要求为主线的社会主义劳动竞赛

在全国总工会党组、书记处的领导下，系统各级工会在中国

能源化学工会第二届全委会带领下，认真学习党的十七大精神，全面贯彻落实“四围绕、四促进”的工作思路，以产业发展要求为主线，开展“当好主力军、建功‘十一五’、和谐奔小康”劳动竞赛，团结动员广大产业职工经受了重大自然灾害和国际金融危机的巨大考验，完成了中国能源化学工会第二届全委会确定的目标任务。

（一）担当“十一五”建设主力军

“十一五”规划的宏伟蓝图为广大职工充分发挥作用展现了广阔的舞台。中国能源化学工会二届一次全委会提出，要主动站在推动科学发展的前列，团结动员广大产业职工为实现“十一五”规划目标建功立业，广泛深入开展“当好主力军、建功‘十一五’、和谐奔小康”竞赛活动。各级工会在劳动竞赛等活动中团结动员广大产业职工始终走在经济建设的最前列，勤奋工作、锐意创新，顾全大局、勇于奉献，为“十一五”规划的胜利完成，充分发挥了主力军作用。

重大工程建设成效卓著。各级工会在国家能源建设重大工程和集团公司重点工程中，广泛组织开展劳动竞赛活动，充分调动了全体参建单位和参赛职工的积极性、主动性、创造性，克服了参赛队伍多、工程项目多、单体规模大、建设工期紧、新技术应用广、施工环境复杂等诸多困难，确保了各项工程按时、优质、安全、高效推进。2009 年，全委与中国石油天然气集团公司联合发起“建功中亚——西二线，石油工人做贡献”劳动竞赛被列为全国总工会组织开展的国家重点工程竞赛项目，胡锦涛主席出席了中亚天然气管道的通气仪式，标志着中亚天然气管道 A 线和西气东输西段工程的建成投产，劳动竞赛为建设这一横跨四国的能源大动脉发挥了巨大的作用。“十一五”期间，在三峡工程、金沙江流域水电建设工程、西部原油成品油管道工程、西气东输二线工程、川气东送工程、青藏交直流联网工程、建设海上大庆油田和“西部大庆”等国家重大工程劳动竞赛中，针对工程意义重大、影响深远和参建单位多、参赛职工多等实际，充分发挥了中央企业和国有大企业的模范带头、示范引领和骨干中坚作用，积累了新时期劳动竞赛的新经验，提高了工程管理水平，锻炼了职工队伍，激发了广大职工的创新意识和创造能力。中俄原油管道漠大段、中亚天然气管道 B 线、陕京三线天然气管道等工程建设劳动竞赛促进了工程如期实现全线贯通、输油送气；川气东送工程劳动竞赛形成了具有浓厚时代气息和丰富思想内涵的“川气东送”精神，确保了工程项目按时投入商业运营；“海上大庆油田”的建成，标志着我国海洋石油工业跻身于世界先进行列，党中央政治局所有常委都作出批示给予祝贺，饱含了对海洋石油广大员工竞赛热情和奉献精神的高度赞扬；1000 千伏特高压交流试验示范工程劳动竞赛不断取得新业绩、新成果，促进工程实现国家验收。重大工程劳动竞赛打造了一批优质工程、绿色工程和精品工程，在共和国的大地上树立起一座又一座丰碑，创造出一个又一个奇迹，为国民经济和社会发展提供了坚实的能源保障。

安全节能环保取得进展。2008 年，煤炭系统深入开展安全生产劳动竞赛，突出发挥“安全哨兵”作用，有效减少了煤矿安全生产事故发生。电力系统充分学习借鉴“全国火电大机组竞赛”和“全国大型水电厂（站）劳动竞赛”的先进经验，加强科学管理，注重节能挖潜，与 2006 年相比，6000 千瓦级以上燃煤电厂供电标准煤耗降低 11 克/千瓦时，电网输电线路损失率减少 0.07%。同时，节能环保取得进展，电力工业积极推进“上大压小”工作，2007 年实际关停小火电 2336 万千瓦。各行业广泛开展节能减排活动，工会组织职工围绕节能减排，积极开展劳动竞赛和合理化建议活动。平煤集团工会开展“节约区队、节约班组、节约明星”创争评比活动，从基层抓起，从点滴入手，万元产值综合能耗比 2007 年下降 8.9%；巨化集团公司工会大力开展“节能减排，创效增收”劳动竞赛，取得显著成效；各企业大力宣传节能知识，增强了职工节能意识。在全国职工节能减排知识竞赛中，能源化学系统的企业有 6 支代表队进入前 8 名，其中由胜利油田职工组成的中国能源化学工会代表队一举夺魁。

建功立业主题竞赛特色突出。煤炭、电力、石油、石化、化工、医药、国土资源各行业、各企业工会围绕产业调整振兴规划和企业实际开展了多种形式的劳动竞赛，以改革创新为动力，赋予劳动竞赛以新的时代特征和历史贡献，使群众性劳动竞赛在推动科学发展、促进社会和谐中发挥更大作用，彰显了广大产业职工在国民经济主战场上的主力军作用。2009 年，面对国际金融危机给能源化学地质产业经济发展形成的严重冲击，根据全国总工会开展“同舟共济保增长、建功立业促发展”竞赛活动的要求，全委下发了《关于广泛深入开展“保增长、促发展”劳动竞赛的意见》，继续深化主题活动，大力开展创建“工人先锋号”活动，广泛开展群众性经济技术活动，以扎实有效、务实创新的精神为应对金融危机冲击作出贡献。各级工会结合企业生产建设实际，以创建“工人先锋号”为载体，广泛开展群众性经济技术活动。石油石化系统开展了“比学赶帮超”系列活动；化学医药系统广泛开展合理化建议征集活动，取得丰硕成果；煤矿系统大力推广白国周班组安全建设的经验，全委与全国总工会保护部、国家煤矿安全监察局联合编写了《白国周班组管理六法十八解》，该班组管理法打破了危险岗位与安全事故必然相连的“神话”，被推广应用到化工、钢铁、石油、煤炭等十多个行业，成为可学可用的班组安全管理宝典。

（二）大力推进职工素质建设工程

在中国能源化学工会第二届全委指导下，能源化学产业各级工会组织积极推进职工素质建设工程，提高劳动技能、增强创新能力，以开展“创建学习型组织、争做知识型职工”活动为载体，围绕加快培养一大批素质优良的技术技能型、复合技能型和知识技能型高技能人才的目标，充分发挥工会“大学校”作用，不断提高广大职工的生产技术和劳动技能，努力造就一批职业技能业务标兵、技术能手、工种状元和岗位明星，为职工成长成才搭建了平台。

广泛开展技术练兵、技术培训活动。2007 年，各级工会积极组织职工学习新技术新知识，开展了各具特色的学技术、比技能、创一流活动，极大地提高了职工的业务技能水平和科技创新能力。中国石油天然气集团东方地球物理公司研究院实行“科技师带徒”制度，有效地解决了高科技企业人才断层问题，提升了企业的核心竞争力。胜利石油管理局工会广泛开展“咱们工人有技术才能更有力量”的大讨论，引导广大职工建立“我在学习、我有技术、我能创新”的价值理念，全国总工会副主席、书记处第一书记孙春兰等领导分别作出重要批示，给予了充分的肯定。2008 年，山西煤矿工会组织开展“百余工种大比武，数万矿工大培训”，组织广大职工学知识、练技能、比业务，全体矿工普遍参加了业务培训和技能比武。华能、大唐、华电、国电、中电投等电力系统工会组织动员广大职工开展科技攻关和技术改造，一大批节能技改项目顺利实施，降低了消耗，节约了能源，减轻了污染，取得了良好的经济效益和社会效益。“咱们工人有技术才能更有力量”的理念产生广泛影响，立足岗位学技术、练本领、钻业务、强技能蔚然成风。

行业职业技能大赛再掀高潮。2007 年，全委在煤矿系统举办了第二届“开滦杯”职业技能大赛；化工、医药系统各级工会组织广泛开展了岗位技能竞赛、技术比武等群众性经济技术创新活动，为实现企业的生产经营目标建功立业；国土资源系统各级工会围绕地质找矿和发展地矿经济两大根本任务，开展了多种形式的职工技能大赛、岗位比武等活动，逐步探索出市场经济条件下开展群众经济技术活动的新路子。2009 年，为应对金融危机和适应科技进步对提高职工素质的要求，以开展“创建学习型组织，争当知识型职工”活动为载体，为职工搭建技术培训、岗位练兵、技能竞赛的平台。全委与国家测绘局共同举办了首届全国测绘行业职业技能竞赛，来自全国 27 个省、自治区、直辖市的近 200 名测绘能手参加了大地测量和工程测量竞赛。

2010 年，全委与中国就业培训技术指导中心、中电联共同组织了电力系统三个工种技能竞赛，3 名选手荣获“全国五一劳动奖章”，9 名选手被人力资源和社会保障部授予“全国技术能手”；“神华杯”采煤技能国际邀请赛的成功举办，不仅为各国采煤工人集中展示和交流采煤技能提供了舞台，也增进了各国采煤工人之间的友谊。第二届全委会期间，全委与有关部委（局）、行业协会共同开展了第三届、第四届全国煤炭行业职业技能竞赛，开展了第六届、第七届全国电力行业技能大赛，全国地勘钻探职业技能大赛等一系列全行业性职工职业技能大赛，石油石化企业也开展了集团公司系统多工种的技能竞赛，化工医药地方产业工会、企业工会也举办了多种形式的技术比武和竞赛活动，为职工成长成才搭建了平台。

工会“大学校”作用充分发挥。2010 年，各级工会为职工搭建技术培训、岗位练兵、技能竞赛的平台，积极推广“首席技师”“金牌工人”“冠名操作法”等做法，引导广大职工争当“创新能手”“技术标兵”，争创“创新示范岗”，充分发挥了工会“大学校”作用。“神华杯”采煤技能国际邀请赛的成功举办，不仅为各国采煤工人集中展示和交流采煤技能提供了舞台，也增进了各国采煤工人之间的友谊。许多企业对竞赛中涌现出的技术标兵和业务能手大力表彰、予以重奖，并大胆使用、委以重任，畅通了人才成长通道，形成了良好的用人导向。一些电力企业不但加强职工的业务技术培训，还创造性地开展了体能训练，下发了体能训练大纲并严格考核，职工身体素质和业务技能均得到提升，深受职工欢迎。

第二届全委会期间，各级工会充分发挥工会“大学校”作用，一批高技能人才、“首席工人”茁壮成长，技术工人登上了省部级和国家科技奖最高领奖台，充分展示了新时代能源产业工人的风采。

（三）在急难险重任务中团结奋进

能源化学地质系统各级工会和广大工会干部在急难险重任务中勇挑重担，充分发挥产业工会组织的独特作用，工会干部和广大职工在抗击低温雨雪冰冻灾害、抗震救灾、奥运保电中经受住了各种困难考验，向党和人民交上了一份合格的答卷。

全力投入奥运保电战斗。2008 年，能源化学产业广大工会干部以高度的政治责任感和历史使命感，组织动员、团结带领广大职工投入奥运保电工作当中。电力系统科学调度、统筹协调，抽调精兵强将奔赴北京，同当地电力企业紧密配合、密切协作，直接参与电力一线生产和设施维护。陕西、甘肃、宁夏电力公司派出 643 名技术骨干进驻北京，加强了电力设施的安全运行和日常维护。西北电力工委组成工作组赴北京看望职工，深入职工家庭帮助解决各种实际困难，解除职工的后顾之忧。广大职工舍小家、顾大家，无私奉献，以忘我的热情、百倍的努力，全力以赴投入保电战斗当中，高标准、高质量地完成了奥运保电任务，为奥运盛会的成功举办作出了重要贡献。

积极应对地震重大自然灾害。四川汶川地震发生后，全委迅即与受灾地区对口企业进行联系，了解受灾情况，开展捐助活动。“一方有难，八方支援”，能源化学地质系统共有 93 个企业工会通过全国总工会账户向灾区捐款1100余万元。各级工会广泛组织动员职工为灾区捐款献爱心，广大职工纷纷响应，踊跃捐款。各级工会发挥各自优势，积极向灾区支援急需的救灾物资。在做好经费、物资支持的同时，组织动员能源化学产业各地企业开展向灾区企业对口支援活动，做好人员和技术支持。据不完全统计，全系统有92支抢险救援队和医疗救护队战斗在抗震救灾一线。中国地质调查局在第一时间开展灾情应急调查，向国务院提交重灾区航空遥感影像，紧急组织全国20多个单位400多名技术骨干开展卫星遥感数据翻译，迅速获取84个县影像资料，完成14个重灾县（市）、34个堰塞湖和路桥损毁灾情评价分析，为中央及时掌握灾情、应急救援、决策部署提供了重要依据。各级工会组织积极配合党政开展救援工作，有的工会主席亲率队伍到灾区，有的带领慰问组多次赶赴施工一线看望慰问援建人员，激励斗志、鼓舞士气，确保了救援任务的顺利完成。

经受低温雨雪冰冻和旱灾考验。2008年初，我国南方部分地区遭遇了罕见的低温雨雪冰冻灾害，造成线路严重覆冰，多条输电线路断线，电力供应和电网安全受到严重威胁，人民群众生产生活受到较大影响。灾害面前，能源化学地质系统各级工会认真贯彻落实党中央关于做好煤电油运工作重要指示精神，积极号召广大职工立足本职岗位搞好生产、抗冰保电，做好电煤、成品油生产和供应，以实际行动支援灾区建设。在灾害面前，广大电力职工发扬工人阶级特别能吃苦、特别能战斗、特别能奉献的精神，战风雪、斗严寒，踊跃投身抗冰保电工作，显示了工人阶级大无畏的英雄气概；煤炭系统国有大企业几乎全部放弃春节休假，主动调整煤炭品种，无条件保障煤炭供应。全国总工会领导和机关广大干部职工密切关注灾区生产，心系一线职工生活，将20万元捐款送到国家电网公司，使战斗在一线的广大职工深受鼓舞；全委向受灾地区企业和职工发出慰问电，春节期间组成四个工作组看望慰问了战斗在抗冰前线的抢险队员和紧张进行电煤和成品油生产的一线职工；国家电网公司工会开展“抗冰抢险保供电，情系灾区献爱心”活动，职工捐款1.3亿元。在各级党委政府的正确领导下，国家电网公司和南方电网公司广大职工经过1个多月的奋力拼搏，全面恢复了电网正常运行，取得了抗险救灾抢修复电的全面胜利。2008年，能源化学系统在抗击雨雪冰冻灾害和抗震救灾斗争中，涌现出来一大批先进典型，39个集体荣获“全国五一劳动奖状”，56名个人荣获“全国五一劳动奖章”；在抗震救灾中有234个集体被全国总工会授予了“全国工人先锋号”荣誉称号。在庆祝“五一”国际劳动节大会上，能源化学系统共有160个单位荣获“全国五一劳动奖状”，213名个人荣获“全国五一劳动奖章”，这也是能源化学系统获得表彰数量最多的一年。

2010年，严重自然灾害频发，能源化学系统各企业积极向灾区捐款、捐物，电力、石油系统广大干部职工全力抢修受损电力设施，为抢险救灾提供应急供电和救灾设备用油。煤矿系统派出应急救援队伍，赴灾区全力投入抢险救援工作。西南地区遭遇历史罕见的特大旱灾，中国能源化学工会响应全国总工会的号召，迅即发出《关于组织职工全力以赴做好抗旱救灾工作的通知》，各行业积极行动，国土资源和地质勘查系统组织精干队伍打井找水。全委慰问组赴一线慰问职工并及时编写抗旱救灾简报上报全国总工会领导。湖南省湘潭县石潭供电所周呈午同志，不顾术后病体未愈，坚持战斗在抗洪一线，连续工作50多个小时，累倒在现场。他的感人事迹，受到了中共中央政治局委员、全国人大常委会副委员长、全国总工会主席王兆国同志的关注，受全国总工会领导委托，全委与国家电网工会负责同志专程看望慰问了周呈午同志。

“十一五”时期，能源化学产业各级工会组织在中国能源化学工会第二届全委带领下，广泛开展群众性经济技术活动，积极应对重大灾害考验，建功立业主题竞赛特色突出，重大工程建设劳动竞赛成效卓著，在推动经济社会又好又快发展中作出新的贡献，充分展示了新时代能源产业工人的风采。

三、工会工作创新发展实现“五个转变”

2007 年 12 月，中国能源化学工会第二届第二次全委会议提出，用中国特色社会主义理论体系指导产业工会理论与实践的创新发展。全委组织各级工会把工会工作放到国家经济、政治、文化和社会建设四位一体的格局中去认识把握，深刻理解中国特色社会主义工会发展道路、“组织起来、切实维权”的工会工作方针、“以职工为本，主动依法科学维权”的工会维权观和“促进企业发展、维护职工权益”的企业工会工作原则的科学内涵，开展了广泛调研和创新实践，以改革的精神转变工作机制，推动产业工会工作的创新发展实现“五个转变”，使各项工作迈上新台阶。

（一）工作职能向突出维权转变

中国能源化学工会全委指导各级工会组织自觉坚持“促进企业发展、维护职工权益”的企业工会工作原则，着眼于实现好、维护好、发展好职工群众的经济、政治、文化和社会权益，着力于推动建立劳动关系和谐企业，在制度创新上取得新进展，建立起科学有效的利益协调机制、诉求表达机制、矛盾调处机制、权益保障机制。

发展和谐劳动关系。2007 年，各基层工会开展“创建劳动关系和谐企业活动”，积极配合企业党政，明确活动的指导思想、目标任务、条件标准和组织实施，实行统一规划，统一部署，扎实推进，促进了企业与职工实现“协商共谋、机制共建、效益共创、利益共享”。在关停小火电机组过程中，电力系统工会对涉及员工安置分流等切身利益问题，认真研究方案，加强教育引导，保障职工权益，做到全程参与、全程监督、全程维护，既保证了小火电机组的顺利关停，又保持了职工队伍的稳定。在全国创建劳动关系和谐企业与工业园区活动表彰暨经验交流会议上，能源化学地质产业的83个企业被劳动和社会保障部、全国总工会、中国企业联合会、中国企业家协会授予“全国模范劳动关系企业”称号，占受表彰企业总数的27.9%。是年，各级工会高度重视群众安全生产工作，在煤矿等高危险行业积极推进企业劳动安全卫生单项集体合同工作，对安全生产和劳动保护提出了很多具有建设性的意见和建议，并积极参加安全事故的调查处理，维护职工的生命和健康权利。

促进实现体面劳动。2008年，全委以《劳动合同法》颁布施行为契机，下发《关于深入学习宣传贯彻〈劳动合同法〉的通知》，提出了明确的意见和要求。各级工会组织加大了《劳动合同法》宣传力度，引导广大职工学法、知法、用法，依法行使自身权利，自觉履行义务，增强了职工的法律意识，提高了依法维权的自觉性。8月下旬，全委召开国有大型企业贯彻实施《劳动合同法》工作座谈会，神华集团、国家电网、中国石油等12家国有大型企业工会负责人在会上介绍了贯彻落实情况，交流了成功经验和典型做法，国有大型企业劳动合同签订率达到97%以上。2009年5月，全委下发《关于加强和改进新形势下煤炭产业工会工作的实施意见》，要求煤炭产业工会切实履行职责，推动建立产业（行业）的科学劳动标准，推动实现体面劳动。各级工会深刻理解“促进实现体面劳动”的基本内涵和具体要求，能源化学地质产业系统涌现出一批工会促进实现体面劳动的典型，全委及时总结经验，做好示范推广工作。

深化“共同约定行动”。2009年至2010年，受国际金融危机的影响，全委指导各级工会组织深化“共同约定行动”，企业平等协商、签订集体合同制度在质量上有了新的提升，在国有企业尤其是国有大型企业主动承担社会责任的带动和影响下，一大批企业包括非公企业，基本上做到了不裁员不减薪或少裁员少减薪，职工的权益得到了较好维护。2010 年 1 月 7 日，全委二届四次会议要求推动关闭破产企业退休人员和困难企业职工全部纳入医疗保障政策的落实，督促企业在福利与社会保险等问题上，要依法向职工全过程公开。各级工会坚持把创建和谐劳动关系作为推动企业发展、保障职工权益实现的关键，继续完善以职工代表大会为基本形式的企业民主管理制度。很多化工、医药企业积极开展企业工资集体协商，探索企业工资共决机制、正常增长机制和支付保障机制，从制度上保障和谐劳动关系建设的深入推进。辽河油田会员职工帮助 EAP 计划，成为职工群众名副其实的“精神福利”。吉林通化供电局 9 届领导班子接力照顾患病职工潘凤琴的感人事迹，通过中央新闻媒体报道后，受到社会各界的一致好评。

（二）工作领域向全面覆盖转变

2007 年 12 月召开的能源化学工会全委二届二次会议提出，产业工会不能仅仅是国有大型企业的产业工会，工作领域更要逐渐向不同规模、不同所有制的企业延伸，工作对象要向以农民工、劳务派遣工为主的农村转移劳动力和其他形式的劳动用工拓展，扩大工会工作的覆盖面。要进一步推进职工代表大会建设和平等协商、签订集体合同制度的实行，最大限度地提高职工代表大会的建制率和集体合同的覆盖率。2008 年以来，全国总工会提出了“两个普遍”工作要求，2010 年 7 月召开的全国总工会十五届四次执委会进一步明确“两个普遍”重点工作目标。“两个普遍”是对中国特色社会主义工会维权观的继承和发展，也是中国能源化学工会全委重点推进的工作。

促进农民工、劳务派遣工入会。2008 年，中国能源化学工会切实维护农民工合法权益共建共享企业发展成果，在全系统推广了峰峰集团公司的经验：让农民工 100%入会进“家门”，让“两个合同”100%惠及农民工，让农民工在政治上 100%当主人，让农民工 100%受培训提高素质，让农民工 100%享受阳光般的温暖；国土资源系统各级工会组织建立数据库，摸清集体工、临时工、农民工会员底数。按照属地管理原则，规范工会组建形式，把组织农民工入会作为工会组建重点，努力提高对农民工的覆盖面。2009 年，各级工会组织面对劳动关系矛盾有所上升的严峻形势，按照二届三次全委会要求，研究解决农民工、劳务派遣工、非全日制用工和其他形式用工的建会入会问题，从维护职工队伍和社会政治稳定大局出发，着力构建维稳工作沟通协调机制，国有企业尤其是各大集团公司均成立了维护稳定工作领导小组，工会负责同志均为领导小组成员，并建立健全了维护稳定工作的各项规章制度和应急预警，主动了解、准确掌握职工特别是生活困难职工、农民工等群体生产生活和现实思想状况，有针对性地做好政策宣传、思想教育、困难帮扶，做到了底数清、方法活，措施有力，积极维护职工的劳动经济权益，依法落实职工的民主政治权利。2011 年，全委在部分企业中开展了劳务派遣工入会情况的调查，召开推进劳务派遣工入会工作座谈会，下发了《关于进一步推动劳务派遣工入会工作的意见》。为了深入了解石油石化企业劳动关系中存在的突出问题，全委开展调查研究，完成了《石油石化企业劳务派遣用工权益实现与保障情况的调研报告》。全委还通过召开各产业系统工会会议，要求各级工会组织推进“两个普遍”工作的开展，加大系统内劳务派遣工、农民工入会率，提高建会质量。

普遍开展工资集体协商。2007 年 1 月，中国能源化学工会第二届第一次全委会召开，提出建立健全权益保障机制，促进企业建立规范合理的工资决定机制、支付保障机制与正常增长机制。

当年，化工医药系统企业工会积极开展工资集体谈判工作，职工的收入稳步增长，促进了企业的生产效益，实现了双赢。12月，二届二次全委会召开，要求紧紧抓住工资收入这个职工劳动权益的要害，严格执行最低工资制度和小时最低工资标准，推动建立职工参与工资决定机制、正常合理的工资增长机制和工资支付保障机制，促进职工工资与企业经济效益和国家经济社会发展水平同步增长。2008年4月，全国总工会召开了全国工会工资集体协商工作经验交流会，重庆药友制药有限公司工会在会上作了书面经验交流。7月，全国部分省市化工医药产业工会工作研讨会召开，对开展工资集体协商工作、促进建立企业职工工资正常增长机制和支付保障机制提出具体要求。当年，国土资源系统单位绝大部分签订了集体合同，各基层工会重点围绕职工收入分配问题与行政充分协商，确保职工工资收入与单位经济效益的提高同步增长。2009年，全球性化工产品需求下降，国内化工行业遭受到强大的冲击，一些企业因劳动合同、工资发放、社保等引发劳动争议和群体性事件的增加，职工的生产生活遇到困难，工会维护职工权益的难度加大。石化医药系统各级工会组织发挥工会优势，推进开展“共同约定行动”和“企业不裁员承诺”活动，履行工会“三项承诺”——决不让一个困难职工没饭吃没衣穿，决不让一个困难职工的孩子失学，决不让一个困难职工因生活困难发生意外，按时发放职工工资，促进职工就业和收入的稳定。5月25日，全委下发《关于加强和改进新形势下煤炭产业工会工作的实施意见》，要求煤炭产业工会切实履行职责，推动建立产业（行业）的科学劳动标准，推动实现体面劳动，推动行业性工资集体协商有效进行，积极实施工资集体协商要约行动，建立企业职工工资决定机制、正常增长机制和支付保障机制。2010年1月7日，中国能源化学工会召开二届四次全委会，会议要求各级工会组织配合政府有关部门落实好国有企业工资历史清欠、最低工资调整等政策措施，进一步深化“共同约定行动”，以“稳员增效”、保岗位、保工资为主要内容与企业共同协商，努力实现互利共赢。当年，全委以化工医药行业的集体协商共决机制、工资正常增长、支付保障和监督机制为主要内容，对上海化学工会、上海医药工会、天津渤海化工集团推动区域性、行业性集体协商工作等进行调研。2011 年，全委指导各级工会工资集体协商工作以非公有制企业、中小企业为重点，并继续探索行业性工资集体协商，6 月 15 日在山东龙口矿业集团召开了全国煤炭系统工资集体协商工作经验交流会，龙口矿业集团公司工会等单位介绍了开展工资集体协商工作的经验。当年全委经与中国煤炭工业协会、国家煤矿安全监察局联席会研究，制定了《关于推进全国煤炭系统工资集体协商工作的意见》，绝大多数国有煤炭企业积极落实要求，开展工资集体协商工作，为实现职工收入与劳动生产率同步提升创造了有利条件。

（三）工作重心向服务职工转变

在中国能源化学工会第二届全委指导下，各产业工会关注产业职工的劳动就业、收入分配、社会保障、劳动安全卫生和职业培训，关心困难职工的基本生活保障和基本发展需求，增强服务意识，提高服务能力，完善服务手段，拓展服务领域，真诚倾听职工呼声，真实反映职工愿望，真情关心职工疾苦，深入实施“送温暖工程”，建好运作好帮扶中心，积极为职工做好事、办实事、解难事，不断增加工会组织的吸引力和凝聚力。

实施“送温暖工程”。2007 年，各基层工会都建立了帮扶工作的长效机制，动态管理困难职工档案，大力开展两节慰问、“金秋助学”活动，做好劳动模范、特殊困难职工的慰问救济工作，送温暖活动的帮扶力度不断加大。4 月 24 日，中国石油化工集团公司河南石油勘探局在埃塞俄比亚东南部地区的公司营地遭受武装分子袭击，造成中国工人 9 人死亡，1 人受伤，7 人被绑架。中国能源化学工会非常关注这一事件。4 月 30 日，全委向中国石油化工集团公司河南石油勘探局发出慰问电，随后派出慰问小组赴河南油田看望了遇难人员家属。2008 年春节期间，全委组成 4 个工作组，分赴辽宁、贵州、安徽、河北等地，慰问了节日期间战斗在抗冰保网一线的电力抢险队员，看望了坚守在生产岗位上的煤炭和石油石化系统的广大职工，向他们送上了节日的问候和祝福。“5・12”汶川特大地震发生后，川煤集团公司是煤炭系统的重灾单位，特别是所属广旺公司厂房设施严重破坏，经济损失达 2.2 亿余元。8 月 30 日，四川攀枝花又发生 6.1 级地震，攀煤公司 5390 户居民房屋受损。灾区矿工兄弟姐妹的困境牵动着煤炭行业广大职工的心。中国能源化学工会号召在全国煤炭行业开展一次“情暖矿工，再献爱心”对口援助活动，从办公及活动经费中挤出部分资金，用于援建矿区医院，帮助灾区矿工渡过冬季取暖的难关，使灾后的第一个元旦、春节温暖而祥和。2010 年，根据中央经济工作会议精神，中国能源化学工会把改善民生、发展社会事业作为扩大内需、调整经济结构的重点，抓住国家推进改善民生的有利时机推动解决职工的民生问题，同时提高工会的帮扶水平。围绕民生问题开展调研，提出工会的主张与建议。以开展好两节“送温暖工程”“金秋助学”“送文化”等活动和企业对口帮扶为基本形式，积极探索、不断建立完善帮扶工作长效机制，多方筹措资金，加大扶贫帮困工作力度。3 月底 4 月初，中国能源化学工会受全国总工会委托，组成两个慰问组，分赴云南楚雄彝族自治州、红河哈尼族彝族自治州，贵州受灾较重的黔西南布依族苗族自治州和安顺市慰问了战斗在抗旱第一线的地矿职工。2011 年，能源化学地质系统各级工会不断争取更多的资源和手段，重点解决特困职工生活难、子女上学难、零就业家庭就业难等问题，深入开展“送温暖”和“金秋助学”活动，做好劳动模范、大病重病职工以及工亡职工遗属的慰问救济工作。很多企业成立了困难职工帮扶中心或帮扶机构，为职工提供政策咨询、就业指导、职业介绍、创业培训、困难救助和法律援助。9月8日，中国能源化学工会主席张成富与国家电网公司工会负责人赴西藏慰问青藏联网工程建设者。工会帮扶工作进一步常态化、长效化、社会化，在党和政府加快推进以改善民生为重点的社会建设中切实发挥了重要作用，成为联系、关心广大职工的重要窗口。

开展建设“职工之家”活动。2008年能源化学各级工会认真贯彻“组织起来、切实维权”工作方针，深入开展建设“职工之家”活动。建家活动的深入开展，进一步加强了基层工会特别是企业工会工作，增强了基层工会的活力，工会自身建设取得明显进步与成效。2008年，中国能源化学工会系统有321个单位被全国总工会授予“全国模范职工之家”称号，258个单位被评为“全国模范职工小家”。2010年石油石化企业的各级工会组织，继续深入开展建设“职工之家”活动，明晰建家新思路，提出建家新举措，实现建家新发展，最广泛地把建家活动覆盖到每个基层工会组织，充分激发出每个基层工会活力，把建会、建制、建家紧密结合起来，切实加强和改进工会自身建设。东方地球物理勘探公司工会以建家活动为载体，坚持党政所需、职工所盼、工会所能三个定位，在基层工会中建成了富有特色的“团结祥和的民主之家、充满活力的创效之家、提高素质的学习之家、职工权益的维护之家、解难济困的温暖之家、身心愉悦的文化之家”。同年，能源化学地质系统324个单位获得“全国模范职工之家”称号，294个单位获得“全国模范职工小家”称号。2011年10月，中国能源化学工会在福建省武夷山市召开石油石化企业工会建设职工之家经验交流会，围绕企业发展、履行维权职责、提高职工素质、服务职工群众、规范和完善工作制度、工会自身建设等内容进行交流。

（四）工作格局向开门办会转变

中国能源化学工会积极推动社会化维权，建立产业工会与有关部门、集团公司联席（联系）会议制度，制定相关指导意见，建立健全诉求表达机制，发挥产业工会熟悉本产业企业特点联系职工紧密的优势，争取各级党委和政府的重视支持，积极探索工会参与社会管理和公共服务的有效途径和方法，创新工会的维权方式、活动方式和工作方式，使工作格局向开门办会转变。

2007 年，各级工会注重源头维护，强调制度建设的重要性，推动职工代表大会建设的步伐，上海医药集团公司第一届职工代表大会的召开，填补了城市医药企业集团职工代表大会建设的空白。2010 年，全委加强对基层工会的分类指导，主动加强同中央企业联系沟通，积极配合企业党政抓好工会组织的定岗定编，继续纠正企业撤销工会组织和合并工会工作机构的现象，协调落实各项具体组建工作，推动神华集团、中电投集团、华电集团的工会机构单独设置工会组织。对地方企业中存在的机构合并现象及时纠正，协调督促集团公司工会严格执行有关规定，做到发现一起纠正一起，在地方煤矿、化工等小型企业中，进一步加大组建工会力度。2011 年，中国能源化学工会抓住党工共建、创先争优的有利时机，大力推动企业依法普遍建立工会组织，主动加强同中央企业的联系沟通，建立在北京央企工会主席座谈会制度，推进中央企业独立设置工会组织，加强对新组建企业工会的指导，协助解决在北京直属单位经费上的难题，劳动关系三方协商机制、工会与行政联席会议制度作用进一步发挥。

（五）工作作风向求真务实转变

中国能源化学工会把深入基层调查研究与解决实际问题紧密结合起来，先后就加强和改进产业工会工作、《劳动合同法》贯彻实施情况等企业发展和职工关心的热点难点问题进行了广泛深入调研，形成了一大批有影响的调查报告，并通过报告、情况反映、提案、议案等形式，及时向全国总工会、人大、政协及有关部门反映情况、提出建议、推动解决，使工作作风向求真务实转变。

2007年，全委组成专题调研组深入各地和基层企业展开调查，多次与地方产业工会或企业工会负责人进行座谈，就新形势下产业工会如何理顺体系、履行职责，更好地发挥作用进行了深入的研究。调研报告从现状、问题、分析、建议四个方面作出了加强产业工会、改进产业工会工作的理性思考，有针对性地提出了新的思路和观点，形成了体现系统性、综合性、应用性和补充性的调研成果。全委在全系统开展了工会理论创新、女职工理论优秀论文征集活动，共收集1830篇论文，评审小组推荐评选出132篇最佳论文。全国煤炭系统工会工作理论研究会、中国电力工会理论研究会、石油石化企业工会理论研究会、全国医药重点企业工会工作研究会、全国大型化工企业工会工作协作会、国土资源工会系统等结合本行业实际加强了理论研究与交流。

2008年12日，中国能源化学工会第二届第三次全委会提出，发挥产业工会了解产业改革发展政策、熟悉企业生产经营建设、联系产业职工群众紧密的特点和优势，有针对性地开展源头参与、联系协调、调查研究、指导服务。要贯彻落实全国产业工会工作会议精神、《关于加强产业工会工作意见》和《企业工会工作条例》，进一步调查研究电力行业、三大石油公司以及地方产业工会组织体系的有关问题。在《劳动合同法》贯彻实施中，全委机关组成调查组深入大型企业进行调查研究，认真听取基层工会和职工群众的反映，就学习贯彻情况与企业党政及时沟通信息、相互交换意见，就重点难点问题一并讨论研究、拿出解决方案。

2009年，各级工会大兴调查研究之风，一大批成果得到重视和转化。全委对国有企业贯彻实施《劳动合同法》情况进行深入调查研究，分两个阶段，先后对内蒙古、黑龙江、在北京中央企业总部和江苏、上海、河北、辽宁、山东、河南等地的煤炭、电力、石油、石化、化工、医药部分国有企业开展调研工作，全面了解了《劳动合同法》贯彻实施的现状、存在的问题和企业的建议，形成了调研成果。全委同中国水电建设集团公司工会组成联合调研组赴南非、安哥拉、肯尼亚等国家，就境外中方企业工会组织建设和职工权益维护进行专题调研，就工会机构设置、工会工作方式、劳动合同管理以及安全卫生、探亲休假等涉及职工切身利益的问题进行了广泛了解和深入研讨，提出了建设性意见。根据全国总工会安排，组成调研组分赴河北、山西两省，对国有企业重组改制、政策性关闭破产的有关问题进行专题调查研究。

2010 年，全委机关组织三个小组赴河北、重庆、山东，对煤炭、电力、石油、石化、化工、医药等行业的 9 家企业进行了“加强企业工会工作，发挥企业工会作用”调研，调研报告编入了全国总工会基层组织建设部的调研汇编中。全委经过调研，在两会期间向全国政协提交《关于缩短矿工入井时间，减轻矿工劳动强度的提案》，引起较大反响，《中国矿业报》以整版篇幅刊登了有关调查情况及主要内容。

2011 年，全委配合全国总工会中资企业海外劳务关系调研组对中国石油、中国石化、中国水电进行了重点调研，起草完成《能源化学系统部分大型企业海外劳务关系问题分析与建议》，为中国企业更好地化解海外企业劳资矛盾、建立和谐稳定的海外劳务关系提供了良好借鉴。

四、以工人阶级伟大品格照亮奋斗征程

（一）开展党工共建创先争优活动

“党工共建创先争优”活动，是把党内的创先争优与工会的创先争优融为一体，使创先争优成为广大职工的价值取向和共同行动，是新形势下党加强和改进工会组织领导的重要举措，是创先争优的进一步深化和落实。

2010 年，能源化学地质系统各级工会组织以党的十七大和十七届四中、五中全会精神为指导，扎实推进“党工共建创先争优”活动。各级工会积极组织职工深入学习、深刻领会胡锦涛总书记在全国劳模大会上的重要讲话精神。当年 1 月二届四次全委会在大庆召开期间，委员们重温大庆油田艰难创业、艰苦奋斗的历程，体验大庆精神、铁人精神，在全系统中广泛开展了学习劳模精神，大力弘扬中国工人阶级伟大品格的宣传活动，教育引导广大职工进一步坚定战胜困难的信心，凝聚共同奋斗的力量，在推动能源化学产业平稳较快发展中发挥了工人阶级主力军作用。各级工会广泛深入开展创先争优活动，结合党的建设和工会工作实际，切实发挥工会系统基层党组织的战斗堡垒作用、工会干部和职工中党员的先锋模范作用，推动学习实践科学发展观活动达到新的深度和广度，工会组织和广大工会干部服务科学发展、服务职工群众的水平不断提高，在维护职工权益和构建和谐劳动关系上取得新成效，在推动重点工作和处理难点问题上取得新突破。2010 年，324 个单位获得“全国模范职工之家”称号，294 个单位获得“全国模范职工小家”称号。

2011 年起，国家进入“十二五”建设时期，工会组织职工开展的创先争优建功立业活动发展到新阶段。1 月 19 日，全国总工

会第十五届执委会第五次全体会议通过了《关于组织动员广大职工为实现“十二五”规划目标任务创先争优建功立业的决议》。3月9日，全国总工会办公厅发布《关于落实〈中华全国总工会2011—2015年劳动竞赛规划〉的意见》，要求全国各级工会组织动员广大职工，广泛开展创建“工人先锋号”和“当好主力军、建功‘十二五’”主题劳动竞赛等多种形式创先争优建功立业活动。2011年1月，中国能源化学工会二届五次会议要求各级工会组织开展好具有时代特征、产业特点、群众特色的劳动竞赛，积极响应全国总工会开展“当好主力军、建功‘十二五’”主题劳动竞赛活动的号召，积极开展“科学发展立新功，转变方式建伟业，劳动关系创和谐”等形式多样的主题竞赛活动，带动形成全方位、多层次、宽领域、广覆盖的劳动竞赛新格局。会议还要求把创先争优活动和加强工会自身建设结合起来，提高做好职工群众工作的能力和水平。各级工会广泛深入开展创先争优活动，切实发挥工会系统基层党组织的战斗堡垒作用、工会干部和职工中党员的先锋模范作用，推动学习实践科学发展观活动达到新的深度和广度。

（二）推进企业文化和职工文化建设

中国工会十五大报告指出，职工文化建设是职工提高职业技能素质、丰富精神文化生活、激发劳动热情和创造活力的重要载体，企业文化建设是体现企业形象特点、增强凝聚力、提高竞争力的必要手段，要用社会主义核心价值体系教育引领职工，大力推进职工文化、企业文化建设，努力满足职工文化需求。在二届全委指导下，能源化学地质产业系统各级工会组织全力推进以社会主义核心价值观为引领的企业文化和职工文化建设，增强企业核心竞争力，满足职工群众日益增长的精神文化需求，努力建设职工群众共有的精神家园。

扎实推进企业文化建设。中国能源化学工会全委历次全委会都对企业文化建设作出部署，指导各级工会扎实推进企业文化和职工文化建设，增强企业又好又快发展的软实力。2007 年 12 月二届二次全委会提出，广泛开展精神文明创建活动，抓好职工文化和企业文化建设，注重人文关怀和人才激励，引导职工发扬工人阶级识大体、顾大局的优良传统。2008 年 12 月二届三次全委会提出，积极探索用社会主义核心价值体系引领职工群众的有效途径，创新思想政治工作的内容和形式，充分利用公众传媒、教育培训、职工书屋、文体活动等企业具有的宣传教育手段和工会活动阵地，发挥工会的“大学校”作用，融思想道德、社会公德、家庭美德教育于职工文化、企业文化、产业文化建设之中，满足职工群众的精神文化需要。2010 年 1 月二届四次全委会提出，大力推进企业文化建设和升级，把企业平稳持续发展作为企业文化发展的主攻目标，引导职工理解和遵循、认同并实践体现企业经济责任、政治责任、社会责任的企业宗旨、企业愿景、企业精神、企业形象、企业作风和经营理念，在统一核心价值理念的基础上，推进共性文化与个性文化的有机融合，用优秀的企业文化教育引导职工、感染凝聚职工、影响激励职工，在潜移默化、润物无声当中陶冶职工情操、锻造优秀品格、养成良好行为习惯。2011 年，中国能源化学工会认真落实全国总工会《关于认真学习贯彻党的十七届六中全会精神、在推动社会主义文化大发展大繁荣中充分发挥工会组织重要作用的意见》，1 月 24 日召开的二届五次全委会对大力开展企业文化建设作了部署，要求各级工会把加强企业文化建设作为新时期工会工作的一项重要内容，积极探索工会组织推动企业文化建设的有效途径，找准目标定位。教育引导广大职工充分认识企业文化在企业发展中所处的重要地位和作用，增强参与企业文化建设的自觉性和主动性；认真听取职工群众的意见建议，汲取营养，提炼总结职工在企业改革发展中创造的宝贵经验，不断充实完善企业文化，使企业文化建设更加贴近企业发展实际、贴近职工生产生活；搞好企业文化的宣传灌输，用先进的企业文化理念引领职工前进的方向，凝聚团结奋斗的意志，充分发挥企业文化在推动企业发展、促进和谐稳定中的重要作用。

同时，全委还积极开展企业文化调研。2010 年，中国能源化学工会电力工作部深入华电、华能集团部分企业展开实地调查研究，完成了《关于电力系统企业文化建设情况的调研报告》，对工会组织积极参与和推动企业文化建设进行了理论上的思考和实践上的探索，总结推广了华能集团小湾电站富有特色的“小湾文化”，在理论层面和实际操作层面提出建设性的意见建议。

让职工共享文化发展成果。2007 年，各基层工会普遍开展了形式多样的职工文体活动，展现产业工人争创一流、拼搏进取的时代风貌和创造和谐、共建共享的劳动氛围。在大同煤矿集团公司举行的全国煤矿第四届运动会开幕式上，中共中央政治局常委、全国人大委员长吴邦国发来热情洋溢的贺信，体现了党和国家对广大职工的关心与爱护，运动会的成功举办展示了 550 万名煤矿职工的风采。煤炭、电力、石油、石化、化工、医药、国土资源的许多企事业的党政工把职工文体活动作为建设企业文化、构建和谐企业的重要内容，积极推动丰富多彩的文化活动开展，陶冶了职工道德情操，锻炼了职工队伍，增强了企业的活力和凝聚力。2008 年 2 月 18 日，为宣传电力职工抗击雨雪冰冻灾害的形象，中国能源化学工会举办了一次抗冰保电纪实图片展，分四个部分展示了冰雪灾害造成的巨大损失、电力职工奋战一线凿冰架线、冰雪现场优秀事迹、无私援助与关怀慰问图片、电力职工在抢险胜利时的喜悦心情和美好景色，充分展示了电力职工的英勇精神。2009 年，各企业工会以新中国成立 60 周年为契机，在职工中深入进行爱国主义教育，努力营造隆重热烈、喜庆祥和、健康向上的节日氛围，利用特有的宣传阵地和教育手段，集中展示新中国成立60年、改革开放30年的历史成就，普遍组织形式多样的欢庆活动，陶冶了职工的道德情操，增强了企业的活力和凝聚力。中国能源化学工会编辑出版纪念性的画册《地勘系统改革十年历程》，以图片形式对全国地勘系统改革属地化管理、企业化经营的10年历程进行回顾，集中展示10年来地勘单位对经济发展的贡献及职工工作、生活环境的改善。

2010年是中国煤矿工会成立60周年，全委与中国煤炭报社共同发起以“继承光辉传统，弘扬时代精神”为主题的纪念征文活动，编辑出版了《中国煤矿工运60年》和《纪念中国煤矿工会成立60周年——全国煤矿职工书法美术摄影精品集》。2011年，各级工会以庆祝新中国成立60周年、中国共产党成立90周年为契机，精心组织活动，繁荣职工文化，充分展示了产业职工的时代风采。各行业各企业针对企业的实际，广泛开展了体育活动，举办综合、专项体育运动会，职工综合素质不断增强。企业的职工业余文体组织活跃在生产一线，职工群众文化生活更加健康向上、丰富多彩。全委与中国煤矿体育协会等有关方面，成功举办了第四届全国煤矿体育运动会。

（三）以劳模精神传承点亮时代风采

一个时代有一个时代的典型，一个时期有一个时期的模范。在能源化学产业发展中，先后推出许多在全国叫得响的先进人物和典型。能源化学产业各级工会组织始终坚持把大庆精神、铁人精神作为干部职工的旗帜，大力弘扬大庆精神、铁人精神、煤矿工人“特别能战斗、特别能奉献”精神、地质“三光荣”精神，弘扬中国工人阶级伟大品格和劳模精神，引领和凝聚广大职工群众不断筑牢共同奋斗的思想基础，最大限度地集中职工智慧、激发职工力量。

“寻找感动中国的矿工”。2007年，中国能源化学工会全委与中国煤矿文联等单位联合开展的“‘兖矿杯’寻找感动中国的矿工”活动，得到了全国煤炭企业和各级煤矿工会的大力支持、广泛参与，在100名入围人选中推选出杰出矿工和杰出人物各10名，特别荣誉矿工3名，树立了新时期煤矿工人的光辉形象，中共中央政治局常委李长春和中共中央政治局委员、全国总工会主席王兆国对有关人物的事迹分别作出批示，要求向他们学习。入选者中，既有李长春同志亲自批示向其学习、被赞誉为“大孝至爱”的谢延信，也有几十年如一日，为矿工奉献关爱的“党妈妈”；既有锐意改革、真情感动矿工的好矿长李明杰，也有挑战瓦斯毒害、用科技变害为宝的工程师王保玉；既有危难时刻拯救36名工友生命的瓦检员马力，也有为矿山献了青春献子孙、被誉为“矿山愚公”的老劳动模范付来成，还有坚守井下第一线、创30年安全生产纪录、受到温家宝总理亲切接见的徐群贤。自2007年6月26日起，20位在奉献中忙碌、在危险中开拓、终日匍匐在地层深处的煤矿工人形象，在中央电视台一套、十套陆续亮相。“感动中国的矿工”谢延信当选中央电视台《感动中国》2007年度人物。

新中国成立60周年系列文化活动。2009年是新中国成立60周年，在全国总工会组织的“时代领跑者——新中国成立以来最具影响的劳动模范”评选活动中，能源化学产业系统有王进喜、王启民、马六孩、赵国峰、多吉等同志获得殊荣；在中宣部等中央有关部门联合评选的“100位新中国成立以来感动中国人物”中，能源化学产业系统王进喜、王启民、秦文贵同志榜上有名。在纪念大庆油田发现50周年之际，全委下发了贯彻落实习近平同志代表党中央在纪念大庆油田发现50周年大会上发表的重要讲话的通知，号召能源化学系统各级工会掀起学习大庆精神的新高潮。

广泛宣传劳模精神。2010年，各级工会以全国劳模表彰大会召开为契机，认真贯彻全国总工会十五届四次执委会议通过的《关于深入学习劳模精神、大力弘扬中国工人阶级伟大品格的决议》，用劳模精神和工人阶级伟大品格激发广大职工群众的劳动热情和创造活力，充分发挥工人阶级在全面建设小康社会中的主力军作用。2010 年全国劳模表彰大会上，能源化学系统有 411 人荣获“全国劳动模范”和“全国先进工作者”称号，占受表彰总数的 18.6%，再次居各产业之首。全委与国家相关部委、总局、工业协会及集团公司在京总部共同组织劳模对口活动，召开劳模座谈会。各级工会利用网站、报刊等媒体广泛宣传劳模精神，并组织形式多样的活动，如劳模宣讲团、劳模座谈会，在各行业形成了崇尚劳模、学习劳模、争当劳模、关爱劳模的良好社会氛围。中国能源化学工会第二届全委会期间，产业系统有 500 个先进集体荣获“全国五一劳动奖状”，千余名先进个人荣获“全国五一劳动奖章”，411 人荣获“全国劳动模范”和“全国先进工作者”称号。重点宣传了大庆新铁人李新民、海上铁人郝振山、海洋石油先锋周心怀、新时期的楷模代旭升、敬业奉献模范李朗红和王海班组、白国周班组、大学生采煤班等先进模范人物和集体，为推进产业发展提供了强大的精神动力，弘扬了劳动光荣、知识崇高、人才宝贵、创造伟大的时代新风。

在能源化学地质系统广大职工的共同努力下，一大批重大能源工程开工建设，一批重要的能源基地顺利建成，能源安全保障能力显著增强，能源结构和生产布局日益优化，科技创新能力和能源装备水平进一步提高。“十一五”期间，原煤产量以 6%—7%的平均增速增长，多年位居世界第一，2010 年全国原煤产量 32.4 亿吨，是 2005 年的 1.5 倍；电力工业新增电力装机超过 4.3 亿千瓦，全国总装机达到 9.5 亿千瓦，创造了世界电力建设的新纪录，电网规模跃居世界第一；石油和化工行业是历史发展最快的时期之一，2010 年原油产量突破 2 亿吨，天然气产量接近 1000

亿立方米，海上原油产量达到5000万吨，相当于再造了一个海上大庆，一批千万吨级炼油、百万吨级乙烯生产基地迅速崛起，管道建设以规模大、速度快、亮点多创造了世界油气管道建设史上的奇迹。

能源建设的伟大成就凝聚了广大产业职工的奋勇拼搏和不懈努力。广大职工不仅创造了巨大的物质财富，撑起工业强国的梦想，更以特有的方式、特有的情怀，创造了辉煌灿烂的产业文化、企业文化和职工文化，把产业报国的旗帜高高擎起，薪火相传，发扬光大，形成了能源化学地质产业职工队伍鲜明的特色，那就是“铁人”的旗帜，创新的精神，奋斗的赞歌。

第三节　在产业改革发展稳定和创新开展产业工会工作中展现作为

一、在中国能源化学工会第三届全委领导下开创工运新局面

“十二五”新的经济社会发展时期，是全面建设小康社会的关键时期，是深化改革开放、加快转变经济发展方式的攻坚时期，能源化学地质产业承担着为国民经济和社会发展构建安全、稳定、经济、清洁的现代能源产业体系的根本任务。随着经济体制深刻变革，社会结构深刻变动，利益格局深刻调整，思想观念深刻变化，使劳动关系呈现出巨大的活力，也对发展和谐劳动关系带来了新的挑战。新任务新挑战为能源化学产业广大职工发挥主力军作用提出了更高要求，为能源化学地质系统工会工作创新发展提供了重要机遇，赋予了重大责任。

2011年12月4日至5日，中国能源化学工会三届一次全委会

议在北京召开。全国总工会党组书记、副主席、书记处第一书记王玉普出席会议并发表讲话，全国总工会党组成员段敦厚，全国总工会党组成员、经审会主任李世明出席会议。会议总结了中国能源化学工会二届全委会5年来的工作，提出了三届全委会此后5年的工作任务和目标要求，明确此后5年工作的指导思想和工作思路是：以邓小平理论和“三个代表”重要思想为指导，深入贯彻落实科学发展观，认真学习党中央对工会工作的重要指示精神和中国特色社会主义工会发展道路理论，坚持“两个维护”“两个服务”的统一，以实现“十二五”规划目标任务建功立业为主题，以发展和谐劳动关系为主线，以推进“两个普遍”为重要抓手，以培育职工文化、建设企业文化为战略任务，以加强工会改革建设为动力。更加注重发挥特色和优势；更加注重传承和弘扬时代精神；更加注重协调劳动关系；更加注重参与加强和创新社会管理；更加注重加强工会的组织建设、作风建设、制度建设和能力建设。团结动员能源化学产业广大职工，顺应新形势，应对新挑战，再创新辉煌。

2012年，在全国总工会党组、书记处的领导下，能源化学地质系统各级工会围绕迎接党的十八大、贯彻党的十八大中心任务，以学习宣传实践中国特色社会主义工会发展道路为主题，以开展“面对面、心贴心、实打实服务职工在基层”活动为主线，突出重点、扎实工作，全面落实全国总工会部署，切实做好产业工会工作，为推动能源化学产业经济平稳较快发展作出了新贡献，服务职工在基层活动取得了扎实成效，进一步促进了劳动关系的和谐发展，开展了迎接党的十八大和学习宣传实践工会发展道路活动，在促进能源产业经济发展中发挥了积极作用。

二、主题鲜明富有特色的劳动竞赛和技能竞赛再掀高潮

广泛深入持久地开展群众性经济技术活动是能源化学产业各级工会组织的光荣传统。中国能源化学工会第三届全委带领各级工会组织继续传承和发扬广大工人阶级的伟大品格，尊重职工群众的主体地位和首创精神，积极响应全国总工会开展“当好主力军、建功‘十二五’”主题劳动竞赛活动的号召，贯彻落实《中华全国总工会关于组织动员广大职工为实现“十二五”规划目标任务创先争优建功立业的决议》，结合能源化学地质系统各产业“十二五”规划的目标任务和企业发展的实际，带动形成全方位、多层次、宽领域、广覆盖的劳动竞赛新格局，掀起社会主义劳动竞赛的新高潮。

（一）开展重大工程和节能减排达标竞赛

2011 年 12 月，中国能源化学工会三届一次全委会议提出，把推动经济结构战略性调整作为劳动竞赛的主攻方向，把提高职工队伍整体素质作为劳动竞赛的时代内涵，把深入开展创先争优活动作为劳动竞赛的强大动力，把加强组织领导作为提高劳动竞赛水平的有力保证。能源化学系统各级工会坚持围绕中心、服务大局，组织动员能源化学地质产业职工勤奋劳动、诚实劳动、创新劳动，在国民经济主战场创先争优、建功立业。

2012 年，能源化学地质系统各级工会广泛开展“当好主力军、建功‘十二五’”主题竞赛，全委在煤炭、电力、石油石化、化工 4 个行业组织开展了节能减排达标竞赛，向全国总工会推荐了一批全国五一劳动奖状和全国工人先锋号表彰对象。继续开展特高压试验示范工程扩建工程、金沙江流域水电工程和“海外大庆”“西部大庆”“建功西二线，石油工人做贡献”等重大工

程劳动竞赛，完成了对在竞赛中作出突出贡献的先进集体和个人的总结表彰工作。与中电联共同开展了30万千瓦、60万千瓦火电机组劳动竞赛，召开了全国大型水电厂（站）劳动竞赛暨经验交流会。

（二）组织技能大赛与经济技术创新活动

2011年，国土资源部、人力资源和社会保障部、全国总工会共同主办第一届全国地勘钻探职业技能大赛，设置固体矿产钻探工、工程地质工程施工钻探工、水文水井钻探工3个竞赛工种；全委与国家海洋局共同举办第一届全国海洋环境监测专业技术竞技大奖赛。

2012年，全委与中国煤炭工业协会联合举办第一届全国煤炭行业露天矿专业职业技能竞赛、第二届煤炭行业信息化会计职业技能竞赛，与中国电力企业联合会共同举办第八届全国电力行业职业技能竞赛。着力提升职工技能水平和创新能力，广泛开展技术攻关、技术革新、发明创造活动，涌现出一批“劳模创新工作室”和“工人先锋号”，激励广大职工争做劳动模范、金牌工人，立足本职、多作贡献。全委指导中国国电集团公司举办了火电机组集控运行值班员技能竞赛，指导中国华电集团公司和国电集团公司举办了水电运行值班员技能竞赛，会同神华集团、中煤科工集团组织开展了煤矿通用工种技能大赛。开展职工技术创新成果与合理化建议征集评选活动，煤炭行业评选出234项技术成果，电力系统评选出百项创新成果。结合行业和企业特点开展了多种形式的技术培训、练兵比武活动，在职工中掀起了学习新技术、新技能的热潮。加强班组建设，与煤炭工业协会联合召开了煤炭行业班组建设经验交流会，与有关部委联合召开了河北电力班组建设理论与实践研讨会，中央领导同志对河北电力工会班组建设工作经验作出重要批示。

（三）弘扬工人阶级伟大品格

2012年，为大力宣传石油石化企业的光荣传统，弘扬石油工人铁人精神，全委与中石油、中石化、中海油及陕西延长石油集团公司，联合在石油石化系统广泛开展了“加油中国·传承铁人”年度人物评选活动，评选李新民等10人为首届“加油中国·传承铁人”年度人物，伍晓林等115人为“加油中国·传承铁人”优秀人物，引起广泛的社会反响；为激励煤炭行业广大职工艰苦奋斗、多作贡献，全委与国家煤监局、中国煤炭工业协会、煤矿文联等有关单位联合举办第二届“寻找感动中国的矿工”活动及颁奖大会共评出入选人物100名、杰出矿工10名、杰出人物10名、特殊贡献矿工3名；全委召开了煤炭系统女工家属协管安全工作推进会，授予党素珍、侯秀荣、展延兰三位老一辈协管员杰出贡献奖，总结提炼矿山女职工的精神表率，筑牢煤炭系统安全生产第二道防线。为讴歌广大产业职工的时代精神和创造力量，全委还会同国家海洋局宣传“蛟龙”号载人潜水器突破7000米深度进军深海大洋的首创壮举，与有关单位联合举办第四届中国煤矿艺术节，在全国电力系统开展以“放歌电力、再铸辉煌”为主题的首届优秀厂歌和原创歌曲评选活动。这些活动参与范围广、社会影响力大，充分展现了能源化学系统产业职工的精神风采，促进了企业文化、职工文化建设。

三、深入开展学习宣传实践工会发展道路活动，迎接党的十八大

2012年，全委和能源化学地质系统各级工会坚持把学习宣传实践工会发展道路活动与迎接党的十八大胜利召开紧密结合起来，与开展服务职工在基层活动、做好新形势下职工群众工作紧密结

合起来，进一步坚定信念，明确了前进方向。

（一）服务职工在基层取得了扎实成效

2012年，全国工会工作的主线是开展“面对面、心贴心、实打实服务职工在基层”活动，全委从能源化学产业实际出发，在各行业率先开展服务职工活动，取得了可喜成果。

加强领导、层层落实。全委和各级工会抓住主线，开展调查研究，各中央企业和国有大中型企业都成立了工作组，组织工会干部深入基层和一线开展活动。全国总工会党组成员、经审会主任李世明同志率领全委工作组，分赴陕西西安、宝鸡、榆林，甘肃兰州、白银、酒泉开展服务职工活动，共深入27家企业，与617名一线职工、企业经营者和基层工会干部面对面交流，向困难企业和帮扶中心赠送帮扶资金300余万元。

抓住重点、务求实效。扎实推进“两个普遍”，加强了对煤炭、化工等非公有制企业和中西部能源产业承接地工会组建工作的指导，推动中央企业和国有大中型企业劳务派遣工入会，在中小企业集中的煤炭、化工和医药等行业推进工资集体协商，制定了《关于推进全国煤炭系统工资集体协商工作的意见》，开展“安康杯”竞赛和煤炭系统工会女工家属协管安全工作竞赛。延伸帮扶工作链条，促进企业帮扶中心站点的建立。反映煤炭企业经营困难和国有企业改制遗留问题的两篇调研报告，以《全总信息》形式报送中办、国办，前者被中办采用，转报党中央、国务院领导同志。

转化活动成果、建立长效机制。全委以召开武汉、青岛、郑州三次工作推进会为载体，及时总结推广典型经验，形成了具有能源化学产业特色的服务职工活动品牌。如湖北能源110、长春二热诉求中心、西山煤电帮扶基金、胜利油田5SW工作法、江汉油田技术创新、中原油田“民心工程”、湖北电力“血防安全岛”、河北电力班组建设等经验。全委印发了《关于建立健全服务职工长效机制的实施意见》，围绕服务职工群众、服务企业发展和建立长效机制主题，总结交流推广了39家企业的经验做法，集中反映了能源化学系统工会开展服务职工活动的成效和特色。全国总工会领导同志对此作出批示，充分肯定了中国能源化学工会总结经验、指导工作的做法。

（二）进一步促进劳动关系的和谐发展

2012年，能源化学地质系统各级工会把发展和谐劳动关系作为构建和谐企业、推进和谐社会建设的重要切入点，从产业实际和行业特点出发，做了大量扎实有效的工作，在参与加强和创新社会管理中发挥了产业工会的重要作用。

基层民主政治建设进一步加强。能源化学地质系统各级工会发挥国有企业政治优势，全心全意依靠工人阶级办好企业，不断完善以职工代表大会为基本形式的企业民主管理制度，健全厂务公开制度。石油石化、电力、煤炭企业，普遍建立健全了三级民主管理网络，丰富职工代表大会内容和形式，广泛开展职工代表巡视检查、民主信箱、交流恳谈会等活动，保障职工群众民主监督和民主管理权利。推动跨区域大型企业集团积极探索和创新民主管理形式，总结推广了一批有针对性、指导性的典型经验做法。化工医药、煤炭等行业的规模以上非公有制企业开展了建立职工代表大会的试点工作，完善企业内部管理机制，尊重职工的民主权利，促进了企业的和谐稳定。全委会同国家电网和南方电网工会，对网省公司民主管理情况进行了深入调研，向全国总工会提交专题调研报告。

完善劳动关系协调机制。中央和国有大中型企业普遍建立健全劳动争议调解组织，普遍实施劳动合同和集体合同制度，深入开展了创建劳动关系和谐企业活动。为迎接党的十八大胜利召开，各级工会配合党政排查劳动关系矛盾隐患，及时把问题解决在萌芽状态，防止劳动争议激化转化，把劳动关系争议预防、预警、调处机制纳入了社会矛盾纠纷大调解体系建设。全委会同有关单位妥善处理了个别省份农电工用工制度调整带来的不稳定因素，维护了企业和社会的稳定。全委巩固和完善与相关行业协会联席（联系）会议制度，与中国煤炭工业协会、中国电力企业联合会、中国石油化学工业联合会分别召开联席会议，通报产业经济形势和重大问题，就保障产业职工切身利益事项和重要工作进行了协商。召开了全国能源化学地质系统工会帮扶工作现场会，开展了能源化学地质系统国有企业创新帮扶工作的专题调研，深入总结了煤炭、电力、石油石化企业帮扶工作的特色经验，并向全国总工会书记处报送了调研成果，全国总工会领导同志作出了重要批示。全委制定下发了《关于加强全国能源化学系统企业帮扶工作的意见》，对加强国有大中型企业帮扶中心规范化建设、丰富帮扶内容、创新帮扶形式等提出了要求。全委还开展了国土资源系统职工重特大疾病救助情况的调研，总结推广相关经验。

（三）为迎接党的十八大营造良好氛围

2012 年，中国能源化学工会全委和系统各级组织开展了迎接党的十八大和学习宣传实践工会发展道路活动，进一步坚定信念，明确了前进方向。

全委和各级工会把学习宣传实践中国特色社会主义工会发展道路摆上重要日程，通过培训班、专题讲座、报告会、辅导报告等多种形式开展学习活动，注重结合产业实际，把握学习的深入性，增强宣传的广泛性，强化工作的指导性。全委第三届第二次常委扩大会议就学习宣传实践工会发展道路进行了安排部署，在广西举办了全国能源化学系统工会学习宣传实践中国特色社会主义工会发展道路培训班。全国重点医药企业工会工作年会、国土资源系统工会干部培训班等，都将学习宣传实践工会发展道路活动作为重要内容进行重点安排。全委在电力系统开展了“学习宣传实践中国特色社会主义工会发展道路”征文活动和“喜迎十八大、赞颂新成就理论与实践”征文活动，征文总数达到600余篇。在煤炭系统和国土资源系统开展理论研讨论文征集与评选工作，共评选出优秀论文400余篇，为迎接党的十八大营造了良好氛围。党的十八大胜利闭幕后，全委和各级工会把学习贯彻党的十八大精神作为首要政治任务来抓，通过报告宣讲、研讨培训等形式，掀起了学习贯彻的热潮，切实把广大职工和工会干部的思想认识统一到党的十八大精神上来。

第十一章

中国能源化学地质产业工人谱写中国特色社会主义新时代新篇章（2012—2023）

从党的十八大开始，中国特色社会主义进入新时代，中华民族伟大复兴展现出无比光明的前景。决胜全面建成小康社会，离不开中国工人阶级主力军作用的发挥，进入新时代，中国工人阶级队伍规模不断壮大，能力素质得到进一步的提升，合法权益得到更好的保障。

中国工人阶级和中国工会组织担负起新时代赋予的新使命，能源化学地质产业工人以主人翁精神和奋斗者姿态昂首阔步建功新时代、砥砺前行实现新作为、踔厉奋发迈上新征程，为中国特色社会主义新时代的产业工人运动谱写新篇章。

第一节　党的十八大后产业工人昂首阔步建功新时代

党的十八大描绘了全面建成小康社会、加快推进社会主义现代化的宏伟蓝图，以习近平同志为核心的党中央，准确把握我国社会发展新特征，顺应人民群众对美好生活新期待，提出了一系列治国理政新概念、新思路、新战略。能源化学地质产业工人信心百倍，昂首阔步迈入新时代、建功新时代。

一、学习宣传贯彻党的十八大和习近平总书记重要讲话精神

2013年，能源化学系统各级工会以深入学习宣传贯彻党的十八大精神和习近平总书记重要讲话精神为主线，全面贯彻落实党中央精神和全国总工会部署，积极应对新形势、新情况、新问题，发挥优势、体现特色，突出重点、打造亮点，各项工作全面展开、

有序推进。

（一）把握主题，落实党中央和全国总工会重要部署

进行学习宣传贯彻活动。2013 年 4 月 7 日至 12 日，举办全国能源化学系统工会学习贯彻党的十八大精神创新发展产业工会工作研讨班，强调“走中国路、说中国话、圆中国梦”。2013 年 7 月 11 日，中国能源化学工会第三届全国委员会第三次全体会议在北京召开。会议深入学习贯彻党的十八大和习近平总书记“4·28”重要讲话精神，选举王俊治为中国能源化学工会主席。制定下发《中国能源化学工会全国委员会关于团结动员广大职工为实现中华民族伟大复兴的中国梦而努力奋斗的决议》《关于深入学习贯彻习近平总书记在劳模座谈会上的重要讲话精神，组织开展“中国梦·劳动美”主题实践活动的意见》及《开展“中国梦·劳动美”系列活动安排》。举办全国能源化学系统工会学习贯彻党的十八大精神、创新发展产业工会工作研讨学习班，组织理论学习和征文评比，在广大职工中开展“学习十八大，永远跟党走”主题教育活动。各级工会广泛开展宣传教育活动，电力系统开展“放歌电力，再铸辉煌”优秀厂歌评选，胜利油田工会组织“产业工人中国梦”报告团深入一线宣讲，浙江电力工会开展“我们的价值观”月月主题实践活动等。

扎实开展党的群众路线教育实践活动。按照党中央和全国总工会部署，落实“照镜子、正衣冠、洗洗澡、治治病”的总要求，聚焦查找和解决“四风”问题。坚持把学习活动贯穿始终，把征求意见找准问题作为改变作风、创新工作的关键，通过征求能源化学工会常委、委员的意见建议，赴宁夏深入基层服务职工、分批次到对口中央及在京企业调研等形式广泛征求意见，认真查摆问题、分析原因，明确整改方向和措施。努力把党中央和全国总工会的部署转化成与自身实践相结合的工作方法，把活动成效

体现到“三型”机关建设上。加大培训力度，结合各行业工会工作年度会、研讨会，开展专题讲座、重点研讨，广泛学习宣传贯彻党中央精神和全国总工会部署，以培训基层工会干部为主体在杭州举办了能源化学系统工会干部培训班，150 名工会干部参加培训。规范信息工作，跟踪掌握煤炭行业经济下行及对职工队伍稳定可能造成的影响，形成《关于当前煤炭企业职工队伍稳定情况的报告》，有关内容通过《全总信息》上报党中央。搭建服务平台，通过全国电力系统工会工作理论研究会会长会议、全国大型化工企业工会工作协作会、京津沪渝四市化工工会工作交流会等开展培训、交流工作、推广经验、研究问题、评选论文，进一步开阔视野，拓展思路，提高了工会干部队伍理论素养和实践能力。

促进企业技能人才培养。2013 年，在全国能源化学系统进行了企业技能人才培养情况的调研，涉及煤炭、电力、石油、石化、化工、医药、国土资源 7 个行业的 11 家大企业，共有职工 100.3 万名。调研时间从 2013 年 11 月初到 12 月中旬，采用了召开座谈会、问卷调查、委托基层单位调研等多种形式，提出 4 条提升职工技能的建议：一是搭建多种平台，完善高技能人才选拔机制，拓展职工的上升空间；二是加强对高技能人才的培养和培训力度，增强企业核心竞争力和发展后劲；三是充分利用各种舆论手段宣传倡导劳动光荣，在企业内部和社会上形成建设技工大国的良好氛围；四是采取多种手段激励企业和职工积极开展技能人才培养工作，促进技工人才队伍不断发展壮大。

（二）发挥优势，推动产业经济又好又快发展

打造竞赛品牌。围绕国家重点工程建设和产业转型发展，进一步丰富竞赛内容，创新载体措施，打造竞赛品牌。召开了全国大型水电厂（站）劳动竞赛工作会议、经验交流会议，制定实施

了《关于进一步加强全国大型水电厂（站）劳动竞赛工作的意见》，规范竞赛办法，完善基础工作，有力促进了水电厂劳动竞赛的开展。召开了金沙江流域劳动竞赛表彰大会和建设“西部大庆”劳动竞赛2013年度工作交流会。金沙江流域水电建设、火电大机组、大型水电厂（站）、哈密南—郑州±800千伏直流输电工程竞赛有序推进。2011年启动的“创和谐典范、建西部大庆”劳动竞赛历时3年，长庆油田已建成为我国产量最高的油气田，保障国家能源战略安全的作用、地位、贡献更加突出。全委与中国石油和化学工业联合会共同开展了化工系统节能减排领跑者达标竞赛表彰活动，煤炭、电力、石油石化、化工等行业广泛开展了“三比一降”节能减排达标竞赛，在全国总工会重点行业节能减排达标竞赛中，有18个单位荣获“全国五一劳动奖状”，40个单位荣获“工人先锋号”。

提升职工技术技能水平。2013年9月2日至5日，全国电力行业首届风电运行检修技能竞赛在河北张家口举行决赛，来自华能、大唐、华电、国电、中电投和三峡等6家大型发电集团公司的93名选手参加了最终的角逐。全委与国家相关部委、行业协会、集团公司分别联合开展了第五届全国煤炭行业职业技能竞赛、第六届全国石油和化工行业职业技能竞赛、第三届全国测绘地理信息行业职业技能大赛。启动“海油杯”首届全国石油石化系统焊工技能大赛，组织开展职工创新成果评选。推广神华集团公司创建“职工创新成果网络展览馆”的经验做法，对职工技术创新和技术工人队伍建设工作进行部署。积极配合全国总工会有关部门在石油、电力行业进行工人阶级核心价值观的调查研究，开展了电力行业职工技术创新工作情况调研。能源化学系统各单位广泛开展了“学知识、强技能、提素质”练兵比武活动，为新兴能源产业发展、企业转型升级培养了大批技术骨干。长庆油田通过搭建三级平台拓展职工成长成才空间，胜利油田“十年磨一剑”

建立人才系统管理机制、创新成果奖励常态机制等经验通过《工会要情》《全总信息》报送全国总工会书记处和中办、国办及有关部委。

（三）提升服务，大力发展和谐劳动关系

进一步建立健全联席会议制度。召开了煤炭、电力、化工、国土资源四个行业的联席会议，研究涉及产业职工权益的政策性、行业性、全局性问题，拓宽合作范围。与国家安监总局、煤矿安全监察局、煤炭工业协会联合总结推广了国投塔山煤矿“人人都是班组长”班组建设经验。结合煤矿女工家属协管安全工作竞赛的深入开展，与《中国煤炭报》共同开展了“潞安杯·寻找最美安全好矿嫂”活动。

巩固“面对面、心贴心、实打实”服务职工活动成果。推进落实《关于加强全国能源化学系统企业帮扶工作的意见》和《中国能源化学工会关于建立健全服务职工长效机制的实施意见》。深化和细化厂务公开民主管理工作，广泛开展职工代表巡视检查、民主信箱、交流恳谈会等活动。化工行业各级工会普遍建立了劳动争议调解组织，建立了劳动关系争议预防、预警、调处机制。石油石化系统针对海外野外作业多的特点，普遍开展了EAP（员工帮助计划）项目，多措并举加大投入，提高社会保险统筹层次，开展职工互助保障活动，强化法律援助与服务。开展了第五次全国煤矿群众安全工作大检查，继续推进女工家属协管安全工作竞赛，筑牢群众安全防线，维护职工生命安全与健康权益。

推进职工长效机制建设。全委与国家煤矿安全监察局、中国煤炭工业协会、中国电力企业联合会召开联席会议，共同研究产业改革发展中涉及职工权益的政策性、全局性问题，推动重点问题解决。推动落实全委《关于建立健全服务职工长效机制的实施意见》《关于加强全国能源化学系统企业帮扶工作的意见》。国有

大型企业普遍建立工会帮扶联系点，发挥模范带头和示范引领作用，影响带动中小企业和非公企业工会普遍开展帮扶工作，完善救助、维权、服务各项功能，切实保障和改善困难职工生活。把帮扶工作与社会保障体系有效衔接，下力气构建职工关爱平台，做好职工疗休养和健康体检，从困难救助向身心守护扩展、从实物帮扶向心灵呵护延伸。2013 年，中电建集团工会加强海外员工人文关怀，四川化工集团工会推动建立《职业病防治专项集体合同》，辽河油田工会完善《职工健康管理办法》，湖北电力工会筑牢“血防安全岛”，河南地质工会举办未婚青年职工“相约地矿”联谊活动，实实在在为职工办实事、解难事、做好事。内蒙古电力工会指导农电多经企业加快工会组建步伐，华谊集团工会在企业改制中积极反映职工意愿，把好方案审核关，维护职工合法权益，推动改制工作平稳进行，确保职工队伍稳定，促进企业和社会和谐稳定。

2013 年，能源化学系统有 6 家工会组织荣获“全国企业工会工作红旗单位”称号，265 个工会组织获得“全国模范职工之家”荣誉称号，285 个基层分会和工会小组荣获“全国模范职工小家”称号，128 名同志被评为“全国优秀工会工作者”，168 名工会干部被评为“全国优秀工会积极分子”，7 人被命名为“全国优秀工会之友”。有 177 个先进女职工集体被授予“全国五一巾帼标兵岗”称号，165 人荣获“全国五一巾帼标兵”称号。

二、建立完善产业工会服务长效机制

2014 年，能源化学系统各级工会组织以学习贯彻党的十八大，十八届三中、四中全会和习近平总书记系列重要讲话精神为主线，认真落实中国工会十六大精神和全国总工会工作部署，着力提升组织力、凝聚力，增强执行力、服务力，巩固和深化党的群众路线教育实践活动成果，以建立完善产业工会服务产业科学发展、服务产业职工利益的长效机制为重点，团结动员能源化学系统广大职工为实现中华民族伟大复兴的中国梦贡献力量。

（一）在服务大局中发挥产业工会优势作用

引导广大产业职工理解改革、支持改革、参与改革。2014 年 7 月 21 日，中国能源化学工会三届六次常委会议在哈尔滨召开，会议深入学习贯彻习近平总书记系列重要讲话和全国总工会十六届四次主席团会议精神，研究部署有关工作。坚持把做好新形势下职工群众工作、调动职工积极性和创造性作为中心任务，引导广大职工深刻理解全面深化改革的指导思想、总体目标、方针原则，旗帜鲜明地支持和拥护全面深化改革的总体思路、主要任务、重大举措，把思想和行动统一到党中央精神上来；深刻理解在全面深化改革进程中，工人阶级作为国家的领导阶级，是改革的推动者，是改革的中坚力量，充分激发主人翁精神和历史使命感，把智慧和力量凝聚到为推动全面深化改革作贡献上来；深刻理解实现改革目标的艰巨性，发扬识大体、顾大局的光荣传统，正确对待改革发展过程中利益关系和利益格局的调整，依法合理表达利益诉求，促进改革顺利推进。2014 年，按照全委群众路线教育实践活动整改落实计划，制定和实施了联系点制度，明确“深入调研、宣传政策、做好服务、维护稳定、总结经验”的任务，各工作部对口确立了联系点，坚持深入基层一线，感受职工的生产生活，了解他们的所需所想，及时通报联系点情况，总结联系点特色工作和典型经验，积极开展交流活动，增进了与企业、与基层工会干部和职工的真挚感情，提升了服务水平与实践能力。

开展调查研究、宏观参与、源头维护工作。2014 年，《煤炭企业亟望正税清费减轻负担》和《龙煤集团深陷困境 职工生活困难加剧》两篇报告，通过《全总信息》报送中办、国办。总结南方电网公司规范农电用工、贵州省电力系统探索产业工会组建模式、石油石化行业培养高素质职工队伍情况、神华集团和中原油田工会民主管理工作、胜利油田工会实施幸福工程、中美史克公司工资集体协商等经验做法，通过《全总信息》或《工会要情》予以通报交流。对徐州市总工会开展幸福企业创建活动进行考察调研，调研总结广东省珠宝玉石首饰行业工会联合会组建形式和开展工作情况等。把发挥基层工会作用，增强工会组织吸引力、凝聚力作为重点调研课题，摸清情况，反映问题，积极推动解决突出矛盾和重点问题。联合开展专题调研和组织活动，推动并参与制定行业劳动标准和劳动定额，建立具有产业特色的源头参与机制、维权机制和劳动关系协调机制，发挥产业职工利益代表者、维护者的作用，努力促进实现职工体面劳动、舒心工作、全面发展。高度关注在化解产能过剩、企业兼并重组过程中职工劳动经济权益问题，及时反映和促进实现职工诉求。与国家煤矿安全监察局、中国煤炭工业协会共同研究缩短矿工入井时间，降低矿工劳动强度的意见措施，推进中小煤矿工会组建、开展工资集体协商等涉及煤矿职工切身利益的重大问题。

开展社会主义劳动竞赛促进产业经济发展。2014 年 5 月，中国能源化学工会、国务院第一次全国地理国情普查领导小组办公室联合启动为期两年的第一次全国地理国情普查劳动竞赛。在竞赛实施过程中，各参赛单位始终坚持“竞赛活力在基层、竞赛重点在活动、竞赛核心在文化、竞赛抓手在宣传”的工作思路，把提质增效放在更加突出的位置，持续深入地推进劳动竞赛的开展。中国能源化学工会以推动经济结构战略性调整、实现经济稳中求进作为劳动竞赛主攻方向，组织动员广大职工开展群众性建功立业活动。创新劳动竞赛的组织形式，注重总结、培育品牌。深化重点行业节能减排达标竞赛，促进行业绿色低碳发展，建设美丽中国。继续推进金沙江流域水电建设竞赛，推动向家坝、溪洛渡电站机组全面投产发电。加强大型火电机组、大型水电厂（站）劳动竞赛工作指导，制定实施《进一步加强大型火电厂劳动竞赛的意见》，完善措施，提升水平。在全国地勘系统开展“找矿突破战略行动”劳动竞赛，为经济平稳较快发展提供资源保障和产业支撑。深入总结“西部大庆”竞赛活动，展示竞赛成果，使“西部大庆”劳动竞赛成为品牌工程。大力宣传劳动竞赛培育的团队意识、时代精神、和谐文化，推动竞赛活动蓬勃开展。

（二）提高职工队伍整体素质

树立共同理想。引导职工始终做坚持中国道路的柱石。继续深入开展中国特色社会主义和“中国梦·劳动美”主题教育活动，引导广大职工始终紧跟党的前进步伐，牢固树立中国特色社会主义共同理想和实现中国梦的坚定信念。培育劳动创造幸福、劳动成就梦想的理念，使中国梦入脑入心，让劳动最光荣、劳动最崇高、劳动最伟大、劳动最美丽蔚然成风，引导职工把人生理想、家庭幸福融入国家富强、民族复兴的伟业之中，以辛勤劳动、诚实劳动、创造性劳动实践个人梦、成就中国梦。

引领时代潮流。2014 年 6 月，正式启动第二届“加油中国·传承铁人”年度人物选树活动，本届选树活动在依托《工人日报》等传统媒体进行宣传的同时，充分运用新媒体加大宣传力度，为以后开展此类活动积累了宝贵经验。深入开展社会主义核心价值观教育实践活动，加强社会公德、职业道德、家庭美德、个人品德教育，发扬勤劳节俭的传统美德。大力弘扬劳模精神和工人阶级伟大品格，打造能源化学产业精神和产业文化，深入开展“寻找感动中国的矿工”“电力先锋·光明使者”“寻找最美安全好矿嫂”“最美地质人”等先进人物选树活动，激扬光荣传承，激励时代精神，激发劳动热情，凝聚推动中国特色社会主义伟大事业胜利前进的强大精神力量。

推动成长成才。2014 年 8 月，中国能源化学工会全国委员会和全国电力系统工会工作理论研究会，联合开展“中国梦·电力美”主题征文比赛，充分展示电力企业和电力职工在筑梦、追梦、圆梦的道路上取得的成就和昂扬的精神面貌。鼓励职工学习新知识，掌握新技能，增强劳动本领，提升竞争能力。深化行业职工职业技能大赛，举办首届全国石油石化行业焊接职工职业技能大赛、露天煤矿工种职业技能竞赛、电力行业职工技能大赛。推广劳模创新工作室、职工创新工作室建设经验，开展能源化学系统百项职工优秀技术创新成果评选活动，引导广大职工争当金牌工人、创新能手和高技能人才。推动中央企业职工创新成果网上展示平台建设，整合资源、信息共享、成果共用。围绕技工大国建设开展调查研究，努力造就有智慧、有技术、能发明、会创新的职工队伍，托起工业强国梦。

（三）打造职工信赖的“职工之家”

建设学习型组织。2014 年 5 月 4 日至 10 日，全国能源化学系统工会学习贯彻中国工会十六大精神创新发展产业工会工作培训班在中国劳动关系学院举办。培训班就劳动关系与工资集体协商、劳动争议处理实务、工会组织建设、劳务派遣和劳动合同制度、产业工会建设等内容进行授课。能源化学系统 120 余名工会干部参加培训。5 月 21 日至 23 日，西南三省一市（贵州省、云南省、四川省、重庆市）煤矿工会干部培训班在贵阳举办。全国总工会有关部门领导、中国劳动关系学院的教师和峰峰集团工会主席就工会组织建设、工资集体协商、企业民主管理、和谐劳动关系建设、工会工作创新等内容进行了授课。强化各级工会学习型组织建设，举办专题培训班，加强对工会干部形势任务、政策法规、工会理论和业务知识的培训，用习近平总书记系列重要讲话的理论精髓和思想精华武装头脑，用党中央重要部署和中国工会十六大确定的目标任务凝聚共识，用党对工会的殷切期望和职工群众的热切期盼鼓舞干劲，增强大局意识、责任意识、担当意识，提高做好职工群众工作的能力，做坚持走中国特色社会主义工会发展道路的模范带领者和坚定实践者，使工会组织真正成为广大工会干部和职工群众继续学习、终身学习、实现全面发展的“大学校”。

建设服务型组织。2014 年 11 月 12 日至 13 日，中国能源化学工会三届五次全委会议暨幸福企业创建活动推进会在江苏徐州召开。会上，通报了全国能源化学系统百项职工技术创新成果，选树了 25 个全国能源化学系统示范性劳模创新工作室。会上交流推广了徐州市总工会开展幸福企业创建活动的经验，与会代表实地考察了徐州市创建幸福企业的示范单位——徐州工程机械集团公司和国网徐州供电公司，听取了徐州港务集团开展幸福企业创建活动的经验介绍。中国能源化学工会坚持服务大局、服务职工、服务基层，把工作落实到推动科学发展、实现稳中求进的主战场发挥作用上，落实到实现职工权益、努力帮助基层解决实际问题上。破除机关化、行政化倾向，更多地到基层去，到职工群众中去，化解矛盾、解决困难、推动发展。警惕境内外敌对势力“深耕基层”，做好职工队伍稳定和防范抵御工作。建立各行业联系点，组织机关干部深入联系点蹲点劳动和调查研究，倾听基层工会组织和职工群众的呼声和意见，使工会工作更加贴近基层、贴近职工，更符合职工意愿，不断增强工会组织的吸引力、凝聚力。

建设创新型组织。2014 年 9 月 29 日，全国能源化学系统职工技术创新工作平台正式上线运行。平台由中国能源化学工会主办，中工网承办，是一个通过技术信息对接，推动能源化学系统技术创新工作交流和开展，推动创新成果科学、合理利用并且向实际生产力转化的平台。平台设有“创新成果网上展览馆”“创新工作”“创新资讯”“创新人才库”“创新论坛”等板块，已收录数百项创新成果，并具备较强搜索功能。推动理论创新、制度创新和体制创新，加强系统工会工作理论研究和实践探索，创造科学有效的工作方法，增强工作的科学性、预见性和主动性。积极面对产业结构调整和行政管理体制改革带来的新挑战，针对产业行政主体多元化、中央企业集团集权化特点，探索创新工会组织形式、活动方式及工作重点。按照产业集中度和地域分布积极推动建立地方产业工会，理顺组织领导关系。坚持重心下移，做强基层工会，激发基层活力。改进文风会风，注重调查研究，推广先进经验，培育工作品牌，抓重点促全面，抓亮点带全面。

三、为推动产业科学发展建功立业

2015 年，党中央出台了《关于加强和改进党的群团工作的意见》并召开了历史上首次中央党的群团工作会议，习近平总书记发表了重要讲话，进一步指明了群团工作的前进方向。能源化学系统各级工会认真学习宣传贯彻中央精神和全国总工会部署，紧紧围绕能源化学产业发展大局和工会工作全局，创新思路、求真务实，突出特色、狠抓落实，团结动员广大职工发挥主力军作用，为推动能源化学产业科学发展建功立业。

（一）贯彻落实中央精神和全国总工会部署

学习贯彻落实《中共中央关于加强和改进党的群团工作的意见》和党中央、国务院《关于构建和谐劳动关系的意见》等文件要求。2015 年 7 月 16 日，中国能源化学工会三届八次常委会议在北京召开，下半年还召开了女职工工作会议、办公室主任暨信息工作会议等，对认真学习、深入领会、贯彻落实党中央决策部署和习近平总书记系列重要讲话精神，进一步做好工会各项工作提出要求、作出安排，指导和推动各单位落实党中央精神和全国总工会部署。针对能源化学产业工会工作实际，先后制定下发了《关于进一步做好新形势下能源化学系统工会工作的指导意见》《关于贯彻落实党的十八届四中全会精神加强依法维护职工权益工作的指导意见》《关于进一步做好能源化学系统职工队伍稳定工作的指导意见》《中国能源化学工会关于进一步加强信息工作的意见》。

夯实工会工作基础。2015 年 8 月 26 日，女职工工作会议在北京召开。会议总结交流了近年来全国能源化学系统女职工工作经验，安排部署今后一个时期女职工工作。认真贯彻落实全国总工会加强基层工会建设“落实年”的各项工作要求，组织召开全国煤炭系统工会工作研讨会、产煤市县煤炭行业工会组织建设推进会议，交流经验，部署重点产煤市县行业工会组织建设工作。召开全国化工医药系统工会工作研讨会暨“两个普遍”工作推进会，总结推广山东省昌邑市成立市石化医药工会联合会并开展行业工资集体协商典型经验。召开各省（区、市）测绘行业工会主席座谈会，了解和推动工会组织建设工作。重视对基层单位工作经验的提炼总结与推广宣传工作，一大批经验做法在《工会要情》《全总信息》《能源化学工会工作》上刊登交流。在 2015 年度各全国产业工会、全国总工会各部门、各直属单位上报信息得分情况统计中，能源化学工会名列前茅。针对海上油气田生产一线这一特殊职工群体，联合中国石油、中国石化、中国海油开展“海上模范职工小家”创建活动。强化区队班组建设，与中国煤炭工业协会联合召开全国煤炭行业区队班组建设工作推进会，出台《关于进一步推进全国煤炭行业区队班组建设工作的意见》。配合全国总工会相关部门做好国有企业工会组织建设状况调查有关工作，推进“六有”工会建设。开展送教到基层活动，为 170 多名陕西省能源化学系统工会干部进行培训。

召开“三严三实”民主生活会。2015 年 12 月 28 日，中国能源化学工会召开“三严三实”民主生活会，全委机关正处级以上党员领导干部参加会议。王俊治同志代表领导班子系统总结回顾了“三严三实”专题教育以来的主要做法、取得的成效，并就存在的“不严不实”问题、形成问题的主要原因、整改措施和努力方向等进行了认真梳理和对照检查。班子成员联系思想、工作、生活、作风分别作了对照检查。王俊治同志指出，领导班子成员要继续深化对习近平总书记系列重要讲话精神的学习理解，严格践行“三严三实”要求，以更高、更严的标准要求自己，以更好、更实的作风引领大家，做遵守政治纪律和政治规矩的表率，在思想上、政治上、行动上同党中央保持高度一致。要持之以恒地把“三严三实”的要求落实和体现到工作、学习和生活的全过程，努力做忠诚、干净、担当的好干部。

（二）团结动员广大职工发挥主力军作用

深化社会主义劳动竞赛。中国能源化学工会与中国石油和化学工业联合会共同下发《关于进一步加强石油和化工行业劳动竞赛，提高职工技能水平的指导意见》，促进行业劳动竞赛不断深化。组织开展全国大型水电厂（站）劳动竞赛、第一次全国地理国情普查劳动竞赛，召开大型水电厂（站）劳动竞赛暨经验交流会、全国火电 300MW 和 600MW 级机组能效水平对标及竞赛年会、第一次全国地理国情普查劳动竞赛推进暨工作交流会议，总结竞赛经验，推动竞赛深入开展。推进重点行业节能减排达标竞赛和班组达标竞赛，化工行业 58 个企业获得重点耗能产品能效“领跑者”标杆殊荣。

举办技能竞赛。2015 年 10 月 14 日至 17 日，“冀中能源杯”第六届全国煤炭行业职业技能竞赛在河北省邯郸市举行。竞赛组织过程中注重务实和创新，首次增设了“状元榜”展示环节。积极利用现代网络手段，开通微信公众平台，实时更新大赛进程和相关要求，方便参赛选手和裁判员掌握比赛信息。组织举办全国电力行业第二届风力发电运行检修技能竞赛、全国石油石化系统“海油杯”职业技能竞赛，会同有关单位举办第七届全国石油和化工行业职业技能竞赛和第四届全国测绘地理信息行业职业技能竞赛，激发了广大职工学技术、比技能、练本领的热情，为推动能源化学产业高技能人才队伍建设打下良好基础。深化职工技术创新活动，以“全国能源化学系统职工技术创新工作展示平台”为载体，开展百项职工技术创新成果的征集评选与展示。制定《关于能源化学系统劳模创新工作室创建及管理办法》（试行），推广劳模创新工作室、职工创新工作室建设经验，组织开展石油石化系统创新先进人物展示宣传活动，进一步激励广大职工为企业技术进步和自主创新作贡献，为实施创新驱动发展战略、促进产业转型升级增添新动力。

注重思想文化工作。2015 年 4 月 9 日，首届“中国电力楷模”选树活动发布会在北京举行。选树活动经过宣传动员、基层推荐、民主测评、组织考察、审核确认、网上公示等环节，在近 400 万名电力职工中遴选出 22 名“中国电力楷模”，同时对事迹突出的 50 位同志授予“中国电力楷模提名奖”。国网江苏省电力公司韩克勤代表首届“中国电力楷模”获奖人员，向全国电力系统全体职工发出深入践行社会主义核心价值观倡议。成功举办第二届“加油中国 · 传承铁人”选树活动发布会，表彰了 10 名“加油中国 · 传承铁人”年度人物，充分展示新时期石油石化、电力职工队伍的良好形象和精神风貌。全委推荐“加油中国 · 传承铁人”4 名年度人物、1 名优秀人物为全国劳动模范。选树活动在全国石油石化、电力行业产生深远影响，掀起了参与、践行、推动实现中国梦的新高潮。会同有关部门联合启动第三届“寻找感动中国的矿工”活动，举办全国煤矿职工运动会，展示矿工风采，鼓舞行业士气，增强职工斗志与凝聚力。加强劳动模范服务工作，组织能源化学系统百名劳动模范赴北戴河休养，弘扬劳模精神，形成关爱劳动模范、学习劳动模范的良好氛围。落实全国总工会援疆、援藏工作安排，组织协调能源化学系统相关中央企业集团工会（工委）做好援疆、援藏工作。

（三）做好维护职工合法权益和服务职工工作

组织开展送温暖活动。精心组织开展2015年元旦春节期间送温暖活动，由全委领导带队深入能源化学系统7个行业30多家基层企业，走访慰问劳动模范和困难职工，深入了解职工生产生活状况。争取中央财政专项帮扶资金400万元，帮扶慰问17家基层企业困难职工，把党和工会组织的关怀送到职工身边。继续推广煤炭系统标准化帮扶经验做法，提升帮扶工作水平。落实全国总工会关于进一步推进和做好农民工入会和服务工作电视电话会议精神，开展能源化学系统工会农民工工作统计调查，深入基层开展调研，召开不同行业座谈会，了解掌握农民工工作生活情况，推动农民工入会和服务保障工作。

构建中国特色和谐劳动关系。2015年7月27日至8月2日，全国能源化学系统劳动模范休养活动在北戴河举行，来自全国能源化学系统的100名劳动模范参加了此次休养。与中国煤炭工业协会共同开展煤炭行业井下作业人员工时标准制定工作，会同人力资源和社会保障部、国资委、中电投集团公司、全国总工会集体合同部联合开展中央企业工资集体协商专题研究并形成成果。召开全国医药重点企业工会工作年会、全国大型化工企业工会工作第31次协作会、京津沪渝四市化工工会工作交流会，在神威药业集团公司、天津渤海化工集团公司召开推进工资集体协商工作座谈会，进一步推进化工医药行业工资集体协商工作，推动构建中国特色和谐劳动关系。

加强重点行业工会劳动保护工作。制定下发《关于进一步加强化工行业安全生产和工会劳动保护工作的意见》《关于进一步推广“一法三卡”加强化工行业工会劳动保护工作的意见》，与人力资源和社会保障部劳动工资研究所、中国国电集团公司联合启动《全国风力发电行业劳动防护用品配备标准》研究制定工作。召开全国煤炭系统群众安全工作经验交流会，开展第六次全国煤矿群众安全工作大检查，推进女工家属协管安全工作竞赛，研究开发煤矿安全群众监督员电教培训系统，筑牢群众安全防线，维护职工生命安全与健康权益。

推进幸福企业创建活动。使创建活动成为促进企业科学发展、维护职工合法权益、强化工会组织建设、增强企业凝聚力、提升职工幸福感和满意度的有效载体。一些省级产业工会和中央企业集团工会（工委）按照全委要求，结合本地、本企业实际，制定了具体的创建意见和创建标准；一些单位将“幸福企业”创建和“职工之家”建设相结合，彰显职工主体地位，突出工会服务职能，搭建了服务职工工作载体；一些单位立足服务职工生产生活，努力营造了党委领导、行政支持、工会牵头、各方运作、全员参与的创建活动氛围，初步形成了机制共建、效益共创、利益共享的循环机制；一些单位把幸福企业创建作为引领和推动和谐发展的动力，积极发挥工会组织的凝聚力和战斗力，努力助推共建幸福企业、共享发展成果。

2015 年，能源化学系统各级工会组织以改革创新的精神切实加强自身建设，成效显著，有 3 家工会组织荣获“全国模范职工之家红旗单位”称号，全委推荐申报 19 个工会组织获得“全国模范职工之家”荣誉称号，28 个基层分会和工会小组荣获“全国模范职工小家”称号，4 名同志被评为“全国优秀工会工作者”。推荐表彰全国“安康杯”竞赛优胜单位 17 家、优胜班组 8 个、优秀个人 1 名、示范单位 1 个，全国五一巾帼标兵岗 9 个、五一巾帼标兵 9 名，全国质量信得过班组 1 个。

四、为“十三五”规划顺利实施拼搏奉献

2016 年，是“十三五”规划实施的起步之年，也是全面深化改革的关键之年。在经济下行压力和各类矛盾交织的背景下，中国能源化学地质工会深入研究促进新常态下工会组织作用发挥，切实保持和增强工会组织的政治性、先进性、群众性，团结动员能源化学地质系统广大职工为实现“十三五”规划目标任务拼搏奉献，使命光荣，责任重大，任务艰巨。全会上下紧紧围绕促进产业经济发展、维护职工权益这一工作重点，锐意进取，改革创新，以高度的历史自觉和强烈的使命担当，以更加积极的作为、更加有效的举措、更加务实的作风抓好各项工作。

（一）组织引导广大职工积极投身全面建成小康社会的伟大实践

向职工群众做好宣贯工作。2016 年 1 月 20 日，中国能源化学工会三届六次全委会议在北京召开，会议传达了全国总工会十六届四次执委会议精神，传达了李建国、李玉赋同志在全国总工会机关改革试点工作动员部署大会上的讲话精神和《全国总工会改革试点方案》精神。王俊治主席作了题为《锐意进取 改革创新 团结动员能源化学系统广大职工为实现“十三五”规划目标任务建功立业》的工作报告。党的十八届五中全会提出了全面建成小康社会新的目标要求和工作举措，开启了全面建成小康社会新的伟大征程。学习贯彻党的十八届五中全会精神是当前和今后一个时期各级工会组织的重要政治任务。紧密结合学习贯彻习近平总书记系列重要讲话精神和中央党的群团工作会议精神，深刻理解“十三五”时期我国经济社会发展的指导思想、基本原则、目标要求和重大举措，全面落实党中央和全国总工会对工会工作的各项要求，面向基层、面向职工群众做好宣传贯彻，使全会精神

走进职工群众、广泛深入人心，营造良好的舆论氛围，激发广大职工的主人翁责任感和使命感，筑牢实现“十三五”规划目标任务的群众基础。

大力弘扬劳模精神、劳动精神和工匠精神。2016年7月，按照全国总工会办公厅关于印发《全总机关部分内设机构编制调整方案》的通知要求，“中国能源化学工会全国委员会”更名为“中国能源化学地质工会全国委员会”，主要职责不变。内设机构与之前相比，保持不变，顺序为煤矿工作部、电力工作部、石油石化工作部、化学医药工作部、国土资源工作部、办公室。中国能源化学地质工会教育引导广大职工立足本职、胸怀全局，为推动经济社会发展汇聚强大正能量。深入推进以职业道德为重点的“四德”建设，深化“中国梦·劳动美”教育实践活动，创新形式、注重实效，充分发挥工会的组织优势、阵地优势，深入挖掘和宣传历届“寻找感动中国的矿工”“加油中国·传承铁人”“中国电力楷模”“最美地质队员”等先进人物事迹，展示新时期能源化学产业工人卓越风采，把道德模范的榜样力量转化为全系统广大职工的生动实践，激励职工尊重劳动、崇尚劳动、爱岗敬业，在全系统形成崇德向善、见贤思齐、德行天下的浓厚氛围，更好构筑中国精神、中国价值、中国力量，为中国特色社会主义事业提供源源不断的精神动力和道德滋养。

创新社会主义核心价值观培育载体。顺应新媒体的发展规律，推动各级工会开通官方微博、微信，充分发挥新媒体传播的交互与即时作用，实现双向互动传播，使社会主义核心价值观教育从平面走向立体、静态转为动态，使广大职工对核心价值观的认知、实践更加快速和有效。继续利用中工网开展“社会主义核心价值观大讲堂”活动，丰富和拓展内容与形式，邀请优秀基层工会干部和劳动模范围绕社会主义核心价值观开展主题讲座，推动社会主义核心价值观教育实践活动进企业、进车间、进班组，用社会主义核心价值观凝心聚力，巩固广大职工团结奋斗的共同思想基础。

（二）加强调查研究促进在源头参与上体现产业工会特色作为

拓展产业工会发挥作用的有效途径。2016 年 10 月 30 日至 11 月 5 日，在山东管理学院举办全国能源化学地质系统工会主席培训班，重点推进工会干部能力提升和优化。能源化学地质系统工会紧紧围绕“四个全面”战略布局、“十三五”规划目标任务、全面深化国有企业改革、着力推进结构性改革、加快推进我国能源发展方式根本转变等重大决策部署，研究探索如何进一步增强做好工会工作的政治责任感和历史使命感，在促进企业发展中努力实现好、维护好、发展好能源化学地质系统广大职工的根本利益。通过调查研究，准确把握职工群众的期盼、基层工会的需求，找准工作的聚焦点、关键点、着力点。

研究热点、难点问题。加强对经济发展新常态下能源化学地质系统产业劳动关系热点、难点问题的研究，密切关注转方式、调结构、化解产能过剩、企业关停并转过程中的职工权益问题，研究制定新形势下进一步发挥工会组织作用的指导意见。高度重视改革、改制及经营陷入困境企业职工队伍稳定工作，掌握职工思想动态，做好超前分析研判，对重大突发群体性事件，做到信息掌握及时、情况了解全面、行动反应迅速、解决建议可行。

加强机制建设。积极研究探索建立具有产业特色的源头参与机制、维护职工权益机制和劳动关系协调机制，针对能源化学产业行政主体多元化、中央企业集团高度集权化这一特点，逐步建立与中央企业集团党组、行政的沟通协商机制，研究探索创新与其体制相适应的组织形式、活动方式及工作重点。重视研究和积极推进能源化学系统中央企业新兴经济实体的工会组建、改制企业工会重建及规范工作，最大限度地把包括农民工、劳务派遣工在内的广大职工组织到工会中来。建立与相关行业协会的工作互动机制，紧紧抓住能源化学产业改革发展稳定中的重大问题和产业职工普遍关心的热点、难点问题，联合推动和协商制定劳动标准、劳动定额，准确把握和反映产业职工利益诉求，促进产业职工体面劳动、舒心工作、幸福生活、全面发展。

（三）提升职工队伍素质

提高职工素质、推动企业发展和产业升级进步。积极探索推进职工素质建设工程的新途径和新方法，鼓励和促进企业完善技术工人培养、使用、激励机制，全面提高职工思想道德素质、科学文化素质、技术技能素质、民主法治素质、安全健康素质，努力培育更多的“大国工匠”。进一步发挥工会“大学校”作用，引导职工树立终身学习理念，激励职工学习新知识、掌握新技能、增长新本领，培养职工对所从事职业的热爱与专注，将职业当成展示个人才干、实现自身价值与奉献社会的重要途径与寄托，在实践中成长、在岗位上成才。

努力造就全面发展的高素质职工队伍。贯彻落实国务院《关于大力推进大众创业万众创新若干政策措施的意见》《关于积极推进“互联网+”行动的指导意见》《中国制造 2025》实施要求，在能源化学系统促进形成有利于创业创新的良好氛围。发挥好“全国能源化学系统职工技术创新工作展示平台”的示范引领作用，推广劳模创新工作室、职工创新工作室建设经验，促进创新活动多出成果、出好成果。继续开展百项创新成果评选和职工创新大讲堂活动，鼓励职工开展技术革新、发明创造和合理化建议等群众性经济技术创新活动，引导职工争当金牌工人、创新能手和高技能人才，努力造就全面发展的高素质职工队伍。

树立和践行五大发展理念。围绕行业企业深化改革、转型发展、节能减排等重大举措，广泛开展以“践行新理念、建功‘十三五’”为主题的劳动竞赛和职工技术创新活动，探索配合“一带一路”建设与能源发展相关的劳动竞赛形式与内容，增强劳动竞赛和技能竞赛的技术含量和时代感。开展全国重点工程劳动竞赛标准编制工作研究，规范竞赛标准，打造竞赛品牌，保持竞赛的旺盛活力。深化重点行业节能减排达标竞赛和班组达标竞赛，促进行业低碳发展、安全发展。联合组织开展全国火电 300MW 和 600MW 级机组能效水平对标及竞赛，推进金沙江流域水电工程竞赛、大型水电厂（站）劳动竞赛，深化全国地理国情普查劳动竞赛，联合国家测绘地理信息局做好竞赛的总结表彰工作。会同有关单位组织开展第三届全国煤炭行业露天专业职业技能竞赛、第十届全国电力行业职业技能竞赛、第八届全国石油化工行业职业技能竞赛。通过劳动竞赛和技能竞赛，不断激发和挖掘职工创新创业活力，团结带领广大职工在促进产业发展、实现国家富强、民族复兴的伟业中建功立业。

（四）维护职工合法权益

积极适应经济发展新常态。坚持促进企业发展与维护职工权益相统一，继续深化能源化学系统“幸福企业”创建活动，把“促进企业发展，维护职工权益”融入创建活动全过程，在创建中化解劳动关系矛盾，在维护职工权益中促进劳动关系和谐与企业健康发展。大力推广创建活动开展一年来的先进经验做法，优先推荐先进企业申报全国五一劳动奖状等各类荣誉称号，促进创建活动的深入持久开展。

找准工会工作的切入点和着力点。深入贯彻落实党中央、国务院《关于构建和谐劳动关系的意见》精神，抓住有利契机，找准工会工作的切入点和着力点，明确工作抓手，创新方式方法，在推动构建和谐劳动关系中积极发挥作用。积极推动行业工会联合会建设，促进中小企业较为集中的煤炭、化工、医药等行业逐步建立和完善行业集体协商机制，依法保障职工基本权益，重点维护职工的劳动报酬、休息休假、劳动安全卫生、社会保险和职业技能培训等劳动经济权益。健全劳动关系协调机制，着重抓好劳动合同、集体协商、民主管理、劳动争议调处、协调劳动关系三方机制的落实，深化和谐劳动关系创建活动，加大劳动法律法规源头参与力度，努力促进劳动关系和谐稳定。分别召开煤炭、电力、化工等行业联席会议，着力在提高与国家相关产业部委（局、协会）联席会议质量和工作实效上下功夫、做文章，使联席会议由一般性的情况交流沟通转入议大事、谋全局、解难题、促发展的轨道上来。

牢固树立安全发展观念。2016 年 6 月 14 日，中国能源化学工会组织召开专家评审会，联合研究制定《全国风力发电行业劳动防护用品配备标准》，为出台行业标准提供准确依据，为从业人员配备劳动防护用品，是从业人员应对事故伤害的最后一道防线，也是保护作业人员生命安全和身体健康最基本的屏障。中国能源化学工会更加注重职工生命安全健康权益的维护，持之以恒开展和深化“安康杯”竞赛、班组安全竞赛等群众性安全生产监督检查活动，提升广大职工的安全生产意识和技能。在煤炭、电力、石油石化、化工等高危行业企业推广“一法三卡”经验做法，组织职工开展事故隐患排查治理，督促企业落实整改措施，改善生产作业条件。大力推广应用中国能源化学工会特聘煤矿安全群众监督员电教培训系统，不断提升群监员现场监督检查能力。

推进“会、站、家”一体化建设。拓展困难职工帮扶中心和站点的服务功能，开展具有产业特色的困难职工帮扶和送温暖活动。更加关心关注困难行业（企业）的职工生产生活，实施精准帮扶。重视做好新形势下农民工工作，坚持以问题为导向、以农民工需求为导向，把更大精力和更多资源向农民工工作倾斜，紧紧围绕扩大入会数量和提高服务质量履职尽责。注意发现、总结、宣传、推广好经验、好做法，推动解决农民工困难和问题，让广大农民工更多地感受到党的关怀和工会组织的温暖。促进落实《全民健身计划纲要》和企业文化建设要求，大力推动开展职工群众主导的丰富多彩、喜闻乐见的群众性文体活动，切实保障职工群众的精神文化权益。

第二节　党的十九大后产业工人砥砺前行实现新作为

党的十九大是在全面建成小康社会决胜阶段、中国特色社会主义发展关键时期召开的一次十分重要的大会。中国能源化学地质行业各级工会深入学习贯彻习近平新时代中国特色社会主义思想和党的十九大精神，切实把思想和行动统一到党中央的决策部署上来，引导广大工会干部增强“四个意识”，坚定“四个自信”，坚持面向广大职工开展宣传教育。广大职工砥砺前行实现新作为，在重大改革、产业政策、国家战略的落实落地上充分发挥主力军作用，为促进能源化学地质产业平稳健康发展建功立业。

一、学习宣传贯彻习近平新时代中国特色社会主义思想和党的十九大精神

2017年10月18日至10月24日，中国共产党第十九次全国代表大会在北京召开。大会的主题：不忘初心，牢记使命，高举中国特色社会主义伟大旗帜，决胜全面建成小康社会，夺取新时代中国特色社会主义伟大胜利，为实现中华民族伟大复兴的中国梦不懈奋斗。按照学懂、弄通、做实的要求，推动习近平新时代中国特色社会主义思想和党的十九大精神深入人心。中国能源化学地质工会认真领会中国特色社会主义进入新时代的新论断，我国社会主要矛盾发生变化的新特点，分两步走全面建设社会主义现代化国家的新目标，党的建设的新要求，学深悟透习近平新时代

中国特色社会主义思想内容“八个明确”和“十四个坚持”。能源化学地质行业各级工会紧紧围绕党和国家工作大局与工会工作全局，以推进供给侧结构性改革为主战场，在深化工会系统改革创新、扎实推进产业工人队伍建设、依法维护产业职工合法权益等方面开展了卓有成效的工作。

（一）开展学习宣传贯彻活动

以上率下推动学习宣传贯彻工作。全国总工会党组、书记处领导带头学习、率先垂范，全国总工会党组书记、副主席、书记处第一书记李玉赋同志带队到燕山石化调研产业工人队伍建设情况；全国总工会副主席、书记处书记阎京华同志为产业工会干部宣讲党的十九大精神，专程对国网“迎接十九大召开、做好政治保电”工作进行调研和指导。全委举办工会干部培训班，召开大企业工会主席学习党的十九大精神交流会，开展“送教到基层”活动，进一步完善信息制度，畅通信息报送渠道，将学习贯彻党的十九大精神，与学习贯彻习近平总书记关于工人阶级和工会工作重要论述结合起来，引导广大工会干部增强“四个意识”，坚定“四个自信”。中国能源化学地质工会认真学习宣传贯彻习近平新时代中国特色社会主义思想和党的十九大精神，切实把广大职工的思想和行动统一到党中央和全国总工会的决策部署上来。巩固党的群众路线教育实践活动、“三严三实”专题教育和“两学一做”学习教育成果，坚持把学习宣传贯彻党的十九大精神作为首要政治任务来抓。用习近平新时代中国特色社会主义思想武装头脑，把学习贯彻党的十九大精神作为第一堂党课、第一堂政治必修课，在学懂、弄通、做实上下功夫。

召开专题会议推进。2017 年 11 月 12 日至 18 日，全国能源化学地质系统工会主席培训班在中国劳动关系学院举办，围绕贯彻落实习近平新时代中国特色社会主义思想、“互联网+”职工服务体系建设、学习贯彻《新时期产业工人队伍建设改革方案》（以下简称《改革方案》）等内容进行授课。10 月 31 日，全国化工医药系统工会工作研讨会暨党的十九大精神学习会在广东深圳召开。会议指出，学习宣传贯彻党的十九大精神，是全党全国各族人民的头等大事，也是化工医药工会组织的首要政治任务。各级化工医药工会组织树立高度的政治意识、大局意识和责任意识，把工会干部和广大职工的思想统一到党的十九大精神上来，把力量凝聚到实现党的十九大确定的各项任务上来。各级化工医药系统工会认真学习贯彻落实《改革方案》，以适应行业转型升级发展为出发点，广泛开展“身边的大国工匠”推荐学习活动，深化“互联网+”普惠性服务体系建设，开展职工帮扶工作和思想政治工作，深化改革基层工会组织建设，团结带领广大职工发挥推进化工医药产业科学发展的主力军作用。

面向广大职工开展宣传教育。全委机关与国旗班、华灯班党支部开展主题党日活动，交流学习党的十九大精神的体会，掀起学习宣传贯彻热潮。各级工会以“中国梦·劳动美——喜迎党的十九大”为主题，运用工会报刊、网站、“两微一端”等媒介，面向系统广大职工开展党的十九大精神的宣传解读。能源化学地质系统内的十九大代表深入基层企业、车间班组，面向一线职工开展宣讲活动。

（二）推动落实重大改革、产业政策、国家战略

推进《改革方案》在系统落实。2017 年 7 月 20 日，中国能源化学地质工会四届二次常委会议暨职工队伍建设现场会在北京召开。冀中能源峰峰集团公司工会、国家电网公司工会、中国石油大庆油田工会、上海市医药工会、重庆市勘测院工会等十家单位交流了加强职工队伍建设的先进经验。全体与会同志现场考察、实地观摩了国网北京海淀供电公司和国网北京检修公司，听

取了国家电网、国网北京市电力公司有关领导的经验介绍。2017年10月，在全委机关党支部“两学一做”专题学习会上，学习了《改革方案》的内涵释义，分党组多次开会推动，召集常委专题研讨，结合实际探讨确定实施思路，党支部多渠道推动学习。经过系列学习活动，分党组带领党员干部吃深吃透了相关精神，增强了责任担当。全委在深入调研的基础上，提出贯彻落实的具体措施，并向全国总工会书记处领导作专题汇报，得到了高度肯定。召开新时期产业工人队伍建设改革工作座谈会，总结推广南方电网公司党组第一时间印发的《关于贯彻落实中共中央 国务院〈新时期产业工人队伍建设改革方案〉的实施意见》经验，与中国石化、中国石油、国家电网、中国华能、中国华电等中央企业，就贯彻落实《改革方案》和中央党的群团工作会议精神进行座谈，依托中国海油举办学习贯彻《改革方案》微问答，发挥中央企业引领示范作用，推动《改革方案》落地见效。

推进供给侧结构性改革中的维权维稳工作。2017年9月12日，“化解过剩产能 发挥工会作用”经验交流会在北戴河矿工疗养院召开，总结交流工会组织在推进供给侧结构性改革中的典型经验。在推进供给侧结构性改革、化解过剩产能、处置“僵尸企业”的过程中，各级工会积极做好职工思想引导、转岗安置、就业培训等工作，督促企业做到多转岗、不下岗，多转业、不失业，并注重发挥职工代表大会作用，把好民主管理关，确保程序合法、实体公正，切实做好职工维权维稳工作。全委与重庆市总工会联合印发《重庆市国有煤炭企业去产能调结构劳动竞赛方案》，启动为期两年的劳动竞赛。开展化工企业专题调研，起草了《关于在转型升级发展背景下化工行业工会组织作用发挥情况的调研报告》，积极推动相关政策落实。很多省产业工会围绕城市功能疏解和去产能过程中职工转岗安置、企业劳动关系调整退出等问题进行了深入细致的调研，分析研判形势，提出政策措施，并通过人大议案、政协提案或向政府提交专题报告等渠道为解决问题建言献策，各级工会组织在供给侧结构性改革中发挥了重要作用。

推动重大国家战略落实。2017 年 11 月 6 日至 13 日，中国工会“一带一路”人文交流——上合组织国家职工技能大赛在河北廊坊举办。此次大赛旨在对接上合组织国家产业调整和经济发展需求，加强上合组织国家职工的专业交流、提升上合组织国家职工技能水平，展示中国产业工人形象，推广中国大国工匠精神，增进友谊、深化合作。在“一带一路”倡议方面，开展境外企业工会组建和职工权益保障调研，对涉及的 133 家企业进行问卷调查，向全国总工会报送调研报告。支持中国石油承办“上合组织国家职工技能大赛”，推动“一带一路”上合组织国家职工间的人文交流。在国家能源战略方面，围绕“十三五”规划目标任务和“蓝天保卫战”，在重点领域开展示范性劳动竞赛。组织全国大型水电厂（站）劳动竞赛、金沙江流域水电工程竞赛，开展全国火电 600MW 级机组能效对标竞赛，进一步提升发电企业的能效环保管理水平。在国网北京公司开展“煤改电”示范性劳动竞赛，为北京蓝天作出贡献。

（三）团结动员广大职工干事创业

叫响做实“大国工匠”品牌。支持大庆油田建立“铁人学院”，进一步提升工匠综合素质。举行大庆油田工匠代表向著名全国劳动模范许振超拜师仪式。支持京能集团依托北戴河矿工疗养院，建设和打造具有“劳模博物园”性质和功能的文化家园，精准对接全国总工会新时期产业工人队伍建设平台。开展“身边的大国工匠”学习宣传活动，推出百余名先进人物，全国总工会、国家网信办联合组织 30 多家网络媒体对全系统 25 名“大国工匠”进行了集中采访报道，中工网开设了“大国工匠——能源化学地质篇”专栏，《工人日报》《中国工人》等媒体广泛报道了能源工匠先进事迹。召开《大国工匠代旭升传》暨《大国工匠之歌》首发式，组织能源化学地质系统“大国工匠”观摩上合组织国家职工技能大赛，展示绝技绝活。推出“华灯班”典型事迹，谱写了反映产业工人一心向党、无私奉献的歌曲《华灯初上》，合奏出劳动光荣、产业报国的时代强音。涌现出一大批先进集体和个人，2017 年，由全委向全国总工会申报表彰的 12 个集体获得“全国五一劳动奖状”，12 名个人获得“全国五一劳动奖章”，60 个班组获得“全国工人先锋号”，17 家单位被授予“全国工会职工书屋示范点”。

开展职工技能竞赛和职工技术创新活动。2017 年 4 月 12 日，职工队伍技能素质提升工作推进会在湖北武汉召开，进一步健全能源化学地质系统人才培育平台和人才服务体系。以提升供给质量、提高操作技艺、节能降本减耗等为目标，开展多工种、多层次的劳动竞赛，加强竞赛过程管理和绩效评估，竞赛覆盖面和效果有较大提升，为职工成长成才搭建了有效平台。在全国石油石化系统开展“岗位创新创效创优·工人先锋号在行动”活动，召开活动推进会，总结推广成功做法和经验。组织“同煤杯”第七届全国煤炭行业职业技能竞赛，第二届全国石油石化系统职业技能竞赛，第九届全国石油和化工行业职业技能竞赛，首届假肢制作技能竞赛，第五届测绘地理信息行业职业技能大赛，组织职工技术创新成果征集评选展示活动。认真贯彻李玉赋同志对国网湖北省电力公司经验的批示精神，组织召开全系统职工技能素质提升推进会。举办“践行新理念·建功‘十三五’”主题劳动和技能竞赛推进会，推动劳动竞赛由传统工种向新兴工种拓展，由“示范赛”向“普遍赛”转变，由“精英赛”向“全员赛”延伸。全国总工会 2016 年表彰命名 100 个全国示范性劳模和工匠人才创新工作室，能源化学地质系统 31 个创新工作室榜上有名，占表彰命名总数的近 1/3。在 2017 年度国家科学技术奖励大会上，国网浙江省电力公司高级技师黄金娟荣获国家科学技术进步奖二等奖。据统计，2017 年，各级工会紧紧围绕企业生产经营、提质增效、安全生产等，开展多种形式的主题劳动和技能竞赛超过 5000 场次，覆盖职工超过 500 万人，为推动产业经济发展作出了重大贡献。

维护职工合法权益。参加第八次全国职工队伍状况典型调查，重点调研经济新常态下产业劳动关系热点、难点问题。其中，《关于煤炭行业部分企业工会组织现状的情况汇报》作为 2017 年提案提交两会。《关于中国石化镇海炼化的调研报告》和《地勘行业改革中职工队伍状况分析》入选《第八次中国职工状况调查（报告卷）》。《东三省煤炭行业去产能中职工权益维护存在的主要问题》《石油行业进入“寒冬期”职工队伍思想情况的调查报告》《辽宁省地勘行业事业单位改革职工队伍存在不稳定隐患》等调研报告，被《全总信息》、中办《每日汇报》采用，推动了一些问题的解决。会同人力资源和社会保障部制定了《风力发电劳动防护用品配备规范》行业标准，并召开推进工作会议，推动标准顺利实施。印发《煤矿井下作业人员工作时间消耗与指导标准》和《关于进一步加强化工行业安全生产和工会劳动保护工作的意见》，重视调查研究和源头参与，切实维护职工合法权益，成效明显。

（四）在筑牢实体经济的强国基石中发挥主力军作用

成为岗位创新创效的主力军。贯彻落实国务院《关于大力推进大众创业万众创新若干政策措施的意见》，深入开展“创建学习型组织、争做知识型职工”活动，叫响职工（劳模）创新工作室品牌，开展职工技术创新、“五小发明”等职工经济技术活动，推进以提高“三创”能力为重点的高技能职工队伍建设。深入实施技能培训、技能练兵、技能比武、技能晋级、技能带头人“五位一体”的职工技能素质提升工程，为产业职工创造学习培训机会，提供成长成才环境，焕发劳动热情，释放创造潜能。大力发扬“工匠精神”，将精益求精、严谨、耐心、专注、坚持、敬业等精神，内化为产业职工内在素质，持续开展各行业“大国工匠”推荐学习活动，通过各种媒体集中宣传。煤炭、电力、石油等领域的工会组织适时出台一批行业特色鲜明的制度和标准，推动职工素质建设向纵深发展。

成为供给侧结构性改革的主力军。将广大职工的思想引入与企业共迎改革、共谋发展上来，引导广大职工认识到供给侧结构性改革是适应和引领经济发展新常态的重大创新，是企业解决存在问题和清除积累弊端的重大机遇，自己不仅是改革成果的最终受益者和共享者，更是改革的创造者和主体力量，从而积极理解、支持和参与改革，支持企业改革调整、实现突破，推动企业进一步实现与市场经济深度融合，推动企业注入新动力、焕发新活力。紧跟产业结构升级调整、淘汰落后产能、化解产能过剩改革步伐，引导职工积极参与企业转岗安置、人力资源结构优化等工作，做好下岗职工培训再就业、困难帮扶等工作。

成为落实重点任务的主力军。围绕落实国家“十三五”规划任务目标，尤其是《能源发展“十三五”规划》，以牢固树立和践行创新、协调、绿色、开放、共享发展理念为引领，在推动创新驱动、新兴产业发展、“一带一路”建设、京津冀协同发展、长江经济带建设等国家发展战略实施中，搭建广大职工建功立业平台。贯彻落实全国总工会《2016—2020 年劳动和技能竞赛规划》，紧紧围绕“中国制造 2025”、本行业关键领域，将主导技术、前沿技术、急用技术作为竞赛重点内容，不断创新竞赛活动组织方法和竞赛形式，提高竞赛活动知识含量和技术含量，推动竞赛由传统工种向新兴工种拓展，由“精英赛”向“一线赛”转变，由“示范赛”向“企业内部竞赛”延伸。深入开展“安康杯”“工人先锋号”创建活动，带领广大职工“撸起袖子加油干”，努力做到哪里有重点任务，哪里就有竞赛活动平台；哪里有创新创效，哪里就有“工人先锋号”集体；哪里有攻坚克难，哪里就有“大国工匠”身影。

（五）创新服务职工载体

建设“互联网+”职工服务体系。根据全国总工会“互联网+”工会普惠性服务现场推进会的工作部署，总结推广贵州地质、国网湖北公司、大庆油田、神华集团等一批企业“互联网+”职工服务体系建设的经验，召开全系统“互联网+”服务职工体系建设推进会。注册“工匠天地”互联网域名，以长庆油田现有的互联网平台为基础，启动“创新工作室联盟”建设工作。“中国石化职工之家”“大庆油田工会”“中原油田职工之家”等多个企业工会微信公众号入选“2017年全国最具影响力百家工会新媒体”。推出“煤炭职工之家”微信公众号，启动“煤炭行业群监员知识微问答”，“互联网+”职工服务体系在全行业初见成效。

推动基层工会“增活力、补短板”。认真贯彻落实全国总工会《关于深入推进产业工会工作创新发展的意见》。以地方工会机关机构改革为契机，协调部分省总工会组建成立能源化学地质工会或对口产业工会，并参加了一些省级产业工会成立和换届会议。编写《全国能源化学地质系统职工劳动权益维护电子手册》，修订《全国石油石化系统工会组织实用知识电子手册》，编印《小班组 大作为——全国石油石化系统班组“岗位创新创效创优”经验做法实例汇编》，提高服务基层工会、服务职工的能力和水平。参与制定《企业集团建立工会组织的办法》，指导中央企业工会换届和更名。总结京能集团工会由活动组织型向活动管理型、制度型转变的经验，搞活基层，加强基础。总结山东化工园区产业工会建设的经验，学习上海顾村经验，推动化工医药园区建立工会组织，推进区域性、行业性工资集体协商工作。国家电网公司出版了《班组进化论》，发布了班组创新研究的最新成果。

加强职工安全生产工作。在全系统广泛开展“安康杯”竞赛，强化班组现场安全管理。推进特聘煤矿安全群众监督员电教培训系统广泛使用，结合安全生产月，组织开展煤炭行业特聘群监员网上练兵。组织召开煤炭行业女职工工作调研座谈会，继续推动女工家属协管安全工作，职工的职业安全卫生权益得到切实保护。推动“安康杯”竞赛活动不断引向深入，煤炭化工等行业安全生产形势明显好转。

开展经常性“送温暖”活动。推动形成“送温暖”活动常态化、帮扶脱困精准化、会员服务普惠化的工作格局。针对煤矿、化工行业困难职工多的情况，2017 年“两节”期间，全委通过多种渠道，筹措 500 多万元“送温暖”。据统计，2017 年，各级工会共筹措资金数亿元，惠及职工 50 余万人。很多企业工会充分发挥职工服务中心和兴趣协会作用，建设妈咪小屋、心灵驿站、开展暑期托管、职工疗养等丰富多彩的普惠性服务，进一步满足职工多元化、多层次需求。全行业社会保障实现全面覆盖，职工生活质量明显提高，困难职工人数显著下降。

二、把职工对美好生活的向往作为新的使命担当

2018 年是学习贯彻落实党的十九大精神的开局之年，是改革开放 40 周年，也是中国工会十七大召开之年。能源化学地质系统各级工会按照学懂弄通做实的要求，推动习近平新时代中国特色社会主义思想在产业深入人心、实践运用，动员广大干部职工紧紧围绕党和国家工作大局、产业重点工作、企业中心任务主动开展工作，有思路、有担当、有作为，积累了宝贵经验，取得了显

著成效。

（一）为开创工作新局面凝聚强大精神动力

各级工会宣贯党的十九大精神。2018 年 1 月 29 日，中国能源化学地质工会四届二次全委会议在北京召开，主席、分党组书记张波作了题为《认真学习贯彻党的十九大精神 团结动员广大职工为决胜全面建成小康社会而努力奋斗》的报告。全委举办全系统工会主席培训，赴内蒙古电力公司、四川地质工会开展“送教到基层”，宣传党的十九大精神。特邀峰峰、华电、大庆油田、上海医药、江西地质等 10 家单位工会主要负责人和一线劳动模范，在全委刊物上撰写学习党的十九大精神心得体会，各级工会组织富有成效的宣传活动，把习近平新时代中国特色社会主义思想搬到工厂车间，推进到生产一线，引导广大职工更加紧密地团结在以习近平同志为核心的党中央周围，不断夯实党执政的阶级基础和群众基础。

推进工作创新发展。全委自觉坚持在全国总工会党组、书记处领导下主动开展工作，严格执行请示报告制度，及时向全国总工会党组、书记处请示报告工作。各组织工会坚持党委和上级工会领导的组织原则，中煤集团、中煤科工、中国海油、大庆油田、国家能源、国家电投、中国医药、中国化学工程、京能集团、浙江省地勘局、陕西测绘局等 11 家单位到全委汇报工作。全委还通过全委会、常委会、研讨会、协作会、研究会年会等，加强指导。加强与政府部门、行业协会的联系沟通，与自然资源部、国家能源局、中国煤炭工业协会等 10 家单位召开联席会。深化机关与地方政府、企事业单位之间干部交流任职工作，2 名同志到山西壶关和全国总工会文工团挂职，2 名企业基层工会干部到全委机关挂职。做好工会外事工作，接待日本能源工会、挪威能源和工业工会代表团。

推动中国工会十七大精神的学习贯彻工作。2018 年 10 月 30 日，在北京召开了在京中央企业工会负责同志，在京全委常委、委员参加的座谈会，部署学习贯彻中国工会十七大精神工作。11 月 1 日，传达学习中国工会十七大精神座谈会在大庆油田铁人学院召开，企业工会、省级产业工会负责人、大庆油田二级单位工会主席参加座谈会，会议传达学习中国工会十七大精神，畅谈贯彻落实工作思路。全委机关同志带头学习，逐字逐条地分析研读，学深悟透会议精神，将今后 5 年工作归纳整理成 80 项主要任务，找准与产业工会工作的结合点和着力点。12 月 25 日，中国能源化学地质工会四届三次全委会议在北京召开，强调以习近平新时代中国特色社会主义思想为指导，落实中国工会十七大目标任务，团结动员广大职工为决胜全面建成小康社会而努力奋斗。

（二）聚焦国家重大战略、聚力重大工程项目，组织职工建功立业

做好职工维权维稳工作。各级工会密切关注职工思想动态、劳动经济权益、困难帮扶等情况，积极做好职工思想引导、就业培训等工作，发挥企业职工代表大会作用，依法履行民主程序，建立协商沟通机制。在地勘行业事改企过程中，针对职能设定、事企剥离、职工安置等共性问题，促进相关政策落地实施。各地方产业工会通过专题报告、同政府联席会议等渠道，在畅通诉求渠道、解决职工困难方面发挥了重要作用。

激发广大职工建功新时代的新动能。将国家重大战略、重大工程项目作为劳动和技能竞赛的主赛场，开展中俄东线天然气管道工程全国示范性引领性劳动和技能竞赛，推动落实“一带一路”倡议和振兴东北老工业基地战略，在黑河召开动员部署大会，工程建设首战打响。开展渤海油田持续稳产 3000 万吨劳动和技能竞赛，推动京津冀协同发展。开展金沙江流域重点工程劳动竞赛，服务长江经济带发展，在乌东德水电建设工地召开竞赛表

彰大会，总结表彰53个集体和40名个人。围绕污染防治和绿色发展战略，开展全国火电600MW级机组能效对标竞赛、京津冀电网系统“蓝天保卫战”劳动竞赛。积极推动塔里木油田建设3000万吨大油气田劳动竞赛。

积极参与脱贫攻坚战略。山西和顺、壶关两县是全国总工会定点扶贫县，中国能源化学地质工会组织企业参与定点扶贫工作，中国医药集团、天津医药集团和壶关、和顺签订战略合作协议，中新药业将壶关县一颗心农业合作社纳入网上采购平台。中煤能源、山西焦煤、平煤神马、国网山西电力等集团工会筹资50多万元，为壶关县水池村改善村民生产生活条件，改造建设公厕、安装太阳能路灯、迁移变压器、新建党建宣传栏、街巷文化长廊等宣传文化阵地。

（三）推动产业工人队伍建设改革重要举措

强化思想理论武装，学深悟透中央政策精神。坚持将学习领会《改革方案》作为一项基础性、先导性工作，紧密结合深入学习习近平新时代中国特色社会主义思想和党的十九大精神，尤其是习近平总书记关于产业工人队伍建设的重要指示精神，全国总工会十六届六次、七次执委会和推进产业工人队伍建设改革协调小组会议精神，召开分党组（扩大）会议、主席办公会、专题学习会议、“微党课”等20余次进行学习、领会、研究。结合“两学一做”学习教育、“不忘初心、牢记使命”主题教育，先后与中国电建、京能集团等开展主题党日活动，交流学习《改革方案》体会，了解基层企业产业工人队伍建设情况。经过系列学习活动，分党组带领党员干部吃深吃透了相关精神，充分认识重大意义，全面准确把握主要内容，增强了责任担当。

积极开展宣传宣讲，及时准确传达《改革方案》精神。2018年4月，组织《工人日报》、中工网、《中国工人》等媒体，赴南方电网广州、深圳基层企业采访报道；7 月，组织新华社、《人民日报》《光明日报》《经济日报》等主流媒体赴国网北京市电力公司华灯班采访报道等，有针对性地宣传典型企业产业工人队伍建设进展情况和取得的经验。全委领导班子成员通过多种场合，与多家中央企业集团公司领导，强调《改革方案》重要性和介绍最新推进情况，并在赴国家电网、中国石油、中国海油、中国电建等基层企业开展培训或调研时，普及和宣传《改革方案》，焕发企业贯彻落实《改革方案》的责任担当。充分利用会议、调研、内刊等渠道和载体，积极向基层工会和一线职工推广各单位推进《改革方案》好经验好做法。

创新优化平台载体，服务保障基层深入协调推进。2018 年 3 月 30 日，大庆油田在全国总工会的关心支持下，依托自身的政治文化、培训资源等优势，立足“工”字号特色，成立了专门培养劳模、工匠和技能人才的研训基地——铁人学院。7 月 17 日，首期全国能源化学地质系统全国劳模、大国工匠、五一劳动奖章获得者培训班在铁人学院开班，来自全国煤炭、电力、石油石化、化学医药、国土资源系统的近 50 名劳动模范、工匠、优秀班组长参加学习。全委将贯彻落实《改革方案》作为近两年年度重点工作，下大力气推动，积极为企业推动产业工人队伍建设提供服务保障。以“当好主人翁、建功新时代”为主题，开展乌东德、白鹤滩水电重点工程建设、京津冀“蓝天保卫战”、中俄天然气管道东线、塔里木油田建设 3000 万吨大油气田、“数字雄安建设”等一系列主题劳动和技能竞赛。加快网上工会建设，推动开发能源化学地质系统创新联盟 App 软件开发，推进央企集团加快“互联网+”技术开发应用。加强职工文化建设，以征集优秀职工书法、绘画、摄影、微电影、微视频、企业和职工自创歌曲，编写“讲好中国故事”系列丛书等活动为引领，促进产业文化、行业文化、职工文化繁荣。在能源化学地质系统迅速掀起学习“时代楷模”张黎明先进事迹热潮，推动更多张黎明式的“蓝领工匠”涌现出来。

开展专题调查研究，树立典型发挥榜样引领作用。2018 年 7 月，经过调研形成《关于贯彻落实〈新时期产业工人队伍建设改革方案〉情况的调研报告》，提出对下一步工作思考：一是加强领导，推动企业建立健全落实《改革方案》的组织体系；二是加强思想政治建设，强化产业工人思想引领；三是着力提升产业工人技能素质，积极推行终身职业技能培训；四是创新体制机制，推动提高产业工人待遇水平；五是坚持不懈推进，认真做好政策对接和服务保障工作。中国南方电网公司是能源化学地质系统第一个部署实施《改革方案》的企业，在就贯彻落实《改革方案》情况开展专题调研中，将南方电网作为重点调研对象，调研组先后赴其总部及广东、云南公司调研，并对煤矿、电力、石油石化等行业典型企业开展了相关调研。调研中，召开由工会干部、组织人事、科技管理、职工代表等人员参加的座谈会，深入一线班组站所基层单位，广泛听取职工对产业工人队伍建设的意见建议。南方电网在加强党的领导、改革创新体制机制、保障主人翁地位等方面取得了先期成果，从根本上解决了产业工人队伍建设的痼疾顽症，全面提振了产业工人队伍斗志和激情，为产业工人担当新使命提供了保障支撑，因此将南方电网作为贯彻落实《改革方案》的重大典型。进一步总结提炼南方电网经验做法，突出创新举措，体现企业特色。

召开现场推进会，在广度、深度、力度上持续推进。2018 年 6 月 8 日，在中国南方电网公司召开贯彻落实《新时期产业工人队伍建设改革方案》现场推进会，能源化学地质系统 97 个常委和委员单位工会负责人参加会议。进一步推动企业建立健全落实《改革方案》的组织体系，强化产业工人思想引领，推行终身职业技能培训制度，推动提高产业工人待遇水平，认真做好政策对接和服务保障工作，及时总结好经验好做法，推进系统内企业不断将产业工人队伍建设改革引向深入。会上，南方电网从领航工程、素质工程、成长工程、凝心工程和暖心工程等“五项工程”方面，介绍了南方电网的经验做法，广东电网公司、广西电网公司、广州供电局、职工代表作了交流发言。当前，国家电网、南方电网、中国石油、中国石化、中国海油、中煤科工等国有大型企业发挥示范引领作用，制定了工作方案，出台了实施办法，各项改革举措顺利有序展开。现场推进会后，与会单位及时向本单位党委（组）汇报会议精神，《改革方案》得到广泛重视，中国华能、国家能源集团等正在加快出台实施举措。下一步将常抓不懈、持续发力、久久为功，加快推进产业工人队伍建设改革的进程。

（四）为能源化学地质产业高质量发展贡献力量

构筑产业工人奋进新时代的新家园。2018 年 7 月 25 日，中国能源化学地质“劳模博物园”在北戴河矿工疗院举行揭牌仪式。当天，“铁人学院”首期劳模工匠培训班结业仪式在北戴河矿工疗养院举行。7 月 17 日，京能集团工会与大庆油田工会签署了关于京能集团北戴河“劳模博物园”和大庆“铁人学院”加强合作的框架协议。全委多次听取汇报和专门研究“铁人学院”工作，协调中国劳动关系学院、中国工人出版社、全国总工会财务部，在编修教材、资金扶持等方面给予帮助。“铁人学院”作为我国第一所产业工人学院，被中组部授予“全国党员教育示范基地”。支持协助北京能源集团将北戴河矿工疗养院打造成具有展示和弘扬劳模文化功能的“劳模博物园”。劳模书屋、劳模林、丰碑园等展示区和劳模精神体验区已经建成，成为能源化学地质系统劳模和工匠活动的文化家园。确定部分中央企业作为加快“互联网+”技术开发应用的试点单位，国家电网、南方电网、开滦集团、大庆油田、长庆油田等企业职工网上服务体系初见成效，下一步将整合资源，形成系统的创新工作联盟。

弘扬劳模和工匠精神。开展第三、四季“身边的大国工匠”推荐学习活动，推出近100名先进典型，为职工成才成长树立榜样。先后组织《人民日报》、新华社、中央广播电视总台等媒体，集中采访报道“大国工匠”、国网华灯班、南网三沙微电网班组、海上采气平台班组等，展现新时代产业工人奋进实干的精神面貌。组织工会媒体采访中国平煤神马集团、中国海油、大庆油田1205钻井队，对职工队伍建设亮点经验、先进人物进行宣传报道。与《当代矿工》杂志合作开辟专栏，宣传“大国工匠”先进事迹。参与评选表彰煤炭行业劳动模范，117个先进集体、133名劳动模范、14名先进工作者受到表彰。举办“对标楷模争做张黎明式好职工”学习活动工作会议，发挥张黎明在能源化学地质系统带动作用，建立培育先进典型长效机制。举办“当好主人翁、建功新时代”全国能源化学地质系统劳模和工匠人才经验交流会。组织近100名全国能源化学地质系统劳动模范赴中国煤矿工人大连疗养院休养。

推动富有产业特色的职工文化建设。2018年6月14日，“学习贯彻习近平总书记给劳模班学员回信精神，加强现实题材创作，讴歌新时代劳模”研讨会在北戴河矿工疗养院召开。会议围绕深刻领会总书记回信的精神内涵和重要意义，更好地学习贯彻回信精神，加强弘扬新时代劳模精神、工匠精神文学作品创作等议题进行深入探讨。会议期间，中国作协向劳模文化家园捐赠1000册图书。6月28日，第五届中国煤矿艺术节在河北开滦集团举办，全面展示改革开放40年中国煤炭工业科学发展奋斗历程和改革成果。以社会主义核心价值观为统领，引导广大职工在生产实践中开展精神文化建设，用身边事身边人为产业工人树碑立传，记录下来他们平凡而伟大的足迹。奏响讴歌新时代楷模的时代强音，启动著名作家赴国家重点工程白鹤滩建设工地现场开展创作活动，争取创作一批弘扬时代精神的文学作品。举办“长庆杯”职工摄影大赛、“京能杯”微电影微视频创作大赛、优秀职工歌曲征集活动，共征集摄影作品 1 万余幅、微视频作品 442 项、职工歌曲 158 首。编写“讲好中国故事”系列丛书，第一部推出南方电网、北京市电力公司、大庆油田、中国电建海外投资公司、中国海油、开滦集团 6 家单位职工故事，在中国工会十七大会议期间进行展示。召开首届“京能杯”微电影微视频创作大赛优秀作品展播发布会。大力推进职工书屋建设，新建一批全国工会职工书屋示范点。举办“电建杯”“京能杯”在京单位桥牌赛。

提升职工队伍技能素质。2018 年 9 月 11 日至 14 日，第四届全国煤炭行业（露天煤矿）职业技能竞赛在平庄煤业元宝山露天煤矿举办。对获得各职业工种决赛前 3 名且为职工身份的选手，在报请人力资源和社会保障部核准后授予“全国技术能手”荣誉称号。对获得露天采剥机械电修工第一名且为职工身份的选手，授予“全国五一劳动奖章”。落实《全国石油石化系统职工“岗位创新创效创优·工人先锋号在行动”行动纲要》，召开活动总结会议。组织举办第十一届电力行业（集控值班员）职业技能竞赛，第十届全国石油和化工行业职业技能竞赛，首届全国地质勘查行业物探职业技能竞赛，首届全国玉石雕刻职业技能竞赛。组织职工技术创新成果征集评选活动。积极向第二十届中国专利奖评选活动、第五届全国职工优秀技术创新成果征集活动推荐优秀职工技术创新成果。

加强职工安全生产和班组建设。开展“安康杯”竞赛，强化班组现场安全管理。加强女职工权益维护、群众安全知识等宣传教育，在微信公众号开展 11 期有奖知识微问答活动，累计参加人数 2. 5 万人。推动女工家属协管安全工作，征集整理女工协管安全工作微故事 487 篇。与中国煤矿体协联合下发了《关于加强职工体质监测和建立职工体质测定与运动健身指导站的指导意见》。出席国家应急管理部召开的全国煤矿安全基础建设推进大会。总结优秀班组成功经验做法，编印《小班组 大贡献——全国石油石化系统创新创效创优五十佳班组经验汇编》。在《中国工人》杂志《WE 班组》栏目刊发 100 多个班组经验，在中工网开设专栏，重点宣传 50 个优秀班组。

2018 年，全国能源化学地质系统涌现出一大批先进集体和个人，由全委向全国总工会申报表彰的 1 个集体获得“全国五一劳动奖状”，3 名个人获得“全国五一劳动奖章”，10 个班组获得“全国工人先锋号”；14 个集体获“全国模范职工之家”和“全国模范职工小家”，3 名个人分别获“全国优秀工会工作者”“全国优秀积极分子”“全国优秀工会之友”；7 个集体获“安康杯”优胜单位和优胜班组；39 家单位被授予“全国工会职工书屋示范点”。

三、庆祝中华人民共和国成立70周年

2019 年是中华人民共和国成立 70 周年，也是贯彻落实中国工会十七大精神的开局之年。能源化学地质工会坚持把学习宣传贯彻习近平新时代中国特色社会主义思想、党的十九大和十九届四中全会精神作为首要政治任务，深入学习贯彻习近平总书记关于工人阶级和工会工作的重要论述，努力增强“四个意识”，坚定“四个自信”，做到“两个维护”，确保工会工作坚持正确政治方向。扎实开展“两学一做”学习教育和“不忘初心、牢记使命”主题教育，并把主题教育的成果转化为做好工会工作的强大动力。认真学习习近平总书记对能源化学地质行业作出的重要指示批示精神，研讨深化学习贯彻的措施方法，进一步坚定团结带领广大职工听党话、跟党走的决心。深入贯彻落实《改革方案》，

聚焦国家重大战略、聚力重大工程项目，深入持久广泛开展劳动和技能竞赛，充分发挥广大职工的主力军作用，以优异成绩庆祝新中国成立70周年。

（一）团结动员广大职工听党话、跟党走

深入学习宣传贯彻习近平新时代中国特色社会主义思想。2019年4月25日，在北戴河矿工疗养院召开“中国梦·劳动美——与共和国同成长、与新时代齐奋进”庆祝“五一”国际劳动节主题会议，各行业的劳模工匠代表为“劳模博物园”新落成的王进喜、王选、黄大年劳模雕塑揭幕，随后举行了劳模影剧厅启动仪式，播放了工业与劳动题材电影，能源化学地质工会举办“五一”表彰会。建立健全学习贯彻习近平新时代中国特色社会主义思想的长效机制，坚定地用习近平新时代中国特色社会主义思想武装头脑，统领工会工作。按照学懂弄通做实要求，掌握蕴含其中的核心要义、丰富内涵和科学的思想方法，提升马克思主义思想觉悟和理论水平，不断增强合格干部的“八个本领”。进一步增强“四个意识”、坚定“四个自信”，在坚持党的领导这个根本问题上带好头、站好位，旗帜鲜明、立场坚定，决不含糊，进一步筑牢同以习近平同志为核心的党中央保持高度一致的思想根基。

认真学习宣传贯彻习近平总书记重要讲话精神和中国工会十七大精神。按照全国总工会《关于认真学习宣传贯彻习近平总书记重要讲话精神 完成好中国工会十七大目标任务的通知》要求，深入学习领会习近平总书记重要讲话的重大意义和精神实质，深刻认识工会工作的政治定位和工会组织的政治属性，准确把握好新形势下工人阶级和工会工作的方向性、根本性、战略性问题。进一步深化对习近平总书记关于工人阶级和工会工作重要论述的学习，重点把握“八个坚持”的基本内涵和“四个立足”的实践要

求。深入学习贯彻《中国工会章程（修正案）》，自觉运用工会章程规范和指导工会工作。深入研读中国工会十七大文件，全面准确理解和把握中国工会十七大精神，不断奠定坚实的思想理论基础，为做好新时代工会工作提供政治保证。

在广大职工中开展有特色、接地气的宣讲宣传普及活动。2019 年 6 月 19 日，全国能源化学地质系统职工思想政治工作暨文化建设推进会在重庆市举办。会上学习了习近平新时代中国特色社会主义思想，特别是习近平总书记关于工人阶级和工会工作的重要论述，以及关于思想政治工作的一系列重要讲话精神，交流全国能源化学地质系统工会开展思想政治和文化建设工作的做法和经验，有力推动全国能源化学地质系统职工思想政治和文化建设工作。引导各级工会自觉成为做好党的群众工作的战斗队、工作队，通过卓有成效的工作，把坚持中国共产党领导和社会主义制度落实到广大职工中去。将习近平新时代中国特色社会主义思想、中国工会十七大精神作为工会宣传教育的重要内容，将其融入文件、讲话、培训中，让科学理论入耳入脑入心，转化为广大干部职工的自觉行动和生动的社会实践。广泛开展宣传到人、学习进班活动，充分发挥工会宣传教育阵地作用，打造“两微一端一抖音”新媒体阵地，推动“大学习”“大宣传”进企业、进车间、进班组，把党的新思想、新理论、新观点推送到职工手头身边。引导广大职工始终拥护核心、坚决拥戴领袖，更加紧密地团结在以习近平同志为核心的党中央周围，切实承担团结引导职工群众听党话、跟党走的政治责任。

（二）各级工会创新服务

推动中国工会十七大工作部署与各项工作有机衔接。2019 年 4 月 11 日，全国煤炭系统工会工作会议在江苏省常州市举办。会上系统研究了新时代煤炭系统工会工作的创新发展、中国工会十七大精神的贯彻落实、化解过剩产能中职工安置工作的稳步推进等重要问题，部署了下一阶段全国煤炭系统工会重点工作。保持和增强工会组织作为政治组织的根本属性，以更加强烈的政治责任感，不断增强自我革新的勇气，以工会系统党的建设高质量，推动工会创新发展上台阶。站在党和国家事业发展的高度，严肃党内政治生活，坚定不移地推进党风廉政建设和反腐败斗争，严格依照法律法规和工会章程创造性地开展工作。召开全国能源化学地质系统党的建设工作座谈会，开展征文活动。引导各级工会把本单位的主要任务、工作谋划，与中国工会十七大确定的目标任务逐一对接、对标、对表，将中国工会十七大确定的目标任务落实到各自岗位上，体现到真抓实干的具体行动中。坚持党的群众路线，大兴调查研究之风，一竿子扎到基层，与职工打成一片，准确掌握基层和职工的所需所盼所忧，找准落实中国工会十七大目标任务的结合点切入点。针对推进产业工人队伍建设改革、维护职工合法权益、深化工会改革创新等重大课题开展深入调研。召开煤炭行业工作会议、电力行业“职工之家”建设推进会、化学医药系统工作研讨会交流工作。

履行维护职工合法权益的基本职责。持续强化理论武装，增强广大工会干部理论自觉、思想自觉与行动自觉。贯彻落实《关于进一步激励广大干部新时代新担当新作为的意见》，营造干事创业、风清气正的良好政治生态。抓好工会作风建设，增强群众观念和群众感情，密切与职工群众的血肉联系，扑下身子、沉到一线，深入企业、走近职工，力戒“四风”。加强源头参与，代表职工主动参与涉及职工利益的法律法规政策的制订修改，将调研成果形成提案提交两会。深化集体协商工作，推动完善企业工资决定、正常增长和支付保障机制，促进职工工资随经济效益和劳动生产率同步增长提高。健全以职工代表大会为基本形式的民主管理体系，重点建立企业集团职工代表大会制度，推进厂务公开制度化、规范化，完善职工董事、职工监事制度。完善与政府部门协调劳动关系的联席会议制度，积极推动劳动争议处理工作，加强劳动关系领域风险排查化解、应急处理，推动构建和谐劳动关系。完善工会劳动保护监督机制，深化“安康杯”竞赛活动，进一步发挥煤矿群监员作用。做好供给侧结构性改革中职工转岗安置、困难帮扶等工作，积极配合企业党政推动各项安置政策落实落地。及时掌握经济形势变化、产业结构调整、企业改制重组中，职工合法权益带来的新问题新挑战，切实将代表和维护职工合法权益作为己任，做到哪里的职工合法权益受到侵害，哪里的工会就要站出来说话。

加强工会基层组织建设和智慧工会建设。加快推动应建而未建的企业建立工会组织，推进新设立企业、改制改建企业组建工会工作。配合党和国家机关改革，及时做好与改革后的中央机构的衔接协调工作。坚决制止、纠正随意撤并工会组织和机构、弱化工会地位和作用的行为。积极建设智慧工会，加强网上工作平台建设，加强全委机关与委员单位、企业内部上下级工会组织间互联互通，逐渐形成产业工会网上工作体系，不断增强基层工会组织活力。做到哪里有职工群众、哪里就要有工会组织，哪里需要做群众工作、工会工作就跟进到哪里。顺应职工对美好生活的新期待，把竭诚服务职工作为一切工作的出发点和落脚点，让工会在职工需要时能够看得见、找得到、信得过、靠得住。不断完善、规范和深化新形势下“职工之家”建设工作，加强偏远艰苦地区和小、散、远基层单位“职工之家”“职工小家”建设。就风电、太阳能、地勘等行业边远和野外站点“职工之家”建设开展调研。把“职工之家”打造成“暖心工程”，关注职工食堂、职工书屋、休息室、沐浴室、活动室等基础设施建设，推动解决广大职工尤其是地处艰苦地区职工的后顾之忧，提升广大职工获得感和幸福感。注重对职工的人文关怀和心理疏导，让职工真正感受到“职工之家”的温暖和“娘家人”的牵挂和关怀。

（三）推动产业经济高质量发展

掀起新时代劳动和技能竞赛热潮。2019年3月底，由全委和陕西测绘地理信息局牵头，联合黑龙江、四川测绘地理信息局、自然资源部重庆测绘院以及西藏自治区总工会和自然资源厅，陕西、黑龙江、四川省和重庆市总工会，以“比质量、保工期、赛创新，大干60天”为主题开展西藏自治区第三次全国国土调查劳动竞赛。2019年7月3日，金沙江流域水电工程劳动竞赛表彰大会在白鹤滩水电站建设工地举行，强调通过竞赛为广大职工能源报国、产业报国、实业报国搭建舞台，践行调整能源结构、保障国家能源安全的神圣使命。7月4日，全国重点劳动竞赛现场推进会在白鹤滩水电建设工地举行，指出抓好劳动竞赛进度，推动重大工程建设高质量快速发展。以“当好主人翁、建功新时代”为主题，以深化供给侧结构性改革、推动经济高质量发展为主线，以国家重大战略、重大工程、重大项目、重点产业等为主攻方向，广泛深入持久开展多种形式的劳动和技能竞赛。推动开展全国引领性示范性和具有行业特色的竞赛活动，继续与有关部门共同开展中俄天然气管道东线工程全国引领性示范性劳动和技能竞赛、渤海油田持续稳产3000万吨劳动和技能竞赛、塔里木油田建设3000万吨大油气田劳动竞赛、金沙江流域重点工程建设竞赛等重点工程竞赛，全国火电600MW级机组能效水平对标竞赛、第八届全国煤炭行业职工技能竞赛、第十一届全国石油和化工行业职业技能竞赛、第六届全国测绘地理信息行业职业技能竞赛等重点赛事。与中国石油、化学工业联合会协同推进“能效领跑者”发布活动。为深化共建“一带一路”国家的双多边合作，与中国职工对外交流中心、国家电网公司开展共建“一带一路”国家职工技能大赛。深化创建“工人先锋号”活动，推进班组建设。选树宣传一批在建功新时代中表现突出的基层班组。各级工会广泛开展岗位练兵和技术比武活动，竞赛活动坚持经常性、突出群众性、具有针对性，针对不同岗位、不同层次的职工，设计有特色、多样化、贴近日常生产的竞赛载体，不断丰富竞赛的领域、内涵、方式、机制，团结动员广大职工发挥主力军作用，争做新时代的见证者、开创者、建设者。

健全工会服务职工体系。顺应职工对美好生活的新期待，满腔热情地做好服务职工工作。推进“会、站、家”一体化建设，推行工会服务职工工作项目清单制度，不断完善“互联网+”工会普惠性服务。加强煤炭、地勘等行业基层困难职工的帮扶工作，将困难职工脱困解困工作与精准扶贫工作有序衔接，推动送温暖工作常态化、经常化、日常化，确保产业工人同步实现小康。在打赢脱贫攻坚战中充分发挥工会作用，把工会资源向扶贫协作、对口支援、定向捐助地区和单位倾斜，加大产业扶贫、就业扶贫力度，做实做细工会对口援疆援藏工作。建立对山西壶关县扶贫的长效机制，做好药材扶贫的后续工作。跟踪关注供给侧结构性改革中职工的生产生活、就业安置、权益维护等问题，对分流安置的职工积极救济、帮助、扶持，确保这些职工生活有保障。

发挥劳模工匠和先进典型的示范引领作用。加强大庆“铁人学院”建设力度，发挥“铁人学院”服务产业工人队伍建设的独特作用，举办劳模和高技能工匠人才培训班。完善“劳模博物园”作为产业工人文化家园的功能，弘扬劳模精神，厚植工匠文化，进一步提升影响力。深入开展“对标楷模争做张黎明式好职工”学习活动，培养和选树一批张黎明式的好职工。继续开展身边的“大国工匠”推荐学习活动，推荐一批高标准、高水平的先进典型，激发广大职工以先进为榜样、励志成长成才的信心和热情。深化劳模和工匠创新工作室创建，发挥创新工作室在发明、改进和推广新技术、新工具和新工艺中的作用。加强和创新劳模管理和服务工作，落实劳模政策，加强劳模教育培训，为劳模成长搭建平台，继续组织开展劳模疗休养工作。引导广大职工学习劳模和工匠专注、坚守、耐心、创新和不断突破自我的优良品质，营造劳动光荣的社会风尚和精益求精的敬业风气。

（四）深入推进产业工人队伍建设改革

加强职工思想政治引领。2019 年 5 月 24 日，向“中国好人”王娅学习座谈会暨《生如夏花》报告文学发行仪式在北京举行。中国能源化学地质工会下发通知，在全国能源化学地质系统开展向王娅学习活动，号召广大职工以实际行动诠释社会主义核心价值观，勇做新时代的奋斗者和追梦人。掌握工会意识形态工作主导权，引导广大职工坚定共产主义远大理想，对中华民族伟大复兴的光明前景充满信心，将实现党和国家确立的发展目标变成自己的自觉行动。坚持以社会主义核心价值观引领职工，深化“中国梦·劳动美”主题宣传教育，加强以职业道德为重点的“四德”建设，培育担当民族复兴大任的时代新人，凝聚起夺取新时代中国特色社会主义伟大胜利的强大正能量。发挥“铁人学院”“劳模博物园”的阵地作用，加强职工思想政治引领。建立健全形式多样的文体协会组织，将群众基础广泛的文化体育项目打造成持久开展的品牌活动。加强宪法学习宣传教育，引导广大职工做宪法的捍卫者、践行者和宣传者。打造昂扬向上的职工文化，发挥职工文化在职工思想政治建设中的作用，以书法、绘画、摄影、歌曲、微视频、微故事、文艺节目等职工喜闻乐见的形式，宣传展示优秀职工作品，讲好职工身边故事。组织开展送文化展示和下基层活动。组织文艺队伍，到一线班组、建设工地开展“文化送温暖”活动。编辑发行“讲好中国故事”系列丛书第二部。开展读故事丛书、讲身边故事读书征文和演讲活动。加强职工书屋线上线下融合，打造“网上职工书屋”，建立在线学习课堂，继续开展全国示范性职工书屋创建活动。与中国煤矿文联、中国电力文协等联合开展活动。

创新产业工人队伍建设改革的体制机制。推动落实《新时期产业工人队伍建设改革方案》实施意见，发挥牵头抓总作用，加强组织实施，有力有序推进。适时召开《改革方案》实施推进工作经验交流会议。深化职工素质提升工程建设，深入贯彻《国务院关于推行终身职业技能培训制度的意见》，推动提高产业工人待遇水平，认真贯彻落实《关于提高技术工人待遇的意见》，特别是要突出技能的激励机制，实现多劳者多得、技高者多得，增强技术工人的职业荣誉感、自豪感和获得感。

持续深入开展岗位创新活动。2019 年 7 月 22 日至 28 日，全国能源化学地质系统"大国工匠"培训班在大庆油田铁人学院和北戴河劳模博物园举办。百余名来自煤矿、电力、石油、石化、化学、医药、地勘、测绘行业的工匠人才参加培训。培训班为全系统各行业、各领域的工匠人才搭建平台，助力工匠成长为领军人物，更好地发挥旗帜标杆作用，引领全系统的广大产业工人"撸起袖子加油干"，积极投身经济建设主战场，当好主人翁、建功新时代，为实现中华民族伟大复兴的中国梦而努力奋斗。推动全国石油石化系统职工"岗位创新创效创优·工人先锋号在行动"深入开展，建立健全"三创"活动长效机制，加大宣传力度，适时召开推进会。编辑出版《煤炭行业女工协管安全工作微故事》。深入开展职工创新成果征集活动，加强职工创新联盟建设，举办群众性经济技术创新创效展示交流活动，召开自然资源系统职工队伍建设经验推广会，推进产业工人队伍建设改革不断取得新成效。

（五）讲好中国故事

坚定文化自信，讲好中国故事。贯彻落实习近平总书记关于讲好中国故事，弘扬中国文化的重要指示精神，彰显新时代文化自信，能源化学地质工会统筹协调出版讴歌新时代产业工人的“人民对美好生活的向往——讲好中国故事系列丛书”，展现新时代产业工人新姿态和工会组织新作为。2019 年 9 月 5 日，在系列丛书第一部如期出版并取得良好社会反响的基础上，召开“人民对美好生活的向往——讲好中国故事系列丛书（第二部）”编写工作会议，启动系列丛书第二部的编辑出版工作。《生如夏花》《劳动者之光》《逐梦前行》《特聘煤矿安全群众监督员工作手册》已完成出版发行，系列丛书第二部的其他书目在 2021 年“七一”前完成出版发行工作，向中国共产党建党 100 周年献礼。

推进产业工人文化创作。讲好中国产业工人故事、传播好中国工会声音，引领广大职工形成价值共识、激励广大职工群众努力奋斗。加强与中国作家协会等合作，组织著名作家撰写报告文学《生如夏花》，发挥先进模范人物的示范引领作用。由工人出版社出版发行《逐梦前行》，展示地勘职工风采，并配送全国职工书屋。深入国测一大队外业测区，为产业工人创作歌曲《国家测绘队员之歌》，在全国测绘队员中得到了广泛传唱。

开展产业特色文化建设。以“中国梦·劳动美——与共和国同成长、与新时代齐奋进”为主题，开展“京能杯”微电影微视频创作、“上海华谊杯”职工歌曲演唱、“长庆杯”职工摄影展、“中国海油杯”职工故事演讲、“广东地质杯”纪念建国 70 周年主题征文等系列活动，回顾各行业与新中国共成长的发展历程，展示职工文化建设成果。在劳模博物园举办庆祝“五一”国际劳动节主题活动，组织行业高技能人才与高凤林、王进、谭文波、朱恒银等“大国工匠”开展读书分享。与中国煤炭工业协会、中国煤矿文联联合举办中国煤矿艺术节，展现新时代中国煤矿工人的精神风貌。发挥工会组织开展职工文化活动常态、职工参与广泛、内容形式多样的传统优势，借助现代科技手段等多种文化传播新媒体、新介质，积极搭建职工文化活动新载体、新平台，不断丰富职工文化生活。依托各级工会文体管理机构，因地制宜建立完善文化体育协会组织，构建自上而下的文体工作网络，规范完善协会管理办法和经费保障机制。巩固职工文化建设阵地，发挥文化宫、俱乐部的阵地作用开展文化活动，满足职工日益增长的文化需求，培育优秀企业文化、职工文化，发挥好文化影响人、塑造人的重要作用，促进职工全面发展和自我价值实现。

建立送文化下基层制度。与全国总工会文工团签订战略合作协议，与煤矿文工团开展常态化合作，实现送文化下基层制度规范运行。赴中俄东线管道工程建设现场、中原油田、中煤平朔集团、塔里木油田、库车发电公司、天山矿业公司、甘肃电力等单位开展“文化送温暖”活动。用职工喜闻乐见的文学艺术形式，宣传习近平新时代中国特色社会主义思想、新中国成立 70 周年特别是党的十八大以来的生动实践和伟大成就。把职工优秀文化作品送到基层一线、偏远班组。

四、产业工人在疫情防控中担当作为

2020 年，中国能源化学地质系统贯彻落实习近平新时代中国特色社会主义思想和党中央决策部署，在常态化疫情防控条件下主动作为、履职尽责，持续加强职工思想政治引领，聚焦国家重大战略、重大工程、重点项目和重要任务，组织开展十大工程劳动竞赛，推动产业工人队伍建设改革有新作为。

（一）积极应对新冠疫情冲击

展现能源化学地质系统企业的责任和担当。疫情初期，中国能源化学地质工会集中力量关注在湖北有关企业的疫情防控，电话了解相关企业受疫情影响情况，提醒各大企业及早行动，及时为职工采购发放口罩等防疫物资。组织系统内各级工会通过走访、电话、微信、视频连线等形式持续开展慰问、扶助工作，推动系统内各单位合理安排轮岗换班、制订防疫工作手册、配备防疫用品等，切实维护职工生命安全健康。国家电网公司全面启动应急机制，电网运维、调度运行、供电服务、配电抢修等各专业 24 小时联动值班，“战时”状态全面开启，出台坚决贯彻阶段性降低用电成本政策 8 项措施，2020 年减免电费近千亿元，支持大工业和一般工商业企业发展。中国能源化学地质工会协调中国石油、中国石化、中国海油等单位为武汉提供消毒液、柴油、润滑油、聚丙烯、聚乙烯等抗疫物资 5 万余吨，协调山西潞安矿业集团、中国三峡集团、中国华能集团等单位通过全国总工会财务部向湖北一线捐助 689. 37 万元，山西焦煤集团为疫情防控捐款捐物累计 3396 万元，中国石化向湖北省红十字会捐赠 5000 万元。协调京能集团漳山电厂、潞安集团司马煤矿、潞安集团高河能源公司等 3 家企业，同受疫情影响导致农产品滞销的全国总工会定点扶贫村山西壶关县水池村签订长期供货协议，展现能源化学地质系统企业的责任和担当。

加强了解职工思想动态、总结基层工作经验。2020 年 10 月 27 日，全国能源化学地质系统基层工会组织建设现场会在山东省临沂市召开，有序推进各项工作任务落实。全委形成《关于天津市电力公司防控新冠肺炎疫情和服务复工复产工作情况的汇报》《华能工委关于助力打赢新冠疫情防控阻击战工作情况的报告》《关于国家能源集团公司印发推进产业工人队伍建设改革实施方案的报告》《新冠肺炎疫情对安徽省能源化学产业企业及职工影响情况的调研报告》《关于开展劳动和技能竞赛 助力夺取疫情防控和实现生产经营目标双胜利的报告》等 5 篇调研报告上报全国总工会书记处。在石油石化系统内各级工会组织开展职工“岗位创新创效创优 · 工人先锋号在行动”、“提质增效”专项行动、

“百日攻坚创效”工会在行动等活动，抵御新冠疫情和前所未有的负油价的双重冲击，助力各大石油石化集团公司生产经营形势全面好转。中国能源化学地质工会在做好部门防控工作的同时，指导各级工会充分发挥中国能源化学地质行业的先导性、基础性、保障性作用，团结动员广大职工坚守生产一线，确保能源物资供应。围绕统筹新冠疫情防控和经济社会发展，扎实推进建功立业，维权服务，基层组织和自身建设，全力抓好疫情防控、复工复产、队伍稳定等工作。

切实增强职工群众获得感、幸福感、安全感。做好党的重大方针政策的宣传引导，团结带领职工做改革的拥护者、支持者、实践者。跟踪分析疫情给能源化学地质系统各企业带来的影响，加大对疫情防控新常态下企业和谐劳动关系的指导力度。持续关注深化供给侧结构性改革过程中职工劳动经济权益维护问题，发挥劳动关系协调机制作用，维护职工合法权益，促进职工队伍和谐稳定。组织专家赶赴在供给侧结构性改革中急需转型的企业现场调研，为职工增收创造良好的发展环境和空间。

（二）持续巩固深化“不忘初心、牢记使命”主题教育成果

认真落实《全总党组巡视整改方案》整改任务要求。2020 年 6 月，全委党支部被全国总工会作为政治功能强、支部班子强、党员队伍强、发挥作用强的典型，推荐参加中央和国家机关工委举办的“四强”党支部论坛。全委落实全国总工会党组巡视组反馈意见，多次召开分党组扩大会议专题部署、研究和推进整改落实工作，确保各项整改部署到位、责任到位、落实到位。认真贯彻落实中央办公厅《关于不断巩固深化“不忘初心、牢记使命”主题教育成果的意见》精神，推动形成坚定理想信念、坚守初心使命、敢于担当作为的浓厚氛围，引导全体党员干部不断增强维护自觉、坚定维护行动、提高维护能力，全委机关党的政治建设

进一步得到增强。

加强群众性经济技术工作。2020 年 10 月 15 日，首届全国中药传统名堂职业技能竞赛在天津中新药业六厂举行决赛，全国近 8000 名中药材鉴别专业人员中，约有 4200 人参加了各级培训及选拔，极大地推动了传统“精英赛”向“一线赛”转变，由“示范赛”向“普遍赛”延伸，大大提高了职工参与度和竞赛实效性。2020 年 11 月在广西壮族自治区柳州市举办全国地质勘查行业首届地质调查员（地质灾害方向）职业技能竞赛决赛，来自全国 25 个省（自治区、直辖市）和 2 个中央地勘单位共 27 支参赛队 81 名选手参加了比赛。组织开展“齐心协力战疫情，传播技能促生产”中国能源化学地质工会工匠直播月活动，促进职工创新创造，推广优秀技能技法，营造劳动光荣、知识崇高、人才宝贵、创造伟大的社会风尚，激励更多职工特别是青年职工走技能成才、技能报国之路，促进石油石化企业技术创新能力提升。广泛深入持久开展中俄东线天然气管道工程建设劳动和技能竞赛，渤海油田上产 4000 万吨劳动和技能竞赛，塔里木油田建设 3000 万吨大油气田劳动竞赛，建功准噶尔、助推高质量主题劳动和技能竞赛等，促进国家重大能源通道建设和油气增储上产，确保能源供给保障能力不断提升，有力保障国家能源安全。

举办“京能杯”第三届微电影微视频创作大赛。以庆祝中国共产党成立 100 周年为契机，加强和改进产业工人队伍思想引领，提升工会组织党的建设，引导广大职工传承红色基因、发扬优良传统，重温奋斗历程、开创更好未来，担当时代重任、彰显产业力量。各单位认真组织、精心策划，推出精品力作 799 项，经新华社、中央广播电视总台、中国传媒大学等影视和文创专家严格评审，最终评选出《向阳花开》等 520 项获奖作品，其中特等奖 50 项，一等奖 120 项，二等奖 150 项，三等奖 200 项。

（三）有序推进各项重点工作

推进困难职工帮扶脱困工作。2020 年 9 月，组织国药集团、天津医药集团的药材种植专家赴在供给侧结构性改革中急需转型的吉煤集团进行调研，了解其现有林地资源情况及具体需求，推动吉煤集团利用闲置林地资源发展“林下经济”。积极建立“药厂+林业公司+职工”发展模式，为安置困难职工提供平台，为职工家属创业搭建舞台，为养殖、种植户创收创效提供良好的发展环境，从源头上推动吉煤集团脱困解困和转型发展。

高度关注行业内安全生产工作。重庆发生“9・27”“12・9”煤矿事故后，中国能源化学地质工会积极联系重庆能源工会，了解事故详细情况，在全国总工会书记处的支持下，筹集 20 万元专项慰问金，2020 年 11 月，赴重庆松藻煤矿看望慰问“9・27”事故受伤矿工和遇难者家属。出版《特聘煤矿安全群众监督员工作手册》，并赠送基层 900 册，赠送全国总工会对口扶贫单位壶关县 100 册，为煤炭企业生产一线特聘群众安全监督员提供传授安全生产、隐患识别、险情排除、紧急避险等基本知识，助力企业安全生产。

举行全国和行业重点劳动竞赛交流推进会。2020 年 9 月 8 日，学习习近平总书记对金沙江乌东德水电站首批机组投产发电重要指示精神暨全国和行业重点劳动竞赛交流推进会在乌东德水电站建设工地举行。中国能源化学地质工会主席张波出席会议并讲话。会上，与会代表观看了金沙江水电工程劳动竞赛专题片，三峡集团乌东德工程建设部主要负责人带领全体参会人员重温习近平总书记对金沙江乌东德水电站首批机组投产发电重要指示精神，交流学习体会和实践感悟。三峡集团、中石油、国家电网、南方电网、国电投、中海油等单位代表发言，交流乌东德工程、中俄东线工程、特高压工程、昆柳龙工程、“国和一号”示范工程、渤海油田上产工程等重点工程劳动竞赛的经验和做法。会后，与会代表深入乌东德工地，切身感受世界最薄300米级特高拱坝和世界最高地下电站厂房。

五、庆祝中国共产党成立100周年，大力弘扬劳模精神、劳动精神、工匠精神

2021年，中国能源化学地质工会始终坚持以习近平新时代中国特色社会主义思想为统领，认真学习贯彻党的十九大和十九届二中、三中、四中、五中、六中全会精神，扎实开展党史学习教育，努力做到学史明理、学史增信、学史崇德、学史力行，切实教育引导能源化学地质系统全体党员干部和两千万名产业职工听党话、感党恩、跟党走。围绕庆祝中国共产党成立100周年开展系列活动，持续加强职工思想政治引领，大力弘扬劳模精神、劳动精神、工匠精神成为时代主旋律，进一步叫响做实“大国工匠”品牌。推动产业工人队伍建设改革向纵深发展，引导职工争做岗位创新创效主力军，广泛深入持久开展劳动和技能竞赛，创新适合新兴产业、新的职业、不同用工形式的竞赛载体，注重典型经验总结和宣传报道。

（一）开展党史学习教育

制定党史学习教育方案。按照党中央统一部署和全国总工会党组要求，及时召开分党组扩大会议，成立领导小组，制定党史学习教育方案，对全面推进党史学习教育进行安排部署。全面系统学习领会习近平新时代中国特色社会主义思想的丰富内涵与核心要义，不断提高全体党员干部的政治判断力、政治领悟力、政治执行力。全委领导班子坚持先学一步、深学一层，带头讲主题党课、谈学习体会，切实教育引导全委机关党员干部用马克思主

义中国化最新成果武装头脑，树牢“四个意识”，坚定“四个自信”，自觉做“两个确立”的坚决拥护者和“两个维护”的坚定践行者。

推进“我为群众办实事”实践活动。2021 年 9 月 26 日，全国总工会党组书记、副主席、书记处第一书记陈刚率队前往中国石油化工集团有限公司就加强新就业形态劳动者服务阵地建设、推动工会工作高质量发展实地走访调研，并为“司机之家”“爱心驿站”揭牌。全委领导班子带队深入煤矿井下慰问一线职工，到沙漠油井、高山变电站、野外地质队，选派 3 位同志参加全国总工会机关干部赴基层蹲点活动。协调有关单位参与共建武汉市舵落口大市场货车司机之家，利用加油站推动建设司机之家和户外驿站。切实为职工群众谋实事、出实招、解难题，把党中央的关心关怀送到职工心坎上。

进一步坚定广大职工听党话、跟党走的决心。培育和建设职工文化骨干队伍、示范基地和活动品牌，组建中国能源化学地质工会职工文艺志愿服务团，开展“永远跟党走、奋进新征程”百场职工文艺演出下基层活动，将一批思想精深、艺术精湛、制作精良的文艺作品送到基层厂矿、车间班组、边疆一线、重大工程、重大项目、劳动和技能竞赛现场，组织开展习近平总书记重要指示批示精神轮回宣讲，进一步坚定能源化学地质系统广大职工听党话、跟党走的决心。

（二）围绕庆祝中国共产党成立 100 周年开展系列活动

认真落实全国总工会庆祝中国共产党成立 100 周年系列活动方案。2021 年 5 月 21 日，由中国能源化学地质工会主办、国网天津市电力公司承办的“争做黎明式好职工”座谈暨《榜样力量》图书发布会在北京举行，“时代楷模”张黎明、全国劳动模范黄旭等分享体会，畅谈心声。深入开展“中国梦 · 劳动美”主题宣传教育，广泛开展“能源职工心向党”主题文化活动，组织开展庆祝建党100周年主题征文活动，举办“中国梦·劳动美——永远跟党走 奋进新征程”全国能源化学地质系统庆祝中国共产党成立100周年职工书画征集活动，开展首届全国职工微电影节暨第四届“能源中国”微电影节作品征集活动。组织相关单位参加2021“最班组”全国短视频大赛，“网聚职工正能量 争做中国好网民”活动。组织开展“京能杯”在京单位乒乓球赛。配合做好全国总工会大型交响音诗画“亿万职工心向党”会演等活动。举行“永远跟党走、奋进新征程——迎接建党百年”主题活动。持续开展全系统大国工匠推荐学习活动，充分展示行业大国工匠风采。

深入开展以劳动创造幸福为主题的宣传教育。2021年7月6日，由中国能源化学地质工会主办，国家电投承办的“中国梦·劳动美——永远跟党走 奋进新征程”全国能源化学地质系统职工书画作品集首发式暨作品展在国家电投总部隆重举办。通过搭建书画展示平台，讴歌中国共产党100年的光辉历史，描绘中国能源企业砥砺前行的奋斗历程，展示能源产业工人干事创业的昂扬斗志，并通过这些优秀作品激励广大产业工人听党话、感党恩、跟党走，坚定理想信念、践行工匠精神、苦练内功本领，勇于建功立业。2021年10月，在北京2022年冬奥会倒计时100天之际，由中国能源化学地质工会牵头，全国总工会各产业工会、中国职工国际旅行社总社和各电力集团共同参与，国网冀北电力有限公司承办的“全国职工‘冰雪情·冬奥梦’冰雪主题绘画活动”在北京启动。经过为期一个月的征集，共收到优秀作品4700余幅，由专家初审出作品400幅，并最终评审出200余幅佳作在中华世纪坛展出。活动的开展推动了冰雪运动的普及发展，发挥了冰雪运动育人功能，让广大产业工人了解冰雪、接触冰雪、爱上冰雪。同时，通过冰雪主题绘画文化活动，弘扬了冰雪画技术，让冰雪画艺术与冰雪冬奥文化相融合，向全世界人民展现冰雪画艺术的魅力，让全世界人民感受中国蓬勃向上的体育文化，体会每个中国人参与奥运、支持奥运的热情。加强新时代劳动教育，使广大职工在理想信念、价值理念、道德观念上紧紧团结在一起。讲好劳模故事、劳动故事、工匠故事，编辑出版反映新时代产业工人风采的“讲好中国故事”系列丛书。继续开展大国工匠推荐学习，把大国工匠品牌叫得更响、做得更实。做好劳模疗休养工作，引导激励广大职工立足岗位、辛勤劳动、甘于奉献。建立劳模创新工作室联盟，组织开展劳模工匠技术培训、技能交流等活动，推动系统内创新工作室规范化标准化建设，召开创新工作室交流推进会，为劳动模范、大国工匠发挥作用搭建平台、提供舞台。指导系统内有关单位五一表彰申报工作，召开弘扬“劳模精神、劳动精神、工匠精神”劳模座谈会，唱响劳动最光荣、劳动最崇高、劳动最伟大、劳动最美丽的主旋律。

深化新时代工匠学院建设。发挥“铁人学院”“劳模博物园”“工匠大学”三大已有平台的示范引领作用，推动再建能源化学地质工会“三大家园”，组织全国能源化学地质系统劳模工匠培训交流，不断巩固深化改革成果。在全国能源化学地质系统职工技术创新成果申报平台的基础上，建设创新成果展示厅、创新工作室联盟、劳模工匠专家库，为广大职工提升素质提供优质线上服务，打造职工网上“科技家园”。以开展能源化学地质系统职工微电影微视频创作大赛为抓手，成立能源中国微电影协会，举办“能源中国”微电影节，丰富全系统职工文化内涵，打造职工“文化家园”。以典型引路分类指导的方式，开展企业总健康师试点工作，推进建立总健康师制度，逐步构建职工健康服务体系，完善职工健康保障，增加健康服务供给，打造职工“健康家园”。

（三）推动产业工人队伍建设改革向纵深发展

总结推广典型经验。2021 年 5 月 25 日，在江苏省徐矿集团召开全国能源化学地质系统产业工人队伍建设改革现场推进会，总结推广典型经验，研究部署下一阶段主要工作。梳理一些典型经验，供大家结合各地各单位的工作实际加以借鉴，不断把产业工人队伍建设改革工作推向深入。

国家电网有限公司打造高素质职工队伍，全面激发基层活力：一是构建职工思想政治引领“新阵地”。把政治建设摆在首位，充分发挥工会宣传阵地作用，引领广大职工听党话、跟党走。二是开展职工建功立业“全员赛”。开展新时代劳动竞赛，努力打造知识型、技能型、创新型的专家人才队伍。三是打造职工技术创新“升级版”。充分发挥劳模、工匠的创新引领和示范带动作用，一批创新型人才脱颖而出，其中有“时代楷模”张黎明、“大国工匠”王进、“师徒双全国劳模”许启金、廖志斌等。四是锻造开启职工智慧宝库“金钥匙”。每年开展“我为企业献一策”合理化建议集中征集活动，形成了征集、采纳、实施、推广、奖励的合理化建议管理闭环。五是建立解决职工实际问题的“解忧站”。建立职工诉求服务中心，开通电话服务热线，设立微信、QQ、内外网邮箱等沟通载体。六是增强职工在企业发展改革中的“话语权”。始终把加强厂务公开民主管理工作作为“主阵地”，保障职工的知情权、参与权、表达权、监督权。七是关心关爱职工为职工“办实事”。完成新建、完善职工文体活动场所，建成拥有“小公寓、小食堂、小浴室、小书屋、小菜园”的“五小”供电所，推动办好减轻基层班组负担、构建职工诉求服务体系、解决职工周转房问题、慰问职工“三必贺、三必访”四件实事。八是建设智慧工会服务职工“零距离”。开发并推广应用“爱如电”App、“书香国网”职工数字阅读平台、“国网家园”微信公众号、“S365”职工运动平台等，让职工享受到“全天候、零距离”的“指尖上”服务。

徐州矿务集团有限公司努力打造“徐矿样本”：一是以“三

个重点”深层次理解产改。在领会上级要求中明确改革切入点，在分析行业特点中找准改革突破点，在了解职工需求中做实改革落脚点。二是以“三个第一”高标准谋划产改。层层重视，列为“第一工程”，人人参与，视为“第一资源”，环环相扣，压实“第一责任”。三是以“十个突破”全方位推进产改。突破身份限制，让产业工人有更多政治荣誉；突破比例约束，让更多产业工人参与企业治理；突破学历门槛，把优秀产业工人选拔到管理岗位使用；突破平均主义，工资分配注重向一线产业工人倾斜；突破帮扶上限，坚定不移做好教育、医疗、住房“三保障”工作；突破津贴范畴，扩大产业工人津贴范围；突破额度限制，加大产业工人奖励力度；突破评先比例，注重在各级各类先进评选中增加产业工人名额；突破疗休养模式，对获得市级以上荣誉的产业工人创新开展家庭疗休养；突破招聘范围，同等条件下优先录用优秀产业工人子女。四是以“十大项目”大力度深化产改。培育200名高技能人才、班组长进讲堂，创建“十大”样板劳动模范创新工作室，寻找最美产业工人，实施产业工人学历提升工程，建立200名产改观察员、联络员队伍，开展劳模大师进驻基层、“永远跟党走”宣讲会、优秀产业工人事迹展播，以及“万人”读书活动。

上海市医药工会引领员工、发展员工、服务员工：一是深化素质工程建设是提高产业工人思想引领的关键。以员工学校为载体，搭好职工思想教育平台，以劳动模范、先进人物为导向，发挥先进精神示范效应，以职工技能素质提高为目的，拓宽职工技能提升途径。二是深化群众性经济技术创新活动是发挥产业工人主力军作用的主阵地。创新劳动竞赛形式，引导职工岗位创新创效，发挥职工聪明才智，激发职工创造活力，深化企业班组建设，提升企业管理水平。三是加强服务意识保障职工权益是增强产业工人队伍凝聚力的支持保障。维护职工经济民主权益是服务职工的“第一保障”，加强工会干部能力建设是服务职工的“第一窗口”，完善服务职工体系是服务职工的“第一保证”。

吉林省煤田地质局努力打造地勘铁军：一是凝心聚力抓党建，培根铸魂担使命。强化思想政治建设、基层党组织建设、基层工会建设。二是精益求精抓竞赛，赋能强技提质。抓好劳动技能竞赛、技能人才使用、地勘讲堂培训。三是争先创优抓典型，传精神作表率。选树煤田地质工匠，建劳模创新工作室，汇集职工创新成果。四是厚植煤勘家文化，聚合力暖人心。改善劳动工作环境，提高安全生产能力，开展特别关爱活动，举办精品体育赛事，用好模范职工书屋。五是健全制度促改革，创佳绩上台阶。制定有关新制度，拓展工作新亮点。吉林省煤田地质局以转型发展为主线，突出队伍建设改革促发展，突出创新驱动促升级，突出深化改革调结构，奋力实现主业优化、多元发展、再上台阶的新局面。

中石化江汉油田倾心打造“三型队伍”：一是突出“奋斗”主题，彰显咱们工人有力量。鼓足攻坚创效斗志，搭建比学赶超平台，营造争先创优氛围。二是突出“创新”主题，彰显咱们工人有智慧。培育职工创新精神，提升职工创新能力，激励职工大胆创新。三是突出“素质”主题，彰显咱们工人有技术。抓实技能培训，注重技能帮带，开展技能练赛。聚焦“万亿方储量、千万吨油田、百亿方产量”战略目标，进行积极探索、大胆实践，着力打造知识型、技能型、创新型产业工人队伍，引导和激励广大职工以永不懈怠的精神状态和一往无前的奋斗姿态，为推进企业高质量发展建功立业。

广泛深入持久开展劳动和技能竞赛。2021 年 3 月 17 日，西藏自治区第三次全国国土调查劳动竞赛先进集体和个人推荐工作会在西安召开。6 月 1 日至 4 日，第二十一届全国煤炭行业职工职业技能示范赛在山西省运城市举办，此次示范赛有力提升了煤炭行业技能人才队伍整体素质，对促进煤炭行业矿山智能化建设和转型升级，打造一支知识型、技能型、创新型煤炭行业职工队伍，有着十分重要的意义。6 月 1 日至 9 日，举办了“当代矿工杯”全国煤炭行业职工安全生产知识网络竞赛。7 月 21 日至 24 日，第三十六届全国电力行业“哈电杯”全国大型水电机组检修职业技能竞赛在哈尔滨举办。7 月 27 日，全国能源化学地质系统“社会主义是干出来的”劳动竞赛启动仪式在国家能源集团宁夏煤业煤制油分公司举行。此次竞赛赛期 5 年，参赛范围为全国能源化学地质系统所属企业及职工。竞赛内容包括：比安全环保，赛基础管理；比竞争能力，赛效益增长；比创新驱动，赛技术进步；比技能水平，赛素质提升；比工匠精神，赛精益生产；比转型升级，赛发展质量。9 月 29 日，全国能源化学地质系统“华能睿渥杯”首届网络安全职业技能竞赛在青岛举办。10 月 13 日至 15 日，“山西焦煤杯”第十届全国煤炭行业职业技能竞赛在山西省太原市举行。10 月 15 日，“建功‘十四五’· 奋进新征程”全国煤炭行业矿山智能化建设劳动和技能竞赛启动仪式在国家能源神东煤炭集团举行。12 月 5 日至 8 日，第十三届全国石油和化工行业职业技能竞赛在湖南化工职业技术学院成功举办，等等。

加快推进职工“科技家园”建设。进一步完善创新成果征集评比展示、创新工作室联盟、劳模工匠专家库等功能模块，平台影响力不断扩大，开展全系统 2020 年度职工技术创新成果征集评比活动。在煤炭、电力系统开展以班组为单位的“岗位创新创效 · 工人先锋号在行动”活动。推动系统内创新工作室规范化标准化建设，召开职工技术创新工作室建设现场会，命名 4 家单位为职工技术创新孵化试点基地，探索职工技术创新成果孵化转化模式，推动技术技能要素参与分配。开展《技术工人职业发展通道建设的探索与实践》课题研究。

第三节　党的二十大后产业工人踔厉奋发迈上新征程

党的十九大以来，习近平总书记多次到企业、园区调研视察，并作出重要指示批示，特别是对三峡工程、乌东德水电站、白鹤滩水电站、“深海一号”分别作出重要指示。2022年以来，中国能源化学地质工会以习近平新时代中国特色社会主义思想为指导，深入贯彻落实习近平总书记关于工人阶级和工会工作的重要论述，以迎接和学习宣传贯彻党的二十大精神为主线，以产业工人队伍建设改革为重点，扎实推进《中国工运事业和工会工作“十四五”发展规划》实施，着力抓好各项重点工作，踔厉奋发迈上新征程，全面推动产业工运事业高质量发展。

一、深入学习宣传贯彻习近平新时代中国特色社会主义思想和党的二十大精神

2022年10月16日至22日，中国共产党第二十次全国代表大会在北京召开。党的二十大是在全党全国各族人民迈上全面建设社会主义现代化国家新征程、向第二个百年奋斗目标进军的关键时刻召开的一次十分重要的大会。大会的主题：高举中国特色社会主义伟大旗帜，全面贯彻习近平新时代中国特色社会主义思想，弘扬伟大建党精神，自信自强、守正创新，踔厉奋发、勇毅前行，为全面建设社会主义现代化国家、全面推进中华民族伟大复兴而团结奋斗。中国能源化学地质工会深入学习宣传贯彻习近平新时代中国特色社会主义思想和党的二十大精神，为保持平稳健康的经济环境、国泰民安的社会环境、风清气正的政治环境作出积极贡献。

（一）在深入学习宣传贯彻上落实到位

习近平新时代中国特色社会主义思想和党的二十大的重大指导意义。忠诚拥护“两个确立”、坚决做到“两个维护”，推动习近平新时代中国特色社会主义思想深入人心，确保产业工会工作政治方向正确。全面贯彻习近平新时代中国特色社会主义思想，贯彻落实习近平总书记关于工人阶级和工会工作的重要论述，完善学习贯彻习近平总书记重要指示批示精神落实机制、党的创新理论和工会理论下基层长效机制等，贯彻落实基层联系点、送教到基层、企业班组常态化学习等制度，筑牢广大职工团结奋斗的共同思想基础。党的二十大擘画了全面建成社会主义现代化强国、以中国式现代化全面推进中华民族伟大复兴的宏伟蓝图，明确了新时代新征程党和国家事业发展的目标任务。党的二十大报告围绕“全心全意依靠工人阶级”“弘扬劳动精神、奋斗精神、奉献精神、创造精神”以及“深入推进能源革命”“加快规划建设新型能源体系”“确保能源安全”等作出重大制度安排，为推动能源行业高质量发展，充分发挥产业工人主力军作用，深化产业工人队伍建设改革，指明了前进方向，提供了根本遵循。新形势下，引领中国能源化学地质行业广大干部职工在推动高质量发展中建功立业，在服务中国式现代化建设中奋力谱写保障国家能源资源安全的新篇章。

在全面学习上下功夫。切实提高政治站位，把学习宣传贯彻党的二十大精神作为当前首要政治任务。党的二十大是一次高举旗帜、凝聚力量、团结奋进的大会，吹响了踏上新征程的时代号角。大会开幕当天，精心组织全体党员干部收听收看直播盛况，认真聆听习近平总书记的报告。大会胜利闭幕后，中国能源化学地质工会迅速行动、周密部署，第一时间召开学习会议，集体学习党的二十大报告原文特别是涉及工会工作和产业发展的内容要点，深入组织学习研讨，就学习宣传贯彻党的二十大精神提出明确要求，强调结合产业工会实际，找准切入点和着力点，切实用党的二十大精神武装头脑、指导实践、推动工作。

在深刻领会上下功夫。坚持互动共学，进一步深化对党的二十大精神的学习领会。在全国总工会学习宣传贯彻党的二十大精神、深入学习习近平总书记关于工人阶级和工会工作的重要论述理论研讨会上，全委主要领导以《团结引领广大产业职工为“端牢能源饭碗”贡献智慧力量》为题作交流发言。联合全国总工会法律工作部、社会联络部开展党的二十大精神学习交流活动，邀请党的二十大代表、华北制药金坦公司首席技师、全委兼职副主席齐名作视频宣讲，进一步加深全国总工会部门对产业职工、基层工会的了解认识，推动党的二十大精神转化为做好工会工作的实际行动和具体举措。

在宣贯落实上下功夫。按照党中央和全国总工会统一部署，面向广大职工开展有特色、接地气的宣传宣讲活动，推动党的二十大精神深入基层、深入职工、深入人心。联合有关部门在京共同举办第一届全国产行业职工微电影节，以学习宣传贯彻党的二十大精神为主题，通过现场讲述、电影展播、文艺演出等方式，打造了一场精彩纷呈的职工文化盛典，在广大职工中引起热烈反响。各级工会坚决贯彻《中共中央关于认真学习宣传贯彻党的二十大精神的决定》《全国总工会关于认真学习宣传贯彻党的二十大精神的通知》有关要求，利用报刊、网站等媒介，面向广大职工做好党的二十大精神的学习解读。组织系统内的二十大代表深入厂矿企业、车间班组、生产一线等，通过大讲堂、座谈会、报告会等形式，推动学习宣传贯彻工作迅速形成强大声势、掀起高潮热潮。

（二）为保障国家能源资源安全贡献智慧力量

筑牢广大职工保障国家能源资源安全的思想基础。坚持以习近平总书记给山东省地矿局第六地质大队全体地质工作者回信精神为指引，凝聚广大职工团结奋斗的磅礴力量。全委第一时间组织召开学习贯彻回信精神座谈会，下发《关于学习贯彻习近平总书记给山东省地矿局第六地质大队回信精神的通知》，系统各级工会把学习宣传贯彻习近平总书记回信精神与学习宣传贯彻党的二十大精神结合起来，与学习习近平总书记对能源化学地质工作重要指示要求结合起来，从回信中汲取精神力量，深化对能源化学地质产业职工的思想引领。全委主要领导在《工人日报》刊发题为《学习总书记回信精神 在保障国家能源资源安全大局中发挥工会作用》的署名文章，在系统内掀起学习贯彻落实热潮，推动学习成果转化为推动各级工会创新发展的内生动力。为了更好地交流学习回信精神心得体会，全委在不到两个月的时间里，将系统内职工学习回信精神心得体会、英雄地质队故事，以及相关媒体报道结集成书，由中国工人出版社编辑出版《英雄地质队》。同时，认真学习领会习近平总书记春节前视频连线看望慰问中国石油塔里木油田公司基层干部职工时的重要指示精神，将各级单位贯彻落实情况形成专题报告，呈送全国总工会有关领导。持续教育、引导、组织职工更加紧密地凝聚在以习近平同志为核心的党中央周围，统一思想、凝聚共识，筑牢广大职工团结奋斗、保障能源资源安全的思想基础。

开展以保障国家能源资源安全为主题的劳动和技能竞赛。围绕国家能源领域的重大战略、重大工程、重大项目等，全力推动金沙江上游水电工程、8000 万千瓦绿色发展工程、金沙江清洁能源走廊建设、“国和一号”示范工程等全国引领性劳动和技能竞赛，助力能源资源重大工程项目建设。围绕能源资源勘探开发和增储上产，大力指导新疆地区油气勘探开发、渤海油田上产 4000 万吨、“十四五”全国自然资源调查监测等全国引领性劳动和技能竞赛，保障国家能源资源供应稳定安全。为缓解区域性能源供需矛盾，持续推动“疆电外送杯”新型电力系统建设、中俄东线天然气管道工程南段、西气东输四线天然气管道工程建设等全国引领性劳动和技能竞赛，推动区域能源科学均衡分配。构建清洁能源生产运行劳动竞赛体系，推动近 1200 家全国大型水电、风电、光伏厂（场、站）开展安全生产、高产稳产、创新创效等“五比五赛”活动。

推动能源资源安全保障工作取得可喜成绩。2022 年 2 月 25 日，全国总工会党组书记、副主席、书记处第一书记陈刚带队前往国家电网有限公司，开展大走访、大调研、大交流，看望慰问北京冬奥会电力保障人员，向广大一线电力职工表示崇高的敬意和诚挚的问候。“张北的风点亮北京的灯”深刻体现了北京冬奥会的“绿色奥运”理念。北京 2022 年冬奥会期间，国家电网公司全力投入供电保障工作，北京市电力公司派出 2.7 万名保障人员坚守岗位，冀北电力公司派出 12 支保障团队、800 余名精兵强将进驻保电现场，10 个省市的 14 家单位选派 330 名专家、骨干抵京支援保电，在技术攻关和应用中发挥了关键作用，展现了电力工人的奋斗精神。组织召开了全国能源化学地质系统“社会主义是干出来的”劳动竞赛推进会、西南地区油气勘探开发劳动和技能竞赛推进会、“碳达峰碳中和”新型绿色战略能源干热岩勘查与试采劳动竞赛推进会，回顾总结竞赛阶段性工作和成果，统筹安排、持续推进竞赛的具体任务，切实促进了竞赛各项工作落地落实。“社会主义是干出来的”劳动竞赛涵盖 45 个子竞赛，参赛职工近 150 万人，推动了一批重大能源工程项目建成投产。全国煤炭行业矿山智能化建设劳动和技能竞赛涵盖智能化矿井和智能化工作面研发、设计、施工、生产、设备制造等全产业链，参赛职工近200万人，全面提升了技术装备水平，助力煤炭清洁高效利用。西南地区油气勘探开发全国引领性竞赛自启动以来，西南地区油气储量实现高峰增长，完成钻井进尺超400万米，天然气产量突破650亿立方米，油气供应保障能力持续提升。“碳达峰碳中和”新型绿色战略能源干热岩勘查与试采劳动竞赛，在试验性发电与稳定并网方面取得阶段性重要成果，为未来实现规模化发电、加快推进勘查开发产业化迈出关键一步。

（三）在新的起点上深化产业工人队伍建设改革

有序推进产改试点示范工作。督导26家产改示范单位按时完成《全国能源化学地质系统产业工人队伍建设改革示范单位工作任务要点》《全国能源化学地质系统产业工人队伍建设改革示范单位时间表、路线图》目标任务。组织23家企业参与全国总工会“十大产业百家企业深化产业工人队伍建设改革专项行动”，企业数量占比超过1/5，位居十大产业之首。按照相关部署要求，抓好本产业专项行动方案贯彻落实，指导参与企业制定出台本企业专项行动方案。以产业工人队伍建设改革5周年为契机，在北京召开全国能源化学地质系统产业工人队伍建设改革推进会，总结回顾了全系统产改工作，分享交流推进产改工作的经验做法，对深化产改工作进行再动员、再部署，放大示范引领效应，发挥企业主体作用，推动产改优秀成果转化应用。

广泛开展职业技能竞赛。牵头举办全国石油石化系统加油站操作员、全国化工行业化工总控工等职业技能竞赛，与中国煤炭工业协会、中国就业培训技术指导中心联合开展“华阳杯”第十五届全国煤炭行业矿山救护工等5个工种职业技能竞赛，在“以赛促学、以赛促训、以赛促培”的良好氛围中，一批高技能人才脱颖而出。中央电视台、新华社、《工人日报》等诸多中央和地方媒体报道竞赛盛况。同时，全力推动全国总工会品牌职业技能竞赛创建。创新全国中药传统名堂职业技能竞赛体制机制和宣传方式方法。拓展竞赛考核内容，扩大竞赛覆盖范围。来自全国22个省、自治区，47个地级市（直辖市区）的中药生产企业职工参加了竞赛选拔。竞赛在“技能强国 全国产业工人学习社区”开设了专区进行宣传。全方位呈现竞赛相关信息，通过微视频和线上练兵等融媒体形式，为参赛选手和广大职工提供线上学习与演练的平台。经过精心筹备，决赛顺利举行。

大力弘扬劳模精神、劳动精神、工匠精神。2022年7月14日，由中国能源化学地质工会、中国职工技术协会和中国电力企业联合会联合主办，中国职工技术协会电力专业委员会、中电联电力评价咨询院和三峡能源协办的全国大型风电场（站）劳动竞赛在北京拉开帷幕。通过同台竞技提升风电场（站）整体管理水平和职工综合技能，促进行业高质量发展。叫响做实“大国工匠”品牌，组织开展“大国工匠——能源化学地质篇”（第八季）学习宣传活动，共推出先进典型80名。国网山东省电力公司冯新岩、中国电建集团田得梅当选2022年“大国工匠年度人物”。做好2023年“全国五一劳动奖”和“全国工人先锋号”推荐评选工作，做好2023年“全国五一巾帼奖”推荐评选工作，向全国总工会申报表彰的3名个人获得“全国五一巾帼标兵”，3个集体获得“全国五一巾帼标兵岗”。国药集团江阴天江药业有限公司列入全国总工会第二批提升职工生活品质试点。协调媒体讲好劳模故事、劳动故事、工匠故事，激励感召广大职工以爱岗敬业、追求卓越的实际行动诠释工匠精神、践行产业报国。

不断激发职工创新创造活力。2022年11月25日，中国能源化学地质工会与自然资源部中国地质调查局采用线上线下相结合的方式，在中国地质调查局机关联合举办“碳达峰碳中和”新型绿色战略能源干热岩勘查与试采劳动竞赛推进会。会议旨在深入推动竞赛开展，激发广大地质工作者优质高效地完成青海共和干热岩勘查项目，助力我国全面实现碳达峰碳中和战略目标。广泛推动开展“五小”等群众性经济技术创新活动，组织完成2021年度全国能源化学地质系统优秀职工技术创新成果的征集评审工作，评选出优秀创新成果1848项，激发广大职工参与技术创新的积极性和主动性。在第六届全国职工创新成果评选中，能源化学地质系统有28项成果获奖。举办第二届电力企业“班组岗位创新创效·工人先锋号在行动”活动，总结提炼优秀案例646项，为企业班组开展创新创效提供学习借鉴。

（四）履行维权服务基本职责

推动送温暖活动精准常态。开展2022年受疫情影响行业职工专项送温暖。针对受疫情影响较大的医药制造、化学纤维制造、橡胶和塑料制品业，在行业相对聚集的山东、江苏、浙江、广东、福建、河南进行了大范围摸排，组织基层工会了解职工情况，制定专项工作方案。克服新冠疫情影响，于2021年12月底前下拨120万元专项送温暖资金，将工会组织的关心关爱温暖和贴心暖心服务送到广大职工中。中国地质调查局昆明自然资源综合调查中心4名队员在哀牢山腹地开展森林资源调查作业遇难后，全委向遗属发放4万元送温暖资金。针对参与能源保供、疫情防控、重大工程建设等企业，全委领导带队深入冀中能源峰峰集团、中煤集团、三峡集团、中国电建集团、大唐集团、中国石化江汉油田、国药集团、华北制药、自然资源综合调查指挥中心等工作现场和职工家中，深入了解生产经营、产业工人队伍建设改革和基层工会建设等情况，看望慰问劳动模范、困难和一线职工，集中发放100万元送温暖资金。

拓展源头参与广度深度。通过人大代表建议、政协提案等形式，积极参与产业、行业政策以及涉及产业职工切身利益的政策法规制定，从源头上维护职工合法权益。2022年全国两会期间，聚焦保障国家能源资源安全、企业民主管理等热点问题，形成《关于将产业工人工资总额在企业工资总额中单列管理的提案》《关于团结引领广大产业职工为“端牢能源饭碗”贡献智慧力量的提案》《关于平台经济中劳动者权益保障的提案》《关于对国有企业职工代表大会制度进行立法的建议》4 项政协提案，为主管部门制定政策规划提供参考。充分发挥全委主要领导担任全国政协委员的优势，把广大产业职工的心声和建议带到两会，从源头上不断满足职工对美好生活的新期待。

助力乡村振兴走深走实。联合全国总工会驻壶关定点帮扶工作队，共同推动“帮助壶关县发展中药产业”项目落实落地，组织有关专家制定了《壶关县“紫团党参”道地药材品牌打造方案》，就打造“紫团党参”道地药材品牌提供详细的技术路线和推进方法，巩固拓展脱贫攻坚成果，助力地方乡村振兴。协调山西焦煤集团、中国海洋石油集团等单位向和顺县紫罗村捐赠办公电脑、化肥、生活物资等，进一步改善当地村民生产生活条件。

保障疫情用药稳产扩产。疫情防控政策优化调整后，为落实党中央和国务院保障好群众用药需求的总体安排，医药行业各级工会主动担当作为，扛起社会责任，团结引领和保障服务职工投入生产、稳产扩产。开展专项保供生产劳动竞赛，为职工提供全方位服务，以实际行动把抗疫保供药品生产工作落到实处，彰显工会力量。其中，江苏、山东等 11 个防疫药品集中保供生产的重点省市，18 万名职工奋战在 487 类抗疫药品生产一线，301 类药品春节无休生产，采用封闭管理方式生产的药品数量高达 222 个。

（五）推进产业工会强基础、补短板、增活力

加强工会组织建设。抓好“县级工会加强年”专项工作，会同重庆市总工会，扎实做好对合川区总工会、奉节县总工会的指导联系工作，形成专题报告，推动问题解决，提升县级工会组织

整体工作水平。发挥好中央企业工会在工会工作全局中基础性、示范性、引领性作用，指导中国中化召开第一届工会会员代表大会，指导中国安能集团等央企筹建工会，进一步推动央企集团依法建立健全工会组织。

深化外部交流合作。与自然资源部、中国地质调查局、自然资源综合调查指挥中心召开联席会议，就劳动和技能竞赛以及共同开展的活动进行交流。进一步加强与国家能源局、中国职工技术协会、中国煤炭工业协会、中国电力企业联合会、中国残疾人联合会、中国化工教育协会等部委协会的沟通联系，增进相互了解，就扩大合作领域、联合开展工作等达成共识。全委继续兼任中国化工政研会第八届理事会副会长单位，全委分党组成员兼任中国化工政研会第八届理事会副会长，就职工思想政治引领工作深入开展合作和交流。

深入开展调查研究。深入贯彻落实全国总工会开展大走访、大调研的有关要求，全委领导带队深入国家电网、中国绿发、中国石化、中国中化等企业的一线车间和班组，就能源保供、央企工会组织建设、产业工人队伍建设改革等进行专项调研。组织完成能源化学地质系统职工队伍状况调查，全面了解本产业职工队伍发展现状和变化规律，客观科学评估产业职工的政治素养、精神需求和技能水平，真实地反映了产业工会工作重点领域、重点工作的发展变化，形成专题调研报告，为出台政策措施提供决策依据和数据支撑，为新时代新征程产业工会工作创新发展提供重要参考。

创新工会理论研究。认真做好《中国工运通史》《中国工会志》（能源化学地质卷）的编纂工作，加强工运史料的挖掘、整理、学习、宣传等工作。组织完成《全国能源化学地质系统提升职工生活品质的企业标准研究》《电力行业班组创新创效评价标准及实施路径》《中国石油产业工人队伍建设载体和路径研究》等重点课题研究，以理论创新指导和推动产业工会工作创新发展。

二、紧扣新时代发展主题担当作为

2023年，在全面贯彻落实党的二十大精神的开局之年，中国工会第十八次全国代表大会胜利召开。新形势下，中国能源化学地质工会坚持以习近平新时代中国特色社会主义思想为指导，全面贯彻落实党的二十大精神、全国两会精神和中国工会十八大精神，牢牢把握工人运动时代主题，在新的起点上全面推动产业工会工作高质量发展，团结引领广大职工为保障国家能源资源安全、“端牢能源饭碗”再立新功。

（一）凝聚产业职工能源资源报国的磅礴力量

用习近平新时代中国特色社会主义思想凝心铸魂。把学习贯彻习近平新时代中国特色社会主义思想作为各级工会党组（党委）理论学习中心组的重要内容，深入学习领会其科学内涵、精神实质、实践要求，并转化为指导实践、推动工作的强大力量。深化对习近平总书记关于工人阶级和工会工作重要论述的学习贯彻、研究阐释，把党的二十大报告中涉及工人阶级和工会工作的部署要求同总书记对工人阶级和工会工作的一贯要求联系起来学习，努力做到学思用贯通、知信行统一。深化强化工会干部学习培训，推动学习宣传贯彻工作往深里走、往实里走、往心里走，引导广大职工深刻领悟“两个确立”的决定性意义，增强“四个意识”、坚定“四个自信”、做到“两个维护”，始终在思想上政治上行动上同以习近平同志为核心的党中央保持高度一致。

把学习宣传贯彻党的二十大精神引向深入。坚持把学习宣传贯彻党的二十大精神作为当前和今后一个时期的首要政治任务，持续推进学习宣传，深入贯彻落实。按照党中央和全国总工会部署要求，以“中国梦·劳动美——凝心铸魂跟党走 团结奋斗新征程”为主题，广泛开展各种形式的宣传教育活动。充分发挥党的二十大代表中劳模工匠、技能人才、工会干部的作用，深入开展分众化、差异化、精准化的宣传宣讲。着力在全面学习、全面把握、全面落实党的二十大精神上下功夫，找准贯彻落实的切入点、结合点、发力点，推动二十大精神在能源化学地质系统落地生根、开花结果。巩固拓展党史学习教育成果，推动党史学习教育常态化、长效化。贯彻落实中办《关于推动党史学习教育常态化长效化的意见》，探索建立常态化长效化制度机制。结合党领导的百年工运史，继续深化“四史”宣传教育，充分运用“学习强国”学习平台、“技能强国-全国产业工人学习社区”、职工书屋等平台载体，推动构建网上网下一体联动的学习宣传阵地，教育引导广大职工弘扬伟大建党精神，知史爱党、知史爱国。

深入开展学习贯彻习近平新时代中国特色社会主义思想主题教育。动员部署，提高政治站位。全国总工会机关主题教育动员部署会议召开后，中国能源化学地质工会迅速行动、周密部署，第一时间召开全体会议，深入学习习近平总书记在主题教育工作会议上的重要讲话精神。结合部门实际，制定实施方案，细化任务、明确分工、压实责任。学思践悟，强化理论武装。发挥领导班子“领学”作用，通过先学一步、学深一层，带头讲好主题教育专题党课。发挥党支部“督学”作用，组织党员干部认真学习《习近平著作选读》等指定书目，扎扎实实读原著学原文悟原理。发挥青年小组“研学”作用，突出学习重点，创新方式方法，强化学思践悟，不断巩固拓展学习成果。深入调研，推动问题解决。结合产业实际和主责主业，针对能源保供、产业工人队伍建设改革、劳动领域政治安全等重点工作，积极开展专题调研，把情况摸清、把问题找准、把对策提实。建章立制，抓好检视整改。传达学习全国总工会机关干部队伍教育整顿工作推进会议精神，召开专题会议部署有关工作，主要负责同志亲自推进、亲自督导。

召开部分在京单位主题教育征求意见座谈会，7 家单位相关负责同志就党的建设、工会工作等方面提出 25 条意见建议。对照全国总工会机关主题教育问题清单和干部教育整顿问题清单，结合各方意见，制定《主题教育整改整治措施》《主题教育干部教育整顿整改措施》《干部队伍教育整顿检视问题清单》等，指导党员干部查摆问题、剖析原因、抓好整改，切实把检视整改成果转化为做好本职工作的生动实践。

增强职工思想政治引领的针对性和实效性。扎实开展形势政策教育，引导广大职工深刻把握中国式现代化的科学内涵和实践要求，正确看待机遇挑战、提振发展信心。深化“四史”宣传教育，加强工会史志研究编撰工作。继续做好红色工运资源、工运史志资料的挖掘、学习、宣传等工作。开展“大国工匠——能源化学地质篇”（第九季）学习宣传活动，发掘培育、广泛宣传在生产一线、竞赛比武、创新创造中涌现出的先进个人。开展迎接中国工会十八大系统宣传活动，做好大会精神的学习宣传贯彻工作。

（二）在保障国家能源资源安全中建功立业

发挥职工推动产业高质量发展主力军作用。2023 年 9 月 19 日至 22 日，全国第三届风力发电运维职业技能竞赛在江苏省盐城市举办。本次技能竞赛是中国能源化学地质工会全国委员会全面贯彻党的二十大精神和习近平总书记对技能人才工作的重要指示精神，落实全国总工会《关于深入开展“十四五”全国引领性劳动和技能竞赛的通知》要求，在“3060 双碳目标”背景下，引导产业工人立足本职工作，勤于钻研技术，练就过硬本领，推动国家风力发电行业高质量发展的重要举措之一。能源化学地质工会坚决扛起保障国家能源资源安全职责使命，围绕“十四五”时期国家能源资源领域的重大战略、重大工程、重大项目、重点产业，以 14 个全国引领性劳动和技能竞赛为龙头，以行业性、区域性重点劳动和技能竞赛为支撑，广泛深入持久开展“建功‘十四五’、奋进新征程”等主题劳动和技能竞赛，组织动员广大职工在推动产业高质量发展的伟大实践中争当排头兵、担当主力军。华能集团以石岛湾高温气冷堆核电站示范工程“聚力攻坚杯”劳动竞赛助推四代核电首堆投产，以新能源装机8000万千瓦绿色发展重点工程劳动竞赛助推新能源绿色发展，取得较好效果。能源化学地质工会以职业技能竞赛为抓手，全面提升产业职工技能素质，为广大职工搭建技能成才、技能报国的平台。着力打造全国中药传统名堂品牌职业技能竞赛，不断探索创新竞赛方式方法，切实增强竞赛实效，努力提高竞赛品质。2023年9月在江苏省徐州市举办首届全国不动产登记职业技能竞赛，全委职业技能竞赛向更多工种拓展，持续扩大竞赛覆盖面。

搭建职工创新创效广阔舞台。2023年8月，南网工匠大学更名为南网工匠研习院，深入落实全国总工会《关于进一步做好工匠学院建设工作的通知》要求，推动南网工匠研习院体系化、标准化、规范化运作。广泛开展“五小”等群众性经济技术创新活动，继续举办全国能源化学地质系统优秀职工技术创新成果征集发布活动。持续深化创新工作室规范化标准化建设，加快创建跨区域、跨行业、跨企业的创新工作室联盟，不断激发职工创新创效激情活力。先行先试推动能源化学地质系统工匠学院建设，发挥第一批职工职业技能提升培训基地作用，积极探索培养知识型、技能型、创新型产业工人管理新模式。继续深化职工技术创新孵化试点基地建设，加快推动优秀职工技术创新成果向实际生产力转化。举办全国能源化学地质系统大国工匠培训班，为劳模工匠交流技艺、发挥作用提供平台。

发挥国有企业示范带动作用。落实全国总工会和国务院国资委《关于充分发挥国有企业在推进产业工人队伍建设改革中带动作用的意见》要求，不断推动产业工人队伍建设改革走深走实。

加大产业工人职业技能培训力度，加快构建产业工人技能形成体系。用好职工教育培训费，加大在岗培训力度，发挥线上学习平台和工匠学院实体平台的双向互补作用，向产业工人提供普惠性、均等化、贯穿学习和职业生涯全过程的终身职业技能培训。扎实做好产业工人维权服务工作，完善工资平等协商机制、正常增长机制、支付保障机制，推动提高技术工人待遇政策落实，助推实现多劳者多得、技高者多得。

发挥产业工会和企业推进主体作用。认真贯彻《关于建立全国产业工会推进产业工人队伍建设改革作用发挥机制的意见》，发挥产业工会联系广泛、直通基层的独特优势，协调各方、整合资源、形成合力，推动各项改革举措落实落地。认真贯彻《关于建立发挥企业推进产业工人队伍建设改革主体作用机制的意见》，指导所联系的各类企业切实强化推进产改的主体作用与政治责任。深入推进十大产业百家企业深化产改专项行动，跟踪督导产改示范单位按照既定时间表、路线图推进改革任务。召开全国化工园区产业工人队伍建设改革推进会，在总结提炼近年来产改典型经验的基础上，系统谋划深入推进改革的思路和举措。加快打造一支宏大的知识型、技能型、创新型产业工人大军。

（三）构建高质量服务职工体系

提高新形势下维权服务水平。重点突出职工劳动经济权益维护，针对疫情防控措施调整，推动落实就业优先政策，配合有关部门加大援企稳岗力度，为农民工、就业困难人员等重点群体提供及时有效的就业帮扶。指导企业依法开展工资集体协商，引导职工技能和创新要素参与企业收入分配。持续提升女职工维权服务水平，着力维护女职工特殊权益。高度关注职工健康安全权益，加强职工安全生产教育，推动改善职工劳动条件，坚决防范和遏制重特大事故发生。继续深化“安康杯”竞赛等群众性安全生产活动，举办全国煤炭行业职工安全生产知识网络竞赛，开展井工煤矿采掘一线职工现状调查等调研工作，提出对策建议，推动问题解决。

做优做强服务职工品牌项目。扎实做好普惠性服务工作，继续做优做强送温暖、金秋助学、阳光就业、职工医疗互助、工会法律援助等特色服务项目。做好2023年全国工会职工书屋建设工作，推荐申报一批职工书屋示范点，为已建书屋、便利型站点、劳动书架更新配送图书。做好“全国模范职工之家”“全国模范职工小家”“全国优秀工会工作者”的评选表彰工作，提升“职工之家”建设水平。指导相关单位持续推进“司机之家”“爱心驿站”等工会户外劳动者服务站点建设，务求更大实效，努力在实现职工享有更稳定的工作、更满意的收入、更可靠的社会保障、更充足的生活福利、更丰富的精神文化生活方面展现工会作为。

开展提升职工生活品质行动。积极探索创新精准性、生活性服务职工体系的业态、模式、机制。做好提升职工生活品质试点工作，推动试点单位实施方案取得实效。强化跟踪调度，及时掌握试点单位运行情况，不断总结经验，针对存在的问题，指导完善相关措施，确保达到预期目标。推动实现《全国能源化学地质系统提升职工生活品质的企业标准研究》课题成果的转化和落地，指导系统内重点企业完成标准化建设。以精准服务为导向，以满足职工美好生活需要为目标，引导企业改善职工生产生活条件。

（四）构建和谐劳动关系长效机制

深刻认识劳动领域政治安全面临的形势任务。当今世界百年未有之大变局加速演进，国际力量对比深刻调整，我国外部环境更趋复杂严峻。国内经济面临需求收缩、供给冲击、预期转弱三重压力，发展不平衡不充分问题仍然比较突出，维护职工队伍稳定和劳动领域政治安全面临着新形势新挑战。各级工会始终胸怀“两个大局”，站在政治和全局的高度，充分认识维护劳动领域政治安全的重要性和紧迫性，深入贯彻落实总体国家安全观，增强忧患意识、坚持底线思维，发扬斗争精神、增强斗争本领，以“时时放心不下”的责任感做好工作，把“五个坚决”要求落到实处。

抓好维护劳动领域政治安全工作落实。贯彻落实全国总工会关于常态化开展梳理排查化解工作的部署要求，及时掌握和反映系统内降薪裁员、欠薪欠保、劳资纠纷、疫情影响、职工生活困难等风险隐患，认真做好相关领域工会信访工作。以加强思想引领、健全源头参与、强化维权服务、完善协商机制、化解矛盾风险等为切入点，推动构建和谐劳动关系长效机制。在西药行业，构建和谐劳动关系试点，大兴调查研究之风，深入基层一线、深入职工群众，全面了解基层存在的困难和问题，了解职工群众的所思、所想、所盼，积极反映职工诉求，源头参与涉及职工切身利益的政策法规的制定修订。推动建立健全与能源化学地质系统对口部委、行业协会联席会议制度和工作联系互动机制，共同推动和谐劳动关系构建。

深化企事业单位民主管理。认真贯彻落实党的二十大关于发展全过程人民民主的要求，推动全心全意依靠工人阶级方针落地见效，进一步健全以职工代表大会为基本形式的企事业单位民主管理制度，畅通民主参与渠道，依法保障职工知情权、参与权、表达权、监督权，切实保障职工主人翁地位。主动适应新形势新任务新要求，探索创新职工民主参与的方法路径。更好发挥民主协商在促进企事业单位发展中的积极作用，充分运用职工代表大会、厂务公开、集体协商等民主管理形式，在增强企业核心竞争力、助力企业高质量发展等方面建言献策，推动实现企事业单位与广大职工共创、共建、共享、共赢。

（五）推动产业工会工作创新发展

不断夯实组织基础。加强和改进企业工会工作，支持基层因地制宜创新组织设置、建强工作阵地、丰富活动载体，做到持续用力、久久为功，使基层工会真正建起来、转起来、活起来、强起来。高度关注地勘行业事业单位体制改革，开展省级能源化学地质相关产业工会状况调研，认真落实《中华全国总工会关于企业集团建立工会组织的办法》，持续推进相关央企集团工会组织建设，指导推动新建、改制重组企事业单位组建工会，推进会、站、家一体化建设，不断提高基层工会组织规范化建设水平。

改进工作方式方法。2023 年 2 月 2 日至 4 日，中国能源化学地质工会主席、分党组书记蔡毅德一行来渝调研“县级工会加强年”专项工作开展情况，提出要求：深入学习贯彻党的二十大精神，充分认识开展“县级工会加强年”专项工作的重要意义，进一步加强政治责任感，切实加强职工思想政治引领工作；坚持以问题为导向，深入基层企业、深入职工群众，加强调研、了解实情、补足短板，面对面开展组织宣传，切实解决实际问题；不断深化产业工人队伍建设改革，推进工会工作向基层延伸、向纵深发展。能源化学地质工会扎实开展“转作风、解难题、促发展、保稳定”专项行动，与“县级工会加强年”专项工作结合起来推进，与工会重点工作贯通起来落实，巩固提升产业工会工作质量水平。深化“大学习”“大调研”“大走访”“大交流”“大实践”“大支持”活动，进一步加强与相关部委、行业协会、中央企业、地方国有企业以及行业内影响力较大民企和外企的沟通联络，推动各项工作上下贯通、落实落地。

建强工会干部队伍。健全完善各级工会理论学习制度，加强工会干部培训交流等工作。各级工会定期举办新任委员和工会主席培训班，持续深化送教到基层等活动，进一步提升工会干部综合素质和履职能力。完善联系职工群众的制度机制，强化干部思想淬炼、政治历练、实践锻炼、专业训练，打造忠诚、干净、担当的高素质专业化干部队伍。

第十二章

中国能源化学地质产业工人在国际交流中提升影响力

工会对外交往工作是新中国人民外交的重要组成部分，也是工会工作和自身建设的重要组成部分。中国能源化学地质工会执行中国工会国际工作“独立自主、广泛联系”的方针，贯彻独立、平等、互相尊重、互不干涉内部事务的原则，坚持爱国主义和国际主义，在国际活动中，中国工会始终坚持不懈地支持民族解放运动和第三世界国家工会捍卫国家主权、民族经济大战的斗争，并向他们提供力所能及的物质援助与经济技术合作。中国能源化学地质工会的对外交往工作是在全国总工会的指导下，围绕国家总体外交战略和“一带一路”建设，立足产业，广泛开展与世界各国工会、国际工会组织以及港澳台地区工会友好交往和经济、技术、文化交流活动，为维护国家利益，促进产业发展作出了贡献。

第一节　开展国际联络，增进各国友好往来

1950 年 11 月 16 日至 22 日，郝尔孝作为工人代表，参加了以郭沫若为团长的中国代表团，出席在波兰华沙召开的第二届世界保卫和平大会。郝尔孝受代表团的指派，与美、英、法等国家的工人代表进行广泛的接触，接触中他采取交朋友的方式向西方国家工人代表宣传新中国成立后中国工人阶级的地位和参与管理国家大事的光荣感和责任感，使资本主义国家的工人代表对新中国有了新的认识，并伸出大拇指激动地说：“中国好，中国伟大!”1952 年 4 月和 11 月，电业劳动模范刘德珍、彭仰钦、赵庆夫、李秀俊等，先后被选为中国工会代表团成员，去苏联参加“五一”国际劳动节观礼和纪念苏联革命胜利 35 周年等活动，并进行友好

访问，促进两国人民相互了解，增进了友谊。

随着港澳主权回归日益临近，为进一步加大港澳工作的力度，全国总工会1995年全年接待港澳来访团20个，来访人员250人，派出访问港澳团11个，出访人员100人。到1998年11月，以吕保柱主席为团长的中国水利电力工会代表团一行7人，应香港港九劳工社团联会和澳门水电工会的邀请，赴香港、澳门进行了友好访问。代表团在访问期间，分别与香港港九劳工社团联会、港九电器工程电业器材职工会和澳门水电工会进行了工作交流，并实地参观了电厂等单位。代表团还参加了澳门水电工会举办的“迈向二十一世纪电力工业发展前景研讨会”，东北电力工委主任郝郁邻、长江三峡开发总公司工会副主席徐美琴在会上分别以《中国电力工业的现状与前景》《长江三峡工程对中国经济和电力发展的影响和意义》为题进行了演讲。在澳门水电从业员协会工作例会上，西南电力工委主任邓天杰作了有关《内地电力工业新科技》的演讲。他们的演讲受到与会者的好评。这次访问考察，增进了中国水利电力工会与港澳地区工会间的联系和友谊。

2004年，应台湾石油工会邀请，组成以张萌萌为团长的中国石化工会代表团，一行13人，赴台湾进行交流访问。

2005年，全委加强与台湾工会的联系与合作，组织中国能源化学工会电力系统代表团访问台湾，并接待了台湾电力工会参访团、台湾石油工会参访团，促进了与台湾工会和劳工界的团结。各省、市产业工会与国外产业工会、台港澳工会组织也都开展了广泛的交流。

2006年，接待了日本化学能源矿山工会代表团、越南煤炭工会代表团，组织或派员考察了瑞典、丹麦，在协作交流中积极宣传我国工会在保护职工权益，促进企业发展中发挥的重要作用，扩大了中国工会在国际上的影响力。全委加强与台湾、澳门、香港工会的联系与合作，组织中国石油石化系统工会代表团访问台湾，派员参加澳门水电工会成立 60 周年庆祝活动大会；赴香港、澳门考察和交流；并接待了台湾电力工会参访团、台湾石油工会参访团，促进了与台湾工会和劳工界的团结。各省市工会与国外产业工会、台港澳工会组织也都开展了广泛的交流。

2012 年 11 月 8 日至 14 日，以王书强为团长的大陆能源化学系统劳动模范职工交流团一行 45 人对台湾地区进行了友好访问和工作交流。

应全国总工会邀请，港澳工会“五一”代表团一行 50 人（港澳各 25 人）于 2019 年 4 月 22 日至 27 日到北京、湖南参观访问。中国能源化学地质工会协调北京能源集团有限责任公司党委接待代表团于 4 月 24 日上午参观北京太阳宫燃气热电有限公司，并与企业工会座谈交流。按照中央对港澳工作部署，该团是中国职工交流中心当年邀请的重点团组，目的是加强港澳工会与内地工会组织间的联系与友谊，增强港澳工会对内地政治经济发展情况的了解和对国家的认同感，使其在港澳“一国两制”实践中发挥更大作用。

第二节　持续推进能源化学地质工会对外交流合作

1950 年 11 月 18 日至 20 日，在布拉格举行的化学工会国际行政委员会会议上，钱志道被选为行政委员会委员，这是中国化学工会参加国际工作的第一人。

中国电力工人是中国工人阶级的重要组成部分，在保卫亚洲与世界和平，促进国际工人运动的统一团结斗争中，担负着光荣的义不容辞的责任。中国电业工会建立以后，把开展国际联络工作，增进与世界各国电业工会组织的友好联系，作为中国电业工会的重要政治任务。为了加强与各国电业工人的友好联系，1952 年 4 月至 6 月，中国电业工会选派湖北武汉市特等劳动模范、武汉冶电业局第五发电厂厂长彭仰钦，全国劳动模范、石景山发电厂刘德珍等为中国工会代表团成员，在全国总工会书记处书记刘子久的率领下，去莫斯科参加“五一”国际劳动节观礼，并进行友好访问。8 月 19 日，电业工会全委会主席蔡书彬写信邀请日本电业总工会和日本电业工人来北京参加亚洲及太平洋区域和平会议，并参观我国各地建设。9 月 10 日，日本《电气劳动者》报全文登载了电业工会全委会主席蔡书彬的邀请信，同时发表了短评。11 月，全国劳动模范赵庆夫（丰满发电厂）和李秀俊（唐山发电厂）作为中国工会代表团成员赴莫斯科参加纪念俄国十月革命胜利 35 周年庆典活动，并与苏联电力工人进行了友好交往。12 月 11 日，电业工会全委会主席蔡书彬再次致电全日本电气产业工会，对日本电气产业工人为要求提高工资，反对美、日独占资本家残酷剥削，在罢工中所表现的团结和坚决的斗争精神，致以崇高的敬意，并祝他们取得罢工斗争的胜利。

1953 年 5 月，应英国电气工会的邀请，中国电业工会代表团在团长张灿明率领下，赴英国参加英国电气工会的年会。中国电业工会全国委员会副主席黄民伟参加了代表团。5 月 8 日抵达伦敦，除了列席会议，还参观了英国伯明翰·汉姆斯豪尔电厂、苏格兰的斯洛湖水电站及一所工会学校和罗斯丁顿的休养所。代表团介绍了中国电业工人生产、生活等方面的情况，宣传了新中国的成就及和平外交政策等，增强了相互的了解。通过参加英国电气工会的年会，了解到他们要求发展东西方贸易并作出了决议，特别指出了与中国贸易可以保证英国的充分就业。在与英国电气工人的交谈中，了解到英国电气工人对中国电业工会和人民的和平友好愿望。对英国电业工人的生产、生活等情况及电气工会的工作、英国工运的一般情况和问题有了进一步的了解，为加强中英两国电业工人和工会之间的友好联系建立了良好的开端。同年 9 月 30 日，英国电气工会代表团一行 8 人在团长英国电气工会总书记斯蒂文斯率领下来中国回访。代表团在北京参加了国庆观礼，参观了官厅水库、南京下关电厂、上海杨树浦电厂、杭州闸口电厂以及文化宫、疗养院、幼儿园、职工宿舍。代表团还在北京、南京、上海、杭州等地游览了名胜古迹。中国电业工会和英国电气工会通过互派代表团访问，收获较大，特别是通过接待英电工会代表团到中国参观访问，使他们对中国的革命成就有了比较全面的和正确的认识。同时，英方在接触中国工人后，认识到中国工人阶级和人民高度的国际主义精神，对和平的热爱，从而鼓舞了他们的斗争情绪。英国电气工会代表团在回国后，很快进行了宣传活动，举行了记者招待会报告访问中国的经历。

1954 年，中国电业工会加强了国际联络工作，配备了专职干部并由全委副主席黄民伟负责领导。工作上扩大了国际活动的范围。与朝鲜民主主义人民共和国、阿尔巴尼亚、印度等国的电业工会，互相来往函电、互送礼品、互相联系。对增进与上述国家电业工人之间的友谊，促进国际工人运动的统一与团结，起了一定的作用。

从 1954 年开始，中国煤矿工会根据全国总工会的指示，按产业系统垂直管理了东北、华北、华东和部分地方国营煤矿的工会财务工作。成立了煤炭职工学校，建立了 7 个煤炭工人疗养院。在此前后，中国煤矿工会加入了世界工联组织，与 26 个国家的矿工工会组织和个人建立了联系，与应邀来华访问的 18 个国家的 23 个工会组织进行了交流，促进了国际矿工团结。

1955 年“五一”国际劳动节前后，中国电业工会全国委员会接待了来中国观礼和访问的罗马尼亚电业工会主席代斯泡特·柏特鲁、缅甸工会大会部分代表（包括仰光电力工会主席吴瑞易）、日本电气工会调查部部长岛清丈、日本总评代表团中的电业代表五十岚三郎。外宾在北京期间，参加了中国电业工会全国委员会举行的几次座谈会，进一步加强了中罗、中缅、中日电业工人的友好团结。同年，中国电业工会还接待了朝鲜民主主义人民共和国、阿尔巴尼亚、英国、印度、日本访华代表团中的电业工人代表，增进了中国电业工人和上述各国电业工人的联系和友谊。在通信联络工作方面，1955 年中国电业工会与 13 个国家的电业工会组织进行了通信联系，1 月至 11 月共收发信件 102 件，比 1954 年国际来往函件增加了 126.63%，对加强与上述各国电业工人的友谊和对外宣传起了积极的作用。

为了密切中、苏两国电业工人和工会之间的友好往来，更好地了解和学习苏联电业的先进技术、先进经验及工会工作的经验，中国电业工会全国委员会邀请苏联电站及电业工人工会派代表团参加 1956 年 8 月在北京召开的中国电业工会第二届全国会员代表大会。苏联电站及电业工人工会代表团一行 5 人由团长亚历山大洛夫率领，于 8 月 6 日来到中国。亚历山大洛夫代表苏联 150 万名电业工人向大会致祝词，并着重介绍了苏联电业工人根据列宁的指示实现俄罗斯国家电气化、广泛开展重工业建设、提高劳动生产率，并在此基础上改善人民物质福利生活的过程和经验。最后，他向大会敬献绣着苏联国徽和列宁像的红旗和一架收音机。8 月 10 日，苏联代表团团长亚历山大洛夫向与会代表及北京地区的电业职工介绍了苏联电站及电业工会中央委员会的工作情况和经验；代表团成员、古比雪夫水电站基建工会主席齐卡诺夫作了关于古比雪夫水电站的技术力量的增长和工会支持职工的创造精神的报告；苏联电站及电业工会中央委员会合理化建议委员会主席包得牙克夫作了合理化建议工作方面的报告。之后，苏代表团成员先后在水力发电建设总局、石景山发电厂、电力部设计院、北京电力修造厂等单位座谈交流经验，受到各单位负责人的热烈欢迎，并互赠了礼物。代表大会闭幕后，在中国电业工会全委负责人陪同下，苏联电站及电业工会代表团先后到吉林、上海、杭州等地参观了丰满、杨树浦、闸口等 7 个发电厂，举行了 10 次座谈会和3次高速切削表演，游览了名胜古迹。电力工业部对这次接待工作给予大力支持，除了配备翻译人员，还派出4位工程师陪同代表团到各地参观访问。通过这次接待苏联电业工会代表团，不但增进了中苏两国电业工人之间的相互了解和友谊，还学习了苏联电站及电业工会的工作经验，对工会合理化建议工作及运用积极分子的经验有较大的启示。苏联电力工业方面的先进技术经验及代表团在中国各发电厂参观访问中提出的意见与问题，带有普遍的指导意义，由相关部门工程师整理后发给各电厂参考。9月3日，苏联电站及电业工会代表团和中国电业工会全国委员会的负责人举行了座谈，双方表示要更加密切联系，进一步交流经验以加强中苏两国电业工人的友好团结。10月，以中国电业工会全委会主席黄民伟为团长的中国电业工会代表团一行4人参加法国全国电灯和动力工人联合会二十次代表大会。代表团在法国期间，参观了巴黎和尼斯地区的发电厂、瓦斯工厂和变电输电所，同法国电业职工、电业基层工会组织进行了友好的座谈接触，双方互相了解了情况，交流了经验。通过参加代表大会，和各国工会代表团也进行了广泛的联系。中国电业工会代表团在去法国前和离法后，还应捷克斯洛伐克电业工会、苏联电站和电业工人工会中央委员会的邀请赴捷、苏参观访问。代表团于10月4日抵达布拉格，捷电业工会主席瓦兹列夫非常热情，邀请中国代表团会见该会书记霍杰尼克。在捷5天时间，共参观了埃斯特拉发和布拉迪斯拉发等3个水力发电厂及3个火力发电厂、1个机械制造厂和1个电器修配厂，还参观了一些新建工人住宅区、工人疗养区和电业工会俱乐部。捷克电站部部长接见了中国电业工会代表团并由部工程技术人员向代表团介绍了一些电力生产技术和劳动保护方面的情况和经验。在捷期间，中国电业工会代表团与捷电业工会举行了几次座谈，双方交流了两国工会组织和劳动保护工作的情况和经验，建立了友好联系。中国电业工会代表团从法国回来时，应苏联电站和电业工人工会中央委员会的邀请，赴苏联参加十月革命节观礼，并在苏参观访问了3个星期。代表团于11月6日抵达莫斯科。11月7日到莫斯科红场参加庆祝俄国十月革命节观礼。之后，先后访问列宁格勒、斯大林格勒和亚美尼亚共和国的首都埃里温。除莫斯科外，共参观了3个火力发电站、2个水力发电站、2个电机制造厂、2个电网的中央调度所、1个原子能发电站，还参观了工业展览馆、劳动保护展览馆、职工集体福利事业、集体农庄。回莫斯科后，拜谒了列宁、斯大林墓，参观了克里姆林宫。苏联电站建设部部长等负责人接见了代表团，表达了他们对中国电力工人的关怀和友谊，座谈交流了工程建设方面的先进经验，增进了中国电业工人和上述各国电业工人的相互了解和友谊。11月27日，代表团离开莫斯科回国。通过对苏访问，中国电业工会代表团在思想政治方面受到了一次国际主义教育，进一步了解到中苏两国人民间的真诚友谊；在工会工作方面，他们开展的先进生产者运动、职工文化生活、合理化建议活动等工作，都值得参考。由于中国电业工会代表团成员中有工程师参加，不但扩大了与苏、捷两国工程技术人员的友好联系，也对吸取他们的电力生产技术先进经验有较大帮助。

1956年，中国电业工会全委加强和开展了东南亚、中近东以及拉丁美洲等地的工作，与埃及等11个国家的13个电业工会组织建立了联系。接待了叙利亚、印度尼西亚等10个国家的电业工会代表。同年，中国电业工会还派出了电业职工家属代表胡珣善参加了世界女工会议，代表中国电业的女工家属同世界女工会面，研究解决女工方面的切身利益问题。通过会议，同各国女工建立了广泛的友谊和联系。5月，中国动力体协男女篮球队在电业工会全委会宣传部部长庄进辉率领下，应邀到朝鲜民主主义人民共和国访问。这是我国第一个出国访问的职工体育运动队。他们在朝鲜受到热烈的欢迎，同朝鲜男女篮球队共进行了14场友谊比赛，胜 12 场负 2 场。通过访问，增进了中国电业工人和朝鲜电业工人的友谊与联系。这一年，电力系统有的基层工会组织和先进生产者也同国外建立了联系。如北京石景山发电厂工会和罗马尼亚电业及电机工人工会、日本尼畸东电厂工会等建立了相互联系；石景山电厂老工人赵洪亭和捷克电业工人杨诺夫斯基建立了友谊和联系等。

1957 年 4 月，捷克斯洛伐克动力工会代表团一行 4 人，应中国电业工会全委邀请来华参加“五一”国际劳动节观礼，并访问了北京、上海等 7 个城市及所在地的辽宁电厂、杨树浦发电厂等 18 个工矿企业，所到之处受到中国电力工人及工会的热诚欢迎和接待。同年，中国重工业工会全委在国际联络工作上与苏联、南斯拉夫等 10 个社会主义国家和日本、澳大利亚、荷兰、加拿大、法国、意大利等 7 个资本主义国家的 22 个全国性工会组织进行了联系。还派人参加了五金工会国际行政会议，派出钢铁工会代表团访问苏联，并先后接待了日本合成化学劳联及水泥工会代表团访问我国。

1960 年 6 月 22 日至 7 月 7 日，中国地质工会代表团访问苏联的莫斯科、塔什干、列宁格勒、罗斯托夫 4 个城市。回国前全苏工会中央理事会书记索洛维耶夫接见了代表团，与苏联地质工会中央委员会前后座谈了 2 次，与 4 个城市的地质工会地区委员会也都进行了座谈。访问了 3 个地区地质管理总局，参观了 3 个全苏性的地质科学研究所（地质部中央设计局、全苏勘探技术研究所、全苏石油物探研究所）及其所属的 3 个生产地质勘探设备、仪器的实验工厂；参观了 2 个野外地质勘探队，举行了 5 次和地质系统工会积极分子及行政干部的见面会（5 次共计约有 300 人参加）。还应他们的要求给乌兹别克共和国的党报《东方真理报》及苏联地质部、地质工会合办的刊物《矿藏的勘探及保护》各写了 1 篇文章，与《罗斯托夫晚报》的记者进行了交流访谈。11

月，以罗斯·罗塞尔为首的加拿大联合电气工会代表团一行5人，应中国机械工会全委的邀请来中国参观访问，由于加拿大代表团要求参观访问发电厂，中国水利电力工会全国委员会接待了代表团，在代表团访问北京、哈尔滨、长春、鞍山、沈阳、天津、上海、杭州、石家庄等城市时，安排他们参观了发电厂及电力企业。最后，水电工会全委还和加拿大联合电气工会代表团举行了座谈。加拿大电气工会代表团是加拿大工会访华的第一个代表团，来华前对中国了解甚少，有的代表还带有许多错误的看法和怀疑。他们对接待人员友好，要求了解中国电机、电业职工的生活和劳动条件情况，要求多接触职工群众，要求了解开展两国贸易的可能性等。这些要求都得到了满足。全委和电力基层在接待过程中，向他们宣传中国社会主义建设的成就，宣传中国的和平外交和不同社会制度国家和平共处等政策。通过接待，代表团对中国人民愿同各国人民友好有了较深的印象，对一些原来带有怀疑的问题，消除了误解或有了不同程度的正确认识。

“文化大革命”以后，中国水利电力工会逐步恢复了国际联络工作。1985年6月，应中国水利电力工会邀请，由会长铃木治率领的日本电力总联代表团一行8人于11日抵达北京。在北京期间，全国总工会副主席罗干会见并宴请了代表团。水电工会全委负责人与代表团举行了会谈，介绍了中国工会工作、经济体制改革以及经济特区的方针政策等。日本电力总联代表团还拜会了水电部副部长杨振怀，着重了解了有关三峡水力发电站的设想和规划。除了北京，代表团还访问了武汉、宜昌、南京、上海等地，参观了高井电厂、葛洲坝水电站，游览了名胜古迹。通过10天访问，增进了日本电力总联和中国水电工会的相互了解和友谊，取得了圆满的成功。该团于6月20日离沪回国。

1986年3月14日至24日，中国水利电力工会以董蕴琦主席为团长的一行6人，应日本全国电力关联产业劳动组合总联合

（简称电力总联）的邀请，赴日本进行友好访问。这也是对日本电力总联于 1985 年来华访问的回访。这次访问受到日本电力总联和地方各级组织与领导人的热烈欢迎与友好接待。中国水利电力工会代表团先后到东京、福冈、大阪、京都、静冈等地参观访问了地热发电所、中央配电所、供电营业所、扬水变电所、原子能发电所等电力系统各类企业及汽车工厂等。结束访问前，代表团同会长铃木治和日本电力总联的主要领导人举行了会谈，双方就两国工业的发展、电力职工的生活、电力工会的工作等问题，交流了情况，还就进一步发展两国电力工会的友好往来交换了意见。代表团通过访问，实际体验到中日两国人民、工会和电力工人之间的友好。代表团回国后，根据了解的情况写了有关人身安全、合理化建议工作等 4 个专题的材料，向全国总工会书记处作了汇报。7 月 8 日，应全国总工会的邀请，阿根廷电力工会代表一行 8 人由团长、首都电力工人联合会、救济和互助书记雷伊诺索率领抵达北京。阿根廷电力工会代表团成员均是首次访华，他们在北京、无锡、南京、武汉、上海、杭州等地参观了石景山发电厂、青山热电厂、南京市供电局等电力企业，还参观了工人宿舍、工人文化宫、俱乐部，游览了各地的名胜古迹。代表团所到之处，受到电力企业工会和电力职工的热烈欢迎。阿根廷电力工会代表团表示，这次访问中国是为了学习经验，建立兄弟般的友谊，诚恳地希望播下友谊之种，进一步相互支持和声援。7 月 18 日，应中国水利电力工会的邀请，以日本关东地方电力总联会长志村之明为团长的日本总联代表团一行 5 人抵达北京，对中国进行为期 10 天的友好访问。访问期间，全国总工会书记处书记方嘉德会见并宴请了代表团。中国水利电力工会及全国总工会国际部领导人同代表团进行了座谈。代表团参观了哈尔滨、大连、上海等地的发电厂、变电所和电业局营业所等电力企业，受到这些单位领导人和电力职工的热烈欢迎和接待。代表团在各地还游览了名胜古迹，于7月27日离沪回国。在接待中，通过座谈宣传了中共十一届三中全会以后的路线方针和两个基本点，介绍了中国改革开放搞活的政策和所取得的成就，以及工会在改革中的工作和作用。日本代表团也谈了日本社会还存在着不少矛盾，工会要担负起教育职工的责任。双方互相希望中日两国人民及电力职工永远友好，代代相传。

1986年8月，应法国总工会的邀请，以全国总工会书记处书记李雪莹为团长，中国水利电力工会全委副主席谷安亚参加的中国工会能源考察团一行4人，对法国进行访问和考察。在法国总工会所属能源工会的安排下，代表团先后参观访问了巴黎、里昂、马赛、鲁昂、诺曼底等地，对2座核电站、3座水电站、1座潮汐电站等14个企事业单位进行了考察和访问，所到单位对代表团热情友好，悬挂中国国旗，负责人迎送并介绍情况，表示了热烈的欢迎。中国工会能源考察团广泛接触了各级工会领导干部和会员，利用各种机会介绍中国的政治经济形势、能源政策、工会活动、职工福利等，访问进一步增强了两国的相互了解和友好关系。通过考察，对法国能源政策有了初步的了解。法国的核能发电、核废料处理，特别是在世界上处于领先地位的快中子反应堆技术的应用，有许多可借鉴之处，在电力企业中，科学技术方面的先进经验和设备以及企业管理方面，也获得了一些有利于发展我国能源工业的信息和启示。这次访问是中国工会九大后同法国总工会所属产业工会第一次直接接触。在访问中，代表团与近300名产业工会负责人和会员进行了座谈。法总书记加朗一再表示，希望加强中法两国的工会友好往来和技术交流，表示愿为去法国学习核电技术的中国同志提供方便。代表团为进一步发展双方关系，提出了3点建议：中国产业工会与法总有关产业工会互换刊物；邀请法总派有关能源的产业工会联合访问中国；加强技术合作和交流。法国总工会对此建议表示赞同。

国际劳工组织在1994年召开第81届会议，对中国煤矿安全与卫生问题进行专题研究。中国煤矿地质工会为会议提供了相关资料，并积极推动保护矿工的生命安全和身体健康。随后，在4月11日，国际劳工组织在华北矿业高等专科学校举办了煤矿安全与健康实用规程研讨会，中国煤矿地质工会派员以工人代表身份参加了研讨。

1998年，中国石油化工医药工会的相关负责人参加了由国际劳工组织在日内瓦召开的会议，包括关于世界炼油业劳动关系和就业问题的会议等。他们还参加了德国艾伯特基金会在北京召开的研讨会议，并随中国工会青年代表团赴日本考察。此外，他们还接待了多国工会代表团，包括土库曼斯坦工会联合会、科威特工会联合会、日本橡胶劳联工会、日本合化劳联工会、马其顿工会、日本化学能源矿山工会代表团等。2002年2月，中国能源化学工会张萌萌参加瑞士石油石化系统劳动关系会议。10月，赵永金出席日内瓦国际劳工会议。4月、12月，与中国职工对外交流中心联合先后组织石化系统人员赴德国、煤矿系统人员赴加拿大，就保障、保险和安全、职业病等内容进行培训。12月，以张萌萌为团长的中国能源化学工会代表团访问日本。10月、11月，中国能源化学工会工作人员中各有1人随同中国工会代表团前往德国、日本考察。全年先后接待独联体工会代表团、日本橡胶劳联、哈萨克斯坦工会联合会代表团和建筑森林煤矿与能源工会代表团、巴勒斯坦石化工会代表团、德国化学工会代表团等。

从2003年开始，中国能源化学工会参加了许多重要活动。包括参加中美国际矿山项目代表团学习培训，参加法国总工会化学工会第三十五次代表大会等重要活动。在此期间，中国能源化学工会的代表团也积极走出去访问他国，此外，先后接待了挪威工会代表团、德国化学工会代表团、日本橡胶劳联代表团、日本能源化学矿山劳协代表团、国际能源化学工会访华团等。2005年，全委在全国总工会国际部协调下，组织中国能源化学工会代表团访问日本；派员参加德国化学能源矿山工会全国代表大会；接待了国际化学能源矿山工会，法国、德国、阿塞拜疆等国能源化学产业工会来访。

随着时间的推移，中国能源化学工会在各个方面取得了显著的成就。特别是在应对国际事件方面，如参加国际能源研讨会、与非洲五金矿产能源化工及同业工会代表团进行会谈、与国际劳工组织共同举办“推动节能减排、促进绿色就业、实现体面劳动”国际研讨会等。在各项工作中，他们也积极参与国际交流和合作，通过各种形式向世界宣传我国工会在保护职工权益，促进企业发展中发挥的重要作用，进一步扩大了中国工会在国际上的影响力。中国能源化学工会一直都在积极开展工作，不断推动中国工会在国际舞台上的影响力，他们在面对各种挑战时始终坚持着自己的使命和理念，致力于为工人谋求更好的福利和权益。

第三节　积极助推“一带一路”建设

共商、共建、共享是推进“一带一路”倡议的根本原则。习近平总书记指出：“我们深刻认识到，只有合作共赢才能办成事、办好事、办大事。”共建“一带一路”倡议提出以来，从理念到行动落实，从规划图到实景图，从总体布局到高质量发展，推动“一带一路”国际合作从无到有，与共建国家携手搭建国际合作新框架，蓬勃发展，这一路走来取得了诸多丰硕的成果。

“一带一路”共建国家大多属于发展中国家，各国需要聚力解决因发展中国家基础设施落后、产业发展滞后、工业化程度低、资金和技术缺乏、人才储备不足等造成的短板问题。习近平总书记强调：“我们深刻认识到，和平合作、开放包容、互学互鉴、互利共赢的丝路精神，是共建‘一带一路’最重要的力量源泉。”能源合作是共建“一带一路”的重点领域。近年来中国与沿线国家开展多领域、深层次的紧密合作，共同推动共建“一带一路”高质量发展。

2017 年 1 月 16 日，中国能源化学地质工会在全国总工会的指导下，负责接待了以谢里夫主席为团长的新加坡化工产业工友联合会一行 35 人代表团。同年 8 月，按照全国总工会十六届十二次主席会议要求，中国能源化学地质工会与全国总工会权益保障部、全国总工会法律工作部联合组成调研组，对在开展“一带一路”建设推进过程中我国境外职工在境外的权益保障进行调研以下几点基本情况：境外职工就业（企业用工）情况；境外职工劳动经济权益（工资、保险、福利、休息休假）情况；境外职工安全生产环境情况；境外职工生活质量状况（含融入当地生活情况）。11 月 6 日至 13 日，按照国家主席习近平在上海合作组织成员国元首理事会第十七次会议上提出的主办职工技能大赛等活动的重要指示精神，为期 8 天的中国工会“一带一路”人文交流——上合组织国家职工技能大赛在河北廊坊成功举办。此次由外交部发起，全国总工会主办，中国石油天然气集团公司为合作单位举办的职工技能大赛不仅受到上合组织秘书处、参赛国选手和官员，以及中联部、外交部等有关领导的一致好评，还被参赛国家选手誉为中国推动“一带一路”国际合作的示范和样板。来自上合组织 8 个成员国、4 个观察员国的重点工业领域焊接技术工人，以及 6 个对话伙伴国的相关部门专家将参加活动，比赛期间参赛选手参加了焊接技术讲座、演示和交流，参观了中国石油管道应急救援响应中心、管道博物馆、设计院、重点工程实验室；部分能源化学地质系统大国工匠现场观摩大赛，并向参赛选手展示绝活绝技，加强了“一带一路”共建国家产业工人之间的联系和友谊，展现能源化学地质系统大国工匠风采和产业工人形象。

能源专家韩晓平曾说过："俄罗斯天然气的到来，对于东北老工业基地的转型，对于环渤海、长三角地区经济的可持续发展，都具有重大意义。"中俄东线天然气管道总长度3170公里，北起黑河中俄边境，沿途经过东北、华北、华东9个省市区。中俄东线天然气管道工程是习近平总书记亲自推动的重大战略性项目，是服务国家"一带一路"倡议、振兴东北老工业基地、带动基础工业发展、构建我国四大能源通道的战略工程，对于保障国家能源安全，促进国民经济发展，助力"一带一路"建设具有重要意义。2018年7月6日，中国能源化学地质工会在全国总工会的统筹指导和综合协调下，与中国石油天然气集团股份公司共同组织开展的"建功中俄能源通道助推'一带一路'建设中俄东线全国引领性劳动和技能竞赛"在黑河市正式启动。该劳动和技能竞赛活动始终遵循着"建功中俄能源通道，助推'一带一路'建设"的竞赛主题，坚守着"保障能源安全，输送清洁能源，保卫碧水蓝天，建设美丽中国"的责任与使命。《人民日报》、新华社、中央电视台、《经济日报》等十余家中央主流媒体记者和《黑龙江日报》、黑龙江电视台等地方媒体记者参加了启动仪式。中央电视台新闻客户端通过网络进行了现场直播，近18万人通过网络观看了启动仪式的现场直播。引领性劳动和技能竞赛自开展以来，全体参建将士发挥了前所未有的激情和创造活力，在安全环保、工程质量、创新创效、计划进度和建设阳光工程等方面取得了长足的进步，成绩斐然。

中国石油天然气股份公司管道分公司中俄东线天然气管道工程项目部在中俄东线这个宽广的舞台上大显身手，推动"一带一路"能源领域合作结出更加丰硕的成果，通过该劳动和技能竞赛活动极大地推动和促进了中俄东线工程项目建设，充分展示中国产业工人队伍形象，提升了沿线国家职工的技能水平，弘扬了劳模精神和石油石化产业的优良传统，激励广大员工创先争优、苦干实干、再接再厉，体现了中国愿意同所有沿线友好国家一起以“和平合作、开放包容、互学互鉴、互利共赢”的丝路精神为指引，不忘初心、牢记使命，推动中俄东线天然气管道工程创新、智能、绿色和可持续发展，奏响能源化学产业领域发展最强音。

后　记

能源化学地质产业工人有着光荣的革命斗争历史，是中国工人运动的重要组成部分。在中华全国总工会成立100周年之际编撰能源化学地质产业工人运动史，有着重要的意义。

中国能源化学地质工会于2022年启动《中国工运通史 能源化学地质工会卷》的编写工作。编撰过程中，编写组人员收集查阅了大量的志书史料、报纸杂志、工作年鉴、回忆录等，在掌握大量史料的基础上确定编目提纲，几易其稿，反复修改，经过5次集中编撰和修订最终成书。具体编撰由陈永利负责第一、五章，章有军负责第二、八章，韩聪慧负责第三、七章，焦奇、徐晗宇负责第四、九章，宋平、孙立泉负责第六、十二章，吕竞负责第十章，谢忠玉负责第十一章，王海珠、张楠负责第十一章初稿。

编撰工作得到了国家电网有限公司、国家能源投资集团有限责任公司、中国地质调查局、中国石油化工集团有限公司、中国中化集团有限公司、中国医药集团有限公司的大力支持，派出有经验的专人参加编撰工作。在资料搜集过程中，得到了中央档案馆和中华全国总工会档案室的鼎力支持，中国能源化学地质工会各部室提供相关资料并对稿件进行认真校核。国网冀北电力有限公司为集中编撰工作提供了宝贵的支持。在此，表示衷心的感谢！编写人员虽然付出了很大努力，但因时间跨度大，能源化学地质产业工会几经变更，编写人员能力有限，本书难免有瑕疵遗漏之处，敬请广大读者批评指正。

本书编委会

2025 年 3 月